中国法律史学文丛

法家法律文化通论

武树臣　著

2017年·北京

图书在版编目(CIP)数据

法家法律文化通论/武树臣著.—北京:商务印书馆,2017
(中国法律史学文丛)
ISBN 978-7-100-15000-2

Ⅰ.①法… Ⅱ.①武… Ⅲ.①法家—思想史—中国
Ⅳ.①B226.05

中国版本图书馆 CIP 数据核字(2017)第 181626 号

中国法律史学文丛
法家法律文化通论
武树臣 著

商 务 印 书 馆 出 版
(北京王府井大街 36 号 邮政编码 100710)
商 务 印 书 馆 发 行
北 京 冠 中 印 刷 厂 印 刷
ISBN 978-7-100-15000-2

2017 年 9 月第 1 版 开本 880×1240 1/32
2017 年 9 月北京第 1 次印刷 印张 23½
定价:82.00 元

总　　序

随着中国的崛起，中华民族的伟大复兴也正由梦想变为现实。然而，源远者流长，根深者叶茂。奠定和确立民族复兴的牢固学术根基，乃当代中国学人之责。中国法律史学，追根溯源于数千年华夏法制文明，凝聚百余年来中外学人的智慧结晶，寻觅法治中国固有之经验，发掘传统中华法系之精髓，以弘扬近代中国优秀的法治文化，亦是当代中国探寻政治文明的必由之路。中国法律史学的深入拓展可为国家长治久安提供镜鉴，并为部门法学研究在方法论上提供营养。

自改革开放以来，中国法律史学在老一辈法学家的引领下，在诸多中青年学者的不懈努力下，在这片荒芜的土地上拓荒、垦殖，已历30年，不论在学科建设还是在新史料的挖掘整理上，通史、专题史等诸多方面均取得了引人注目的成果。但是，目前中国法律史研究距社会转型大潮应承载的学术使命并不相契，甚至落后于政治社会实践的发展，有待法律界共同努力开创中国法律研究的新天地。

创立已逾百年的商务印书馆，以传承中西优秀文化为己任，影响达致几代中国知识分子及普通百姓。社会虽几度变迁，物是人非，然而，百年磨砺、大浪淘沙，前辈擎立的商务旗帜，遵循独立的出版品格，不媚俗、不盲从，严谨于文化的传承与普及，保持与学界顶尖团队的真诚合作，始终是他们追求的目标。追思当年，清末民国有张元济（1867—1959）、王云五（1888—1979）等大师，他们周围云集一批仁人志士与知识分子，通过精诚合作、务实创新，把商务做成享誉世界的中国品牌。

抗战烽烟使之几遭灭顶，商务人上下斡旋，辗转跋涉到渝、沪，艰难困苦中还不断推出各个学科的著述，中国近代出版的一面旗帜就此屹立不败。

近年来，商务印书馆在法律类图书的出版上，致力于《法学文库》丛书和法律文献史料的校勘整理。《法学文库》已纳入出版优秀原创著作十余部，涵盖法史、法理、民法、宪法等部门法学。2008年推出了十一卷本《新译日本法规大全》点校本，重现百年前近代中国在移植外国法方面的宏大气势与务实作为。2010年陆续推出《大清新法令》(1901—1911)点校本，全面梳理清末法律改革的立法成果，为当代中国法制发展断裂的学术脉络接续前弦，为现代中国的法制文明溯源探路，为21世纪中国法治国家理想呈献近代蓝本，并试图发扬光大。

现在呈现于读者面前的《中国法律史学文丛》，拟收入法律通史、各部门法专史、断代法史方面的精品图书，通过结集成套出版，推崇用历史、社会的方法研究中国法律，以期拓展法学规范研究的多元路径，提升中国法律学术的整体理论水准。在法学方法上致力于实证研究，避免宏大叙事与纯粹演绎的范式，以及简单拿来主义而不顾中国固有文化的作品，使中国法律学术回归本土法的精神。

何 勤 华

2010年6月22日于上海

前　　言

所谓法家法律文化包括先秦法家对法这一社会现象的理论诠释、法家对现实法制状态的评价和期待、法家参与法制变革及法律实践活动所取得的成果等。在许多场合,法家法律文化和法家法律传统是重叠的。《法家法律文化通论》以先秦法家的法治思想为核心,探讨法家的师承关系,法治思想的历史文化渊源,法治思潮的产生和演变,战国秦朝的法制建设,秦律的主要内容和形式,成文法的形成和特点,儒家法家法律文化的对立与融合,中国古代法律的儒家化和法家化,法家法律文化对后世法制的影响,法家法律文化的历史遗产和地位、法家法律传统与当今法制建设。

书中使用了作者自20世纪80年代始确立的一些带有个性化的术语,比如"法统"、"法体"、"法律样式"、"成文法"、"判例法"、"混合法",等等。我想先简单地做一个说明。

"法律文化"是由"法统"和"法体"所构成的体系。"法统"是指导法律实践活动的价值基础,比如"家族主义"、"国家主义"、"个人主义"、"集体主义"等;"法体"又称"法律样式",是立法、司法活动的基本工作程序,包括"成文法"、"判例法"、"混合法"。

"成文法"又称"制定法",是指这样一种工作程序:国家一般以文字形式制定或者认可某种行为规范,向社会人群明示何种行为为违法、犯罪,又当依何种程序做出何种处分,法官以法律规定对案件做出判决,既不得援引以往的习惯、先例,也不得自作主张;"成文法"的优点是统

一、明确、快捷，缺点是它既不可能包揽无余，又不可能随机应变，战国秦朝是“成文法”的鼎盛时期。

“判例法”是一个借用语，中国古代的“判例法”的形式特征是“议事以制”，是指在没有成文法或者成文法条文由于过于笼统不宜于实用的情况下，创制适用判例的一种方法。西周、春秋时期，“判例法”成为法律的主体。应当说明，由于“判例”、“判例法”等术语都是“舶来”品，自有其特定的理论和规律。因此，著者曾经考虑用更为本土化的术语来取代之，比如“先例法”、“故事法”、“议事法”、“断事法”之类，却又感觉言不达义、不伦不类，故不得已而仍其旧。如果有学者批评我不应该使用“判例”、“判例法”的术语，我完全接受批评，但是，我希望他同时告诉我应当使用何种术语才更符合中国历史情形。作者使用“判例法”一词，不等于认为中国古代曾经有过英国那样的“判例法”，就如同我们讨论战国法家的“法治”时，并不等于宣布中国古代曾经有过近代欧洲资产阶级那样的与民主政体相联系的“法治”一样。中国式“判例法”的工作程序是“议事以制”，即选择一个既有的先例，从中概括出某种原则，然后适用于正在审理的案件。中国式“判例法”有以下特点：第一，在世卿士禄的宗法贵族政体下，法官之职是世袭的。因此，后世法官遵循其父兄的判决先例，完全符合“帅型先考”的“孝道”；第二，它是分散而非统一的，“判例”的地位和作用没有经过某种法律程序加以确认；第三，“判例”创制与适用的方式因各诸侯国的传统而异；第四，法官所援引的“判例”实际上多为某种原则而隐去了“判例”的原始面貌；第五，法官在选择和援引“判例”时享有较大的自由空间；第六，“判例”的作用非常广泛，它不仅适用于司法，而且还适用于日常政务。

我们一旦使用“判例”的视角就会发现许多新的史料。比如，芋尹无宇在与楚灵王的奴隶所有权的诉讼中，援引“有亡荒阅”的“周文王之法”，(《左传·昭公七年》)叔向在处理叔鱼枉法裁判案时援引《夏书》的

“昏墨贼杀”，(《左传·昭公十四年》)子产审理兄弟互伤案时援引的“直钩幼贱有罪”(《左传·昭公元年》)等，其实他们都隐去了当时人人皆知的原始判例，而仅仅援引从这些判例当中引申概括出来的某种原则。试想，像《论语》所谓“兄弟阋于墙，外御其侮”，和“父子无讼”、“君臣无狱”等，可能都是“古人之恒言”或“夏商以来相传之言。”阮元《论语论仁论》说：“孔门师弟所述，半为古人之恒言。”[①]而这些“恒言”大约又都是从原始事例案例中概括出来的经久适用的原则。这种概括过程十分重要。董仲舒审理“殴父”案时，就从《春秋》记载的“许止弑父”案中概括出“原心论罪”的原则，并适用于“殴父”案，以其人无“殴父”之心(故意)而赦免之。[②] 这种审判方法和英国的判例法之间是没有天壤之别的。丘吉尔说：“英国人的自由并不依靠国家颁布的法律，而是依靠长期逐渐形成的习惯”；“法律早就存在于国内的习惯之中，关键是需要通过潜心研究去发现它，把见诸史籍的判例加以比较，并在法庭上把它应用于具体争端。”[③]曾担任民国最高法院院长、司法院院长的居正曾经说过：“中国向来是判例法国家，甚似英美法系制度。”[④]

中国古代的法律实践活动是在封闭的自然的环境中进行的，她所形成的法律文化成果及其法律话语，与近代“舶来”的西法成果之间呈现出隔膜，是十分自然的事情。尽管如此，我仍然认为，我在使用这一外来术语时，只是基于这样一种认识，即人类法律实践活动存在着大致的相通之处。发现不同民族文化的共同点比起认真地罗列出它们的种种差异性来，也许会更有价值。因此，我还是斗胆使用了这些舶来的术

① (清)阮元：《揅经室集》(上)，邓经元点校，中华书局 1993 年，第 185 页。

② 程树德：《九朝律考》，中华书局 1963 年，第 164 页。

③ [英]温斯顿·丘吉尔：《英语国家史略》，薛力敏、林林译，新华出版社 1985 年，第 208 页。

④ 居正：《司法党化问题》，《中华法学杂志》1935 年第 32 卷第 10 号。见居正：《法律哲学导论》，商务印书馆 2017 年，第 22 页。

语。同时强调它们不过是中国式的“判例”、“判例法”。

“混合法”包括两层含义:一是“成文法”与“判例”相结合。西汉以后,以维护集权王朝为首要职能的“成文法”,和以古老风俗习惯为其精神本源的“判例法”,逐渐结合起来,成为中国独有的“混合法”。这种结合是在运动中实现的——先是有了成文法,但是成文法既不可能包揽无余又不可能随机应变,于是就创制适用判例,判例积累到一定程度,那些比较稳定的法律原则就会被新的成文立法所吸收。二是法律规范与非法律规范(家法乡规、行业习惯等)相结合。

书中还沿用了一些学界常用的术语。比如“德政”,又称“德治”,其思想渊源于“仁政”之“仁”。“德治”是一种统治方法,即孔子概括的“富而后教”,先通过轻徭薄赋让人民富裕起来,再进行道德教育,以实现长治久安。“礼治”也是一种治理方法,在国家政体上表现为宗法贵族政体,在治理人民中注重教育,教育的内容是宗法伦理道德规范,这是古代“礼”的核心内容。“人治”即“贤哲政治”,治理国家注重统治者个人品质和人格感染力,即孔子所云“其身正,不令而行。”其特点是相对轻视法律的作用。“人治”是宗法贵族政体在思想上的反映。各个贵族领地治理之善否,在很大程度上取决于最高领袖人物的个人素质和表率作用。秦汉以后,“法治”与“人治”思想的对立已经失去战国时的特殊政体背景,“人治”思想已经成为无皮之毛。秦汉以后,几乎没有发生过政体意义上——是实行贵族政体还是实行集权君主政体——这个特定意义的“法治”与“人治”之争。因为,以荀子、董仲舒为代表的新儒家已经从坚持宗法贵族政体转而支持集权君主政体了。因此,学界长期所谓“君主专制”其实就是“人治”即“专制”等于“人治”的说法,值得认真思考。

但是,秦汉以后“人治”思想并没有完全消失,它的内涵已经萎缩,并衍变成为在法律实践活动中,是作为统治阶级的“法”的作用为第一性，还是作为统治阶级的“人”的作用为第一性，这个颇具法哲学意义的课题。这个问题其实很重要，因为它涉及对“成文法”和“判例法”的评价问题。后世的思想家多主张“人法结合”，“律例结合”，这些思想正是“混合法”的理论根基。

夏商周多以“刑”名。因为“刑”与“型”（模范、模型）同义，故“刑”兼而含有“刑罚”和“法”的双重意义。如《左传》叔向谓“昏墨贼杀，皋陶之刑也。”春秋亦兼以“法”名，如“周文王之法。”及至战国，法家尚法，其“法”被赋予新意，使“法”与“公义”、“公法”、“公民”、“公利”、“公道”相联系。从而使“法”具有了《说文解字》所谓“平之如水”的社会含义。战国时代的“法”显然已经不是刑罚的概念所能涵盖的。因此，从理论层次而言，法家的“法治”无法等同与“罚治”。那种视法家之“法治”为“罚治”并进而否定法家“法治”的意见，也值得重新思考。

法家主张的“尊君”实际上是“君主之治”或“君治”，还不是亚里士多德所谓“法治应当优于一人之治”的“一人之治”。[①] 也不是孟德斯鸠所谓“夫专制者，以一人而具无限之权力，惟所欲为，莫与忤者也”。[②] 法家把君主无视法律规矩为所欲为的行为称作“以私害法”的“身治”和“心治”，并明确加以反对。

在涉及中国历史分期问题上，著者更注重国家形式即国体或法律样式的标志性意义，用“宗法贵族政体”或“礼治—判例法”时代来表述西周春秋时期；用“法治—成文法”时代表述战国秦朝时期，用“集权君主政体”或“礼法合治—混合法”时代来表述秦汉以后及至清末的历史时期，而既不用“封建”也不用“专制”的术语。“封建”一词是本土术语，本指“封疆土建诸侯”，“封建”一词就其本义已无法涵盖秦汉以后的社

---

① ［古希腊］亚里士多德：《政治学》，吴寿彭译，商务印书馆 1965 年，第 167 页。

② ［法］孟德斯鸠：《法意》，严复译，商务印书馆 1981 年，第 24 页。

会特征。在中国历史字典里,“专制”一词本特指独立统治或大臣专擅权势。而作为舶来的“专制”一语,或出于西方学者对欧洲政治史特别是国体史研究所得出的术语,西方学者用“专制”来界定中国古代的政治情形,如用“亚细亚生产方式”来界定经济活动那样,是否适合中国的历史实际?这本来就值得思考。经典作家在探讨古代文明起源时提出东方亚细亚生产方式,并发现这种生产方式是专制政体的社会基础。“有些人看了马克思和恩格斯所说亚细亚形态,以为中国在东方,理所当然地属于亚细亚形态了。”有学者“谬于所谓东方专制主义,总是把三代世系拉扯到什么专制主义上去。”[①]况且,西方关于“专制”的政治学概念,自传入中国伊始就曾经产生混乱,至今仍未彻底厘清,因此,用“专制”来界定中国秦汉以后的政治状态,或者用“专制”来概括先秦法家“法治”思想的本质特征,其本身就是很值得深入研究的新课题。与此相联系的还有“法治”(以法治国)一词。“法治”是先秦法家法律思想的核心。法家“法治”的价值观是超血缘的多民族的统一的个人与国家共富共强的国家主义。“法治”也是个外来语,但作为一种治理国家的方法,可与法家的“法治”并行而不悖。西方近代的“法治”与先秦法家的“法治”各有自己的特征。但如果非要用西方“法治”的特征——比如与民主政体相联系为唯一标准来衡量评判先秦法家的“法治”的话,就像宣布西服是服装的唯一标准,那么,中国的长袍马褂又如何登得大雅之堂!

在中国社会科学领域,法学是“西化”最早且“西化”程度最深的领域。经过一个多世纪的学习和引进,今天的法律和法学,从理论、原则、

① 田昌五:《中国古代社会的真相与亚细亚形态的神话》,《史学理论研究》1995年第2期。

语言、逻辑、名词、术语、形式等等，都已经全盘西化，甚至几乎找不到传统法律文化的影子了。于是就产生了问题，在无意识之间我们已经习惯于用现代的视野去看待古人而不自知，同时又用西方人的价值观或理论去研究衡量中国问题而不自觉。关键在于，当我们习惯于用西方的标准去研究中国时，中国的一切事物便统统改变了原来的模样甚至被当成"等外品"了，我们的历史经历和现实生活反倒成了适履之足。如果我们把西方的理论当做指导当今实践的唯一圭臬，尽管其用心何其善良，而其结果往往是不可避免地上演一幕幕生吞活剥、曲高和寡的戏剧。因此，历史研究不能背离实事求是，尤其不能丢失文化自信。

关于中国古代法律的儒家化问题，所谓中国古代法律的儒家化、法家化，这是一个既虚拟而又真实的命题。说它是虚拟的命题，是因为，在儒家和法家诞生之前，中国古代法律实践中既存在崇尚"礼"又崇尚"法"的思想萌芽。假设儒家、法家从来没有问世，那么，古代法律仍然会按照自身的规律发展下去，并在某种程度上容纳"礼"和"法"的思想元素。其实，从某种角度而言，秦汉以后中国法制的发展变化既是儒家化，又是法家化。因为儒家思想、法家思想本来就是交叉的，不是壁垒森严、截然对立的。或者说，儒家思想当中也包括一定程度的法家思想，法家思想当中也包括一定程度的儒家思想。在某种事物既是甲，又是乙的情况下，非宣布这个事物是甲而不是乙，这在事实上和逻辑上都是容易出问题的。事实上有些法律制度的产生，既是儒家化，也是法家化。中国古代法律文化的演进，是一个漫长的综合的全方位的过程，已经分不出哪一阶段、哪一领域是儒家化而不是法家化，哪一阶段、哪一领域是法家化而不是儒家化。尽管如此，作者仍然认为，学术研究应当尊重既有的约定俗成的成果特别是习惯，因为这些成果虽然受制于当时的文献不足，却仍然具有不可忽视的学术价值，而且已经被学界所认可，那么就不必全盘颠覆，另起炉灶。因此，作者仍然沿用“儒家化”、“法家化”的名词，并试图注入新意。

在中国古代，“德治”思想与“法治”思想相结合，才构成了中华法系的思想基础。在古代，“德”或“仁”作为最高价值观，起着保障使法成为良法而不是恶法的宏观引导作用，是中国古代法从野蛮不断走向文明的精神动力。“法治”则是实践“德治”的基本途径。“德治”思想与“法治”思想的结合是两种思想体系的结合，而不是狭义上微观上法律规范和道德规范的结合。如果我们只从微观上注意两者的关系，就会忽略它们所承载的最重要的社会价值。

书中开场白、第一章、第五章引用的古文字字形，由作者摹写于古文字工具书，如姚孝遂：《殷墟甲骨刻辞类纂》（全三册 中华书局 1989 年）、于省吾：《甲骨文字诂林》（全四册 中华书局 1996 年）、李宗焜：《甲骨文编》（全四册 中华书局 2010 年）、容庚：《金文编》（中华书局 1981 年）、徐中舒：《甲骨文字典》（四川辞书出版社 1989 年）、何琳仪：《战国古文字典》（全二册 中华书局 1998 年）、高明、涂白奎：《古文字类编》（全二册 上海古籍出版社 2008 年）、徐中舒：《汉语古文字字形表》（中华书局 2010 年）、滕壬生：《楚系简帛文字编》（增订本，湖北教育出版社 2008 年）等，在行文中恕未一一标明出处。对古文字的解释亦属于班门弄斧、一家之言，正是我内心惴惴不安而有待于大家批评之处。

拙著在法家学术的文化渊源、法家的师承关系、法家的法治思想、儒家法家法律文化的融合、中国古代法律的儒家化法家化、法家法律文化的历史评判、法家法律文化与历代法制、法治与德治相结合等方面，做了尚不成熟的探讨。我自以为这些内容或属于前人所未言或言之未详者，自然也正是我内心战战兢兢有望于广大读者指正的。由于学力所限，作者没有涉及近代新法家思想的研究课题。同时，对改革开放以来关于法家研究的学术成果（著作、论文）没来得及进行全面仔细的阅读和学习，因此，在论述有关内容时，根据个人阅读的范围，虽然努力试图尽量引用先贤学者的论述，但是总免不了挂一漏万，必定会有许多遗漏之处，还敬请大方海涵。并诚望广大读者不吝赐教。

武 树 臣

2017 年 1 月 15 日

总　目

下　篇

目　　录

上 篇

中 篇

下　篇

图表目录

开篇　从古代的“法”字说起

今天的“法”字在古代写作“灋”。“灋”字反映了古代先民对法这一社会现象的认识和理解，是对法这一社会现象的真实记录。今天，我们虽然无法再现古人的真实想法，但是，我们并非无所作为。因为通过对古代象形文字构成的逆向讨原，我们也许可以窥测古人当初的造字意图。尽管“灋”字的产生也许比法这一社会现象还要晚出很久，但是，当“灋”字得以产生之际，由于人们对法这一社会现象早已有了约定俗成的统一见解。因此，不管“灋”字的创作出自哪位历史人物之手，它都已经具备了非如此表现不可的必然性。这是一个很有趣的文化现象。

最迟在西周礼器铭文中就出现了“灋”字。然而商代甲骨文中没有发现“灋”字，而只有其中的“廌”字。但是，商代的金文也许走着与甲骨文不同的路径，殷商晚期的《作册般铜鼋铭》中竟然也出现了灋字。[①]到了战国时代，法家高举“变法”旗帜，主张“法者天下共也”，施行“君臣上下贵贱皆从法”的“法治”。李悝的《法经》则成为后世刑法典的滥觞。那么，古“法”字是何时产生的？又是怎样产生的？有哪些历史人物和事件对此施予重大影响？古“法”字的本义又是什么？

① 参见《中国历史文物》，2005 年第 1 期封面。

一、“灋”的字形和字义

“法”字不见于甲骨文，最早见于商末金文，写作灋。西周金文写作“灋”。东汉时出现简化字“法”。

东汉许慎《说文解字》：“灋，刑也。平之如水，从水。廌所以触不直者去之，从去。法，今文省”；“水，准也。北方之行，像众水并流。中有微阳之气也。凡水之属皆从水；”“廌解廌兽也。似山牛一角。古者决讼，令触不直。象形，从豸省；”“薦，兽之所食草。从廌从草。古者神人以廌遗黄帝。帝曰：何食何处？曰：食廌，夏处水泽，冬处松柏”；“去，人相违也。从大凵声。凡去之属皆从去。”①

清段玉裁《说文解字注》：“灋，刑也。刑者，罚罪也。《易》曰：利用刑人，以正法也。引申为凡模范之称。木部曰：模者，法也。竹部曰：范者，法也。土部曰：型者，铸器之法也。平之如水，从水。说从水之意。张释之曰：廷尉，天下之平也。廌所以触不直者去之，从廌去。下廌字今据《韵会》补。此说从廌去之意。法之正人，如廌之去恶也。方乏切。法，今文省；”“去，人相违也。违，离也，人离故从大，大者，人也。”②

清桂馥《说文解字义证》：“灋，刑也。平之如水，从水。所以触不直者去之，从去。方乏切。《释名》：法，逼也。莫不欲从其志。逼，正使有所限也。《文子·问老》：法安所生？曰：法生于义，义生于众，适合乎人心，此治之要也。《慎子》：治国无其法则乱，守法而不变则衰，有法而行私，谓之不法。以力役法者百姓也，以死守法者有司也，以道变法者君长也。刑也者，刑当从井，为荆。本书荆下引《易》：井，法也。经典皆用

① （汉）许慎：《说文解字》，中华书局 1963 年，第 202、224、202、104 页。

② （清）段玉裁：《说文解字注》，杭州浙江古籍出版社 2006 年，第 470、213 页。

图1　商末作册般铜鼋铭中的灋字　参见《中国历史文物》,2005年第1期封面。作册般铜鼋作为国家一级文物,现藏于国家博物馆。

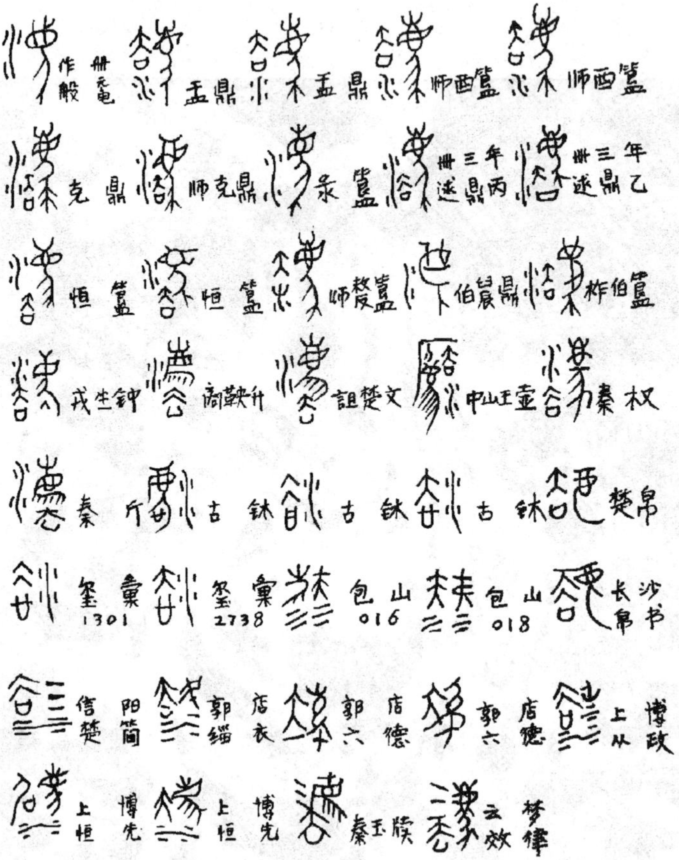

图 2　古文字中的灋字　作者摹写。

刑字。《释诂》:刑,法也。书吕命(刑):唯作五虐之刑曰法。平之如水,从水者,本书:水,准也,谳,议罪也,与法同意。桓子《新论》:治狱如水,习凿齿曰:夫水至平而邪者取法,镜至明而丑者忘怒,水镜之所以能穷物而无怨者,以其无私也。水镜无私,犹以免谤,况大人君子,怀乐生之心,流矜恕之德。法行于不可不用,刑加乎自犯之罪,爵之而非私,诛之而不怒,天下有不服者乎!《续汉书·百官志》:廷尉平一人,掌平决诏狱。华峤后汉书：吴雄以明法律，断狱平，为廷尉。魏志高柔曰：廷尉，天下之平也。安得以至尊喜怒而毁法乎！《天文录》：平星主天下之狱事，若今廷尉之象，故星赞曰：平星执法，正纲纪也。法，今文省；”又云：“去，人相违也。从大凵声。凡去之属皆从去。邱据切。人相违也者，庄四十年《左传》：纪侯大去其国，违齐难也。《论语》：陈文子有马十乘，弃而违之。孔注：损其四十匹马，违而去之。”①

通过以上论述，我们可以看到，“法”具有以下特征：首先，法与刑有关。法的强制性就来源于刑。刑又有刑法、刑罚、型范多种含义；其次，法与水有关，水所具有的特征就间接地成了法的特征。而水的功能又决定着法的作用；其三，法与廌有关。廌是独角兽，是东夷民族蚩尤部落的图腾。因此，法与东夷文化结下不解之缘；其四，法又与去字有关。去的含义有两种：一是动词弃去，二是人相违。人相违的本义直接关系法的内容。我们可以顺着这些信息去探索法的本来面貌。

二、“水”的原始功能：禁忌与流放

在原始社会，个人必须生活在氏族之中，才能获得安全并生存下去。当“血缘”与“地缘”融合为一之际，氏族便具有了相对稳定的生活空间。这种生活空间常常以“名川大山”为其界限。对氏族内部违犯公共生活准则者是要惩罚的。惩罚的目的也许不是出于对“犯罪”者的愤恨，也不是出于“报复主义”或“一般预防”，而是出于集体的自我保护意识，这可以说是中国传统法律文化的集体本位的最初起点。这种集体自我保护意识便是远古的禁忌。

① （清）桂馥：《说文解字义证》，齐鲁书社 1987 年，第 838、419 页。

远古禁忌是古老习俗和行为规范的最初源头。在原始人类心目中,人类社会生活的一切内容都是受神支配的。社会生活中出现的异常情况都与人类的行为有关,都带有渎神性,因此都可能招致神的惩罚。比如,血亲结婚生出怪胎,既是渎神行为的结果,又是厄运的先兆。当人们明白血亲结婚可以产生怪胎这个道理之后,就会严加禁止。于是“同姓不婚”的禁忌就产生了。《商君书·画策》说,黄帝制定“父子兄弟之礼,夫妇妃匹之合,”正是对这一禁忌的法律描述。此后就有了该禁忌的演化。如《搜神记》卷十四载:“昔高阳氏有同产而为夫妇,帝放之于崆峒之野;”《淮南子·齐俗篇》载:“帝颛顼之法,妇人不辟男子于路者,祓之于四达之衢。”显然,男女不相回避就违反了禁忌。后世的诸多礼仪如“男女授受不亲”、“男女不同席”之类,便是由此衍生出来的。到了战国,甚至产生了嫂子溺水,小叔子当不当“援之以手”的疑问。(《孟子·离娄上》)

为了免遭神的惩罚,以保证氏族集体的安全,必须尽快把“犯罪”分子逐出氏族生活的空间,让他在荒野中独自领略神的威严。于是便产生了流放之刑。至于流放地点,在以山作分界的地方便以山为标准,如《尚书·尧典》所谓“放欢都于崇山”;在以水为界限的地方则以水为标准,如《易经》中的“涉大川”。“放逐是原始氏族最可怕的惩罚之一”。①因为,“凡是部落以外的,便是不受法律保护的。在没有明确的和平条约的地方,部落与部落之间便存在着战争。”②因此,流放等于死刑,而且死后灵魂也不能重归故乡。这是同时失去此岸世界和彼岸世界的双重惩罚。

---

① [法]拉法格:《思想起源论》,王子野译,三联书店 1963 年,第 70 页及注。

② 恩格斯:《家庭、私有制和国家的起源》,《马克思恩格斯选集》(四),人民出版社 1995 年,第 96 页。

在以水为界的部落，把“罪犯”赶到河那边去，是一个严酷的刑罚，久而久之，江河便同时具有“国界”和“刑罚”的双重职能。从而使“水”具有了行为准则的文化含义。在部落联盟形成以后，部落联盟便具有调节氏族间各种关系的职能。“罪犯”被甲氏族赶到乙氏族领域，可能被乙氏族视为对其权利的侵犯，因为“罪犯”会把不幸和灾难带给他们。解决的办法有两个：一是把“罪犯”流放到更远的地方；二是将“罪犯”就地“消化”掉。于是族内刑罚便产生了，这就是死刑和肉刑。死刑是流刑的代用品。肉刑不论是残其肢体还是刺墨于额，都兼有向神祇谢罪祈求神祇宽恕不要罪及无辜，和提醒族人免除“传染”这两种文化职能。然而，死刑与流刑不同，死刑涉及对尸体的处理问题。于是，古人选择了火和水来清除其“不洁。”《周礼·秋官·掌戮》说：“凡杀其亲者焚之。”《礼记·檀弓下》说：“子弑父，凡在官者杀无赦，杀其人，坏其室，洿其宫而豬焉。”是说不仅把罪犯杀死，还要毁坏他的住所，用水淹之，以除不洁。《睡虎地秦墓竹简·法律答问》有“疠者有罪”，“定杀水中”的规定，即将患麻风病的犯罪者活活淹死在水中。这样，水便与火一样充当了观念上的“清洁剂”。

古人对死这一现象是敬畏而恐惧的，故用酒或水来排除不吉。《周礼·春官·小宗伯》：“王崩，大肆，以秬鬯渳。”即以黑黍香草造的酒浴尸。民间丧礼，则以洗米水加热浴尸。水和酒成了特殊的“清洁剂。”

古代的大傩礼便是在驱逐疫鬼、祈求平安的原始巫术的基础上形成的。《周礼·夏官·方相氏》：“帅百隶而时难（傩），以索室驱疫”；《礼记·月令·季春》：“命国难，九门磔攘以毕春风；”《论语·乡党》：“乡人傩，朝服而立于阼阶。”可见，大傩礼所由来者上矣。《续汉书·礼仪志》载东汉大难礼仪式：众人列队，执戈扬盾，作十二兽舞，把想象中的疫鬼投入洛水中。宗懔《荆楚岁时记》亦载民间难仪：“作金刚力士以逐疫，沐浴转除罪障。”水同样起了消灭疫鬼、保障平安的双重作用。

在古人心目中，水还具有祓除不祥的作用。古有“禊”之俗，即春秋两季在水浜设祭祓除不祥。汉刘祯《鲁都赋》：“素秋二七，天汉指隅，民胥祓禊，国于水游。”《后汉书·礼仪志上》：“上巳，官民皆絜于东流水上，曰洗涤祓除，去宿垢疢为大洁。”《诗经·郑风·溱洧》汉代薛汉注：“郑国之俗，三月上巳，此水招魂续魄，祓除不祥之故也。”晋王羲之《兰亭集序》：“暮春之初，会于会稽山阴之兰亭，修禊事也。”《史记·外戚世家》：“武帝拔霸上还，”南朝宋裴駰集解引晋徐广：“三月上巳，临水祓除谓之禊。”

古代“法”字中的“水”，是否有如许慎所言“平之如水从水”之义呢？在远古社会的行为规范中，会不会产生“公平”、“平等”那样的观念呢？我们似乎还提不出支持和否定的客观证据。但是，再琢磨一下许慎所谓“法者，刑也，平之如水，从水。”“刑”即“型，”指模型、模范。是说法像模范一样平直，不偏不颇。用这种直观的技术意义来概括法的特征，也是完全成立的。古人在生产生活中完全能够体味出水的平直特征。生活在东汉的许慎用“平之如水”来概括“法”，很可能受到法家思想的影响。法的目的是消除犯罪和确保集体的平安，是强制性行为规范的一个符号。至于公平、公正之义，是战国法家为了以平等的“法”取代世袭贵族的“礼”而给“法”字新加上去的政治“添加剂”。一千多年以后，明清之际启蒙思想家黄宗羲倡导以“天下之法”取代“一家之法”时，才从本质上涉及法的公平性。

三、“廌”的职能：法官

当最初的象形文字产生之际，最先成为文字的恐怕是古老图腾了。甲骨文中有“御廌”一词。1971 年 12 月，安阳小屯西地殷墟发掘出一批完整的牛胛骨卜骨，有刻辞的凡十枚。其中有“御臣”、“御廌”、“御牧”、“御众”字样，郭沫若考证云：“廌或作豸，是莫须有的一种怪兽——獬豸的省称。《说文》‘解廌兽也，似山牛一角，古者决讼令触不直者。’盖古时奴隶主于判处罪状时，将牛角去其一，以神乎其事。故后世司法官所戴之冠名解豸冠。字音读如宰，在此即读为宰，当是执法小吏。”①

在这里需要说明：第一，廌既非“莫须有的一种怪兽”，也非“将牛角去其一以神乎其事”，而是传说时代法律实践活动的真实写照，人为所致，反倒不神；第二，商代以“御廌”为法官之名，并非偶然。这说明商人继承了远古法律实践的成果，而且也是当时神判法习俗的一个反映。比如《周易·大壮》和《履》就分别记载了神羊裁判和神虎裁判的材料。

（一）古文字中的“廌”字

“廌”字在甲骨文中已经多次出现。据不完全统计，在甲骨文中，“廌”字形作为单字和复合字共60余见。李宗焜的《甲骨文字编》对甲骨文中的“廌”字形做了全面的整理。其中不仅包括单字“廌”的字形，还包括带有“廌”字形的复合字字形，从而为我们的研究提供了诸多便利。

根据姚孝遂的《殷墟甲骨刻辞类纂》，包含“廌”字的卜辞（含今译）有十余条。在卜辞当中，“廌”字单字在字句中的基本功能是名词，包括人名、地名、祭祀名。卜辞中还有“黄廌”、“御廌”、“子廌”、“封廌”、“廌龙”五个名词。其中，“御廌”一词，郭沫若认为是司法官吏的职名。其余诸词的含义，尚无法做出解释。“廌龙”一词在甲骨卜辞中出现了两次。尽管“廌龙”很可能是一个名词或人名、地名、族名，但是，联想到龙和独角兽是东夷民族的重要部落图腾，如果我们大胆推测，该词是否与

---

① 郭沫若：《出土文物二三事》，人民出版社1972年，第26页。

氏族图腾有联系？或者说，它与龙图腾氏族和独角兽图腾氏族相结合的后裔是否有关？这些问题值得继续研究。

关于“廌协王事”，“廌”是不是人名、族名、官职名，“廌”即“豸”，读如“解”。“廌协王事，”是不是协助王处理国家事务，由于文献不足，无法判断。有学者认为，“廌协王事”就是“廌帮助王办事”，“协助王断案。”[①]此解可供参考。

尽管如此，“廌”的存在已是不可置疑的客观事实。大约过了千年，关于“廌”的传说不断丰富起来。这些传说，其实是凭借文人墨客之笔，把世代口耳相传的故事变成了可以用眼睛阅读的文字篇章。这些文字，与其说是文学创作，毋宁说是对千百年来众多民族集体记忆进行了一次整理。有了这些文字以后，儒生们便可以在屋檐下用眼睛温故知新，他们阅读的是雅言；而一般民众则依然凭借口耳相传以快言论，他们传播的是俗言。从民族文化和地域文化的角度来看，“廌”属于东夷包括殷商民族的产物。周人取代殷人的统治之后，东夷殷商民族的文化传统和思想元素受到某种程度的压抑或扭曲。春秋以降，由于西周礼制的不断式微，东夷殷商民族文化元素才渐渐复苏。齐鲁文化本与东夷殷商文化同源，特别是到了汉武帝时代，经过齐学加工修饰的儒家学术被奉为官方正宗学术之后，那些源于东夷殷商文化的思想元素或古老传说，便披着齐鲁文化的外衣悄悄地登场了。在文化的传递当中，民族文化始终占据着主角的地位。那些乍看似乎突然间出现的新东西，其实是古已有之、连绵未绝的，它们就在身边，从未走远。面对故土的传统文化元素而不顾，还要一门心思地在域外寻找其源头，恐怕真是舍近求远了。

---

① 张永和：《灋义探源》，《法学研究》2005年第3期。

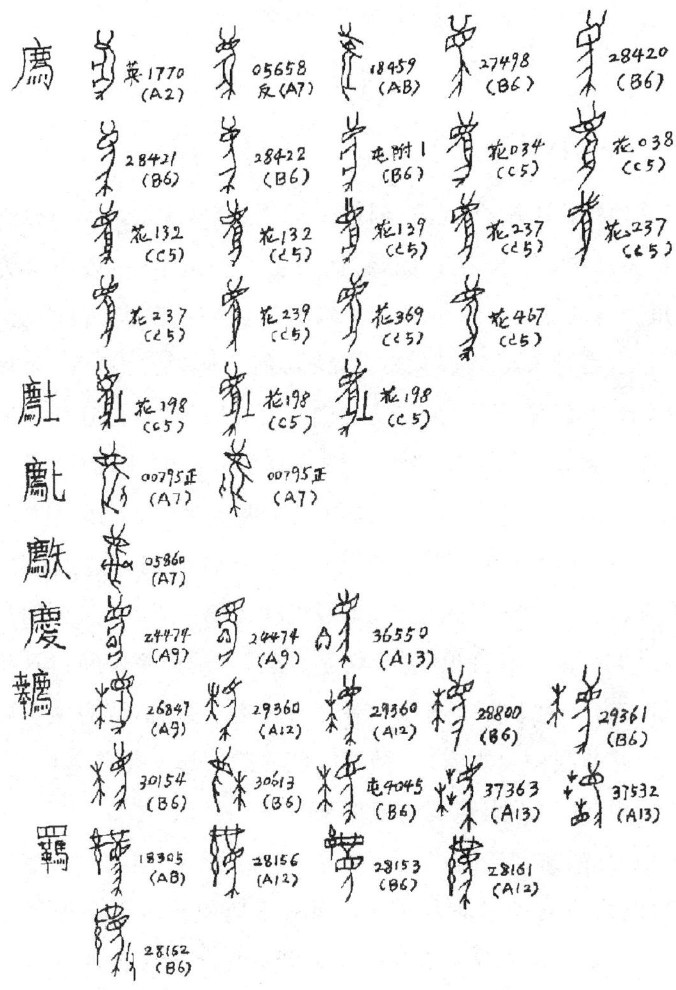

图3　甲骨文中的廌字　作者摹写。

除了甲骨文之外，“廌”字形在其他古文字——金文、陶文、简牍、帛书等文字字形当中，亦屡见不鲜。从而向我们展现了先秦“廌”字形历史演变的轨迹。

“廌”的重要性首先表现在它与“灋”的内在联系上。《广雅·释诂》

说：“廌，灋也。”注：“廌与灋同意。”[1]那么，“廌”为什么会有“灋”之义呢？

（二）廌的名称和形象

东汉许慎《说文解字》：“灋，刑也。平之如水，从水。廌所以触不直者去之，从去。法，今文省”；“廌，解廌兽也。似山牛（一说山牛为羊字之讹）一角。古者决讼，令触不直。象形，从豸省；”“薦，兽之所食草。从廌从草。古者神人以廌遗黄帝。帝曰：何食何处？曰：食廌，夏处水泽，冬处松柏”。可见，至少在东汉时代，人们已经将廌与独角兽和远古法官联系在一起。许慎的解释文字并非其个人的创造，而是对古代历史和传说的总结。自从春秋孔子提倡关注现实生活，不语怪力乱神的学风以后，儒家知识分子大都坚持以往。及至前有司马迁撰《史记》摒弃其文不雅驯者，后有王充《论衡》批驳世间无稽之谈，无意之间竟遗失了许多传说史料。东汉许慎《说文解字》能够客观记录民间口耳相传的历史知识，实为一大幸事。当今学者亦有持否定意见，认为关于廌和独角兽的传说并非我国自古有之，乃两汉间伴随西域文化传入而形成者。此说虽然新颖，却举不出客观的证据来。

廌又称为解、獬、觟、觽、解廌，解豸，獬廌，獬豸、觟觽。廌字的字形比较稳定，但廌的发音却是多样的。而关于廌的故事更多地是靠着语言来传播的。是否可以这样推测，与廌相关的人名族名神祇名或发音可能就是见诸文字的蚩尤、颛顼、祝融、咎繇、皋陶、蓐收、鷞鸠、西王母。他们大都与东夷民族独角兽图腾，和世代执掌的司法事务具有种种联系，这些名称只是标识着这些部落氏族在不同时代、不同地域和不同部族的不同称谓。

---

① （清）王念孙：《广雅疏证》，江苏古籍出版社2000年，第9页。

图 4　其他古文字中的廌字　作者摹写。

廌

著录	释文	期
五六五八反	燎東黄廌	1
一八四五九	…𢀛…析…	1
一八二七三	…卜…𢀛…	1
三〇七三〇	…廌…	1
三一一四九	…有𪓰廌?…	1
二七四九八	己酉卜…封廌…祝王受祐	3
二八四一九	…廌湄日無災	3
二八四二〇	其𤕌廌龍?…	3
二八四二一	…其…廌…有大…	3
二八四二二	惟廌龍?𠂤有大雨	3
三〇一八二	…𢓊…口…𣎵…擒	3
屯附一	禦廌丙貞大丁豚	3.4
屯二三三九	…其𠀠…廌于…上甲王受年有大雨	3
英一七七〇	禦婦𣪕于子子廌	1

图 5　甲骨卜辞　参见姚孝遂:《殷墟甲骨刻辞类纂》(中),中华书局 1989 年,第 632 页。

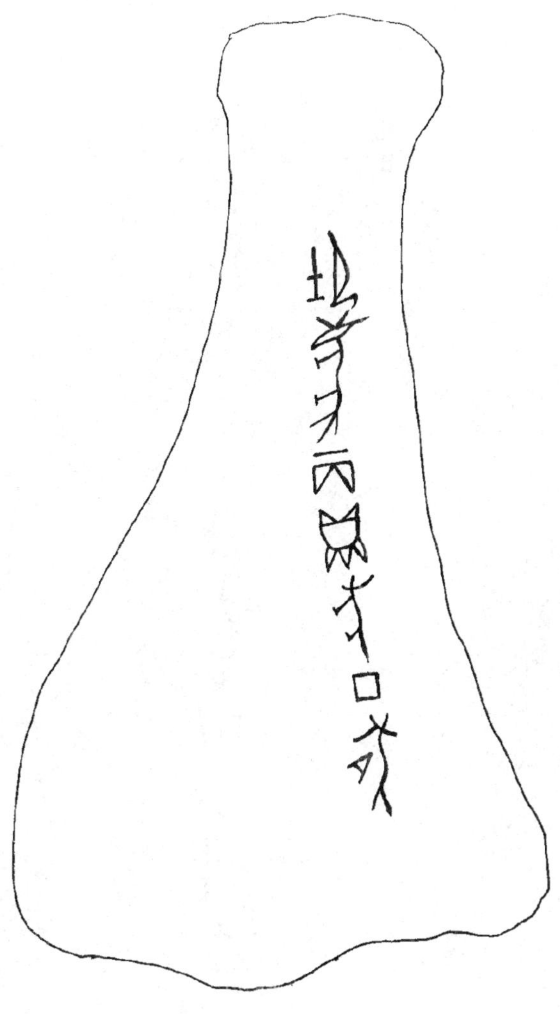

图6　甲骨文御廌　参见姚孝遂:《殷墟甲骨刻辞类纂》(中),中华书局1989年,第633页。

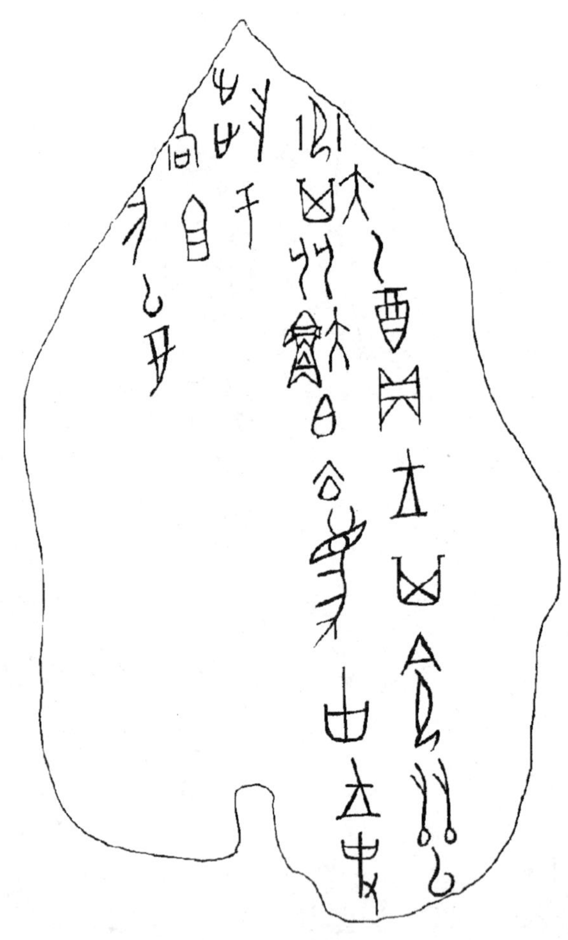

图 7 甲骨文廌协王事 参见宋镇豪、段志洪:《甲骨文献集成》第五册,四川大学出版社 2000 年,第 75 页。据《明义士收藏甲骨》,加拿大皇家博物馆 1872 年,影印,第 280 页(41)B2312。

关于廌的形象，历来说法不一。为了全面把握廌的形象，现将既存的说法和与独角兽有关的图像资料，择要罗列如下：

其一，似牛说。《说文解字》：“廌，解廌兽也，似山牛一角。”段玉裁注：“《玉篇》、《广韵》、《太平御览》所引皆无山字”。如此，似当为“似牛一角。”《神异经》：“东北荒中有兽，如牛，一角，毛青，四足似熊，见人斗则触不直，闻人论则咋不正，名曰解豸。”徐中舒《甲骨文字典》：“《说文》谓廌似牛近是，”“牛与廌所以别者，以廌有多毛之尾，此殆上古野牛之特征”。[①]

其二，似羊说。《后汉书·舆服志下》：“解豸神羊，能别曲直，楚王尝获之，故以为冠。”《金楼子·兴王》：“常年之人得神兽若羊，名曰解豸。”《论衡·是应》：“觟𧣾者，一角之羊也，性知有罪。皋陶治狱，其罪疑者，令羊触之，有罪则触，无罪则不触。斯盖天生一角圣兽，助狱为验，故皋陶敬羊，起坐事之”；

其三，似鹿说。《汉书·司马相如传》注引张揖曰：“解廌，似鹿而一角。人君刑罚得中则生于朝廷，主触不直”；

其四，似麟说。《隋书·礼仪志》引蔡邕曰：“解豸，如麟，一角。”《说文解字》：“麒，仁兽也，麋身，牛尾，一角，从鹿其声”；

其五，似熊一角。《路史余论》四“獬豸”引《苏氏演义》：(獬豸)“毛青，四足，似熊，性忠，见斗则触不直，闻论则咋不正。”《神异经》：“东北荒中，有兽如牛，一角毛青，四足似熊。见人斗则触不直，闻人论则咋不正。”出土玉器有独角熊形象。

此外，还有一些独角动物，它们虽然不一定与廌有关，但是诸多独角动物的存在多少也增加了廌曾经生存过的可能性。这些独角动物是：一独角马，《山海经》中有几种独角马；二独角狐，《山海经·海外西

① 徐中舒：《甲骨文字典》，四川辞书出版社 1989 年，第 1077、1078 页。

经》有乘黄，一角，如狐；三独角鸟，《山海经》有独角鸟；四似犀牛一角；五似豹一角；六似虎一角；七独角鱼，《山海经》中有独角鱼。特别值得注意的是，商周玉器中也有独角鸟形象。自然界也许罕见真实的独角鸟。但是，东夷民族多以鸟类为其图腾。独角鸟形象也许是独角兽图腾之民族与鸟图腾之民族相结合的产物。

综上所述，可见廌是一个形如牛、羊、鹿、麟一样的动物，其特点是独角，其功用是别曲直、正刑罚、赏善罚恶。其实，它既不是神奇的动物，也不是一个传奇式的古代人物，而是自黄帝时起世代主管军事和司法事务的东夷集团蚩尤部落的图腾，即一角之兽——廌，其读音或名称为蚩尤、颛顼、祝融、咎繇、皋陶。又称作“夷兽”、“仁兽”、“圣兽”。颐和园仁寿殿里有一尊麒麟铜像，“仁寿”盖取“夷兽”谐音。“夷兽”盖即“一角圣兽。”

（三）廌与解廌

东汉许慎《说文解字》：“灋，刑也。平之如水，从水。廌所以触不直者去之，从去。法，今文省；”“廌，解廌兽也。似山牛一角。古者决讼，令触不直。象形，从豸省。凡廌之属皆从廌”；“薦，兽之所食草。从廌从草。古者神人以廌遗黄帝。帝曰：何食何处？曰：食薦，夏处水泽，冬处松柏。”[①]薦草，可能是薰华草。《山海经・海外东经》：“君子国在其北，衣冠带剑，食兽，使二文虎在旁。其人好让不争。有薰华草，朝生夕死。”“让”或即“仁”，音义皆近。

清段玉裁《说文解字注》：“廌，解廌兽也。四字一句。似牛一角。各本皆作似山牛，今删正。《玉篇》、《广韵》及《太平御览》所引皆无山也。古者决讼，令触不直者，下者字依《玉篇》补。《神异经》曰：东北荒

---

① （汉）许慎：《说文解字》，中华书局1963年，第202页。

中有兽，如牛，一角，毛青，四足似熊，见人斗则触不直，闻人论则咋不正，名曰解豸。《论衡》曰：獬豸者，一角之羊，性识有罪。皋陶治狱，有罪者，令羊触之。按，古有此神兽，非必皋陶赖之听狱也。《广韵》曰：字林、字样作解廌，《广雅》作獬豸，陆作獬豸。陆谓陆法言切韵也。廌与解叠韵，与豸同音通用。廌能止不直，故古训为解。《左传》宣公十七年：庶有廌乎。杜注：廌，解也。《释文》本作廌，《正义》本作豸。陆云：廌解之训见《方言》。孔云：豸，解也，方言文。今《方言》卷十二：瘈，解也。瘈必廌之误字。既误后乃反以胡记耳。左释文大书廌字，俗改为鸠，莫能諟正。象形，谓象其头角也。从豸省，此下当有豸亦声，宅买切。”①

清桂馥《说文解字义证》：“解廌兽也者，或借豸字。《左传》宣十七年：庶有廌乎。注云：廌，解也。《释文》：解音蟹。董巳《舆服志》：獬豸，神羊也。《金楼子・兴王篇》：常年之人得神兽若羊名曰獬豸。《隋书・礼仪志》引蔡邕曰：獬豸，如麟一角。似山牛一角者，《神异经》：有兽如牛一角，名曰獬豸。古者决讼令触不直者，《太元・坚次八》：唯用獬豸之贞。注云：獬豸，好直之兽也。又《难上九》：角獬豸，终以直其有施。注云：獬豸，直兽也。有疑则以角触之。终能为人别曲直。故可施行。《困学纪闻》引作角觟角虎。《论衡・是应篇》：儒者所云：觟角虎者，一角之羊也，性知有罪，皋陶治狱，其罪疑者，令羊触之，有罪则触，无罪则不触。斯盖天生一角圣兽，助狱为验，故皋陶敬羊，起坐事之。《神异经》：东北荒中，有兽如牛，一角毛青，四足似熊。见人斗则触不直，闻人论则咋不正，名曰解豸。一名任法兽。故立狱皆东北，依所在也。《汉书・司马相如传》：弄獬豸。张揖曰：解廌似鹿而一角。人君刑罚得中，则生于朝廷，主触不直者。《宋书・符瑞志》：獬豸知曲直，狱讼平则至。

---

① （清）段玉裁：《说文解字注》，浙江古籍出版社2006年，第469页。

束皙元居释：朝养触邪之兽，廷有指佞之草。《唐书·侯思止传》：高元礼教曰：上如问君不识字，宜对：獬豸不学，而能触邪。胡广注《汉官篇》：御史法冠，一名獬豸。獬豸兽名，知人曲直，触邪佞。《汉官仪》：《左传》南冠而絷，楚冠也。秦灭楚，以其冠赐近臣。御史服之。即今獬豸冠也。古有解廌兽，触不直者。故执宪以其形用为冠，令触人也。《续汉书·舆服志》：法冠一曰柱后或谓之獬豸冠。獬豸神羊，能别曲直，楚王尝获之，故以为冠。牛僧儒《象化解》：獬豸之性触，而瑰饰獬豸冠，足以象触邪。”①

商承祚《甲骨文字研究》：“廌，此字昔皆释马，余前承其误。董作宾先生谓，此乃一角之兽而非马。是也。然以为麟则非。余意廌字。《说文》：‘廌，解廌兽也。似山牛一角。古者决讼，令触不直者。象形，从豸省。’《异物志》：‘东北荒中有兽，名獬豸，一角性忠，见人斗则触不直者，闻人论则咋不正者。’是廌为善兽，古习见之。故甲骨文有获廌之辞。”②

董作宾《获白麟解》：“在中国古代记载里，一角的兽，名目繁多。如廌、犀、兕、麠、麃、騼、駮之类”；“此种一角能牴之兽，古或有之，但不知应属何类。解廌之名，当是后人附会为之者。因廌音宅买切，略同于牴，以其善于抵触，所以呼之曰廌。后来又因他能分解曲直，辨别斜正，所以在廌上又冠以解的美名。”③

董作宾的《获白麟解》指出，商代捕获的白麟，并不是中国固有的动物，而是来自两河流域的美索不达米亚地区。这种动物在亚述王朝和巴比伦王朝时代被称作“里姆”(Rimu)，后来被视为神牛。“里姆”两字

---

① (清)桂馥：《说文解字义证》，齐鲁书社 1987 年，第 838 页。

② 商承祚：《甲骨文字研究》，天津古籍出版社 2008 年，第 126 页。

③ 董作宾：《获白麟解》；宋镇豪、段志洪：《甲骨文献集成》第 26 册，四川大学出版社 2000 年，第 180—194 页。

应当是音译得来的词，急读之便是“麟”(Lin)。[1] 这就是甲骨文里“麐”(即麟)字的来源。

在古文献中，麟这种罕见的动物首次出现于公元前 481 年春天，在鲁国国都的西郊，有人获麟。经过孔子的观察后确定为麟。那年，孔子已经 71 岁高龄了。据《左传・哀公十四年》载：“十四年春，西狩于大野，叔孙氏之车子钼商获麟，以为不祥，以赐虞人。仲尼观之，曰：麟也。然后取之。”《春秋公羊传・哀公十四年》：“非中国之兽也”。又说：“麟者仁兽也，有王则至，无王者则不至。有以告者曰：有麇而角者。孔子曰：孰为来哉？孰为来哉？反袂拭面涕沾袍，曰：吾道穷矣！”《史记・孔子世家》：“鲁哀公十四年春，获大野。叔孙氏车子钼商获兽，以为不祥。仲尼视之，曰：麟也。取之。曰：河不出图，洛不出书，吾已矣夫！颜渊死，孔子曰：天丧予！及西狩获麟，曰：吾道穷矣！”麟死了，孔子为什么如此悲伤？孔子的先祖是殷人，殷人又是东夷民族的一支。可以推测，独角兽廌和独角之麟都曾经是东夷民族诸部落的图腾。否则，孔子墓前神道旁为什么会有一对独角角端石兽呢？角端者，其麟乎？麟者，其廌乎？

郭沫若认为：“廌或作豸，是莫须有的一种怪兽——獬廌的省称。《说文》‘解廌，兽也。似山牛，一角。古者决讼令触不直者。’盖古时奴隶主于判处罪状时，将牛角去其一，以神乎其事。故后世司法官所戴之冠名‘獬廌冠’。廌字音读如宰，在此即读为宰，当是执法小吏。”[2]

值得注意的是，廌、豸、解三字同义。《说文解字》：“解，判也，从刀判牛角。一曰：解，廌兽也”；“判，分也。从刀，半声。”清桂馥《说文解字义证》：“判也者，月令：鹿角解、麋角解，宣四年左传：宰夫将解鼋，庄子

---

① 董作宾：《获白麟解》；宋镇豪、段志洪：《甲骨文献集成》第 26 册，四川大学出版社 2000 年，第 180—194 页。

② 郭沫若：《出土文物二三事》，人民出版社 1972 年，第 26 页。

养生主：庖丁解牛，晏子：公怒，令人操刀解养马者，鲁语：晋文公解曹地以分诸侯，汉书贾谊传：所排击割剥，皆众理解也，颜注：解，支结也。一曰解廌兽也者，本书：廌，解廌，兽也。广韵：解廌，仁兽，似牛，一角。又云：字林字样俱作解廌。广雅作豸角豸弟，陆作獬豸也。”又说“解廌兽也者，或借豸字。宣十七年《左传》：庶有廌乎。注云：廌，解也。”[①]

有意思的是，解既是名词，与廌、豸同义，又是动词，有分辨是非、解决纷争之义。久而久之，解又名物化为解结者，其文化符号就是兽角做的觿——“能治烦决乱者佩觿”。《说文解字》：“觿，佩角锐耑，可以解结。从角巂声。诗曰：童子佩觿”；“耑，物初生之题也。”清桂馥《说文解字义证》：“佩角锐耑，可以解结者，广韵引无佩字。王注楚词：解结者佩觿。说苑修文篇：能治烦决乱者佩觿。又杂言篇：百人操觿，不可为固结。内则小觿注云：小觿，解小结也。觿如锥，以象骨为之。赵宧光曰：觿多用鹿茸中小角，就形而成。诗云云者，卫风芄蘭文。传云：觿所以解结。”[②]古代常以所佩之物来表识其人的身份职务，如《庄子·田子方》所谓“缓佩玦者，事至而断。”因此，“能治烦决乱者佩觿”，佩觿者或许正是排难解忧、解决纷争的法官形象。

通过以上内容，可以发现，廌是“古习见之”的独角动物。其实它是东夷民族蚩尤部落的图腾标识，由于这个部落创造了“灋”，又世世代代执掌司法事务，而最早的法官是军事法官，所以蚩尤被后人奉为法神、刑神、战神。

（四）廌与法冠、补服

在古代的“灋”字里面，廌（獬豸）是个重要的角色。春秋以后的官

① （清）桂馥：《说文解字义证》，齐鲁书社1987年，第372、838页。

② 同上书，第372页。

图 8　铜獬豸　东汉。甘肃酒泉市下河清 18 号墓出土。现藏甘肃省博物馆。参见杨泓:《墓葬及其他雕塑》(一),黄山书社 2010 年,第 181 页。

服,以獬豸图案制作的官帽是法冠,以獬豸图案制作的官服是补服。

法冠是古代执法官员戴的官帽,又称楚王冠、御史冠、獬豸冠。《后汉书·舆服志》:“法冠,一曰柱后,或谓之獬豸冠。高五寸,以纚为展筩。铁柱卷,执法者服之,侍御史、廷尉正监平也。或谓之獬豸冠。獬豸神羊,能别曲直,楚王尝获之,故以为冠。胡广说曰:‘《春秋左传》有南冠而縶者,则楚王冠也。秦灭楚,以其君服赐执法近臣御史服之。’”

楚王冠则源于皋陶后裔。皋陶是尧舜时代的法官。《史记·夏本纪》:“皋陶卒,封皋陶之后于英、六,或在许。”《史记·楚世家》:“六,蓼,皋陶之后”。许即舒,称群舒(舒鲍、舒蓼、舒龚、舒庸、舒龙、舒鸠)。英、六、蓼、舒当在山东,后受周人的压迫而南迁,春秋时居住在今安徽六安、舒城一带,与原土著民族友好相处。皋陶的后裔自然以为廌图腾或

图 9　彩绘木獬豸　东汉。甘肃武威市磨嘴子出土，现藏甘肃省博物馆。参见杨泓：《墓葬及其他雕塑》（一），黄山书社 2010 年，第 182 页。

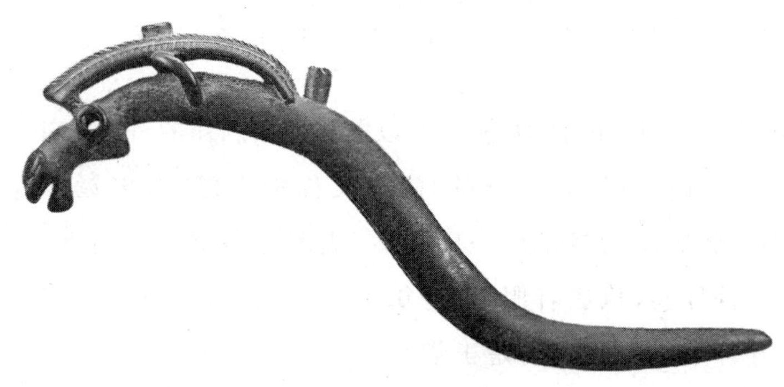

图 10　鹿角觿　西周。觿是日常生活用具，其用途是解结。辽宁建平县董家沟村出土。现藏辽宁省博物馆。参见孙华：中国美术全集《青铜器》（二），黄山书社 2010 年，第 579 页。

族徽，世世供奉，香火未绝。

然而好景不长，北边避狼，西边进虎，楚国的刀戈日日逼近了。经过一个世纪的围追堵剿，皋陶之后与土著庭坚族终于失国，归顺楚国。

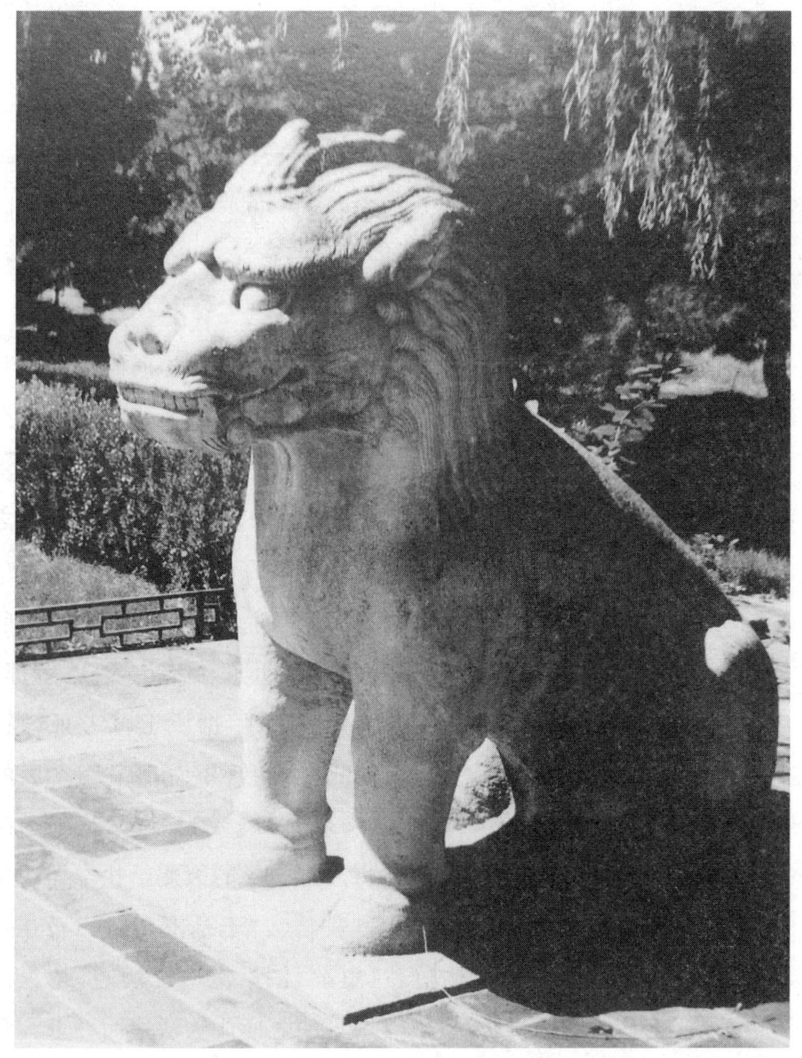

图 11　獬豸石兽　北京昌平区十三陵神道石像生獬豸石兽。参见北京文物局:《北京文物精粹大系·石雕卷》,北京出版社 2002 年,第 206 页。

《左传·文公五年》载:“臧文仲闻六与蓼灭,曰:皋陶、庭坚,不祀忽诸。德之不建,民之无援,哀哉!”忽:于;诸:此。是说皋陶,庭坚之神位从此无人祭奉了。

其实,楚国与庭紧本属同源,皆奉颛顼高阳为始祖。屈原《离骚》的首句为:“帝高阳之苗裔兮,朕皇考曰伯庸。”《左传·文公十八年》说:“昔高阳氏有才子八人”,“明允笃诚,天下之民谓之八恺”,其中就有庭坚。庭坚族与皋陶之后长期相处,融和如一。鉴于这些因素,战胜的楚国对他们并不十分忌恨。

楚王灭掉皋陶之后以后,便把战利品陈列在王宫里,时时把玩。其中有一种嵌着的形象的帽子,很是奇特精美,便常常戴在头上。久而久之,这帽子便称为“楚王冠”。楚人喜戴此冠。《左传·成公八年》:“南冠而絷者”,即“郑人所献楚囚也。”可证。的形象于无意之间从皋陶之后的祭台上转到楚王的头上,真是一次绝妙的“升华”。

秦以“尚法”著称,自然深知为何物。秦王政二十三年(公元前224年),秦灭楚国,尽获楚宫宝物,那些嵌有形的冠便被送进秦都。秦,嬴姓,伯益之后,奉少昊为白帝。皋陶,偃姓,据段玉裁考证,嬴、偃本为一字。故皋陶亦为秦之先世。如今于楚宫中发出皋陶之后的遗物,直如获至宝。鉴于是蚩尤(亦皋陶)的图腾或族徽,又是善于决讼的独角兽,故秦王很喜欢楚王冠,并将嵌有廌形的冠赐给执掌司法事务的御史,以作为标志。《史记·淮南王安传》:“于是王(刘安)乃令官奴入宫,作皇帝玺……汉使节法冠。”《集解》:“蔡邕曰:‘法冠,楚王冠也。秦灭楚,以其君冠赐御史’。”嵌有廌形的冠便成为法冠而登上大雅之堂了。

秦亡汉兴,汉承秦旧,汉兵据秦都,如萧何辈有卓识者,尽取秦宫中所藏文籍典册图书,以为治国工具。为治理泱泱大国,汉不仅沿用了秦的法律、官制，还承袭了舆服之制。故汉代执法官吏仍戴嵌有形的法冠，或称獬冠，豸冠。《淮南子·主术训》："楚庄王好獬冠，楚效之也"，汉高诱注："獬豸之冠，如今御史冠。"不仅如此，皋陶与的形象还被画在官署正墙上面，以渲染皋陶端庄正义之气，东汉王充所撰《论衡·是应》："今府廷画皋陶"，"獬豸者，一角之羊也，性知有罪"。东汉许慎撰《说文解字》说："灋"，今省作"法"。当从古老的法字上面遁去的时候，它已经在执法之吏的法冠上和官府衙门的影壁上悄悄地存在了几个世纪，为寻常百姓见惯不惊。它是一帧五彩的画卷，无言的史诗，向人们诉说着往昔的岁月。

法冠之制为后世所因循。如《晋书·舆服者》：(法冠)"铁为柱卷，取其不曲挠也；侍御史、廷尉正监平，凡执法官皆服之；"《南齐书·舆服志》："法冠，廷尉等执法者冠之。"《隋书·礼仪志·七》："法冠，一名獬豸冠，铁为柱，其上施珠两枚，为獬豸角形。法官服之。"直至唐代，獬豸冠仍为执法官员的法冠。《新唐书·车服志》："法冠者，御史大夫、中丞、御史之服也。一名解廌冠。"《岑嘉州诗·送韦侍御先归京》："闻欲朝龙阙，应须拂豸冠；"《唐会要·御史台·弹劾》载："乾元二年四月六日敕御史台：所欲弹事，不须先进状，仍服豸冠。……(旧制)大事则豸冠、朱衣、纁裳、白纱中单以弹之，小事常服而已。"到了宋代，规定更为详细。如《宋史·舆服志四》："朝服：一曰进贤冠，二曰貂蝉冠，三曰獬豸冠，皆朱衣朱裳；""今御史台自中丞而下至监察御史，大理寺卿、少卿、丞，审刑院、刑部主判官，既正定厥官，真行执法之事，则宜冠法冠；""御史大夫、中丞则冠有獬豸角，衣有中单；""獬豸冠，其梁上刻木为豸角，涂以碧粉。"法冠上方有木制的独角，涂上绿色颜料，以示与众官之别。只可惜，由于没有实物，历代法冠的样子，只能凭空臆测了。补服又称补子，是缝制在官服前胸后背的方形纺织物，上面绣着飞禽走兽之图案，以表示官员的品阶和职掌。补服是何时产生的？黄震云、孙娟依据北周庾信《正旦上宪府诗》“苍鹰下狱吏，獬豸饰刑官”句，以及郊庙歌词“屈轶无佞人可指，獬豸无繁刑可触”句，认为“这里的獬豸则指司法”，“獬豸饰刑官，表明庾信时代司法官员身上穿着的官服上绘有獬豸图案。獬豸已经由传说进入实际表现阶段，也就是说成为象征性的文化标志。之后如唐朝则专指监察御史之类的官职，则又是一变化。”[①]但是，“獬豸饰刑官”中的刑官，既可以指官员服饰，也可以指刑官的官府。如果是指官府的话，就和东汉王充《论衡·是应》所云“今府廷画皋陶”的意思一样了。至于府廷墙壁上的皋陶画像究竟是什么样子，我们尚不得而知。但是，我们看到古代牢狱墙上镶嵌虎头的雕塑，其象征意义是一样的。

据《旧唐书·舆服志》记载：“延载元年（公元 694 年）五月，则天内出绯紫单罗铭襟背衫，赐文武三品以上。左右监门卫将军等饰以对狮子，左右卫饰以麒麟，左右武威卫饰以对虎，左右豹韬卫饰以豹，左右鹰扬卫饰以鹰，左右玉金今卫饰以对鹘，左右金吾卫饰以对豸，诸王饰以盘龙及鹿，宰相饰以凤池，尚书饰以对雁。”如此，则补服当自唐代始。

正式的补服制度始自明朝。据《明史·舆服志》：洪武二十六年（公元 1394 年）初定文武官朝服，依据官员品位，其冠式革带绶佩颜色各有差，而“独御史服獬豸。”正德十三年（公元 1519 年），定文武官员服色：“一品斗牛，二品飞鱼，三品蟒，四五品麒麟，六七品虎彪，翰林科道不限品级皆与焉。时文臣服色亦以走兽，而麒麟之服逮于四品，尤异事也。”此后补服制度最终完善。关于明代补服的图案，有学者做了总结，文官

---

① 黄震云、孙娟：《汉代神话史》，长春出版社 2009 年，第 322、323 页。

一品至九品分别为:仙鹤、锦鸡、孔雀、云雁、白鹇、鹭鸶、鸂鶒、黄鹂、鹌鹑,杂职练鹊,风宪官服獬廌;武官一品至九品分别为:狮子、狮子、虎豹、虎豹、熊罴、彪、彪、犀牛、海马。①

清朝沿用了明朝的补服制度。据《清史稿·舆服二》记载,清代补服制度规定,文官一品至九品补服分别为:鹤、锦鸡、孔雀、雁、白鹇、鹭鸶、鸡鸠、鹌鹑、练雀;武官一品至九品补服分别为:麒麟、狮、豹、虎、熊、彪、犀牛、犀牛、海马。其中,文官三品中“惟都御史及按察使前后绣獬豸,”文官四品中“惟道绣獬豸,”文官五品中“惟给事中、御史绣獬豸。”

从明朝开始,补服制度不仅适用于本朝,还适用于当时的藩国。《明史·舆服志》载:“洪武二年,高丽入朝,请祭服制度,命制给之。”此后,高丽国官员亦按品阶服明朝官服。监察司法官员则以獬豸为补服。

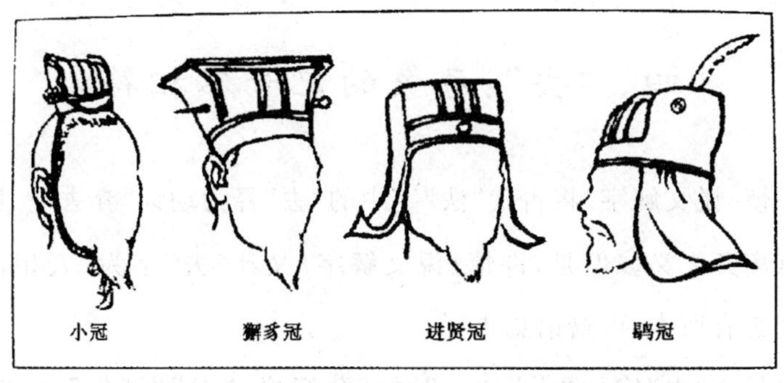

图 12 汉獬豸冠 参见孟琢、彭著东译注:《童蒙须知·明贤集》北,中华书局 2013 年,第 10 页。

① 沈从文、王予予:《中国服饰史》,陕西师范大学出版社 2004 年。转引自杨砚池:《浅析明朝补服图纹与明朝礼法的关系及内涵》,《新余学院学报》2013 年第 2 期,第 81 页

图 13　唐七梁冠　唐代。现藏首都博物馆。参见北京文物局:《北京市文物精粹大系·玉器卷》,北京出版社 2002 年,第 94 页。

四、“去”:弓矢的记号不相符

许慎《说文解字》将古代“法”字中的“去”释为动词“弃去”。甲骨文“去”有离开之义。但是,许慎《说文解字》又释“去”字为“人相违也”。此义则必有所本,可惜语焉未详。

甲骨文“去”字由“大”、“凵”两部分组成,“大”即“矢”字,“凵”即“弓”字。《管子·轻重甲》:“三月解匋,弓弩无匡移者。”匋即“装弓箭的器具。”①《说文解字》,“勹,裹也,象人曲形,有所包裹。”则“去”字为弓、矢无疑。匋字与“医”字形近义同。《说文解字》:“医,盛弓弩矢器也,从

① 《汉语大字典》(缩印本),四川辞书出版社 1986 年,第 258 页。

图 14　明官服　明代官服补服图案。参见〔韩〕孙晟:《东洋法的象征》,东国大学出版社 2007 年,第 183 页。

匸从矢。”“医”和匋都是装“弓弩矢”的器具,两字或可以互代。匋与“匋”字也同样可以互代。(清)王念孙认为:匋当为匋,匋与韬同,弓衣也。《广雅》:韬,弓藏也。韬又与弢同。《说文解字》:弢,弓衣也。[①] 王念孙的意见开阔了我们的视野。盖先秦时齐国用匋字,他国用韬字,不用匋字。后韬、弢行而匋字止。

① (清)王念孙:《读书杂志》三《说匋》,上海古籍出版社 2014 年,第 1305、1306 页。

图15 明獬豸补服 明代官服补服图案。参见〔韩〕孙晟:《东洋法的象征》,东国大学出版社2007年,第183页。

无论如何,《管子·轻重甲》中的匋字,为我们探讨去字的本义提供了另一个符合逻辑的渠道。如果说“去”是弓、矢相离之义,那么,“夷”则是弓、矢相合之义。“夷”古字正表示弓、矢正好是一套。那么,表示弓、矢相离的去字究竟意味着什么含义呢?

弓、矢是远古社会重要的生产工具和武器。当时的人们常常在弓矢上面刻上族徽或记号,在因猎获物的归属或损害赔偿问题发生纠纷时,弓矢上面的记号便成了重要的“诉讼证据”。发明了以弓矢上面的记号来裁判案件的方法的,可能是东夷民族。而正式提出这一制度的人就是殷朝末年的箕子。

图 16　明獬豸补服　明代官服补服图案。参见〔韩〕孙晟:《东洋法的象征》,东国大学出版社 2007 年,第 184 页。

《周易·明夷》:"箕子之明夷。"是说,箕子发明了"明夷"的方法。"明夷"即出示弓矢,亦即出示证据之义。谁主张所有权,谁就有义务出示证据。"明"又当"盟"讲,"盟夷",即在出示弓矢之前发誓,宣布自己的主张是真实的,否则会受到神的制裁。其结果,败诉一方将以渎神之罪受到惩罚。久而久之,在诉讼中出示弓矢和诉讼前发誓两件事,就慢慢合而为一了。

《尚书·洪范》是"箕子之明夷"的一个佐证。该篇记述箕子的"洪范九畴"即治理国家的九种大法,其二是五事:"三曰视","视曰明","明作哲”;“四曰听”,“听曰聪”,“聪作谋”;其七是“明用稽疑,谋及乃心,谋及卿士,谋及庶人,谋及卜筮。汝则从,龟从,筮从,卿士从,庶民从,是之谓大同。”上述两段可能是讲司法审判的道理,即观察和讯问的方法。这些内容和《尚书·皋陶谟》所谓“知人则哲,能官人”,“率作兴事,慎乃宪”,“屡省乃成”;以及《尚书·吕刑》的“哲人惟刑”,“惟良折狱”等,是相通的。而“明夷”也许就是“明用稽疑”的简称。

通过对古代“法”字的分析,可以看到,首先,一个世世代代执掌兵刑的部族,在古代法律生活中发挥了持久的影响;其次,水在原始社会中具有禁忌上的和行为准则上的特殊功能;其三,在诉讼活动中证据具有重要意义以及由此可产生严重的后果。以上三方面的因素合起来就是“法”。在古人看来,“法”是一种活动,即当人们产生纠纷时由法官来评判的一种审判活动;又是一种行为准则,即通过审判来宣布、通过刑罚来保障人们必须遵从的行为准则。传统是不能割断的。当古“灋”字简化为“法”时,那个廌却在法官的官帽上,在衙门的影壁上悄悄存在了多少世纪,向人们诉说着遥远的往事。

五、古代证据制度与西周“灋”字的出现

西周的“灋”字比商末的“灋”字多了一个“去”字。“去”字由弓矢二字构成。该字与古代“明夷”的诉讼证据制度有关。

(一)从“箕子明夷”到“听其有矢”:古代证据制度

1. 关于“箕子之明夷”

“箕子之明夷”语出自《周易·明夷》。对“箕子之明夷”和该卦爻辞

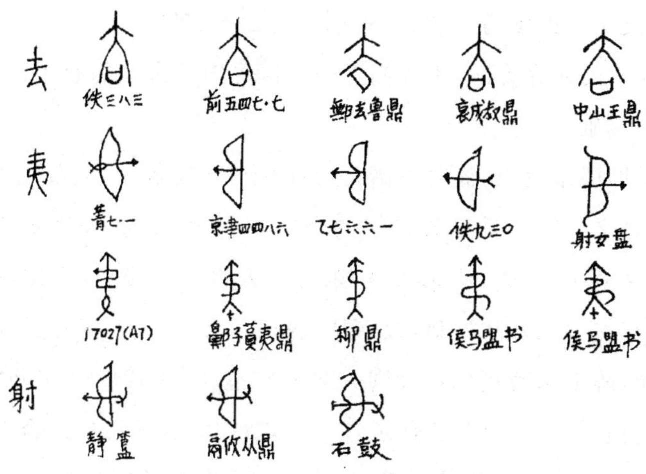

图 17　甲骨文去夷射字　作者摹写。

的解释，历来众说纷纭、莫衷一是。对于“箕子”，顾颉刚、李镜池、高亨先生均以为即殷末贤臣箕子。也有人认为“箕子”乃实即“其子、”“荄兹”、“孩子。”[①]对于“箕子之明夷”，顾颉刚先生以为系古代的一个成语典故，“夷者灭也，明灭故暗晦”。全句即今人所谓“箕子的晦气。”[②]李镜池先生以为“之”即“到”，“明夷”是古代氏族或国家之名。全句为“箕子到某处”之义。高亨先生认为“明夷”即“鸣雉，”又谓缺一“获”字，当为“箕子之获明夷。”全句义为“箕子获得野雉。”[③]刘大钧、林忠军先生认为，“明夷显然是一种鸟，古代认为日中有三足鸟，马王堆帛书中就有类似的日上飞鸟。此飞鸟是否与明夷于飞有关，由经文中出现飞、翼字

---

① 参见张大芝：《箕子之明夷新解》，《杭州大学学报》第 12 卷第 2 期，1982 年 6 月。

② 顾颉刚：《周易卦爻辞中的故事》，《燕京学报》第六期；又顾颉刚主编：《古史辨》（三）朴社民国二十年（1931 年），第 16 页。

③ 李镜池：《周易卦名考释》，《周易探源》，中华书局 1978 年，第 275、271 页。

眼考,明夷是一种飞鸟无疑。”[①]这些研究成果,特别是将爻辞与传说史料结合起来的研究方法,为我们进一步探寻周易古经的原始含义,奠定了重要的基础。

箕子即殷末贤臣,商纣王诸父,封国于箕,故名。“明夷”之“明”,辨别、查验之义。“夷”是弓矢二字的合文,“明夷”的字面含义是查验弓矢。《说文解字》:“夷,从大从弓,东方之人也。”朱骏声《说文解字通训定声》:“东方夷人好战好猎,故字从大持弓,会意。大,人也。”对夷字从“大”之说,陈梦家曾指出:“大则矢之讹变也。”[②]古代“夷”字乃“弓矢之合书”,正由弓、矢二字重叠而成:“卜辞雉从隹,或从弓矢之合书,即雉,省作夷。《说文》以夷为从大从弓,误矣。”[③]张富祥认为,“把《说文》的从大从弓改释为从矢从弓,也就得到正确的解说。”[④]因此,我们可以知道,第一,“夷”的古字字形表示矢、弓合一;第二,“夷”字与东夷有关。“箕子之明夷”,“之”字没有确切语义,整句义即“箕子和明夷”。

2. 弓矢的作用

弓矢是原始人重要的生产工具和武器。“弓箭对于蒙昧时代,正如铁剑对于野蛮时代和火器对于文明时代一样,乃是决定性的武器。”[⑤]按照有关文献记载,东夷最早发明了弓箭。《世本·作篇》:“蚩尤作五兵”,“夷牟作矢、挥作弓”,“逢蒙作射。”古人重视和珍爱弓矢,常常在弓、矢上面刻上记号或族徽。这种习惯一直延续下来,如《国语、鲁语下》:“铭其括曰:肃慎氏之贡矢。”

---

① 刘大钧、林忠军:《周易古经诂解》,山东友谊出版社1998年,第68页。

② 陈梦家:《隹夷考》,《禹贡半月刊》第5卷第10期。

③ 黎祥凤:《周易新释》,辽宁大学出版社1994年,第185页。

④ 张富祥:《说夷》,《淄博师专学报》1997年第3期。

⑤ 恩格斯:《家庭、私有制和国家的起源》,《马克思恩格斯选集》(四),人民出版社1995年,第20页。

由于古人习惯于在弓矢上面刻上记号，于是，就使弓矢具有了特殊作用。这表现在三个方面：

第一，在战后论功行赏之际，弓本身就是捕获俘虏的直接证据。以弓缚首便是“臣”字。“臣”即战俘。甲骨文“臣”字即由外部、内部两部分组成：内部长形半环象人首，外部半圈象弓。甲骨文弓字有两形：一为张弦之弓，二为弛弦之弓。古人狩猎或临战时张弦，此后脱弦，与矢一起妥为保藏。《周易·睽》：“先张之弧，后说之弧，匪寇婚媾。”“弧”即弓弦。战争之后，胜利者将弓弦脱下，并用弓弦捆缚战俘之脖项，牵之以返。此时，弓还有另外一层作用，就是证明俘虏是属于自己的战利品，别人不能争议，其目的是等待论功行赏。《诗经·鲁颂·泮水》：“矫矫虎臣，在泮献馘，淑问如皋陶，在泮献囚。”这是“既克淮夷”，“淮夷卒获”之后论功行赏的情景。馘，《毛传》：“馘，获也，不服者杀而献其左耳曰馘。”献即谳，讯问。谳囚不是审问战俘，而是论功行赏。这是古老军法的重要职能之一。《睡虎地秦墓竹简·封诊式》中载有两战士战后相互争首级而致诉讼的内容，长官只得“诊首”，凭借创口的特征来判断。这是战国时代的事情。但是在远古时代，这种矛盾早已经被解决了。因为古人的弓矢上面刻有族徽或记号，挂在俘虏脖颈上面的弓便是直接的证据。久而久之，以弓弦捆缚他人的脖项，便带有统治、打败或奴隶身份的特定含义。因此，以弓缚首是带有侮辱性的动作；

第二，矢可能是为了标识罪隶身份而对战俘黥目或眇其一目时的用具。据《尚书·吕刑》载，在蚩尤发明的五刑中有黥刑。殷周之际，黥刑比较流行，《周易·鼎》：“其形（刑）渥（剭）”；《睽》：“其人天且劓”；《噬嗑》：“噬肤”。“剭”、“天”、“噬肤”盖即文身或黥刑（刺面）。黥目或眇其一目便产生了“民”。《说文解字》：“民，众萌也。从古文之象；”“氓，民也，从民亡声，读若盲。”《贾子·大政》：“夫民之为言萌也，萌之为言盲也。”在甲骨文中，“民”字有两形：其一，上目下十。刘兴隆注：“象以物刺人目形，示为罪隶也。与金文民同。典籍民、盲、氓一字；”[①]其二，上目下矢。赵诚注：“构形不明。甲骨文作方国之名，则为借音字。”[②]我推测，目下之“十”或即“甲”符，代表编号。在奴隶眼眶下文以此号以标明归属。甲骨文还有上目下口、上口下目、上目下矢三个字形。[③] 口盖即“丁”，或即文身图案。目下之“矢”表示黥刑的用具。金文中亦有此字形。殷商曾盛行文身。盖施于内部用“辛”（专用刀具），即文额、文胸、文乳；施于外部用“矢”，即文目或刺瞎一目。《周易·履》、《归妹》有：“眇能视”。眇：瞎了一只眼，仍能看见东西。盖眇其一目之义。郭沫若《甲骨文字研究·释臣宰》：周代彝器中的民字“作一左目形，而有刃物以刺之；”“周人初以敌为民时，乃盲其左目以为奴征。”梁启超《太古及三代载记·附三苗九黎蚩尤考》：“因其冥昧，亦谓之民，”“民之本义为奴虏。”[④]人被眇其一目，视物有碍，故“民”有“冥”、“盲”、“瞑”之义；

第三，弓矢在诉讼中具有证据意义。矢是确认战利品归属并论功行赏论的重要凭据，而最古老的裁判活动可能最早源于战争。《诗经·鲁颂·泮水》：“淑问如皋陶，在泮献囚”。郑玄笺：“善听狱之吏如皋陶者”。淑，善也，又同“叔”。《说文解字》：“叔，拾也。”郭沫若先生认为：叔字“以金文字形而言，实乃从又持戈以掘芋也。”[⑤]“问”，审讯，考察，追究。“淑问”，意即刨根问底彻底调查清楚。献，谳，审判。皋陶之所以善于听讼，与其说是仰仗着神羊，不如说是靠着证据，即弓矢。“献囚”的手段靠证据即弓矢，故甲骨文出现了獻字；“献囚”的目的是论功

---

① 刘兴隆：《新编甲骨文字典》，国际文化出版公司 2005 年，第 846 页。

② 赵诚：《甲骨文简明词典》，中华书局 2009 年，第 150 页。

③ 沈建华、曹锦炎：《甲骨文字形表》，上海辞书出版社 2008 年，第 42 页。

④ 《汉语大字典》（缩印本），四川辞书出版社 1986 年版，第 893 页。

⑤ 郭沫若：《两周金文辞大系图录考释》，科学出版社 1957 年。转引自陈初生：《金文常用字典》，陕西人民出版社 2004 年，第 328 页。

行赏，故甲骨文出现了𢙟，即庆赏的庆（慶）字。或与“用命赏于祖”有关。还有一个𧇊字，丄即古代的社。该字与“弗用命戮于社”是不是有关呢？皋陶很可能是以证据即弓矢来断案的第一位大法官。后来，这种做法被商人继承，并被箕子所提倡。

3.“听其有矢”

弓矢是确定民事权利责任的重要依据。在民事、刑事诉讼中，证据的地位是很重要的。《周易·随》：“有孚在道，以明何咎”。孚，信，证据；道，审理。依据证据来审理案件，才能辨别曲直。在猎获物的归属发生纠纷时，弓矢是最可靠的证据。因为猎人的弓矢上面都刻有符号，或者各家箭镞具有各自的特征。《明夷》：“明夷，夷于左股，用拯马壮，吉。”拯，赔偿；壮，通戕，伤。一匹马的左股被射伤，在伤口处发现箭头，据此查到箭的主人并责令医治马伤，这是对的。“明夷于南狩，得其大首，不可疾，贞”。猎人射伤了一只猛兽，一直尾随追到南方村落，因为兽身上有箭头作为证据，当地人不敢拒绝归还。“入于左腹，获明夷之心，于出门庭”。心，木上的尖刺，《诗经·邶风·凯风》“吹彼棘心”，此指箭头。一个猎人追到别人家里索要一只猎物，结果在猎物左腹发现箭头，证明确系他所射，就把猎物背走了。“不明，晦，初登于天，后入于地”。不肯把弓矢交出来验证，太暧昧了，这就证明猎物不是你射的，就好像朝天射了一箭，又落到地上，什么也没射着，你的箭还在那里插着呢！正因为弓矢是最可靠的证据，所以在诉讼中双方都要出示证据，即“明夷”。

正因为弓矢是最可靠的证据，所以在诉讼中双方都要出示证据，即“明夷”。《周礼·秋官·司盟》：“有狱讼者，则使之盟诅。”盟诅即发誓，誓又写作矢。故发誓和纳矢二义皆通。发誓和纳矢为诉讼前的必经程序，久而久之，二者便混二合一了。《周礼·秋官司寇·大司寇》所载：“以两造禁民讼，入束矢于朝，然后听之”，《国语·齐语》所云：“坐成以束矢，”韦注：“两人讼，一人入矢，一人不入则曲。”《管子·中匡》：“无所诎而讼者，成以束矢。”至此，古老的风俗已经演化成了一种抽象的仪式。《睡虎地秦墓竹简·为吏之道》：“听其有矢，从而则之。”[1]意思是说原告起诉时有证据才受理，并按照双方提供的证据来裁判案件。至于“入矢”、“有矢”的意思，有人认为是发誓，有人认为是证明自己已像矢一样正直，还有人认为是交“诉讼费”。这些也许都不是其本义。其实，它们正是从古老习俗“明夷”即出示和检验证据——“明夷”演化而成的。

（二）“明夷”、“明用稽疑”与西周“灋”字的出现

1.“不富以其邻”、“迷逋复归”的古老法条

“明夷”并不是一种简单的证据制度，“明夷”的本质是保护财产所有权，禁止将无主财物据为己有。这和《周易》的“不富以其邻”、“迷逋复归”的古老法条是完全一致的。

“不富以其邻，”(《谦》)即不能通过侵害邻人的手段来致富。这是一条古老的道德准则。筮辞几次谈到“丧牛于易、”(《旅》)“丧羊于易。”(《大壮》)指殷先王亥到有易部落被土著居民杀死，牛、羊被抢，后来王亥的后代打败有易，夺回牛羊。筮辞引用这个典故阐明复仇的原则，警告人们不要侵犯他人财产权。

“迷逋复归。”迷，指牛、马、羊跑失，或遗失其他财物；逋，指臣、妾、童、仆等奴隶逃亡；复归，指归还原主。按当时的法律和惯例，凡得到上述财物或奴隶的，应呈报专门机关，归还原主，并可以从原主那里得到偿金，否则将引起诉讼。《震》：“亿丧贝，跻于九陵，勿逐，七日得。”全句意思是：有人遗失巨额货币，赶往几个关口要道去通报，回答说：不必追

---

① 《睡虎地秦墓竹简》，文物出版社 1978 年，第 288 页。

寻，七天内可以找到。《既济》：“妇丧其茀，勿逐，七日得。”茀，是装饰品，妇人丢失了装饰品，不必追寻，只要通报官府，七日内就可找回。“迷逋”事件常常引起诉讼。如《无妄》：“无妄之灾，或系之牛，行人之得，邑人之灾。”捡了别人跑失的牛而不上报，“行人”（地方官）受理失主的起诉，便在遗失牛的地方进行大搜查，这是当地人的耻辱。

中外奴隶制法律在处理动产（包括奴隶）纠纷上有惊人的相似之处。《汉穆拉比法典》规定，自由民藏匿宫廷和奴隶主的逃奴而不交出的，此家的家长应处死；自由民在原野里捕到逃亡奴婢交还原主的，可以从原主那里得到酬金；如果藏匿而不交还原主，应处死；奴隶说不出主人姓名的，必须调查并遣返给他的主人；理发匠未经主人许可而剃掉奴隶发式标记的，应断其手。①

2. “明用稽疑”与“明夷”制度

纣王暴虐，箕子劝谏，不听，披发佯狂为奴，为纣所囚。武王伐纣，释箕子。箕子应武王所咨，作《洪范》，述理国之九畴。《尚书·洪范》载箕子言治理国家的九项措施，即“洪范九畴”。其七为“明用稽疑。”“稽”，《广雅·释言》：“稽，考也。”即考核、调查。甲骨文的“疑”字，左部是上匕下矢，右部即匕字。《玉篇》：“匕，矢镞也。”《左传·昭公二十六年》：“射子，中楯瓦，繇朐汏辀，匕入者三寸。”注：“匕，矢镞也。”甲骨文“疑”字即由匕、矢、匕三字所组成，一矢二匕，正表示在证据上出现了疑问。“明用稽疑”就是“明夷”，就是通过弓与矢（匕）上面的符号或特征来搞清事实，以确定责任。东夷部落的发明并非被商人抢先注册了专利，在那些被刻划成的文字背后，正是人所共知的口耳相传的古老故事，其中就不乏皋陶神判的传说，如同后来的包公案、狄公案一样。古

① 《汉穆拉比法典》，杨炽译，高等教育出版社1992年，第20、122页。

代“灋”字的产生与第一代大法官皋陶相联系，决不是偶然的。[①]

“明夷”制度的本质内容不仅是确定所有权而更重要的是保护合法的所有权。在商代，奴隶和马牛一样都是重要的财产。商末，曾经发生大规模奴隶逃亡的现象。商纣王违背了“迷逋复归”的古训，从而亡国。《尚书·牧誓》载周武王历数商纣王的罪过之一是“乃惟四方之多罪逋逃，是崇是长，是信是使。”《左传·昭公七年》载，楚灵王“即位，为章华之宫，纳亡人以实之。”芋尹无宇的守门奴隶（阍）就藏匿在章华宫里面，芋尹无宇向楚灵王讨回其奴隶而被拒绝。他向楚灵王慷慨陈词道：“周文王之法曰：‘有亡荒阅’，所以得天下也。……吾先君文王，作仆区之法，曰：‘盗所隐器，与盗同罪’，所以封汝也。若从有司，是无所执逃臣也。逃而舍之，是无陪台也。王事无乃缺乎？昔武王数纣之罪以告诸侯曰：‘纣为天下逋逃主，萃渊薮。’故夫致死焉。君王始求诸侯而则纣，无乃不可乎？若以二文之法取之，盗有所在矣。”。意思是说，当年商纣王接收了天下的逃亡者而不归还，从而得罪了各地奴隶主，招致诸侯的反叛。相反，周文王则通过大搜捕把逃亡奴隶归还给奴隶主，从而得到诸侯的拥戴。楚文王制定法律，对隐藏逃亡奴隶的按照盗窃罪来处刑，所以才被封为诸侯。这段话为我们了解商亡的社会原因提供了证据。

箕子是贤臣，在纣王倒行逆施之际，可能以“明夷”古训力谏纣王，却遭到纣王的囚禁。箕子劝谏的理由，就是“明夷”，即确定并且保护奴隶主对逃亡奴隶的所有权。因此，这一重要历史事件就被人们特意保存下来，成为《周易》的编纂者手中的素材。此即“箕子”与“明夷”相连的原因。周人取得政权之后，掌握舆论导向，极力贬抑纣王的暴虐。箕子由于批评纣王和归顺周人而得到赞扬。周人表彰箕子，意在重申“明夷”所体现的法律原则，以安顿四方诸侯，同时也为了削弱殷商遗民的

---

① 瞿同祖：《中国法律与中国社会》，中华书局1981年，第253页。

反抗。

3. 西周“灋”字的出现

甲骨文中未见灋字。在殷商末年的《作冊般铜黿铭》中“法”字写作 瀌。对这个没有“去”字的灋，如果仍然引用《说文解字》：“灋者，刑也，平之如水，从水，廌所以触不直者”，这在逻辑上也许仍然能够成立。西周金文“灋”字增加了“去”字，这一看起来并不起眼儿的变化，其实反映了审判制度的巨大变革，其意义与西周之“德”较之殷商之“德”多了一个“心”符一样，都堪称划时代的变革。

殷商的瀌字中没有“去”，是因为当时实行神判法，即通过占卜来决定判决。在甲骨卜辞当中，我们不难发现神判法的记录。这种神判法到了商末发生了动摇。《尚书·洪范》载箕子述治国九畴，其七稽疑：“立时人作卜筮，三人占则从二人之言。汝则有大疑，谋及乃心，谋及卿士，谋及庶人，谋及卜筮。”这种注重人事的施政方针，与殷商迷信鬼神的传统做法已经大异其旨了。这种原则贯彻在裁判活动中，就是：一经验判断（谋及乃心）；二征求意见（谋及士庶）；三求助卜筮（谋及卜筮）。在这种思想框架下，我们再回过头来看“灋”字：“灋”字中的“廌”代表神兽，“去”代表“明夷”（证据）。因此可以推测，灋字就是在西周初期，在神权动摇、人事兴起的特殊社会背景下，并且在总结以往法律实践经验基础上产生的。灋字是古代神判法向人判法整体过渡的一个路标。

西周的有“去”之“灋”是接受并确认箕子“明夷”的客观记录。箕子之“明夷”其实宣布了三项原则：一保护财产所有权，禁止将无主财物据为己有；二产生争讼后不得私自诉诸武力，要由官方裁判；三在诉讼中，双方须到场参加诉讼；四官人既不是运用神判也不是使用刑讯，而是通过证据而来裁判案件。

“有亡荒阅”的“周文王之法”和“盗所隐器，与盗同罪”的楚文王之法，被称作“二文之法，”它们之间当然存在内在联系。其关键便是一个

“盗”字。“盗”之罪名起码在西周初期就已确立。《左传·文公十年》载:周公“作誓命曰:毁则为贼,掩贼为藏,窃贿为盗,盗器为奸。主藏之名,赖奸之用,为大凶德,有常无赦,有九刑不忘。”“二文之法”都是涉及逃逸臣妾牛马之归属权问题的法律原则。再加上纣王故事的反衬:“纣为天下逋逃主,萃渊薮。”杨伯峻注:“天下逃亡者,纣为窝藏主,故群集之,如渊为鱼之所藏,兽为薮之所聚处。”面对隐匿臣妾牛马的行为,周文王的办法是来个大搜查;楚文王的办法是定他个盗窃罪。其宗旨都在于维护臣妾牛马所有者的所有权。

“明夷”所体现的法律原则一直被延续下来。《尚书·费誓》载:“马牛其风,臣妾逋逃;无敢越逐,祗复之,我商赉汝,乃越逐不复,汝则有常刑”。是说,得到跑失的马牛和逃亡奴隶,不能据为己有,要如数归还原主,这样可得到酬金,否则要受到处罚。《周礼·秋官·朝士》:“凡得获货贿、人民、家畜者,委于朝,告于士,旬而举之,大者公之,小者庶民私之”。意思是,凡得到遗失的财物,逃亡奴隶和跑失的牲畜,应向“朝士”报告,由“朝士”招领,十日内无人认领,奴隶马牛归公,小额财物则归拾者,以资酬劳。此处的“朝士”有似于《周易》里面的“行”、“行人”、“中行”;“旬日”可能类似于“七日”,是招领的期限。《左传·文公六年》载“夷蒐之法,”有“董逋逃,由质要”的规定。即处理逃散马牛奴隶归属的争讼,应以购买马牛奴隶的契书为凭据。《周礼·秋官司寇·士师》:“凡以财狱讼者,正之以傅别约剂”;《朝士》:“凡有责(债)者,有判书以治则听”,“凡属责(委托债务)以其他傅而听其辞”;《天官冢宰·小宰》:“听师田以简稽”,“听闾里以版图”,“听称责以傅别”,“听取予以书契”,“听买卖以质剂”;《地官司徒·小司徒》:“凡民讼,以地比正之;地讼以图正之”等。《礼记·月令》有“命理瞻伤、察创、视折,审判决,狱讼必端平”,都强调证据对于公平断讼的意义。这些思想和制度,既告别了神判,又杜绝了刑讯。

六、“谳与灋同意”:独角虎与鹰

在古代文字当中,与“灋”字内涵相通而且具有内在联系的还有一个字——“谳”字,又写作瀻。《说文解字》:“瀻,议罪也,从水、獻。与灋同意。”“议罪”指刑事诉讼,以确认犯罪事实为工作程序,以对犯罪行为人进行刑事制裁为目的。相当于古代的“狱”。古代狱与讼有别。《周礼·秋官·司寇》:“以两造禁民讼”,“以两剂禁民狱”,郑玄注:“讼谓以财货相告者”,“狱谓相告以罪名者”。可以说,“谳”概括了刑事诉讼的全部内涵。《礼记·文王世子》:“狱成,有司谳于公。”注:“成,平也,谳之言白也。”《汉书·景帝纪》:“诸狱疑,若虽文至于法而于人心不厌者,辄谳之。”注:“谳,平议之。”

甲骨文有“谳”字。卜辞有:“乙卯卜狄贞谳羌。”[①]金文也有“谳”,该字增犬字。《师旂鼎铭》:“旂对厥谳于尊彝”,《朕匜铭》:“伯杨父乃成谳。”[②]《睡虎地秦墓竹简·秦律十八·徭律》:“縣毋敢擅坏更公舍官府及廷,其有欲坏更殴,必谳之;”《法律答问》:“擅杀刑髡其后子,谳之。”[③]

许慎为什么说瀻“与灋同意”呢?许慎的这句话向我们披露了什么信息呢?今天,那些曾经为东汉知识人所熟知的故事,我们已经很难找到了。我们只能通过古文字来探寻其中的原委。

《字汇·水部》:“(瀻)与讞同。按:此字有从言者,从水者。从言,以言议罪也;从水,议罪如水之平也。议各有取。”该字的核心部分是“獻”。从水,从言的字,可能是后来形成的。

---

① 姚孝遂:《殷墟甲骨刻辞类纂》(下),中华书局 1989 年,第 1064 页。

② 武树臣:《中国传统法律文化辞典》,北京大学出版社 1999 年,第 414 页。

③ 《睡虎地秦墓竹简》,文物出版社 1978 年,第 77、182 页。

“獻”由“鬳”、“犬”二字组成。《说文解字》:“鬳,鬲属,从鬲,虍声。”可见,“鬳”字由“鬲”、“虍”二字组成。“鬳”字的本义可能是虎形鬲。或刻有虎形象的鬲。“虍”即“虎文”。《说文解字》:“虍,虎文也,象形,凡虎之属皆从虍。”“虒”应当是虎的一种,《说文解字》:“虒,委虒,虎之有角者也。从虎,厂声。”“虒”读如“豸”即“廌。”司马相如《上林赋》“茈虒,”李善注引如淳曰:“茈,音此,虒,音豸。”

我们知道,“獬豸”、“解廌”又作“觟觽”、“解觽”、“解鹿”。《集韵·蟹韵》:“廌,说文:‘解廌,兽也’。或作觽。”于是,我们终于明白,廌即觽。那么,虎形鬲亦即廌形鬲,独角虎形鬲。由此可以推断,灋与“濾”、“瀛”最初曾经是相通的字。

那么,金文的“谳”字为什么比甲骨文多了一个“犬”字符呢?《说文解字》:“獻,宗庙犬名羹獻,犬肥者以獻之。从犬,鬳声。”商承祚《殷契佚存》:“獻本作甗或甗,从虎从鼎或从虎从鬲。后求其便于结构,将虍移于鼎或鬲之上,以虎上而字之下体写为犬形,遂成獻矣。以传世古甗证之,三足之股皆作虎目,即此字之取义。后写误作獻,乃用为进獻字。”[①]根据商承祚的意见,鬳本来由虎鬲二字构成,后来,由于传写之变,将虍置于上,几置于右侧而为犬。如此,则鬳字本义当为虎形(虎纹)之鬲,即虎鬲。犬字可以忽略不议。

值得注意的是,虎属于“仁兽”即“夷兽,”东夷之兽。《山海经·海内北经》:“林氏国有珍兽,大若虎,五采毕具,尾长于身,名曰騶吴,乘之日行千里。”“騶吴”即“騶虞。”《说文解字》:“虞,騶虞也,白虎黑文,尾长于身,仁兽,食自死之肉。”“騶虞族的祖灵图腾是虎,是兽王。”[②]《山海

① 参见汉语大字典编辑委员会:《汉语大字典》(缩印本),四川辞书出版社 1992 年,第 579 页。

② 周清泉:《文字考古——对中国古代神话巫术文化与原始意识的解读》(一),四川人民出版社 2002 年,第 115 页。

经·海外东经》:“君子国在其北,衣冠带剑,食兽,使二文虎在旁”。可见,东夷的君子国与虎是有渊源关系的。良渚神徽即蚩尤骑虎形,河南濮阳西水坡史前墓葬发现独角虎和人骑虎造型,甲骨文金文都有独角虎的象形字。凡此种种,使我们不禁联想到廌与独角虎的关系。“谳”与“灋”之所以“同意”,其要害在于觽通“廌”,“廌”与独角虎同源。从而为我们探讨“灋”的起源和社会功能提供了一条新的途径。

《周易》筮辞记载了神虎裁判的材料。《履》:“履虎尾,不咥人,亨”;“履虎尾,愬愬,终吉”;“履虎尾,咥人,凶”;“履道坦坦,幽人贞吉”。咥,咬;愬愬,恐惧;幽人,被拘系者。是说,对犯罪嫌疑人是否有罪存在争议,于是由虎来裁判。其方法是让犯罪嫌疑人把脚伸进虎笼去踩虎的尾稍,如果虎发怒张口咬人,此人就有罪;如不咬人,或畏惧地把尾巴抽回,踱到远处去,此人就无罪。

《诗经》中有些诗句涉及古老的神明裁判的内容。如《小雅·小旻》:“我龟既厌,不我告犹,……不敢暴虎,不敢冯河”;《小宛》:“宜岸(犴)宜狱,握粟出卜”;《巷伯》:“取彼谮人,投畀豺虎,豺虎不食,投畀有北,有北不受,投畀有昊。”“龟”和“卜”,可能是法官遇到疑难案件时求神指示的一种方法。“暴虎”、“投畀豺虎”、“冯河”可能是用虎豺和涉水以决直曲的神明裁判。《周易·履》的“履虎尾”,《颐》的“虎视眈眈,其欲逐逐”,《泰》的“冯河”,《大过》的“过涉灭顶”,且《周易》“涉大川”十余见,可能都与神判有关。

《诗经·小雅·巷伯》载:“取彼僭人,投畀豺虎,豺虎不食,投畀有北,有北不受,投畀有昊。”“有昊”盖指蚩尤、皋陶部落的领地。蚩尤作法,皋陶长于审判,又依靠独角神羊裁判疑难案件。因此,“有昊”可能是“古夷人图腾审判而遗留下来的古老熟语。”[①]“投畀有昊”或即交给

① 张富祥:《东夷文化通考》,上海古籍出版社2008年,第220页。

蚩尤皋陶去制裁之意。

秦汉以后，神判现象如凤毛麟角。但是也并非毫无踪迹。比如，据《史记·儒林列传》载：“窦太后好老子书，召辕固生问老子书。固曰：‘此是家人言尔’。太后怒曰：‘安得司空城旦书乎？’乃使固入圈刺豕。景帝知太后怒而固直言无罪，乃假固利兵。下圈刺豕，正中其心，一刺，豕应手而倒。太后默然，无以复罪，罢之。”杨树达《说廌》谓：“时至汉世，文治已大进，而犹有此制者，正古人以廌触不直之遗法矣。”[①]又据《南史·扶男传》载：“有罪者，辄以餧猛兽及鳄鱼，鱼兽不食为无罪，三日乃放之。”《搜神记》亦载，“扶南王范寻养虎于山，有犯罪者，投与虎，不噬，乃宥之。故山名大虫，亦名大灵。”虎是神兽裁判的主角。《说文解字》说：“谳”字“与灋同意。”“谳”的古字是“鬳”，上部即“虍”，“虎”也。“鬳”的本义可能是带有虎形或虎纹的鬲，此字值得琢磨。而且，蓐收、西王母都与虎有关。总之，中国历史上的神判记录非常少，需要我们从更多的角度去发掘神判习俗的痕迹。

七、“雕题交趾”与远古“佱”(法)的伦理基因

许慎《说文解字》谓“法”之古字有二形：其一为“灋”，其二为“佱”。可惜，他对“佱”字本义未加解释。王筠《说文解字句读》：“佱，从亼从正，会意，亼者集也。”《说文解字》：“亼，三合也。从人一，象三合之形。”桂馥《说文解字义证》：“三合也者，本书纠绳三合也。读若集者，书允征：辰弗集于房，传云：集，合也。馥案：北人呼市为集，所谓合市也。”关于“佱”字的内涵，学界曾经有过研究。胡适认为，古时有两个法字，一

① 杨树达：《积微居小学金石论丛》，上海古籍出版社 2007 年，第 125 页。

图 18　古文字虜虎　作者摹写。

个作佱,是模范之法,一个作灋,是刑罚之法。[①] 蔡枢衡认为,“佱”字是“绘有人形的箭靶”,“就是后世所谓磔射。”[②]近年以来,学者又有进一步的发掘。[③] 今天,由于史料的不足,复原“佱”字的本义仍然是一件十分困难的事情。因此,我们不得不更多地依靠古代风俗和古代“佱”字本身的字形结构来进行窥测。

《礼记·王制》:“东方曰夷,被发文身”;“南方曰蛮,雕题交趾。”被发,断发。雕,同彫。郑玄注:“雕文谓刻其肌以丹青涅之。交趾,足相向然。浴则同川,卧则僢”。孔颖达疏:“彫谓刻也,题谓额也,谓以丹青彫刻其额。非惟彫额,亦文身也。……趾,足也,言蛮卧时头向外而足在内而交,故云交趾。……卧则僢者,言首在外而足相向。”段玉裁《说

① 参见胡适:《中国哲学史大纲》,中国言实出版社 2014 年,第 384 页。

② 蔡枢衡:《中国刑法史》,广西人民出版社 1983 年,第 44 页。

③ 参见张永和:《灋义探源》,《法学研究》2005 年第 3 期;许进雄:《再谈金与法》,《许进雄古文字论集》,中华书局 2010 年;刘敬林:《说文法与其古文佱及乏之形义关系辨》,《古汉语研究》2011 年第 1 期;张伯元:《法古文拾零》,《政法论丛》2012 年第 1 期。

文解字注》:“舛,亦作僢。”《集韵·线韵》:“僢,蛮夷卧以足相向也。”《玉篇·人部》:“僢,相背也,与舛同。”可见“交趾”是抵足而眠的习俗。“交趾”或即“交胫”,《山海经·海外南经》有“交胫国。”亦即交胫而眠之习俗。

周清泉指出,夷蛮戎狄“此四方化外之民,都是在周灭殷后,逃亡于四方之殷裔。”故夷蛮戎狄四方诸族依然保留着殷民族或即东夷民族的古老习俗。所谓“交趾”,“此因殷商为母系社会,实行氏族集体族外婚制,故无夫妻同床交颈而眠之事,氏族中女群集体而卧于今所谓通铺时,皆头向外足向内可相交。后世北方旅社驿站中所谓通铺之宿者,仍有此头外足内交趾而眠之习。”①

殷民族或即东夷民族的“交趾”、“交胫”而眠的习俗在甲骨文中亦有所表现,这就是被学界忽略并误读的“乘”字。

甲骨文里是否有从人从二的“仁”字,学术界至今未有定论。但是,老一辈学者很早就注意到“仁”的原形字问题。比如董作宾提出“仁”字“古或作㐺”,“意谓人与人之间,互相亲爱。”②叶玉森提出“夾”字“疑即仁之初文”,“象一小人在大人臂亦下,隐寓提携扶持之意”,正是“仁之真谛。”③甲骨文里面有许多双人结构的字,其中有一些字与“仁”字的寓意是相通的。这些字反映了古代先民的风俗习惯。如果把这些字视为“仁”字原形的话,那么,从人从二的“仁”字就是在这些原形字基础上加工抽象而成的。其中,重文符号二的使用成为“仁”字最终产生的技术条件。东汉去古未远,许慎《说文解字》“夷俗仁,”郑玄注谓“相人

---

① 周清泉:《文字考古——对中国古代神话巫术文化与原始意识的解读》(三),四川人民出版社 2014 年,第 833 页。

② 董作宾:《古文字中之仁》,参见宋镇豪、段志洪:《甲骨文献集成》第 11 册,四川大学出版社 2000 年版,第 392 页。

③ 参见于省吾主编:《甲骨文字诂林》第一册,中华书局 1999 年版,第 238 页。

耦”。这六个字正是探讨“仁”字起源的基本路径。

在“仁”的诸多原形字当中，有一个应当格外注意的字——“乘”。在甲骨文中被判定的“乘”字的字形实际上有两种写法，其实是两个完全不同的字：一是𠅀，上大下木，大即人，是正面叉腿而立的人，该字表示人在木之上；二是𡗜，上大下倒大，上正人下倒人，俯瞰之，正是东夷二人抵足而眠之风俗，隐喻男女合欢，正是“相人耦”的本义。这个字其实就是“仁”字的一个原形字。后来加上重文符号变成“𡗕”，即“太”字，后演变成“泰”字。《说文解字》谓“泰”之古文作“𡗕。”[①]《广雅疏证》谓“双耦娌匹贰乘再两二也。”疏曰：“《周官校人》乘马，郑注云：二耦为乘。凡经言乘禽乘矢乘壶乘韦之属，义与此同也。”[②]正因为“乘”字源于“仁”字，所以才保留了“双耦”之义，此非偶然。这种保留不仅靠着儒家经典，很可能靠着民间的口耳相传。

因为“人”与“大”同义，因此“㑹”的上部实即“𡗕”字，即“仁”的原形字。其本义表示男女抵足而眠，相亲相爱。“𡗕”字亦体现了“仁”的“相人耦”的本质特征。“相人耦”并非源于高深的理论，而是源于东夷民族的生活习俗，比如靠背而卧（化）、抱哺其子（夾）、男女之爱（尼、兒）、母子之恩（身、弔）。从这些习惯之中衍生出人与人之间的真挚情感和行为规范，再上升为伦理观念，最后都被纳入“仁”的范畴。其中，男女之爱成为自远古以来永恒的艺术主题。但是在严格实行族外婚的情况下，个体自然人的男女相爱与氏族之间的平等友爱是密切相连的。因此，该字又兼含氏族、部落之间互相尊重友好相处之义。“四海之内皆兄弟”、“己所不欲勿施于人”的“爱人”之“仁”，就是在这种文化传统土壤中被酿造出来的。

---

① 严一萍：《释太》，参见宋镇豪、段志洪主编：《甲骨文献集成》第12册，四川大学出版社2001年，第16页。

② （清）王念孙：《广雅疏证》，江苏古籍出版社2000年，卷四上第114页。

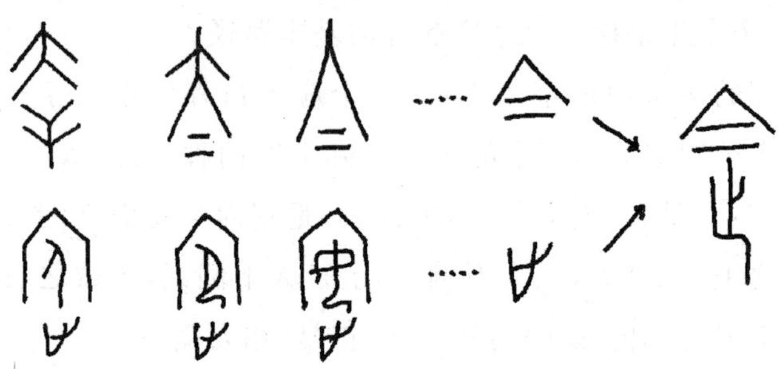

图 19　佥字形成图　作者摹写。

“乘”即“仁”的原形字。即“交趾”、“交胫”——抵足而眠，隐喻男女合欢。“乘”演化为“亼”、“仒”，“二”为重文符号，如“仁”之“二”，因“大”字同“人”字，故又演化为“仒”，即“佥”字上面的“仒”。

“佥”字由上下两部分组成：上面的“仒”字，即“仁”字的古形。“人”即“大”，“仒”即“亼”，亦即人二。下即“止”。“止”有二义：一为履行，二为停止。联想到上大下倒大的字形，该字原义是男女二人抵足而眠。“佥”字下面的“止”即表示适可而履、行有所止。甲骨文有冂亻止、冂女止字形（参见图示），其字本义也许与男女相会的规矩有关。或即《周易·艮》彖辞所谓：“艮，止也，时止则止，时行则行。”怎样才能实现适可而履、行有所止呢？其办法就是文身。东夷民族最早实行文身，如《礼记·王制》：“东方曰夷，被发文身，”《尚书·吕刑》谓蚩尤作黥，黥的前身即文额。文身的目的是杜绝父与女、母与子、兄弟与姐妹之间的性行为。故蚩尤兄弟 81 人身强体壮天下无敌。古老先民通过文身既强健了体魄，又文明了精神。即《易·贲》彖辞所谓“刚柔交错，天文也，文明以止，人文也。”文身就是“人文”，就是“文明以止”，就是人类文明。人文、文明的要义不仅在于获得物质生活资料，还在于为了人种的生存延续而做到自我觉悟和自我约束。可见，伦理主义的基因自远古时代就已注入中华文明的深层。

结语　古代“法”字的丰富内涵

殷商晚期《作册般铜鼋铭》的“灋”字写作廌，其蕴意与神判有关。至西周康王时《大盂鼎铭》“法”字写作“灋。”“灋”是经过验证弓矢做出裁判而宣示的行为规范。从廌字到“灋”字的演变，是我国古代法律从神判法到人判法转化的一个路标。在原始社会部落联盟的背景下，“灋”是社会权威机构通过裁判而宣示的行为规范，它适用于不同的氏族，带有一定超血缘的色彩，并具有一定强制性；“佱”则是血缘集团内部适用的靠宗教禁忌、自我约束和舆论监督来保障实施的行为规范。这种规矩即后世的“同姓不婚”和“男女之大防，”是人类组成社会并延续种族的重要条件。恩格斯说，人类的生产活动有两种，一种是物质生活资料的生产，一种是“人自身的生产，即种的蕃衍。”①古代的“佱”(法)字是中国古代法所蕴含的伦理精神的一个古老记号。

---

①　恩格斯:《家庭、私有制和国家的起源》,《马克思恩格斯选集》(第四卷),人民出版社1995年,第2页。

上　篇

第一章　法家概述（Ⅰ）
法家的文化渊源

春秋以降，贵族政体的衰败直接体现在社会阶级结构的变动上面。其主旋律是贵族群体的下移和平民阶级的上升。就像一棵大树的枯萎，最先出现在树叶上面。原先靠世袭官俸而生的文职官虽最先失去依靠，不得不靠着自己熟悉的知识来谋生。当他们有机会发表对世界和社会的意见时，便出现了私人著述。此间，私学代皆了官学，诸子学术代皆了王官学术。诸子的兴起，迎来了一个前所未有的新时代。

诸子之学的问世，离不开它们所生的时代。王国维说：在那个时代，"国民之智力成熟于内，政治之纷乱乘之于外，上无统一之制度，下迫于社会之要求，于是诸子九流各创其学说，于道德、政治、文学上，灿然放万丈之光焰。此为中国思想之能动时代。"[①]梁启超谓："我国大思想家之出现，实在西纪前530至前230之三百年间。吾命之曰全盛时代。"[②]这些大思想家自然包括法家。

法家是春秋战国社会大变革时期形成的，以非贵族出身的平民为其社会基础，要求以超血缘的君主制国家取代宗法贵族政体，主张实行以法治国的"法治"，不是按照先天的血缘身份而是按照个体自然人的后天努力来实行权利再分配，以期在个体自然人与国家之间建立简洁

---

① 王国维：《论近年之学术界》，《王国维文集》，燕山出版社1997年，第328页。

② 梁启超：《先秦政治思想史》，中华书局2015年，第85页。

明确的权利义务关系，既投身现实变革又研究法律的政治学术派别。在“法治”思想和政策的影响下，通过社会变革和兼并战争，在古老血缘社会的废墟上终于出现了多民族的统一的国家。由于历史的局限性特别是缺乏统治经验，法家没有提供治理泱泱大国的新策略，新王朝的统治者没有完成由打天下到治天下的历史转折，导致短祚而亡。但是，君主制度的继续延伸，使法家思想继续发挥作用。在中国古代政治历史上，法家思想与历代王朝携手同行。法家思想既源于当时的社会变革，又与古代文化传统水乳交融。对法家思想进行客观总结，是为了尊重历史，也是为着启迪当今。

一、法家正名：先秦有没有法家学派？

“法家”一词最早见于《孟子·告子下》：“入则无法家拂士，出则无敌国外患者，国恒亡。”何谓“法家拂士”？赵岐注：“法度大臣之家，辅拂(弼)之士”。战国时代的孟子基本上坚持贵族政体。他所谓“法家”与法家学派的特定概念无关，系指遵法度，守社稷，习春秋，明训典，坚持礼治原则的贵戚大臣。

作为学术派别意义上的“法家”一词，最早见于西汉初期的史学家、思想家司马谈《史记·太史公自序·论六家要旨》：“法家严而少恩，然其正君臣上下之分，不可改矣”。东汉班固作《汉书·艺文志》谓：“法家者流，盖出于理官，信赏必罚，以辅礼制。”

王充《论衡·程材》有：“法令比例，吏断决也。文吏治事，必问法家。县官事务，莫大法令。”“论者徒尊法家，不高《春秋》。”此处的“法家”，盖指精通法律事务以司法为职业的官吏。三国魏刘邵《人物志·流业》：“建法立制，强国富人，是谓法家；”“法家之流，不能创思远图，而能受一官之任；”“法家之材，司寇之任也；”又《利害》：“法家之业，本于制度,待乎成功而效。"[①]至清《四库全书》《子部·法家类》录23种。其文献大体上有四类:一是私人学术著述,如《管子》、《邓析子》、《商子》、《韩非子》;二是律学文献,如《刑统赋》、《读律佩觿》;三是官箴类,如《巡城条约》、《风宪禁约》;四是谳学(审判)类,如《折狱龟鉴》、《棠阴比事》;五是判牍类,如《名公书判清明类》、《王恭毅驳稿》。可见,《四库全书》编辑者心目中的"法家"是广义的"法家",既包括学术上的法家,又包括职业上的法家。

在先秦,作为学术派别之一的法家学术,又称"管商之学","申商之术"、"刑名之学"。司马谈《论六家之要旨》首先概括"法家"的学术特点是"严而少恩","不别亲疏,不殊贵贱,一断于法,""尊主卑臣,明分职不得相逾越。"可见,司马谈是以法家的政治主张为标准的。三国曹魏的刘邵在其《人物志·流业篇》中概括法家的特点:"建法立制,强国富人,是谓法家,管仲、商鞅是也。"可见,刘邵是以政治行为做为标准的。章太炎《检论·原法》又谓"著书定律为法家,听事任职为法吏"。[②] 可见,章太炎是以从事法学研究(著书)和政治立法实践(定律)为双重标准的。而《四库全书》编辑者心目中的"法家"则包括"法家"和"法吏"。

但是,到了近代,先秦法家的存在却成了疑问。胡适说:"古代本没有什么'法家。'……故我以为中国古代只有法理学,只有法治的学说,并无所谓'法家'。中国法理学当西历前三世纪时,最为发达,故有许多人附会古代有名的政治家如管仲、商鞅、申不害之流,造出许多讲法治的书。后人没有历史眼光,遂把一切讲法治的书统称为'法家',其实是错的。但法家之名,沿用已久了,故现在也用此名";"商君是一个实行的政治家,没有法理学的书。以上三种(指《管子》《申子》《商君书》)都

---

① 刘邵:《人物志》,中华书局2014年,第48、56、98页。

② 章太炎:《章太炎全集》(三),人民出版社1984年,第437页。

是假书，况且这三个人都不配称为‘法家’。这一流的人物——管仲、子产、申不害、商君——都是实行的政治家，不是法理学家，故不该称为‘法家’。”①

胡适所谓先秦有“法治”无“法家”的观点，与顾颉刚先秦有“道”而无“道家”的观点如出一辙。顾颉刚说：“春秋时何尝有道家！战国时何尝有旗帜分明的鼎峙的三家！……道，何尝是一个学派，乃是某一时代中通用的一个术语呵！”②照此逻辑，先秦有“名”而无“名家”，有“道”而无“到家”，有“法”而无“法家”，有“阴阳”而无“阴阳家”，有“纵横”而无“纵横家”，便是顺理成章的了。故有钱穆之结论：“先秦学派，不出儒墨两宗，而其得名所由，尽系当时实际生活之流品，与后起所谓道、法、名、阴阳、纵横、农、杂诸称绝不类，即此可定汉志九流十家之无据。”③

傅斯年说：“中国学术，以学为单位者至少，而以人为单位者转多，前者谓之科学，后者谓之家学。家学者，所以学人，非所以学学也。历来号称学派者，无虑数百，其名其实，皆以人为基本，绝少以学科之别而分宗派者。纵有以学科不同而立宗派，犹是以人为本，以学隶之，未尝以学为本，以人隶之。”④若依此逻辑而论，则先秦唯有学者个人，而无包括法家在内的学派。

有学者认为：“我们不否认诸子百家能够形成学派，但是在先秦也就是春秋战国时期，先秦诸子是否就真的形成了后世所谓的学派呢？答案是否定的；”“所谓的百家争鸣的家只是具体的个人，因此诸子间相互褒贬的对象就是指向具体的个人；”“把先秦诸子分别归属于某一学

① 胡适：《中国哲学史大纲》，中国言实出版社2014年版，第379、381页。

② 顾颉刚：《从〈吕氏春秋〉推测〈老子〉之成书年代》，载罗根泽：《古史辨》（第四册），海南出版社2003年，第324、325页。

③ 钱穆：《钱序》，罗根泽：《古史辨》（第四册），海南出版社2003年，第15页。

④ 傅斯年：《中国学术思想界之误谬》，《新青年》第四卷第四号，1918年4月15日。

派，号称百家争鸣，其实是把先秦诸子置于同一个时间平面而导致的幻觉；""先秦诸子的学派分类是后人归纳的，不认为先秦诸子已经形成各种学派，并不是说这种学派分类没有意义。但从今天的某种意义上看，这种分类弊大于利；""这种学派分类更多地强调它们之间的差异，加深了它们之间的对立与误解，而且忽略了它们之间的涵摄与融合，在实际生活中产生了一定程度的文化鸿沟；""先秦诸子已经在中国传统文化和中华文明中形成了一个统一的整体，再进行分割研究似无太大必要。"①还有学者认为："最早将一类人冠以法家头衔的是司马谈，……这种归类标准影响了后代学者对'法家'的基本认识，也造就了一个在先秦本不存在的学派。后世学者往往用此标准去套先秦诸子，稍有符合即被归入法家之流。……所谓的'法家'，实际上是推崇以法作为治理术的一类人。"②

我们知道，春秋战国的诸子大都是个体自然人的概念，是个体知识分子。当时的孔子、老子、墨翟，都不曾自称为儒家、道家、墨家。诸子与百家大都指个人。战国时人言"百家"实际上亦指诸子个人。如《庄子·天下》："百家之学，"《荀子·成相》："百家之说。"当时所言之"家"，不同于汉代人所谓六家、九流、十家的"家"。汉代以后所谓的"家"是一个集体的概念。汉代的学者为着总结先秦学术的方便而进行划分，把思想内容接近的几个人合起来称为某家。从个人之家发展到集体之家，未尝不是一种有益的方法。这种划分方便于梳理前代学术，具有积极意义。我们今天只要注意不要把先秦学派简单化绝对化，避免割裂古代文化的统一性就行了，不必推倒重来，另起炉灶。

按现代关于学派的严格标准。学派一般应有属于自己的学术分

---

① 刘绪义：《天人视界：先秦诸子发生学研究》，人民出版社 2009 年，第 443—447 页。

② 李平：《先秦法思想史论》，光明日报出版社 2013 年，第 7 页。

野，学术资源，学术纲领，学派意识。仅有一个学者，或只写了一本书，或一群只有师承联系的人，有了自己的宗师，有了相对独立的学术观点和著述，似乎还是不能构成一个学派的。[①] 但是，不要忘记，现代的学派是附着于某一研究领域的，如哲学、历史、政治、军事、法律、艺术等。而我国古代学者，其思想所涉领域是非常广阔的。如《墨子》一书还涉及自然科学。因此，运用现代标准来划分先秦学派，恐怕也属于无的放矢。我们应当实事求是地尊重古人的思想研究成果，不必套用今天的标准去衡量古代学术。

汉代的学问大家关于先秦诸子百家的分类，凝聚了汉代知识分子的集体智慧，为后世乃至今天的学人研究先秦思想文化提供了太多的方便和启示。比如，司马谈六家之设计，并非简单地为了编辑图籍之所需，而是对此前先秦诸子研究之成果做了再研究之后才得出结论。那么，此前都有哪些研究成果呢？《庄子·天下》论及诸子有墨翟、禽滑釐、宋钘、尹文、彭蒙、田骈、慎到、关尹、老聃、庄周、惠施、公孙龙；《荀子·非十二子》论及诸子有它嚣、魏牟、陈仲、史鳝、墨翟、宋钘、慎到、田骈、惠施、邓析、子思、孟轲、仲尼、子弓；《吕氏春秋·不二》论及诸子有老耽、孔子、墨翟、关尹、列子、陈骈、杨朱、孙膑、王廖、兒良；《淮南子·要略》论及诸子有太公、周公、孔子、墨子、管子、晏子、纵横家、申子、商鞅、刘氏。纵而观之，便不难发现司马谈六家之设计应当是既简约而又得体的。仅以法家论，司马谈将慎到、申子、商鞅合并而称其为法家，应当是可行的，而且堪称创新。

有学者指出："当然，这些分类和评价，代表的是汉代人的看法，是后设的架构，是经过他们整理的线索，与春秋战国学术与学者的真实状况尚有一段距离。"这种分类，"很可能是为目录学上著录的方便而设计

---

① 刘绪义：《天人视界：先秦诸子发生学研究》，人民出版社 2009 年，第 440—446 页。

的。把诸子归类为某家，为我们后人认识先秦和秦汉思想史提供了方便，但也可能带来一些盲点。因为古之道术和古之学者本来就是博通、驳杂的，归并到哪一家哪一派都可能犯削足适履的错误；""但没有这些概括、分流，又茫然无绪，不知其统。况且，派属的定位也不是绝无根据的，许多思想家确有师承、流派的传衍关系或思想理论、学术方法的继承关系，可以划为一定的文化共同体。因此，尽管六家分疏，特别是后几家的加入，有不周延甚至不伦不类的毛病，但为方便论说思想史，特别是先秦思想史，人们还是习惯于以家数论诸子。"①

况且，时至今天，对先秦诸学派的分类，早已约定俗成、植入人心，形成共同话语，舍弃了学派的划分反而不方便了。正如章太炎谓："讲国学而不明派别，将有望洋兴叹、无所适从之感。"②有些反其道而行之的做法，反而显得生硬。比如有学者著《中国思想史》，其先秦部分不使用诸家学派的概念，只从子产、孔子到韩非，逐一介绍各位思想家的思想主张。这些思想材料以个人为单位，互不相干。这就使人看不到先秦思想的横向联系和纵向发展。这种成果也许更宜于被视为先秦思想史料。今天，当我们研究包括法家在内的诸子思想时，应当注意避免形式主义的武断、孤立和割裂的思想方法，既将诸学派思想视为古代文化的统一整体，又尊重每个思想家的学术个性，既重视某一学派的学术主张，又注意各家学派之间的学术交叉重叠，同时还要注意研究这些思想产生的社会原因，这样才能发现古代思想的本来面目以及对我们今天的启迪。"我们承认先秦诸子中存在法家一派，而且认为法家是诸子中的一个重要派别，应该加以重视和研究。"③实事求是地研究古代文化，深切体谅古仁人之心，比起用今天的标准去衡量古人也许更有意义。

---

① 郭齐勇、吴根友：《诸子学通论》，商务印书馆 2015 年，第 12、24、25 页。

② 章太炎：《国学概论》，三联书店 2014 年，第 22 页。

③ 张岂之：《中国思想学术史》先秦卷（下），广西师范大学出版社 2008 年，第 609 页。

二、法家学术的缘起：理官、巫史、救世

法家是春秋战国较晚时期产生的学派。与其他学派相比较，其产生的缘由有共通之处，也有其独特之处。法家的缘起与诸子百家的缘起是不可分割的。因此，在研究法家的缘起时不可避免地涉及诸子百家的缘起。关于法家的缘起问题，自古以来就有不同的看法。现则要罗列如下。

（一）法家源于理官说

东汉史学家班固最早提出：法家出于理官。《汉书·艺文志》云："法家者流，盖出于理官，信赏必罚，以辅礼制。《易》曰：先王以明罚饬法，此其所长也。及刻者为之，则无教化，去仁爱，专任刑法而欲以致治，至于残害至亲，伤恩薄厚。"章学诚说："有官斯有法，故法具于官；有法斯有书，故官守其书；有书斯有学，故师传其学；有学斯有业，故弟子习其业。"[①]又谓："六经皆史也，古人不著书，古人未尝离事而言理，六经皆先王之政典也。"[②]龚自珍说："夫六经者，周史之宗子也。……《礼》也者，一代之律令，史职藏之故府，而时以诏王者也。"[③]刘师培说："盖理字本训为治玉，引申其义，则为事理、物理之称。事物之理，必用分析而后明，而郭嘉立法，亦必析及毫芒，辩章分北，故法官亦号理官。"[④]

刘师培进一步提出法家出于古代司寇士师之官守："长民之狱论

① 章学诚：《校雠通义》，中华书局1985年，第2页。

② 章学诚：《文史通义》，上海书店1988年，第1页。

③ 龚自珍：《古史钩沉》，《龚自珍全集》（上），中华书局1959年，第21页。

④ 刘师培：《法律学史序》，《刘师培儒学论集》，四川大学出版社2010年，第73页。

者,司寇及士师之职也;""管、商、申、韩之书,箴言赏赐贵均,禄赏贵平,则又周代廪人、司勋之职掌也。盖古代之时,学贵致用,九流之说,各得其一端,故知诸子之书皆古代官学之遗说也";"各家之学分属于司士,法家之学分属于司寇,古代虽无九流之名,然九流之学则固古代职官所分掌也。后世以降,分吏、户、礼、兵、刑、工为六曹,虽曰沿《周官》之旧典,实则诸子学术之见诸施用者也";"《鲁语》谓:'天子少採夕月,与太史司载,纠虔天刑。'《韩诗外传》云:'据法守职,而不敢为非者,太史令也。'此法家兼出于史之证也。"①

至近代章太炎犹主此说,章太炎《论诸子学》:"古之学者,多出王官。……惟其学在王官,官宿其业,传之子孙,故谓之畴人子弟。……当时学术相传在其弟子,而犹称为家者,亦仍古者畴官世业之名耳。"《论诸子的大概》:"古来学问都在官,民间除了六艺,就没有别的学问。到周朝衰了,在官的学问,渐渐散入民间,或者把学问传子孙,或者聚徒讲授,所以叫做家。九流就是九派的意思。流字古书上不见,家字在《孟子》里头已经说'法家拂士';《荀子》里头也说'小家纷说';《庄子》里头也说'大方之家'。大概六国时候,唤做家,汉朝才唤做流;"《诸子略说》:"商鞅得与李悝相接。商鞅不务术,刻意任法,真所谓出于理官者。"②又《国学略说・法家》谓,法家分为"主法"和"主术"二派,"主术者用意最深,其原出于道家,与出于理官者异",只有"主法"一派才源于理官:"商鞅不务术,刻意任法,真所谓出于理官者,《法经》即理官之书也。其余申不害、慎到,本于黄老而主刑名,不纯以法为主。"③

法家出于理官说影响很大,江瑔评论道:"刘氏撰《七略》,班氏本之

---

① 刘师培:《古学出于官守论》,载《刘师培儒学论集》,四川大学出版社 2010 年,第 164、165、167 页。

② 章念驰编:《章太炎讲演集》,人民出版社 2011 年,第 37、87、596 页。

③ 章太炎:《章太炎国学二种》,浙江古籍出版社 2012 年,第 250 页。

为《汉志》，始定九流之名，后世而沿用之，垂二千余年而不变。"[①]但是，对诸子出于王官说也有反对意见。清曹耀湘谓："刘歆之叙诸子，必推本于古之官守，则迂疏而鲜通。……至其谓墨家出于清庙之守，尤为无稽之臆说，无可采取。"[②]张舜徽亦反对九流出于王官之论，赞成《淮南子·要略》所谓"救弊"之说："诸子之兴，皆因时势之需要，应运而起，不必有其渊源所自也。"[③]柳诒徵《论近人讲诸子学者之失》说："诸子之学发源甚远，非专出于周代之官。"罗焌认为："今考各家所掌，与诸家学术固有相类似者，然谓某家即出于周礼某官，未足征信。"[④]胡适作《诸子不出于王官论》公开批评之，以为诸子之学源于救世，与王官无涉。其旨有四：一刘歆之前皆无此说；二九流无出于王官之理，如墨家与清庙之守无干；三古无九流之目，如诸子皆涉名学，而无名学之家；四诸子之学源于皆忧世之乱而思拯济之，与王官无涉。[⑤] 胡适说："今之治诸子学者，自章太炎先生以下，皆主九流出于王官之说；""吾意以为诸子自老聃、孔丘至于韩非，皆救世之乱而思有以拯济之，故其学皆应时而生，与王官无涉。"[⑥]

"理官"多见于春秋战国文献。如《左传·昭公十四年》："叔鱼摄理。"《管子·小匡》："弦子旗为理。"《吕氏春秋·孟秋》："命理瞻伤察创，视折审断。"郑玄注《礼记·月令》"命理瞻伤"："理，治狱官也。有虞氏曰士，夏曰大理，周曰大司寇。"可见，"理官"是专职司法官，但常设于

---

① 江瑔：《读子危言》，华东师范大学出版社 2011 年(初版于 1917 年)，第 33 页。

② (清)曹耀湘：《墨子笺》卷二十五，清光绪三十二年(1906 年)湖南官书报局铅印本，北京大学图书馆藏。

③ 张舜徽：《广校雠略汉书艺文志通释》，《张舜徽集》，华中师范大学出版社 2004 年，第 346 页。

④ 参见罗焌：《诸子学述》，华东师范大学出版社 2008 年，第 66 页。

⑤ 胡适《诸子不出于王官论》，载罗根泽：《古史辨》第四册，海南出版社 2003 年，第 1—5 页。

⑥ 胡适：《中国哲学史》，《胡适文集》，中华书局 1991 年，第 593、598 页。

春秋战国时期。“理官”自然会参与国家立法事务。三国曹魏的刘邵在其《人物志·流业篇》中说:“建法立制,强国富人(兵),是谓法家,管仲、商鞅是也。”如管子、子产、邓析、李悝、商鞅皆有法律成果留于后世。近人章太炎则认为法家起于战国时期的李悝。其《检论·原法》谓“著书定律为法家”,而李悝因为作《法经》而成为“著书定律”的第一人。以上前两种看法都有一定的道理。法家人物虽然不必有担任理官的身份,但法家思想与理官的职业是有联系的。

春秋时期理官的出现的确为法家学说的产生创造了前提条件。法家以重“刑”而著称于世,“刑”在春秋以前就存在。这些刑事制度大多被法家所继承,其中包括理官对“刑”的实践。从这个意义上可以说,没有理官的出现就不可能突然产生法家学派。春秋中后期,各个诸侯国相继出现了一大批重视法律、“以法治国”的政治家,如齐国的管仲,郑国的子产与邓析,晋国的赵盾、范武子与赵鞅等。他们大都参与国政,执掌国柄,程度不同的实施了国内的政治改革,并为后世留下了可资楷模的法制,如“管仲之法”、“夷蒐之法”、“士蔿之法”、“刑鼎”、“刑书”及“竹刑”之类。他们的业绩主要表现在政治或改革方面,又曾经参与国家大量的立法、司法活动,远非一般“理官”所能比拟。这些政治家与《孟子·告子下》所谓“入则无法家拂士”之“法家”人物——那些忠于社稷坚守法制的人,在精神上是相通的。尽管他们还没有提出一套系统的理论,还不能纳入后来的“法家”这个学术派别,但是,他们的变法、立法、司法实践活动为法家学说的创立提供了前提和土壤。法家人物尊这些人为先驱,也正好说明了二者之间的这种关系。

诚如钱穆所云:“谓王官之学衰而诸子兴可也,谓诸子之学一一出于王官则不可也。”[①]“法家”既非直接地“出于理官”,又非“以辅礼制”

---

① 钱穆:《国学概论》,商务印书馆 1997 年,第 34 页。

为宗旨,“法家”也不能简单地等同于“法吏”、“律家”、“刑官”。但是,法家思想和古代理官又是有渊源关系的。比如,“法家不别亲疏,不殊贵贱,一断于法”的精神,可以从春秋时“治国制刑,不隐于亲”从而被孔子称赞为“古之遗直”的晋国叔向那里找到原型。(《左传·昭公十四年》)战国时期,主张“法治”的呼声日渐高涨。其中主要有两类人:一是身居要职的政府官员,一是在野的学者、知识分子。这两类人常常是可以互相转化的。他们以重法、言刑而著称,所以时人往往称之为“刑法之士”、“法律之士”、“法术之士”、“法士”等。他们都主张“以法治国”。因此,司马谈才把他们视为一个学术派别。“法家”学派是春秋战国社会大变革的产物。法家的最初形象可以上溯到春秋末期的管仲、子产、邓析,但是法家学派的真正形成是由李悝完成的。《汉书·艺文志》法家类,首列《李子》32篇,注云:“名悝,相魏文侯,富国强人(兵)。”可见,班固是将李悝作为法家学派的始祖。史载,李悝“撰次诸国法,著《法经》”。他总结了春秋战国时期各诸侯国的立法经验,提出了系统的理论,完成了第一部系统的封建法典《法经》。至此,法家思想才初步形成体系,法家才成为一个学派。

(二)法家缘于史官(巫史)说

龚自珍认为天下之学皆出于史官,“五经者,周史之大宗也”,“诸子也者,周史之小宗也”,“任约剂之史,宜为法家祖。”[①]邓实《国学微论》亦谓:“诸子九流之学,溯其所自,皆出于《周官》之典守。”[②]这种意见实际上间接认为法家源于史官。

江瑔曾集中论述法家源于史官(巫史)说:“盖九流虽支分派别,而

① 龚自珍:《古史钩沉论二》,《定庵续集》,《四部丛刊》三〇七卷,第1—3页。

② 参见蒋大椿:《史学探源》,吉林教育出版社1991年,第916页。

皆出于古之史官者也";"古代之官惟巫与史,后代学术分歧,万缕千条,而溯江河之发源,亦皆灌输于巫与史而已。记人事曰史,事鬼神曰巫。古人重祭祀,敬鬼神,故史巫二职并重于时。迄于后世,知识日增,知鬼神之事渺漠无凭,不如人事之为重,于是史盛而巫衰,一切官职均以史为之。……洎于周末,而巫之道亦几乎息矣。然在后世虽史盛而巫衰,而在古代则并无所轩轾,后代学派万千,咸从兹二者出焉";"法家出于理官。理官古为司寇,而司寇之职古人亦以史为之,考《礼记·王制》'史以狱成告于正',注亦以史为司寇之属,则理官亦出于史矣";"后世之学术有纯出于史者,有纯出于巫者,有兼出于巫史者,所出不通,故其学亦各异。若儒家,若道家,若法家,若纵横家,若杂家,若农家,若小说家,皆纯出于史者也。若阴阳家,若墨家,若兵家,皆兼出于巫史者也。若数术、方技二略所承,则纯出于巫者也。"①

(三)法家源于三晋文化说

刘师培说:"西秦、三晋之地,山岳环列,其民任侠为奸,雕悍少虑,故法家者流起源于此,如申、韩、商君是也。"②蒙文通认为"法家之士多出于三晋,而其功显于秦,则法家固西北民族之精神,入中夏与三代文物相渐渍,遂独成一家之说,而与儒家之说相冲击,若冰炭之不可同器,一若道家之出于楚民族。则儒法之争谓之新旧之争,周秦之争亦即戎夏之争盖亦可也。"③傅斯年认为,"《七略》《汉志》有九流十家皆出于王官之说……出于王官之说实不可通。……百家之说皆由于才智之士在

---

① 江瑔:《读子危言》,华东师范大学出版社 2011 年版(初版于 1917 年),第 23、24、25、29 页。

② 刘师培:《南北学派不同论·南北诸子学不同论》,《刘师培学术论著》,四川大学出版社 2010 年,第 91 页。

③ 蒙文通:《古学甄微》,巴蜀书社 1987 年,第 304、305 页。

一个特殊的地域当一个特殊的时代凭借一种特殊的职业而生；”“故儒、纵横、刑、名、兵、法皆以职业名，墨家独以人名；”“刑名之学，出于三晋周郑官术，更是一种职业的学问；”“在不能开富不能启土范围内，想把国家弄得强且固，于是造成一种官术论，即所谓中子之学，而最能实行这些官术论者，仍然是秦；”“韩子之学，虽许多出于名实之外，然‘引绳墨，切事情，’亦即名实之推广，不必因狭广分申韩为二，两人亦皆是韩地的地道出产。”①

萧公权认为：“法家之发源地似以晋为中心，而卫郑为附庸。卫国康叔始封为周司寇。既无周礼之背景，重法复为开国之遗训，则应晚周之趋势而发为商鞅之学，事亦可能。……三晋之环境尤适于法家之萌长。唐书所受之法，虽未必为刑书，而昭公二十九年（公元前513年）则铸刑鼎矣。足见春秋之世，晋已有任法之风，与郑相似。……及三家分晋，韩赵魏争雄于列国之间，于是魏有李悝，韩有韩非，而学兼道法之慎到则出生于赵”；“刑书刑鼎分出郑晋。法术盛行，多在秦及三晋诸国。”②

（四）法家源于殷文化说

蒙文通主法家“法殷”说：“儒家法殷之义，为儒家之有取于法家，法家法殷者也。”“法家之从殷，未有论者，试略陈之。韩非书言：殷之法，刑弃灰于街者。……《荀子·正名》言：‘刑名从商，爵名从周，文名从礼。’则法家之从商，荀卿之言亦可证也。……韩非子以伊尹、管仲、商君为皆尚法术，则法家之从商，不亦宜乎。”③蒙文通法家“法殷”之说得

---

① 傅斯年：《战国子家叙论》，《傅斯年文集》，上海古籍出版社2012年，第7、13、14、55、58页。

② 萧公权：《中国政治思想史》（上册），商务印书馆2015年，第34、35、30页。

③ 蒙文通：《古学甄微》，巴蜀书社1987年，第232、230页。

到后来学者的印证。《尚书》中《洪范》《吕刑》皆为殷商文化之作品。方孝岳《尚书今语》以《洪范》为殷代巫祝之书,箕子为殷之太史,故掌之,以言武王。此见解得到顾颉刚的赞同。傅斯年以《吕刑》为吕望或诸姜后裔称吕王者之作品。"吕的主流后来东迁为齐,《吕刑》的突出特点是浓厚的刑罚色彩,吕文化为齐文化吸收,故齐国为最先产生法家的地区";[①]杨向奎认为《洪范》、《吕刑》出于当时巫史之手,"《吕刑》属于社稷守,传自火正黎,即吕,为治世法典,《洪范》属于神守,传自南正重,即申,为天人法典。"[②]值得注意的是,《洪范》九畴之七是"明用稽疑,"专门论述司法断案。加之,甲骨文有"御廌",郭沫若以为是司法小吏,[③]故法家"法殷"说值得进一步研究。

(五)法家吸收前学而成说

江瑔认为,法家之学与诸子之学莫不相通:"道家之学为百家之所从出。……盖诸子百家虽枝分而派别,实殊途而同归。或异派之学出于师弟,如吴起之于曾子,李斯之于荀卿,魏文侯之于李悝,宋子之于尹文子之类。或循环相生,周而复始。如老子本道家,孔子学于老子则为儒家,庄子学于儒家之田子方,复为道家。又如尸子本杂家,商君学于尸子则为法家,尉僚学商君之学,复为杂家。是故其显者,如道家绝去礼法,与名家异;兼弃仁义,与儒家异;独任清灵,与法家异。儒家务民义而敬鬼神,与阴阳家舍人事而任鬼神异;墨家之兼爱,与法家之伤恩薄厚异;杂家漫羡而无所归心,与道家秉要执本异;农家君臣并耕,誖上下之序,与法家尊主卑臣分职不相越异。各持一说,似枘凿之不相入,

---

① 参见姜广辉:《中国经学思想史》(第一卷),中国社会科学出版社 2003 年,第 425、431、432 页。

② 杨向奎:《论"以社以方"》,《烟台大学学报》1989 年第 4 期。

③ 郭沫若:《出土文物二三事》,人民出版社 1972 年,第 26 页。

冰炭之不相容，而究其微，则实道本一贯，息息相通。”①

梁启超说：“法治主义最为晚出。法治成为一种系统的学说，起于慎到尹文韩非诸人。然而以前的政治家，早已有人实行这种主义。道儒墨三家的学说，亦有一部分和法治相通。因此，后起的学者，镕贯这些偶现的事实和断片的学理，组成一个新派。”②法家的某些思想成分的确可以从道儒墨三家那里找到其原型，而以黄老刑名最为明显。故《史记·老子韩非列传》云：“申子之学本于黄老而主刑名”，韩非“喜刑名法术之学而归其本于黄老”。申子君道无为、臣道有为的循名责实之术，韩非潜御群臣的帝王之术均与道家无为思想有关。江瑔又认为，法家出于道家：“古者学术在官，只有道家一家之学。春秋战国之世，诸子坌兴，亦莫非由道家蜕化而来”；“得道家之践实一派者，为儒家。得道家之刻忍一派者，为法家。……是春秋战国之世，百家争鸣，虽各张一帜，势若水火，而其授孚之渊源，实一一出于道家。”③

章太炎《国学略说·诸子》指出：“后世律书，有名例，……持法最重名例，故法家必与名家相依。”④高恒认为“以名辩学闻名的惠施(约前370—前310)也是一位法家，曾经‘为魏惠王为法，为法已成，以示诸民人，民人皆善之’。这些表明，中国古代法学与名学关系密切。”⑤实际上，伴随着成文法的产生而形成的刑名之学——包括讲求成文法条之所谓的刑名之学和研究名实关系的形名之学，都对法家思想的形成产生重要影响。

此外还有法家源于礼家儒家说。如章太炎《诸子系统说》指出：

---

① 江瑔：《读子卮言》，华东师范大学出版社 2011 年(初版于 1917 年)，第 21 页。

② 梁启超：《先秦政治思想史》，江苏广陵古籍刻印社 1990 年，第 208 页。

③ 江瑔：《读子卮言》，华东师范大学出版社 2011 年(初版于 1917 年)，第 46、64 页。

④ 章太炎：《章太炎国学二种》，浙江古籍出版社 2012 年，第 208 页。

⑤ 高恒：《秦汉法制论考》，厦门大学出版社 1994 年，第 273 页。

"《荀子·非十二子》儒家思轲张夏之伦,亦所鄙夷不道,比于孟子为尤峻矣。深覩儒家之弊,博而寡要,是故隆礼义而杀诗书。韩非李斯之法自此萌芽。原夫法家者本未自儒家流出,蕞尔一邦,必有典章可守,上溯《周官》,下逮《管子》,孰非法家经国之书,然其自名一家,实由矫拂儒家而起。"[①]谭正璧说:"古时礼法并称,二者实相贯通。至管仲主以法治国,法始专就刑罚言。然由此可见法家本起于礼。……礼不足治,而后有法。礼流而为法,所以礼家流为法家。"[②]"礼家"或即指儒家。钱穆说:"法家主庆赏刑罚,原于儒;道家言反朴无治,原于墨。"[③]其《先秦诸子系年》谓:李克吴起"皆以儒家而尚法",商鞅为政,"受之于李吴;""人尽谓法家源于道德,顾不知实渊源于儒家。"[④]郭沫若主张法家源于儒家说,而且出于子夏一派。他在《前期法家的批判》中说:"李悝、吴起、商鞅都出于儒家的子夏。……因此,前期法家,在我看来是渊源于子夏氏。子夏氏之儒在儒中是注重礼制的一派,礼制与法制只是时代演进上的新旧名词而已。"《韩非子·显学》历数儒家八派,独无子夏,"是因为韩非把子夏氏之儒当成了法家。"[⑤]

(六)法家缘于救世说

法家源于救世说,最早见于西汉的《淮南子》。《淮南子·要略》:"申子者,韩昭釐之佐;韩,晋别国也。地墽民险,而介于大国之间。晋国之故礼未灭,韩国之新法重出,先君之令未收,后君之令又下,故新相反,前后相缪,百官背乱,不知所用,故刑名之书生焉;""秦国之俗,贪狼

---

① 章太炎:《诸子系统说》,《华西学报》1933年第1期。

② 谭正璧:《国学概论讲话》,当代中国出版社2014年,第90页。

③ 钱穆:《国学概论》,商务印书馆1997年,第59页。

④ 钱穆:《先秦诸子系年》,商务印书馆2005年,第158、264页。

⑤ 郭沫若:《十批判书》,《郭沫若全集》历史编第二卷,人民出版社1982年,第341、342页。

强力,寡义而趋利。可威以刑,而不可化以善,可劝以赏,而不可厉以名。被险而带河,四塞以为固,地利形便,畜积殷富,孝公欲以虎狼之势而吞诸侯,故商鞅之法生焉。”对此,胡适深表赞成:“此所论列,虽间有考之未精,然其大旨,以为学术之兴,皆本于世变之所急,其说最近理。即此一说,已足摧破九流出于王官之陋说矣。”①顾颉刚说:“法家也是战国晚年起来的救弊的学派,那时郭嘉社会都是乱纷纷的,没有纲纪,他们要重新建立起来秩序来,所以主张用了今日法西斯蒂的手段,统整这久已散漫的社会。”②李源澄谓:“法者古人有之,末世废弛,而法家特明之耳。法之不行,由于阿亲遗远,以喜怒为法令,而不得其平,故法家救之以一断于法。”③可见刑名之学,商鞅之法皆因救时之弊而生。其旨与子产铸刑书以“救世”同。

孙德谦指出:“今夫春秋以后,周为共主,天下相务于战争,而政异俗殊,人心变诈。……名法家崇实黜伪,信赏必罚,盖深恶夫世主之是非不辨,功罪不当者,而将以其道易之。苏、张于鬼谷子,历说诸侯,取富贵于立谈,儒者每鄙之为不足道,然禁攻息兵,天下稍免干戈之患,其攻烈亦何可轻议?若夫管氏相齐,一匡九合;商君辅秦,国富兵强非又成效卓著者乎?”“其他若商鞅、吴起以及公孙龙诸家,或以兵、名,使果通其旨意,出而与人家国,图儆乎救世之士也”;“余故谓诸子者,苟使参乎时变,持为设施之具,其与世之急欲求治而不学无术者,要不能同年语矣,况诸子固志在经世者哉!”④

刘师培说,春秋战国,学在诸子,其原因是“东迁以后,周室权衰,不

① 胡适:《诸子不出于王官论》,载罗根泽:《古史辨》第四册,海南出版社 2003 年,第 2 页。

② 顾颉刚:《禅让传说起于墨家考》,吕思勉、童书业:《古史辨》第七册,海南出版社 2003 年,第 543 页。

③ 李源澄:《诸子概论》,华东师范大学出版社 2010 年(初版于 1936 年),第 104 页。

④ 孙德谦:《诸子通考》,华东师范大学出版社 2013 年,第 1、2、48、75 页。

足以干涉民间之学术,于是士之有才智者,无不成一家之言,或本于性之所近,或本于素之所习,虽纯驳不同,然皆各是其所是,由官学之时代一变而为私学之时代。"①

梁启超说:"法家之论,谓人主无论智愚贤不肖,皆不可不行动于法之范围内。此至精之论也;""国家内部,阶级制度之弊,已达极点,贵族之专横,为施政上一大障碍,非用严正之法治,不足以维持一国之秩序。"②

王振先说:"吾国法家产生最后,其对于法之观念及诠释,多有独到之见解,置之欧美近代之法学界中,殊无愧色。道儒墨家三家之学说,既不足以救滔滔日下之人心,其时社会之制裁力全失,而有赖于国家之强制力者正多。凡一举说之产生,皆有其时代之背景为之前驱。法家应运而兴,亦固其所。法理学者,即法家研究法律之精深理想,持之有故,言之成理,虽千百世下,读之犹令人兴起,观此可以知吾先民法治精神之不弱。"③

章太炎认为法家思想与当时的"专制"思想有关,其《国学略说·法家》谓:"春秋之后,大臣篡弑者多。故其时论政者,多主专制。主专制者,非徒法家为然,管子、老子皆然,即儒家亦未尝不然。盖贵族用事,最易篡夺,君不专制,则臣必擅主";"夫大臣者,法在其手,徒法不足以为防,必辅之以术。"④

李源澄指出:"韩非与儒家施政之异,重君与重臣而已。儒家以贤人格君心之非,韩非则以君率臣于法。韩非恶大臣太重,左右太贵,群

---

① 刘师培:《补古学出于史官论》,《刘师培儒学论集》,四川大学出版社 2010 年,第 158、159 页。

② 梁启超:《中国法理学发达史论》,《梁启超论中国法制史》,商务印书馆 2012 年,第 46、64 页。

③ 王振先:《中国古代法理学》,山西人民出版社 2015 年,第 21 页。

④ 章太炎:《章太炎国学二种》,浙江古籍出版社 2012 年,第 250 页。

臣比周，而制其主，故术尚焉。”[①]

罗焌总结诸子学之兴起有六个原因：一是王官失学，二是私家讲学，三是书籍传播，四是著述自由，五是养士竞争，六是社会变迁。[②]

梁启超提出诸子（含法家）兴起有政治、社会、学术三大原因。政治方面包括：封建制度、贵族政治、民族同化、礼俗衰落、君主独裁、兼并战争；社会方面包括：都市繁荣、工商发达、阶级分化；学术方面包括：知识普及、私人讲学、礼贤下士、养士风行、书籍流行、需求良策、思想解放。[③]

王澍提出四原因说：一是社会文明、文化发展到一定阶段；二是运行的社会机器出现较大问题；三是社会问题导致贤士不如意；四是言论自由。其中士阶层的出现是重要因素。[④]

三、法家学术的文化渊源：战争、赏罚、秩序

张舜徽说：“诸子之兴，皆因时势之需要，应运而起，不必有其渊源所自也”，[⑤]强调诸子思想应时代的特殊需求而发生，是完全正确的。但是，否定诸子思想具有历史文化渊源则不妥。

（一）法家学术源于古老的王官之学

战国法家人物自然不尽出于理官。法家的政治主张自然是应时而生，比如其“法不阿贵”、“刑无等级”等主张，多少反映了非贵族的平民

① 李源澄：《诸子概论》，华东师范大学出版社2010年（初版于1936年），第110页。

② 罗焌：《诸子学述》，华东师范大学出版社2008年，第74、75、76页。

③ 梁启超：《先秦政治思想史》，中华书局2015年，第86、87、88页。

④ 王澍：《先秦诸子新探》，齐鲁书社2011年，第17—24页。

⑤ 张舜徽：《广校雠略汉书艺文志通释》，《张舜徽集》，华中师范大学出版社2004年，第346页。

要求。但不能否认其思想与历史上的理官传统存在着渊源关系。换言之,法家思想是历史文化传统在新的社会条件下的自我完善和升华。柳诒徵说:"不必以春秋时始有专家之术,遂谓从前毫无学术可言。一若学有来历,便失其价值者,此则治史者所当知也。"[①]钱穆说:"大凡一学术之兴起,必有其中心思想所在。而此中心思想者,对于其最近较前有力之思想,或为承受而阐发,或为反抗而排击,必有历史上之迹象可求。"[②]吕思勉以为诸子之学必有所本:"先秦诸子,虽因数时之弊而起,然其说亦必有所本。一为操求其本,而其说之由来,与其得失,概可见焉。"[③]柳诒徵以为"诸子之学发源甚远,非专出于周代之官。"[④]这种看法比起似乎更为合理。

远古时代,学在巫史。"殷商以前,其官之尊卑虽不可知,然大小官名及职事之名,多由史出,则史之位尊地要可知矣。"[⑤]三代之时,学在王官。"三代之时,以尊祖敬宗为重典,故以先例为最重,载之文字谓之法,藏之故府谓之书,是即一代之政典,亦即一代之史册也。故当此之时,有官史而无私史。"[⑥]春秋战国,学在民间。巫史、王官、诸子所延续整理的知识是未曾中断的。

所谓九流出于王官,并不是说九流之学者其出身于王官,至春秋变革,王官失学之后,他们脱去官服一变而为某家学者。也不是说九流之思想原出于某官之职掌而不及其余。王官失学,学在四夷之后,作为古代文化的保存者整理者的群体,从领取官府俸禄的"公务员",逐步变成

① 柳诒徵:《中国文化史》(上),东方出版社 2008 年,第 231 页。

② 钱穆:《关于〈老子〉成书年代之一种考察》,罗根泽:《古史辨》第四册,海南出版社 2003 年,第 257 页。

③ 吕思勉:《先秦史》,上海古籍出版社 2005 年,第 437 页。

④ 参见罗焌:《诸子学述》,华东师范大学出版社 2008 年,第 66 页。

⑤ 王国维:《释史》,《观堂集林》(上),中华书局 1959 年,第 269 页。

⑥ 刘师培:《古学出于官守论》,《刘师培儒学论集》,四川大学出版社 2010 年,第 167 页。

了自食其力的知识分子。他们由于世袭职官的原因，他们对某一领域的知识和典故比常人掌握得更为系统。在社会新旧更替之际，他们将所熟悉的历史文化知识和对现实社会的评判结合起来，于无意之间完成了新旧知识的重新组合。正因如此，诸子百家在叙述自己主张时都去引经据典、回顾历史，但其立场和取舍却大不相同了。总之，官学的没落使官方职掌的历史文献典籍散在民间，最初传播这些文献的人还是曾经享受官俸的官人及其后代。比如邓析，他既判定竹刑，又善于法令之所谓，就很可能出身于刑官。但是，当大量的文化典籍在民间传播多年之后，王官的历史使命就完成了。古代文献的整理者就是像孔子那样的民间人士了。但孔子教学的内容，又何尝不是源于王官之学呢？所以，从文化渊源来看，诸子思想虽然并非是机械地某家源于某官，但从整体而言，诸子思想不是凭空铸造的，而是源于王官之学的。“诸子之学，倘若凭空落下，前无所承而已，否则除王官而外，实在无法找出其他渊源。”①“法家主张依法治国，自然与理官有关。但这仅是着眼于职官分工而言，若要追寻法家学术思想的渊源，则应联系上古政治思想史进行考察，特别是联系周代礼乐文明的内容及发展变化进行考察。”②

（二）法家学术源于远古战争和行赏施罚

法家思想的产生，有着深远的文化渊源。《左传·成公十三年》：“国之大事，在祀与戎。”祀指祭祀，戎指战争。祭祀活动的目的是求得神祇的保佑和启示。战争的目的是求得生存和发展。法家学术与古代祭祀和战争联系密切。

鬼神观念的产生与祭祀活动携手同来。《史记·日者列传》说：“昔

---

① 邝士元：《中国学术思想史》，三联书店 2014 年，第 3 页。

② 张岂之：《中国思想学术史》先秦卷（下），广西师范大学出版社 2008 年，第 610 页。

先王之定国家,必先鬼策日月,而后乃敢代;正时日,乃后入家;产子必先占吉凶,后乃有之。自伏羲作八卦,周文王演三百八十四爻而天下治。”卜筮源于占星。“司马迁《报任安书》亦云‘文史星历,近乎卜祝之间’,然则古史官固司星也。”①

弗雷泽认为,“在世界上很多地区,国王是古代巫师或巫医一脉相承的继承人。一旦一个特殊的巫师阶层已经从社会中被分离出来被委以安邦治国的重任之后,这些人便获得日益增多的财富和权势,直到他们的领袖们脱颖而出,发展成为神圣的国王。”②人们相信巫师具有与天地鬼神交通的魔力,是最有知识和权威的特殊人物,其中的佼佼者演变为部落酋长和国君。其他巫师则仍然把持着与神交通的特权。

在我国古代祭祀活动中,沟通人间与鬼神的神职人员被称作“巫觋”。《说文解字》:“巫,祝也。女能事无形,以舞降神者也。象人两袖舞形,与工同意;”“祝,祭主赞词者;”“觋,能斋事神明也。在男曰觋,在女曰巫。”甲骨文舞字写作(𡘲),“乃無之本字,即舞之古文,象人执物而舞之形。”③正是巫觋联络鬼神时的舞蹈之形。

巫是远古时代百官的名称,巫术即百官之术。“特上古之世,巫与工同,巫为一国之酋长,工亦百官之总称。”④巫的甲骨文写作(㠭),实由两个交叉的“工”字组成,《说文解字》:“工,巧饰也。象人有规矩也。与巫同意。”杨树达《积微居小学述林》:“以字形考之,工象曲尺之形,盖工即曲尺也。”“工”即矩,是测量90度角的工具。大约是古人用来测量日月星辰的位置以探求“天道”的。农业生产离不开时令,而时令正是天道的体现。最早的巫当属女性。这是母系氏族传统所致。女性首长

① 叶长青:《汉书艺文志问答》,华东师范大学出版社2015年,第127页。

② [英]J.G.弗雷泽:《金枝》(上册),汪培基等译,商务印书馆2013年,第155页。

③ 李孝定:《甲骨文字集释》,台北乐学书局1965年,第1927页。

④ 刘师培:《工艺学史序》,《刘师培儒学论集》,四川大学出版社2010年,第70页。

兼司鬼神之事是很自然的。

巫觋主持祭祀活动，向神祇请求保佑并获得神的启示，这些经验和只是便是最早的“術”。“術”字由“行”、“术”二字组成，“行”表示十字路口或城邑。甲骨文有㣔，盖即“術”字。该字由两个字形组成：一是“行”字，表示十字路口或街道；二是“方”字而非“术”字，“方”与“术”或形近而误。甲骨文“方”字写作才，该字又由两部分组成：一是“工”（侧转90度），表示矩；二是“∧”，表示规。[①] 可见，“方”是由规矩组成的字，其本义是运用规矩的方法或技术。因此，吾意以为“術”中的“术”应当更换为“方”。而“方”、“术”二字字义又十分接近，故有“方术”一词可证。《说文解字》：“術，邑中道也。”《易》《系辞上》：“方以类聚。”孔颖达疏：“方，道也，方谓法术性行。”古人在修建城邑道路时，必先占筮，以求得神祇的启示。为了确定方向和距离，就需使用规和矩。此间，巫便以矩、规来确定方位走向。这种经验和技术便是最早的技术亦即学术。[②]

甲骨文有“学”字，写作𦥯。“古文字或从臼持爻以教膝下之子，或从子学爻于大人膝前。古文教、学原为一字，以后分化为二。”[③]我推测，“臼”表示两手形，教或学的内容是画图画，以“×”表示。“×”即作画用的工具“矩”，与“∧”形同义。山东省嘉祥县武宅山村武氏祠出土东汉“伏羲女娲执规矩像”中女娲所执“规”即为“×”形。[④] 可见，最早的学术与宗教、自然科学和物质生产有关，故均离不开工具规矩。

由于部落联盟的成立，出现了“王”和以王为中心的办事机构。那些协助王办事的“公职人员”就是“史”，“巫史”便是作为一种过渡形式

---

① 新疆吐鲁番出土唐代“伏羲女娲执规矩图”中女娲手执规即为“∧”形。参见中国古代书画鉴定组编：《中国绘画全集》第1卷，文物出版社2005年，第95页。

② 关于甲骨文“術”、“方”字形，参见姚孝遂：《殷墟甲骨刻辞类纂》（中册），中华书局1989年，第862页，（下册）1203页。

③ 《汉语大字典》（缩印本），四川辞书出版社1992年，第428页。

④ 参见信立祥：《中国美术全集·画像石画像砖（一）》，黄山书社2009年，第198页。

出现的称谓。《说文解字》:“史,记事者也。”“史由巫而来,就是那种记录卜筮结果的,最开始是附属于巫的,后来才演变成为史官”。[①]《礼记·礼运》说:“王前巫后史,卜筮瞽侑,皆在左右。”王、巫、史构成了最高领导群体。随着社会管理经验的积累,巫的作用逐渐弱化,史的作用不断加强。史不仅掌管文字,而且成为王的行政官吏。

《左传·成公十三年》:“国之大事,在祀与戎。”祭祀与战争是古代最重大的事情。祭祀活动与战争行为都离不开相应的礼节仪式,于是就产生了战争之礼——戎礼。戎礼的功能之一是产生军令。据传说,黄帝时有《黄帝李法》,规定:“壁垒已定,穿窬不繇(由)路,是谓奸人,奸人者杀。”(《汉书·胡建传》引)禹作为军事首领具有生杀之权。据《国语·鲁语下》记载:“昔禹致群神于会稽之山,防风氏后至,禹杀而戮之,其骨节专车。”在巫史当中,有一些人员是专门掌管戎礼的,其中还包括司法事务。《礼记·曲礼》:“卜筮者,先王之所以使民信时日、敬鬼神、畏法令也,所以使民决嫌疑、定犹与也。故曰:疑而筮之,则弗非也。”古老的法令显然是经过占筮而获得神圣性。《太平御览》卷八十二引《史记》:“昔夏后启筮,乘龙以登于天,枚占于皋陶。皋陶曰:吉而必同,与神交通。”皋陶是尧舜时的法官,因为司法活动也离不开占筮,故亦长于此道。

战争是古人最重大的活动。战争离不开祭祀,通过祭祀来召集族众,誓师,发布军令,指挥各族战士,捣毁敌方的城邑,杀死顽抗者,俘掠归顺者,最后向祖先神献俘,对有功者行赏,对有过者施罚,这些活动都离不开祭祀活动。战争是古人全体参与的关系族人生死存亡的大事。这使我们推测,最早的礼源于战争祭祀,最早的法律是军令,最早的法官是论功行赏、论罪施罚的军事法官,军事法官是诸史之一,可以称之

---

① 刘绪义:《天人视界:先秦诸子发生学研究》,人民出版社2009年,第152页。

为执法之史。他们的职能之一是论功行赏。据《说文解字》，“礼”的古字写作[illegible]。该字左侧即“而”字，表示额头带头皮的毛发。右侧的“乙”表示绳索，用来穿系头皮。李圃《甲骨文选注》说：“而，馘（聝）。旧释而，今释为馘。……当为古代战争割敌首以计战功之举。”[①]“而”可能是带头发的头皮，正是东夷民族黥额（雕题）之处，是杀敌后计功邀赏的凭证。古“礼”字的古义是结绳计功，同时用绳子把“而”穿成一串作为牺牲置之于礼器，来向祖先神献祭。军事法官的职能就是统计头皮，论功行赏，同时解决由此而发生的纠纷。如《诗经·鲁颂·泮水》所谓“淑问如皋陶，在泮献（谳）囚。”

甲骨文的“德”字写作[illegible]，其含义是打了胜仗，将“臣”（俘虏）牵回驻地。甲骨文“臣”字写作[illegible]，表示“以弓缚首”，把自己的弓套在俘虏脖颈上，证明此俘虏是自己抓获的。

西周金文的“灋”字在商代金文的“法”字下面增加了一个“去”字，写作灋。“廌”是独角兽，代表专司审判事务的官吏。“去”由弓矢二字构成。弓矢是古代最重要的武器和工具，当人们在捕获俘虏和野兽时产生纠纷时，或者受到他人伤害时，法官凭着弓矢上面的符号来确定责任并做出判决。

从以上古文字可以看到，战争和日常生活，使司法事务成为一门必不可少的专业事务，而世代专司这一事务的家族便是司法之吏。在审判过程中，司法之吏或许会采取神判的方法。获取神意的方法是占卜。经过占卜而获得神的启示，必须严格执行。司法之吏无条件服从神的旨意，这种职业精神和后世法家忠于律的精神是相通的。

---

① 参见于省吾：《甲骨文字诂林》（四），中华书局1996年，第3444、3445页。

(三)法家学术源于古代社会秩序的制定和维护

在远古时代,古人相信人类的社会秩序来源于天(自然界),天的秩序和人类社会秩序是相通的。《尚书·洪范》:“我闻在昔,……鲧则殛死,禹乃嗣兴,天乃锡洪范九畴,彝伦攸叙;”《尚书·皋陶谟》:“天叙有典,敕我五典五惇哉。天秩有礼,自我五礼有庸哉。……天命有德,五服五章哉。天讨有罪,五刑五用哉。”上述的范、畴、彝、伦、典、礼、刑等,都涉及行为规范,都是古代社会秩序的代名词。它们“皆表自然法则之总相,因则而有彝,因范而有畴,因叙而有典,因秩而有礼,则自然法则之演为条理者也。此总相即后此(世)儒家、道家之所谓道,其条理则后此(世)儒家之所谓礼,法家之所谓法也。而其渊源则认为出于天。”[①]梁启超所谓“自然法”即古代的社会秩序。

古代的社会秩序具有无上权威,如果有人违反之,必将受到严厉惩罚。如《尚书·吕刑》:“上帝不蠲,降咎于苗,苗民无辞于罚,乃绝厥世;”《尚书·甘誓》:“有扈氏威侮五行,怠弃三正,天用剿绝其命;”《尚书·汤誓》:“有夏多罪,天命殛之;”《尚书·酒诰》:“庶群自酒,腥闻于天,故天降丧于殷。”

天对人的惩罚是通过人来实行的。实行的方式包括战争和刑罚。即《国语·鲁语》所谓:“大刑用甲兵,其次用斧钺,中刑用刀锯,其次用钻凿,薄刑用鞭扑,以威民也。”久而久之,对违法者的讨伐和惩罚,逐渐成为一项专门的职责,由固定的氏族来主管。他们是最早的社会秩序的管理者和执法之吏,也是最早的理官。由于执法之吏对古代法的原则、故事、先例有着精熟的了解,他们所掌握的经验和知识和他们的氏族一样代代相传。《荀子·荣辱》:“循法则度量刑辟图籍,不知其义,谨

① 梁启超:《先秦政治思想史》,中华书局2015年,第33页。

守其数，慎不敢损益也。父子相传，以持王公，是故三代虽亡，治法犹存，是官人百吏之所以取禄秩也。”春秋以后，王官失学，学在四夷，但是，古代理官的忠于古法、不偏不颇、以死奋笔的精神，曾经被孔子称赞为“古之遗直”。这种忠于国家社稷、维护社会秩序、崇尚法律权威的品格正是战国法家法律思想的精神源泉。

（四）法家学术源于春秋各国以法强国的实践经验

春秋时期，各诸侯国先后厉行法制而富国强兵者，为战国法家提供了可资借鉴的经验。如管仲为齐桓公卿，主持新政，“修旧法，择其善者而业用之。”“劝之以赏赐，纠之以刑罚”，实行“匹夫有善，可得而举”，按区域组织居民和军队，“寄内政于军令”，（《国语·齐语》）终于国富兵强，“九合诸侯，一匡天下”。（《论语·宪问》）郑子产为郑简公卿，行新政，“作封洫，立谤政，制叁辟，铸刑书”。（《左传·昭公六年》）虽跻身于大国之间，“终简公之世”乃至“内无国中之乱，外无诸侯之患。”（《说苑·政理》）晋献公行“士蔿之法”，得到人民的支持，故“并国十七，服国三十八，战十有二胜，是民之用也。”（《韩非子·难二》）晋文公行“被庐之法”，国力增强，“一战而霸”。（《左传·僖公二十七年》）楚庄王“奉法国强”，“并国二十六，开地三千里”。（《韩非子·有度》）春秋时期这些以法强国的实例直接成为后世法家学习借鉴的榜样。

（五）法家学术源于春秋法律实践的新风气

法家学术不仅远承远古文化，而且而直接源于春秋法律实践活动出现的新风气。主要表现在四个方面。

首先是遵从占卜的直史精神。《左传·成公十三年》：“国之大事，在祀与戎。”战争养成了尚法精神，祭祀活动培养了直史精神。春秋时，礼崩乐坏，以下凌上者，层出不穷，甚至以臣弑君。齐国大臣崔杼以其私愤而杀齐庄公。故“太史书曰：崔杼弑其君。崔子杀之。其弟嗣书，而死者二人。其弟又书，乃舍之。南史氏闻大史尽死，执简以往。闻既书矣，乃还。”(《左传・襄公二十五年》)晋灵公被赵穿所杀，执政赵盾失职，故“太史书曰，‘赵盾弑其君’，以示于朝。宣子曰：‘不然。’对曰：‘子为正卿，亡不越竟，反不讨贼，非子而谁？’”“孔子曰：‘董狐古之良史也，书法不隐。’”(《左传・宣公二年》)“以死奋笔”(《国语・鲁语上》)的直史精神跃然于纸上。

其次是有令必行的军法精神。远古战争培育了军法精神并一直延续下来。鲁襄公三年，晋侯（悼公）与鲁、宋、卫、郑诸国会盟，晋侯的弟弟扬干扰乱了军队的行列，中军司马魏绛依军法杀了扬干的车仆。晋侯以为受到侮辱，要杀魏绛。魏绛说，我是主管军法的官吏，扬干违法，我不处刑，还有比这更大的罪过吗？致使晋侯认了错，魏绛受到重用，(《左传・襄公三年》)齐景公任命司马穰苴为将军，率领军队抵御燕晋联军。正午集合的命令已下，而骄傲傲专横的监军庄贾因为与家人喝酒告别至日落时才赶到，于是按照法官的判决处死庄贾，大大提振了军队的战斗力。(《史记・司马穰苴列传》)晋文公想出兵攻打原国，狐偃建议首先要树立军令的权威。于是下令在圃陆打猎，宣布迟到者按军法处置。结果，颠颉迟到，法官下令砍断颠颉的脊柱。随后出兵攻取了原国，接着又屡战屡胜，晋文公获得盟主地位。(《韩非子・外储说右上》)吴王阖庐令孙武训练女兵，吴王的二位宠姬担任队长。在训练中宠姬有恃无恐不从号令，孙武欲斩二姬，吴王求情，孙武说：“臣既已受命为将，将在军，君命有所不受。”终于杀了二姬，女军也训练得可以打仗了。(《史记・孙子吴起列传》)

第三是忠于社稷的无私精神。春秋时，国家社稷的观念不断上升。如晏子所云：“君为社稷死则死之，为社稷亡则亡之，若为己死为己亡，非其私暱，谁敢任之？”(《左传・襄公二十五年》)春秋时，卫国大夫石碏

的儿子石厚，与卫公子州吁合谋弑君篡位，石碏设计惩办了二人，被称赞为“大义灭亲”。（《左传·隐公四年》）

第四是依法裁断的司法精神。晋国的邢侯和雍子因田界而打官司，法官士景伯外出到楚国，叔向的弟弟叔鱼临时代理法官职务。此案原本雍子有过。雍子把自己的女儿送给叔鱼，叔鱼收受了贿赂，判决邢侯败诉。邢侯一怒之下就杀了叔鱼和雍子。韩宣子征求叔向关于此案的处理意见，叔向说：“三人同罪，施生戮死可也。”于是就处死了邢侯，对叔鱼和雍子暴尸于市。孔子称赞叔向“治国制刑，不隐于亲”，“杀亲益荣”，是“古之遗直。”（《左传·昭公十四年》）晋国大夫李离，执掌司法之职。因听信一面之词，将当事人误判死刑。李离自己戴上枷锁向晋文公请罪，欲以死偿命，文公免其死，李离当廷“伏剑而死。”（《史记·循吏列传》）

四、法家之“法”与西周的“礼乐刑政”

（一）周公“制礼作乐”与西周的“礼乐刑政”

礼乐盖源于远古远古祭祀，最初的礼指仪式，乐指音乐。仪式由巫师主持，伴以歌舞奏乐。久而久之，礼乐就演变成行为规范和制度的代名词。后世又称为“礼乐刑政”。夏商周三代的“礼乐刑政”也许是一气呵成各有损益的，由于史料的不足，这里仅涉及西周的礼乐制度。

1. 关于周公“制礼”

一般认为，西周的政治文化制度源于周公的“制礼作乐”。尽管我们无法详细描述周公“制礼作乐”的过程，但是，后人以“制礼作乐”来概括西周初期的制度建设，应当是客观有据的。

西周“制礼作乐”的核心内容是“制礼”，即确立周礼。王国维认为西周之礼不同于殷商者表现在三个方面："周人制度之大异于商者，一曰立子立嫡之制，由是而生宗法及丧服之制，二曰庙数之制，三曰同姓不婚之制。此数者，皆周之所以纲纪天下。"①

其实，周公"制礼"表现在三个方面：第一，在王位继承制方面，周公以身立法。《礼记·明堂位》说："武王崩，成王幼弱，周公践天子之位以治天下，六年，朝诸侯于明堂，制礼作乐，颁度量而天下服。"在"明堂"这个庄严神圣的场所颁布礼乐度量，无异于一次正式的立法活动。武王死，成王年幼，周公摄政。及至成王成年，周公归政，始确立嫡长继承制，与殷商兄终弟及之制迥然相别。故廖平谓："盖商法兄弟相及。武王老，周公立，常也。当时初得天下，犹用殷法。自周公政成以后，乃立周法，以传子为主。周家法度皆始于公。"②第二，按姬姓血缘链条封疆土建诸侯。《左传·僖公二十四年》：(周公)"封建亲戚，以蕃屏周；"《左传·昭公二十八年》："昔武王克商，光有天下，其兄弟之国者十有五人，姬姓之国者四十人，皆举亲也。"并依照父系宗法伦理规范约束各级贵族的行为，实行朝聘、巡视、供纳、赏赐等礼仪。第三，对人民实行怀柔政策，"怀保小民，""明德慎罚。"

2. 关于周公"作乐"

关于周公的"作乐"，文献语焉不详。《左传·文公十八年》载："先君周公制《周礼》曰：'则以观德，德以处事，事以度功，功以事民。'作《誓命》曰：'毁则为贼，掩贼为藏，窃贿为盗，盗器为奸。主藏之名，赖奸之用，为大凶德，有常无赦，在九刑不忘。'"据此，我们可以推测，周公所制《周礼》和《誓命》当在同一时期，当时已有"九刑"。而《周礼》和《誓命》都强调"则"(行为规范)的作用，《周礼》从正面即积极方面强调"则"的

---

① 王国维：《殷周制度论》，《观堂集林》(上册)，中华书局 1959 年，第 453、454 页。

② 廖平：《经话》甲编卷二李耀仙主编：《廖平选集》(上)，巴蜀书社 1998 年，第 452 页。

重要性,《誓命》则强调违背“则”的具体表现极其后果。可以推测,周公的“作乐”实为刑事立法,即“九刑”。

关于“九刑”,《左传·昭公六年》载叔向语:“夏有乱政,而作禹刑,商乱政,而作汤刑,周有乱政,而作九刑。三辟之兴,皆叔(俶)世也。”“叔”即“俶”,始也。言“三辟之兴”,皆在王朝初立之际,有贬抑末世多制之意。《竹书纪年》载:“祖甲二十四年,重作汤刑。”可证“汤刑”在商初所立。《逸周书·尝麦》:“惟四年孟夏,王命大正正刑书,太史筴刑书九篇,以升授大正,大正坐举书乃中降,再拜稽首,太史乃藏之盟府,以为岁典。”贾逵、服虔以为“九刑”乃正刑一,议刑八,合为九刑。郑玄以为“九刑”乃五刑加流、宥、鞭扑、赎。惠栋以为“九刑”即“刑书九篇”。沈家本认为,“《逸周书》言刑书九篇,是周初旧有九篇之名,后世本此为书,故谓之九刑,非谓刑有九也。”①

3. 西周的“礼乐刑政”

“周公制礼作乐”是西周初期在平定叛乱之后周人采取的重大立法活动。而誓命、九刑就成为礼乐的具体表现形式。而礼乐就成为西周制度的代名词。于是,礼乐兴盛代表王朝兴盛,而“礼崩乐坏”则标志西周制度的衰落。如《史记·封禅书》:“自周克殷后十四世,世益衰,礼乐废,诸侯恣行,而幽王为犬戎所败,周东徙雒邑。”

鉴于礼乐在古代政治文化中的重要作用,故司马迁特作《礼书》、《乐书》。《史记·礼书》:“余至大行礼官,观三代损益,乃知缘人情而制礼,依人性而作仪,其所由来尚矣。……是以君臣朝廷尊卑贵贱之序,下及黎庶车舆衣服宫室饮食嫁娶丧祭之分,事有宜适,物有节文。”《史记·乐书》:“乐者为同,礼者为异。同则相亲,异则相敬。乐胜则流,礼胜则离。合情饰貌者,礼乐之事也。礼义立,则贵贱等矣。乐文同,则

① 沈家本:《历代刑法考》(二),中华书局 1986 年,第 833 页。

上下和矣。好恶著,则贤不肖别矣。刑禁暴,爵举贤,则政均矣。仁以爱之,义以正之,如此则民治行矣。"

西周的礼乐制度被概括为"礼乐刑政"。如《礼记·乐记》:"礼以道其志,乐以和其声,政以一其行,刑以防其奸,礼乐刑政,其极一也,所以同民心而出治道也;""礼节民心,乐和民声,政以行之,刑以防之,礼乐刑政,四达而不悖,则王道备矣。"《礼记·明堂位》:"凡四代之服器官,鲁兼用之。是故,鲁,王礼也。天下传之久矣。君臣未尝相弑也。礼乐、刑法、政俗未尝变也。天下以为有道之国,是故天下资礼乐焉。"

礼即周礼,是在损益夏礼、殷礼的基础上形成的。简单来说,周礼就是以父系宗法道德为核心构筑起来的宗法贵族政体及其全部制度。该制度的基础是嫡长继承制、分封制和世卿世禄制。这些制度由于礼节、歌舞、音乐、服饰的加工而被充分仪式化了。周礼是全方位的礼,它不仅适用于国家政治领域,还适用于家族领域。在国家一体的宗法贵族制度下,礼是兼容了法律和道德伦理的放之四海而皆准的行为规范。

乐最初指音乐。在神圣的祭祀活动中,音乐不仅可以渲染气氛,感染人们的情绪,而且更重要的是,音乐其实是巫师的命令,所有参加祭祀的人必须服从音乐的指挥。《论语·阳货》:"礼云礼云,玉帛云乎哉?乐云乐云,钟鼓云乎哉?"乐是离不开乐器的,其中,最重要的乐器是钟鼓。

钟鼓不仅鸣于庙堂之上,而且还奏响于军旅之间。鼓的规格不同,击打时发出的声调和传播的距离也不同。《周礼·冬官·考工记》载:"鼓大而短,则其声疾而短闻;鼓小而长,则其声舒而远闻。"《周礼·春官·大师》说:"大师执同律以听军声而诏吉凶"。《周礼·地官·鼓人》:"鼓人,掌教六鼓四金之声,以节声乐,以和军旅,以正田役。教为鼓而辨其声用:以雷鼓鼓神祀,以灵鼓鼓社祭,以路鼓鼓鬼享,以贲鼓鼓军事,以鼖鼓鼓役事,以晋鼓鼓金奏,以金錞和鼓,以金镯节鼓,以金铙止鼓，以金铎通鼓。”又《夏官司马·大司马》：仲春教振旅，“王执路鼓，诸侯执贲鼓，军将执晋鼓，师帅执提，旅帅执鼙，卒长执铙，两司马执铎，公司马执镯，以教坐作进退疾徐疏数之节。”可见，周礼之六鼓，涉及祭祀、军事、赋役、音乐诸领域，而祭祀居其半。实际上，鼓充当了司祭、司寇、司徒、司乐、军事训练等指挥的角色。其中的军鼓，因战前对神祇宣誓，并且杀牲以涂鼓，便更具有神圣之威严。

在远古时代，正如《左传·成公十三年》所谓“国之大事，在祀与戎”。战争是非常重大的事情。钟鼓之声成为指挥军队或沟通情报的重要手段。《易经·师》：“师出以律”。甲骨文资料中有“师唯律用”（《屯南》一一九）。“律”即鼓之音调和频率。《史记·律书》：“王者制事立法，物度轨则，壹秉于六律。六律为万事根本焉。其于兵械尤所重，故云望敌知吉凶，闻声效胜负，百王不易之道也。”这里说的“声”即“鼓声”。《诗经·小雅·采芑》：“征人伐鼓”。《山海经·大荒东经》说，黄帝用夔的皮制作鼓，“声闻五百里”。《史记·五帝本纪》载，黄帝打败蚩尤后召开部落联盟大会，“合符釜山”，统一兵符和量器，《韩非子·十过》亦谓黄帝“作为清角。”此举盖与舜“同律度量衡”性质相同。

古代的战鼓之所以具有权威，还因为它本身就带有神圣性。《抱朴子》：“雷，天之鼓也。”《御览》十三引《河图帝通纪》：“雷，天地之鼓。”《说文解字》：“鼓，郭也。春分之音，万物郭皮甲而出，故谓之鼓。”《周礼·考工记·韦军人》：“卂冒鼓，必以启蛰之日。”注：“蛰虫始闻雷声而动，鼓所取象也。冒，蒙鼓以革。”周清泉指出：“在惊蛰之日冒鼓，是本于原始巫术意识，欲人所作的鼓与始震的雷行神秘的互渗，鼓取象于雷，雷字所从的畾，也取象于鼓，是雷即鼓，鼓亦雷。”①

---

① 周清泉：《文字考古——对中国古代神话巫术文化与原始意识的解读》（一），四川人民出版社2003年，第519页。

古代战鼓之声之所以具有权威,是因为它与赏赐特别是刑罚密切联系。诸葛亮《将苑・重型》:"吴起曰:鼓鼙金铎所以威耳,旗帜所以威目,禁令刑罚所以威心。"钟鼓旗帜之所以具有权威,原因就在于有刑罚做后盾。战争的硝烟和取胜时的欢呼,早已没了踪迹。但战争所缔造的禁令刑罚,却在先民叩响文明大门之际,扮演了无情而激进的角色。

钟鼓之音是可以记录的。《韩非子・十过》载:卫灵公"夜分,而闻鼓新声而说之,……子为我听而写之。"《淮南子・本经》:"雷震之声,可以钟鼓写也。"战鼓的鼓点儿也是可以"写"的,以此传布全军上下。听而录之是写,读而录之也是写。钟鼓之声是有谱的,或曰鼓谱。各种礼仪均以故声为指挥,如今京剧之司鼓。《礼记・投壶》记载古代指挥投壶礼和射礼的鼓谱。古人就是靠着这种摹写的方法,把最古老的法律,从鼓音之律乃至成文法典,从中央传布至全国。

儒家学者在论述乐的理论时,纵然可以高谈阔论,但是,仍然无法掩饰乐与战争的初始联系。如"听钟声则思武臣,""听鼓鼙之声则思将帅之臣。"(《礼记・乐记》)然而,在炫妙绝伦的理论背后,那些为古人视若寻常、见惯不惊的往事,那些在战场上钟鼓齐鸣、奔突厮杀的场景,早已荡然无存。

在古代,最常见的行为规范是誓命、故事和训诫之辞,它们是礼乐刑政的载体。这些誓命、故事和训诫之辞等作为专业知识由固定的家族执掌并世代相传。在没有文字的时代,这些知识依靠人们背诵和口耳相传。正如穗积陈重所说:"法律记忆之公职,为中世纪北欧各国之通制;"也是"初期文化低级之国家普通之现象也;""欲使民众周知法令之公布,须用呼唱法或朗读法。"①《尚书・胤征》:"遒人以木铎徇于

① ［日］穗积陈重:《法律进化论》,黄尊三等译,中国政法大学出版社1998年,第13、86、168页。

路”,《周礼·秋官司寇·小司寇》:“令以木铎”,“属民读法”,都是公布法令、传布法令的方式。

这些誓命、故事和训诫之辞诞生于祭祀之际,是配以歌舞音乐的,是可以吟诵歌唱的。而重要的誓命和训诫之辞被口耳相传时,始终与歌舞音乐相伴随。故《国语·周语上》谓:“天子听政,使公卿至于列士献诗,瞽献曲,史献书,师箴,瞍赋,矇诵,百工谏,庶人传语,近臣尽规,亲戚补察,瞽史教诲。”那些能够吟唱誓命、故事和训诫之辞的,是世世代代以此为业的史官家族。当文字产生之后,他们仍然掌握着专门知识而且秘而不宣,以示尊贵。故孔子批评赵鞅铸刑鼎的理由之一是“民在鼎矣,贵何业之守?”(《左传·昭公二十九年》)

刑指刑罚制度,即墨、劓、刵、宫、大辟五种刑罚。在最原始的时代,对敌人或内部的叛逆者是不加区别统统处死的。经过漫长的实践,逐渐形成与罪行大体相匹配的刑罚措施。上述五种刑罚在甲骨文中都有所体现,而且流传甚为久远。西周实行“议事以制”的判例法,并以五种刑罚为框架,分别隶属适用此刑罚的判例故事,即所谓“五刑之属三千。”

政指政令,是权威机构随时发布的命令,告诉人们可以做什么,不可以做什么,否则将得到惩罚。

(二)法家之“法”与西周“礼乐刑政”的联系

1. 法家之“法”与西周“礼乐刑政”的相通之处

法家毕竟是后起的学派,而且法家人物及其思想又与儒家存在无法割舍的联系,因此,法家思想不仅与儒家,而且与儒家思想的精神土壤,都具有无法分割的联系。

从内容上看,法家之“法”源于西周的“礼乐刑政”。西周春秋的“礼乐刑政”的本质内容是一种社会秩序,一种行为规范。这种秩序和规范的特殊性表现在,它以宗法血缘意识为其哲学基础,以宗法等级为其标志,以贤人政治为政治依托,以德政教化为其前提。这种秩序和行为规范到了法家生活的时代,已经无法在延续下去了。法家迫切希望重构社会秩序和行为规范,而"礼乐刑政"所包含的乐律、刑罚、政令,和在维护社会秩序上的经验,以及对天子权威的期待,对臣子忠于职守的教诲,对遵守秩序的强调,等等,都可以为法家所直接采纳。实际上,法家正是剥离了"礼乐刑政"价值层面的内容,如仁学、礼治、德治、人治等思想,而直接继承了操作层面的内容,如乐律、刑罚、政令。从这个角度来看,法家也是古代文化的继承者。

2. 法家之"法"与西周"礼乐刑政"的差异之处

总的来看,法家之"法"与西周春秋"礼乐刑政"之间的差异性是主要方面,它们分别是属于两个不同时代、不同思想体系、不同的政体和不同的法体。简言之,西周春秋的"礼乐刑政"是宗法贵族没落时代的文化遗存,法家之"法"是战国时代新兴阶级登上政治舞台的一面旗帜;西周春秋的"礼乐刑政"代表着宗法贵族政体,法家之"法"代表着集权君主政体;西周春秋的"礼乐刑政"作为一种文化体系成为儒家思想的土壤和养分,酝酿出仁学、礼治、德治、人治等思想,法家之"法"则代表着与儒家思想几乎是整体对立的"以法治国"的"法治"思想;西周春秋的"礼乐刑政"表现在法律样式上,是"议事以制"的判例法,法家的"法治"思想表现在法律样式上,是明确规定何种行为是何种违法犯罪,又应当承担何种责任的公开的使"妇孺皆知"的成文法。法家毕竟是改革家,他们如果要推行"法治",就必须将传统的"礼乐刑政"政体地推倒重来。法家在推行"法治"中有两个最要害最具有杀伤力的措施——建立集权君主政体和实行成文法。战国以降,法家继承春秋末法制改革之路线,在变法中不断丰富完善郡县制和成文法,并运用这两个法宝,尊君尚法,任贤使能,统一人们的言论行为,奖励耕战,富国强兵,终于建立起统一的集权王朝。

五、东夷民族的“仁”与“灋”：儒法传统的精神原典

（一）东夷的“仁”与儒家精神

东夷民族是在殷商之前的某个时代至战国末期，生活在以齐鲁平原为重心的环渤海地区，即今山东、辽宁、内蒙古、河北、河南、安徽、江苏、浙江等广大地区的古老民族。王国维指出：“自五帝以来，政治文物所自出之都邑，皆在东方”；“自上古以来，帝王之都皆在东方太皞之虚，”“少皞与颛顼之虚皆在鲁卫。”[①]殷商是东夷民族的一支的观点：“商人原出于东夷，”“原始的商族可能是山东地区东夷族之一支。”[②]傅斯年《夷夏东西说》：“商人虽非夷，然曾抚有夷方之人，并用其文化。”[③]东夷文化曾经是殷商民族的母体文化。

公元前16世纪形成的商代甲骨文已经是十分成熟的文字系统。在殷商之前，东夷民族经过长期实践而积累的丰富的生活经验和口耳相传的历史故事，已经形成一种集体的共同见解。当文字被刻画出来的那一刻，该文字所期表达的意义便无不与当时的社会生活和集体常识相契合。因此，运用殷商甲骨文材料不仅可以探讨殷商而且还可以探讨殷商以前漫长时期的社会生活。

甲骨文有没有从人从二的“仁”字，学界尚无定论。但是甲骨文中已有“仁”的原型字“夨”、“夾”、“化”、“乘”、“尼”、“兒”、“弔”等。这些字

① 王国维：《殷周制度论》，《观堂集林》（上册），中华书局1959年，第451、452页。

② 张富祥：《东夷文化通考》，上海古籍出版社2008年，第321、431页。

③ 傅斯年：《傅斯年全集》（三），湖南教育出版社2003年，第213页。

形反映了东夷人抵足而眠(即《礼记·王制》"交趾"《山海经·海外南经》"交胫")的生活习惯,揭示了东夷人男女、兄弟、母子之间相互友爱的情感。[①] 在此基础上逐渐演变成行为规范和思想观念。

东夷民族留给中华民族的最伟大的遗产莫过于"仁"。东夷人的"仁"虽然以"亲"为基础,但是又不局限于血缘范畴,这正是东夷之"仁"的可贵之处。因为"仁"不仅施于具有血缘关系的亲人范围,而且还施于没有血缘关系的人群。在实行"同姓(同血缘)不婚"的母系氏族时代,那些周边氏族的男青年们都"嫁"到同一个氏族来,他们从其父辈母辈的血缘链条那里还找不到任何联系,他们一同外出渔猎、打仗,在寒冷的夜晚抵足而眠,这种超血缘的兄弟之谊,就是"化",就是"仁"。这就使"仁"从一开始具有了超血缘的无穷张力。"仁"始终关心周围甚至遥远的氏族,因为那里可能是后代子孙"出嫁"的地方。"仁"之俗在对外关系上的表现是谦让。《山海经·海外东经》载:"君子国在奢比之尸北,其人好让不争。"关于"让",《春秋谷梁传·定公元年》谓:"人之所以为人者让也。"此处"为人"的"人",似当即"仁"。谦让与宽容是相通的。《左传·襄公四年》载:寒浞为伯明氏所弃,"夷羿收之,信而使之"。对外族人的同情和信任,正是"夷俗仁"的一个证明。这也是氏族社会中收养义子的习惯。[②] 联想到殷王朝重用异族人伊尹,将伊尹与殷先王同列祭祀;联想到殷人珍视兄弟之谊,"商人祀其先王,兄弟同礼,即先王兄弟之未立者,其礼亦同;"[③]联想到殷人对妇女的尊重,这些夷人风格,在周人伐纣的誓词中都成了罪行和讨伐的理由,如《尚书·牧誓》所谓"牝鸡之晨,惟家之索,今商王受,唯妇言是用……乃唯四方之多罪逋

① 参见武树臣:《寻找最初的仁——对先秦仁观念形成过程的文化考察》,《中外法学》2014 年第 1 期。

② 王宇信:《中华远古史》,人民出版社 2004 年,第 148 页。

③ 王国维:《殷周制度论》《观堂集林》(上),中华书局 1959 年,第 455 页。

逃，是崇是长，是信是用。”正如《论语·子张》所谓：“纣之不善，不如是之甚也。是以君子恶居下流，天下之恶皆归焉。”“下流”者莫过于失败，成者王侯败者贼。《孟子·公孙丑》亦谓：“纣之去武丁未久也，其故家遗俗，流风善政，犹有存者。”孔孟之言，当为平和之论。

“仁”不仅是中华民族的基本精神，也是中国法律文化的传统精髓。东夷民族对中华民族贡献巨大，其中包括来源于习俗的“仁”的原始观念。建立新王朝的周人不提倡“仁”而提倡“德”，应当是有原因的。首先是因为“仁”未能与“天命”建立联系，而“德”却能够与天命建立联系，“怀保小民”、“明德慎罚”，施德于民，正是为了保有天命；其次，“仁”讲求“人相偶”，人与人、族与族平等友好地相处。当时严峻的政治形势之下，让刚刚取胜的周人与战败的殷民族、东夷民族讲平等，恐怕还没有这样的条件；第三，“仁”的观念源于东夷风俗，与周人的文化传统无切合之处，一时难以消化融合。一直到了春秋末年，“礼崩乐坏”，周人的典章文物渐渐失去昔日的权威，东夷民族的“仁”的观念才悄悄恢复，最后经过孔子的加工改造，使“仁”成为古代中国最重要的哲学观念和思想体系，同时也成为促进中国古代法律不断从野蛮走向文明的精神杠杆。

孔子的思想经历了从崇拜西周之“礼”到发掘东夷的“仁”的前后变化。最后形成了思想的核心“仁”。“仁”始终关注人与人群而非人与自然界的关系。“仁”表现在统治阶级与被统治阶级之间的关系上，就是西周“怀保小人”、“以德配天”的“德”。孔子把它完善为“为政以德”、“富而后教”的“德治”思想。“仁”表现在血缘亲属之间的关系上，就是“孝慈”。这一观念显然同样来自西周。“仁”表现在地缘上陌生人之间的关系上，就是“忠恕”。透过“忠恕”的棱镜，一切人都失去了血缘、政治、民族的差别，大家都是同样的个体自然人。你想得到的别人也想得到，你希望别人如何待你，你就应当如何待人。如果说“德”、“礼”是旧世界的古曲,“仁”则是新世界的圣经。

(二)东夷的“灋”与法家传统

东夷民族不仅创造了具有哲学意义的“仁”,而且还创造了具有制度意义的“灋”。“灋”的本质是社会秩序。没有社会秩序,人类就会自相残杀、同归于尽。为了确立“灋”,必须确立社会权威。这个社会已经不是狭小的氏族和部落,而是部落联盟。因为“灋”天生不是为着解决氏族、部落内部的纠纷而出现的,氏族、部落内部的纠纷完全凭借风俗习惯就可以解决了。这种社会权威的符号就是独角兽廌。人们为了生存下去,必须无条件放弃自己的判断力和判断的权利,完全委托廌来做出判决。社会秩序就这样形成了。

法家比其他诸家更注重社会秩序的重建和对社会权威的服从。因此,法家独尚君权,以为君权是社会秩序的制造者和维护者。虽然君主不一定都是圣贤人物,但是为了维护社会秩序,人们必须容忍君主的不足。因为没有君主就没有社会秩序。

“灋”是通过诉讼和判决来体现的行为规范。人们常常因为利益而发生争执。因此,“灋”是解决利益分配的公共行为。这就使“灋”一开始就与功利相联系。法家不仅讲功利,而且讲国家功利。与儒家“重民富民”的主张不同,法家主张“富国强兵”,人民的富裕要服从国家利益。

法家所推崇的“灋”一开始就和战争结缘,源于战争的祭祀活动正是礼的最初形象。从战争祭祀活动中产生的礼乐节拍、舞蹈举止,慢慢地派生出各种禁忌和仪式规则。特别是对勇敢者的奖励和对懦弱者的惩罚,都基于对人们的现实表现,这就使“灋”一开始疏远人们的血缘身份,强调人们后天的努力实践,所以使“灋”具有广阔的适用性和平等性。

法家所推崇的“灋”一开始就容易与人群相对集中的游牧生活相契

合，而与分散的农耕生活相对隔膜。前者更容易产生绝对权威和军令，后者更容易产生礼仪和伦理道德。

总之，“灋”与集中的公共权力、普遍适用的行为规范、人们后天的行为、社会功利等等联系密切。“灋”所具有的这些品格，在春秋战国的大变革时代，成为人们结束混乱、重建秩序的精神寄托。法家再一次酿造了这种精神，再加上进化史观、好利恶害的人性论、刑无等级的公法观、富国强兵的功利主义等等，从而提出了评判血缘贵族旧世界、建设统一富强新世界的法治理论。

结语　法家是古代文化的忠实继承者

中国古代文化内容丰富、博大精深。中国古代文化是古代先民生活实践经验的结晶。这些实践经验首先包括古人日常生活中最为重大的事项。《左传·成公十三年》：“国之大事，在祀与戎。”古人认为最重大的事项是祭祀和战争。而能够把祭祀和战争结合起来的正是以战争为核心的祭祀活动。毫无疑问，祭祀是为了保证战争的胜利，战争是为了族群的生存和发展。通过这种祭祀，一些军事行为规范产生了，这就是最早的军令、军纪。它们规定对何种行为进行赏赐，又对何种行为进行惩罚。通过赏罚，表彰和推崇英雄勇士，处罚谴责胆小的逃兵。有了军令、军纪，必然要有监督军令、军纪执行和解决有关纠纷的专职人员，这就是最早的法官。这些法官长期掌管军令、军纪，熟悉断案的方法，获得专门知识。这种专门知识或经过口耳相传，或经过书之简册，世世代代地传递下去。久而久之，他们逐渐形成了忠于法律规范、依法办事的习惯和传统。

法家正是远古法律传统的继承人。面对战国天下无序的混乱局面，法家以重建国家秩序为己任，主张通过变法，摒弃贵族为所欲为的世袭特权,尚贤使能,奖励耕战,富国强兵,建立统一的国家。因此,尽管法家是后起的学派,尽管法家的思想元素大都可以从其他诸家那里找到出处,但是,法家重视法律的精神远非其他各家所能比拟。面对传统文化,儒家选择了礼乐,墨家选择了平等,名家选择了逻辑,兵家选择了权谋,而法家则选择了法。

第二章　法家概述(Ⅱ)
法家的师承脉络

春秋末期的孔子创立了儒家学派。在孔子时代，孔门弟子队伍十分庞大，史传弟子三千，贤人七十二子。其时，孔子虽然言及“君子儒”、“小人儒”，但也许还不曾意识到自己创立了中国历史上第一个民间学术团体——儒家学派。到了战国时，庄子才提出“缙绅先生”的概念。《庄子·天下》：“其明而在数度者，旧法世传之史尚多有之。其在于诗、书、礼、乐者，邹鲁之士、缙绅先生多能明之。……其数散于天下而设于中国者，百家之学时或称而道之。”自从有墨翟、杨朱标新立异另起炉灶，如《孟子》所说“天下之言不归杨则归墨。”才导致出现民间派别的苗头。此后，《韩非子·显学》谓孔子之后“儒分为八。”《荀子·儒效》则更有“俗儒”、“雅儒”、“大儒”之名。儒家阵营在新的社会环境之下的分化，也许与诸家思想的问世异曲同工，最终促成百家之学的兴起。而法家则是晚起的一个学派。

关于法家的师承关系问题，应当说不是一个新题目。学术界除了法家与墨、道、名等诸家的学术联系之外，也曾经注意到法家和儒家的联系。如章太炎《诸子系统说》指出：“《荀子·非十二子》儒家思轲张夏之伦，亦所鄙夷不道，比于孟子为尤峻矣。深觏儒家之弊，博而寡要，是故隆礼义而杀诗书。韩非李斯之法自此萌芽。原夫法家者本未自儒家流出，蕞尔一邦，必有典章可守，上溯《周官》，下逮《管子》，孰非法家经国之书,然其自名一家,实由矫拂儒家而起。”[①]谭正璧说:“古时礼法并称,二者实相贯通。至管仲主以法治国,法始专就刑罚言。然由此可见法家本起于礼。……礼不足治,而后有法。礼流而为法,所以礼家流为法家。”[②]“礼家”或即指儒家或与儒家相接近。钱穆说:“法家主庆赏刑罚,原于儒;道家言反朴无治,原于墨。”[③]其《先秦诸子系年》谓:“至魏文时,而李克著《法经》,吴起贲表徙军辕以立信,皆以儒家而尚法。盖礼坏则法立,亦世变之一端也”;“人尽誇道鞅政,顾不知皆受之于李、吴。人尽谓法家原于道德,顾不知实渊源于儒者”。[④] 郭沫若主法家源于儒家且出于子夏一派。他在《前期法家的批判》中说:“李悝、吴起、商鞅都出于儒家的子夏。……因此,前期法家,在我看来是渊源于子夏氏。子夏氏之儒在儒中是注重礼制的一派,礼制与法制只是时代演进上的新旧名词而已。”《韩非子·显学》历数儒家八派,独无子夏,“是因为韩非把子夏氏之儒当成了法家。”[⑤]这种观点使人耳目一新。

由于直接资料或缺,学者关于法家源于儒家的意见,大多只是出于推测,而缺少进一步的系统发掘,致使法家源于儒家而自立的师承脉络并不清晰。这里首先涉及研究视野问题。探讨法家的师承应当摆脱诸子百家壁垒森严这样的僵硬概念和界限,用一种宏观的混合的发展变化的眼光来看待古代的文化现象。张岂之说:“近世学者多注意到法家思想与道家学说有渊源关系,是很对的。但是很少有人对早期法家与儒家的联系加以研究,从而没有追索法家思想与上古政治思想的渊源关系;”“战国早期子夏的弟子中出了法家人物李悝、吴起,战国末期荀

---

① 章太炎:《诸子系统说》,《华西学报》1933年第1期。

② 谭正璧:《国学概论讲话》,当代中国出版社2014年,第90、91页。

③ 钱穆:《国学概论》,商务印书馆1997年,第59页。

④ 钱穆:《先秦诸子系年》,商务印书馆2005年,第158、264页。

⑤ 郭沫若:《十批判书》,《郭沫若全集》历史编(第二卷),人民出版社1982年,第341、342页。

子的弟子中又出了法家人物韩非、李斯，儒家弟子有这么多人成为法家代表人物，不能排除儒家学术中有法家的基因。”[①]诚如所言，学界很早就注意到法家和道家、墨家、名家、兵家的联系。这些联系大体上只是横向的联系。至于法家之来龙去脉的纵向联系问题尚未得到充分关注。由于儒家是先秦第一个民间学术团体，他们对古代文化曾经有过深刻的研究和全面的总结，因此对当时以及对后世均发挥深切的影响，我们追索法家思想的渊源，探寻法家的师承关系，探讨其发生发展的过程，不能不把儒家作为重点考察对象。大体而言，作为学术意义的法家，其师承关系其始为孔子，其终为董仲舒。即由孔子、子思、子夏，乃至李悝、慎到、吴起、商鞅，再由荀子、韩非、李斯，及至吴公、贾谊、董仲舒。这个师承链条，既是儒家思想的演化史，又是法家思想的沿革史。及至荀子、董仲舒而止，先秦儒家完成了脱胎换骨的涅槃，法家思想则被融入新儒家思想体系当中，儒法两家共同缔造了古代正宗学术。这也正是一部法家学派生成、发展、终结的文化史。但是，法家精神从来没有退出历史舞台，依法治国的精神，守法尽职的职业法家，依然在古代法律实践活动中顽强地宣示着自己的存在。

一、孔子之后儒分为八与法家思想交相浸润

生活在战国末期的韩非，有条件对春秋战国学术派别的沿革进行分析和总结。如《韩非子·显学》谓：“孔墨之后，儒分为八，墨离为三。”“自孔子之死也，有子张之儒，有子思之儒，有颜氏之儒，有孟氏之儒，有漆雕氏之儒，有仲良氏之儒，有孙氏之儒，有乐正氏之儒。”同时代的荀

---

① 张岂之：《中国思想学术史》先秦卷（下），广西师范大学出版社2008年，第610、622页。

子则更有条件对各家各派进行比较和评判。如《荀子·非十二子》历数12位学者的不足,颂孔子、子弓为圣人。这种总结和批判,不仅意味着学术风格的转变,而且更重要的是标志着思想本质的转型。

"孔子死后的儒家,除了战国末期的荀子(孙氏之儒)综合各家思想,代表了向上的发展并与法家结合以外,其余各派均已失去孔学的优良传统,或古言古服,固执着孔子所批判的形式文化而自谓真儒,实则仍继承邹鲁缙绅先生的传统儒术——形式说教。"①

蒙文通谓:"儒之分为八者,正以儒与九流百家之学相荡相激,左右採获,或取之道,或取之法,或取之墨,故分裂而为八尔。"②儒分为八是个漫长的过程。此间,有儒家取于诸家而分化者,亦有儒启发促动诸家之诞生者。其中,就包括法家之问世。

孔子思想博大精深,其主体思想奠定了后世儒家思想的基本轮廓。然而其中也不乏某些可以启发后世各家思想包括法家的某些思想元素。有些思想元素和后世法家思想是相通的。这些思想元素主要有以下几个方面:

首先是孔子在一定程度上承认政令刑罚的作用。孔子主张治理国家应当以德治、礼治为本,但是孔子也认识到推行德治、礼治是十分困难的事情。他说"博施于民,而能济众"是"尧舜其犹病诸"的难题。(《论语·雍也》)孔子虽倡"德治",但从不否定刑罚等暴力作用。每当教化无效时,他也主张诉诸暴力,使用刑罚。甚至当他听到郑国子产的继任者"尽杀萑苻之盗"的消息,竟说:"善哉!政宽则民慢,慢则纠之以猛。猛则民残,残则施之以宽。宽以济猛,猛以济宽,政是以和。"(《左传·昭公二十年》)这种"宽猛相济"的思想曾被后世封建统治者奉为主

① 侯外庐等:《中国思想通史》(第一卷),人民出版社1957年,第191、192页。
② 蒙文通:《经史抉原》,巴蜀书社1995年,第151页。

枭。《韩非子·内储说上七术》亦记载子产临终之言:“夫火形严,故人鲜灼;水形懦,故人多溺。子必严子之刑,无令溺子之懦。”但在一般情况下,孔子总是强调德化的一手。《论语·为政》说:“道之以政,齐之以刑,民免而无耻;道之以德,齐之以礼,有耻且格。”意思是说:用政令、刑罚驱使人民,人民可以被迫去做,但心中没有善恶的道德观念;用恩德、教化对待人民,人民由于从内心树立辨别善恶的道德伦理观念而自我约束。因此,道德伦理规范的价值要高于法律规范。在这里,孔子虽然强调德政礼教的终极性价值,但是,并没有排斥政令刑罚的作用。

其次,孔子强调君主施行赏罚不能出以私心。《左传·昭公五年》载:“仲尼曰:‘周任有言曰:为政者不赏私劳,不罚私怨’。”孔子还主张司法官员应当遵从法律,“司法以直。”《左传·昭公十四年》载:叔向的弟弟叔鱼接受贿赂,枉法载判,叔向主张“杀之以正刑书”。孔子称赞叔向“治国制刑,不隐于亲”,“杀亲益荣”,是“古之遗直也”。《春秋繁露·五行相生》:“司寇者水也,故曰金生水。北方者水,执法司寇也。司寇尚礼,君臣有位,长幼有序,朝廷有爵,乡党以齿,……据法听讼,无有所阿,孔子是也。为鲁司寇,断狱屯屯,与众共之,不敢自专。是死者不恨,生者不怨。”

第三,孔子主张“举贤才”。孔子不惜修正周礼的“亲亲”原则而主张“举贤才”,在“近不失亲”,即“笃于亲”的原则下,做到“远不失举”,(《左传·昭公二十八年》)让非贵族出身的“贤才”能参与国政。并认为“举直错诸枉,则民服;举枉错诸直,则民不服”。(《论语·为政》)主张选拔贤能者进入国家管理层面。

第四,孔子主张“正名”,即恢复社会秩序。他要求纠正当时各种违反“君君、臣臣、父父、子子”等级名分的混乱现象。他主张“礼乐征伐自天子出”,反对“八佾舞于庭”的僭越行径。也曾言及“无为而治。”而“正名”精神一旦运用到政治领域的“君君、臣臣”之间,自然引申出相应的职责或权利义务等概念。前期法家“君道无为”“臣道有为”的主张很可能受到“无为而治”思想的影响。名分与国家权力直接相关。《左传·成公二年》载:“新筑人仲叔于奚救孙桓子,桓子是以免,既,卫人赏之以邑,辞。请曲县繁缨以朝,许之。仲尼闻之曰:‘惜也,不如多与之邑。唯器与名,不可以假人,君之所司也。名以出信,信以守器,器以藏礼,礼以行义。政亡则国家从之,弗可止也。’”仲叔于奚自恃有功而欲享受诸侯之礼乐,卫侯竟然同意了。孔子以为“器与名”(国家政权的象征)只能由君主支配,他人岂能染指。

孔子学生本各有所长,其学术倾向已有分野。如《论语·先进》:“德行:颜渊、闵子骞、冉伯牛、仲弓。言语:宰我、子贡。政事:冉有、季路。文学:子游、子夏。”此后,孔门弟子相继进入社会,担任不同的角色。其中,子夏、子思与法家学派的形成可能具有直接的师承和思想学术联系。

梁启超谓,孔子卒后,孔门分成两派:曾子、子思一派“注重内省之学,”孟子源于此派;有子和子夏、子游、子张一派“注重外观的礼乐”。荀子与后者具有渊源关系。[①] 蒋伯潜说:孔子有言:“学而不思则罔,思而不学则殆。”“学是向外的,思是向内的。”孔子“其门下之大弟子,则有致力于多学而识者,如博学切问之子夏,有致力于一以贯之者,如悟忠恕之道之曾子。子思孟子,承曾子之传者也。宋儒所谓道统,即出于此。荀子继子夏之学者也。汉儒所传之经,即由于此。是孔子之弟子门人,已分为传道、传经二派矣。……此二派之为学,虽有偏于向外或偏于向内,偏于学问或偏于思辨,偏于客观的书本之章句训诂或偏于主观的心性之体验存养之异,而其奉孔子为不祧之始祖,以经籍为研究之

① 梁启超:《饮冰室诸子论集》,江苏广陵古籍刻印社 1990 年,第 62 页。

对象，则一。”①

梁启超、蒋伯潜的论断颇具启发性。换一个角度来看，孔子学术之渊源大抵包含两部分：一是周礼的“郁郁乎文哉”的制度文明，这种制度文明的哲学基础又与宗法伦理观念相联系；二是植基于东夷、殷商风俗习惯之价值传统，即“相人耦”的“仁”，这种价值观多少超越了血缘群体的界限，与陌生人的世界或曰个体自然人组成的社会具有潜在的联系。是否可以说，有子和子夏、子游、子张、荀子一系是制度文明的继承者，他们的研究成果是礼乐法制；曾子、子思、孟子是价值文明的继承人，他们的研究成果是原始民主和仁政学说。当然，制度文明和价值文明在许多场合下是可以交叉的。法家学说应当是以制度文明成果为其出发点的。由于实践经验的积累尚不充分，法家学说在价值文明方面显得十分苍白。

孔子留给后世许多宝贵遗产，其中最为宝贵者有二：一是关于“仁”的学说。一部《论语》无非讲了“郁郁乎文哉”的以“孝慈”为核心的西周之“礼”，和“人相耦”的以“忠恕”为核心的东夷之“仁”，表现了孔子一生由崇拜血缘社会的西周之礼到发掘超血缘的东夷之仁的思想历程；二是《春秋》。正如皮锡瑞所说：“孔子空言垂世，所以为万世师表者，首在《春秋》一书。”与孔子整理的《易》《诗》《礼》《乐》不同，《春秋》是孔子写作的史书，“是作不是抄录，是作经不是作史。”②如郭店竹简《语丛一》所谓：“《春秋》，所以会古今之事也。”③它包含丰富的故事、先例、教训、恒言，故对政治生活方面所具有的制约、参照和指导作用，比其他诸经更为直接和强烈。孔子素重《春秋》，将自己扬善抑恶的政治主张渗透其中。《史记·孔子世家》：“弟子受《春秋》，孔子曰：‘后世知丘者以《春

① 蒋伯潜：《十三经概论》，上海古籍出版社1983年，第9页。

② 皮锡瑞：《经学通论》，中华书局1954年，《春秋》，第1、2页。

③ 参见王博：《奠基与经典：先秦的精神文明》，北京大学出版社2009年，第149页。

秋》，而罪丘者亦以《春秋》。'"《史记·太史公自序》："子曰：'我欲载之空言，不如见之于行事之深切著明也。'夫《春秋》，上明三王之道，下辨人事之纪，别嫌疑，明是非，定犹豫，鄯善恶恶，贤贤贱不肖，存亡国，继绝世，补敝起废，王道之大者也。……《春秋》辨是非，故长于治人。……拨乱世反之正，莫近于《春秋》。《春秋》文成数万，其指数千。万物之散聚皆在《春秋》。《春秋》之中，弑君三十六，亡国五十二，诸侯奔走不得保其社稷者不可胜数。察其所以，皆失其本。"这个"本"，就是国家秩序。为此，必须以《春秋》为准则，惧乱贼、彰贤士、别嫌疑。孔子的目的就是恢复国家的良好秩序，后世法家也正是以建立国家秩序为己任的。《春秋》之义，"盖君父虽有过愆，臣子无可解免。以此推之，臣子之于君父，不当论是非曲直，亦不当分别有道无道。臣子既犯弑逆之罪，即人伦之大变，天理所不容。"①此立场与孟子"民贵君轻"、"诛纣非弑"之论大异其旨，而孟子之论则被法家视为世乱之源。法家人物若读《春秋》，就不难从《春秋》当中找到变法治国的依据。《孟子·滕文公》谓："孔子成《春秋》，而乱臣贼子惧。"畏惧《春秋》的正是那些乱臣贼子，赞成《春秋》的自然有后世儒家，而实践《春秋》大义的却是尊君尚法的法家。

二、"子夏说教西河，是儒学西行一大关键"

傅斯年说："子夏说教西河，是儒学西行一大关键。"②子夏居于西河，为魏文侯所礼遇，聚徒讲学，有孔子之风。曾参曾责备子夏"退而老于西河之上，使西河之民疑女于夫子（孔子）。"（《礼记·檀弓上》）据《吕

① 皮锡瑞：《经学通论》，中华书局1954年《春秋》，第26页。

② 傅斯年：《战国子家叙论》，《傅斯年文集》，上海古籍出版社2012年，第62页。

氏春秋·当染》、《史记·儒林列传》、《后汉书·徐防传》、《经典释文·叙录》等文献所记，子夏在西河讲学，其弟子有田子方、段干木、吴起、曾申、子弓、李悝、禽滑厘、公羊高、谷梁赤、高行子、子伯先等人。被郭沫若称为“子夏氏之儒”，“李悝、吴起、商鞅都出于儒家的子夏，是所谓子夏氏之儒”。[①] 蒙文通谓“儒家之李克，固亦浸淫于法者。战国之世，儒之杂取法家者多，岂特贾生、晁错然后乃兼明申商之说哉？……儒分为八者，皆儒之出入于诸子者也。”[②]

这一团体又被称为“西河学派”。值得注意的是，居于西河的“子夏氏之儒”与居于鲁国的“子夏氏之儒”风格迥异，后者曾受到荀子的批评，称其为“子夏氏之贱儒”。（《荀子·非十二子》）西河的“子夏氏之儒”“比较注意与统治者的合作，与子思、孟子一派的抗议精神和批判精神不同”。[③] 同时，“子夏氏之儒”与其他孔门弟子充当各类实力家族之家宰以食人之禄也不同，他们有意或无意间捕捉到时代的大潮，有机会佐助魏文侯，提拔任用改革人士，实行变法，富国强兵，首开战国养士和变法之序幕，从而为法家的正式出台奠定了政治实践基础。因此，子夏入西河聚徒讲学，参与国家政治，是鲁国孔孟儒学晋国化的第一通锣鼓，是三晋法家思想酝酿于母腹的第一抹朝阳，是法家之舟驶出儒家江湖的第一座港湾。

后儒当中，最重要的人物是子夏。子夏小孔子 44 岁。作孔子学生期间，子夏以“文学”见长。何谓“文学”？“文学——指古代文献，即孔子所传的诗、书、易等。皇侃《义疏》引范宁说如此。”[④]其中，“书”或指

---

① 郭沫若：《十批判书》，《郭沫若全集》历史编（第二卷），人民出版社 1982 年，第 341 页。

② 蒙文通：《古学甄微》，巴蜀书社 1987 年，第 235 页。

③ 姜广辉：《中国经学思想史》（第 1 卷），中国社会科学出版社 2003 年，第 170 页。

④ 杨伯峻：《论语译注》，中华书局 1980 年，第 110 页。

尚书,如誓、典、谟、训、诰之类,亦泛指古代官方政治文献。“书”亦包括“史”、“春秋”。宋洪迈《容斋随笔》谓:“孔子弟子,惟子夏于诸经独有书”,《易》有传,《诗》有序,《礼》有文,授《春秋》于公羊高、谷梁赤。故“《后汉》徐防上疏曰:‘经书礼乐,定自孔子,发明章句,始于子夏。’斯其证云”。①

《史记·仲尼弟子列传·子夏传》载:“孔子既没,子夏居西河教授,为魏文侯师。”《正义》:“孔子卒后,子夏教于西河之上,文侯师事之,咨问国事焉。”子夏得到魏文侯的礼遇,虽然出于时代变革的需要,但与子夏的知识结构和务实学风是分不开的。

子夏重视政治实践不尚空谈的风格,在有关文献中已见端倪。《论语·学而》载,子夏曰:“事君能致其身。”《子张》载:“子夏之门人问交于子张。子张曰:子夏云何? 对曰:子夏曰:可者与之,不可者拒之。子张曰:异乎吾所闻:君子尊贤而容众,嘉善而矜不能。我之大贤与,于人何所不容? 我之不贤与,人将拒我,如之何其拒人也?”“子夏曰:君子有三变:望之俨然,即之以温,听其言也厉。”《颜渊》:“子夏曰:商闻之矣:死生有命,富贵在天。君子敬而无失,与人恭而有礼。四海之内皆兄弟也。”“子夏曰:舜有天下,选于众,举皋陶,不仁者远矣。汤有天下,选于众,举伊尹,不仁者远矣。”《礼记·孔子閒居》:“孔子閒居。子夏曰:敢问诗云凯弟君子民之父母,何如斯可谓民之父母矣?”孔子讲了“五至”“三无”的一篇大道理。子夏则曰:“言则大矣美矣盛矣! 言尽于此而已乎!”可见,子夏是反对坐而论道的。

子夏主张“事君能致其身”。但其条件是人格必须得到尊重。《荀子·大略》载:“子夏家贫,衣若县鹑。人曰:‘子何不仕?’曰:‘诸侯之骄我者,吾不为臣;大夫之骄我者,吾不复见。’”子夏的“事君能致其身”,

---

① 皮锡瑞:《经学历史》,中华书局1959年,第48页。

强调臣子对君主要无限忠诚，甚至可以牺牲性命，与《国语·晋语一》所载晋人之言："民生于三，事之如一。父生之，师教之，君食之。非父不生，非食不长，非教不知生之族也，故壹事之。唯其所在，则致死焉。报生以死，报赐以力，人之道也"——何其相似，而与孔子倡导的"以道事君，不可则止"的意境相比，其差别是十分明显的。子夏所谓"舜有天下，选于众"，"汤有天下，选于众"，与法家打破血缘身份选贤任能的主张是一致的。《子张》所载："子夏曰：君子信然后劳其民，未信，则以为厉(欺骗)己也。"此言与吴起、商鞅变法之际"徙木立信"的做法如出一辙。

清陈玉澍以为子夏在继承传播儒家经典方面功勋卓著："下逮战国之世，六籍益替，九流并兴，至圣微言，不绝如缕，独赖卜氏；""无卜子则无汉儒之经学"。[①] 梁启超认为，子夏一派对后世之学影响最大。"当时最有势力且影响于后来最大的，莫如子夏一派。……当时中原第一个强国的君主魏文侯，受业其门，极力提倡，自然更得势了。后来汉儒所传六经，大半溯源子夏。虽不可尽信，要当流传有绪，所以汉以后的儒学，简直可称为子夏氏之儒了。"[②]

子夏有从政经历。《论语·子路》："子夏为莒父宰，问政。子曰：无欲速，无见小利。欲速，则不达。见小利，则大事不成。"《子路》又载："子夏曰：仕而优则学，学而优则仕。"这些记载都证明子夏是有管理社会经验的官方人士。因此，子夏的弟子理应保持注重社会实践的风格。"《春秋》传于子夏。子夏退老西河，为魏文侯师，魏人必有从之受《春秋》者"。[③] 当时师从子夏学习《春秋》的就有李悝和吴起。

---

① (清)陈玉澍：《卜子年谱》，《北京图书馆藏珍本年谱丛刊》，北京图书馆出版社1999年，第688、689页。

② 梁启超：《饮冰室诸子论集》，江苏广陵古籍刻印社1990年，第63页。

③ 皮锡瑞：《经学通论》，中华书局1954年，《春秋》，第65页。

三、师从儒家的李悝、吴起

在子夏弟子当中,李悝、吴起都是佼佼者。“当时知名之士李克(悝)、翟璜、吴起、西门豹、乐羊、屈侯鲋都到了魏国。魏文侯在他们的帮助下,在中央设立了可以自由任免的相,在地方设立可以自由任免的守、令。魏成子、翟璜、李悝为相,西门豹为邺令。这些人除魏成子是文侯弟以外,都不是贵族。平民出身的官吏代替了世族政权,因而建立了较为集权的政权。魏文侯任用李悝、吴起等推行法治。李悝是法家鼻祖,著《法经》六篇。”①“至魏文时,李克著《法经》,吴起赍表徙车辕以立信,皆以儒家而尚法。盖礼坏则法立,亦世变之一端也。”②

李悝在魏文侯支持下主持魏国变法。《史记・平准书》说:“魏用李克,尽地力,为强君。”《汉书・食货志》说:“李悝为魏文侯作尽地力之教,”“行之魏国,国以富强。”可见,其变法的目的是“强君”,即从土地制度改革入手,鼓励农民生产积极性,增加国家赋税进而提高君主的地位。在政治方面,他主张抑贵族、尚君权。《说苑・政理》记李悝云:“臣闻为国之道,食有劳而禄有功,使有能而赏必行、罚必当。……夺淫民之之禄,以徕四方之士。”

值得注意的是,李悝特别反对“富足者为淫佚”。他说:“雕文刻镂,害农事者也。锦绣綦组,伤女工者也。农事害,则饥之本也。女工伤,则寒之源也。饥寒并至,而不能为奸邪者,未之有也。”(《说苑・反质》)其寓意是反对君主淫佚之行。李悝的这一主张,盖取于《春秋》之教训。《左传・僖公十九年》载:“梁亡,不书其主,自取之也。初,梁伯好土功,

---

① 徐中舒:《先秦史十讲》,中华书局2009年,第110页。

② 钱穆:《先秦诸子系年》,商务印书馆2001年,第158页。

亟(屡)城而弗处。民罷而弗堪,则曰‘某寇将至’。乃沟公宫,曰:‘秦将袭我’。民惧而溃,秦遂取梁。”《谷梁传》云:“梁亡,自亡也。湎而酒,淫于色,心昏耳目塞,上无正长之治,大臣背叛,民为寇盗。”“梁,战国时属魏。”①

《汉书·艺文志》之《六艺》列儒家53家,儒家著述中有“《李克》七篇”,班固注:“子夏弟子,为魏文侯相。”列法家十家。其中有“《李子》三十二篇。”班固注:“名悝,相魏文侯,富国强兵。”《李克》、《李子》二书皆失传。清人马国翰《玉函山房辑佚书》有《李克书》一卷,辑自《吕氏春秋》、《淮南子》、《韩诗外传》、《史记》、《新序》、《说苑》、《魏都赋》。

李悝在中国法律史上的重大贡献是作《法经》。《晋书·刑法志》谓:“秦汉旧律,其文起自魏文侯师李悝。悝撰次诸国法,著《法经》。……其轻狡、越城、博戏、假借不廉、淫侈、踰制以为《杂律》。”从罪名可知,当初压抑贵族、提高君权的措施都变成了国家制度。据《战国策·魏策》载,魏国本有“大府之宪”,“宪之上篇曰:子弑父,臣弑君,有常刑不赦。”这些法令应当存于《法经》。

关于儒家著作《李克》与法家著作《李子》的关系,抑或李克与李悝是否系一人的问题,学界历来就有争论。崔适《史记探源》、章太炎《检论》、钱穆《先秦诸子系年》以为李克、李悝是一人。杨宽《战国史》以为李克、李悝是不同的两个人。②

若要厘清李克、李悝的关系,不能不注意《汉书·艺文志》的编辑方法。《汉书·艺文志》法家类列“《商君》二十九篇”。兵家类列“《公孙鞅》二十七篇”。两书书名不同,篇章及内容略异,分别为法家、兵家后学所传,而作者盖均为商鞅。《汉书·艺文志》杂家类列“《蔚缭》二十九

---

① 杨伯峻:《春秋左传注》(第一册),中华书局1981年,第385页。

② 参见张岂之:《中国思想学说史》(先秦卷下),广西师范大学出版社2008年,第612、613页。

篇”。兵家类列“《蔚缭子》三十一篇。”同样,两书书名不同,篇章及内容略异,分别为杂家、兵家后学所传,而作者盖均为蔚缭。《艺文志》编辑方法取自刘向《别录》、刘歆《七略》,系以学派为划分标准。一部著作,如果兼含儒家道家墨家法家思想,完全有可能同时被多家后学所传承甚至增删,致使出现篇章结构的差异。面对这些难题,班固似无法取舍,故依其宗旨兼而实录之。

可以推测,《李克》、《李子》两书书名不同,篇章及内容迥异,分别为儒家、法家后学所传,而作者盖均为李悝。盖《李克》七篇为李悝前期之著述,阐述儒家理论;《李子》三十二篇为李悝为魏相以后之著述,总结治国方略。至于《李克》七篇的内容可能与《诗》有关。陆玑《毛诗草木虫鱼疏》言《诗》之流传:“孔子删诗,授卜商(子夏),商为之《序》,以授鲁人曾申,申授魏人李克,克授鲁人孟仲子,仲子授根牟子,根牟子授赵人荀卿,荀卿授鲁国毛亨。”①此其证也。

吴起,卫人。《史记·孙子吴起列传》载,“其少时,家累千金,游仕不遂,遂破其家。”因杀人被卫国通缉,避罪逃至鲁国。“遂事曾子。居倾之,其母死,起终不归。曾子薄之,而与起绝。起乃之鲁,学兵法,以事鲁君。鲁君疑之,起杀妻以求将。”后至魏国,为魏文侯将,有功。为西河守。后至楚国,事楚悼王有功,死于政变。

吴起的第一位老师是曾子。曾子的思想集中表现在《曾子》一书中。“《曾子》十八篇,《汉志》列儒家,今存十篇于《大戴礼记》。”②《礼记》之《檀弓》《曾子问》亦记曾子言论。纵观曾子思想,其旨有二:一为“孝”。他说:“夫孝者天下之大经也”,“民之本教曰孝;”(《大戴礼记·曾子大孝》)“君子之孝也,以正致谏,士之孝也,以德从命”。(《大戴礼

---

① 参见皮锡瑞:《经学历史》,中华书局1959年,第50页。

② 皮锡瑞:《经学历史》,中华书局1959年,第52页。

记·曾子本孝》)孝的思想盖源于孔子,《孝经》序疏引《钩命决》云:“孔子曰:‘吾志在《春秋》,行在《孝经》’。”[①]吴起母死而不归葬,故不见容于曾子;二为“信”。他说:君子“言必有主,行必有法,”“君子不先人以恶,不疑人以不信”,“可言而不信,宁无言也;”(《大戴礼记·曾子立事》)“信”关系君主的荣誉:“君子进则能益上之誉,而损下之忧,不得志,不安贵位,不博厚禄,负耜而行道,冻饿而守仁。”(《大戴礼记·曾子制言中》)从吴起的行事来看,他是实践了曾子的教诲的。据《韩非子·内储说上》,吴起为西河守,欲攻秦小亭,遂下令:有能将车辕自北门徙之南门者,赐上田上宅。无人响应。又令:有能将石赤菽自东门徙之西门者,赐上田上宅。人争徙之,赐之如令。乃下令:攻亭先登者,加赐国大夫。众人趋之,一朝而拔之。正是实践了曾子“人信其言,从之以行”(《大戴礼记·曾子立事》)的教诲。及至“吴起事悼王,使私不害公,谗不蔽忠,言不取苟合,行不取苟容,行义不取毁誉,必有伯主强国,不辞祸凶。”(《战国策·秦策》)最后以生命殉变法事业,其精神远超“负耜而行道,冻饿而守仁”之上。吴起者,真曾子之徒也!

吴起的第二位老师是子夏。“《春秋》传于子夏,子夏退老西河,为魏文侯师,魏人必有从之受《春秋》者。”[②]而“受《春秋》者”当中,就应当有最初的法家人物吴起。吴起不仅专门学习《左传》之学,而且参与《左传》传播。刘向《别录》记载左丘明之后《左传》的传授系统:“左丘明授曾申,曾申授吴起,起授其子期,期授楚铎椒,椒作《钞撮》八卷,授虞卿,卿作《钞撮》九卷授孙卿,卿授张苍。”[③]

吴起在楚国的变法是以尊君为主旨的。其措施“使封君之子孙三世而收爵禄,绝灭百吏之禄秩,捐不急之枝官,以奉选练之士。”(《韩非

---

① 柳诒徵:《中国文化史》(上),东方出版社 2008 年,第 246 页。

② 皮锡瑞:《经学通论》,中华书局 1954 年,《春秋》,第 65 页。

③ 参见柳诒徵:《中国文化史》(上),东方出版社 2008 年,第 269 页。

子·和氏》)这一思想可能源于《春秋》。吴起以压抑贵族势力提升平民地位为手段提高君权的改革,为后来的商鞅变法提供了经验。商鞅变法,令"宗室非有军功论不得为属籍",与吴起如出一辙。

吴起的思想显然受到《春秋》的影响。故《说苑·建本》记吴起答魏武王元年问所言:"分禄必及,用刑必中,君心必仁,思君之利,除民之害,可谓不失民众矣。君心必正,近臣必选,大夫不兼官,执民柄者不在一族,可谓不权势矣。此皆《春秋》之意,而元年之本也。"

四、《春秋》者,孔子之刑书,儒家之《法经》也

《春秋》在儒家诸经中地位最为重要。《春秋》本来是太史所著史书。故太史最明《春秋》之义。《史记·太史公自序》谓:"夫,《春秋》,上明三王之道,下辨人事之纪,别嫌疑,明是非,定犹豫,善善恶恶,贤贤贱不肖,存亡国,继绝世,补弊起废,王道之大者也;""《春秋》辩是非,故长于治人;""《春秋》以道义。拨乱世,反之正,莫近于《春秋》。《春秋》文成数万,其旨数千。万物之散聚皆在《春秋》。《春秋》之中,弑君三十六,亡国五十二,诸侯奔走不得保其社稷者不可胜数。察其所以,皆失其本已。故《易》曰:失之毫厘,差以千里。故曰:臣弑君,子弑父,非一旦一夕之故也,其渐久矣。故有国者不可不知《春秋》,前有谗而弗见,后有贼而不知。为人臣者不可不知《春秋》,守经事而不知其宜,遭变事而不知其权。为人君父而不通于《春秋》之义者,必蒙首恶之名。为人臣子而不通于《春秋》之义者,必陷篡弑之诛死罪之名。……夫君不君则犯,臣不臣则诛,父不父则无道,子不子则不孝。此四行者,天下之大过也。以天下之大过予之,则受而弗敢辞。故《春秋》者,礼义之大宗也。"《春秋》以记事之方法,批评暴乱之君父,鞭笞叛逆之臣子,明辨是非曲直,伸张礼义,其目的就在于恢复正当的社会秩序。儒家法家都主

张恢复正当的社会秩序，但社会秩序的具体构成以及恢复的方式却不一样。

子夏、荀子在研究、整理、传播儒家经典方面的功劳最巨。其中，在《春秋》研究和教学方面的贡献尤为突出。《史记·孔子世家》："孔子在位听讼，文辞有可与人共者，弗独有也。至于为《春秋》，笔则笔，削则削，子夏之徒不能赞一辞。"可见，子夏曾经精研《春秋》。《史记·仲尼弟子列传·子夏传》司马贞按："子夏文学著于四科，序《诗》传《易》，又孔子以《春秋》属商（子夏），又传《礼》，著在《礼志》。"钱穆说："按史公又云：'左丘失明，乃传国语'。子夏居西河，晚年失明。疑左丘失明或自子夏误传。子夏居魏，为儒术传于三晋之鼻祖，宜亦与《春秋》传统有关。"[①]子夏是否与左丘明为一人，姑且不论，但子夏传《春秋》当属无误。皮锡瑞说："公羊、谷梁，初亦口授，……然其大指，亦是子夏所传。"[②]据刘向《别录》记载，《左传》的传授脉络是左丘明、曾申、吴起，后辗转至孙卿、张苍。杨士勋《谷梁疏》云："谷梁子，名俶，字元始，一名赤，鲁人。受经于子夏，为经作传，授孙卿，卿传鲁人申公。"[③]

其实，《春秋》区别于诸经之处，就在于尊崇社会秩序，故尊君而尚法。故后世学者发明其旨——"邵子曰，《春秋》者，孔子之刑书也。程子曰，五经之有《春秋》，犹法律之有断例也。唐陈商立曰，《春秋》者，儒家之《法经》也；""《春秋》之为法经，为刑书，为断例，可以见其梗概矣。"[④]皮锡瑞则称："《春秋》近于法家"。[⑤] 高恒说："清经学家皮锡瑞说：'《春秋》近于法家。'此说不无道理。他指的是《公羊春秋》。其理论

---

① 钱穆：《先秦诸子系年》，商务印书馆 2001 年，第 225 页。

② 皮锡瑞：《经学通论》，中华书局 1954 年，《春秋》，第 57 页。

③ 参见柳诒徵：《中国文化史》（上），东方出版社 2008 年，第 269 页。

④ 范罕：《法论四篇》，程波点校，《法意发凡：清末民国法理学著作九种》，清华大学出版社 2013 年，第 20、21 页，初版于宣统二年（1910 年）十月。

⑤ 皮锡瑞：《经学通论》，中华书局 1959 年，《春秋》，第 6 页。

与法家相似之处,主要表现在重视法制的功效,强调运用法律维护以三纲五常为核心的封建等级制度。因此,酷爱公羊学的汉武帝崇尚法制,是不足为奇的。”[①]金春峰指出:“《公羊》的基本精神是崇尚法治,而《谷梁》则崇尚礼治。”[②]可见,子夏的法家倾向或即酝酿于《春秋》之学。

总之,傅斯年谓“子夏说教西河,是儒学西行一大关键”。[③] 钱穆谓“子夏居魏,为儒术传于三晋之鼻祖,宜亦以《春秋》传统有关”。[④] 这两句话既概括了子夏在儒法浸润、法家酝酿过程中的特殊作用,又指明了儒法浸润、法家酝酿的典型路径——《春秋》之学。

五、“子思氏之儒,固援法而入于儒者也”

蒙文通谓:“子思氏之儒,固援法而入于儒者也”;“儒分为八之事,其一为子思氏之儒,儒之兼取法家,莫著于此。而文质之说,亦源于《表记》。《表记》固为取之《子思》书;”“《隋书·音乐志》载沈约奏言:‘《礼记·中庸》《表记》《坊记》《缁衣》皆取《子思子》’。”[⑤]

子思的思想和主张,可能直接源于《洪范》。《洪范》首重五行(水火木金土)、三德(正直、刚克、柔克)、八政(食、货、祀、司空、司徒、司寇、宾、师)。五行属哲学范畴。三德讲求治国的三项策略:遵从古训、以刚导民、以柔教民。八政是对“国之大事在祀与戎”的扩充和完善。这些都是治理国家的基本方针。其中,刚克、祀、司寇、师大都与法家思想有关联。子思的思想和主张还可以从《中庸》《表记》《坊记》《缁衣》等著述

---

① 高恒:《秦汉法制论考》,厦门大学出版社 1994 年,第 229 页。

② 金春峰:《以时兴衰的两汉经学》,《文史知识》1981 年,第 6 期。

③ 傅斯年:《战国子家叙论》,《傅斯年文集》,上海古籍出版社 2012 年,第 62 页。

④ 钱穆:《先秦诸子系年》,商务印书馆 2001 年,第 225 页。

⑤ 蒙文通:《古学甄微》,巴蜀书社 1987 年,第 234、232 页。

中略见一斑。

《中庸》言治理天下国家之“九经”，其中包括“尊其位，重其禄，同其好恶，所以劝亲亲也；官盛任使，所以劝大臣也；忠信重禄，所以劝士也；时使薄敛，所以劝百姓也；日省月试，既廪称事，所以劝百工也”。充斥着与“重义轻利”相左，而以物质利益役使臣民的“同其好恶”的色彩，与法家好利恶害的人性论是相通的。

《坊记》提出“礼以坊德，刑以坊淫，命以坊欲”的治国原理，同时又指出“大为之坊，民犹踰之”的社会现实。比如，礼规定诸侯的义务，但是“以此坊民，诸侯犹有畔者；”礼规定平民的义务，但是，“以此坊民，民犹得同姓以弑其君；”教民以孝，“以此坊民，民犹忘其亲；”教民重义，“以此示民，民犹争利而忘义；”教民以丧礼，“以此坊民，诸侯犹有薨而不葬者；”教民以父子之道，“以此坊民，子犹有弑其父者；”教民以君臣之道，“以此坊民，民犹忘其亲而贰其君；”教民“先事而后禄”之道，“以此坊民，民犹贵禄而贱行；”“以此坊民，民犹忘义争利以亡其身；”教民以男女之礼，“以此坊民，民犹有自献其身；”“以此坊民，民犹以色厚于德；”“以此坊民，民犹淫泆而乱于族”。社会普遍存在着“小人贫斯约，富斯骄，约斯盗，骄斯乱，”“觞酒豆肉，让而受恶，民犹犯齿，衽席之上，让而坐下，民犹犯贵”的现象，这一切都暗示着传统礼仪教化已经普遍失去作用。《孟子·滕文公》：“世衰道微，邪说暴行有作，臣弑其君者有之，子弑其父者有之。”面对混乱的世道，因此，治国治民不得不另辟蹊径。孟子继承孔子仁学而选择了王道仁政，子思则由于对德治礼教的失望转而同情理解法治。

孟子对法治同情理解的思想倾向可能源于子思。《史记·孟子荀卿列传》：“孟轲，邹人也。受业子思之门人。”因此，孟子在承认法的作用方面是明显超越孔子的。《孟子·离娄上》：“离娄之明，公输子之巧，不以规矩，不能成方圆……徒善不足以为政，徒法不能以自行。《诗》

云:不愆不忘,率由旧章。遵先王之法而过者,未之有也。圣人既竭目力焉,继之以规矩准绳,以为方圆平直,不可胜用也。既竭耳力焉,继之以六律,正五音,不可胜用也……上无道揆也,下无法守也,朝不信道,工不信度,君子犯义,小人犯刑,国之所存者幸也。”孟子以规矩比喻法律,和法家以绳墨角斛比喻法律如出一辙。《告子下》:“入则无法家拂士,出则无敌国外患者,国恒亡。然后知生于忧患而死于安乐也。”《论语》“法”字仅二见,即《子罕》所谓“法语之言”,《尧曰》的“谨权量,审法度”。而《孟子》“法”字八见。可见孟子多少受到法治思潮的影响。孟子深知“万乘之国,弑其君者,必千乘之家;千乘之国,弑其君者,必百乘之家。”(《孟子·梁惠王上》)当孟子发现“仁义”说教对君主无用之后,转而理解法治则是很自然的。

《表记》首次论及“仁”与“法”的关系:“中心憯怛,爱人之仁也。率法而强之,资仁者也。”从认识到“徒善不足以为政”,到强调“法”具有“资仁”的作用,应当说是子思学派的一个创举。与《商君书·画策》所谓“仁者能仁于人而不能使人仁,义者能爱于人而不能使人爱。是以知仁义之不足以治天下也。……所谓义者,为人臣忠,为人子孝,少长有礼,男女有别,非其义也,饿不苟食,死不苟生,此乃有法之常也”——在逻辑上是相通的。同时,在“仁”的特征方面,子思之言与《韩非子·解老》:“仁者谓其中心欣然爱人也,”《春秋繁露·必仁且智》:“仁者憯怛爱人”,也是相通的。而《春秋繁露·度制》所谓:“孔子曰:君子不尽利以遗民。……以此坊民,民犹忘义而争利以亡其身。”显然引自《坊民》。

《表记》首倡新的为臣之道:“事君:可贵可贱可富可贫可生可杀不可使为乱”。《荀子·仲尼》亦谓“可贵可贱也,可富可贫也,可杀而不可使为奸也。”《春秋繁露·为人者天》:“是可生可杀而不可使为乱。”这种绝对尊君卑臣的精神既与孔子孟子异旨,又与法家相类。《表记》屡引《吕刑》。比如“君子不失足于人,不失色于人,不失口于人。是故君子貌足畏也，色足惮也，言足信也。《甫刑》曰：'敬忌而罔有择言在躬。'""君子尊仁畏义，耻费轻实，忠而不犯，义而顺，文而静，宽而有辨。《甫刑》曰：'德威惟威，德明惟明。'非虞帝其孰能如此乎。"

《缁衣》数引《吕刑》。如"《甫刑》曰：'苗民匪用命，制以刑，惟作五虐之刑曰法。'是以民有恶德，而遂绝其世也。""《甫刑》曰：'一人有庆，兆民赖之'。""上不可以亵刑而轻爵，《康诰》曰：'敬明乃罚。'《甫刑》曰：'播刑之不迪。'"

蒙文通说："《子思子》佚文多法家之说，……正儒之滥于申、商者乎！《后汉书·袁昭传》注述《子思子》曰：'兔走于街，百人追之，贪人具存，人莫之非者，以兔为未定分也。集兔满市，过者不顾，非不欲兔也，分定之后，虽鄙人不能争'。此慎到、商鞅、韩非书文也，而为子思之儒者取之。"[①]其中"贪人具存"，"人"即"仁"，二字通用。正反映此文的时代特征。

慎子有言："一兔走，百人追之，贪人具存，人莫之非者，以兔为未定分也。集兔满市，过而不顾，非不欲兔也，分定之后，虽鄙不争。"[②]《商君书·定分》亦有："一兔走，百人逐之，非以兔可以分为百也，由名分之未定也。夫卖兔者满市，而盗不敢取，由名分已定也。故名分未定，尧舜禹汤且皆如鹜焉而逐之，名分已定，贫盗不取。"子思为孔子之孙，孟子系子思再传弟子。子思应年长于慎到、商鞅，故此言当慎子、商鞅取于子思。此言是子思与慎到、商鞅思想相传递交合的一个可靠记号。我们知道，孔子重视"君君臣臣父父子子"的名分。子思不仅继承了孔子的思想，而且把名分从政治、家庭领域拓展到物质生活领域，这是一个伟大的发明。商鞅正是从物质生活出发，发现了人们皆"好利恶害"

---

① 蒙文通：《古学甄微》，巴蜀书社1987年，第234、232、233页。

② 钱熙祚：《守山阁丛书·子部·慎子佚文》，转引自法学教材编辑部：《中国法律思想史资料选编》，法律出版社1983年，第148页。

的秉性,继而推崇以赏罚二柄为手段的法治。

孟子的思想是继承孔子的。这主要有两方面:一是把孔子"仁者爱人"的仁学发展成"仁政"学说,其实行方法是解决土地问题——"制民恒产";(《孟子·梁惠王上》)。二是《春秋》之学。可以说,孔门弟子当中最明了《春秋》之义的莫如孟子。"孟子已明言之曰:'世衰道微,邪说暴行又作,臣弑其君者有之,子弑其父者有之,孔子惧,作《春秋》。《春秋》,天子之事也,是故孔子曰:知我者其惟《春秋》乎,罪我者其惟《春秋》乎。'……孟子又曰:'王者之迹熄而《诗》亡,《诗》亡然后《春秋》作。……孔子曰:'其义则丘窃取之矣。'……足见孟子《春秋》之学,与公羊同一师承,故其表章微言,深得公羊之旨。"[①]《春秋谷梁传·僖公九年》载葵丘盟誓之辞:"毋雍泉,毋讫籴,毋易树子,毋以妾为妻,毋使妇人与国事"。而《孟子·告子下》亦载葵丘盟誓之辞:"初命曰:诛不孝,毋易树子,毋以妾为妻。……五命曰:无曲防,无遏籴,无有封而不告"。故有学者通过研究《谷梁传》与《孟子》的关系,认为"《谷梁传》之与《孟子》相通,是不争的事实;""《谷梁传》构建的经世义理,《孟子》是其重要的义理渊源。"[②]这样,可以说孟子思想中的法家倾向或许源于《春秋》之学。据此可见,儒家后学当中能够孕育出法家思想,与《春秋》之学关系重大。

六、从"王道"转入"霸道"的商鞅

关于商鞅的师承关系,尚未发现确切的根据。但是,可以推测,商鞅之学术有刑名、兵家、儒家的渊源。首先是刑名之学。《汉书·艺文

---

① 皮锡瑞:《经学通论》,中华书局1954年,《春秋》,第1、2页。

② 邓国光:《经学义理》,上海古籍出版社2011年,第197、198页。

志》以《商君》二十九篇列入法家。该著就理论之完整和深度皆远在前期法家之上。《史记·商君列传》说:“鞅少好刑名之学,事魏相公叔痤。”公叔痤临终前向魏惠王推荐商鞅:“年虽少,有奇才,愿王举国而听之。”公叔痤极力举荐商鞅继任魏国相位。《晋书·刑法志》谓“是时承用秦汉旧律,其文起自魏文侯师李悝。悝撰次六国法,著《法经》。……商君受之以相秦。”商鞅很可能研究过李悝的《法经》及其变法经验。商鞅入秦,以“强国之术”游说秦孝公而见用;其次,《汉书·艺文志》以《公孙鞅》二十七篇列入法兵(权谋)家。此著已佚。但是从今本《商君书》中的《战法》《立本》《兵守》来看,商鞅对兵家之术是很有研究的;第三,郭沫若判定“商鞅是李悝的学生,与吴起同是卫人而年辈略后,”商鞅“出于儒家的子夏”。① 其依据也许是商鞅有可能向李悝学习《法经》。

商鞅入秦游说秦孝公,先阐述“帝王之道,比三代,”后“说公以王道”。所谓三代“帝道”、“王道”盖与儒家仁政德教之说有关。其理论宏大而不免迂回。故孝公曰:“久远,吾不能待。且贤君者各及其身显名天下,安能邑邑数十百年以成帝王乎!”

商鞅变法,“令民为什伍,而相收(牧)司连坐”,并非商鞅创造。《周礼·地官·大司徒》:“令五家为比,使之相保。”《左传·僖公十九年》:“梁亡,不书其主,自取之也。”《春秋繁露·王道》:“梁内役民无已,其民不能堪,使民比地为伍,一家亡,五家杀刑。其民鱼烂而亡,国中尽空。”揭示了梁伯暴虐而亡的事实。然《谷梁传》以为梁亡于“大臣背叛。”“梁,战国时属魏”。② 故《孟子》所云“梁惠王”即“魏惠王”。商鞅曾事魏相公叔痤,为中庶子。(《史记·商君列传》)商鞅的“什伍连坐”之法

---

① 郭沫若:《十批判书》,《郭沫若全集》历史编(第二卷),人民出版社 1982 年,第 322、341 页。

② 杨伯峻:《春秋左传注》(第一册),中华书局 1981 年,第 385 页。

当从《春秋》记载中获得启示。

商鞅并非一般地否定儒家义理。《商君书·画策》说:"仁者能仁于人,而不能使人仁,义者能爱于人,而不能使人爱。是以知仁义之不足以治天下也。……所谓义者,为人臣忠,为人子孝,少长有礼,男女有别,非其义也,饿不苟食,死不苟生,此乃有法之常也。"从变法实践来看,商鞅曰:"始秦戎狄之教,父子无别,同室而居。今我更制其教,而为其男女之别,""令民父子兄弟同室而息者为禁","民有二男以上不分异者倍其赋。"(《史记·商君列传》)这些改革,正是以儒家礼仪整饬民间风俗。故瞿同祖谓:"法家并不否认也不反对贵贱、尊卑、长幼、亲疏的分别及存在,但法家的兴趣并不在这些与治国无关、无足轻重甚至与治国有妨碍的事物上,他们所注意的是法律、政治秩序之维持。"①

七、荀子的"隆礼重法":儒法融合的宏观设计

梁启超认为,荀子之学与子夏、子弓具有渊源关系。② 子夏对于传播儒家经典之功者最巨。《后汉书·徐防传》徐防上疏云:"《诗》《书》《礼》《乐》,定自孔子,发明章句,始于子夏。"洪迈《容斋随笔》云:"孔子弟子,惟子夏于诸经独有书。虽传记杂言未可尽信,然要为与他人不同矣。于《易》则有《传》,于《诗》则有《序》,而《毛诗》之学,一云:子夏授高行子,四传而至小毛公;一云:子夏传曾申,五传而至大毛公。于《礼》则有《仪礼·丧服》一篇,马融、王肃诸儒多为之训说。于《春秋》所云不能赞一辞,盖亦尝从事于斯矣。公羊高实受之于子夏,谷梁赤者,《风俗通》亦云子夏门人。于《论语》则郑康成以为仲弓子夏等所撰定也。"③

---

① 瞿同祖:《中国法律与中国社会》,中华书局 1981 年,第 282 页。

② 梁启超:《饮冰室诸子论集》,江苏广陵古籍刻印社 1990 年,第 62 页。

③ 参见皮锡瑞:《经学历史》,中华书局 1959 年,第 48 页。

荀子学术源于子夏。《荀子・非十二子》极力颂扬仲尼、子弓。关于子弓其人，素有异议。一说为冉雍仲弓，一说为馯臂子弘。《史记・仲尼弟子列传》："商瞿，鲁人，字子木。少孔子二十九岁。孔子传《易》于瞿，瞿传楚人馯臂子弘，"《索隐》："《儒林传》《荀卿子》《汉书》皆云馯臂字子弓，今此独作弘，盖误耳。应劭云：子弓，子夏门人。"

子夏而后，"惟荀卿传经之功甚巨。《释文序录》(唐陆德明：《经典释文序录》)《毛诗》，一云：孙卿子传鲁人大毛公，则《毛诗》为荀子所传。……则《左氏春秋》，荀子所传。……则《谷梁春秋》亦荀子所传。……则二戴之《礼》亦荀子所传。……是荀子能传《易》《诗》《礼》《乐》《春秋》，汉初传其学者极盛。"[①]如此，则谓荀子从子夏、子弓一派继承孔子所传《易》《诗》《礼》《春秋》诸学，是顺理成章的。

清人汪中《荀卿子通论》说："自七十子之徒既没，汉诸儒未兴，中更战国暴秦之乱，六艺之传赖以不绝者，荀卿也。"梁启超说："汉兴，群经皆传自荀子，十四博士，大半属于荀子之学。"[②]刘师培说："子夏荀卿者，集六经学术之大成者也。西汉诸儒，殆皆守子夏荀卿之学派者与。"[③]

荀子思想既然源于子夏，那么，荀子为什么称"子夏氏之贱儒"？《荀子・非十二子》批评 12 位学者，盛赞仲尼、子弓，均直呼其名而不言"氏"。独未涉及子夏，或因荀子、韩非均视子夏为师。同篇尾部有"正其衣冠，齐其颜色，嗛然而终日不言，是子夏氏之贱儒也"句。如何理解？《论语・子张》："子夏曰：君子有三变：望之俨然，即之以温，听其言也厉。"子夏主张君子应当关心现实并严肃地发表言论(听其言也厉)，

① 参见皮锡瑞：《经学历史》，中华书局 1959 年，第 55 页。

② 梁启超：《饮冰室合集》(一)，中华书局 1989 年，第 19 页。

③ 刘师培：《孔子弟子之传经》(上)，《经学教科书》，上海科学技术文献出版社 2015 年，第 6 页。

而子夏的后学却装模作样明哲保身“终日不言”,完全违背了子夏的教诲,故荀子批评之。故说“子夏氏之贱儒”不等于说“子夏你这个贱儒”,实特指子夏门生后学的孤傲做派,决非指子夏本人。“荀子所云子游氏,子夏氏,亦非指子游,子夏其人,而指学子游、子夏之徒可知矣。”①

荀子的功劳不仅在于传播经学,更在于与时俱进有所创新。郭沫若说:“汉武以后学术思想虽统一于一尊,儒家成为了百家的总汇,而荀子实开其先河。”②梁启超也说:“自秦汉以来,政治学术皆出于荀子……而所谓学术者,不外汉学、宋学两大派,而实皆出于荀子。”③

荀子之学以“隆礼重法”为旗帜,这个理论是荀子在对以往的思想材料(主要是儒家和法家)进行加工修正之后形成的。这一理论从某种角度而言,是对先秦法律思想的高度总结,也是献给未来社会的一宗遗产。同时,荀子还是第一个提出关于“德礼政刑”相互为用理论的思想家。整个古代社会的政治家、思想家,自西汉董仲舒到南宋朱熹,都不过是重复和阐释这一理论。在政体和君臣关系上,他继承法家“尊君”、“尚贤使能”的主张,即建立和维护集权官僚君主制,又继承儒家限制君权的思想,主张社稷大臣“从道不从君”。(《荀子·臣道》。)其限制君权的程度远远超越了孟子的“民贵君轻”和“诛暴”说。荀子思想不为后世王朝所容,盖源于此。在家庭宗族领域,荀子坚持礼制的等级秩序,甚至主张对不服从教化者施以严刑。在立法司法方面,荀子既坚持成文法,又重视判例法,主张实行二者合一的混合法。荀子学术对中国古代学术影响极大。故谭嗣同说:“二千年来之学,荀学也。”④

---

① 江瑔:《读子卮言》,华东师范大学出版社 2011 年(初版于 1917 年),第 52 页。

② 郭沫若:《十批判书》,《郭沫若全集》历史编(第二卷),人民出版社 1982 年,第 251 页。

③ 梁启超:《饮冰室合集》(一),中华书局 1989 年,第 57 页。

④ 谭嗣同:《仁学》第二十九《谭嗣同全集》,中华书局 1981 年,第 337 页。

八、“韩非尊君卑臣，崇上抑下，其得《春秋》之学可知矣”

荀子学术不仅包含孔孟儒学，还包含法家学术。荀子在齐稷下学宫三为祭酒，有条件接触法家思想。荀子的学生当中就有法家式的人物。其中有韩非和李斯。《史记·老子韩非列传》：“韩非者，韩之诸公子也。喜刑名法术之学，而其归本于黄老。非为人口吃，不能道说，而善著书。与李斯俱事荀卿。”

在政治法律思想方面，能够把子夏和荀子联系起来的很可能是《春秋》。《史记·孔子世家》：“孔子在位听讼，文辞有可与人共者，弗独有也。至于为《春秋》，笔则笔，削则削，子夏之徒不能赞一辞。”可见，古时《春秋》本与听讼有关，而子夏曾精研《春秋》，荀子从子夏而传《春秋》。故刘师培：“子夏者，公羊、谷梁之先师也，”“荀卿以一人而兼通三传，足证三传之学同出一源。”①

荀子的“隆礼重法”或源于《春秋》。梁启超谓：“道家说，法令滋彰，盗贼多有，极端的反对法治。法家说，以法治国国之福，不以法治国国之贼。极端的崇拜法治。孔子却是从中间寻个礼治主义来。又说，出于礼者入于刑。他的《春秋》，便一半含有礼制的性质，一半含有法律的性质。这便是执道法两端求得中庸。”②

韩非的思想源于荀子之迹象者颇多，但是，能够把荀子和韩非联系起来的仍然是《春秋》。其证据有二：第一是《史记·十二诸侯年表》述《春秋》学之沿革，谓“及如荀子、孟子、公孙固、韩非之徒，各往往捃摭

---

① 刘师培：《汉代古文学辩诬》，《刘师培儒学论集》，四川大学出版社 2010 年，第 113 页。

② 梁启超：《饮冰室诸子论集》，江苏广陵古籍刻印社 1990 年，第 55 页。

《春秋》之文以著书,不可胜记。”可见韩非曾经研究过《春秋》并引用其中的文字。第二是《韩非子》所记文字。《韩非子·备内》:“上古之传言,《春秋》所记,犯法为逆以成大奸者,未尝不从尊贵之臣也”。又《韩非子·显学》言儒家八派而不及子夏,然《外储说右上》两度提及子夏云:“患之可除,在子夏之说《春秋》也;”“子夏曰:‘《春秋》之记臣杀君、子杀父者以十数矣。皆非一日之积也,有渐而以至矣。凡奸者,行久而成积,积成而力多,力多而能杀,故明主蚤绝之’。今田常之为乱有渐见矣,而君不诛。晏子不使其君禁侵陵之臣,而使其主行惠,故简公受其祸。故故子夏曰:‘善持势者,蚤绝奸之萌。’”子夏遵从孔子“唯器与名,不可以假人,君之所司也”(《左传·成公二年》)的主张,并从中演化出权势的概念,认为君主应当把持好权势以禁绝奸臣,这一主张直接被法家所吸收。

子夏关于明主“持势以绝奸”的主张是涉及君臣关系的原则性命题。自从孔子提出理想主义的“君使臣以礼,臣事君以忠”以后,后世儒家出现了两派意见。一派以孟子为代表,以为国家社稷高于君主,国家治理得不好责任全在君主,故谓“民为贵社稷次之君为轻,”“诸侯危社稷,则变置;”(《孟子·尽心下》)“君有过则谏,反复之而不听,则易位。”(《孟子·万章下》)能够决定王位大事的是“贵戚之臣。”及至荀子,认为为了维护国家利益甚至可以“强君”,“矫君”,“抗君之命”,“反君之事。”(《荀子·臣道》)能够左右君主的是“社稷之臣。”另一派以子夏为代表,以为国家治理得不好,责任在于乱臣贼子,故君主应当运用权势禁奸于未萌。慎到的重势之论或源于此。二派之分歧盖源于宗法贵族政体和君主集权政体。如李源澄所言:“韩非与儒家论政之异,重君与重臣而已。儒家以贤人格君心之非,韩非则以君率臣以法。韩非恶大臣太重,左右太贵,群臣比周,而制其主,故术尚焉。”[①]韩非显然继承了子夏、慎

① 李源澄:《诸子概论》,华东师范大学出版社2009年,第110页。

到重势和申不害重术的意见，无意之中背弃了荀子的主张，进而宣布："尧舜汤武或反君臣之义，乱后世之教者也。尧为人君而君其臣，舜为人臣而臣其君，汤武为人臣而弑其主，刑其尸，而天下誉之，此天下所以至今不治者也。"其结论是"人主虽不肖，臣不敢侵也。"(《韩非子·忠孝》)

儒家对所谓《春秋》之义的歧解，也反映了上述两种意见的对立。范宁《春秋谷梁传序》谓："《春秋》之传有三，而为《经》之旨则一。臧否不同，褒贬殊致。……以兵谏为爱君，是人主可得而胁也。……以拒父为尊祖，是为子可得而叛也。……以废君为行权，是神器可得而窥也。……若此之类，伤教害义，不可强通者。"[①]可以说，在《春秋》的传播过程中，儒法思想之分立已经在悄悄酝酿着，而法家尊君尚法思想的出现不正是顺理成章的吗？

蒋伯潜谓："周敦颐曰：'《春秋》正王道，明大法，孔子为后世而修也。乱臣贼子，诛死者于前，所以惧生者于后也。'邵雍亦曰：'《春秋》者，孔子之刑书也。'《春秋》之褒贬，即以正名为标准，所以惕乱臣贼子者，此耳。虽然，《春秋》以褒贬代王者之赏罚，所褒贬者，春秋时之诸侯大夫也。故孟子又曰：'《春秋》，天子之事也。孔子，布衣耳，而以褒贬代行天子之赏罚，'则僭矣。故孔子曰：'知我者，其惟《春秋》乎！罪我者，其惟《春秋》乎！'"[②]

孙德谦亦谓"《春秋》，孔子之刑书"，"韩非之论法源于《春秋》"，"《春秋》之说亲受之于荀氏"。他论述道："彼法家者，虽严刑峻法，为吾儒所不取，不知《庄子》有曰：'《春秋》以道名分。'故其辨名定分，实本《春秋》之义，而推衍之者尝读《史记》矣。《十二诸侯年表》叙述《春秋》

---

① 参见柳诒徵：《中国文化史》(上)，东方出版社2008年，第235页。

② 蒋伯潜：《十三经概论》，上海古籍出版社1983年，第450页。

源流，自邱明以下并及韩非，则韩非者得《春秋》之传矣。况全书中凡说春秋时事文，多与《左传》同，又足征非之论法源于《春秋》也。是故百家道术，无有乖于《六经》者。不乖《六经》，犹斥为异端焉，岂不厚诬古人哉！”“法家信赏必罚，以辅礼制，《易》曰：‘先王以明罚饬法，’以其所长，是法家之通于经也。”“百家异术皆源于经。”“《噬嗑》曰：‘先王以明罚敕法’，则法家之信赏必罚导源于此，亦可知矣。”“《春秋》者，非以道名分者哉？法家者流，《志》谓其辅助礼制，固以见礼法二者有相通之义，而岂知其尊君卑臣，崇上抑下，又得之《春秋》乎？……韩非，师事荀卿者也。刘向序《荀子》曰：‘善为《诗》《礼》《易》《春秋》’，则非之论法，其书虽为韩而作，而《春秋》之说亲受之于荀氏矣。抑又闻之：《春秋》孔子之刑书。是圣德在庶，不能行赏罚之权，而其褒善贬恶，达吾王心，则实立一王之法也。若是，法家者不特辅佐礼教，规规于信赏必罚者，窃取《春秋》之义云尔。”①

与其他儒家经典不同，《春秋》是孔子编纂和用来教学的历史课本。记载着大量的故事、先例。其中当然保留着许多案例。诚如范罕所云：“史者，我国惯习法之专司也……祝官主天法史官掌祖法，遂为我国最古之学问机关，亦即法学思想渊源之所自也；”“祖法可称为经验天学而得之惯习法。司法之事，则史官掌之；”“自是以后，是为史官与儒家继续时代。而理官一小支流，遂为周末法家之鼻祖；”“左史记言，右史记事，事为《春秋》，言为《尚书》。”②亦如孙德谦所称：“法家之明罚敕法，固以佐礼仪之不及，然《春秋》以道名分，则申、韩之尊君卑臣，崇上抑下，其得《春秋》之学可知矣。”“《后汉书·应劭传》：曰：‘辽东相董仲舒老病致仕，朝廷每有政议，遣廷尉张汤问其得失，于是作《春秋决狱》二

---

① 孙德谦：《诸子通考》，华东师范大学出版社2013年，第65、64、85、131、132页。

② 范罕：《法论四篇》，程波点校，《法意发凡：清末民国法理学著作九种》，清华大学出版社2013年，第18、20页，初版于宣统二年（1910年）十月。

百三十二事，动以经对。’则法家之通于《春秋》，以董子言之，是亦一证也。”①

总之，《春秋》所包含的“正名分”、“尊王者”、“大一统”诸“大义”，均被法家所继承。法家明君臣之序不得相逾越，以帝王之法术巩固王权、驾驭臣下，及至秦朝建立之后统一文字、道路、度量衡，皆秉承《春秋》之旨。

韩非与荀子的思想联系不止《春秋》。《荀子·仲尼》说：“少事长，贱事贵，不肖事贤，是天下之通义也。”而《韩非子·忠孝》则谓：“臣之所闻曰：臣事君，子事父，妻事夫，三者顺则天下治，三者逆则天下乱。此天下之常道也。”荀子的“天下之通义”、韩非的“天下之常道”均可以上溯到商鞅的“有法之常”。《商君书·画策》说：“所谓义者，为人臣忠，为人子孝，少长有礼，男女有别，非其义也，饿不苟食，死不苟生，此乃有法之常也。”董仲舒则归纳为“三纲”说——“君臣父子夫妇之义，皆取诸阴阳之道。君为阳，臣为阴，父为阳，子为阴，夫为阳，妇为阴”；“王道之三纲，可求于天。”（《春秋繁露·基义》）可见，他们在维护政治等级和家庭秩序方面是高度一致的。

与韩非曾经同师事荀子的还有李斯。《史记·李斯列传》：“李斯者，楚上蔡人也。年少时为郡小吏。……乃从荀卿学帝王之术。”刘向《孙卿书录》：“春申君死而孙卿废，因家兰陵，李斯尝为弟子，已而相秦。”李斯入秦，官至丞相。“李斯喟然而叹曰：嗟乎，吾闻之荀卿曰：‘物禁大盛’。……物极则衰，吾未知所税驾也。”《荀子·议兵》载，荀子曾经批评李斯不懂“仁义之兵”，“今女不求之于本而索之于末，此世之所以乱也。”随后便阐述了“以德兼人者强，以力兼人者弱”的道理。可见，在重大问题上荀子仍然坚持儒家立场。

① 孙德谦：《诸子通考》，华东师范大学出版社 2013 年，第 2、138 页。

李斯的学生当中有吴公,官至廷尉。吴公又是贾谊的老师。《汉书·贾谊传》:“贾谊,洛阳人也。年十八,以能诵诗书属文称于郡中。河南守吴公闻其秀材,召置门下,甚幸爱。文帝初立,闻河南守吴公治平为天下第一,故与李斯同邑,而尝学事焉,征以为廷尉。廷尉乃言谊年少,颇诵诸家之书。文帝召以为博士。”贾谊的思想也是兼容儒学和法术的。他一方面运用儒学思想总结秦暴虐亡国的教训,另一方面又坚持集权君主政体。建议用“刑不上大夫”取代“刑无等级”,则是用儒家思想改造法家政治。

就《左传》的传承而言,吴起、荀子、贾谊又为师徒关系。唐陆德明《经典释文序录》谓:“左丘明作《传》以授曾申,申传卫人吴起,起传其子期,期传楚人铎椒,椒传赵人虞卿,卿传同荀卿名况,况传武威张苍,苍传洛阳贾谊,谊传其孙嘉,嘉传赵人贯公,贯公传其少子长卿。”刘向《别录》记载左丘明以后《左传》的传授系统:“左丘明授曾申,申授吴起,起授其子期,期授楚人铎椒,铎椒作《抄撮》八卷,授虞卿,虞卿作《抄撮》九卷,授荀卿,荀卿授张苍。”①贾谊之学兼儒法二家,或源于荀子。

关于荀子的学术地位,李零说:“特别是儒家的后学,本来就是入世较深的派别(特别是属于政事、言语、和文学的派别)。三晋儒家看重礼法,荀子出礼入法,也是因应时变的派别。韩非子和李斯从荀子学帝王术而沦为法家,更是明火执仗,刻意追随主旋律。这些都是汉代先道后儒,终于儒法合流之先声。”②

九、董仲舒:儒法融合的实践者

董仲舒本是治公羊春秋的大儒,刘向《孙卿叙录》说:“汉兴,江都相

① 参见柳诒徵:《中国文化史》(上),东方出版社2008年,第269页。

② 李零:《简帛古书与学术源流》(修订本),三联书店2008年,第316页。

董仲舒亦大儒，作书美孙卿”。可见他对荀子十分敬仰。董仲舒的学术源于荀子，兼及阴阳五行而成完整的理论体系，晚年又以春秋决狱成为儒法融合的实践者。董仲舒的师承关系比较复杂，大致有如下几条脉络：

第一条线索　孔子→曾参→子思→孟子→董仲舒

孔子虽罕言“性”、“命”、“天道”，却坚信“性相近”和“五十而知天命”；曾参重“孝”，而以“慎独”的“诚信”为实现“孝”的途径；子思发挥“诚”的道德观念，从“率性存诚”而至“知天”，通过天人交感之门以培植安身立命之大本，又“案往旧造说”，阐述《洪范》“五行”之论；孟子从“性善”论导出“良知”、“良能”，进而推出“尽心”、“知性”、“知天”和“万物皆备于我”的唯心体系；董仲舒提出“性三品”、“天人感应”、“阴阳五行”的神学体系，把儒家的宗法伦理三纲神圣化。

第二条线索　孔子→子夏→公羊高→公羊平→公羊地→公羊敢→公羊寿→董仲舒

“昔仲尼志在《春秋》，行在《孝经》。……于是以《春秋》属商（子夏），商乃传与公羊高。高传与其子平，平传与其子地，地传与其子敢，敢传与其子寿。自高至寿，五叶相承，师法不坠。寿一传而为胡勿生，再传而为董仲舒。太史公谓汉兴五世之间，唯董仲舒明于《春秋》。”①孔子作春秋，其“微言大义”皆载于《春秋》。子夏继承《春秋》之学，严守师法。《史记·孔子世家》载：“孔子曰：后世知丘者以《春秋》，而罪丘者亦以《春秋》。”春秋公羊之学素重“微言大义”。《史记·儒林列传》：“言《春秋》于齐自胡母生，于赵自董仲舒。”《公羊序疏》疏引《孝经》说云：“子夏传与公羊氏，五世乃至胡勿生；”“是董与胡勿生同为子夏六传弟

---

① 凌曙：《春秋繁露注·序》，参见苏舆：《春秋繁露义证》，中华书局1992年，第507页。

子。”[①]董仲舒从公羊春秋之学而倡“大一统”、“三世说”、阴阳五行、德主刑辅之说，完成了儒学的更新。

第三条线索　荀子→李斯→吴公→贾谊→董仲舒

孔子思想的核心内容是“礼”和“仁”。孟子主要继承“仁”的思想并扩充为“仁政”学说；荀子则主要继承“礼”的思想并形成“隆礼重法”的“礼法”观；李斯与韩非曾师从荀子，荀、李之间“重法”并无本质不同，但荀子反对严刑酷罚，主张罪刑相称。西汉吴公曾学于李斯，贾谊曾为吴公门客。《汉书·贾谊传》：“贾谊，洛阳人也，年十八，以能诵诗书属文称于郡中。河南守吴公闻其秀材，召置门下，甚幸爱。文帝初立，闻河南守吴公治平天下第一，故与李斯同邑，而尝学事焉，征以为廷尉。廷尉乃言谊年少，颇通诸家之书。文帝召以为博士。”董仲舒深明荀子之学，又力主贾谊“改正朔，易服色，法制度，定官名，兴礼乐”（《史记·贾生列传》）之论。荀子“兼重礼法”的思想虽经李斯一度走入极端而偏重法刑和君主独断，可谓失之毫厘，谬以千里。而后又经贾谊之修正，至董仲舒始得复其元。

苏舆谓：“汉儒经学，当首董次郑。……两汉多用董学。魏晋南北朝多用郑学。宋以后多用朱学。董学在《春秋》，郑学在《礼》，朱学在《四书》。近人调和汉宋，专取郑朱语句相同者，牵合比附，用心虽勤，亦失所宗矣。”[②]汉武帝时，董仲舒倡议“罢抑百家，独尊儒术”——“诸不在六艺之科、孔子之术者，皆绝其道，勿使并进，邪辟之说灭息，然后统纪可一，而法度可明，民知所从矣。”此建议被采纳。“立学校之官，州郡举茂材孝廉，皆自仲舒发之。”（《汉书·董仲舒传》）儒生入仕之后，自然染指诉讼。“汉氏以降，以儒生为吏者，多傅《春秋》。其义恣君抑臣，流

---

① 苏舆：《春秋繁露义证》，中华书局1992年，第476页。

② 苏舆：《春秋繁露义证》，中华书局1992年，第490、491页。

貤而及于民。仲舒而用决事比，其最傶矣。”①

董仲舒和荀子同样背离原始儒家坚持贵族政体的主张，转而拥护中央集权的君主专制政体。这一立场与先秦法家是毫无二致的。董仲舒能够吸收法家思想可能是以公羊学作媒介的。“《春秋》之学，孟子之后，亦当以董子之学为最醇矣。”②

不仅如此，董仲舒还从神学角度——“惟天子受命于天，天下受命于天子”（《春秋繁露·受命于天》）来论证汉帝国集权政体的合理性。这种论说，对于无法从传统帝王脉络当中寻找神圣血缘的刘氏皇族而言，可谓一场及时雨。同时，董仲舒又提出“灾异谴告”说来对皇帝的过分行为加以约束。荀子将德刑二者统一起来，主张“德刑兼重”。董仲舒则用“阴阳五行”的理论给“德主刑辅”理论披上了神秘外衣。董仲舒发展了法家“君道无为”、“臣道有为”的官僚政治论，并提出“据位治人”、“以名定实”的“考绩之法”。董仲舒首创的“春秋决狱”是对荀子“有法者以法行，无法者以类举”（《荀子·王制》）的混合法原理的实践，同时又将儒家义理提升至国家法律原则的高度，开创了以儒家经义决狱的先河。章太炎谓：“晚世名家礼官既绝，一并于儒，故定律者多在荐绅。独董仲舒为春秋决狱，引经附法，异夫道家儒人所为，则佞之徒也。”③汉代儒家之经学，既研究经义又研究经例，如礼经、礼例。把这种方法运用到研究法律上面，自然既研究法条，又研究案例。因此，汉代形成的混合法与经学传统及方法是分不开的。

董仲舒生活的时代是一个过渡的时代。史载：“孝惠、吕后时，公卿皆武力有功之臣。孝文帝时颇征用。然孝文帝本好刑名之言，及至孝景，不任儒者，而窦太后又好黄老之术。”（《史记·儒林传》）“孝武之世，

---

① 章太炎：《检论·商鞅》，《章太炎全集》（三），上海人民出版社 1984 年，第 607 页。

② 皮锡瑞：《经学通论》，中华书局 1954 年，《春秋》，第 4 页。

③ 章太炎：《检论·原法》，《章太炎全集》（三），上海人民出版社 1984 年，第 436 页。

外攘四夷,内改法度,民用凋敝,奸轨不禁。时少能以化治称者,惟江都相董仲舒、内史公孙弘、兒宽,居官可纪。三人皆儒者,通于世务,明习文法,以经术润饰吏事,天子器之。"(《汉书·循吏列传》)及至"元、成以后,刑名渐废,上无异教,下无异学,皇帝诏书,群臣奏议,莫不援引经义以为据依。国有大疑,辄引《春秋》为断。"[①]从而大大巩固了儒学的正宗地位。可以说,董仲舒不仅是荀子儒法合流思想的继承人,而且还是荀子儒法合流政策的实践者。董仲舒的思想和事功具有终结一个旧时代开启一个新时代的意义。

十、法家的黄昏:汉代的法家形象

汉文帝时,吴公曾师从李斯,后官至河南守。他"谨身帅先,居以廉平,不至于严,而民从化。"(《汉书·循吏传》)后因政绩出色"治平为天下第一"而官升廷尉。少年才俊贾谊吴公发现,"召置门下,甚爱幸"。在吴公影响下,贾谊思想自然具有法家倾向。故《史记·太史公自序》谓"贾生、晁错明申商"。《史记·袁盎晁错列传》载,晁错曾"学申商刑名于轵张恢先所,与洛阳宋孟及刘礼同师。以文学为太常掌故。"其文学功底很可能就是儒经,故"太常遣错受《尚书》伏生所",专门研究《尚书》。景帝时他曾经制定法令,后迁为御史大夫,力主侵削诸侯之地,谓"不如此,天子不尊,宗庙不安。"此与贾谊"众建诸侯而少其力"的目的是一致的。

尚君权、拒分封是法家的基本主张。秦统一之初,有大臣建议封建侯王,李斯议曰:"周文武所封子弟同姓甚众,然后属疏远,相攻击如寇仇,诸侯更相诛伐,周天子弗能禁止。今海内赖陛下神灵一统,皆为郡

① 皮锡瑞:《经学历史》,中华书局1959年,第103页。

县,诸子功臣以公赋税重赏赐之,甚足易制。天下无异意,则安宁之术也。置诸侯不便。”(《史记·秦始皇本纪》)

在盐铁会议上,御史大夫桑弘羊面对文学之士所谓“与民争利”的指责,他以富国强兵为由公开为盐铁官营政策辩护。桑弘羊说:“昔商君相秦也,内立法度,严刑罚,饬政教,奸伪无所容。外设百倍之利,收山泽之税,国富民强,器械完饰,蓄积有余。是以征敌伐国,攘地斥境,不赋百姓而师以赡。”(《盐铁论·非鞅》)盐铁会议是儒法思想的最后一次交锋,桑弘羊的言论则是以官方姿态对法家做出的最后一次声援。

总之,西汉以降,学派意义上的法家已经日渐退出历史舞台。法家精神在官僚群体中的侧影就是酷吏。大体上说,汉代酷吏发迹于基层幕僚。如宁成曾为“小吏”,赵禹“以刀笔吏积劳稍迁为御史”;张汤“无尺寸功起刀笔吏,陛下幸致为三公,”王温舒曾为亭长、小吏,“以治狱至廷史”,尹齐“以刀笔吏稍迁至御史”。(《史记·酷吏列传》)他们谙习政事,通晓刑名,以奉行朝廷法令为尚。为此不惜以强制手段速见成效。酷吏的基本特征是“以猛服民”,即《史记·酷吏列传》所谓“其治暴酷”、“直法行治,不避贵威”、“暴酷骄恣”、“其治如狼牧羊”、“内深次骨”、“务在深文”;亦《后汉书·酷吏列传》所谓“以暴理奸”、“风行霜烈”、“政严猛好申韩法”、“专任刑罚”、“刻削少恩”、“专事威断”、“肆情刚烈”。汉代酷吏作为君主皇权的鹰隼为巩固政权和社会治安发挥着重要作用。法家作为一个学术派别发展到酷吏阶段,可以说已经面目皆非了。酷吏的出现,标志着学术法家在新的形势下整体地转化为职业法家了。

十一、“儒为诸子之前驱,亦为诸子之后殿”

“法家的思想在秦朝成为统治的思想。汉朝鉴于人民反抗力量的强大,吸收秦朝失败的教训,改以儒家思想为统治思想。与儒家有联系的阴阳五行思想也与儒家思想混合,而居于统治的地位。法家思想在儒家的掩护下,继续发生作用。这就是所谓'阳儒阴法'。这两家本来都是代表地主阶级的利益的,秦汉以后继续作为地主阶级统治人民的工具。"①

法家经过先酝酿,后独立,再与儒家融合的发展过程。秦国采纳法家之术,横扫六国,建立统一的帝国。此非独法家之功也。秦帝国迷信暴力独任刑罚,二世而亡,亦非独法家之过也。帝国新立,治国理政经验不足,六国故族耿耿于怀,政治形势十分严峻。加之,儒学的影响尚微,故朝廷还来不及整体地吸收儒家思想。但是,就基层官僚群体而言,对儒家思想的吸收已经开始。如《睡虎地秦墓竹简》之《为吏之道》云:"为人君则怀,为人臣则忠,为人父则慈,为人子则孝。……君怀臣忠,父慈子孝,政之本也;""除害兴利,慈爱万姓,毋罪无罪,无罪可赦,孤寡穷困,老弱独转,均徭赏罚;""敬而起之,惠以聚之,宽以治之,有严不治,与民有期,安驺而步,毋使民惧。"②汉承秦制,国家官僚机器如旧,法家之吏充斥于官府,如何能够告别法治而恢复贵族政体?此间,法家学术在批评反思中改变形象,儒家学术在休养生息中恢复能量。儒法两家在互相浸润中重新登上政治舞台。"公孙弘以《春秋》白衣为天子三公,封以平津侯,天下之学士靡然乡风矣。"(《史记·儒林列传》)公孙弘、董仲舒、兒宽"三人皆儒者,通于世务,明习文法,以经术润饰吏事"。(《汉书·循吏传》)汉武帝罢抑百家,独尊儒术。其时之儒,已非孔孟思想原貌,而是荀子董仲舒之学。进居统治地位的儒家思想实际上已经演化为儒法家、法儒家。或者说被独尊的儒术已经变成儒法之术了。因此,法家的终结,不是像一个物体失去质量形状那样地毁灭掉

---

① 冯友兰:《中国哲学史新编》(第一册),人民出版社 1962 年,第 591、592 页。

② 《睡虎地秦墓竹简》,文物出版社 1978 年,第 285、288 页。

了，而是借助于融入另一个物体从而变异成一个全新的物体，并继续保持着自己的生命力。这种生命力凭借着官僚群体的日常施政行为而代代相传。同样，儒家学术也正是凭借着吸收法家等诸家思想而完成自我更新、与时偕行。

刘师培说："子夏荀卿者，集六经学术之大成者也。西汉诸儒，殆皆守子夏荀卿之学派者与。"[①]西汉的儒学实即荀子、董仲舒之儒学。荀董之学，实为儒法之学，法儒之学。这种新学术，既像法家那样维护集权君主政体，又像儒家那样坚持约束君权；既像儒家那样重视德政教化，又像法家那样重视政令刑罚；既像法家那样重视成文法的作用，又像儒家那样重视统治者个人素质。汉代以后，所谓"古代法律儒家化"，实乃古代法律之儒家法家化。在政治领域，一秉战国法家理论，尊君卑臣，依法治吏，天下事皆决于法；在社会家庭领域，古老习俗礼仪逐渐经过国家立法程序上升为成文法。其实，家庭领域的儒家化在秦朝时即已开始。巴蜀寡妇清世守其业，"秦始皇帝以为贞妇而客之，为筑女怀清台。"此乃贞洁牌坊之始。会计刻石辞曰："有子而嫁，倍死不贞，""妻为逃嫁，子不得母"。(《史记·始皇本纪》)故顾炎武《日知录》谓："秦之任刑虽过，而其坊民正俗之意，固未始异于三王也"。[②] 秦律中的"不孝"罪和"非公室告"的规定，正是儒家伦理法律化的重要标志。汉后及至隋唐，所谓"古代法律的儒家化"，虽然亦表现为仁政德教思想对古代刑政的浸润，但究其实只是古老民间礼俗逐渐上升为国家的成文法条。而古老的庙堂之礼则同时演变为国家礼仪。试看《唐律疏议》之《十恶》，其半为维护皇权，其半为维护族权，法家的法治与儒家的礼治已经结合得天衣无缝。

---

① 刘师培：《孔子弟子之传经》(上)，《经学教科书》，上海科学技术文献出版社 2015 年，第 6 页。

② 顾炎武撰、黄汝成集释：《日知录集释》(中册)，上海古籍出版社 2006 年，第 752 页。

两汉以后,学术派别意义上的法家逐渐退出政治学术领域。但是职业或施政意义上的法家不绝如缕。“东京之变,刑赏无章也。儒不可任,而发愤者变之于法家。……自汉季以至蜀魏,法家大行,而钟繇、陈群、诸葛亮之伦,皆以其道见诸行事,治法为章。”[①]而儒学的蜕变与复兴,似乎功德圆满地演绎了“儒为诸子之前驱亦为诸子之后殿”[②]的历史剧目。但是,从法律文化角度而言,法家传统并没有退出历史舞台。由于中央集权君主政体的内在需要,以及民众对清官廉吏的渴望,依法治国的精神,忠于国家、忠于法律、不畏豪强、为民请命、守法尽职的职业法家群体,依然在古代法律实践活动中顽强地宣示着自己的存在。

结语 法家乃出乎儒而返乎儒者也

法家的产生发展与儒家有不解之缘。法家作为一个学术派别,虽然产生于战国时期,但是其师承关系和思想脉络却可以追溯到春秋时代。粗略而言,法家的师承关系可以这样勾勒:即由孔子、子思、子夏,乃至李悝、慎到、吴起、商鞅,再由荀子、韩非、李斯及至吴公、贾谊、董仲舒。此间,孔孟的“德治”、“礼治”、“人治”理想因其过于坐而论道,与纷乱无序的社会现实无法切合,故而均不被各诸侯国所采纳。这种社会存在导致儒家的分化。这种分化过程实际上又与其他诸家思想的交融同步进行。社会变革呼唤变法,变法实践锻造了法家。在法家的酝酿过程中,《春秋》学的流传起着重要作用。《春秋》与其他儒家经典不同,它本身包含着许多从历史事件中引申出来的政治行为规范。而法家正需要重新建立国家秩序。《春秋》“尊君”的主旨尤其投法家之所好。自

① 章太炎:《检论·学变》,《章太炎全集》(三),上海人民出版社1984年,第445页。

② 傅斯年:《战国子家叙论》,《傅斯年文集》,上海古籍出版社2012年,第23页。

孔子而至董仲舒的这个师承链条，既是法家思想的沿革史，又是儒家思想的演化史。及至荀子、董仲舒，先秦儒家完成了脱胎换骨的涅槃，法家思想则被融入新儒家思想体系当中。儒生与法吏共事，经学与刑名之学密不可分，儒法两家不仅共同缔造了古代正宗学术，还共同完成了古代法律的儒家化、法家化。此后，法家精神并未衰落，忠于国家、忠于法律、守法尽职的职业法家群体，始终活跃在古代法律实践活动的历史舞台上。

第三章　法家概述(Ⅲ)
法家的法治思想

“法治”一词最早见于《晏子春秋·泛论训》:“知法治所由生,则应时而变;不知法治之源,虽循古终乱。”《淮南子·氾论训》:“知法治所由生,则应时而变;不知法治之源,虽循古终乱。”但这里的“法治”还不是法家所主张的“法治”。法家的“法治”就是建立集权君主政体,用超血缘的法律取代宗法礼制来管理国家,用赏罚二柄实现富国强兵进而统一天下。

一、法家对“法治”思想的论述

法家著述中的多次概括“以法治国”的主张。如《商君书》:“据法而治”,(《更法》)“缘法而治”,(《君臣》)“垂法而治”,(《壹言》)“任法而治”,(《慎法》)“事断于法”,(《慎子·君人》)“以法治国”,(《管子·明法》)“以法为本”,(《韩非子·饰邪》)等等。“法治”一词已经呼之欲出了。在法家心目中,“法治”作为一种理想,其主要精神就是“法的统治”。如《管子·任法》:“夫生法者君也,守法者臣也,法于法者民也。君臣上下贵贱皆从法,此谓为大治”;《管子·法法》:“不为君欲变其令,令尊于君”;《管子·明法解》:“法者,天下之程式也,万事之仪表也”;《商君书·修权》:“法者,国之权衡也”;《商君书·壹言》:“言不中法者不听也,行不中法者不高也,事不中法者不为也”;《韩非子·定法》:“明主之国,令者言最贵者也,法者事最适者也。言不二贵,法不两适。故言行不轨于法令者必禁”,等等。

法家的“法治”作为一种理论以历史进化论、“好利恶害”的人性论、个人与国家相结合的功利主义等观点作为论据。“法治”作为一种治国手段,是通过“赏罚二柄”来实现的。为此,必须拥有完善的立法,并公布成文法,“使吏非法无以守,则虽巧不得为奸,”(《商君书·慎法》)“使万民皆知所避就,避祸就福,而皆以自治也”,使“吏不敢以非法遇民,民不敢犯法以干法官”,(《商君书·定分》)等等。

法家“法治”的本质特征有几方面:一是以建立和维护集权君主政体为基础,既“尚法”又“尊君”;二是强调国家法律在治国中的普遍作用,实行“刑无等级”、“一断于法;”三是要求各级官吏严格依法办事,不得以私害公;四是通过推行法制实现富国强兵、终止割据、统一国家。

二、近代以来学者对法家“法治”精神的概括

在我国法律史学术界,将法家政治法律思想的核心主张概括为“法治”,是近代学者创始的,并为当今众多学者所沿用。

梁启超是最早提出并论述法家“法治”思想的学者。梁启超曾经这样表述法家的“法治”的本义——“法家之论,谓人主无论智愚贤不肖,皆不可不行动于法之范围内。此至精之论也;”“国家内部,阶级制度之弊,已达极点,贵族之专横,为施政上一大障碍,非用严正之法治,不足以维持一国之秩序。”[①]“法家根本精神,在认法律为绝对的神圣,不许政府动轶法律范围以外。”[②]法家的“法治”即实行法律的治理,以确立

① 梁启超:《中国法理学发达史论》,《梁启超论中国法制史》,商务印书馆2012年,第46、64页。

② 梁启超:《先秦政治思想史》,中华书局2015年,第212页。

统一稳定的国家秩序。

梁启超关于"法治"的概念,既概括了法家"法治"思想与"人治"思想的对立性,又在一定程度上触及了"法治"概念的共通性和相对独立性。这一开拓性的创见对当时的学界影响深远。如丘汉平谓:"凡以法律为社会国家之唯一准则者,不论其准则是否为正义、公平、合理,皆曰法治。"①胡适说:"中国法治主义的第一个目的只要免去专制的人治'诛赏予夺从君心出'的种种祸害。此处慎到虽只为君主设想,其实是为臣民设想,不过他不敢说明罢了";"慎到的法治主义首先要去掉'建己之患,用智之累',这才是纯粹的法治主义"。② 萧公权说:"管子所谓以法治国者无异于谓治国者必须立固定之制度,而非任君主随时以私意为裁断也";"国有经常之制度,君按制度以行赏罚,法治之原则不过如此"。③ 吕思勉称:"法家精义,在于释情而任法。盖人之情,至变者也。喜时赏易滥,怒时罚易酷。……法家之义,则全绝感情,一准诸法。法之所在,丝毫不容出入。"④综上,我们似乎可以看到,学界对法家"法治"概念的概括,即是在君主政体之下实行法律的治理,以期建立新的社会秩序。至于法家"法治"理论在逻辑上是否完整,是否能够付诸实践,社会效果如何,以及是否符合道德标准,则是另外一回事。

在《先秦政治思想史》、《中国法理学发达史论》等著述中,梁启超不仅把法家学术概括为"法治主义",而且还提出"术治主义"、"势治主义"、"礼治主义"、"人治主义"、"仁治主义"、"德治主义"、"放任主义"、"无治主义"、"物治主义"、"天治主义"等术语。今天看来,这些术语并

---

① 丘汉平:《法学通论》,程波点校,《法意发凡:清末民国法理学著述九种》,清华大学出版社 2013 年(初版于 1933 年),第 472 页。

② 胡适:《中国哲学史大纲》,中国言实出版社 2014 年,第 364 页。作者按:胡适将专制与人治并列,似有不妥。

③ 萧公权:《中国政治思想史》(上册),商务印书馆 2015 年,第 199、200 页。

④ 吕思勉:《先秦学术概论》(下),上海书店出版社 1992 年,第 93 页。

非无懈可击，其概念内涵或有相互矛盾重叠及不周延之处。对此，我们并不主张无保留地接受，但也不主张全部推倒重来，而是借其外壳重新界定或局部修正完善。但是，其中的“法治主义”应当属于基本可以肯定的术语。故陈烈的《法家政治哲学》、吴经熊的《唐以前法律思想之发展》、陈启天的《中国法家概论》等，均沿用法治“法治主义”之说。改革开放以来，中国法史学界在涉及法家思想时基本沿用了“法治”的术语，并在其内涵的把握上形成共识，即将法家的“法治”视为中国古代的土产而与西方的“法治”严加区别，同时，对法家“法治”的阶级本质和历史局限性进行批评。即使在评价其对当今法制建设的借鉴意义时，也没有人建议照搬法家的“法治”。总之，在学术界，近代学者关于法家“法治”的论述已经“约定俗成”，而且为当今众多学者们所沿用。如张国华先生所说：“法家在先秦诸子中是最重视法律及其强制作用的一个，对法学也最有研究。他们以主张‘以法治国’的‘法治’著称，并提出了一整套推行‘法治’的理论与方法，为建立统一的封建专制主义中央集权制国家提供了理论根据；”“他们的‘法治’是封建君主专制政体下的‘法治’，即所谓‘君尊则令行。’但君主既然手执太阿，有权立法也有权废法，即使随意立法也不受任何法律的限制。对此，法家只能晓之以利害。因此，法家的‘法治’根本不同于后来资产阶级提出的与民主制相联系的‘法治’”。①

但是，长期以来，学术界一直存在着否定法家“法治”思想的观点。有些学者可能担心今天的法治建设受到传统“法治”思想的观念阻碍或深层次影响，以致背离因法治建设的正确方向；有些学者通过比较研究，认为“法治”和民主、自由、平等、权利等思想一样都是舶来品，而非

① 张国华、饶鑫贤：《中国法律思想史纲》(上)，甘肃人民出版社1987年，第157、158、172页。

我国古代传统文化所固有。因而提出,法家的“法治”只能批判而不存在借鉴的可能性。其结论就是中国古代没有“法治”思想,因而今天进行法治建设就没有本土资源可以吸收参考,那么当今法治建设就只能借鉴域外成果。我们不拒绝那些有益的域外文化成果,同样也不简单地排斥自己民族的优良成果。问题的关键是“法治”的标准是什么,以及中国古代有没有“法治”思想。否定的意见大体有以下诸端:

其一,近代以来的学界普遍认为法家主张“法治”。其实法家的“法”,无论广义狭义,都非“法治”基本元素之“法”。法家之“法”实际上是刑法、刑罚,“法治”实际上就是“刑治”、“罚治”,与“法治”毫不相干。

其二,法家的“法治”学说其实质是扩张君主权力,是构筑君主个人集权专制的制度与手段,是最典型最极端的“人治”。在“人治”之下是不可能存在法治的。

其三,“法治”是一个具有特定内涵和本质内容的近现代性概念。“法治”和民主、自由、人权、平等这样一些现代性因素紧密联系不可分割。法家“法治”与这些现代性因素没有任何关联,因此不能称其为“法治”。

其四,从科学的概念出发来认识和理解古代法律。中国古代绝无现代意义上的“法治”思想与理论,给法家思想贴上“法治”的标签,无论在理论上还是在实践上,都具有极其严重的危害性。

笔者认为上述意见值得商榷。仁者见仁,智者见智。学术界存在不同意见是很正常的现象。只有通过不同意见之间的讨论或批评,才能够恢复历史的本来面目。

三、法家的“法”:“法”与“刑”是不是同等关系

如果说春秋时代的人文精神是孔子提倡的“仁”的话,那么,战国时

代的政治精神就是法家提倡的“法”。法家的时代主体精神是“法”。法家思想中的“法”具有十分丰富的内涵：第一，作为一种观念，“法”是天下之“公”的体现，“礼”则是一家一族之“私”的体现，因此，用“法”取代“礼”就具有了合理性；其次，“法”在政权形式上表现为集权君主政体，“礼”在政权形式上表现为血缘宗法政体；第三，“法”作为行为规范主要表现为国家制定颁布的“成文法”，“礼”则在法律样式上表现为“议事以制”的“判例法”；第四，为了保障“法”的实现必须依法实行赏罚，“法”是赏罚的标准，赏罚是“法”的后盾；第五，法家不是一般地否定家庭伦理规范，而是把人们内心的家庭伦理规范加工成客观的可以衡量的法律规范，故《商君书・画策》谓：“所谓义者，为人臣忠，为人子孝，少长有礼，男女有别，非其义者，饿不苟食，死不苟生。此乃有法之常也。”在以“法”取代“礼”的社会改革大潮当中，法家是一群勇敢的战士和殉道者。

章太炎认为，法家之“法”并不限于“刑律”。他说：“法者，制度之大名。周之六官，官别其守，而陈其典，以扰乂天下，是谓之法。故法家者流，则犹西方所谓政治家也，非膠于刑律而已。”[①]范罕指出：“汉以前，法之义最广，律则训音律。自汉以后，法字大半含刑之性质，律即指条文；”[②]吕思勉说：“法家之学的法字，是个大名。”[③]因此，对法家的“法”应当兼顾其广狭二义。

法家所谓广义的“法”既包括国家制度也包括具体的法律、法令和刑法、刑罚。《商君书・更法》：“三代不同礼而王，五霸不同法而霸。”《管子・任法》：“夫生法者君也，守法者臣也，法于法者民也。君臣上下

---

① 章太炎：《訄书・商鞅》，《章太炎全集》（三），上海人民出版社 1984 年，第 605 页。

② 范罕：《法论四篇》，程波点校，《法意发凡：清末民国法理学著作九种》，清华大学出版社 2013 年（初版于宣统二年十月），第 12 页。

③ 吕思勉：《中国文化史》，新世界出版社 2008 年，第 241 页。

贵贱皆从法,此之谓大治。"此处的"法"盖指国家制度和法律、法令;法家所谓狭义的"法"首先指法律条文。如《商君书·画策》:"因世而为之治,度俗而为之法";《商君书·定分》:"圣人为法,必使之明白易知";其次指刑法、刑罚。如《商君书·画策》:"国皆有禁奸邪刑盗贼之法,而无使奸邪盗贼必得之法;"《商君书·定分》:"遇民不循法,则问法官,法官即以法之罪告之;"《商君书·修权》:"凡赏者文也,刑者武也,文武者法之约也。"

因此,把法家的"法"等同于"刑法"、"刑罚"是不妥的。这种误解或许源自《说文解字》所谓"法者刑也。"但"刑"字除了"刑法"、"刑罚"之外还有"模型"之义。也可能源于古典文献中以"刑"字代表法制的习惯,如"禹刑"、"汤刑"、"九刑"之类。还可能是因为把秦朝专任刑罚的账错记在法家的"法治"上面。战国法家所提倡的"法"和春秋孔子所提倡的"仁"一样都具有划时代的新内涵,法家之"法"不仅具有新的内容,还具有新的形式——成文法。这就使法家之"法"远非过去的"礼"、"刑"诸字所能替代或借用,故法家多言"缘法而治",既不言"缘礼而治"又不言"缘刑而治"。可见,在法家心中,"法"与"刑"不是同等关系。正如王振先所说:"吾国古代往往合刑法为一谈,故其语法也,以为即属刑罚。不知刑罚乃法之一部,而非法之全体,法之所以能独立为一科,不能与刑罚同视者,自有其存在之价值。吾国法家产生最后,其对于法之观念及诠释,多有独到之见解,置之欧美近代之法学界中,殊无愧色。道儒墨家三家之学说,既不足以救滔滔日下之人心,其时社会之制裁力全失,而有赖于国家之强制力者正多。凡一举说之产生,皆有其时代之背景为之前驱。法家应运而兴,亦固其所。法理学者,即法家研究法律之精深理想,持之有故,言之成理,虽千百世下,读之犹令人兴起,观此可以知吾先民法治精神之不弱。"①

---

① 王振先:《中国古代法理学》,山西人民出版社 2015 年,第 21 页。

胡适认为法家的“法”具有四个性质：成文、公布、统一、有刑赏辅助，他特别强调“要讲法的哲学，先须要说明几件事情。第一，千万不可把刑罚和法混作一件事。刑罚是自古以来就有了的，法的观念是战国末年方才发生的。”[①]陈柱也说：“法家之言法也，深言之，则刑在其内；分言之，则刑与法异。”[②]

《睡虎地秦墓竹简·语书》有“法律令事”。粗略言之，法即指国家制度，如《商君书·更法》之“法”，《语书》所言“法度”；律即指某一领域的法律规范，如《睡虎地秦墓竹简》所涉《田律》《户律》《工律》等30余种律名律文；令即随时颁布的政令，如秦律中的“犯令”、“废令”之“令”；事指判例“廷行事”。同时，《睡虎地秦墓竹简》记录了当时的刑罚制度，如死刑（戮、磔、腰斩、弃市）、肉刑（黥、劓、斩左止、宫）、徒（城旦舂、鬼薪白粲、隶臣妾）、耻辱（髡、耐）等等。官吏对犯罪者适用刑罚必须依照法律规定，否则将追究官吏的责任。可见，在秦代的法律文献当中，“法”和“刑”并非同等关系。

法家推行“法治”的手段包括赏罚二柄特别是刑法和刑罚，在推行改革的艰难时期法家自然更强调刑罚的作用。非如此不足以打击贵族势力的阻挠和反抗，也不足以改变顽固的旧传统、就习惯。但不能因此将法和刑法、刑罚简单地划等号。尽管法家“法治”理论具有过于相信暴力和刑罚的倾向，但是从概念而言，“法”和刑罚还不是一回事。如果把法家的“法”说成“刑”，把法家的“法治”变成“刑治”、“罚治”，就从根本上置换了概念，就失去探讨法家“法治”思想的必要性和可能性。

总之，在法家的论述中，法与刑法、刑罚不是同等关系，在秦的法律专业术语中，法与刑法、刑罚不是同等关系，甚至在汉至清的古代法律

---

① 胡适：《中国哲学史大纲》，中国言实出版社2014年，第387页。

② 陈柱：《诸子概论》，江苏文艺出版社2008年，第75页。

中,尽管“国家法主要由刑法和行政法规组成”,[①]但是从概念而言,法与刑法、刑罚也不是同等关系。把法家的“法治”等同于“刑治”、“罚治”的断言,还需要进一步的论证。

四、法家“尊君”与“尚法”是共生的还是对立的

在法家的“法治”理论视野当中,“尊君”与“尚法”是最基本的内容,而且两者是共生的。法家推行法治的目标自然包括提高和维护君权,但“尊君”还不是“法治”理想的全部内容。君主不是一般的个体自然人,君主是制度的一环。在战国的变法过程中,“尊君”与“尚法”携手同行、相辅相成的,在逻辑上从来没有矛盾。这并非出于法家的主观设计,而是变法实践的成功经验。建立法律秩序需要强势的君主,没有君主权威就不足以压抑那些只顾维护自身既得利益的贵族势力,就不能确立法律秩序;反过来不确立法律秩序也就不能树立君主权威。君主如果破坏法律秩序,也就毁损了君主的权威。如果“尊君”与“尚法”相悖而行,就不能有效打击贵族割据势力,也就不能取得变法改革的胜利。以君主集权政体为基础的法律的统治,就是法家“法治”的本质特征。法家的“法治”并非法家主观创造的艺术品,当“法治”这尊雕塑诞生之际,“尊君”的精髓已经深深地镶嵌其中了。

法家的法律思想不是在书斋里坐而论道的产品,而是战国“变法”实践的产物。君主要变法必须牢牢掌握国家政权,故法家强调“尊君”和“势治”;推行变法必须颁布法律,故法家“重法”即重视法律的编纂和注释;为了维护君权、驾驭臣下并保证法律的实施,君主必须善于掌握

① [日]兹贺秀三:《中国家族法原理》,张建国、李力译,商务印书馆 2013 年,第 18 页。

有效的方法，故法家重视“术治”。

毋庸讳言，从今天的理论视野看问题，法家以“尚法”与“尊君”为特征的“法治”理论是有缺欠的：第一，他们没有也不可能解决“尚法”与“尊君”可能出现的矛盾。如《商君书·壹言》即表露了对“尊君”的迷茫心态：“夫民之不治者，君道卑也；法之不明者，君长乱也”；第二，法家虽然把“法”描绘成“公义”、“公识”、“公正”、“公信”（《慎子·威德》）的产物，法律具有爱民、保民的作用，可以防止“秩官之吏隐下以渔百姓”，（《商君书·修权》）使“吏不敢以非法遇民”，（《商君书·定分》）但他们没有也不可能提出“法治”的价值依据，即人们为什么要服从法律和君主？第三，他们知道以耕战赏罚夺取天下，却没有也不可能提出天下统一以后如何治理国家的宏观策略，以完成从打天下到坐天下的战略转移。最后，即使法家提出最完善的理论，这些理论是否被当时的统治集团所采纳，亦属或然。故秦朝之胜，非独法家之功；秦朝之败，亦非独法家之过。今天，我们研究法家“法治”理论的缺欠所产生的社会文化原因，比指出古人的局限性似乎更有意义。

法家的“法治”为什么没有走上西方近代“法治”的道路？其原因是多方面的，包括经济、政治、文化诸因素。萧公权曾经这样论述：“春秋以前之宗法社会，以礼相维，尚与法治相貌似。春秋时礼变为法，贵族尚在，似有发生法治之可能。所惜贵族多愚昏纵恣，权臣辄侵君夺位，尊君之需要大于限君。故孔荀言礼，管商言法，皆注意于裁抑贵族与权臣。于是法律反成为尊君之工具。及阶级荡平，小民既无抗君之势，任法思想遂转为纯粹之专制思想。故中国古代实行法治之唯一机会消逝于春秋时代。至秦始皇之时则早已无复适行法治之环境矣。”①

① 萧公权：《中国政治思想史》（上册），商务印书馆 2015 年，第 266、267 页。作者按：“先秦固无真正之法治思想；”“法治只能在两种环境之下实现，一为贵族政治，一为立宪政治”。这些论点似仍可进一步商榷。

法家的"法治"具有理想主义色彩。法家渴望"君臣上下贵贱皆从法"的"法治",即"尊君"与"尚法"并行不悖、相辅相成的"法治"。法家真诚地相信,为了实现国家的理想,君主理当服从法律。法家在主张"法治"的同时,还主张"尊君",这是因为法家的"法治"是以集权君主政体为依托的。法家在重视法律的同时,也同样承认君主的重要性。法家一方面强调"令尊于君",另一方面同样强调"君尊则令行"。显然,从主观上来看,法家认为"尊君"与"尚法"之间并不存在矛盾。相反,"尊君"与"尚法"是可以相得益彰的。在法家看来,"尊君"的制度并不导致任何君主在任何情况下都必然破坏"法治"。法家的这一见解也许是因为在战国变法运动的背景之下,"尊君"与"尚法"之间的矛盾还没有充分表现出来,故而某个君主具体的"废法任私"的行为,尚不足以破坏整体意义的"法治"。然而从逻辑上来看,这正是法家"法治"理论的内在矛盾之处。法家无法用制度保障每一个具体的君主服从法治而限制他们破坏法治。退一步来说,法家即便是发现了"尊君"与"尚法"之间的矛盾,除了劝说君主自觉服从法制克服个人的好恶之外,他们没有也不可能从体制上提出有效的设计。诚如梁启超所说:"欲法治主义言之成理,最少亦须有如现代所谓立宪政体者以盾其后,而惜乎彼宗之未计及此也。"①直到明末清初的黄宗羲才提出"学校议政"的设想。因此,在这个问题上我们当然不能苛求古人。

从某种角度来说,中国古代的政体,不论是宗法贵族政体,还是集权君主政体,都具有君臣共治的"共和"色彩。前者是天子与诸侯、诸侯与大夫的"共和",其纽带是君君臣臣父父子子皆从礼;后者是皇帝和众臣的"共和",其纽带是君臣上下皆从法。"中国古代并不存在绝对的专制主义的制度,因此所谓的'封建专制'是一个值得商榷的概念,又或者

---

① 梁启超:《先秦政治思想史》,中华书局 2015 年,第 216 页。

仅仅是一个标签而已。”[①]从某种角度而言，法家的君臣分工论成为弱化和限制绝对专制主义的一个思想屏障。法家认为：“君道无为，臣道有为”，“大君任法而弗躬，则事断于法矣；”（《慎子·君人》）“治国之君，非一人之力也，将治乱在乎贤使任职，而不在于忠也。”（《慎子·知忠》）

在君臣共治方面，儒法两家有共通之处。孔子主张“君使臣以礼，臣事君以忠”，（《论语·八佾》）孟子坚持：“唯仁者宜在高位”，“君有大过则谏，反复之而不听，则易位”；（《孟子·万章下》）荀子认为“社稷之臣”“从道不从君”，为了维护国家利益可以“强君矫君”、“抗君之命”。（《荀子·臣道》）法家的创造性是把儒家“君使臣以礼”的“礼”和“臣事君以忠”的“忠”都演变为法律，以实现“君臣皆从法”、“以法相治”的“有法之常。”（《商君书·画策》）但是，在古代的社会条件下，儒家和法家都没有也不可能提出保障君臣合治、君臣从法的可行方案和法律制度。及至明清之际的黄宗羲，首倡“天下为主，君为客，”主张以“天下之法”取代“一家之法”，又设计“学校议政”和“政事堂”的方案，[②]试图把法家的“法治”和儒家的“人治”（贤人政治）结合起来，其实质皆在于限制君权。吕振羽认为，“政事堂的组织内容，基本上同于近代资产阶级国家的内阁；”“他之所谓的学校的性质，基本上同于近代的代议机关。”[③]

五、君主“集权专制”是不是“人治”

“法治”与“人治”这对概念是中国先秦特殊政治社会背景下的特殊思想产品。因此，“法治”与“人治”作为一种时代的产物都有其特殊而

---

① 武建敏：《法家法治类型的理论诠释——兼及当代中国法治的法家元素》，《西部法学评论》2015 年，第 1 期。

② 黄宗羲：《明夷待访录》，中华书局 1981 年版，第 2、7、9 页。

③ 吕振羽：《中国政治思想史》（下），人民出版社 1949 年，第 587、588 页。

确定的概念,一旦离开先秦特殊政治社会背景,在其他政治社会背景下使用这些概念,就会张冠李戴、隔靴搔痒、无的放矢。比如,我们今天所言"人治"已经成为大众语言,大约与"长官意志"、"不守法"、"一言堂"、"拍脑袋"相仿。而在先秦,"法治"即"以法治国";"人治主义""拿现在的话讲就是贤人政治。"[①]因此,宗法贵族政体意义上的"贤人政治"亦即"人治",与集权君主政体根本不在一个平面上。把在集权君主政体下的君主可以为所欲为称为"人治",是学术界习惯性的误读。

"法治"与"人治"的对立,即"以法治国"与"贤哲政治"的对立,亦即集权君主政体和宗法贵族政体的对立。是治理国家靠法还是靠人的对立。集权政体可以与"法治"结合,而与"贤哲政治"的"人治"基本无关。因此,脱离了中国古代法律文化的特殊背景来使用"法治"、"人治"术语,就会产生一些似是而非的结论,比如"凡法治之国必为民治,而专制之国必尚人治。"[②]再如"一切权力归属于君,君权高于一切。一切措施都以当时当地的君的意愿为标准,不存在也不可能存在任何其他治理标准;""君主和专制是同义语;""专制就是一人独断,一人独裁,也就是所谓人治。历史上的君王都是独裁的体现者。"[③]

"法治"与"人治"的对立源于集权君主政体和宗法血缘贵族政体的对立。西周春秋的宗法贵族政体产生于西周初期的"封疆土建诸侯"的"大封建"。周天子是天下之君,诸侯为列国之君,卿士大夫为其领地之君。上下贵族之间存在着血缘联系。这就使古老的礼被赋予新的政治内涵。各级贵族成为其领地的主人,兼为成为领地上居民之首长。他们具有相对独立的政治、军事、经济、文化等方面的统治权力。一个领地治理的好坏,在很大程度上取决于最高领主个人素质的优劣和人格

① 梁启超:《先秦政治思想史》,中华书局 2015 年,第 284 页。

② 萧公权:《中国政治思想史》(上册),商务印书馆 2015 年,第 206 页。

③ 蔡枢衡:《中国刑法史》,中国法制出版社 2005 年,第 47 页。

魅力，如孔子所云“其身正，不令而行。”(《论语·子路》)这正是儒家的“为政在人”:“其人存则其政举，其人亡则其政息”(《礼记·中庸》)的“贤人政治”论的客观基础。“人治”则是靠统治者个人素质、人格魅力和血缘亲和力来引导人民自觉效仿，而不必动用法律的强制措施。统治者个人的魅力是与推行德教仁政相联系的，即在对人民减少剥削压逼的基础上，对人民施以恩惠，让人民对贵族领袖心悦诚服，在此基础上再对人民进行教化，使人民内心获得忠孝等伦理观念，自觉的约束自己的行为，从而杜绝犯上作乱。

法家主张的“尊君”即所谓“君主专制”是一种制度设计，这种设计以超血缘的官僚政体为基础，它自产生之际就开始脱离了那些附着在宗法血缘纽带上的“贤人群体”，因此也就告别了“人治”思想。这种制度设计忽略了具体君主个人或贤或愚的素质。但君主享有最高权力不一定意味着君主在任何情况下都必然破坏法律秩序。君主决策的方法是《管子·明法解》所谓“兼听独断”。秦孝公变法前的廷议，秦始皇定郡县制时的廷议，都是听了正反双方意见后拍的板。当然也可能拍错板。在那个时代当然不可能有议会投票，也不会全民公决。君主圣明也罢愚蠢也罢，都已经无法恢复贵族政体了。换句话说，在集权政体下，所谓“人治”无论作为制度还是思想都已经物去人非了。

法家主张的“尊君”实际上是“君主之治”或“君治”，既不是亚里士多德所谓“法治应当优于一人之治”的“一人之治”，[①]也不是孟德斯鸠所谓“夫专制者，以一人而具无限之权力，惟所欲为，莫与忤者也。”[②]法家把君主无视法律规矩为所欲为的行为称作“以私害法”的“身治”和“心治”，并明确加以反对。“君治”是伴随着新式官僚政体而产生的。

---

① [古希腊]亚里士多德:《政治学》，吴寿彭译，商务印书馆 1965 年，第 167 页。

② [法]孟德斯鸠:《法意》，严复译，商务印书馆 1981 年，第 24 页。

这种以集权制度为基础的“君治”是以往周天子在宗法贵族政体下无法实现的。因为在贵族政体下,各级贵族拥有相对独立的政治、经济、军事等权力,诸侯的臣民不是天子的臣民,天子对不守规矩的贵族,只能兵戎相见,远非一纸敕书所能奏效,这也许就是“刑不上大夫”的本义。当然,集权君主制的社会效果常常受制于君主个人素质之优劣,从而带有极大的不确定性。它具有两种可能性:第一是自觉的君主,即“君臣上下皆从法”那样的君主,他们对如何维护统治阶级整体利益和长远利益有比较深刻的理解,能够依法办事,听取逆耳忠言,对个人好恶有一定的约束,成为臣民拥戴的比较明智的人君;第二是不自觉的君主,刚愎自用、为所欲为、倒行逆施、骄奢淫逸,有如西汉海昏侯刘贺一般。自觉的君主和不自觉的君主的产生都带有偶然性,古代没有保证产生自觉的君主和杜绝不自觉的君主的制度。当恶君出现时,臣民是无能为力的,只能等待“自然规律”来完成王朝的更替。面对那些“不似人君”又不接受谏议的恶主,孟子主张由贵戚大臣“异位”,荀子则主张由社稷之臣“强君”、“矫君”、“抗君之命”、“上下易位然后贞”。(《荀子·臣道》)“诛暴国之君若诛独夫”。(《荀子·正论》)西汉皇帝刘贺被废,霍光对刘贺说:“臣宁负王,不敢负社稷。”(《汉书·霍光传》)正实践了孟子荀子的主张。《荀子·臣道》说:“夺然后义,杀然后仁,上下易位然后贞,功参天地,泽披生民,夫是之谓权险之平,汤武是也”。与此不同,法家认为人性皆“好利恶害”,大臣们更是靠不住的。天下之乱,皆起自臣子犯上作乱:“汤武为人臣而弑其主,刑其尸,而天下誉之,此天下至今不治者也。”法家的结论是:“夫冠虽贱,头必戴之,屦虽贵,足必履之”;(《韩非子·外储说左下》)“人主虽不肖,臣不敢侵也。”(《韩非子·忠孝》)这就是“尊君卑臣”之道。法家认为春秋以来的纷乱源于大臣的僭越。故为了维护国家的秩序,法家不惜抑制臣下而容忍恶君,却决不寄希望于“贤臣”。站在君主的立场上,法家“尊君”的意见似乎更容易被接受。当"尊君"即建立君主制度与国家统一联系在一起时，它便具有了进步意义和推行的动力。在君主集权郡县制的天下，"礼乐征伐自诸侯出"便失去社会基础，孔子所谓"天下有道，则礼乐征伐自天子出"(《论语·季氏》)的理想终于实现了。不过，"天子"变成了"皇帝"，"礼乐征伐"变成了"法律令事"。

总之，法家的"法治"不论其理论和实践都是以确立并维护君主至高无上的权威为核心。君主权威的基础是统一的国家。可以说，集权君主政体下的"以法治国"就是法家"法治"的本质内容。因此，从"法治"、"人治"的政体内涵来看，在集权君主政体下治理庞大的国家依靠完备的法律，即便是集权君主制度赋予君主以制定实施法律的最高权力，也不能称其为"最极端的人治"。因为"人治"(贤哲政治)之毛已无贵族政体之皮可以附着了。"人治"思想是儒家对血缘宗法贵族政体的期盼和追述，"法治"是法家对君主官僚政体的描绘和操作。君主官僚政体一经确立便与"人治"风马牛不相及了。就像解放以后的地方领导干部不能再被称为"父母官"，人民不再被称为"子民"一样。于是，那种认为集权"君主专制"制度是"人治"，既然是"人治"就不是"法治"，在集权君主制度之下不可能存在"法治"的观点，就出现了逻辑问题。(关于"专制"政体的讨论详见第二十三章法家法律传统与历代法制二法家传统与集权政体)

六、"法治"类型是唯一的还是多元的

"法治"的类型是历史性的，也是地方性的。因此，"法治"的类型是多元的。值得注意的是，老一辈学者在论述法家"法治"思想时，并没有与近代西方"法治"思想相混淆。针对那些一听到"法治"二字，就立即联想到"申韩之弊"的现象，沈家本说："或者议曰：'以法治者，其流弊必

入于申、韩,学者不可不慎。'抑知申、韩之学,以刻核为宗旨,恃威相劫,实专制之尤。泰西之学,以保护治安为宗旨,人人有自由之便利,仍人人不得稍越法律之范围。"[①]可知在"西学东渐"的沈家本时代,老一辈学者均知晓法家"法治"与西方"法治"的差异,未曾将二者相混淆。

我们知道,梁启超关于"法治"的研究和理解有一个发展变化的过程。[②] 但是,在他的心目中有两种"法治":一种是以君主政体为基础的法家的"法治",这种"法治"也许是有缺憾的"法治";另一种是与民主自由权利等相联系的近代西方的"法治"。在《管子传》一文中,梁启超总结管子"法治"思想的缺憾是无法保证君主奉法而不废法,"能使君主必奉法而勿废,管子未之及也。"[③]在《先秦政治思想史》中,他批评法家"法治"的种种缺点,比如"令尊于君"的主张不能得到制度的保障,无"立宪政体以盾其后",不能保障个人自由等。其实这些缺点正是法家"法治"的特点,而法家所缺少的也正是西方"法治"所具有的长处。[④]但是,梁启超并没有因为法家的"法治"不符合西方"法治"的标准,就不再称其为"法治"。法家的"法治",是君主政体之下的"法治",即国家制定的法律具有最高权威,君臣上下都须服从法律,法家的"法治"理论的缺欠是没有设置限制君主权力的制度。梁启超总结管子法治的缺憾是:无法保证君主奉法而不废法,"能使君主必奉法而勿废,管子未之及也。"[⑤]

梁启超的结论是:"我们要建设现代的政治,一面要采取法家根本

---

① 沈家本:《寄簃文存·法学名著序》,《历代刑法考》(四),中华书局1985年,第2240页。

② 参见喻中:《梁启超的法治概念:一个思想史的考察》,《新疆社会科学》2011年第2期;俞荣根:《论梁启超的法治思想》,《孔子研究》1996年第1期。

③ 梁启超:《梁启超论诸子百家》,商务印书馆2012年,第60页。

④ 梁启超:《先秦政治思想史》,中华书局2015年,第212、216、308页。

⑤ 同③。

精神，一面对他的方法条理加以修正才好。”[①]可见，梁启超的“法治”主张是服务当时、纵贯历史、横系中西的。我们暂且抛开梁启超“法治”思想发生发展变化的过程，仅从某种角度而言，似乎梁启超的“法治”东西二类型说也许比法家“法治”说更有意义。

不仅如此，梁启超还最早提出“法治”多元说，认为“法治”与立宪、专制政体无必然联系，并且公开反对用西方现代的标准来评判中国古代文化成果。在《管子传》一文中，梁启超指出，“法治”作为治理国家的方式普遍适用于各种政体，“法治”与政体类型无必然联系。他说：“今世立宪之国家，学者称之为法治国。法治国者，谓以法为治之国也；”“立宪国之纯任法治，夫人而知之矣。即在专制国，亦未有舍法家之精神而能为治者也；”“名之曰法治之精神，不问为专制国立宪国，其为用举无以异也，而首揭此精神，薪尽火传以迄于今者，则管子也；”“故不问为立宪为专制，苟名之曰国家者，皆舍法治精神无以维持之，盖为此也。”[②]最为可贵的是，梁启超反对用西方现代“法治”的标准去衡量中国古代的“法治”。他举例说：“论者曰，今世立宪国之言法治，凡以限制君权，而管子之言法治，乃务增益君权，此为得法治之真精神也”。然而，立宪国之法治，“此乃近世所发明，岂可以责诸古代？夫当代议制度未兴以前，非重君主之权威，不足以致治，此事理之至易见者也。”[③]梁启超此言正道出一个历史事实，即在战国的社会大变革当中，法家的“法治”并非孤军奋战，而是与“增益君权”携手同行的。

此后，萧公权亦持“法治”东西说：“管子法治思想，虽多可取之处，然而吾人又不可持以与欧洲之法治思想并论？……凡此法本位之思想，无论内容如何分歧，其与吾国先秦‘法治’思想以君为主体而以法为

① 梁启超：《先秦政治思想史》，中华书局 2015 年，第 308 页。

② 梁启超：《梁启超论诸子百家》，商务印书馆 2012 年，第 48、49 页。

③ 同上书，第 58 页。

工具者实如两极之相背。”[①]贺麟指出,“法治”有三种类型:申韩式的法治、诸葛式的法治、民主式的法治,并提出“由申韩式的基于功利的法治,进展为诸葛式的基于道德的法治,再由道德的法治进展为学术的民主式的法治,乃法治发展必然的阶段。”[②]丘汉平则提出“法治”的共同标准说:“凡以法律为社会国家之唯一准则者,不论其准则是否为正义、公平、合理,皆曰法治。”[③]

值得注意的是,丘汉平的命题具有很强的理论价值,他不仅修订了亚里士多德关于“法治”的经典论述:法律得到普遍遵守,法律本身是良好的——从而把“法治”简洁地概括为一种治理国家的技术手段和政策。而且,他实际上等于宣布:“法治”是否成立,与“法治”以外的价值因素无关。如此,与民主政体无关而与君主专制政体相联系的法家式的“法治”,自然也就应当被视为“法治”了。时显群指出,“(富勒)首先告诉我们,‘没有秩序,正义本身也难以实现,在追求良好秩序的同时,不要失去秩序本身。’法治与正义有关,但不等同于正义;法治与道德有关,但不等同于道德;法治也与人权、平等、自由和博爱有关,但不等同于人权、平等、自由和博爱。我们越是走向现代社会,就越是相信法治就是实现正义、道德、人权、平等、自由和博爱等现代价值观的工具。这难道有什么错误吗?当然没有。但是,这样的法治是‘良好的法治’。然而,没有了‘法治’,还有‘良好的法治’吗?弗里德曼说:‘法治仅仅意味着公共秩序的存在。’[④]”

亚里士多德是最早论及“法治”的西方思想家。“综合亚里士多德

---

① 萧公权:《中国政治思想史》(上册),商务印书馆 2015 年,第 205、206、240 页。

② 贺麟:《文化与人生》,商务印书馆 1999 年,第 46、49 页。

③ 丘汉平:《法学通论》,程波点校,《法意发凡:清末民国法理学著述九种》,清华大学出版社 2013 年(初版于 1933 年),第 472 页。

④ 时显群:《法家以法治国思想研究》,人民出版社 2010 年,第 337 页。

关于法治的观点，可以发现以至上的公意要素即法律要素对恣意权力的限制，是其法治内涵的最核心的内容。"①"法治"作为治理社会的一种基本方式当然与一定的政体相关联。但是，"法治"是否存在却不以特定的政体为依归。这一思想源于亚里士多德。"亚里士多德的政体论告诉我们，一个国家是否实行法治与采取哪种政体没有必然的联系，君主政体不必然与法治相抵触，平民政体不必然与法治含容；正宗政体不必然一定实行法治，变态政体不必然一定排斥法治；一人执政不必一定推翻法治，少数人或者群众掌握政权不必一定维护法治。在一些学者的头脑中，法治是民主的产物。这些学者认为只有实行民主才能建立法治的国家，法治一定以民主为基础。他们甚至以一个国家是否是民主国家作为判断有关国家是否有法治的根据，如果这些学者所探讨的法治与亚里士多德的法治无根本区别的话，那么，他们的认识却与亚里士多德的法治有质的不同。亚里士多德不仅没有把法治打在平民政体这种最典型地实行少数服从多数原则的政体的基础上，而且把平民看成是法治的主要危害力量之一。"②

高道蕴明确指出："法治"并非西方所独有。他说："希望以本文阐明，在中国古典的传统中能够找到通常认为是法治基本方面的某些理想和程序。我首先旨在开始这样一个过程，即消除法治是西方的传统和历史发展独有产品这种观念；其次旨在找到一种可适用的词汇，以探讨中西实在法概念中的共同要素及重要差异；""对法治概念的任何讨论都不可避免是比较的，因为这个概念是与西方的传统密切地联系着的。但对法律的任何比较分析都带有危险。以现代西方民主制中制度

① 李瑜青：《法治思维的核心内涵——兼论中国古代何以存在法治思维雏形》，《社会科学辑刊》2016 年第 1 期。

② 徐祥民、秦奥蕾：《政体与法治——重读亚里士多德〈政治学〉》，《山东社会科学》2001 年第 5 期。

方面的成就衡量中国早期法律文化的研究尤其无助于事,因为用这些标准衡量,早期的西方法律制度本身也缺少这些成就。”[①]

以民主制度来界定西方法治的本质特征并不符合历史事实。“以现代法治的标准衡量,春秋、战国和秦朝的法治缺乏民主的意旨和自由的精神,而这常常成为人们拒斥这种法治的重要理由。但是,我们应该看到,作为西方现代法治源流的西方古代法治,无论是古罗马帝制时期的法治还是中世纪英国的法治,也都缺乏民主的基础和自由的精神。换言,现代法治中的民主意旨和自由精神不是从来就有的,而是经过长期的演进过程逐渐生成和发展起来的。事实上,西方的现代法治也不是在抛弃传统的条件下创建的,而是在借鉴、利用和改进其法治传统的基础之上发展起来的。”[②]

王人博指出:“一种服务于人权、自由社会伦理的法律秩序也可能是法治的,一种追求国家和民族目标的法律秩序也可能是法治的,关键不在于法治服务的目标是什么,而在于法律本身被组织得好坏。在法学意义上,法治不是一套社会的价值体系,而是为了某一价值体系设计出来的一系列技术和规则的总和。”[③]

林来梵指出:即使在近代的西方国家也曾存在不同的个别化模式,其中主要有英国“法的统治”、德国的“法治国”和法国的“合法律性”这三种具有不同内容的模式。及至二战之后,法治的要义才在世界各国尤其是西方宪政国家之间形成笼统的共识,传统英国的“法的统治”模式基本上成为主流。[④]“法治”,作为一种文明秩序,乃是形成一个社会

① [美]高道蕴:《中国早期法治传统比较观》,高鸿钧译,《环球法律评论》1992年第1期。

② 高鸿钧:《先秦和秦朝法治的现代省思》,《中国法学》2003年第5期。

③ 王人博:《一个最低限度的法治概念——对中国法家思想的现代诠释》,《法的中国性》,广西师范大学出版社2015年,第93页。

④ 林来梵:《法治的个别化模式》,《环球法律评论》2014年第1期。

的政治、经济乃至文化秩序的基础，堪称一种元秩序。尤其值得我们追溯的是：在人类历史文明的长河中，这种有关法治的观念，即使在西方各国也曾历经了几度风云、几度嬗变。但也正是在这一人类文明史的发展进程中，“法治”的概念进一步得到了历史的定义，进一步落实于制度的安排。追寻法治在西方历史中的踪迹，我们可以发现：人类的文明史定义了法治，而法治也定义了人类的文明。然而，即使在西方文化传统之中，法治的模式也并非独一无二的、亘古不变的。时至现代，何谓法治的问题，又再度受到了时代的追问。①

高鸿钧指出：“法治作为一种实现社会生活有序化的治道是指依法治理国家、管理社会。它区别于尊奉神灵权威的神治、仰赖精英睿智的人治和凭靠道德教化的德治。正如同民主有不同的模式一样，法治也有不同的表现形态，其中某些形态与民主密切关联，而另一些形态则与民主没有联系。笔者曾经通过类型化的方法把法治划分为四种类型，即民主形式法治、民主实质法治、非民主形式法治、非民主实质法治。其中非民主形式法治的基本特征是：1.依法治理社会、管理国家；2.原则上，人人受法律约束，但君王常常成为例外，超越法律之上的权威有时以个人意志取代法律；3.法律公开确认等级特权；4.法律自成一体，与宗教、道德、政治等存有较为明显的分界；5.特别重视法律的形式而不是精神，程序得到突出的强调。按照这些指标来衡量，春秋、战国和秦朝的法治理论及其实践符合非民主形式法治的基本特征。”②

与“法治”多元说相联系的还有“法治”层次论。时显群指出，美国学者皮文睿提出了法治双层理论框架，按照这个框架，法治分为实质的深度的和形式的浅度的两个层次，前者与民主、人权相联系，是高级层

---

① 林来梵：《人类文明史中的法治》，《法治论坛》2007年，第2期。

② 高鸿钧：《先秦和秦朝法治的现代省思》，《中国法学》2003年，第5期。

次;后者不与民主、人权联系,是低级层次。”[①]

俞荣根认为,“法治”分为“工具的法治”和“体制的法治”两个层次。中国古代的“法治”是工具的“法治”,西方的“法治”是“体制的法治”。中国实现现代法治的过程或许可以分为两步来走:第一步厉行“工具的法治”;第二步实现“体制的法治”。[②]

七、法家“法治”与西方现代“法治”有没有相通之处

“法治”之所以具有的多元性和层次性,是由于人类法律实践活动表现在地域和民族上的特殊性所决定的。同时,“法治”作为一种治理国家的方法又具有一定的共通性。

王人博认为:“对法治概念的解释路径主要有两种:一种是理想主义的,另一种是实证主义的。他们分别代表的是两种不同的法治观。”第一种方法又称为原教旨主义,第二种方法又称为普世主义。“普世主义方法论在理论上的优点是:它可以将法治概念从西方文化的母体中剥离出来,置于一个以个别文化为本位的基础上,使原本缺乏西方法治理念的文化也能与法治相通融。中国法家的法治观在一定程度上与这种普世主义的路径是相通融的。”[③]

高鸿钧指出:“现今人们论及西方现代的法治原则,常常援引美国学者富勒所提出的法治八项原则:第一,法应具一般性;第二,法应公

① 时显群:《法家以法治国思想研究》,人民出版社2010年,第337页。

② 俞荣根:《论梁启超的法治思想——兼论梁氏对传统法文化的转化创新》,《孔子研究》1996年第1期。

③ 王人博:《一个最低限度的法治概念——对中国法家思想的现代诠释》,《法的中国性》,广西师范大学出版社2015年,第92、93页。

布；第三，法不溯及既往；第四，法应明确；第五，法不应自相矛盾；第六，法不应要求不可能实现之事；第七，法应稳定；第八，官方行动应与宣布的法律保持一致。细而思之，其中除了“法不溯及既往”一项之外，其他诸项原则在中国春秋、战国时期的法治理论中早有论述，只是表述的方式不同罢了。不幸的是，许多学人却对中国关于法治的传统资源竟视而不见，总愿意孜孜不倦地去‘西天取经’”。[①] 其实，即使是“法不溯及既往”一项，先秦法家也有类似论述。比如《管子·法法》说：“令未布而民或为之，而赏从之，则是上妄予也；令未布而罚及之，则是上妄诛也。”杜绝“妄予”、“妄诛”的唯一办法是依法赏罚，而依法赏罚的前提是有法可依。又如《韩非子·定法》说：“晋之故法未息，而韩之新法又生；先君之令未收，而后君之令又下。申不害不擅其法，不一其宪令，则奸多。”在这里，韩非在强调法律在时间上地域上的统一性的同时，也间接涉及了法律的时效问题。《睡虎地秦墓竹简·法律答问》有：“或以赦前盗千钱，赦后尽用之而得，论何也？毋论。”[②]有人盗窃千钱，赦令颁布后将钱挥霍，后被缉拿，如何论处？回答是：不予论处。其原因是赦令已颁，不视为犯罪。实际上“从另一方面体现了刑法无溯及以往的效力；”汉律规定：“犯法者，各以法（审判）时律令论之”。（《汉书·孔光传》）：“更加明确规定了刑法没有溯及以往的效力。”[③]

何勤华这样总结法家“法治”理论的意义：“第一，法家提出‘依法治国’，是以公开、公正（当然这种公正也仅仅代表了当时新兴地主阶级的利益）、客观的成文法制度来反对奴隶主贵族擅断的、任意的“人治”方式。第二，法家在法治理论中，对法做出了具有一定科学成分的阐述。比如，他们认为，法律应该是公平的、正直的，因而可以作为衡量人们行

---

① 高鸿钧：《先秦和秦朝法治的现代省思》，《中国法学》2003 年，第 5 期。

② 《睡虎地秦墓竹简》，文物出版社 1978 年，第 167 页。

③ 栗劲：《秦律通论》，山东人民出版社 1985 年，第 179、180、183 页。

为的准则。第三,法家在强调法治时,已经提出了法治的法必须是顺应时势、顺应自然的法。第四,在法家的法治理论中,‘刑无等级’,‘君臣上下贵贱皆从法’等内容占有重要的位置。第五,法家的法治理论,始终和当时各个诸侯国变法的实践结合在一起。法家的各位代表人物,不仅创设和鼓吹法治的理论,而且还亲自予以实践。因此,他们的理论具有丰富的实践性及应用价值。而中国的统一、秦王朝的建立,在当时都是具有进步意义的事情。法家关于法治理论的历史进步性是必须肯定的。那种将法家的法治理论说得一无是处,并予以彻底否定的观点,是不符合历史事实的。”①法家“法治”理论中关于法的公开性、公正性、客观性等与西方现代“法治”之间具有相通之处。

八、儒家法家法律文化的差异与重叠

由于文化传统和现实社会地位的不同,儒家法家各自形成了自己的法律文化。在春秋战国时代,儒家法家的法律文化表现出明显的差异性。

首先,在国家政体方面,孔孟儒家坚持自西周以来的宗法贵族政体。但是,他们又主张在贵族政体之下进行局部改良:第一是恢复天子的权威;第二是实行“亲亲”原则下“举贤才”——亲齐则贤者先贵,贤齐则亲者先贵。儒家坚持贵族政体,故重视各级贵族个人品格的作用,主张“贤人政治”(人治),相对忽视法律的作用。法家则主张通过变法废除宗法贵族政体,建立集权君主官僚政体。运用法律武器剥夺贵族的世袭特权,尚贤使能,选拔有功者参与国家管理。各级官吏由君主任免,对君主负责。治理国家不寄希望于“贤人”而依靠“法治”。

---

① 何勤华:《中国法学史》第一卷,法律出版社2006年,第107页。

其次，在处理统治者和被统治者之间的关系方面，儒家认为两者相互依存并可以互相转化，故主张“德治”。儒家对统治阶级与被统治阶级之间的辩证关系：相互依存缺一不可，在一定条件下又可以互相转化——有极为深刻的认识。《荀子·王制》说：“君者，舟也；庶人者，水也。水则载舟，水则覆舟。”意思是说，老百姓在正常情况下可以奉养君子，但在特殊情况下也可以起来推翻君子的统治。因此，儒家反复强调要重视老百姓的问题，注意改善人民的物质生活条件，劝说统治阶级不要过分压迫剥削劳动人民，要自我克制，不要专横暴虐，以免引起人民的反抗斗争。其基本方法就是“富而后教”，即“德治”、“仁政”、教化。以期实现一个虽有阶级分别和阶级剥削却没有阶级反抗的和谐社会。法家则独尚君权，维护君主的绝对权威。臣下和百姓应当无条件服从君主的支配，不能阳奉阴违，更不能对立反抗。法家主张运用法律管理和役使人民，用赏罚二柄奖励有功于国家的行为，制裁有害于国家的行为，用法律规范人民的言论行动，以期实现富国强兵、统一天下。

第三，在君主与大臣的关系方面，儒家主张君臣共治，共同治理国家社稷。君主要尊重大臣，大臣在君主面前应当有更多的发言权。儒家主张限制君主专横，君主不能凭着个人的喜怒专断。孟子甚至提出，对暴虐的君主，人民可以起来把他打倒；对屡劝不改坚持作恶的君主，大臣有权力罢免其王位并选立新的君主。即使是主张确立封建官僚政体的荀子，甚至主张社稷大臣为了国家的利益可以“强君”、“矫君”、“抗君之命”。儒家还要求大臣敢于讲真话，敢于批评君主的过失，这才是真正的“忠”。儒家把君主和大臣视为统治阶级的一个整体，认为君主与大臣虽然有差别，但不像法家所理解得那么大。法家则法家主张尊君卑臣，认为君主的地位神圣不可侵犯，凡是君主的命令，都要绝对执行，不得违抗，否则就是犯上作乱。法家还提醒君主时时提高警惕，严防臣下谋权篡位。显然，儒家的“君臣一体”与法家的“尊君卑臣”是大异其旨的。

第三,在对道德伦理规范与法律规范作用的评价上,儒家强调道德规范是第一性的,法律规范是第二性的。在儒家看来,社会行为规范大致上可以分为两种:一种是以内心感情为基础的道德伦理规范;另一种则是凭借强制力保障实行的法律规范。儒家认为,发自内心的道德规范是真实的、有价值的、美好的,因而也是最为有效的;而靠暴力驱使的法律规范则是不真实的、片面的、不美的,其效力是十分有限的。法律用强迫的办法迫使人们做什么,禁止人们做什么,但并不能使人们从内心深处自觉地弃恶从善。人们一旦从内心的伦理要求出发去做什么或不做什么,人们就能够自我制约。这样,法律就失去了作用。儒家强调宗法道德伦理规范的作用,所以,他们特别强调教化。法家则认为法律规范是第一性的。法家从人们“好利恶害”的本性不可改变也不必改变,教育的作用十分有限,治理国家不能靠德政教化,只能靠法律和刑罚,只要人们服从法律即可,不必考虑内心是怎么想的。

第四,在评价人与法的作用方面,儒家一般更强调人的作用,认为法是人制定的,又是靠人来执行的,故人的作用是第一位的。因此,在法律样式方面,儒家坚持“议事以制”的判例法,相对轻视成文法。法家认为法律的作用是第一位的。人的因素有许多局限性,无法实现统一规格。只有法律特别是明确而详细的成文法,才能统一人们的行为和思考。

第五,在司法原则方面,儒家坚持礼的精神,依照当事人的血缘身份和社会地位,区别对待。比如所谓“刑不上大夫,礼不下庶人”,“亲疏相隐”等等。法家则一般坚持“刑无等级”,不论什么人,只要违反了国家法律,都要承担责任。一人犯罪,其亲属故人不得隐瞒不报。

第六,在犯罪原因、杜绝犯罪和刑罚措施方面,儒家认为犯罪是社会现象,其原因有二:一是由于物质生活上的贫困,使人民铤而走险;二是思想意识上没有达到自我约束。因此，儒家一般都把矛头指向统治阶级，要求他们减轻剥削压迫，实行富而后教的政策，从而杜绝犯罪。在刑罚措施上儒家一般主张罪刑相称，适当宽宥，尤其反对扩大打击面，反对族株连坐。法家认为犯罪是从人们自私自利的秉性使然，是通过犯罪获得更大的利益。因此，杜绝犯罪只能实行严刑峻罚。使人们不愿意因图小利以获重罪。在刑罚措施上法家主张重轻罪，不赦免，对重大犯罪实行族诛连坐。以期“以刑去刑”。

综上所述，儒法两家法律思想的差异是很明显的。诚如《史记·太史公自序》论六家之要旨所概括：“儒者博而寡要，劳而少功，是以其事难尽从，然其序君臣父子之礼，列夫妇长幼之别，不可易也；”“法家严而少恩，然其正君臣上下之分，不可改矣。……法家不别亲疏，不殊贵贱，一断于法，则亲亲尊尊之恩绝矣。可以行一时之计，而不可长用也。故曰严而少恩。若尊主卑臣，明分职不得相逾越，虽百家弗能改也。”

太史公指出儒法两家思想的特点和差别是比较客观的。但是，事实上儒家不仅重视父子夫妇长幼的宗法血缘之礼，也重视君臣上下的政治之序；法家不仅重视君臣上下之序，也重视父子夫妇长幼之礼。儒法两家在强调社会等级差异性方面是一致的。儒家法家法律思想在许多方面是重叠的，只不过角度和程度不同而已。比如，他们都认为法是人类社会产生的，不是神的派生物；他们都主张建立统一的国家，他们都承认政治等级和家庭秩序；他们都忽视个体自然人的权利；他们都主张一定形式的君臣合作，等等。秦汉以后，儒法两家之所以能够合流，和儒法两家思想具有共同特征是分不开的。

九、法家“法治”思想的历史地位

法家的“法治”思想既源于当时政治改革的客观需要，又是政治改革实践活动的经验总结。法家的“法治”基本目标是,通过改革建立统一的集权君主制政体,以取代分散世袭的宗法贵族政体,并进而通过奖励耕战以富国强兵最终统一天下。因此法家人物参与的改革措施无不以削弱贵族势力加强君主权力为起点。“法治”的第一个含义是属于政体性的,即建立集权君主政体,取代贵族政体。这是“法治”与“人治”(贤哲政治)相对立的本质内容;“法治”的第二个含义是属于法体性的,即用国家统一制定的“皆有法式”的成文法取代分散的“议事以制”判例制度,这是“法治”与“人治”(贤哲政治)相对立的附属内容;“法治”的第三个含义是属于行为规范性的,即要求全体臣民遵守国家制定并颁布的成文法,取代德政教化和旧习俗,这是“法治”与“德治”、“礼治”相对立的本质内容;“法治”的第四个含义是运用详细的法律条文严格制约官吏的施政行为,杜绝对上的“欺君”和对下的“渔民”行径,以保证法律在空间和时间上的一致性。

春秋战国期间,由于诸侯国内阶级结构的变化特别是兼并战争的进行,国君的权力和平民的地位逐渐提高,终于酿成社会大变革。法家就是社会大变革时期形成的,以非贵族出身的平民为其社会基础,主张实行以法治国的“法治”,既投身现实变革又研究法律的学术派别。法家主张的“法治”,从某种角度而言,就是清除古老的血缘贵族世界,在其废墟上建立起超血缘的君主制国家。在这个新式的国家里,不再依人们先天的血缘身份而是依人们后天的努力来进行权利再分配,以期在个体自然人与国家之间建立简洁明确的权利义务关系。商鞅变法,令“宗室非有军功论不得为属籍”,对贵族群体无异于一场集体流放。法家的“尚贤使能”则为平民阶级的上升打开方面之门。压抑贵族,提升平民,其目的是建立一个以君主权力为核心的官僚政体。新兴统治集团在“法治”思想和政策的指导下,通过社会变革和兼并战争,终于在古老血缘社会的废墟上构筑了多民族的具有统一地域、文字、法律、度量衡的国家。

西汉以后,先秦儒学经历了由孔子孟子之儒到荀子董子之儒的巨大演变。至汉武帝所尊崇的儒术,已经由坚持贵族政体转而拥护集权君主政体。从而使法家的"法治"获得继续生存的坚实土壤。与此同时,经过长期的立法司法实践,法家的"法治"与儒家的"德治"、"礼治"、"人治"思想精神,终于在新的社会文化条件下实现了深层次的接轨和融合。于是,仅以《唐律疏议·名例·十恶》为例,我们看到了中国古代的"法统"(法律实践活动的总体精神)——既拱卫君权又庇护族权。而在"法体"(法律实践活动的宏观样式)方面,则终于形成了成文法与判例制度相结合、国家法律规范与非法律规范相结合的混合法。总之,中华法系之所以能够形成独有的"法统"(法律的总体精神)和"法体",无论如何离不开法家的贡献。在这个意义上可以说,没有法家就没有中华法系。

法家的"法治"思想对今天的法治建设有没有借鉴价值?回答是肯定的。当今法治建设不是建造空中楼阁,不可能隔绝民族传统另起炉灶。当今法治建设需要本土资源,有了本土资源,就有了作画的底版,才可以添加各种色彩。法律精神是很难照搬的,法律制度和技术却可以移植。因此,我们绝不拒绝域外先进法律文化成果。当然,我们深知,在当今的法治建设中,文化建设是其中应有之义。这就是肃清古代文化传统中的负面影响,包括"官本位"、"重刑轻民"、忽视"个人",以及儒家的"亲亲父为首"和法家的"尊尊君为首"的等级差异观念。完成这些任务虽然也需要思想启蒙,但更需要进行现实制度的改革,非如此不足以根绝其再生的土壤。因此,当今的法治建设,需要社会生活领域的改革实践和思想启蒙携手同行。在法治建设的大的社会背景下,我们应当客观地总结法家的"法治"思想,进行历史的客观评判,去其糟粕、取其精华,注意发掘并珍惜传统法律文化的优秀成果。这正是时代的要求。对待我国传统法律文化中的缺点,不能一叶障目,也不必耿耿于怀,更不要把孩子和洗澡水一起倒掉。

法家“法治”精神具有鲜明的现实意义。我们今天的社会主义法治是以党的领导和依法治国为基本内容的。从理论上来看,党的领导与依法治国并不矛盾。党领导人民制定法律,又带头遵守法律,共同维护人民的根本利益。因为,在社会主义初期阶段,只有加强党的领导,才能逐步推进依法治国。同时,也只有实行依法治国才能完善和加强党的领导。至于党内个别人物违法犯罪破坏法治的具体行为,并不构成党的领导与依法治国之间的矛盾。当然,社会主义法治建设是一个前所未有的巨大的社会过程,我们没有现成的经验可以照搬,只能靠不断实践和总结。与其遥望西方那些看起来非常美好的“法治”蓝图而陶醉,或者面对古代文化遗产而耿耿于怀,或者因为“自惭形秽”而驻足不前,不如老老实实地借鉴法家的“法治”精神,从传统文化汲取民族自信心,以期实现理论自信。从“法者,天下之程式也,万事之仪表也”,法律公开,“使吏不敢以非法遇民”,“刑无等级”、“法不遗爱”、“法不阿贵,绳不绕曲”,“刑过不避大臣,赏善不遗匹夫”,“不别亲疏,不殊贵贱,一断于法”,到“君臣上下贵贱皆从法,”“法之不行,自上犯之,”“智法之士与当途之人不可两存之仇也”,等等,这些最基本最低层次的“法治”警句,对我们今天仍然具有极其强烈的启示意义。正如王人博所言:“就中国而言,它所面临的问题是多方面的,不同的问题有不同的解决方法和途径,绝不能用‘法治’概念笼而统之。从法治方面讲,能够做到由法家提供的‘最低限度’的法治概念所要求的,就是一个了不起的进步。正如《管子》所言,以法治国,则举措而已。真正做到‘依法治国’也就是法治了。”[①]

---

① 王人博:《一个最低限度的法治概念——对中国法家思想的现代诠释》;王人博:《论法的中国性》,广西师范大学出版社 2014 年,第 126、127 页。

结语　法家法律文化与文化自信

在中国社会科学领域，法学是“西化”最早且“西化”程度最深的领域。经过一个多世纪的学习和引进，今天的法律和法学，从理论、原则、语言、逻辑、名词、术语、形式，等等，都已经全盘西化，甚至几乎找不到传统法律的身影了。如果说，民国时期的中国法律已经看不到中国，[①]那么，今天的中国法律已经几乎看不到传统文化了。于是就产生了问题，在自觉不自觉之间我们已经习惯于用现代的视野去看待古人而不自知，同时又用西方人的价值观或理论去研究衡量中国问题而不自明。关键在于，当我们习惯于用西方的标准去研究中国时，中国的一切事物便统统成为“等外品”了，我们的现实生活反倒成了适履之足。当我们把西方的理论当做指导当今实践的唯一圭臬之际，便不可避免地上演生吞活剥、曲高和寡的一幕幕戏剧。但是，现实是历史的一瞬，历史是不会中断的，传统是不会退出生活舞台的。只有实事求是地对待历史文化，才能再现其本来面目，通过批判和继承，为当今法治建设提供信心、智慧和营养。

① 江照信：《中国法律看不见中国——居正司法时期（1932—1948）研究》，清华大学出版社2010年。

第四章 法家法律文化溯源（Ⅰ）中国法的原始基因

中国古代法的原始基因是涉及中国古代法律文化的起源和原生形态的研究课题。研究该课题所涉及的材料包括传世文献、传说史料、出土资料、古文字、艺术作品等。其中，传世文献信息量极大，涵盖经史子集，可谓汗牛充栋；神话传说史料名目繁杂，关系错综，其文虽不雅驯，却隐含远古人物事件之原型；出土材料品种众多，大至城郭、祭坛、墓葬，小至各种器物，蕴含着丰富的礼仪制度、思想观念；艺术作品种类繁多，涉及雕塑、绘画、器物，它们所反映的古代信仰、风俗、习惯，可与文字材料相印证；古文字以其象形表意文字的独特方式，凝聚了先民对自然界和人类社会生活的见解和经验。因此，古文字是我们今天探索中国古代社会和法的活化石。古文字对我们研究中国法的起源问题具有特别重要的价值。当然，运用古文字或曰“文字索原”的研究方法并不排斥古代文献的重要性。因为，大量古代文献就是将口耳相传的材料变成文字的。比如《尚书》中的《甘誓》一文，顾颉刚、刘起釪认为，《甘誓》“大概在夏王朝是作为重要祖训历世口耳相传，终于形成一种史料流传到殷代，其较稳定地写成文字，大概就在殷代。”[①]纵观《左传》所载夏书、夏训凡15见，如“昏墨贼，杀，皋陶之刑也”，“与其杀不辜，宁失不

① 顾颉刚、刘起舒：《尚书甘誓校释译论》，《中国史研究》1979年第1期。

经”者，其渊源盖皆上古传世之恒言。[①] 总之“文字索原”的研究方法不是单一孤立的只运用古文字，而是以古文字为主要脉络，努力将古代文献、传说史料、发掘文物等结合起来，试图从一个侧面再现中国古代法的最初形态即中国古代法的原始基因。中国古代法的原始基因十分丰富，现择要叙述如下。

一、图腾崇拜与法的神圣性

（一）廌与独角兽

古代的“法”字在西周金文当中写作“灋”。如西周初期的《大盂鼎铭》中出现了“灋”字。铭文为“天翼临子，灋保先王”，“勿灋朕命”。在“灋”字中，“廌”是个核心角色。甚至有学者认为“廌”与“灋”同义。如《广雅·释诂一》：“廌，法也”。王念孙疏证：“廌与法同意。”[②]商代甲骨文中没有发现“灋”字，而只有“廌”字。但是，在商代，金文也许是有别于甲骨文且与其并行的另一个文字系统，故殷商晚期的《作册般铜鼋铭》中有“亡灋矢”句，“灋”字写作“濿”。[③] 东汉许慎撰《说文解字》时，涉及“廌”的字只有“廌”、“薦”、“灋”三个字。可以推测，他很可能不仅没有看到“濿”字，也没有看到甲骨文中出现 60 余次的“廌”，以及与廌相关的组合字：（䏗）、（𪊑）、（𪊔）、（𪊤）、（𪊫）、（䌞）等，更不必说“子廌”、“黄廌”、“御廌”、“封廌”、“廌龙”、“廌协王事”这些词句了。[④] 可见，我

---

① 参见武树臣：《儒家法律传统》，法律出版社 2003 年，第 223—231 页。

② 王念孙：《广雅疏证》，江苏古籍出版社 2000 年，第 9 页。

③ 李学勤：《作册般铜鼋考》，《中国历史文物》2005 年第 1 期。

④ 分别参见李宗焜编著：《甲骨文字编》（中），中华书局 2012 年，第 586 页；姚孝遂《殷墟甲骨刻辞类纂》（中），中华书局 1989 年，第 632、633 页；宋镇豪、段志洪：《甲骨文献集成》第五册，四川大学出版社 2000 年，第 75 页。

国古代文字从甲骨文发展到小篆,的确经历了许多变革。

由于文字沿革本身出现的断层,致使东汉许慎《说文解字》在诠释“廌”、“薦”、“灋”三字时,所依据的材料不大可能是小篆之前的完整的古文字系统,而更多的是依据口耳相传的民间史料。由于这种看似“不雅驯”的民间史料历来被儒家经典所“不语”,且为司马氏《史记》所不录,甚至为知识人所批驳,如王充《论衡》者,因此,许慎的《说文解字》确实具有一定反传统的创新精神。

那么,我们看看《说文解字》是怎样注释“灋”、“廌”、“薦”的:“灋,刑也。平之如水,从水。廌所以触不直者去之,从去。法,今文省”;“廌,解廌兽也。似山牛一角。古者决讼,令触不直。象形,从豸省;”“薦,兽之所食草。从廌从草。古者神人以廌遗黄帝。帝曰:何食何处?曰:食薦,夏处水泽,冬处松柏”。[①]

上述文字揭示,廌是传说的黄帝时代专司诉讼的长相似牛的独角解廌兽。并且告诉我们,“廌”字是象形字。至于其具体形象则语焉不详。直到十九世纪末甲骨文的发现,我们才看到“廌”的模样。

最早把甲骨文“廌”字和“一角之兽”联系起来的是董作宾。据商承祚《甲骨文字研究》载:“廌,此字昔皆释马,余前承其误。董作宾先生谓,此乃一角之兽而非马。是也。然以为麟则非。余意廌字。《说文》:‘廌,解廌兽也。似山牛一角。古者决讼,令触不直者。象形,从豸省。’《异物志》:‘东北荒中有兽,名獬豸,一角性忠,见人斗则触不直者,闻人论则咋不正者。’是廌为善兽,古习见之。故甲骨文有获廌之辞。”[②]

董作宾在《获白麟解》一文中写道:“在中国古代记载里,一角的兽,名目繁多。如廌、犀、兕、麢、麃、麡、駮之类”;“此种一角能牴之兽,古或

① (汉)许慎《说文解字》,中华书局1963年,第202、104页。

② 商承祚:《甲骨文字研究》,天津古籍出版社2008年,第126页。

有之，但不知应属何类。解廌之名，当是后人附会为之者。因廌音宅买切，略同于牴，以其善于抵触，所以呼之曰廌。后来又因他能分解曲直，辨别斜正，所以在廌上又冠以解的美名。”①

1971年12月，殷墟发掘卜骨，刻词有“御廌”、“御臣”、“御众”、“御牧”等。郭沫若认为(御廌)“廌或作豸，是莫须有的一种怪兽——獬廌的省称。《说文》‘解廌，兽也。似山牛，一角。古者决讼令触不直者。’盖古时奴隶主于判处罪状时，将牛角去其一，以神乎其事。故后世司法官所戴之冠名‘獬廌冠’。廌字音读如宰，在此即读为宰，当是执法小吏。”②

郭沫若认为廌是“莫须有”——即不一定有的独角兽。其实，从考古发掘出土的资料来看，我国远古时代应当存在独角兽。现则要罗列如下：

焦墩卵石摆塑独角龙。距今6000年。龙形呈昂首直身，曲颈卷尾，独角上扬。③ 这是独角龙形象首次出现的记录。

濮阳西水坡墓葬独角龙独角虎。距今6000年。该墓中央有一具成年男性骨骸，骨骸东侧有蚌壳堆塑龙，西侧有蚌壳堆塑虎，头北尾南，龙虎均背向骨骸。④ 我曾经仔细观察过墓葬，发现蚌壳堆塑龙和虎的额上都有独角。如果是这样的话濮阳西水坡蚌壳堆塑龙虎就应称为独角龙独角虎。

凌家滩独角玉龙(一说玉虎)。距今5300年。玉龙呈偏心圆环状，

---

① 董作宾：《获白麟解》；宋镇豪、段志洪：《甲骨文献集成》第26册，四川大学出版社2000年，第180—194页。

② 郭沫若：《出土文物二三事》，人民出版社1972年，第26页。

③ 陈树祥：《黄梅发现新石器时代卵石摆塑巨龙》，《中国文物报》1993年8月22日。

④ 濮阳市文物管理委员会等：《河南濮阳西水坡遗址发掘报告》，《文物》1988年第3期。

首部呈兽面,脊背有长鬣形纹,直至尾部。[①] 我同意玉虎说,并发现长鬣形纹实即独角。

三星他拉独角玉龙。距今4000年。龙体呈环状,颈脊有长鬣。[②] 据我的观察,颈脊上的所谓“长鬣”实际当为独角。一个通身无毛的蛇形动物,在头颈后侧竟长着长鬣,这是无法想象的。这种独角的造型在后世艺术作品(如孔子墓神道角端的独角)中屡见不鲜。因此,“三星他拉C形龙”应当改称为“三星他拉C形独角龙”。

肖家屋脊独角玉雕盘龙。距今4000年。龙体首尾相悬接,额顶到顶后部有长角形浮雕。[③] 其实,龙头颈部上方的“长角形浮雕”,其实就是一只宽大肥厚的独角。因此,肖家屋脊“玉雕盘龙”就应当称为“独角玉雕盘龙”。

商代甲骨文中出现了“麐”(麟)字。董作宾1930年作《获白麟解》一文,他推测,商代捕获的白麟,可能来自方外,即美索不达米亚地区。这种独角牛在亚述王朝和巴比伦王朝时代被称作“里姆”(Rimu),被视为神牛。“里姆”两字应当是音译得来的词,急读之便是“麟”(Lin)。[④] 孔子晚年曾在鲁国见到麟,儒家以为麟非中原之兽。盖麟即“夷兽”,“夷”通“仁”,颐和园仁寿殿置铜麟,“仁寿”或即“夷兽”。满族的故乡正是东夷故地。

因此,面对濮阳西水坡墓葬的独角龙独角虎,可以说,龙是中国的动物,而独角兽或是世界的动物。后来,龙、麟等都逐渐吸收其了他动物的共有特征,演变成双角动物,而廌却一直保留了它的独角特征。

---

① 安徽省文物考古研究所:《安徽含山县凌家滩遗址第三次发掘报告》,《考古》1999年第11期。

② 谢天宇:《中国玉器收藏与鉴赏全书》(上),天津古籍出版社2006年,第55页。

③ 朱乃诚:《中华龙:起源和形成》,三联书店2009年,第24、25页。

④ 董作宾:《获白麟解》;宋镇豪、段志洪:《甲骨文献集成》第26册,四川大学出版社2000年,第180—194页。

殷周以后，在艺术品当中仍然能够看到独角龙独角虎的形象。比如殷商的独角龙形佩、西周的独角龙形佩、战国的绞丝纹龙形佩和云纹独角龙形佩、东汉的红陶虎纹独角兽，等等。从某种角度来说，这些艺术形象是远古独角龙独角虎形象的继承和怀念，并非艺术家凭空臆造。《说文解字》："法，今文省。"当"灋"字失去"廌"之后，独角兽廌的形象并没有退出历史舞台。它在帝王宫殿的脊檐上，在皇家贵族的陵墓里，在江河湖泊的堤岸旁，在司法官员的朝服上，默默存在了多少个世纪！

（二）廌是蚩尤部落的图腾

甲骨文的发现无意间为东汉许慎《说文解字》关于"廌"的诠释提供了坚实的文化基础。从远古文化的背景来看，"廌"是一个古老的图腾，是发明了"灋"并世代执掌司法事务的蚩尤部族的图腾。最先把蚩尤和廌联系起来的是《尚书》的《吕刑》篇："蚩尤惟始作乱，延及于平民，罔不寇贼、鸱义、奸宄、夺攘、矫虔。苗民弗用，灵制以刑，惟作五虐之刑曰法。杀戮无辜，爰始淫为劓刵椓黥。"

通过传说史料我们知道，黄帝部落与蚩尤部落曾经发生争战，黄帝战胜，杀蚩尤，将蚩尤嫡系苗民部驱逐至南方，并选择少昊氏作蚩尤旧部的新首领，组成新的部落联盟。《逸周书·尝麦》载：（黄帝）"执蚩尤，杀之于中冀，以甲兵释怒。用大正顺天思序，纪于大帝，用命之曰绝辔之野。乃命少昊清司马鸟师，以正五帝之官，故名曰质。天用大成，至于今不乱。"《韩非子·十过》载："昔者黄帝合鬼神于泰山之上。驾象车而六蛟龙，毕方并鎋，蚩尤居前，风伯进扫，雨师洒道……"《龙鱼河图》载："蚩尤殁后，天下复扰乱不宁。黄帝遂画蚩尤形象，以威天下。天下咸谓蚩尤不死，八方万邦，皆为殄伏。"所谓"蚩尤形象"，与其说是"铜头铁额"、"人面兽身"的独角兽廌的图腾，不如说就是"灋"。古"灋"字就像化石一样把廌和蚩尤紧紧凝结在一起了。

因为蚩尤是五刑五兵的发明者和施行者，故被后世奉为刑神、战神。《周礼·春宫·肆师》："肆师之职常立国祀之礼。……凡四时之大甸猎，祭表貉，则为位"。郑玄注："貉，师祭也，为十百之百，于所立表处为师祭，祭造军法者，祷气势之增倍也，其神盖蚩尤，或曰黄帝"。《史记·封禅书》：秦朝时祭祀东方八神，"三曰兵主，祠蚩尤。蚩尤在东平陆监乡，齐之西境也"。《史记·高祖本纪》载：刘邦起义时杀牲涂鼓，"祭蚩尤于沛庭"。《史记·封禅书》载，汉立，"令祝官立蚩尤之祠于长安。"其实，对蚩尤的崇拜当中就暗含着对"廌"和"灋"的崇拜。

（三）图腾崇拜与神明裁判

从古文字角度而言，"廌"和"灋"字都含有神判的色彩。此外，"善"字也可能与神判有关。金文"善"字写作譱[①]。从羊在二言中间构形。《说文解字》："誩，競言也"；"競，彊语也，从誩。""二言中间的羊符，有当于灋字所从之廌符，""大量文献记载这种神判之廌就是羊"，"比较原始的部族，在审判活动中，羊具有公正分辨诉讼双方是非曲直的品性。两造听讼，端赖区辨的巫术效力，具在一羊之形：在竞言相对的双方中间画成一羊符，就可以令善恶得以分辨开来。"[②]

《周易》筮辞保留了神羊神虎裁判的痕迹。《大壮》："羝羊触藩，羸其角"，"藩决不羸，壮于大舆之车，羝羊触藩，不能退，不能遂，无攸利，艰则吉"。《履》："履虎尾，不咥人，亨"；"履虎尾，愬愬，终吉"；"履虎尾，咥人，凶"。就形式而言，以占筮来决定定罪量刑，这本身就具有神判的意思。如《蒙》："发蒙，利用刑人，用说（脱）桎梏以往"。《归妹》："跛能履，眇能视，利幽人之贞。"意思是此刻可以施行割趾刺目之刑。《噬

---

① 陈初生：《金文常用字典》，陕西人民出版社 2004 年，第 265 页。

② 臧克和：《尚书文字校诂》，上海教育出版社 1999 年，第 542、543 页。

嗑》:“何校灭趾,无咎”,“何校灭耳,凶”,是说处刖刑妥当,处刵刑不妥。①

《诗经》中有些诗句涉及古老的神明裁判的内容。如《小雅·小旻》:“我龟既厌,不我告犹,……不敢暴虎,不敢冯河”;《小宛》:“宜岸(犴)宜狱,握粟出卜”;《巷伯》:“取彼谮人,投畀豺虎,豺虎不食,投畀有北,有北不受,投畀有昊。”“有昊”可能是“古夷人图腾审判而遗留下来的古老熟语。”②“投畀有昊”或即交给刑神蚩尤皋陶去制裁之意。

春秋时,齐国曾经用羊来裁断疑难案件。《墨子·明鬼》记载神判的实例,并称当时“齐人从者莫不见,远者莫不闻。著在齐之《春秋》。”齐国国境在今山东半岛,正是蚩尤和皋陶的故乡。这种审判方法应是远古神明裁判的遗风。

秦汉以后,神判现象并非毫无踪迹。比如,据《史记·儒林列传》载:“窦太后好老子书,召辕固生问老子书。固曰:‘此是家人言尔’。太后怒曰:‘安得司空城旦书乎?’乃使固入圈刺豕。景帝知太后怒而固直言无罪,乃假固利兵。下圈刺豕,正中其心,一刺,豕应手而倒。太后默然,无以复罪,罢之。”又据《南史·扶男传》载:“有罪者,辄以餧猛兽及鳄鱼,鱼兽不食为无罪,三日乃放之。”《搜神记》亦载,“扶南王范寻养虎于山,有犯罪者,投与虎,不噬,乃宥之。故山名大虫,亦名大灵。”神兽裁判的主角除了羊之外,就是虎。《说文解字》说:“谳”字“与灋同意。”“谳”的古字是“巘”,上部即“虍”,“虎”也。“巘”的本义可能是带有虎形或虎纹的鬲,此字值得琢磨。而且,蓐收、西王母都与虎有关。

上述神明裁判都离不开羊、虎,这和初民的牧猎经历和图腾崇拜观

---

① 参见武树臣:《易经与我国古代法制》,《中国法学》1987年第4—5期。

② 张富祥:《东夷文化通考》,上海古籍出版社2008年,第220页。

念是分不开的。中国古代文献关于神判的记录非常少,其原因之一可能是受孔子“不语怪力乱神”的影响,西汉以后,儒学被定为一尊,“不雅驯”者更难为正宗学术所青睐。然而神判在少数民族地区却屡见不鲜。无论如何,审判是对法的神圣性的崇敬与怀念,正反映者古老先民对公平正义的祈求与渴望。

(四) 神判卜史与劲士精神

在文字诞生之前,口耳相传的历史对古老民族的影响也许异乎寻常地强烈。对部落长老来说,“记住过去的事情是他们的份内工作。”①在远古社会,公共行为规范和解决人们发生纠纷的处理原则或先例,这些知识都作为专业知识被固定的家族世代背诵。“法律记忆之公职,为中世纪北欧各国之通制,”而且是“初期文化低级之国家普通之现象也。”②

在中国远古时代,这种最早的“法律记忆之公职”可能就是占卜之官,即“诸史”之职的前身。《左传·成公十三年》:“国之大事,在祀与戎。”古人把祭祀和战争视为最重要的大事。通过祭祀一方面将族人、国人凝聚在一起,另一方面是求得祖先神的启示。占卜之官既要忠实于神的启示又要恪守职责,从而逐渐养成了“忠”和“直”的职业道德。《国语·晋语》载春秋晋国占卜之史史苏所言“兆有之,臣不敢蔽,蔽兆之纪,失臣之官,有二罪焉,何以事君?”“忠”和“直”的职业道德为“诸史”所继承,故中国历史上不乏忠于史实、“书法不隐”、直言犯上、“以死

① ［英］巴兹尔·戴维逊:《古老非洲的再发现》,屠尔康、葛佶译,三联书店1973年,第12页。

② ［日］穗积陈重:《法律进化论》,黄尊三等译,中国政法大学出版社1998年,第13、86页。

奋笔”的“古之良史”。(《左传·宣公二年》)《左传·襄公二十五年》记载:“大史书曰:崔杼弑其君。崔子杀之。其弟嗣书,而死者二人。其弟又书,乃舍之。南史氏闻大史尽死,执简以往。闻既书矣,乃还。”这种坚贞不渝的史官风范跃然于纸上。

在实行审判法的商代,法官“御廌”逐渐从占卜之官中独立出来,成为最早的司法官员司寇、御史。他们不仅熟悉先王之政典、历代之故事,而且依然保留着忠于先王故典遗训的传统。这种精神到战国时便演化成劲士精神。《荀子·儒效》:“行法志坚,不以私欲乱所闻,如是,则可谓劲士矣。”“劲士”又称“端直之士”、“能法之士”、“智术之士”、“法术之士”。如《商君书·修权》:“君好法则端直之士在前”;《韩非子·孤愤》:“能法之士必强毅而劲直,不劲直不能矫奸”;“智术之士明察,且烛重人之阴情;能法之士劲直,且矫重人之奸行”;《诡使》:“据法直言,名刑相当,循绳墨,诛奸人,所以为上治也”。所谓劲士精神是指执法之吏心存法律,不畏权贵,不徇私情,忠于职守的风格和情操。从精神层面而言,“法术之士”所秉持的劲士精神,当然离不开个人品行的修养和锻炼,但究其实是渊源于对法的神圣性的信仰和追求。

二、戎礼军律与古代法的权威性

(一)战争与戎礼——国之大事在祀与戎

在古代,最重大的事情就是祭祀和战争。能够把祭祀和战争融合在一起的正是“戎礼”。“礼”字有三个古字形,从造字的结构来看,它们均与战争祭祀有关。

“礼”字的第一个古字形是大汶口出土陶文(见图20)。该字的“构形可以看作是在圈足的杯、尊、豆之类的器皿中挂有两串玉,为盛玉以奉神祇之象形，即最早的礼字。甲骨文中的豊（礼）字就是在高圈足的器皿之上盛有两串玉，为从珏在凵中，从豆。《说文》：‘豊行礼之器也，从豆，象形。’从豆应是文字定型以后的造型，最初从豆与从杯或从尊应无大的区别。早期的‘豊’（礼），本意应为盛玉以奉神之祭礼和行礼之器，后引申为奉神祇之酒醴。甲骨文中的‘豊’即用作酒醴之义。”①根据我的观察，器皿中的○状物（即两串玉）可能就是玉琮，即射箭的辅助工具扳指，亦即“豊”中“丰”所串连的玉琮。弓箭是古代武器，琮是射箭的工具，因此“礼”的这个古字形应当与战争祭祀有关。②

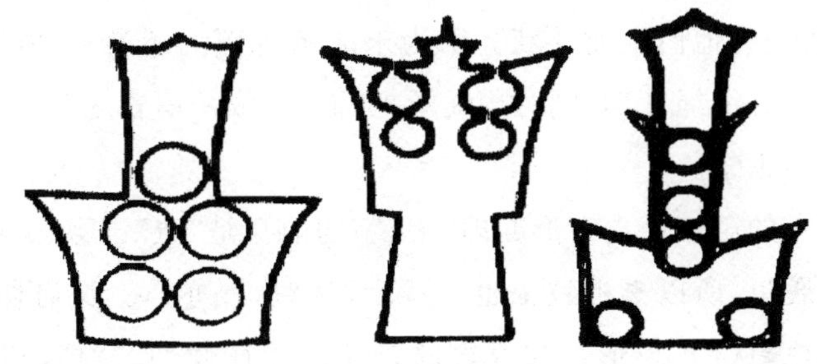

图 20　远古符号文字礼　参见王永波、张春玲：《齐鲁史前文化与三代礼器》，齐鲁书社 2004 年，第 119 页。

“礼”字的第二个古字形即《说文解字》所谓礼的古字𥘷。该字由“而”和“乙”组成。《说文解字》：“而，颊毛也，象毛之形。周礼曰：作其鳞之而”；“耏，罪不至髡也”。李圃《甲骨文选注》说：“而，馘（聝）。旧释而，今释为馘。而象倒首长发形，正首长发则为巛。当为古代战争割敌首以计战功之举。金文多友鼎‘多友迺献俘馘讯于公’中之馘，加声素

① 李学勤：《中国古代文明与国家形成研究》，中国社会科学出版社 2007 年，第 117 页。

② 武树臣：《寻找最初的礼——对礼字形成过程的法文化考察》，《法律科学》2010 年，第 3 期。

或作𢦏。取首为馘,取耳则为聝,取手则为㦸,取首发代首则为𦓤、𢦏。诗经每言'折首执讯',金文虢季子白盘亦曰'折首五百,执讯五十'。卜辞与折首同义。"[①]"而"可能是带头发的头皮,是杀敌后计功邀赏的凭证。这和印第安人的习俗是类似的。"剥头皮的风俗也曾广泛地流行于古代北方游牧民族和美洲印第安人",在掠夺战争的背景下,"必然会出现一些为社会所敬重的战争英雄,他们以猎取敌人的头盖和头皮为荣耀是不足为奇的"。[②]"而"的头皮部分正是古人文额即"雕题"的地方。文额是古人行成童礼的重要内容,由此可以推测,远古民族文额时先把头额的头发割掉,再噬肤填墨。同时也说明古代战争可能不杀未成童者,而是将他们生而俘获。因为未成童者额上还没有"雕题"。古礼字的古义是结绳计功,同时用绳子把"而"穿成一串置之于礼器之中,来向祖先神献祭。

"礼"字的第三个古字形亦即"禮"字的前身是"豊"、"豐"。《说文解字》:"禮,履也,所以事神致福也。从示,从豊,豊亦声。灵启切。""豆,古食肉器也,从口,象形。凡豆之属皆从豆。徒候切。""豊,行礼之器也。从豆象形。凡豊之属皆从豊。读与礼同。卢启切;""豐,豆之豐满者也。从豆象形。一曰乡饮酒有豐侯者。凡豐之属皆从豐。"[③]

在甲骨文的"豐"写作𧯛,表示"豆"中盛有一对"丰"。《周易·丰》:"丰,亨,王假之。"是说王用"丰"来祭祀。甲骨文的"丰"可能是"玉"字的雏形。《说文解字》说:"玉,石之美者。……象三玉之连,丨其贯也。"其实这三块玉中的每一块玉就是玉琮。

玉琮的前身是骨琮。骨琮最初源于野兽或敌人的骨头,后来成为猎获物的象征。古人也许曾经相信骨头会生出肉来乃至恢复生命,于

---

① 参见于省吾:《甲骨文字诂林》(四),中华书局 1996 年,第 3444 页。

② 苏秉琦:《中国远古时代》,上海人民出版社 2014 年,第 233 页。

③ 许慎:《说文解字》,中华书局 1963 年,第 7、102 页。

是将骨头截断。骨琮就这样形成了。它是战利品，后来又成为射箭的工具如同扳指和装饰品。古人以骨琮、玉琮作为祭品来祭祀神灵，一方面对战斗英雄和神箭手表示赞颂和纪念，同时又祈求神明来保佑他们射得准，以获得更多猎获物或者战胜敌人。东夷部落靠捕猎为生，又是弓箭的发明者，他们可能最早用骨琮、玉琮作为祭祀的物品。久而久之，玉琮从祭祀的物品升华成祭祀的对象——战胜之神。标志着这一变化的就是玉琮上出现了神徽。神徽的原型是蚩尤。

《说文解字》："禮，履也。""履"即人们舞蹈时的舞步节拍。礼生成于旄舞——战斗之舞的仪式规则。《说文解字·林部》谓："無，豐也。"可见古文"無"与"豐"是同义字。"舞"与"無"又为一字。[①] 因此"豐"与"舞"同义。《尚书·尧典》所谓"击石拊石，百兽率舞"正是古人舞蹈之状。简言之礼与舞之间的逻辑关系就是以舞求豐，即以乞求神灵保佑之舞以获得神灵降之以豐——丰厚的猎获物包括俘虏，而猎获物的代表符号骨琮玉琮被置于礼器"豆"里面，伴以群勇士之战歌战舞以答谢神祇。《说文解字》："礼者履也"，"履，足所依也"；《玉篇·履部》："履，践也"，《周易·履》："跛能履"，履，步行。"履"也许指的就是武士们舞蹈时的整齐而虔诚的舞步和音乐节拍，武士们的舞蹈完全接受音乐节拍的指挥。这种舞步和节拍就是最早的礼仪和规矩。于是，战斗之舞的"履"与《周易·师》所谓"师出以律"的"律"便具有了内在联系。这种战争祭祀活动不仅包括发布誓命、战争动员，还包括献俘和论功行赏、论罪行罚。如《诗经、鲁颂、泮水》载"淑问如皋陶，在泮献（谳）囚。""谳囚"即判断战士的战功以决定俘虏的归属。戎礼作为人们的行为规范源于古老的战争祭祀活动。

---

① 周清泉：《文字考古——对中国古代神话巫术文化与原始意识的解读》（一），四川人民出版社 2003 年，第 489 页。

（二）战鼓与军律——大师执同律以听军声而诏吉凶

甲骨文不仅有“律”字写作[illegible]，而且还有“师唯律用，”（《屯南》一一九）正好和《周易·师》的“师出以律”相呼应。看来，律天生与师有关。甲骨文“律”字由又丨组成。又，即手。丨盖指木槌。该字字义为鼓槌，引申为击鼓、击鼓者、鼓之音节。

在远古时代，战争是头等重大的事情。鼓声成为指挥军队和沟通情况的重要手段。“律”的本义即鼓之音调和频率，后来被称为“六律”。《史记·律书》载：“王者制事立法，物度轨则，壹禀于六律。六律为万事根本焉。其于兵械尤所重，故云望敌知吉凶，闻声效胜负，百王不易之道也。”何谓“闻声”，“闻”即研究辨别，“声”即鼓之音节。《诗经·小雅·采芑》：“征人伐鼓”。《山海经·大荒东经》载，黄帝曾经用夔的皮制作成鼓，“声闻五百里”。《史记·五帝本纪》载，黄帝打败蚩尤以后召开部落联盟大会，“合符釜山”，统一兵符和度量之器，《韩非子·十过》说黄帝“作为清角。”此项措施盖与舜“同律度量衡”性质相同。当文字诞生之际，这些对古人来说耳熟能详的故事，便自然就充当了文字创作的素材，从而使文字具有了非如此表示不可的必然性。

战鼓之音节的权威，来源于鼓本身的神圣性。《抱朴子》：“雷，天之鼓也。”《御览》十三引《河图帝通纪》：“雷，天地之鼓。”《说文解字》：“鼓，郭也。春分之音，万物郭皮甲而出，故谓之鼓。”《周礼·考工记》：“凡冒鼓，必以启蛰之日。”注：“蛰虫始闻雷声而动，鼓所取象也。冒，蒙鼓以革。”周清泉指出：“在惊蛰之日冒鼓，是本于原始巫术意识，欲人所作的鼓与始震的雷行神秘的互渗，鼓取象于雷，雷字所从的畾，也取象于鼓，是雷即鼓，鼓亦雷。”①

---

① 周清泉：《文字考古——对中国古代神话巫术文化与原始意识的解读》（一），四川人民出版社 2003 年，第 519 页。

《周礼·地官·鼓人》:"鼓人,掌教六鼓四金之声,以节声乐,以和军旅,以正田役。教为鼓而辨其声用:以雷鼓鼓神祀,以灵鼓鼓社祭,以路鼓鼓鬼享,以贲鼓鼓军事,以皋鼓鼓役事,以晋鼓鼓金奏,以金镎和鼓,以金镯节鼓,以金铙止鼓,以金铎通鼓。"又《夏官司马·大司马》:仲春教振旅,"王执路鼓,诸侯执贲鼓,军将执晋鼓,师帅执提,旅帅执鼙,卒长执铙,两司马执铎,公司马执镯,以教坐作进退疾徐疏数之节。"周礼"六鼓"涉及祭祀、军事、赋役、音乐诸领域。可见鼓扮演了司祭、司寇、司徒、司乐、军事训练等指挥的角色。特别其中的军鼓,因为战前对祖先神宣誓,又杀牲以涂鼓,从而更具有神圣之威严。

据《周礼·考工记》记载,战鼓的名字叫"皋陶",郑注:"皋陶,鼓木也"。一云:"鼓名也"。古老的法官也叫"皋陶",在这种巧合背后可能隐藏着被人们遗忘的故事。古代的鼓可能像礼器编钟一样也是由若干鼓组成一组的。《周礼·考工记》载:"鼓大而短,则其声疾而短闻;鼓小而长,则其声舒而远闻。"这些战鼓可能是由不同长度、不同直径的鼓木再蒙上兽皮而制成的。敲击不同规格的鼓时所发出的声调和传播的距离也就不同。这种"编鼓"的制造者是专门的工匠。《周礼·春官·大师》说:"大师执同律以听军声而诏吉凶"。"同律"即鼓声的高低和频率。皋陶与战鼓的关系正折射着皋陶与律的联系。即史称"皋陶造律"。《竹书纪年》:"咎陶作刑";《风俗通义》:"咎陶谟,虞始造律";《急就篇》说:"皋陶造狱法律存";《后汉书·张敏传》:"皋陶造法律";《路史·后纪·少昊》:"立犴狱,造科律,……是皋陶"。战鼓发出的声音就是指挥军队作战的军令,亦即"师出以律"的"律"。"律"具有极大权威,任何人不得违犯,否则将受到严厉惩罚。

久而久之,战鼓的名称"皋陶"也就被借代为军令的代名词和军事法官的代名词。于是,夔所发明的"六律"和战鼓"皋陶"便成了密不可分的同一宗遗产留传于后世了。

（三）赏功罚罪——用命赏于祖，弗用命戮于社

《尚书·甘誓》："用命赏于祖，弗用命戮于社。"这是一条古老的誓命，也是一条最早的军令。实行这条军令的是最早的军事法官——御廌。甲骨文里面有𢊁字，即"慶"字。"慶"与"赏"是相通的。《说文解字》："慶，行贺人也"。《礼记·月令》：（孟春之月）"行慶施惠，下及兆民"。在祭祀祖先神的场合，在御廌的主持下对获战功者进行表彰和赏赐。御廌作为古代军事法官的职责与权威，应当说已经十分清晰了。

军事法官主持行赏施罚不仅需要秉公无私，还需要掌握审判技巧，才能够令人心服口服。《诗经·鲁颂·泮水》描绘了春秋时鲁国"既克淮夷""淮夷卒获"之后论功行赏的情景："矫矫虎臣，在泮献馘，淑问如皋陶，在泮献囚"。《毛传》："馘，获也，不服者杀而献其左耳曰馘"。献同谳、瀌，讯问。"献囚"不是审问战俘而是论功行赏，是古老军事法官的重要职责。《睡虎地秦墓竹简·封诊式》载，两战士争首级而致诉讼，长官通过"诊首"即凭借创口的特征来判断谁是斩首者。但是在远古时代，这种矛盾早已经被解决了。因为古人的弓矢上面刻有族徽或记号，把弓挂在俘虏脖颈上面便是直接的证据。作为俘虏的"臣"字就是这样产生的。① 正确地行赏施罚不仅大大提高了誓命军令的权威性，还有力维护了祖先神社稷神的统治地位，鼓励全体部民服从统帅勇敢杀敌立功。

---

① 参见武树臣：《寻找最初的德——对先秦德观念形成过程的法文化考察》，《法学研究》2001年第2期。

三、风俗礼仪与法的伦理性

(一) 井——古代法与文身习俗

《说文解字》:“法者刑也”。“法”、“刑”二字可互代。“刑”的古字是“井”。于是,“法”即“井”。《尔雅·释诂》:“井,法也。”王念孙疏证:“井者,《说文》:荆,罚罪也。从刀、井。《易》曰:井,法也。荆,造法荆业也。从井刃声。’《越绝书·记地传》云:‘井者,法也。’井训为法,故作事有法谓之井井。”井与法同意,必有原因。在古文里“井”与“爻”“交”是相通的字,只是笔划的风格稍异。① “交”即“校”,《说文解字》:“校,囚具也。”“校”或即《周易·困》“困于株木”的“株木”。“校”的原形就是“井”。“井有二义:用于刑罚时作首枷之形,用于铸造时作模型的外框之形。……刑罚的刑和范型的型原本均作井、刑,都是作外框之用,为同一语源。”②

《周易·噬嗑》:“何校灭耳”,“履校灭止”。《周易·睽》:“其人天且劓”,马融注,“天”即“凿巅”,黥额。用校固定受刑者的头部、足部,施行割耳、断足的刑罚。可以推测,“校”是木制的用来固定被刑人身体某部位的专用器械。但是最早的囚具不是用来施行刑罚,而是文身的辅助用具。

《礼记·王制》:“东方曰夷,被发文身;”“南方曰蛮,雕题交趾。”“被发”即断发,是后世髡耐刑的原型。甲骨文的㓝字形表示文身,即后来的“侀”字,其本义即文身。故《礼记·王制》:“刑者侀也,侀者成也,一

---

① 周清泉:《文字考古——对中国古代神话巫术文化与原始意识的解读》(一),四川人民出版社 2003 年,第 663、666、669 页。

② [日]白川静:《字统》,日本东京平凡社 1994 年,第 226 页。

成而不可变。”文身包括文额(雕题)、文乳、文胸。其中文额是后世黥刑的原型。《尚书·吕刑》谓蚩尤作五刑,其中有黥刑。据此可以推测,断发文身最早是东夷民族的风俗,后来被殷人所继承。根据周清泉的研究,文身曾经是殷人行成童礼和成人礼的重要内容。文身的大致情形是:殷人八岁行成童之礼,即根据氏族的图腾和儿童的辈分,在儿童额上文出各种花纹。文身用的小刀即“辛”,故甲骨文“童”字上有“辛”字符。行成童礼的文化功能是为了杜绝母与子、父与女之间的性行为。亦即民间所谓儿大避母辈之女子,女大避父辈之男子之义。女子十四岁时行成人礼即“笄”礼,梳新式发型。故甲骨文“妾”字上有“辛”符。同时还要文乳。甲骨文中类似“爽”形字有十七个。男子二十岁再行成人礼,包括梳发型和文胸。甲骨文、金文的“文”字有十余种,“文”字形本身就是一个正立的人形,“文”字当中有不同的各种花纹。[①] “爽字形以两乳为主题,显示女性的纹身。”[②]行文身之礼即成人礼的男女即为成人,开始享受恋爱结婚等成人的权利同时履行成人的义务。

(二)文身的执行者——御廌

文身的执行者是“廌”或“御廌。”郭沫若认为“御廌”是“执法小吏”。[③] 甲骨文有“廌协王事”[④],“执法”的职能应当包括教育。《孟子·滕文公上》:“校者教也。”甲骨文“教”字写作㪟。爻即井,校也,囚具也。古“学”、“教”、“孝”诸字均带有“井”、“爻”字符,都应表示“校”。御廌兼有教育之职,身边自然离不开教具“爻”、“井”。而教育的重要内容就是

---

① 周清泉:《商人的成人巫礼》,《文字考古——对中国古代神话巫术文化与原始意识的解读》(一),四川人民出版社 2003 年,第 621—717 页。

② 白川静:《金文通释》卷一上,第 6 辑,日本神户白鹤美术馆 1964 年,第 303 页。

③ 郭沫若:《出土文物二三事》,人民出版社 1972 年,第 26 页。

④ 胡厚宣编:《战后南北所见甲骨录》(中册),来熏阁书店 1951 年石印本,第 51 页。

执行成童成人之礼。

文身与最初的阶级分化和社会分工建立了联系。《周易·革》象辞:“大人虎变,其文炳也;君子豹变,其文蔚也;小人革面,顺以从君也。”“大人”、“君子”以华贵的服饰来显示着自己的地位与尊严,而“小人”的额头则依旧保留着文身符号。

殷商王朝曾经多次与东夷争战,俘获东夷人以为奴隶。为了区别奴隶与一般东夷人,殷人在奴隶的额上文上特殊的符号。西周以后,有文身习俗的殷人集体地变成了奴隶,殷人身上的文身符号便失去了标识古老血缘身份的职能,统一地成为奴隶身份的标志。文乳、文胸可以被衣服所遮盖,额上的文身图案便成为奴隶的唯一象征。于是,文额终于演变成了黥刑。及至秦代,仍延续了黥刑制度,秦律规定:“黥颜頯(颧),畀主;”“黥颜頯为隶妾。”①

在古代,法的继承性是无法被忽视的。西周不仅“因于殷礼”,而且“刑名从商。”周人沿用了殷人的法律制度,其中就包括黥刑。又过了多少年代,当人们面对黥刑的时候,那些在曾经刻画在东夷人额头的美丽动人的文身图案,早已被人们遗忘。

(三)文身的文化意义

文身的目的是用标识的办法来并借助禁忌和舆论的力量来杜绝父与女、母与子、兄弟与姐妹之间的性行为。通过文身既既保障了民族的体魄和智力,又加强了周围各氏族部落的联系。史传蚩尤兄弟八十一人身强体壮天下无敌,可能与文身有关。《周易·贲》彖辞所谓“刚柔交错,天文也,文明以止,人文也”。文身就是“人文”,就是“文明以止”,就是人类文明。人文、文明的要义不仅在于获得物质生活资料,还在于为

① 参见《睡虎地秦墓竹简》,文物出版社1978年,第183、225页。

了人种的生存延续而做到自我觉悟和自我约束。可见,伦理主义的基因自远古时代就已注入先民的行为准则,并成为中华文明的原始细胞。

四、誓命御事与法的多元性

(一)御事——判例的雏形

殷商时代的法官称作“御廌”,颇具神权色彩。当时审理案件需经过占卜再作出判决。随着法律实践经验的积累,以后再遇到同类案件便不再占卜而直接参照成案判决。即《尚书·盘庚》所谓“有咎比于罚”。凭借武力“终大邦殷之命”的周人制定了沿用殷礼的基本国策。如《尚书·武成》所谓“反(返)商政,政由旧”。他们在处理政务和司法时,注意参考和比照殷人的成事或判例。

如《尚书·洛诰》所谓“肇称殷礼”,《尚书·康诰》所谓“陈时臬事,罚蔽(比)殷彝”,“师兹殷罚有伦”,《尚书·召诰》所谓“先服殷御事,比介于我有周御事”。“御事”之“御”是执掌、管理之义;“事”是故事成事判例等法律文献的泛称。既然“御事”是判例,那么运用判例来审判案件的法官也被称为“御事”,应是自然的事情。古代有以职官为名的习惯,如《左传·文公七年》载:“华御事为司寇”。是“御事”为法官代名词之一证。

“御”是执掌之义,故“御事”又称“执事”。春秋时多称法官为“执事”。“以烦执事”与“以烦司败”、“以烦刑史”、“以烦司寇”可互代也。如《左传·襄公十六年》载:“偃知罪矣,敢不从执事”;“寡君来烦执事,惧不免于戾(罪)”。古代“事”、“史”同字,故“御事”又称“御史”。《周礼·春官·御史》有:“御史掌邦国都鄙及万民之治令。”《史记·滑稽列传》有“执法在旁,御史在后”的职官之序。后来“御事”又成为司法监察之官。《睡虎地秦墓竹简》有“岁雠辟律于御史”的规定。可见,秦代“御史”成了专门管理法律文献的职务。总之,西周时“御事”取代“御廌”成为法官的称呼,这本身就意味着“神判法”时代的终结和“人判法”时代的诞生。

《左传·昭公六年》载晋卿叔向语:“昔先王议事以制,不为刑辟”。孔颖达疏:“临事制刑,不豫设法”。所谓“议事以制”即在司法时选择适当的先例、故事作为依据来裁判,而不预先制定包括何种行为为违法、犯罪,同时又应当承担何种责任这两项内容的成文法律。这是对“判例法”时代法律样式基本特征的高度概括。在“五刑之属三千”的格局下,法官的断案方式即《尚书·吕刑:》所谓“上刑适轻下服,下刑适重上服”;《周礼·秋官司寇·司刑》所云“司寇断狱弊讼,则以五刑之法诏刑罚以辨罪之轻重”;《周礼·地官司徒·遂师》所云“比叙其事而赏罚”;《礼记·王制》所云“必察小大之比以成之”。在当时的情况下,案件的正确审理在很大程度上取决于法官个人素质的优劣。因此,法官的品质与才能受到特别的重视。《国语·晋语》将法官的标准称为“直”和“博”:“直能端辨之,博能上下比之。”只有谙熟历史典章故事者才能正确定罪科刑。春秋时代曾经直接参与审判事务的叔向、子产都是“习于春秋”、“帅志博文”、“心率旧典”的著名政治家。在世卿世禄的贵族政体下,政治权力连同从事政治法律活动的知识、习惯、常规、技能、艺术、方法等一齐按照“嫡长继承制”的链条传递下去。前车后辙,上行下效,前事不忘,后事之师。祖辈们的言论、行为、训诫、旧例对后辈具有极大影响力,可以说“议事以制”的“判例法”正是“敬天法祖”、“帅型先考”的时代风尚在司法领域中的体现。

(二)誓命——成文法的滥觞

成文法又称制定法,其特征不在于它是否表现为文字,而是具体规定何种行为是违法犯罪，又应当如何处罚。这种法律不管是见诸语言还是文字都必须“明白易知”，它们被公开颁布、广为宣传，使“妇孺皆知”。这种法律就是确切意义上的成文法或制定法。

从某种意义上说，中国古代成文法的端霓是远古时代的战争誓命。比如《尚书·甘誓》：“左不攻于左，汝不恭命；右不攻于右，汝不恭命；御非其马之正，汝不恭命。用命赏于祖；弗用命，戮于社。予则孥戮汝。”又比如《左传·哀公二年》所载晋赵鞅荀寅“铁之誓”：“克敌者，上大夫受县，下大夫受郡，士田十万，庶人工商遂，人臣隶圉免。”誓命是在大庭广众面对神祇发出的，其语言通俗易懂便于大众传播，容易理解和掌握，让人入耳而难忘。

古代的“誓命”经过逐渐丰富和积累，慢慢走着两条路线：一是司法实践经验积累延续的路线，逐渐形成判例法的格局；二是抽象概括的立法实践路线，逐渐形成成文法的模式。

战国时的学者曾经对成文法的特征进行学术概括。比如《墨子·非命》：“发宪出令，设为赏罚，以劝善沮暴”；《管子·立政》：“凡将举事，令必先出，曰：事将为，其赏罚之数，必先明之。立誓者慎守令以行赏罚，记事致令，复赏罚之所加。有不合于令之所谓者，虽有功力，则谓之专制，罪死不赦。”战国兴起的专门讲求“法律之所谓”的“刑名之学”，正是成文法兴起的副产品。

秦律使古代成文法达到第一个峰巅。如《睡虎地秦墓竹简》所示，秦律中的“某某律”是其所调整的某一社会领域的法律条文的集约化，带有后世单项法规的色彩。“某某律”不仅描述违法犯罪的概念，而且还明示所承担的责任，故多言“以某律论之”，“以某律责之”。从而依然保持了成文法的基本特征。值得注意的是，秦法初现成文法与判例相结合的端倪。当时的判例称“廷行事”，秦简“廷行事”凡九见。此为后世法典律例合体之雏形。

五、法体明夷与法的艺术性

（一）法经刑纬与立法艺术

蒙文通在《秦之社会》的《刑制》一节中论述道："《左氏》言：夏作禹刑，商作汤刑，周作九刑。《甫刑》有墨、劓、膑、宫、大辟。《周官》有墨、劓、宫、刖、杀。此三代之刑经而法纬，刑可考而法难知也。《左氏文公十八年传》言：周公制作誓命，曰：毁则为贼，掩贼为藏，窃贿为盗，盗器为奸。主藏之名，赖奸之用，为大凶德，有常无赦，在九刑不忘。《荀子》亦曰：害良曰贼，窃货为盗。贼、盗、奸、藏，殆三代之法名也。秦用《法经》，汉以后沿之：一盗法，二贼法，三囚法，四捕法，五杂法，六具法。是法经而刑纬，法可考而刑难知也。此秦与三代之异也。"[①]蒙文通用"刑经法纬""刑可考而法难知"，"法经刑纬""法可考而刑难知"寥寥数语，概括了三代之法、秦代之法的本质特征。可以说蒙文通是最早注意法的体裁（或曰法体、法律样式）的学问家。

法的体裁或法律样式是涉及立法艺术的专业性领域。其实质是构建何种宏观法律工作程序的问题。同时，从静态角度而言，它又涉及法律规范的总体表现形式。

三代之法——以刑统例。夏商周三代法制常冠以"刑"。《左传·昭公六年》谓"夏有乱政，而作禹刑；商有乱政，而作汤刑；周有乱政，而作九刑。"当时的"刑"主要包括稳定的刑罚制度如墨、劓、刵、宫、大辟五刑。关于何为违法犯罪又应如何处分这两项内容是不明示的，有待执政者根据具体情形临时处断。于是产生大量判例。这些判例分别隶属

① 蒙文通：《古史甄微》，巴蜀书社 1999 年，第 235 页。

于五刑之后，即所谓“五刑之属三千”。“三千”者，非法条也，判例也。

战国之法——以法统令。战国是古代社会大变革的时代，又称作变法的时代。“法”泛指国家制度。“法”既是政治斗争的旗帜又是变法的产物。变法自然要不断颁布新法令。法令积累到一定程度就需要分类编纂，以便于官僚群体全面掌握并使百姓知晓。于是法律有了篇章的形式。春秋末期郑国子产之“刑书”盖有三篇之格局；晋国赵鞅之“刑鼎”即“夷蒐之法”盖有四篇之格局。① 战国李悝“撰次诸国法，著法经”六篇。法是纲，令是目，纲举目张。

秦国之法——以律统刑。秦以军旅立国，故尚军律。军律历来详细且公开，故秦律以“明白易知”，“妇孺皆知”为特征。观《睡虎地秦墓竹简》可知，“律”是最重要的法律规范形式。以“某某律”为形式的如《田律》《效律》《军爵律》者，是其所调整的某一社会领域的法律条文的集约化，因此多少带有后世单项法规的色彩。“某某律”有的是规定罚则，故言“如律”、“以律”、“以律论之”；有的则不包含罚则，但大都明示“以某律论之”，“比某律论之”，“以某律责之”。从而保持了成文法的特征。

（二）明用稽疑与司法艺术

《周易·明夷》：“箕子之明夷”。箕子是殷末贤臣，纣王诸父，封国于箕，故名。《尚书·洪范》载箕子言治国洪范（大法）九畴，其七为“明用稽疑”，即《周易》所谓“箕子之明夷”。东夷人因发明弓矢而得名为“夷”，甲骨文写作[illegible]。古代的“夷”字由弓、矢二字重叠而成，即“弓矢之合书”，“卜辞雉从隹，或从弓矢之合书，即雉，省作夷。《说文》以夷为从

① 武树臣等：《中国传统法律文化》，北京大学出版社 1994 年，第 294—304 页。

大从弓,误矣。”[1]故“夷”字从矢从弓而非从大从弓。“把《说文》的从大从弓改释为从矢从弓,也就得到正确的解说。”[2]因此,我们可以知道,第一,“夷”的古字字形表示矢、弓合一。由于古人习惯于在弓矢上面刻上记号,故矢弓合一的含义是矢弓上面的符号一致。甲骨文“去”字写作[illegible]。“去”字与“夷”字的寓意正相反,表示矢、弓上面的符号不一致。故《说文解字》说“去,人相违也。”

因为弓矢是确定事实的重要证据,所以诉讼双方都要出示证据即“明夷”。《周礼·秋官司寇·大司寇》:“以两造禁民讼,入束矢于朝,然后听之”,《国语·齐语》:“坐成以束矢”,韦注:“两人讼,一人入矢,一人不入则曲”。《管子·中匡》:“无所诎而讼者,成以束矢。”至此,古老的风俗已经演化成了一种既定的仪式。《睡虎地秦墓竹简·为吏之道》:“听其有矢,从而则之。”[3]意谓原告起诉时有证据才受理,按照双方提供的证据来裁判案件。这种制度正是从古老习俗“明夷”——即出示和检验证据演化而成的。

“明夷”所体现的司法艺术一直被延续下来。《周礼·秋官·朝士》:“凡得获货贿、人民、家畜者,委于朝,告于士,旬而举之,大者公之,小者庶民私之”。此处的“朝士”类似于《周易》里面的“行”、“行人”、“中行”;“旬日”类似于《周易》里面的“七日得”,或即招领的期限。《左传·文公六年》所载“夷蒐之法”有“董逋逃,由质要”的规定。意即处理逃散马牛奴隶归属的争讼应以购买时的契书为凭据。《周礼·秋官司寇·士师》:“凡以财狱讼者,正之以傅别约剂”;《朝士》:“凡有责(债)者,有判书以治则听”,“凡属责(委托债务)以其他傅而听其辞”;《天官冢宰·

---

① 黎祥凤:《周易新释》,辽宁大学出版社 1994 年,第 185 页。

② 张富祥:《说夷》,《淄博师专学报》1997 年第 3 期。

③ 《睡虎地秦墓竹简》,文物出版社 1978 年,第 288 页。

小宰》:“听师田以简稽”,“听闾里以版图”,“听称责以傅别”,“听取予以书契”,“听买卖以质剂”;《地官司徒·小司徒》:“凡民讼,以地比正之;地讼以图正之”等等。《礼记·王制》:“有旨无简不听”,《月令》:“命理瞻伤、察创、视折,审断决,狱讼必端平”。这些记载都在强调证据对于公平断讼的意义。可以说这些思想和制度在理论上既告别了神判,又杜绝了刑讯。《睡虎地秦墓竹简·封诊式》保留了关于“贼死”、“经死”、“穴盗”、“出子”等案件现场勘验记录和“岁仇辟律于御史”的法律文献管理制度。并强调“治狱,能以书从迹其言毋笞掠而得人情为上,笞掠为下,有恐为败”。① 指出“笞掠”有造成错案(为败)的弊端。汉代董仲舒提出“本其事而原其志”(《春秋繁露·精华》)的原则,即重视犯罪嫌疑人实施犯罪行为时的主观状态。凡此种种,都说明中国古代司法艺术已走在世界的前列。

结语 中国法的民族性

中国古代法的神圣性、权威性、伦理性、多元性、艺术性,不仅概括了中国古代法最重要的原始基因,而且还共同构成了中国法的民族性。从某种角度而言,这些原始基因决定着中国古代法的基本风貌——价值基础和宏观样式。其中,儒家始终坚持的宗法家族主义,正是来源于法的理论性,从而构成中华法系所独有的价值观。不仅如此,中国古代法的原始基因,对战国法家法律传统的形成发挥了直接或间接的影响。法家“以法治国”的“尚法”思想即与法的神圣性有关,而“信赏必罚”、“刑无等级”的主张又与法的权威性直接相关。法家崇尚“成文法”,同

① 《睡虎地秦墓竹简》,文物出版社1978年,第244页。

时还重视“廷行事”的做法，与法的多元性有关。法家注重司法勘验和证据的作用，与法的艺术性有关。因此可以说，法家的法律思想和法律实践活动，无不可以从中国法的原始基因当中找到最初的源头。

第五章　法家法律文化溯源(Ⅱ)圣贤人物及其事功

王国维《殷周制度论》提出:“自五帝以来,政治文物所自出之都邑,皆在东方;”“自上古以来,帝王之都皆在东方太皞之虚,”“少皞与颛顼之虚皆在鲁卫。”①此处的“东方”,有狭广二义。狭义指以渤海湾为中心的中国东部地区,广义泛指东亚地区。而生活在东方的古老民族是东夷。傅斯年在《夷夏东西说》中说:“三代及近于三代之前期,大体上有不同的两个系统。这两个系统,因为对峙而生争斗,因争斗而起混合,因混合而文化进展。夷与商属于东系,夏与周属于西系。”②在史前的传说时代,东夷民族是一个遍居东方,或曰东亚地区的土著民族,他们是东亚的最早主人。其中,以龙、独角兽和凤鸟为图腾的部落居于核心地位。后来,夏民族的一支,即以龙为图腾的黄帝部落,自西方东迁,与东夷部落发生冲突,与炎帝部落战于阪泉,史称阪泉之战。又与蚩尤部落战于涿鹿,史称涿鹿之战。黄帝打败了炎帝、蚩尤,建立了更大规模的部落联盟,完成了夷夏民族的第一次融合。此后,夏人确立了最初的王朝,跨入文明的大门,奠定了中华民族的根基。与此同时,东夷民族不断壮大并拓展其领域,最后与夏人发生冲突。“夏后氏一代有三次大的战争,第一次是益(伯益,东夷之人)启(夏后启)之争;第二次是后

① 王国维:《观堂集林·殷周制度论》,中华书局1959年,第451、452页。

② 傅斯年:《夷夏东西说》,《傅斯年全集》第三卷,湖南教育出版社2003年,第181、182页。

羿(东夷之人)少康(夏帝)之争;最后是汤(商汤)桀(夏桀)之争,可说那是夷夏之争。战争的结果是东方的夷人胜利了。商西向拓土,嬴姓东夷之人在商人旗帜之下入于西戎,散布四方,建立起许多国家。”[①]东夷的一支殷民族入主中原,取代了夏人的统治,建立商朝,完成了夷夏民族的第二次融合。此后,源自西北西夏民族的周人又取代殷人的统治,建立周朝,完成了夷夏的第三次融合。最后,作为东夷后裔起于陇西的秦人兼并东方六国,建立了统一的多民族组成的秦王朝,实现了中华民族的空前大融合。

《史记·五帝本纪》记载的以黄帝、颛顼、帝喾、帝尧、帝舜为代表的“五帝”时代,相当于中国史前时期。“五帝”时代的重要的代表人物有黄帝、蚩尤、颛顼、祝融、帝喾、帝尧、帝舜、皋陶、伯益、禹等。远古先民对中华民族的伟大贡献和这些圣贤人物的作为是分不开的。

一、善战重法的黄帝

“传说中的黄帝是中华文明初祖,中华民族已有五千年的文明史。而这个梦一样的传说,如今已得到考古学的证明。文明初曙的英雄时代的开端,是以传说中的黄帝登上历史舞台为标志的。”[②]

《史记·五帝本纪》载:“轩辕之时,神农世世衰。诸侯相侵伐,暴虐百姓,而神农氏弗能征。于是轩辕乃习用干戈,以征不享,诸侯咸来宾从。而蚩尤最为暴,莫能伐。炎帝欲侵陵诸侯,诸侯咸归轩辕。轩辕乃修德振兵,治五气,艺五种,抚万民,度四方,教熊罴貔貅貙虎,以与炎帝战于阪泉之野。三战,然后得其志。蚩尤作乱,不用帝命。于是黄帝乃

---

① 田倩君:《说夷》,《中国文字》第二十册,中华书局 1966 年。

② 李学勤:《中国古代文明与国家形成研究》,中国社会科学出版社 2007 年,第 139 页。

征师诸侯，与蚩尤战于涿鹿之野，遂禽杀蚩尤。而诸侯咸尊轩辕为天子，代神农氏，是为黄帝。天下有不顺者，黄帝从而征之，平者去之，披山通道，未尝宁居。东至于海，登丸山，及岱宗。西至于空桐，登鸡头。南至于江，登熊、湘。北逐荤粥，合符釜山，而邑于涿鹿之阿。迁徙往来无常处，以师兵为营卫。官名皆以云命，为云师。置左右大监，监于万国。万国和，而鬼神山川封禅与为多焉。获宝鼎，迎日推筴。举风后、力牧、常先、大鸿以治民。顺天地之纪，幽明之占，死生之说，存亡之难。时播百谷草木，淳化鸟兽虫蛾，旁罗日月星辰水波土石金玉，劳勤心力耳目，节用水火材物。有土德之瑞，故号黄帝。”

黄帝打败蚩尤之后建立了更大规模的部落联盟。《逸周书·尝麦》：（黄帝）“执蚩尤，杀之于中冀，以甲兵释怒。用大正顺天思序，纪于大帝，用命之曰绝辔之野。乃命少昊清司马鸟师，以正五帝之官，故名曰质。天用大成，至于今不乱。”《龙鱼河图》：“黄帝摄政，有蚩尤兄弟八十一人，并兽身人语，铜头铁额，食沙石子，造立兵仗刀戟大弩，威振天下，诛杀无道，不慈仁。万民欲令黄帝行天子事，黄帝以仁义不能禁止蚩尤，乃仰天而叹。天遣玄女下授黄帝兵信神符，制伏蚩尤，帝因使之主兵，以制八方。”据传，黄帝曾作兵法名为《李法》。《汉书·胡建传》：“《黄帝李法》曰：‘壁垒已定，穿窬不繇路，是谓奸人，奸人者杀。’”颜师古注：“李者，法官之号也。总主征伐刑戮之事也，故称其书曰《李法》。”

黄帝在泰山召开部落联盟大会，组成更大规模的部落联盟。《韩非子·十过》：“昔者黄帝合鬼神于泰山之上。驾象车而六蛟龙，毕方并鎋，蚩尤居前，风伯进扫，雨师洒道……”蚩尤旧部连同他的同盟军“风伯”、“雨师”一并臣服于黄帝的麾下。《管子·五行》说“黄帝得六相而天地治”。这“六相”分管兵、廪、士师、司徒、司马、李诸职，而蚩尤部的酋长虽被黄帝杀死，其部民却被吸收进来。蚩尤部仍主兵，他们创造的五种刑罚也被继承下来了。为了维系部落联盟的权威，就很难仍然仰仗原有的氏族习惯而不得不求助新的行为规范，这就是《尚书·吕刑》所谓蚩尤作“五刑”曰“灋”。五种刑罚正是针对“寇贼、鸱义、奸宄、夺攘、矫虔”等行为采取的制裁措施。蚩尤死了，他的“灋”却活着，这是因为“灋”适应了当时社会发展的需要，从而得到社会的承认。“法”一经产生，便打破氏族部落的狭小界限，成为当时社会的共同财产。就连战胜者黄帝也不能无视这一事实。《龙鱼河图》:“蚩尤殁后，天下复扰乱不宁。黄帝遂画蚩尤形象，以威天下。天下咸谓蚩尤不死，八方万邦，皆为殄伏。”蚩尤的形象，与其说是“铜头铁额”、“人面兽身”的图腾，不如说就是“灋”。

以黄帝为旗帜的部落联盟的确立，正是中华民族形成的原始起点。正如《国语·周语下》所总结的:“唯有嘉功，以命姓受氏，迄于天下。及其失之也，必有滔淫之心闲之，故亡其姓氏，踣毙不振，绝后无主，湮替隶圉。夫亡者岂繄无宠，皆黄炎之后也。”

战国法家十分敬仰黄帝。《商君书·画策》说:“昔者昊英之世，以伐木杀兽，人民少而木兽多。黄帝之世，不麛不卵，官无供备之民，死不得用椁。事不同，皆王者，时异也。神农之世，男耕而食，女织而衣，刑政不用而治，甲兵不起而王。神农既没，以强胜弱，以众暴寡，故黄帝作为君臣上下之义，父子兄弟之礼，夫妇妃匹之合，内行刀锯，外用甲兵。”

二、发明五兵五刑的蚩尤

据传说，东夷民族蚩尤部落最早发明了冶炼金属，同时发明了金属武器。蚩尤部落的第一个贡献是制造金属武器——“五兵”。《太平御览》卷三三九引《兵书》云:“蚩尤之时，铄金为兵，割革为甲，始制五兵。”马缟《中华古今注》说:蚩尤“造立刀戟、兵杖、大弩”。苏鹗《苏氏演义》说:“蚩尤作五兵，谓戈殳戟酋矛夷矛也。”《管子·地数》也说蚩尤制作剑、铠、矛、戟、戈。《吕氏春秋·荡兵》说:“蚩尤作兵”。《世本》说:“蚩尤作五兵”。《尸子》说:“造冶者蚩尤”。兵就是兵器,据说是用火山爆发形成的金属锻造而成的。《管子·地数》载:“葛卢之山发而出水,金从之,蚩尤受而制之,以为剑铠矛戟。是岁,相兼者诸侯九。雍之山发而出水,金从之,蚩尤受而制之,以为雍狐之戟芮戈。是岁,相兼者诸侯十二。”于是,手执利器、身着铠甲的蚩尤部落的勇士,便俨然成了战无不胜的神人。《史记·五帝本纪》引《龙鱼河图》说:“蚩尤兄弟八十一人,并兽身人语,铜头铁额,食沙石子,造立兵仗刀戟大弩,威振天下。”“食沙石子”可能暗指金属冶炼。由于蚩尤能征善战,故被后世尊为战胜之神而加以祭祀。

蚩尤部落的第二个贡献是发明了“五刑”。《尚书·吕刑》是西周穆王时的作品。周穆王命吕侯(即甫侯)修订法律,并追述黄帝时代蚩尤创制法律的情景:“王曰:若古有训,蚩尤惟始作乱,延及于平民。罔不寇贼、鸱义、奸宄、夺攘、矫虔。苗民弗用,令制以刑,惟作五虐之刑曰法。杀,戮无辜,爰始淫为劓、刵,椓、黥。”大意是说,古代曾经发生过这样的故事:蚩尤开始统一九黎部落,其势力扩大到周围的异姓氏族。他把所有违法犯罪行为概括为五种类型:强盗、贪冒、奸邪、抢夺、欺骗,并让嫡系苗民推行新法,但没有奏效,于是让苗民用刑罚推行之。于是就作了五种无情的刑罚制度并把它称作法。为什么要制定五种刑罚呢?因为原来只有杀头之刑,恐怕会伤害无罪的人,于是又扩充了四种刑罚手段:割鼻、割耳、破坏生殖器、在脸上刺字。但是,由于苗民在推行新法时“越兹丽刑并制,罔差有辞”,即数罚并用,不听申述。因此伤害了无罪的人,于是上帝就惩罚了苗民。这种教训就是,立法的本义也许是好的,但是执行得不好就会适得其反。

从目前掌握的文献来看,最迟至西周即以蚩尤为战神而加以祭祀。《周礼·春官·肆师》:“肆师之职常立国祀之礼。……凡四时之大甸猎,祭表貉,则为位"。郑注:"貉,师祭也,为十百之百,于所立表处为师祭,祭造军法者,祷气势之增倍也,其神盖蚩尤,或曰黄帝"。秦以"尚武"名世,自然敬奉战神蚩尤。《史记·封禅书》:秦朝祭祀东方八神,"三曰兵主,祠蚩尤。蚩尤在东平陆监乡,齐之西境也"。与蚩尤在重法贵武的秦朝受到尊奉,实在是十分自然的事。《史记·高祖本纪》载,刘邦率沛县弟子三千人起义,当时举行仪式,杀牲涂鼓,"祭蚩尤于沛庭"。《史记·封禅书》说,刘邦统一天下后,"令祝官立蚩尤之祠于长安。"可见,蚩尤是被当作战争之神而加以祭祀的。

据刘铭恕《武梁祠后石室所见黄帝蚩尤战图考》介绍,蚩尤的象形是:"半人半兽之怪物,虽作人立,而豹首虎爪,记头戴以弓,左右手一持戈,一持剑,左右足,一登弩,一蹑矛,睹其形状,至为狞猛。"[①]

其实,良渚文化遗址出土的玉琮上面的神人兽面纹,很可能就是蚩尤和鹰的形象。而甲骨文的礼(豊、豐)字,原始含义是以"豆"(礼器)盛"玉琮"(射箭用的扳指),亦表示对战胜之神蚩尤的祭祀。可见,古代对蚩尤的崇拜从很早就开始了。

黄帝、蚩尤都是善于征战的英雄,黄帝是战胜的英雄,蚩尤是战败的英雄。惟蚩尤生得勇武,死得悲壮,故更得后世的青睐。南朝梁任昉《述异记(上)》:"蚩尤兄弟七十二人,铜头铁额,食铁石,轩辕诛之于涿鹿之野。蚩尤能作云雾。涿鹿在今冀州,有蚩尤神,俗云人身牛蹄,四目六手。……蚩尤齿长二寸,坚不可碎。秦汉间说,蚩尤氏耳鬓如剑戟,头有角,与轩辕斗,人不能向。……太原村落间,祭蚩尤神不用牛头,今冀州有蚩尤川,即涿鹿之野,汉武时,太原有蚩尤神昼见,龟足蛇首。"在数千年的民族记忆当中,蚩尤成为我国古代当之无愧的兵神。

---

① 袁柯:《中国古代神话》,中华书局 1960 年,第 118 页。

三、实行宗教改革制定礼仪的颛顼

《史记·五帝本纪》:"帝颛顼高阳者,黄帝之孙而昌意之子也。静渊以有谋,疏通而知事;养材以任地,载时以象天,依鬼神以制义,治气以教化,絜诚以祭祀。北至于幽陵,南至于交阯,西至于流沙,东至于蟠木。动静之物,大小之神,日月所照,莫不砥属。"有学者认为"颛顼是蚩尤的直接继承者,二名只不过一音之转。《山海经·大荒东经》说他是'少昊孺帝',这是颛顼部落出于少昊集团的基本口传史料。《国语·楚语下》说蚩尤之乱后'颛顼受之',这是他继承蚩尤的最好文献依据"。[①]《吕氏春秋·古乐》:"帝颛顼生自若水,实处空桑,乃登为帝。"《路史·后纪八》引《尚书大传》:"穷桑,颛顼所居。""空桑"即"穷桑",指今山东曲阜一带。一说在阳谷县景阳冈一带。[②] 因此,"可以推定颛顼也属于夷人的一个分支系统。"[③]颛顼部是在蚩尤战败后发展起来的,后来取代皇帝作了部落联盟的盟主。他曾采取"依鬼神以制义","绝地天通"的宗教改革,并且"正五帝之官",促进了多民族统一融合的进程。

关于宗教改革,《尚书·吕刑》:"乃命重黎,绝地天通,罔有降格。"孔传:"重即羲,黎即和。尧命羲和世掌掌天地四时之官,使人神不扰,各得其序,是谓绝地天通。言天神无有降地,地祇不至於天,明不相干。"《国语·楚语下》记观射父所言:"古者民神不杂,……及少昊之衰也,九黎乱德,民神杂糅,不可方物。夫人作享,家为巫史,无有要质,民匮于祀而不知其福,烝享无度,民神同位。……颛顼受之,乃命南正重司天以属神,命火正黎司地以属民。使复旧常,无相侵渎,是谓绝地天

---

① 张富祥:《东夷文化通考》,上海古籍出版社2008年,第202页。

② 张学海:《张学海考古论集》,学苑出版社2000年,第240页。

③ 郭沫若:《中国史稿》,人民出版社1962年,第115页。

通。”“夫人作享,家为巫史”是与古老氏族习惯相适应的宗教,“重司天以属神”是部落联盟垄断神祇的措施。

《淮南子·齐俗》说:“帝颛顼之法,妇人不辟男子于路者,拂之于四达之衢。”颛顼即高阳氏。《搜神记》说:“昔高阳氏有同产而为夫妇,帝放之于崆峒之野,相抱而死。神鸟以不死草覆之,七年男女同体而生,二头四手足,是为蒙双氏。”可证,颛顼时代严格推行族外婚,禁止兄弟与姐妹为婚。《吕氏春秋·古乐》说,颛顼喜好“八风之音”故创作了音乐,“以祭上帝”。祭祀活动是礼产生的直接渊源,而同姓不婚的禁忌正来源于古老的婚姻习俗。

四、发明历法的祝融

祝融据说是颛顼的孙子,亦即重黎。《尚书·吕刑》说颛顼帝“乃命重黎绝地天通,罔有降格。”《国语·楚语》将重黎分化为二:“颛顼受之,乃命南正重司天以属神,命火正黎司地以属民。”《左转·昭公二十九年》说:“火正”曰祝融。“火正”是掌管历法、农业事务的官职。“火”可能指太阳,古人以观太阳运行轨迹来定时令,指导农业生产。远古的日历可能就是这样产生的。可见“司天”与“司地”是不可分的职务。故《国语·郑语》说:“夫黎为高辛氏火正,以淳燿敦大天明地德,光照四海,故命之曰祝融,其功大矣。”《礼记·月令》郑玄注:“祝融,颛顼氏之子曰黎,为火官。”《淮南子·时则训》高诱注:“祝融,一名黎,为高辛氏火正,号为祝融,死为火神也。”黎实即重黎,亦即祝融。“火正”所掌管的历法即东夷民族的“火历”。① 如《尚书·尧典》所谓“历象日月星辰,敬授民时。”联想到大汶口文化出土陶器上面的符号中有“炅”形者,也

① 张富祥:《东夷文化通考》,上海古籍出版社2008年,第269页。

许正是东夷民族发明太阳历(即火历)的一个旁证。在古代,天文历象不仅支配着农业生产活动,而且对国家政治法律活动施以重大影响。

五、统一律度量衡修订刑法的尧舜

《史记·五帝本纪》说:"帝尧者,放勋。其仁如天,其知如神。就之如日,望之如云。富而不骄,贵而不舒。黄收纯衣,彤车乘白马。能明驯德,以亲九族。九族既睦,便章百姓。百姓昭明,合和万国。乃命羲、和,敬顺昊天,数法日月星辰,敬授民时。信饬百官,众功皆兴。……于是帝尧老,命舜摄行天子之政,以观天命。""虞舜者,名曰重华。……自从穷蝉以至帝舜,皆微为庶人。"帝舜,又称虞舜。"虞"为掌田猎之官职。《孟子·离娄下》说:"舜生于诸冯,迁于负(夷)夏,卒于鸣条,东夷之人也。"舜对农业、渔业生产做过突出的贡献。故《墨子·尚贤下》说:"古者舜耕于历山,陶于河滨,渔于雷泽,灰(成)于常阳。尧得之服泽之阳,立为天子。使接天下之政,而治天下之民。"《史记·五帝本纪》也说:"舜耕历山,渔雷泽,陶河滨,作氏器于寿丘,就时于负(夷)夏。……一年而所居成聚,二年成邑,三年成都。尧乃赐舜絺衣与琴,为筑仓廪,予牛羊。"据说帝尧在位七十年,年老时得舜,令舜摄行天子之政,后舜被选为天子。

尧舜担任部落联盟领袖期间,在各方面都颇有建树。据《史记·五帝本纪》、《尚书·舜典》记载其功绩主要有以下几个方面:

其一,建立祭祀制度,"受终于文祖",行"上帝"之祭,四时寒暑之祭,山川群神之祭,这些内容,可以从龙山文化遗址出土的礼器来证明;

其二,是举贤材。《史记·五帝本纪》:"昔高阳氏有才子八人,世得其利,谓之'八恺'。高辛氏有才子八人,世谓之'八元'。此十六族者,世济其美,不陨其名。至于尧,尧未能举。舜举八恺,使主后土,以揆百事,莫不时序。举八元,使布五教于四方,父义,母慈,兄友,弟恭,子孝,内平外成。”

其三,是诛四罪、流四凶。《史记·五帝本纪》载,“三苗在江淮荆州数为乱。于是舜归而言于帝,请流共工于幽陵,以变北狄;放讙兜于崇山,以变南蛮;迁三苗于三危,以变西戎;殛鲧于羽山,以变东夷:四罪而天下咸服。”即《尚书·尧典》所说“流共工于幽州,放欢都于崇山,窜三苗于三危,殛鲧于羽山,四罪而天下咸服。”《史记·五帝本纪》载,“昔帝鸿氏有不才子,掩义隐贼,好行凶慝,天下谓之浑沌。少皞氏有不才子,毁信恶忠,崇饰恶言,天下谓之穷奇。颛顼氏有不才子,不可教训,不知话言,天下谓之梼杌。此三族世忧之。至于尧,尧未能去。缙云氏有不才子,贪于饮食,冒于货贿,天下谓之饕餮。天下恶之,比之三凶。舜宾于四门,乃流四凶族,迁于四裔,以御螭魅,于是四门辟,言毋凶人也。”

其四,是建立礼乐朝觐巡狩制度,统一“律度量衡”,划分行政区域,征收贡赋,对下级官员实行考核升贬。《史记·五帝本纪》载,“舜乃在璇玑玉衡,以齐七政。遂类于上帝,禋于六宗,望于山川,辩于群神。揖五瑞,择吉月日,见四岳诸牧,班瑞。岁二月,东巡狩,至於岱宗,祡,望秩于山川。遂见东方君长,合时月正日,同律度量衡,修五礼五玉三帛二生一死为挚,如五器,卒乃复。……五月,南巡狩;八月,西巡狩;十一月,北巡狩:皆如初。归,至于祖祢庙,用特牛礼。五岁一巡狩,群后四朝。遍告以言,明试以功,车服以庸。肇十有二州。”

其五,是修定完善刑法:“象以典刑,流宥五刑,鞭作官刑,扑作教刑,金作赎刑。眚灾肆赦,怙终贼刑。”

六、执掌司法的皋陶

皋陶又称咎陶、咎繇,是尧舜时“皋陶为大理。”是古代著名的大法官，在尧舜时执掌刑法。史称“皋陶作刑”、“皋陶作律”。最早的“律”当是乐律。《吕氏春秋·古乐》就记载“皋陶作为夏籥九成”。《尚书·舜典》载：“帝曰：皋陶，蛮夷猾夏，寇贼奸宄，汝作士，五刑有服，五服三就，五流有宅，五宅三居，惟明克允。”《皋陶谟》：“皋陶方祗厥叙，方施象刑惟明；”“天讨有罪，五刑五用”。史称“咎陶作刑”，（《竹书纪年》）“咎陶谟，虞始造律，”（《风俗通义》）“皋陶造狱法律存，”（《急救篇》）“皋陶造法律，”（《后汉书·张敏传》）皋陶作狱，“立犴狱，造科律，是皋陶。”（《路史·后纪·少昊》）《说苑·君道》：“当尧之时，皋陶为大理”；《春秋元命苞》：“尧为天子，梦马啄子，得皋陶，聘为大理”。《淮南子·主术》：“皋陶瘖而为大理，天下无虐刑”。《墨子·明鬼》详记神羊裁判的事迹，并说“著在齐之《春秋》”。齐地即今山东一带，正是皋陶的故乡。《论衡·是应》载：“皋陶治狱，其罪疑者，令羊触之。有罪则触，无罪则不触。盖天生一角圣兽，助狱为验，故皋陶敬羊，起坐事之。”

《尚书·皋陶谟》集中记载了皋陶的言论。皋陶认为，作为大臣，应当掌握两条：“在知人，在安民”。禹赞同说：“知人则哲，能官人，安民则惠，黎民怀之。能哲而惠，何忧乎欢兜，何迁乎有苗，何畏乎巧言令色孔壬”。意思是说，重要的是知人善任，安抚百姓。选拔好官员，安抚好百姓，就不怕发生暴乱，也不怕花言巧语献媚取宠的坏人。皋陶提出“九德”即：“宽而栗，柔而立，愿而恭，乱而敬，扰而毅，直而温，简而廉，刚而塞，强而义。”这九德是：豁达而又谨慎，温和而又有主见，小心而又庄重，有才干而又严谨，能听取别人的意见而又能坚持正确立场，正直而柔和，处事干练而又仔细，刚正而不鲁莽，坚持原则而又适度。大臣能具备这九种品质，就能把事情办好了。

《左传·昭公十四年》载叔向曰：“《夏书》曰：昏、墨、贼，杀。皋陶之刑也。”《周礼·秋官·司刑》“司刑掌五刑之法”，郑玄注：“夏刑大辟二百，膑辟二百，宫辟五百，劓、墨各千”。《隋书·艺文志》：“夏后氏正刑有五,科条三千。”夏的“五刑”正是从皋陶的“五刑”那里继承的。总之,中国的法律自黄帝时代产生萌芽以后,至尧舜时代便初步确立了。尽管夏朝以后,国家诞生,法律亦发生大的变化,但是,进入文明以后的中国古代法律,不论其内容或特征,都可以从传说时代那里窥见其最原始的风貌。

结语　圣贤人物的丰功伟业与法律实践

回首传说时代的圣贤人物,其丰功伟业主要包括个方面:一是道德人品的人格魅力;二是创造了物质财富;三是创立典章制度。在典章制度当中自然包括法律规范。蚩尤发明了“灋”,用五种刑罚分别与五种犯罪相对应,取代了以往唯一的死刑,实现了法由野蛮向文明的第一次跨越。蚩尤虽然战败了,但是他创造的“灋”却成为部落联盟的共同财产。尧舜的“同律度量衡”不仅为部落联盟的巩固和发展奠定了文化基础,同时为后世统一王朝提供了一个可资借鉴的样板。中国的第一任大法官皋陶,他的正直和智慧,完全凝结在“灋”的“廌”(独角神羊)上面。皋陶之所以能够获得人民世世代代的景仰,是因为他的英名永远和法的正义性连在一起。西周言“礼”,春秋言“刑”,而独战国始言“法”,岂偶然哉!

第六章　法家法律文化溯源（Ⅲ）传世文献中的法律文化成果

《庄子·天下》："以法为分，以名为表，以参为验，以稽为决，其数一二三四是也，百官以此相齿；""其明而在数度者，旧法世传之史尚多有之。"在传世文献中，不乏注重法制的言论、行为和思想材料，这些古老的智慧和历史文化元素，在战国时代新的社会条件下，成为法家人物酝酿治国之策和学术观点的文化营养，同时也成为法家法律传统的原始土壤。

一、夏之训典

尽管在考古直接资料方面尚未发现夏的直接资料，但是，在"世传之史"中，夏的存在却是无疑的事实。其证据之一就是夏之训典的流传。《左传》中载《夏书》佚文十四则，另有《夏训》一则。这些文字对于了解夏代社会状况和法律活动十分重要。

《左传·庄公八年》载："夏，师及齐师围郕。郕降于齐师。仲庆父请伐齐师。公曰：不可。我实不德，齐师何罪？罪我之由。《夏书》曰：'皋陶迈种德。德，乃降'。姑务修德，以待时乎。"大意是说，鲁军与齐军包围郕国，郕国向齐军投降。仲庆父请求攻打齐军。鲁庄公说：不可以。我缺少德行，齐军有什么罪过。《夏书》说：皋陶勉力于德行，德行具备，别人自然降服。我们姑且修养德行，等待时机吧。

《左传·僖公二十四年》载:“郑子华之弟子臧出奔宋,好聚鹬冠。郑伯闻而恶之,使盗诱之。八月,盗杀之于陈宋之间。君子曰:服之不衷,身之灾也。《诗》曰:‘彼己之子,不称其服’。子臧之服,不称也夫!《诗》曰:‘自诒伊慼’,其子臧之谓矣。《夏书》曰:‘地平天成’,称也。”大意是说,郑国子臧逃到宋国,喜欢鹬冠。郑伯得知后很讨厌他,让人把他骗出来杀死。君子说,服饰失度会害及其身。《诗经》说:那个人的身份和他的服饰太不相称。又说:自己给自己找麻烦。大概正适合于子臧吧。《夏书》说:大地平静,上天成就。就是说上下相称。

《左传·僖公二十七年》载“于是乎蒐于被庐,作三军,谋元帅。赵衰曰:郤縠可。臣亟闻其言矣。说礼乐而敦诗书。诗书,义之府也。礼乐,德之则也。德义,利之本也。《夏书》曰:‘赋纳以言,明试以功,车服从庸’。君其试之。乃使郤縠将中军。”大意是说,晋国在被庐举行阅兵之礼,建立三军,选择元帅。赵衰说:郤縠可以。他喜爱礼、乐而重视诗、书。诗、书是道义的府库,礼、乐是德行的法则,德行道义是根本大利。《夏书》说:有益的建议要采纳,用功绩来考核他的行为,用车马衣服作为报酬。于是就选拔他作了中军元帅。

《左传·文公七年》载晋国冯缺对赵宣子说的话:“日卫不睦,故取其地。今已睦矣,可以归之。叛而不讨,何以示威?服而不柔,何以示怀?非威非怀,何以示德?无德,何以主盟?子为正卿,以主诸侯,而不务德,将若之何?《夏书》曰:‘戒之用休,董之用威,劝之以《九歌》,勿使坏’”。大意是说,过去卫国不顺服,所以才占取了它的土地。现在已经顺服,可以归还给它。背叛了不加讨伐,用什么显示威信?顺服了不加笼络,用什么显示关怀?不这样做又用什么显示德行?没有德行又用什么主持盟会?你作为正卿不致力于德行,打算怎么办呢?《夏书》说:用庆赏来加以告诫,用刑罚来加以管束,用《九歌》来加以勉励,不要使人们变坏。

《左传·成公十六年》载，单襄公对大夫曰："温季其亡乎！位于七人之下，而求掩其上，怨之所聚，乱之本也。多怨而阶乱，何以在位？《夏书》曰：'怨岂在明，不见是图。'将慎其细也。今而明之，其可乎？"大意是说，至恐怕不会有好下场吧。他的地位在七个人之下，却想超过他们，招来怨恨，这是祸乱的根源，又怎能保全自己的官位？《夏书》说："怨恨不是摆在明处的东西，要时刻注意那些看不见的事情。"是说要慎重对待细小的事情。至今天是公开招致怨恨，怎么可以呢？

《左传·襄公五年》载："楚人讨陈叛故，曰：由令尹子辛实侵欲焉。乃杀之。书曰：楚杀其大夫公子壬夫，贪也。君子谓楚共王于是不刑。《诗》曰：'周道挺挺，我心扃扃，讲事不令，集人来定'。己则无信，而杀人以逞，不亦难乎？《夏书》曰：'成允成功'"。大意是说，楚人平息了陈人的反叛，并责问他们反叛的原因。陈人托辞说，是令尹子辛侵害小国以满足欲望。于是楚国就杀了子辛。君子认为楚共王处罚不当。《诗经》说："大道笔直，我心清明，拿不出好主意，就招集贤人来决定。"自己不讲信用，以杀人来逞威风，不是太难了吗？《夏书》说："有了信用，才能成就功业。"

《左传·襄公十四年》载师旷的话："自王以下各有父兄子弟以补察其政。史为书，瞽为诗，工诵箴谏，大夫规诲，士传言，庶人谤，商旅于市，百工献艺。故《夏书》曰：'遒人以木铎徇于路，官师相规，工执艺事以谏'。正月孟春，于是乎有之，谏失常也。天之爱民甚矣，岂其使一人肆于民上，以从其淫，而弃天地之性，必不然也。"大意是说，自天子以下各级贵族都有父兄子弟来督察其政治得失。太史记载政事，乐师写作诗歌，乐工诵读箴言建议，大夫规劝教诲，士传达下情，庶人议论，商旅和百工也用他们的行为来表示对政治的态度。《夏书》说："遒人摇着木铎在大路上巡行，官师规劝，百工献技艺以劝谏。"正月开春，遒人摇动木铎，向老百姓征求意见，以批评政治过失。上天爱护百姓无微不至，怎么会放纵一个人在百姓头上作威作福呢？一定不会这样的。

《左传·襄公二十一年》载臧武仲的话:“在上位者洒濯其心,壹以待人,轨度其信,可明征也,而后可以治人。夫上之所为,民之归也。上所不为,而民或为之,是以加刑罚焉,而莫敢不惩。若上之所为,而民亦为之,乃其所也,又可禁乎?《夏书》曰:‘念兹在兹,释兹在兹,名言兹在兹,允出兹在兹,惟帝念功。’将谓由己壹也,信由己壹,而后功可念也。”大意是说,在上者应匡正自己,专一待人,行为符合法度而取信于人。在上者的行为正是百姓的榜样。上面不做的而百姓做了,因此对百姓加以惩罚,这样人们就知道警戒。如果上面做的百姓也做了,又怎么能禁止呢?《夏书》说:“所念而为者在于此,所舍而不为者在于此,所令所言者在于此,只有帝王才能够成就功业。”说的是要由自身来体现标准的一致,这样才会产生诚信,达到成功。

《左传·襄公二十三年》载孔子的话:“知之难也。有臧武仲之知,而不容于鲁国,抑有由也,作不顺而施不恕也。《夏书》曰:‘念兹在兹’,顺事恕施也。”大意是说,聪明是很难做到的。有了臧武仲的聪明,而不被鲁国容纳,这是有原因的。因为所作不顺事理,所以不合于恕道。《夏书》说:“想着这个,一心在于这个。”就是说要顺于事理而合于恕道。

《左传·襄公二十六年》载晋国大夫声子的话:“善为国者,赏不僭而刑不滥。赏僭则惧及淫人,刑滥则惧及善人。若不幸而过,宁僭无滥。与其失善,宁其利淫。无善人,则国从之。《诗》曰:‘人之云亡,邦国殄瘁。’无善人之谓也。故《夏书》曰:‘与其杀不辜,宁失不经。’《商颂》有之曰:‘不僭不滥,不敢怠皇。命于下国,封建厥福。’此汤所以获天福也。”大意是说,善于治国的人,赏不过分,刑不滥施。赏不过分,是因为害怕惠及奸人,刑不滥施,是因为害怕诛及好人。如果不幸而免不了失当,那么,宁可赏得过分,也不要滥施刑罚。与其失掉好人,不如利于坏人。没有善人,国家就会受害。《诗经》说:“善人不在,国家遭殃。”

所以《夏书》说:“与其杀害无罪的人,还不如错放了有罪的人。”《商颂》说:“不过分也不滥施,不敢懈怠偷闲。邦国照此行事,可以获得福禄。”这就是汤王所以获得天福的原因。

《左传·昭公十四年》载:“叔向曰:《夏书》曰:‘昏,墨,贼,杀’,皋陶之刑也,请从之。”大意为,叔向说:“《夏书》说:‘昏,墨,贼三种犯罪,都应处死。’这是皋陶的刑法。请照办。”

《左传·昭公十七年》载:夏六月,日食。太史说:“在此月也,三辰有灾,于是乎百官降物,君不举,辟移时,乐奏鼓,祝用币,史用辞。故《夏书》曰:‘辰不集于房,瞽奏鼓,啬夫驰,庶人走。’此月朔之谓也。当夏四月,是谓孟夏。”大意是说,就是在这个月,太阳过了春分而没有到夏至,日、月、星有了灾殃。这时百官穿上素服,国君不进丰盛的菜肴,乐工击鼓,祝史摆上祭品,史官祈祷以自责。所以《夏书》说:“日月交会不在正常的位置上,瞽师击鼓,啬夫驾车,百姓奔跑”。就是在本月初一。正当夏正的四月,所以叫孟夏。

《左传·哀公六年》载:“初,昭王有疾,卜曰:‘河为祟。’王弗祭。大夫请祭诸郊,王曰:‘三代命祀,祭不越望。江、汉、雎、漳,楚之望也。祸福之至,不是过也,不谷虽不德,河非所获罪也。’遂弗祭。孔子曰:‘楚昭王知大道矣,其不失国也,宜哉!《夏书》曰:‘惟彼陶唐,帅彼天常,有此冀方。今失其行,乱其纪纲,乃灭而亡。’又曰:‘允出兹在兹’。由己率常,可矣。”大意是说,楚昭王有病,占卜的人说:“是黄河之神作怪。”楚昭王不去祭祀。大夫请求郊祀,昭王说:“根据三代祭祀之礼,祭祀不超越本国的山川。长江、汉水、雎水、漳水,是楚国的大川。祸福的到来,不会超过这些地方。我即使没有德行,也不会得罪黄河之神。”于是不去祭祀。孔子说:“楚昭王深明道理,他不会失掉国家的。《夏书》说:‘那位君主陶唐,遵循天道纲常,才据有中土四方。现在走到邪道上,扰乱了治国大纲,于是就被灭亡。’又说:‘付出了什么,就会收获什么。’自觉服从天道,就可以了。”

《左传·哀公十八年》载君子之言:“《夏书》曰:‘官占惟能蔽志,昆命于元龟。’其是之谓乎!《志》曰:‘圣人不烦卜筮’,惠王其有焉。”大意是说,《夏书》说:“占卜之官首先要判断人的意愿,然后才使用龟甲。”就是这个道理吧。《志》说:“圣人用不着占卜卜筮”。惠王就能做到。

除了上述《夏书》佚文之外,《左传》还载有《夏训》(亦即《夏书》)一条。只是该条未及完整追述,而周代辛甲时的箴言或可补充。《左传·襄公四年》载魏庄子的话:“《夏训》有之曰:‘有穷后羿’。……昔有夏之方衰也,后羿自鉏迁于穷石,因夏民以代夏政。恃其射也,不修民事,而淫于原兽。……有穷由是遂亡,失人故也。昔周辛甲之为太史也,命百官,官箴王阙。于《虞人之箴》曰:‘芒芒禹迹,画为九州,经启九道。民有寝庙,兽有茂草,各有攸处,德用不扰。在帝夷羿,冒于原兽,忘其国恤,而思其牝牡。武不可重,用不恢于夏家。兽臣司原,敢告仆夫。’《虞箴》如是,可不惩乎?”大意是说,《夏训》说到有穷后羿。……夏朝衰败时,后羿来到穷石,依靠夏人而得到政权。他仗着高超的射箭本领,不关心民事而沉溺于打猎。……有穷氏从此灭亡。周朝的辛甲作太史时,命令百官劝诫天子。在《虞人之箴》里写道:“辽阔的禹土,分为九州,开通九条大道。百姓有屋有庙,野兽享用丰茂的青草,各有住所,互不干扰。后羿身为君王,迷恋打猎,忘记国家的忧患。武事不可太多,否则会使国家衰亡。兽臣主管打猎,谨以此报告君王的左右。”难道不应当警戒吗?

二、箕子洪范

《洪范》是《尚书》中重要的篇章。旧传纣王暴虐,箕子劝谏,不听,披发佯狂为奴，为纣所囚。武王伐纣，释箕子。箕子应武王所咨，作《洪范》，阐述理国之九策，即“洪范九畴”。此篇原本出于商末，历经西周、春秋、战国有所增益润色。[①]

《尚书·洪范》有“八政：一曰食，二曰货，三曰祀，四曰司空，五曰司徒，六曰司寇，七曰宾，八曰师。”《左传·成公十三年》：“国之大事，在祀与戎。”而“八政”以食货为先，祀在其三，师在其八。可见，“八政”所总结的治国之策，较之“在祀与戎”的远古时代，要高明得多。将经济生活置于祭祀活动之上，不仅意味着神权意识的式微，还标志着古代政治意识的一次升华。

“八政”之中，“六曰司寇”。“司寇”即主管司法事务的官职。洪范九畴之七为“明用稽疑”，专门讲诉讼政策：“立时人作卜筮，三人占则从二人之言。汝则有大疑，谋及乃心，谋及卿士，谋及庶人，谋及卜筮。汝则从、龟从、筮从、卿士从、庶民从，是谓大同。……龟筮共违于人，静吉，用作凶。”可见，遇到疑难案件是要卜筮的。那么卜史之官也间接参与司法活动，并负责保管有关法律文献。

箕子的“明用稽疑”得到世人的赞许，故《周易》有《明夷》卦，谓“箕子之明夷”。因此可以说箕子的“明用稽疑”就是《周易》的“明夷”。“明夷”就是出示弓矢，也就是出示证据的意思。因此，箕子主张疑难案件首先应当注重证据。然后才求助于卜筮。即“汝则有大疑，谋及乃心，谋及卿士，谋及庶人，谋及卜筮”。总之，箕子的“明用稽疑”标志着神权思想和神判法的没落，“迷信鬼神”的时代向“注重人事”的时代过渡。

---

① 刘起釪：《洪范成书年代考》，《中国社会科学》1980 年第 3 期。

三、穆王吕刑

《吕刑》又称《甫刑》,是《尚书》中重要的篇章。旧传以为该篇记录了周穆王时吕侯(甫侯)受命训夏赎刑的事件,以及新刑法的指导思想。

《吕刑》分为上中下三部分。上部以穆王的四段话追述历史教训。主要是蚩尤作五虐之刑曰灋,但是苗民"越兹丽刑并制,罔差有辞"(滥刑无辜,不听申诉),引起人民的反抗,于是上帝就惩罚了苗民。中部是该文的中心部分,集中叙述刑法诸原则。下部强调"惟人在命"、"有德惟刑"、"哲人惟刑",即选择贤能的人来执掌司法事务。值得注意的是,文章上部强调"惟敬五刑,以成三德"。"三德"盖即《洪范》之"正直、刚克、柔克""三德"。可见,《吕刑》与《洪范》的思想是相通的。

关于刑法诸原则主要有:"两造具备,师听五辞。五辞简孚,正于五刑。五刑不简,正于五罚。五罚不服,正于五过;""五刑之疑有赦,五罪之疑有赦;""上下比罪,五僭乱辞,勿用不行,惟察惟法,其慎克之;""上刑适轻下服,下刑适重上服,轻重诸罚有权,刑罚世轻世重;""非佞折狱,惟良折狱,罔非在中;""哀敬折狱,明启刑书胥占,咸庶中正;""五过之疵:惟官、惟反、惟内、惟货、惟来,"等等。

四、周礼司寇

《周礼》所载职官之名目极多,其中执掌司法事务的多集中在"秋官司寇"一章,称为"刑官"。由于古代行政职官也兼理司法事务,因此,其他章节也不乏司法之吏。

大司寇——掌握全国的立法和司法活动。比如确定国家的刑事政策:"刑新国用轻典","刑平国用中典","刑乱国用重典"。解决"诸侯之

狱讼”,“卿大夫之狱讼”,“庶民之狱讼”。而且亲自监斩逃兵:“大军旅,涖戮于社”;

小司寇——直接参与司法审判事务。“以五刑听万民之狱讼,附于刑,用情讯之”。每年年终,让法官们统计审结的案件,上报朝廷:“岁终,则令群士计狱弊讼,登中于天府”。法官们要用“五听”的办法弄清案件事实,并用“三刺”的方式征求官吏和民众的意见,以避免出现错案;

士师——是协助大小司寇的职官。主要是掌握司寇府中的政令,审察狱讼的文书,制作有关文件,并掌握法官的八种判例。供大小司寇参考。每年年终,让所属官吏整理案卷,集中保存;

乡士、遂士、县士、方士——这是四级地方司法官。分别执掌所属地域内的诉讼。对所审理的案件作出初步意见,上报司寇:“听其狱讼,察其辞,辨其狱讼,异其死刑之罪而要之,旬而职听于朝,司寇听之”。司寇作出最后的判决,并交给地方司法官执行;

朝士——负责审理债务纠纷和无主牛马奴隶归属的案件,处理复仇案件,并监督地方各地法官,允许当事人在规定的期限内上诉,以避免错判;

司刑——掌握刑罚。其中有墨刑,劓刑,宫刑,刖刑,杀刑。刑罚的轻重与犯罪的轻重分别相对应;

司救——专门管理有恶行的人,防止他们为非作歹。这些有恶行的人经三次教育不改的,就鞭打之。三次鞭打还不改正的,就交给司寇送入牢狱;

调人——专门处理民间过失杀人伤人和复仇案件,以及过失杀伤杀死他人牲畜的案件。凡因口角动怒而相斗的,要加以调解。调解不成的,就记录在册,以待判决;

司市——掌管市场的禁令,受理买卖活动中发生的争讼。违犯禁

令的,轻者公布其罪状,中者游街,重者鞭打;如果触犯刑法,就送交司寇处理;

大史——掌管全国的法律文献,并以此监督各级法官的司法活动。对不按法律和判例判决的,要加以刑罚:“凡辨法者考焉,不信者刑之”;“辨事者考焉,不信者诛之”。

五、名人论议

传世文献中有很多名人名言。这可能与古代左史、右史分别记事载言有关。《左传》详于记事,《国语》长于载言。且其言辞当中不乏具有法家倾向者。现将《国语》所记名人言论则要录之如下。

《国语·周语上》:“夫先王之制,……序成而有不至则修刑。于是乎有刑不祭,伐不祀,征不享,让不贡,告不王。于是乎有刑罚之辟,有攻伐之兵;”“古者,先王既有天下,……为班爵贵贱以列之,为令闻嘉誉以声之。犹有散迁懈慢而著在刑辟,流在裔土,于是乎有蛮夷之国,有斧钺刀墨之民。”

《周语中》:“夫君臣无狱,今元亘虽直,不可听也。君臣皆狱,父子将狱,是无上下也。”

《鲁语上》:“君举必书,书而不法,后嗣何观?”“大刑用甲兵,其次用斧钺,中刑用刀锯,其次用钻笮,薄刑用鞭扑,以威民也。故大者陈之原野,小者致之市朝,五刑三次,是无隐也;”“尧能单均刑法以仪民;”“毁则者为贼,掩贼者为藏,窃宝者为宄,用宄之财者为奸;”“晋人杀厉公,……里革曰:君之过也。夫君人者,其威大矣。失威而至于杀,其过多矣。且夫君也者,将牧民而正其邪也,若君纵私回而弃民事,民旁有匿无由省之,益邪多矣。”

《鲁语下》:“仲尼曰:丘闻之,昔禹致群神于会稽之山,防风氏后至,禹杀而戮之，其骨节专车。此为大矣。”

《晋语一》：“成闻之，民生于三，事之如一。父生之，师教之，君食之。非父不生，非食不长，非教不知生之族也，故壹事之。唯其所在，则致死焉。报生以死，报赐以力，人之道也；”“荀息曰：“吾闻事君者，竭力以役事，不闻违命。君立臣从，何贰之有？”丕郑曰：“吾闻事君者，从其义，不阿其惑。惑则误民，民误失德，是弃民也。民之有君，以治义也。义以生利，利以豊民，若之何其民之与处而弃之也？”“郤叔虎曰：“夫翟柤之君，好专利而不忌，其臣竞谄以求媚，其进者壅塞，其退者拒违，其上贪以忍，其下偷以幸，有纵君而无谏臣，有冒上而无忠下，君臣上下各厌其私，以纵其回，民各有心而无所据依。以是处国，不亦难乎！”“骊姬曰：“妾亦惧矣。吾闻之外人之言曰：为仁与为国不同。为仁者，爱亲之谓仁；为国者，利国之谓仁。故长民者无亲，众以为亲。苟利众而百姓和，岂能惮君？”

《晋语三》：“郭偃闻之，曰：“不谋而谏者，冀芮也。不图而杀者，君也。不谋而谏，不忠。不图而杀，不祥。不忠，受君之罚。不祥，罹天之祸。受君之罚，死戮。罹天之祸，无后。志道者勿忘，将及矣！”“梁由靡曰：“夫君政刑，是以治民。不闻令而擅进退，犯政也。快意而丧君，犯刑也。郑(庆郑)也贼而乱国，不可失也。且战而自退，退而自杀，臣得其志，君失其刑，后不可用也；”“司马说进三军之士而数庆郑曰：“夫韩之誓曰：失次犯令，死；将止不面夷，死。今郑失次犯令，而罪一也。郑擅进退，而罪二也。女误梁由靡，使失秦公，而罪三也。君亲止，女不面夷，而罪四也。郑也就刑！”

《晋语四》：“昔管敬仲有言，小妾闻之，曰：‘畏威如疾，民之上也。从怀如流，民之下也。见怀思威，民之中也。畏威如疾，乃能威民。威在民上，弗畏有刑。从怀如流，去威远矣，故谓之下。其在辟也，吾从中也。郑诗之言，吾其从之。’此大夫管仲之所以纪纲齐国，裨辅先君而成霸者也;”

“子犯对曰:‘礼志有之曰:将有请于人,必先有入焉。欲人之爱己也,必先爱人。欲人之从己也,必先从人。无德于人,而求用于人,罪也’;”

“诸姬之良,掌其中官。异姓之能,掌其远官。公食贡,大夫食邑,士食田,庶人食力,工商食官,皂隶食职,官宰食加。政平民阜,财用不匮。”

《晋语五》:赵宣子召而礼之,曰:“吾闻事君者比而不党。夫周以举义,比也。举以其私,党也。夫军事无犯,犯而不隐,义也。吾言女于君,惧女不能也。举而不能,党孰大焉!事君而党,吾何以从政?吾故以是观女。女勉之。”

《晋语六》:“武子曰:‘夫成子导前志以佐先君,导法而卒以政,可不谓文乎!夫宣子尽谏于襄灵,以谏取恶,不惮死进,可不谓忠乎!’”范文子曰:“唯有诸侯,故扰扰焉。凡诸侯,难之本也;”范文子曰:“吾闻之,君人者刑其民成,而后振武于外,是以内和而外威。今吾司寇之刀锯日弊而斧钺不行,内有不刑,而况外乎?夫战,刑也,刑之过也。过由大而怨由细,故以惠诛怨,以忍去过。细无怨而大不过,而后可以武,刑外之不服者。今吾刑外乎大人,而忍于小民,将谁行武?武不行而胜,幸也。幸以为政,必有内忧。”

《晋语八》:“阳毕曰:‘图在明训,明训在威权,威权在君。……威与怀各当其所,则国安。……夫正国者,不可以暱于权,行权不可暱于私。暱于权则民不导,行权暱于私则政不行’;”叔向曰:“夫爵以建事,禄以食爵,德以赋之,功庸以称之,若之何以富赋禄也!夫绛之富商,韦藩木楗以过于朝,唯其功庸少也,而能金玉其车,文错其服,能行诸侯之贿,而无寻尺之禄,无大绩于民故也。”

《楚语上》:“申叔时曰:‘教之春秋,而为之从善而抑恶焉,以戒劝其心；教之世，而为之昭明德而废幽昏焉，以休惧其动；教之诗，而为之导广显德，以耀明其志；教之礼，使知上下之则；教之乐，以疏其秽而镇其浮；教之令，使访物官；教之语，使明其德，而知先王之务用明德于民也；教之故志，使知兴废者而戒惧焉；教之训典，使知族类，行比义焉'。"

《楚语下》："郧公曰：'下虐上为弑，上虐下为讨，而况君乎。君而讨臣，何仇之为？若皆仇君，则何上下之有乎？'"

六、春秋故事

《左传》记载许多政治法律方面的先例故事。这些先例故事包含着重要的行为准则，其中不少具有法治的倾向性。

《左传·僖公二十八年》（公元前632年）载：春天，晋侯攻打曹国，向卫国借路。卫国不允。晋军回兵侵袭曹国并攻打卫国。晋国与齐国结盟。卫侯请求参加。晋人不答应。于是，卫侯想与楚国结盟。卫国人不愿意，于是赶走了卫侯来讨好晋国。城濮之战，晋国大获全胜。卫侯闻讯逃到楚国、陈国。他派元亘奉事叔武接受盟约并摄政。卫侯身边的人诬告元亘，说他立叔武作卫国国君。卫侯就派人杀了元亘的儿子。元亘并未因此废弃卫侯的命令，仍然奉事叔武回国摄政。六月，晋国恢复卫侯的君位。卫侯回到卫国，他的前驱射杀了叔武。卫侯知道叔武无罪，枕尸大器。元亘逃到晋国，并向晋国控诉卫侯杀叔武的罪行。卫侯应诉，并宁武子作卫侯的诉讼人，针庄子为代理人，士荣为卫侯的答辩人。经审理，卫侯败诉。作为诸侯领袖的晋国杀了士荣，砍了针庄子的脚（刖刑），认为宁武子忠诚而赦免了他。逮捕了卫侯，将他送到京师，关在囚房里。宁武子负责给卫侯送衣食。元有亘回到卫国，立公子瑕为国君。两年后，鲁僖公向周天子和晋侯说情，请求赦免卫侯。周天子允许了，秋天，释放了卫侯。卫侯通过贿赂手段派人刺杀了元亘和公子瑕,恢复了王位。

《左传·成公四年》(公元前586年)和成公五年载:郑国曾侵犯许国,掠夺田地。郑派公孙申领兵去划定所得许国土田的疆界。许国人打败了他们。郑又攻打许国,又侵占了许国的土地。晋国出兵救援许国,攻打郑国。楚国的子反救援郑国。郑伯和许国国君在子反那里争讼。皇戌代表郑伯发言。子反不能判别曲直,建议他们去找楚国国君一决曲直。次年,许国国君到楚国控告郑伯,郑伯也赶到楚国参加诉讼。结果,郑伯败诉,皇戌被楚国囚禁,许国索回了土地。

《左传·成公十一年》(公元前580年)载:晋国的郤至和周天子争夺温地的土田。周天子派刘康公、单襄公去晋国诉讼。郤至说:"温地历来是我的封地,因此不敢失掉。"刘康公说:"以前周人战胜商朝,让诸侯拥有封地。苏忿生被封在温地,作了司寇。他先投奔狄人,后又逃到卫国。襄王为了慰劳文公而赐给他温地,狐氏、阳氏都先后以温为采邑,然后才轮到您。如果要追查过去的情况,温地是周天子属官的封邑,您怎么能得到它呢?"晋侯于是判定郤至败诉,田归于周天子。

《左传·襄公十年》(公元前563年)载:王叔陈生、伯舆二人是周天子的卿士,他们因为争夺权力而发生纷争。周天子支持伯舆一方。王叔陈生就一气之下逃亡到黄河边上。周天子让他官复原职,他仍不回成周。于是,晋侯派范宣子出面调停王室内部的纠纷。王叔陈生和伯舆都提出诉讼。在周天子的朝廷上,范宣子主持诉讼,王叔陈生派家宰(管家)、伯舆派大夫瑕禽出廷辩论曲直。王叔陈生的家宰说:"现在连蓬门小户之人都敢凌驾他上面的人,在上者不是很难处了吗?"瑕禽说:"平王东迁时,我们七姓氏族追随着他,天子赐给盟书说'世世代代不要失职'。如果是蓬门小户之人,又怎么能在东方立住脚呢?自从王叔陈生辅助天子以后,用贿赂来完成政事,让宠臣来执掌法律。一些贪官富得无法计算,这样,清廉的人怎能不是蓬门小户呢?请大国考虑一下,在下者就不能有理，那还有什么公正呢?”范宣子说:“凡是天子赞成的，我国君主也赞成;天子不赞成的，我国君主也不赞成。”于是让王叔陈生、伯舆双方对证讼辞。王叔陈生一方拿不出证明自己有理的文书，于是败诉，离开成周而逃往晋国。周天子让单靖公作卿士而取代了王叔陈生的职位。

《左传·昭公元年》(公元前 524 年)载:郑国徐吾犯的妹妹长得很美，公孙楚已经聘她为妻，可是公孙楚的族弟公孙黑又派人硬送去聘礼。徐吾犯很害怕，就告诉子产。子产说:“政事昏乱才有这样的事。令妹愿意嫁谁就嫁谁。”徐吾犯于是请求公孙楚、公孙黑，让他妹妹自己选择丈夫。二位都答应了。公孙黑打扮得非常华丽，进了徐吾犯的宅院，放下财礼然后离去。公孙楚穿着军服进来，左右开弓，一跃登车而去。徐吾犯的妹妹在房间里观看，说:“公孙黑的确很漂亮，不过公孙楚是个真正的男子汉。丈夫要像丈夫，妻子要像妻子。”于是就选择了公孙楚。公孙黑怀恨在心。不久后，他把皮甲穿在外衣里面，想要杀死公孙楚而占取他的妻子。不想公孙楚早有防备，他用戈击伤了公孙黑。于是，公孙黑向子产告公孙楚的状。子产说:“曲直相等，辈分低的一方有罪。”于是逮捕了公孙黑，列举他的罪状:“国家的大节有五条，你都触犯了。惧怕国君的威严，听从国君的命令，尊重贵人，事奉长者，奉养亲戚，这五条是用来治理国家的。现在国君在国都里，你动用兵器，这是不惧怕威严;触犯国家法纪，这是不听从政令;公孙楚是上大夫，你是下大夫，以下犯上，是不尊重贵人;年纪小而不恭敬，是不事奉长者;用武器对付堂兄，是不奉养亲戚。国君说:我不忍杀你，赦免你到远地去。你赶快走吧，不要加重你的罪过!”于是就把公孙黑放逐到吴国。

《左传·昭公七年》(公元前 531 年)载:楚灵王即位后，建造章华之宫，接纳各地逃亡的人在宫里服役。有一名官吏名字叫无宇，他有一名奴隶也逃进王宫。无宇要把奴隶抓回去，守宫门的官吏不允许，说:“在国王的宫里抓人,不是太过分了吗。”并抓住无宇进见楚灵王。无宇申诉说:“天子经营天下,诸侯治理封疆,这是古代的制度。天有十日,人有十等,从王公、大夫到士、奴隶,各有所职。我的奴隶就在王宫,我不到王宫又到哪里去抓他呢。周文王之法说:‘有逃亡的,就进行大搜捕。’楚文王作仆区之法说:‘隐藏盗贼的赃物,和盗贼同罪。’从前周武王列举商纣王的罪状说:‘纣是天下逃亡者的窝主,聚集财产的渊薮。’所以诸侯们都齐心攻打纣。守宫的官吏不让抓回奴隶,逃亡的就让他逃亡,难道您开始效法纣王了吗?”楚灵王说:“抓住你的奴隶回家去吧。强占人家喜欢的东西,总是不好的。”于是赦免了无宇。

《左传·昭公十四年》(公元前528年)载:“晋邢侯与雍子争鄐田,久而无成。士景伯如楚,叔鱼摄理。韩宣子命断旧狱,罪在雍子。雍子纳其女于叔鱼,叔鱼蔽罪邢侯。邢侯怒,杀叔鱼与雍子于朝。宣子问其罪于叔向。叔向曰:“三人同罪,施生戮死可也。雍子自知其罪,而赂以买真;鲋也鬻狱;邢侯专杀,其罪一也。己恶而掠美为昏,贪以败官为墨,杀人不忌为贼。《夏书》曰:‘昏,墨,贼,杀’,皋陶之刑也,请从之。”乃施邢侯而尸雍子与叔鱼于市。”大意是说,邢侯和雍子争田,久而未决。士景伯去楚国,叔鱼代理法官的职务。韩宣子命令他判处旧案,罪过在雍子一方。雍子把女儿嫁给叔鱼。叔鱼就判邢侯一方有罪。邢侯大怒,杀了叔鱼和雍子。韩宣子问叔向如何定罪。叔向说:“他们三个人罪过相同,杀了活着的邢候,再把死的两位暴尸就可以了。雍子自知有罪而行贿,叔鱼出卖法律,邢侯擅自杀人。自己有罪恶而掠夺他人,这是昏;贪婪而败坏职责,这是墨;杀人而不顾忌,这是贼。《夏书》说:‘昏,墨,贼三种犯罪,都应处死。’这是皋陶的刑法。请照办。”于是就杀了邢侯并暴雍子、叔鱼二人的尸体。

七、古代刑制

《左传》涉及古代刑制的内容十分丰富，对了解和研究古代法律制度有十分重要的价值。

（一）禹刑

《左传·昭公六年》载叔向的话："夏有乱政，而作禹刑。"禹刑盖夏代法制的总称。《左传·昭公十四年》载叔向的话："《夏书》曰：'昏、墨、贼、杀'。皋陶之刑也"。据此可以窥见夏代法制与传说时代之间的继承关系。

（二）汤刑

《左传·昭公六年》："商有乱政，而作汤刑。"汤刑盖商代法制的统称。《墨子·非乐》载："汤之官刑有之曰：其恒舞于宫，是谓巫风，其刑，君子出丝二卫。"《吕氏春秋·孝行览》引《商书》："刑三百，罪莫重于不孝。"

（三）九刑

《左传·昭公六年》："周有乱政，而作九刑。"《左传·文公十八年》载大史克的话："先君周公制周礼，曰：则以观德，德以处事，事以度功，功以食民。作誓命曰：毁则为贼，掩贼为藏，窃贿为盗，盗器为奸。主藏之名，赖奸之用，为大凶德，有常无赦。在九刑不忘。"《逸周书·尝麦》："四年孟夏，王命大正正刑书，太史策刑书九篇以升，授大正。"九刑，或为刑书九篇，或为九种刑罚：墨、劓、刖、宫、大辟、流、赎、鞭、扑。

(四) 周文王之法

《左传·昭公七年》:“周文王之法曰:‘有亡荒阅’,所以得天下也。……昔武王数纣之罪以告诸侯曰:‘纣为天下逋逃主,萃渊薮’。故夫致死焉。”周文王之法是说,奴隶逃亡,当地得到奴隶而不交出的,就在可疑之地举行大搜查。纣王窝藏逃亡者,从而招致普遍的反对以致灭亡。《尚书·费誓》:“马牛其风,臣妾逋逃,勿敢越逐。祗复之,我商赉汝。乃越逐不复,汝则有常刑。”是说,马牛走失,奴隶逃亡,不要追赶。凡得到马牛奴隶而交还原主的,我有赏赐。不归还的,有刑罚。

(五) 仆区之法

“楚文王作仆区之法。”《左传·昭公七年》载:“吾先君文王作仆区之法曰:‘盗所隐器,与盗同罪’。所以封汝也。”这条法令的意思是说,隐藏盗贼的赃物,和盗贼同罪。

(六) 夷蒐之法

《左传·文公六年》载:“六年春,晋蒐于夷。……宣子于是乎始为国政,制事典:正法罪,辟狱刑;董逋逃,由质要;治旧洿,本秩礼;续常职,出滞淹。既成,以授太傅阳子与大师贾佗,使行诸晋国,以为常法。”

(七) 子产刑书

《左传·昭公六年》载:“三月,郑人铸刑书。叔向使诒子产书,曰:始吾有虞于子,今则已矣。昔先王议事以制,不为刑辟,惧民之有争心也。犹不可禁御,是故闲之以义,纠之以政,行之以礼,守之以信,奉之以仁,制为禄位,以劝其从。严断刑罚,以威其淫。惧其未也,故诲之以忠,耸之以行,教之以务,使之以和,临之以敬,莅之以强,断之以刚,犹求圣哲之上，明察之官，忠信之长，民于是乎可任使也，而不生祸乱。民知有辟，则不忌于上。并有争心，以征于书，而徼幸以成之，弗可为也。夏有乱政，而作禹刑；商有乱政，而作汤刑；周有乱政，而作九刑。三辟之兴，皆叔世也。今吾子相郑国，作封洫，立谤政，制参辟，铸刑书，将以靖民，不亦难乎？《诗》曰：'仪式刑文王之德，日靖四方。'又曰：'仪刑文王，万邦作孚。'如是，何辟之有？民知争端矣，将弃礼而征于书，锥刀之末，将尽争之。乱狱滋丰，贿赂并行。终子之世，郑其败乎？肸闻之，国将亡，必多制。其此之谓乎？复书曰：'若吾子之言，侨不才，不能及子孙，吾以救世也。既不承命，敢忘大惠。'"

（八）邓析竹刑

《左传·定公九年》载："郑驷歂杀邓析，而用其竹刑。君子谓子然于是不忠。苟有可以加于国家者，弃其邪可也。……思其人，犹爱其树，况用其道而不恤其人乎！"

（九）赵鞅刑鼎

《左传·昭公二十九年》载："冬，晋赵鞅、荀寅帅师城汝滨，遂赋晋国一鼓铁，以铸刑鼎，著范宣子所为刑书焉。仲尼曰：'晋其亡乎，失其度矣。夫晋国将守唐叔之所受法度，以经纬其民，卿大夫以序守之，民是以能尊其贵，贵是以能守其业。贵贱不愆，所谓度也。文公是以作执秩之官，为被庐之法，以为盟主。今弃是度也，而为刑鼎。民在鼎矣，何以尊贵？贵何业之守？贵贱无序，何以为国？且夫宣子之刑，夷之蒐也，晋国之乱制也，若之何以为法？'"

八、誓命法条

(一) 战争誓命

誓命源于战争。其特点是公开，明确，易懂。因此，誓命堪称成文法之雏形。

《尚书·甘誓》:“王曰:嗟！六事之人，予誓告汝:有扈氏威侮五行，怠弃三正，天用剿绝其命，今予惟恭行天之罚。左不攻于左，汝不恭命。右不攻于右，汝不恭命。御非其马之正，汝不恭命。用命赏于祖，弗用命，戮于社。予则孥戮汝。”

《尚书·汤誓》:“有夏多罪，天命殛之。……夏氏有罪，予畏上帝，不敢不正(征)……尔尚辅予一人，致天之罚，予其大赉汝。尔无不信，朕不食言。尔不从誓言，予则孥戮汝，罔有攸赦。”

《尚书·盘庚》:“各长于厥居，勉出乃力，听予一人之作猷。无有远迩，用罪罚厥死，用德彰厥善。邦之臧，惟汝众。邦之不臧，惟予一人有佚罚。凡尔众，其惟致告:自今至于后日，各恭尔事，齐乃位，度乃口。罚及尔身，弗可悔。……乃有不吉不迪，颠越不恭，暂遇奸宄，我乃劓殄灭之，无遗育，无俾易种于兹新邑。”

《尚书·牧誓》:“今商王受惟妇言是用，昏弃厥肆祀弗答，昏弃厥遗父母弟不迪，乃惟四方之多罪逋逃，是崇是长，是信是使，是以为大夫卿士。俾暴虐于百姓，以奸宄于商邑。今予发惟恭行天之罚。今日之事，不愆于六步七步，乃止齐焉。夫子勖哉！不愆于四伐五伐六伐七伐，乃止齐焉。……勖哉夫子！尔所弗勖，其于尔躬有戮!”

《尚书·费誓》:“嗟！人无哗，听命。……备乃弓矢，锻乃戈矛，砺乃锋刃，无敢不善！……无敢伤牿。牿之伤，汝则有常刑。马牛其风，臣妾逋逃,勿敢越逐。祗复之,我商赉汝。乃越逐不复,汝则有常刑。无敢寇攘,逾垣墙,窃马牛,诱臣妾,汝则有常刑。"

《左传·哀公二年》载铁之誓辞:"克敌者,上大夫受县,下大夫受郡,士田十万,庶人工商遂,人臣隶圉免。"

(二)法条禁令

古代文献保存了不少法条禁令。尽管这些法条从文字和表现形式上带有后人润色的痕迹,但其内容必有所本。法条禁令对后世立法司法活动发挥了潜在影响。下面罗列《周礼》、《礼记》中的法条禁令。

1.《周礼》中的法条禁令

《周礼·天官冢宰·大宰》:"正月之吉,始和。布治于邦国都鄙。乃悬治象之法于象魏,使万民观治象,挟日而敛之。"又《小宰》:"正岁,帅治官之属而观治象之法,徇以木铎曰:不用法者,国有常刑。"《地官司徒·大司徒》:"正月之吉,始和。布教于邦国都鄙。乃悬教象之法于象魏。使万民观教象,挟日而敛之。"又《小司徒》:"正岁,则帅其属而观教法之象,徇以木铎曰:不用法者,国有常刑。"《夏官司马·大司马》:"正月之吉,始和。布政于邦国都鄙。乃悬政象之法于象魏,使万民观政象,挟日而敛之。"《秋官司寇·大司寇》:"正月之吉,始和。布刑于邦国都鄙。乃悬刑象之法于象魏,使万民观刑象,挟日而敛之。"又《小司寇》:"正岁,帅其属而观刑象,令以木铎曰:不用法者,国有常刑。"

《天官冢宰·宰夫》:"凡失财用物辟名者,以官刑诏冢宰而诛之。"大意是说,凡浪费国家公物支出不当和虚列账目的,要根据官中的刑法规定上报冢宰加以刑罚;

《夏官司马·大司马》:"冯弱犯寡则眚之,贼贤害民则伐之,暴内陵外则礔之,野荒民散则削之,负固不服则侵之,贼杀其亲则正之,放弑其君则残之,犯令陵政则杜之,外内乱鸟兽行则灭之"。大意是说,以强凌弱的则削其封地，擅杀贤臣良民的则征讨之，专行暴政欺凌他人的就废除其官位，使田野荒芜百姓逃散的则夺其领地，自恃坚险不服节制的则削其城邑，杀害亲属的则治其罪，放逐和谋杀国君的则要处死他，违犯君令藐视国法的就把他孤立起来，悖乱人伦的就诛灭他；

《秋官司寇·朝士》:“犯令者，刑罚之”;“凡盗贼军乡邑及家人，杀之无罪”,“凡报仇雠者，书于士，杀之无罪”。大意是说，违犯命令的，要处以刑罚；盗贼闯入乡邑或家室的，杀之无罪；遇到仇人并上报司法官，把仇人杀掉是无罪的；

《秋官司寇·掌戮》:“凡杀其亲者，焚之；杀王之亲者，辜之；凡杀人者，踣诸市，肆之三日。刑盗于市，凡罪之丽于法者，亦如之。”大意是说，凡杀害亲属的，行刑后要焚其尸；杀王者亲属的，行刑后分裂其尸；凡杀人的，行刑后在市中陈尸三日；处死强盗也是这种方法；

《秋官司寇·禁杀戮》:“凡伤人见血不以告者，攘狱者，遏讼者，以告而诛之。”大意是说，凡有人被伤害以致流血但其本人没有告官，或伤人者威胁被害人不准告官的，或其他人从中阻挠被害人告官的，只要有人告官，就要制裁他。

《周礼·秋官司寇·士师》载:“察狱讼之辞，以诏司寇断狱弊讼。致邦令，掌士之八成。一曰邦汋，二曰邦贼，三曰邦谍，四曰犯邦令，五曰挢邦令，六曰为邦盗，七曰为邦朋，八曰为邦诬。”大意是运用八种判例故事来治裁八种违法犯罪行为:一是刺探国家机密，二是叛国作乱，三是为外国做间谍，四是违犯王者的命令，五是诈称王命擅自行事，六是盗窃国家宝藏，七是结党阿私操纵国政，八是诬罔君臣歪曲事实。

以上是《周礼》所载的法条，当然还不止这些。有的只是没有法条的形式而已。至于禁令，主要有以下几处:

关禁——《地官司徒·司关》载:“凡货不出于关者，举其货，罚其人。”大意是说，凡是由于避纳关税而从旁道走私货物的，就要没收其货物，并惩罚走私者；

田禁——《地官司徒·迹人》载："凡田猎者受命焉，禁麛卵者，与其毒矢射者。"大意是说，凡田猎必须服从命令，禁止捕杀幼鹿和掏取鸟卵，禁止使用敷有毒药的箭来射禽兽；

木禁——《地官司徒·山虞》载："仲冬斩阳木，仲夏斩阴木。凡服耜，斩季材，以时入之。令万民时斩材，有期日。凡邦工入山林而抡材不禁。春秋之斩木不入禁。凡窃木者有刑罚。"大意是说，冬天砍山南边的树，夏天砍山北边的树。为了制作农具，可以随时砍小树。百姓砍伐树木有时间的限制。国家兴建工事则不受此限。百姓春天秋天砍伐树木不得进入禁地。凡盗伐树木的要处以刑罚；

火禁——《夏官司马·司火爟》载："凡国失火，野焚莱，则有刑罚焉。"大意是说，国中有失火的，或者擅自焚烧野草的，要加以刑罚；

市禁——《地官司徒·司[武虎]》载："禁其斗嚣者与其[武虎]乱者，出入相陵犯者，以属游饮食于市者。"大意是说，禁止在市中争斗大声吵闹，用暴力扰乱市场秩序，以及出入市场互相侵犯，或聚众闲游饮食；

城禁——《秋官司寇·修闾氏》载："禁径踰者，与以兵革趋行者，与驰骋于国中者"。大意是说，禁止穿越垣墙，携带兵器奔跑，或乘马车在城中飞驰；

婚禁——《地官司徒·媒氏》载："中春之月，令会男女，于是时也，奔者不禁。若无故而不用令者，罚之。司男女之无夫家者而会之。凡嫁子娶妻，入币纯帛无过五两。禁迁葬者与嫁殇者。"大意是说，每年春二月，让男女相会，有私奔者，不算违法。如果无故私奔的，就要加以处罚。查明未婚男女让他们相会。结婚所赠的聘礼不要超过两匹帛，禁止没有夫妻名分的人葬在一起，禁止为已经夭亡的人娶妻。

2.《礼记》中的法条禁令

《礼记·檀弓下》载:“臣弑君,凡在官者杀无赦。子弑父,凡在宫者杀无赦。杀其人,坏其室,洿其宫而豬焉。”大意是说,有臣弑杀君主的,所有官员皆可以执而杀之,不加宽免。有子弑杀父亲的,所有家人皆可以执而杀之,不加宽免。不仅杀死本人,还要毁其房屋,用水淹其院落。

《礼记·王制》载“四诛”之罪:“析言破律,乱名改作,执左道以乱政,杀;作淫声异服,奇技奇器以疑众,杀;行伪而坚,言伪而辩,学非而博,顺非而泽以疑众,杀;假于鬼神时日卜筮以疑众,杀。此四诛者不以听。凡执禁以齐众,不赦过。”意思是说,凡剖析言辞、断章取义、歪曲法条、舞文弄法、篡改刑名,持旁门左道之术以乱国家政治的,杀;凡作淫靡之音乐、奇装异服、淫巧奇器以惑乱群众的,杀;凡所行欺伪而顽固,言辞伪诈而善辩,学术不正而知识渊博,其行荒谬而善于文饰,从而惑乱百姓者,杀;凡假托鬼神、凶吉、卜筮而惑乱人民者,杀。对以上四种犯罪者可立即杀之,不必审判,更不可宽赦。

《礼记·王制》载关市管理方面的几条禁令:“有圭璧金璋,不粥(鬻)于市。命服命车,不粥于市。宗庙之器,不粥于市。牺牲不粥于市。戎器不粥于市。用器不中度,不粥于市。兵车不中度,不粥于市。布帛精麤(粗)不中数、幅广狭不中量,不粥于市。奸色乱正色,不粥于市。锦文珠玉成器,不粥于市。衣服饮食,不粥于市。五谷不时、果实未熟,不粥于市。木不中伐,不粥于市。禽兽鱼鳖不中杀,不粥于市。”大意是说,凡贵族所特有的物品如圭玉金璋、珠宝、命服命车、宗庙之器、牺牲兵器之类,不得贩卖于市场之中。器具不合质量规定、布帛不合尺寸、颜色不正的不得贩卖于市场之中。另外,五谷、水果未成熟,木材不到砍伐之季节,禽兽鱼鳖未到捕获季节的,均不得上市贩卖。衣服饮食之物也不准上市贩卖。

《礼记·曲礼下》载:“国君春田不围泽,大夫不掩群,士不取麛卵。”

意思是说，国君春天打猎时不围猎，大夫打猎时不聚众，士打猎时不捕获幼鹿（泛指幼兽）.以示取之有度。"《礼记·王制》载："草木零落，然后入山林。昆虫未蛰，不以火田。不有不卵，不杀胎，不有夭，不覆巢。"大意是说，到深秋时节，始得入山林砍伐捕猎。春天昆虫尚在冬眠时，不焚田中荒草，不取幼兽和鸟卵，不伤害怀孕的禽兽，不将幼小禽兽尽杀之，不毁鸟巢以取卵。

《礼记·月令》载：（孟春之月）"乃修祭典，命祀山林川泽，牺牲毋用牝，禁止伐木，毋覆巢，毋杀孩虫胎夭飞鸟，毋麑毋卵。"是说，春天开始的第一个月，讲求祭祀之典礼，祭祀山川之神所用牺牲不可用母兽，禁止上山伐木，不得毁巢以取幼鸟，不得杀幼虫，不得捕获幼兽，不得取鸟卵。（仲夏之月）"是月也，树木方盛，命虞人入山行木，毋有斩伐。不可以兴土功，不可以合诸侯，不可以起兵动众，毋举大事以摇养气，毋发令而待以妨神农之事也。"意思是，夏天的第二个月，树木正在成长之中，命令虞人（主管山林之吏）进山保护山林，不许砍伐林木。不可以大兴土木工程，不可以大会诸侯，不可以兴兵作战，不可以发动大事以干扰天道长养之气，不可以征发徭役以妨害神农之事。

九、听断之制

《周礼·秋官司寇·士师》载："凡以财狱讼者，正之以傅别约剂。"又《朝士》载："凡有责者，有判书以治，则听。"意思是说，凡是因财货而发生诉讼的，要根据买卖货物时签订的契约和券书来裁决。凡因为债务问题而发生纠纷的，有契约的才受理。《朝士》还说："凡属责者，以其地傅而听其辞。"是说凡受死友委托向债务人讨取债务，因债务人抵赖而发生诉讼的，要传唤当地知情者来作证。

《周礼·秋官司寇·小司寇》载："以三刺断庶民狱讼之中，一曰讯群臣,二曰讯群吏,三曰讯万民。听民之所刺宥,以施上服下服之刑。”又《司刺》载,“掌三刺三宥三赦之法,以赞司寇听狱讼,壹刺曰讯群臣,再刺曰讯群吏,三刺曰讯万民。壹宥曰不识,再宥曰过失,三宥曰遗忘。壹赦曰幼弱,再赦曰老旄,三赦曰蠢愚。以此三法者求民情,断民中,而施上服下服之罪,然后刑杀。”大意是说,法官审判死罪案件,要征求群臣、群吏、庶民的意见。对不小心、过失、遗忘而杀人的,要予以宽免。对幼童、老人、白痴杀人的,要予以赦免。用上述三种办法来掌握案件的真实情况,以便处以轻重适当的刑罚,以至于处死。

《礼记·王制》载:“司寇正刑明辟,以听狱讼。必三刺,有旨无简不听,附从轻,赦从重。凡制五刑,必即天论(伦),邮罚丽于事。凡听五刑之讼,必原父子之亲、立君臣之义以权之。意论轻重之序、慎测浅深之量以别之。悉其聪明致其忠爱以尽之。疑狱,泛与众共之。众疑,赦之。必察小大之比以成之。成狱辞史以狱成告于正。正听之。正以狱成告于大司寇。大司寇听之棘木之下。大司寇以狱之成告于王。王命王公参听之。三公以狱之成告于王。王三又(宥),然后制刑。凡作刑罚,轻无赦。刑者侀也,侀者成也,一成而不可变。故君子尽心焉。”大意是,司寇依法审判案件,实行三刺的方法(讯群臣、讯群吏、讯万民)以决定刑罚。有人起诉而无实际凭证,可以不受理。比附断罪之际,加重刑罚时其加重的程度要小,减轻或免除刑罚时其减轻或免除的面要宽。定罪时要依据天伦并参考以往的判例。听讼时必须搞清当事人之间的亲属或上下级关系,并以此衡量其情节判明其性质。有疑问的要与大家共同商议,并参照已往的判例来断定。法官确定诉讼文书之后,要上报给士师,士师再报告给大司寇。大司寇审查之后上报给王。王命令三公大臣讨论之。三公大臣审订后再报告给王。王再三考虑是否可以减轻或免除刑罚。实在不行才施行刑罚。刑罚是重大的事情,一旦实施就不可挽回,所以法官要慎重从事。

《礼记》中的《月令》篇，集中地论述了“春夏施德，秋冬行刑”的理论。大体上说，春夏之时，“天气下降，地气上腾，天地和同，草木萌动”，因此治理国家要以德政为先。春天应当“命有司，省囹圄，去桎梏，毋肆掠，止狱讼。”夏季则应当“断薄刑，决小罪，出轻系”，“挺重囚，益其食。”秋冬之季，万物闭藏，故治理国家应当以刑罚为主。秋天应当“命有司修法制，缮囹圄，具桎梏，禁止奸，慎罪邪，务搏执。命理瞻伤、察创、视折，审断决狱讼必端平，戮有罪，严断刑”；“乃命有司申严百刑，斩杀必当，毋或枉挠。枉挠不当，反受其殃；”“乃趋狱刑，毋留有罪。”冬天应当“是察阿党，则罪无有掩蔽”；“功有不当，必行其罪以穷其情”，有违法者，“行罪无赦”。并且应当“厥廷门闾，筑囹圄，此以助天地之闭藏也。”这些思想，是春秋时代“赏以春夏，刑以秋冬”的具体化。

结语　古代法的文化脉络

中国古代法能够连绵数千年而未断绝，自有其文化脉络，不绝如缕。这种文化脉络或者寄托于圣贤人物的辉煌事功，或者隐身于简牍笔墨之中，或者流传于口耳相传之际。“惟殷先人，有策有典”。（《尚书·多士》）这些典策记载着古人运用法律管理国家社会的经验和教训。《左传》引《夏书》曰：“与其杀不辜，宁失不经。”即今天所谓“罪疑从无”者。又谓：“同罪异罚，非刑也”。即今天所谓同案不同判者。《吕刑》谓：“刑罚世轻世重”。即以社会形势论刑之轻重。古代法的文化脉络即存在于古代先民的思想和行为当中。到了战国的大变革时代，这些文化脉络便于无意之间，成为法家人物改造社会的第一原动力。法家的雄心壮志和种种改革主张，大都可以从这些文化脉络中找到神圣的灵感。

第七章　春秋战国的社会背景与百家争鸣

春秋(公元前770—前476年)战国(公元前475—前221年)是我国古代社会从宗法贵族制向地主制过渡的大变革时期。此间,由于铁制工具的普遍使用,生产力大大提高,导致了阶级结构的重新组合,古老宗法贵族制度的解体和新兴地主制的确立。神权、礼制的崩溃,造成了思想学术界的繁荣,并形成了百家争鸣的局面。其中,在法律思想方面主要是儒、墨、道、法四家。四家当中,影响最大的是儒法两家。从社会阶级的角度而言,儒家是宗法贵族的代表,法家则平民和非贵族的土地所有者的代表。从政体角度而言,儒家是世袭的宗法贵族政体的代表,法家则是非血缘官僚君主政体的代表。从地域文化角度而言,儒家是鲁国文化即中原农耕文化的代表,法家则是晋秦文化即西北游牧文化的代表。战国时期,两种政治立场和文化的冲突演成了内容丰富多彩的为时数百年的儒法对立。而将这两种文化结合在一起的,就是齐国文化即荀子的学术。严格说来,荀子的学术既非孔孟之儒学,亦非商韩法家之学,而是两者的改造与合一,故可称之为儒法家或法儒家。在秦朝以后两千余年的中国古代社会(又称之为集权君主制时代)当中真正发挥作用的,既非孔孟的原始儒家,也非商韩的原始法家,而是荀子之学。荀子之学标志着先秦学术的终结和君主时代正宗学术的肇始。可以说古代社会的正宗学术均未超出荀子学术的范畴。西汉以后,董仲舒继承和发展了荀子学术,使儒学上升为官方正宗学术。汉武帝时

“罢黜百家,独尊儒术”,其时之“儒术”已经过脱胎换骨的自我变异,“蝶化”为儒法融合之后的新一代产儿。了解先秦学术的这一脉络,不仅对于研究先秦法律思想,而且对于研究后来的古代的法律思想,都是至关重要的。

一、春秋战国的社会状况

春秋战国是我国古代社会的大变革时代。简而言之,是从分散的宗法贵族制时代到新兴地主阶级的集权王朝。此间,学术思想空前繁荣,对当时及后世均施以重大影响。

(一)生产力的提高

春秋以后,社会生产力水平大大提高。这在很大程度上应归功于冶铁的发明,铁制工具和牛耕的广泛使用。《左传·昭公二十九年》载:赵鞅“赋一鼓铁以铸刑鼎,著范宣子所为刑书焉”。《国语·齐语》有:“美金(铜)以铸戈剑矛戟,试诸狗马;恶金(铁)以铸斤斧钼夷锯欘,试诸壤土”。据《管子·海王》载,当时,从事纺织的人配有“一针一刀”,农夫配有“一锹、一犁、一铲”,手工业工匠配有“一斧一锯一锥一凿”。《墨子》中有“铁矢”、“铁鈇”、“铁钜”、“铁校”、“铁锌”、“铁锁”等名称。《孟子·滕文公上》有:“以铁耕乎”。此其证也。“在春秋末年,已开始使用牛曳犁耕田。有了铁制的农具,又用牛力,就可以深耕。在战国的时候,人们都已经知道深耕是增产的一个重要条件。他们也深知道水利灌溉对于农业生产的重要。很多国家都修渠道引水灌溉。”[①]铁器和牛耕的普及和水利事业的发展,大大提高了个体劳动者的生产效率,《吕

① 冯友兰:《中国哲学史新编》,人民出版社1962年,第61页。

氏春秋·上农》谓:"一人治之,十人食之,六畜皆在其中矣。"生产力的提高,使以"四口之家"、"五口之家"的小家庭为单位从事农业生产活动成为可能,从而改变了《礼记·王制》所谓"古者公田籍而不税、"(借助民力以耕公田)"千耦其耘"、(《诗经·周颂·载芟》)"率时农夫,播厥百谷","亦服尔耕,十千维耦"(《诗经·周颂·噫嘻》)的隶农集体劳作的生产方式。于是,大片荒地和森林被开垦出来。原先野草丛生、"狐狸所居,豺狼所嗥"的"南鄙之田",(《国语·晋语》)成为肥沃良田。不少无地的农民经过开垦荒地成为小土地所有者。他们的生产积极性很高:"公作则迟,分作则速,无所遁其力也"。(《吕氏春秋·上农》)此间伴随着农业生产的发展,小手工业和商业活动也空前活跃。正如《荀子·王制》所说:"泽人足乎木,山人足乎鱼,农夫不斲削不陶冶而足械用,工贾不耕田而足菽粟"。工商业的发展促进了各诸侯国人民的交流。

(二)社会结构的变化

春秋时宗法贵族政体逐渐衰败,天子、诸侯、大夫、士的地位逐级下移。正如《论语·季氏》载孔子之语:"天下有道,则礼乐征伐自天子出;天下无道,则礼乐征伐自诸侯出。自诸侯出,盖十世希不失矣;自大夫出,五世希不失矣;陪臣执国命,三世希不失矣。天下有道,则政不在大夫;天下有道,则庶人不议。"宗法贵族政体的衰落与官僚政体的兴起同步进行。士阶层的发展,平民地位的上升,构成官僚集团的基础。权力集中于国君,正是中央集权君主政体的起点。此间,奴隶地位也发生变化。他们或者采取反抗以获取自由,即《左传·襄公十年》所记"臣妾多逃";或者努力于战事而上升为平民,如《左传·哀公二年》铁之誓辞:"克敌者,上大夫受县,下大夫受郡,士田十万,庶人工商遂,人臣隶圉免。"又如《左传·襄公二十三年》载,奴隶斐豹因有功而上升为平民。

春秋以降,“礼崩乐坏”。周天子形同虚设。周天子要举办重要活动还要向有实力的诸侯“举债”。有的诸侯国长期不向周天子奉献,故有“数典而忘其祖”(《左传·昭公十五年》)之讥。奴隶以集体逃亡的方式同贵族进行斗争。他们被称作“盗贼”。如郑国的“萑符之盗”、楚国的“云梦之盗”。更有盗跖“聚党数千人,横行天下”。(《史记·伯夷列传》)当时“名声若日月”。(《荀子·不苟》)各级贵族由于失去了养尊处优的物质基础,有的成为新的贫苦人群。原先的穷人有机会通过开垦荒地成为小土地所有者。由于“土可贾焉”,(《左传·襄公四年》)使商人有机会通过买卖而成为新的地主。战争有功者和因揭发坏人坏事被奖赏者,都有机会成为新的地主。原先居住在城邑中的平民在战争和重大政治事件中表现出空前的威力。特别是对待暴君的倒行逆施方面,“民闻公命,如逃寇仇,”(《左传·昭公三年》)甚至“疾视其长上之死而不救”。(《孟子·梁惠王上》)他们一旦联合行动就造成“民溃”,足以使浩大工程空无一人,使战事不战而败。如《左传·僖公十九年》载“民惧而溃”导致“梁亡”,《公羊传》刺谓“鱼烂而亡。”统治阶级不得不制定新的政策来获取广大平民和奴隶的支持。新的统治者为了赢得战争,不得不发布解放农隶的命令。如“铁之誓”:“克敌者,庶人工商遂,人臣隶圉免”;(《左传·哀公二年》)又如商鞅变法,宣布“有军功、努力本业耕织致粟帛多者复其身”。(《史记·商君列传》)在挣脱宗法血缘纽带的同时,新的人身依附关系出现了。小土地所有者或无土地者,与有势力的大土地所有者建立新的权利义务关系:“册名委质为臣”,用依附新主来换取生活的安宁。同时,武侠也出现了。他们平日得到主人的优待,关键时刻则以死效忠。“士为知己者死”的豪迈宣言,打破了“父母在不远游”,“父母在,不许友以死”的古老教条。平民悄悄登上政治舞台。获得土地的人和获得财富的人,都要求国家用法律确认和保护他们的既得利益,并进一步保障他们的发展。然而旧的统治阶级是不愿自动退出历史舞台的。于是，在当时的政治舞台上飘舞着各色旗帜，响彻着各种声音。

（三）思想学术界的活跃

春秋以后，原先居统治地位的思想观念进一步式微。其一是神权思想进一步动摇。子产宣布："天道远，人道迩，非所及也"，（《左传·昭公十八年》）孔子主张："未知生，焉知死"，"未能事人，焉能事鬼"。（《论语·先进》）神权思想几乎境遇冷漠、无人问津。而"重民"、"爱民"思想大兴；其二是礼乐制度的式微和礼治思想的没落。西周政权的崩坏与礼乐秩序的毁灭同步进行。世袭贵族政权的崩坏改变了"学在官府"、"学在王官"、"宦学事师"（《礼记·曲礼上》）的旧的文化格局，造成了"天子失官，学在四夷"，（《左传·昭公十七年》）"礼失而求诸野"（《汉书·艺文志》）的新局面。原先在贵族政体下从事文化工作的职官失去生存的条件而转到社会底层，从而把贵族独揽的文化知识传播到民间。孔子率先开创的民间教育则推波助澜，终于酿成了"学术下私人"的伟大的文化革命。为了在群雄争霸中保存自己、壮大国力，各诸侯国都十分重视招贤纳士，孟尝君、春申君、信陵君均养士千人。齐稷下学官亦聚徒讲学不断。秦吕不韦亦聚门客撰《吕氏春秋》。于是礼贤养士之风行。民间知识分子，官方知识分子，都从各自的立场出发，批评时政，提供治世蓝图，并为实现其理想而付诸实践。正如李斯所谓"此布衣驰骛之时而游说者之秋也"。（《史记·李斯列传》）世谓"孔席不暖，墨突不黔"，（《汉书·叙传上》）意思是说，儒家、墨家为宣传和实践自己的政治主张，不辞辛苦，席子尚未睡暖，炉灶的烟囱还没熏黑，就出发远行。正是对这种以天下为己任的时代精神的赞歌。在富国强兵的目标下，各诸侯国争相变法图强。于是，"法治"思潮大盛。

二、诸子学术与“百家争鸣”的一般情况

（一）关于诸子学术的产生

诸子学术亦称“子学”，是以先秦民间知识分子为旗帜的学术思想，与西汉以后的官方“经学”相对而言。“百家之学”，始见于《庄子·天下》：“其数散于天下而设于中国者，百家之学时或称而道之”。“百家”乃民间学术流派之概称。“百”者言其众也。《史记·太史公自序·论六家之要旨》归纳为儒、墨、道、名、法、阴阳六家；《汉书·艺文志》则归纳为儒、墨、道、名、法、阴阳、农、纵横、杂、小说十家。除去小说家，谓之九流。而后又益医方、兵家，共十二家。

关于百家之学的产生，吕思勉说：“春秋以降，弑君三十六，亡国五十二，诸侯奔走，不得保其社稷者，不可胜数。向之父子相传，以持王公取禄秩者，至此盖多降为平民，而在官之学，遂一变而为私家之学矣。世变既亟，贤君良相，竞求才智以自辅，仁人君子，思行道术以救世；下焉者亦思说人主出其金玉锦绣，取卿相之尊。社会之组织既变，平民之能从事于学问者亦日多，而诸子百家，遂如云蒸霞蔚矣。”①柳诒徵说：“古时有圣有王，则学在百官。至春秋时，内圣外王之道不明，则道术分为百家，……学术之分裂，非一时之事，始则由天子畿内分而之各国，继则由各国之学转而为私家。……当春秋之初，诸侯之国已各自为教。其风气不同，殆由所传之学不同之故。……官学日微，而私家之师弟则不分国界，故国学变为师弟之家学焉。”②

---

① 吕思勉：《先秦学术概论》，中国大百科出版社 1985 年，第 16 页。

② 柳诒徵：《中国文化史》（上），东方出版社 2008 年，第 214、215 页。

(二)"百家争鸣"的一般过程

春秋末期,各诸侯国在政治、经济、军事上进行了一些变革,产生了最初的革新思想。其代表人物主要有管仲、子产、邓析。他们的革新思想是尔后"百家争鸣"的先导。

孔子创立的儒家学派,是我国古代第一个民间学术团体。古代所谓"儒",泛指掌握一定文化知识即"六艺之学"(易、诗、书、礼、乐、春秋)等的文职人员或知识分子。孔子思想的核心是"仁"。"仁"源于东夷民族"交趾"(男女抵足而眠)的"人相耦"的习俗。[①] 族外婚制又使"人相耦"上升为氏族之间平等友好相处的意识。孔子把"仁"提升为一种新的学说。孔子的"仁"不仅包括血缘亲属之间的"孝慈",还包括陌生人之间的"忠恕"。以孔孟为代表的儒家学派主要代表了传统贵族的利益。孔孟儒家虽然主张改良,但总体上仍坚持古老的宗法礼治。同时,他们生活在社会底层,因而对劳动人民又较为同情。他们主张用调和的方法,约束统治集团成员的过分行为,提倡"仁者爱人",即减轻对人民的剥削压迫,让人民过上富裕的生活。并在此基础上对人民进行教化,使人民树立道德伦理观念而自我约束,从而实现天下统一的安宁有序的美好社会。

最早起来批判儒家并与之分庭抗礼的是墨家。儒、墨两家被并称为当时的"显学"。《庄子·齐物论》说:"有儒、墨之是非,以是其所非,而非其所是"。《韩非子·显学》说:"世之显学,儒、墨也"。《吕氏春秋·有度》说:"孔、墨之弟子徒属,充满天下,皆以仁义之术教导于天下"。墨家从农民和手工业生产者的利益出发,严厉批判世卿世禄的贵族政

---

① 武树臣:《寻找最初的仁——对先秦仁观念形成过程的法文化考察》,《中外法学》2014 年第 1 期。

体。他们指责贵族是“不劳而获”、“无故富贵”,(《墨子・尚贤下》)发出“官无常贵,民无终贱”(《墨子・尚贤上》)的怒吼。他们要求“尚贤举能”,“贤者举而上之,以为官长,不肖者抑而废之,贫而贱之”;(《墨子・尚贤中》)“虽在农与工肆之人,有能则举之,高予之爵,重与之禄”。(《墨子・尚贤上》)在司法上要求“赏当贤,罚当暴”。(《墨子・尚贤中》)“不党父兄,不偏富贵”。(《墨子・尚贤中》)他们提倡集权政体,“尚同乎天子”;“天子之所是,必亦是之,天子之所非,必亦非之”;“上之所是,必皆是之,上之所非,必皆非之”。(《墨子・尚贤中》)他们希望出现一个至高无尚、凌驾一切的皇帝,从上面洒给人间雨露阳光。此外,他们还指责儒家的“仁者爱人”是“爱有差等”,要求代之以平等、互利,不分亲疏远近,“天下之人皆相爱”的“兼爱”。(《墨子・兼爱中》)

与墨家同期且与墨家并肩共同批判儒家的,还有杨朱学派。杨朱学派敢于藐视儒家所捍卫的贵贱尊卑长幼之序和忠孝仁爱等道德观念,他们主张“贵生”和“为我”。即:“全生葆真,不以物累形”。(《淮南子・泛论训》)“迫生不若死”。(《吕氏春秋・贵生》)“杨子取为我,拔一毛而利天下不为也”。(《孟子・尽心上》)“不以天下大利易其胫之一毛”。(《韩非子・显学》)“我”的本质是“生”,“生”是欲望得以满足的过程,“生”就是自由。因此,一切有碍于“生”的东西都是不道德的,无价值的。这种观念是私有制经济关系在人们思想中的极端化的反映。在某种意义上是对忠孝仁爱的道德伦理观念的背叛,是对贵贱尊卑的等级观念的反动,是对当时维护贵族特权的法律制度的挑战。杨朱学派把生命的价值归结于物质欲望的满足,从而把追求物质利益的行为和思想合理化。这是对儒家“重义轻利”的否定。他们抛弃了传统的天道观和先王观,从人的感官的需要来说明道德,对传统观念无疑是一种冲击。

墨家学派和杨朱学派曾形成无形的“反儒联盟”。正如孟子所谓

"杨朱墨翟之言盈天下，天下之言不归杨则归墨"。孟子以卫礼学、距杨墨为己任；"杨墨之道不息，孔子之道不著"；"杨氏为我，是无君也；墨氏兼爱，是无父也。无君无父，是禽兽也"。(《孟子·滕文公下》)可见孟子对杨、墨痛恨之深。

道家是以老子、庄子为主要代表的学术派别。因讲求"无为而无不为"(《老子》第五十七章)的"道"，故名。他们基本上代表了没落贵族的消极悲观，不甘心灭亡又不与当权者合作的复杂心态。他们主张"清静无为"的"自然法"，即按照人类社会的自身规律办事，不要横加干涉。因此反对"有为"政治。他们批评儒家的"礼治"是"忠信之薄而乱之首"，(《老子》第三十八章)批评法家的"法治"是"法令滋彰，盗贼多有"，(《老子》第五十七章)都不能达到天下大治。他们把当权者嘲讽为"窃国大盗"，是"诸侯之门而仁义存焉"。(《庄子·胠箧》)对统治者的卑鄙与伪善每多揭露，常常歪打正着，入木三分。

法家是战国中期出现的代表新兴地主阶级利益的学术派别。法家也是以批判儒家的姿态登上政治舞台的。而且，法家对儒家的批判较其他学派更为有力和系统。法家反对"亲亲"、"尊尊"、世卿世禄的"礼治"，要求实行以功劳大小来分配权利的"法治"。他们的口号是"刑无等级"，(《商君书·赏刑》)推行"不别亲疏，不殊贵贱，一断于法"(《史记·太史公自序》)的"法治"，并且在郡县官僚制的基础上建立中央集权的君主政体。法家的重要理论之一是"好利恶害"的人性论。在这种人性论下面，儒家推崇的君仁臣忠、父慈子孝、兄良弟悌等道德规范都成了反人性的虚伪说教。法家是先秦诸家当中最重视法律作用，对法律也最有研究的一个派别。法家在法的定义、特征、作用、起源等方面都提出了独到的见解。法家不仅提出了较系统的"法治"理论，而且还提出了关于立法和司法的具体主张。

名家是战国时期形成的一个学术派别。《史记·太史公自序·论六家之要旨》说:“名家苛察缴绕,使人不得反其意,专决于名,而失人情。故曰使人俭而善失真。若夫控名责实,参伍不失,此不可不察也”。名家曾经经历了两个重要阶段:一是“控名责实,参伍不失”,即与成文法相联系,研究法律名词术语之所谓的“刑名”之学,其代表人物是邓析、申不害、商鞅;一是“专决于名,而失人情”,即专门研究逻辑问题(如“白马非马”之类)的“形名”之学,其代表人物是惠施、公孙龙。春秋末期的邓析可以说是“刑名”之学的鼻祖,战国申不害承其绪,商鞅、墨家后学均重视此学。法家的“循名责实”、“定分止争”,严格依法办事的主张,都源于此,且开后世律学(注释、阐释成文法)之先河。

阴阳五行家是战国时形成的学术派别。阴、阳是万物生成和变化的两种基本因素。五行,指构成世界的五种基本元素:金、木、水、火、土。阴阳五行家用阴、阳和五行来解释世界运动的基本规律,来说明社会历史发展变化的原因。阴阳五行家最著名的代表人物是齐国的邹衍。其“五德终始”说迎合了新兴地主阶级建立和巩固新政权的需要,并对秦朝的政策施以重大影响。秦朝以“水德”自居,施政严酷,不讲仁义,以合“水德”的要求。而真正的“水德”却是“水则载舟,水则覆舟。”不仅如此,阴阳五行理论还成为西汉以后正宗法律思想的重要理论形式。

农家是战国时期形成的一个学术派别,由重视农业生产故名。“先秦的农家思想有两方面:一方面是关于农业生产技术的,一方面是关于社会思想的。”[①]就社会思想而言,又分两部分:一是反映新兴地主阶级重视农业生产的主张,由此发展到法家“民农则朴,朴则易用”、“民舍本而事末,则好智,好智则多诈,多诈则巧法令”(《吕氏春秋·上农》)的“重农抑商”政策;二是以许行为代表的一支,反映了农民的愿望和要

---

① 冯友兰:《中国哲学史新编》(第一册),人民出版社1962年,第176页。

求。他们宣传“神农之言”、“神农之教”、“神农之法”，反对不劳而获，主张人人劳动，抑制商业活动，以实现“天下均平”。

杂家是战国末期出现的一个学术派别。其代表作是秦相吕不韦主持由其门客集体编纂的《吕氏春秋》。杂家的另一个代表作是西汉刘安主持编纂的《淮南子》。战国杂家因其晚出，得以总结各家学术之优劣，择其长者，熔于一炉，反映了战国末期诸家学派从相互对立转向相互吸收的趋势。战国杂家的思想是以道为宗，以儒为基，以法为用，又兼取诸家。其目的是为行将出现的统一的秦帝国提供新的官方学术。但是，秦朝统治者显然并没有重视这些主张。

三、诸家学派的共同特点

诸家学派虽然代表着各自不同的阶级、阶层，又与各自的地域文化传统密切相联，在他们的主张之间又常常表现出对立的不妥协的色彩。但是，他们的主张又有着许多共同的特点。

（一）诸家学派都具有批判现实的精神

诸家学派都具有批判现实的战斗精神。诸家学派对当时的社会现实都不满意，都进行了无情的批判。

儒家反对奴隶制传统，对殉葬的作法表示了极大的义愤：“始作俑者，其无后乎！”对破坏周礼的妄为表示愤怒：“八佾舞于庭，是可忍也，孰不可忍！”（《论语・八佾》）认为诸侯国君为了获得土地城池而驱赶人民为之战斗，以致“杀人盈野”，“杀人盈城”，是“率兽而食人！”对人民起来推翻商纣那样的暴君深表赞许，称“闻诛一夫纣，未闻弑君！”（《孟子・梁惠王下》）对只知作威作福，“惟其言莫予违”的君主，斥之为“丧邦之言！”

墨家仇视那些世卿世禄享尽各种特权的贵族，说他们是“不与其劳而获其实”的“面目姣好”者。对贵族们活着时享受荣华富贵，死了以后又用大量物品殉葬表示愤慨。同时，墨家又批判传统的“礼”，认为礼所要求的“亲亲”，违背了“兼爱”的原则，只有平等地爱所有人才是真正的“仁”；

道家对当时的掌权者持不合作的鄙夷的态度，把他们看成没有资格管理国家的暴发户和窃国大盗：“彼窃钩者诛，窃国者为诸侯”，“诸侯之门而仁义存焉”。就因为你们有权有势，你们才被赞美为“仁”、“义”！道家将“礼”、“法”看作是社会病态的反映：“大道废，有仁义，智慧出，有大伪，六亲不和，有孝慈，国家昏乱，有忠臣”，“礼者忠信之薄而乱之首”，“法令滋彰，盗贼多有”。道家有时还看到社会动乱的根本原因：“民之难治，以其食税之多，是以难治”。这些批评都是切中要害的。

法家持进化史观，将固步自封、反对变革者称作“守株待兔”的蠢才。将摒弃法律全凭个人好恶的治国者称作“心治”、“身治”，必将失信于民。将世卿世禄的“礼治”，称作“私”，将法家的“法治”称作“公”、“公义”、“公法”、“公道”、“公利”。要求君主“任法去私”。面对“法术之士”被权贵陷害——或死于国法，或死于私剑——的凄惨境地，他们发出了悲愤的呼声：“法之不行，自上犯之”，(《史记·商君列传》)“智法之士与当涂之人不可两存之仇也！”(《韩非子·孤愤》)

（二）诸家学派都有自己的理想蓝图

诸家在批判现实的同时，都提出了自己的理想蓝图。

儒家的理想是“仁”的社会，即天下统一的多民族友好相处的社会。上有天子、诸侯，中有卿相、大夫、士，下有庶民、百姓。大家都按照“君君、臣臣、父父、子子”的“礼”的秩序，各尽义务，各享权利。为君者仁义而贤能，为臣者忠诚而无私，为民者富裕而顺从。先以“孝慈”之心爱其亲人，然后推而广之："老吾老以及人之老，幼吾幼以及人之幼"，甚至"仁及草木"，达到"天下归仁"。这是一幅虽有君臣上下贵贱尊卑长幼之异，却没有暴政因而也没反抗的美好社会。

墨家的理想是"兼爱"即"天下之人皆相爱"的社会。人民将最好的人选为天子，天子将最贤能的人选为各级正长。国家制定最好的法律，对"兼相爱、交相利"的人进行赏赐，对"兼相别、交相贼"的人进行惩罚。万民皆服从长上，服从君主，以君主之是非为是非。大家互相帮助，以诚相待，互不欺瞒，平等交易。诸侯国之间友好相处，不起战事。这是一个虽然充满上下之别，充满服从，却没有强权，没有反抗的和谐社会。

道家的理想是"清静"的社会。在那里，人们没有君臣上下尊卑长幼之别，没有法令刑罚对人们的强制驱使，没有忠孝仁爱礼义廉耻的面纱，没有对名誉地位财富的如痴般的追逐，甚至没有车船器械，没有工具农具，没有文字。人们都生活在大自然里，与动物和万物并存。人们"耕而食，织而衣"，固守一隅，互不往来。人们忘记了人类社会的污浊喧嚣，生于兹，死于兹，平静地任人类之本性尽情显现。这是一个消灭了人类社会各种矛盾同时又摒弃了人类文明的美好社会。

法家的理想是"法治"社会。君主带头遵守法律，"君臣上下贵贱皆从法"。社会生活的方方面面都有法律加以规定。法律用百姓易懂的文字写就，使妇孺皆晓。百姓按法律约束自己的行为。官吏由贤能者担任，他们谨慎地行法，既不敢背叛国君也不敢欺凌百姓。国家对违法犯罪者处以严厉的刑罚，以使人民警觉。百姓按照法律的规定努力生产、战斗并获得良田美宅，进入官吏行列。不管你是谁，不管血缘是否高贵，不管你是哪国人，只要你努力奋斗，就可以获取辉煌。这是一个首次为个人发展大开方便之门并进而使国家强盛的美好社会。

(三) 诸家学派都具有勇于实践的精神

诸家学派不仅都有各自的理想蓝图，而且还都具有为实现理想而努力奋斗的实践精神。如《汉书·叙传》所谓“孔席不暖，墨突不黔”。师古注：“志在明道，不暇安居”。正是靠着这种舍生取义的实践精神，中华民族才能够生生不已，连绵至今。

儒家为实现自己的理想，不辞劳累，游说各诸侯国君或聚徒讲学，寄希望于于天下桃李。孔子周游诸国，寝食不安，受到土著人的围困，几乎断粮，更不必说遭到世人的嘲讽。其“知其不可而为之”的坚韧毅力跃然于史册。孟子游历齐梁，面对齐宣王，大声宣布：“君有大过则谏，反复之而不听，则易位！”(《孟子·万章下》)荀子在齐稷下长期主持学术活动，为行将出现的统一王朝铸造新的学说体系。他修正了法家的成文法，吸收古代的判例法，提出混合法的理论。

墨家是个既有理想又有纪律的团体。他们生活俭朴，不脱离劳动。为宣传自己的理想“日夜不休，以自苦为极”。(《庄子·天下》)“为墨子服役者百八十人，皆可使赴火蹈刃，死不旋踵”。(《淮南子·泰族训》)他们反对侵略战争，主张“大国之攻小国也，则同救之”。故而闻楚攻宋，率徒急奔助宋守城。又有“墨者之法”，规定“杀人者死”。虽钜子(墨家领袖)之子杀人而被国君释罪，亦决不予以宽贷。

道家虽是个松散的学术团体，又常常隐居民间，但仍坚持各自为战，一遇机会便顽强地表现自己。孔子周游列国就经常遇到这些“隐者”。他们嘲笑孔子“四体不勤，五谷不分，孰为夫子?”是“知其不可而为之者。”“滔滔者天下皆是也，而谁以易之?”“往者不可谏，来者犹可追。”(《论语·微子》)表现了对儒家的不满。楚庄王闻庄周贤，派使臣持厚礼迎之，并答应让庄周担任楚相。庄周笑谓楚使者曰：“千金，重利。卿相，尊位也。子独不见郊祭之牺牛乎？养食之数岁，衣以文绣，以入太庙。当是之时，虽欲为孤豚，岂可得乎？子亟去，勿污我！我宁游戏污渎之中以自快，无为有国者所羁。终身不仕，以快吾志焉！”（《史记·老子韩非列传》）其透辟之思维，清高之志趣，言行一致之精神，非常人所能比况。

法家人物常兼为思想家和政治家两种角色，其实践色彩最浓。常常是夜之所思，日之所行者。商鞅留给世人的，除了《商君书》之外，还有“商君之法”，以及最终被守旧贵族追杀、车裂的英雄史事。商鞅的变法，其旨何止于富国强兵！其改变游牧民族传统生活方式，渐融于中原农耕社会之更革，实乃中华民族大融合的一曲雄浑的交响乐。至于主持楚国变法而最后死于贵族政变被乱箭穿身的吴起，其生平之坎坷，其意志之坚毅，其事业之辉煌，其就义之慷慨，久被世人传颂。其生也烈烈，其死也烈烈。他们的生命与时代车轮一样铿锵作响。他们用鲜血塑造了在先秦历史舞台风云的前无古人后无来者的一代英雄群像。他们的事迹比他们的语言更容易被后人记忆，因而也更为久长。

（四）诸家学术都具有一定的历史局限性

由于历史的文化传统的和阶级的局限，使诸家学术程度不同地都具有一定的局限性。指出这些局限性，并非苛求古人，而是立足于实事求是的客观评判。

儒家的眼睛是看着统治者的，他们主张的“德治”、“仁政”，其目的不过是为了确保统治者的长治久安。儒家坚持的“礼”，就是坚持君臣父子夫妇长幼尊卑男女之间的差异性精神，要求在下者对在上者的尊敬服从。儒家从理论上要求重视劳动人民的作用，但从感情上仍不免小视劳动人民，常常把他们归为“民可使由之，不可使知之”的“小人”之列。他们推崇教化，但对不服从教化者则毫不留情，偶尔露出残暴的另一只手。儒家的美好理想只是建立在君主的觉悟上面。对那些不听规劝、顽固不化的君主除了“卷而怀之”之外则束手无策。

墨家为了实现“兼爱”的理想，要求全体人民放弃自己的权利，把权利上缴到天子手里。以天子之是非为是非，实行完全绝对的服从。为了宣传“兼爱”的思想，墨家从最古老的思想仓库中找出了鬼神上帝的灵丹妙药。“明鬼”的音符在不信鬼神注重人事的时代显得尤其不协调。墨家代表小私有者的立场和要求，为了确保自己些许财产所有权，不惜扯出“杀盗非杀人”的大旗。墨家崇尚节俭并无不妥。他们“非乐”，认为音乐歌舞是奢侈浪费，无益于国计民生。但他们忘记了劳动人民也是文学艺术的创造者和欣赏人。

道家尽管看不上当时在台上的统治者，对他们施展嬉笑怒骂挖苦嘲讽之能事，但道家的内心还是惦记着台上之人的。道家表面上若无其事地唱着旧时代的挽歌，而实际上是不厌其烦地为台上者提个醒儿。“民之难治，以其上之有为，是以难治”；“天下之大不足以赏罚。自三代以下，匈匈焉终以赏罚办事，彼何暇安其性命之情哉！”这不是对“治民者”出谋吗？“圣人之治，虚其心，实其腹，弱其志，强其骨。常使民无知无欲”，“善为道者，非以明民，将以愚之”。这不是为“治人者”划策吗？

法家是新兴地主阶级的代言人。他们手举着双刃宝剑登上政治舞台。当他们把贵族赶走之后，便专心对付人民。法家把人性理解为“好利恶害”。因此，只要用法律驱使人民去做想让他们做的事，用刑罚杜绝人民做他们不想发生的事，就完全可以万事大吉了。他们过于迷信暴力和刑罚，使人民陷于动辄得咎的恐惧之中。他们推行文化专制主义，使人们心存法令，不识不知，安心务农。“民农则朴，朴则易用”。为此，不惜禁绝工商，禁绝民间教育。法家把君臣关系描写成“君臣上下，一日百战”。于是，帝王便运用阴谋权术来驾驭群臣。

四、诸家学派之间的外部差异与内在联系

在春秋战国时代，诸家学派林立于先秦思想学术园地，既表现了各自的独特风格和外部差异，又表现了互相间的内在联系。

（一）诸家学派之间的外部差异

由于诸家学派缘于各自不同的阶级、阶层，这必然造成诸家学说之间的差异性。这种差异性有时表现为对立性。

1. 儒墨之间

儒、墨之间的对立是世袭贵族与平民的阶级对立，当然也包括贵族政体和集权政体的对立。墨家用平等互惠的“兼爱”之“仁”，批驳了儒家“亲亲爱仁”（爱有差等）的狭隘的“仁”。用“兼爱”之“法”，取代君君臣臣父父子子的“礼”。用“同一天下之义”的集权政体取代世卿世禄的贵族政体。废除“先天”的血缘身份，以“后天”的个人努力为标准来进行权利再分配。

2. 儒道之间

儒、道之间的矛盾在一定程度上反映了宗法贵族内部改良和守旧势力之间的对立。道家以“过来人”的资格嘲笑儒家所坚持的东西，说这些东西“其人其事皆已朽矣”。道家鄙夷这些东西，不仅因为它们太迂腐，更重要的是，它们并不能改变没落贵族的不幸遭遇。道家断言，仁义礼智信是社会病态的产物，根本不能治理天下。

3. 儒法之间

儒法之间的对立是全方位的对立，首先是宗法贵族与新兴地主阶级之间的对立。它们表现在：在政体上是世卿世禄的贵族政体与中央集权君主政体（官僚政体）之间的对立；其次是统治方法上的对立，即

"以德服人"和"以力服人"的对立；第三是法律样式的对立，即判例法和成文法的对立；最后，在作为统治阶级的"人"与国家的"法"的关系上，表现为"人"与"法"的对立。

（二）诸家学派的内在联系

《汉书·艺文志》说："诸子十家，……其言虽殊，辟犹水火，相灭亦相生也。"诸家学术的差异性是十分明显的。这也是诸家独立门户的重要原因。但是，诸家学术都是中国古代社会发展到一定历史阶段的产物，都以古代历史文化传统为土壤。因此，它们之间仍然存在着各种内在联系性。比如，孔子也曾主张"无为而治"，孟子承认"无规矩不成方圆"，法家的尊君与墨家的尚同如出一辙，韩非、慎到都受道家思想的影响，李悝、吴起都曾经就学于儒家弟子，稷下学者则更是各有长短、互相浸润。

1. 儒墨之间

儒墨之间主张相异者虽多，然两者关心天下、身体力行之精神未尝有别也。孔子曾盛赞叔向"治国制刑，不隐于亲"，是"古之遗直也"。而墨家钜子杀了犯罪的独生子，正是无私之直。墨家主张"尚同"、"兼爱"、"尚贤"、"天志"、"明鬼"，而《礼记·大同》有"大道之行也，天下为公，……是谓大同"；"人不独亲其亲，不独子其子，使老有所终，壮有所用，幼有所长，矜寡孤独废疾者，皆有所养"；"选贤与能，讲信修睦"；"圣人作则，必以天地为本"，"圣人参于天地，并于鬼神以治政也"。其旨何其相近也。

2. 法儒之间

法儒之间的对立虽然可以称得上是全面对立，但是，儒家并非在一般意义上否定法律和刑罚的作用。比如，孔子言"道之以政，齐之以刑"，"宽以济猛，猛以济宽"。孟子言"徒善不足以为政"，反对"上无道揆，下无法守”，可证。只是没有把它们摆在治国的第一位。同时，法家也并非在一般意义上否定忠孝仁爱的道德观念，只要把它们纳入法治的范畴之内。如《商君书·画策》说：“所谓义者，为人臣忠，为人子孝，少长有礼，男女有别。非其义也，饿不苟食，死不苟生，此乃有法之常也”；《韩非子·忠孝》：“臣事君，子事父，妻事夫。三者顺则天下治，三者逆则天下乱”；《睡虎地秦墓竹简·为吏之道》有“君怀臣忠，父慈子孝，政之本也”。可见，先秦法家是“三纲”术语的首创者。

3. 法道之间

法家是后起的学派。故早期法家人物多受其他学派影响者。如申不害、慎到、韩非都学习过“黄老之学”。（黄老是道家的一个分支）《庄子·天下》说慎到主张“弃知去己”，“笑天下之尚贤”，“非天下之大圣”。这与《老子》主张的“绝圣弃智，民利百倍”，“常使民无知无欲”，“不尚贤，使民不争”，如出一辙。慎到将道家的“无为而治”、“清静无为”加工成“君道无为”、“臣道有为”，即“君臣之道，臣事事而君无事，君逸乐而臣任劳”，（《慎子·民杂》）“大君任法而弗躬”。（《慎子·君人》）商鞅重农抑商，禁绝民间教育学术活动，让农民固着在土地上努力耕织，这是受了道家愚民政策的影响。因为农民埋头种地，无知无识，最容易治理。韩非的《解老》、《喻老》两篇，正是用法家思想来诠释老子的命题。如：“治大国而数变法，则民苦之。是以有道之君贵静，不重变法。故曰：治大国若烹小鲜”。韩非的帝王之术，概源于老子“知其雄，守其雌”，“柔弱胜刚强”的统治谋略。

4. 法墨之间

法墨均站在儒家的对立面，对儒家的“礼治”进行了无情的批判。法家主张“尊君”，建立中央集权的君主专制政体，君主享有最高的权力。墨家的“尚同于天子”，以天子是非为是非，两者的宗旨是一样的。法家主张用法律“定分止争”，维护土地所有者的私有财产，墨家则主张

“杀盗非杀人”，两者的深意是一致的。在司法上，法家主张“信赏必罚”，“法不阿贵，绳不挠曲”，“刑过不避大臣，赏善不遗匹夫”。墨家主张“赏当贤，罚当暴”，“不杀不辜，不失有罪”，“不党父兄，不偏富贵”。两者的精神是相同的。

5. 法名之间

前期法家人物如商鞅、申不害都曾学过“刑名之学”。创立“刑名之学”的鼻祖是邓析。当时的“刑名之学”与成文法的问世关系密切，是注释法条法言法语之所谓的。商鞅长于此道，故在立法上建树颇多。至申不害谓：“君操其柄，臣事其常，为人君者操契以责其名”，其“刑名之学”乃君道无为、臣道有为、循名责实之学。“循名责实”的原则一到法家之手，便演变成严格依法办事的“法治”。

结语　百家争鸣的终结

百家争鸣是春秋战国社会大变革时代的特殊产物。随着社会现实生活的发展，一些学术显得迂回而不见于用，一些主张过于偏激而不被采纳，一些观点没落消沉而和者盖寡，一些设计则由于切于实际而独领风骚，而只有根基雄厚善于博采它长与时偕行者始能久长。诚如蒙文通所说：“儒家制度本取自墨家。儒盛而墨衰者，墨偏于宗教之信仰，儒富于哲学之寻求。……道家起于南方，偏于玄虚，以仁义为小；法家盛于北方，重视现实，以仁义为迂(大也)；皆远于中国传统之文化。……东周为旧社会之崩溃，而儒以衰者，以旧儒学之偏于旧社会也。汉初为新社会之长成，而儒反以大盛者，以新儒学之融合百家有以应新社会之需要也。”①

---

① 蒙文通：《经史抉原》，巴蜀书社 1995 年，第 152 页。

又如吕思勉所说："诸子之学，并起争鸣，经过一个相当时期之后，总是要归于统一的。统一的路线有两条：一、淘汰无用，而存留其有用的。二、将诸家之说，融合为一。在战国时，诸家之说皆不行，只有法家之说，秦用之以并天下，已可说是切于时务的兴，而不切于时务的亡了；""这时候，最要紧的是：一、裁抑贵族，以铲除封建势力。二、富国强兵，以统一天下。这两个条件，秦国行之，固未能全合乎理想，然在当时，毕竟是最能实行的，所以卒能并天下。致秦国于富强的，前有商鞅，后有李斯，都是治法家之学的。……法家是最主张审察现实，以定应付的方法的，所以最主张变法而反对守旧。这确是法家的特色。其学说之能最新，大约即得力于此。"①

秦统一以后，实行文化专制政策，禁止私学，以法为教，以吏为师。汉武帝时统一学术，罢抑百家，表彰六经，独尊儒术。百家争鸣遂偃旗息鼓，百家之术不绝如缕。此时，朝廷所尊崇之儒学已经融合诸家特别是法家学术而发生质变。此时之儒学远非彼时之儒学也。

---

① 吕思勉：《中国文化史》，《吕思勉讲中国文化》，九州出版社 2008 年，第 204 页。

第八章　地域文化与先秦法律传统的主旋律

在先秦(春秋战国)法律思想研究领域,儒法两家的法律思想似乎成为最受关注的传统课题。先秦儒法两家法律思想的对立与融合,构成了先秦法律思想的主旋律。具体而言,春秋战国形成了以孔子孟子为代表的以礼治、德治、人治为基本内容的法律思想;战国时期产生了以商鞅、韩非为代表的以"以法治国"的法治为核心的法律思想,并与儒家形成对立;战国末期,以荀子为代表的齐儒家(或曰儒法家)在继承改造儒家、法家法律思想的基础上,提出儒法合流、礼法统一的新理论,把先秦法律思想提升到一个新阶段,并标志着先秦法律思想的终结。但是,在研究方法上面,我们常常习惯于从社会经济生活、阶级关系、政治斗争等内容为出发点,来把握其思想实质。在这种模式下,诸家思想常常被定性并被冠以"奴隶主贵族"、"封建阶级"、"新兴地主阶级"、"平民"等标志。这种划分虽然有利于从某一个侧面(如政治立场与经济利益)去分析历史人物、学术派别的思想主张形成的原因,但有时也难免陷入片面。因为它很难回答类似"为什么在不同地区,相同的阶级会有不同的主张,""同样的思想主张为什么没有被别的地区所接受"这样的问题。作者试图从地域文化的静态角度来展现先秦儒法两家的法律思想的文化基因,以期在注重政治、经济诸因素的同时,探讨该时期法律思想历史演进的文化根源。

地域文化的研究方法在先秦史研究中具有特殊的意义。在这方面老一辈的学问大家为我们留下诸多宝贵启示和研究成果。傅斯年指出："研究一国之历史，不得不先辨其种族，诚以历史一物，不过种族与土地相乘之积。"[①]他还专门撰写了《论战国诸子之地方性》一文。蒙文通说："余作《经学抉原》，深信齐鲁学外，而古文为三晋之学，则经术亦以地域而分。"[②]并著有《古史甄微》、《古学甄微》。王献唐先生提出：研究古史有三术：一为姓氏，一为地名氏名，一为语言。[③] 并有《炎黄氏族文化考》行世。把地域文化和政治、经济乃至个人经历等内容结合起来，无疑将有利于深化古代法律思想的研究，将古人鲜活的形象，展现在今人面前。

一、先秦地域文化的形成

在秦帝国中央集权君主政体确立之前，我国曾经历了长期的分封自立的宗法贵族政体阶段。这种政体与地理、气候、生活方式等地缘特点密切结合，形成了各自独特的包含着历史传统、民族心理、风俗习惯、宗教信仰等因素在内的地域文化。这种地域文化甚至可以追溯到更为悠久的史前时代。而且，即使是在统一的中央集权君主专制政体之下，这种地域文化在社会生活当中仍然发挥着潜在的影响。

西周初期的封疆土建诸侯的"大封建"，是运用中央政治权力对地域文化的一次整理和确认。《左传·文公四年》载，卫国大夫子鱼在追述周初封建时曾说道："昔武王克商，成王定之。选建明德，以蕃屏周。"

---

① 傅斯年：《中国历史分期之研究》，欧阳哲生主编：《傅斯年全集》（第1卷），湖南教育出版社2003年，第33页。

② 蒙文通：《古史甄微》自序，巴蜀书社1999年，第14页。

③ 王献唐：《炎黄氏族文化考》，齐鲁书社1985年，第56、57页。

封伯禽始立鲁国，统率“殷民六族”，“因商奄之民，命以伯禽，而封于少皋之虚。……皆启以商政，疆以周索；”封唐叔始立晋国，统率“怀性九族”，“封于夏虚，启以夏政，疆以戎索。”《史记·鲁周公世家》载，太公吕尚为齐国之君，他治理齐国，“简其君臣礼，从其俗为也。”很快取得成效。可见，鲁国沿用了商人的习惯，用周礼来治国；晋国沿用了夏人的习惯，用军法来治国；齐国沿用了东夷的习惯，用当地风俗来治国。西周初期的统治集团，虽然十分重视周礼的作用，但是，他们对待地域文化同时也对夏人、商人甚至东夷民族的历史传统都持宽容态度。这种宽容的原因，与其说是西周统治集团对自身统治力量的高度自信，毋宁说是对强大的地域文化传统的无法驾驭。因为，不论是姬姓诸侯还是异性诸侯，在统治殷民六族、殷民七族、怀性九族这些广大土著居民时，是不能背离当地的生活方式和风俗习惯的。西周以降的地域文化就是这样被继承和延续下来的。

二、鲁国文化与儒家（孔孟）的法律思想

先秦儒家的代表人物是孔子和孟子。他们总结的“仁政”（德治）、“礼治”、“人治”理论，构成了儒家法律思想的核心内容。儒家的法律思想来源于了鲁国文化。鲁国文化即中原文化、农耕文化。它是中国文化的重心之一。鲁国文化造就了原始儒学，它是春秋时代思想学术中最耀眼的一面旗帜。鲁国文化有两个思想渊源：仁和礼。鲁学中的“仁”和“礼”构成了儒家和中国古代法律思想的基础价值。

首先是“仁”。“仁”源于东夷文化传统。在甲骨文当中，“人”字字形不论是侧立屈膝，还是踞、蹲、坐，大都反映了东夷人的形象。甲骨文中的“人”和“仁”字是相通的。由左右两个侧卧之人和倒立之人组成的被学者确定的“化”字，很可能就是“仁”字的原型。徐仲舒指出：“化”字

“象人一正一倒，所会意不明。”[①]刘兴隆认为：“化”字“象一人上下翻腾以示变化。”[②]我推测，“化”与“仁”字形的初始意义即《礼记·王制》的“雕题交趾”的“交趾”意即“抵足而眠”。《礼记·王制》“雕题交趾”的“交趾”，即《山海经·海外南经》“交胫国”的“交胫”，《淮南子·地形》“交股民”的“交股”。后来“仁”字象征亲人之间相濡以沫、相亲以热的亲人爱。“仁”的本质特征是“相人耦”或即“人相偶”。由此派生出夫妇、母子、兄弟、姐妹和同胞氏族之间互相友爱、相互尊敬之义。“仁”是人类自觉的表现。“仁”摒弃了对鬼神的仰慕，专注于人与人的对应关系，讲求此方对彼方的感情和责任。强调互相依存、友好相处。西周初期“以德配天、”“怀保小民”的“德治”思想就是对“仁”的第一次政治化。春秋时代的孔子把“仁”加工提炼成人世间最高的精神境界和理想。“仁”字从人、从二，讲的本是人与他人的关系。如果说欧洲“文艺复兴”时代的“人文主义”是通过神的折射来发现“人”的价值的话，那么，孔子的“仁”则是一个人从对方的瞳孔中发现自己的存在。就是说，一个人是仰仗他人的存在而来印证自己的存在的。因此，人首先应当善待他人。这就是“仁者爱人”的要义。孔子把“仁”视为未来美好理想的蓝图，其深意还在于改造当时的社会。他透过“仁”的透镜，对传统思想成果进行审视、取舍和改造：他打破了以往狭隘的先天血缘界限和神权思想的束缚，改造了西周之礼，提升了西周之德，把它们融进统一的仁学体系。孟子继承孔子的仁学思想，并把它发展成仁政学说；

其次是礼，包括夷礼、殷礼、周礼。鲁国不仅从“商政”“周索”那里继承了殷礼、周礼，而且还继承了夷礼。“仁”所概括的人与人之间的关系，恰恰是运用礼来规范的。礼起源于文身。通过文身来杜绝父女、母

---

① 徐仲舒主编：《甲骨文字典》，四川辞书出版社 1989 年，第 912 页。

② 刘兴隆：《新编甲骨文字典》，国际文化出版公司 2005 年，第 504 页。

子、兄弟姐妹之间的性行为。文身与祭祀活动同时进行，于是产生了最初的礼。①

西周初期，周公摄政，而后归政于成王。于是鲁国成了“祀周公以天子之礼乐”的重要场所，而鲁国之礼乐兴焉。故《礼记·明堂位》说：周公践天子之位以治天下，制礼作乐颁度量而天下大服。成王以周公为有勋劳于天下，是以封周公于曲阜。地方七百里，革车千乘。命鲁公世世祀周公以天子之礼乐。是故鲁，王礼也，天下传之久矣。其时之鲁国，实第二之王畿也。故傅斯年先生说：“鲁是西周初年在东方文明故域中开辟的一个殖民地。西周之故域既亡于戎，南国又亡于楚，而周礼尽在鲁矣。”②

鲁国文化的经济基础是农耕生产方式。农耕生产有以下特点：首先，农业生产周期比较长。这就使农业生产经验、技术的积累成为漫长的过程。而且，农业生产的季节性很强，比如春播、夏收、冬藏，需要把所有劳动力集中起来使用，更不必说集中人力去兴修水利防洪抗灾和抵御外族的入侵，这就使男性的长者在群体中处于支配的地位。其次，农业生产离不开土地。每块土地都由一定的经度和纬度所确定，并形成与地域密不可分的生产节奏（节气）。一旦离开这块土地，原先的节气就失效了。所以，人们“安土重迁”，“自给自足”。这些特点又造成了社会人群的稳定，人们在同一块土地上世世代代生活下去，形成了稳定的社会组织：宗法家族。为了维护宗法家族的稳定，又形成了一整套以维护父家长族长权力为核心的、以男尊女卑为特征的宗法道德伦理观念和制度：礼和礼制。在农业社会，“天”的权威是相对的。一方面，“天”派生出万事万物；另一方面，“天”的运行规律是可以摸索可以利用

① 参见武树臣：《寻找礼的源头——以古文字为视野》，《人大法律评论》2016年卷第2辑。

② 傅斯年：《战国子家叙论》，《傅斯年文集》，上海古籍出版社2012年，第33页。

的。人们在“天”面前是敬而不畏的，对自己的能力是自信的。这就使古代的神权思想大打折扣，自西周开始便一蹶不振，几乎完全退出历史舞台，而对祖先神的崇敬则发达起来，并演化成完整的礼仪和“孝”的观念。

“孝”观念要求人们尊敬服从父亲，所谓“亲亲父为首”。这是问题的一方面。另一方面则要求“父父”，即父亲要像父亲，即要慈爱子女。“孝”在社会政治领域的折射便是“忠”，故“寻忠臣于孝子之门”。“忠”要求下属要尊敬服从君长，所谓“尊尊君为首”。同样，也要求“君君”，君长要像君长，即要仁及属下，“为民父母”，“怀保子民”。“孝”、“忠”观念与“人治”思想是相通的，即要求“父”、“君”成为贤人圣者，即《礼记·中庸》所说：“为政在人，其人存则其政举，其人亡则其政息”。对“人”的作用的充分肯定，意味着对“法”的作用的相对轻视。正如《孟子·离娄上》所谓：“徒善不足以为政，徒法不能以自行”。对“人”的作用的推崇，表现在立法司法活动中，便是《左传·昭公六年》所谓“议事以制”（即选择并依据适当的判例、故事来裁判案件）的中国式的“判例法”。在世袭制下，子继父业，兄终弟及，法官的职务也是世袭的。按照父亲兄长先前的做法去做，符合“帅型先考”的“孝悌”，于是形成“遵循先例”的审判方式。

三、晋国文化与法家（商韩）的法律思想

先秦法家的主体是三晋法家，或曰晋秦法家。其代表人物是商鞅、韩非。商鞅是先秦变法革新运动中最有成效的政治家，也是法家理论的奠基者。韩非在总结前人思想的基础上，提出了更为完整的“法治”理论体系，他是三晋法家思想的集大成者，他的思想代表着先秦法家思想的最高成就。他们提出的“以法治国”和法、势、术相结合等主张被秦

国采纳，成为秦变法图强统一天下的思想武器。法家的法律思想来源于齐国管仲，生根于晋国文化，成熟于战国时期的变法实践。晋国文化即西北文化、游牧文化。它是中国文化的重要一翼。晋国经历了变法实践，培育了法家队伍，造就了法家学术。法家学术是战国时代法律思想领域中最强悍的一面旗帜。晋国“封于夏虚，启以夏政，疆以戎索”。戎：军队，或泛指中国西北部的游牧民族。是说，晋国立于戎狄之间，故沿用夏朝的政事，依照戎人的法度来治理国家。诚如《尚书·甘誓》所谓“用命赏于祖，弗用命戮于社，余则孥戮汝。”晋封于戎狄之邦，“诸戎”以游牧为生：“戎狄荐居（逐水草而居），贵货易土，土可贾焉。”（《左传·襄公四年》）故“诸戎饮食衣服不与华同，贽币不通，言语不达。”（《左传·襄公十四年》）

晋与诸戎屡兴战事，但以友好交往为主流。晋与戎长期通婚。“诸戎”也在晋的影响下开垦荒地，从事农业生产。在戎狄的影响下，晋国公族失势而诸卿专政，很难形成宗法礼治的浓重传统，却养成“尚武”、“重法”、“尚能”的风尚和与中原诸国迥然不同的观念。晋人对“仁”有不同的理解。《国语·晋语一》载骊姬之言：“为仁与为国不同，为仁者，爱亲之谓仁；为国者，利国之谓仁。故长民者无亲，众以为亲。……自桓叔以来，孰能爱亲？唯无亲，故能兼翼。”《国语·晋语》谓：“国君无亲，国以为亲”；“唯有诸侯，故扰扰焉，凡诸侯，难之本也”。在这种思想影响下，晋人任官不以血缘亲疏，而以才能功劳为标准。“晋人之教，因材授官；”“无功庸者不敢居高位”。晋君选拔部下以能力为标准，即“类能而使之”。（《左传·襄公九年》）

晋人用人不介意国别，故楚国人材纷纷入晋，“虽楚有材，晋实用之”。（《左传·襄公二十六年》）引进外国人材的做法，给晋国政治输入了无限活力。在传统礼治薄弱的晋国，较早地形成了与宗法血缘意识大相径庭的新型的封建主仆关系，以及与此相适应的观念：“无私，忠也；尊君，敏也”，“报生以死，报赐以力，人之道也”；“委质为臣，无有二心”，“事君以死，事主以勤”，“事君不避难，有罪不逃刑”；“委质而策死，古之法也。”忠君的结果是尊君：“不图而杀者，君也”；“不从君者为大戮（族诛）”。（参见《国语·晋语》之一、七、三、八）在晋国历史上，由于政治斗争而“灭家”、“灭宗”、“尽灭其族”者史不断书。《尚书·甘誓》谓：“弗用命，戮于社，予则孥戮汝”。这正是晋人“启以夏政”的证明。

晋国承夏人风俗，军政一体，军法与国法相融。晋人重“军礼”，如“大蒐之礼”。阅兵，整编部队，任命军事统帅，组成阁僚，制定法律，都在此间完成。晋国重视法律还表现在经常立法和修定法律。晋有最早的“唐叔之法”。（《左传·昭公六年》）至文公“修唐叔之法”而作“被庐之法”。（《左传·僖公二十七年》）赵盾执政，作“夷蒐之法”。（《左传·文公六年》）武季曾“讲求典礼以修晋国之法”。（《左传·宣公十六年》）晋悼公时曾“修范武子之法”、“修士蔿之法”。（《左传·成公十八年》）

赵鞅、荀演则“铸刑鼎”、“著范宣子所为刑书”。（《左传·昭公二十九年》）终晋之世，立法修法活动独多。军法以严明为特征，违犯者不论何人均要受到制裁。在这个基础上形成了“刑无等级”、“刑上大夫”的传统。叔向主张处死自己违法的弟弟叔鱼，“治国制刑，不隐于亲”，（《左传·昭公十四年》）决非出于偶然。故孔子称赞道：“叔向，古之遗直也。治国制刑，不隐于亲。三数叔鱼之恶，不为末减。曰义也夫，可谓直矣！”（《左传·昭公十五年》）叔向的做法，是当时晋国重视法制传统的证明。这与后世法家“不别亲疏，不殊贵贱，一断于法”（《史记·太史公自序·论六家之要旨》）的“法治”精神是一脉相承的。

晋国文化源于游牧生产活动。首先，游牧生产是流动的，不稳定的，即居无定所，逐水草而徙。在流动中很难组成大规模的家族。其次，狩猎活动是集团的活动，需要统一的号令和指挥，才能成功。狩猎是以动物为对象的，而战争不过是把对象变为人，游牧集团之间常常因为流动而产生战争,战争的要素就是人多势众,并统一行动。这就使军令、军法发达起来了,而担任指挥的领袖不是在于他的血缘身份,而在于他勇猛强壮。军法不是靠道德感化和教育,而是靠刑罚来施行的。法令的颁布和刑罚的施行,又常常通过祭祀礼仪(如大蒐礼)来进行,从而使刑法带有神圣的色彩。于是,刑法完善起来并形成了“人人都要服从法律”这样的观念。君主的权威因着法的权威而上升,法的权威又因为君主的权威而上扬。君臣之间就是上与下、支配与服从的关系。这种关系被法律逐渐确定下来,并形成“缘法而治”、“垂法而治”的“法治”观念。诚如蒙文通先生所言:“战国以来,法家之治已被于南,则摧周政之旧而代之者,非法家耶!商君相秦,多取李悝之治,商君取之晋而用之秦,吴起取之晋而用之楚。三晋多法家者流,则晋者,授以戎狄之民,治以戎狄之法,戎索周索错,而法家之说生焉。”①

四、齐国文化与齐学(管荀)的法律思想

齐国文化是综合性的文化,或曰海洋文化。其思想上代表人物是管子和荀子。管子是齐学的开创者,荀子是齐学的总代表,荀子之学是战国末期思想学术领域中堪称最为博大深邃的一面旗帜。齐国文化具有悠久的历史文化渊源。其中最重要的是东夷民族的勇敢善战和重视法律的传统。东夷民族的领袖之一蚩尤是英雄式的人物,据传说,他不仅发明了“五兵”,还发明了“五刑”并把它们称为“灋”。(《尚书·吕刑》)

战争导致军事思想和军法的发达,即《周易·师》所谓“师出以律”。“律”在甲骨文中写作⺊,其形以“又”持“丨”,即以手持鼓槌,表示战鼓

① 蒙文通:《古族甄微》,巴蜀书社1993年,第22页。

之音节频率，正是最早的军令。[①] 皋陶是东夷民族的领袖和著名法官，而战鼓的名字就叫“皋陶”。(《周礼·冬官·考工记》)直到春秋时代的诗歌还称赞他：“淑问如皋陶，在泮献囚”。(《诗经·鲁颂·泮水》)这正是战争之后论功行赏的情景。

西周初定，封疆建侯。作为“四岳之后”、“东夷之士”、“东海上人”的齐太公吕尚，因助周灭商善用兵、多奇计，有功于周室，故以异姓功臣封为齐侯。太公治齐，沿袭当地民风习俗，不照搬西周之礼，保留和沿用当地民俗习惯，以稳定开国初期的政治局势。这就形成了齐人不甚讲求周礼的传统。齐太公初到齐地营丘，莱夷即来伐，与之争营丘。后又有“北戎伐齐”，“翟人侵齐”。齐人不得不以战争求生存。故形成重兵革、讲谋略的传统。“其事多兵权与奇计，故后世之言兵及周之阴权，皆宗太公为本谋。”而齐国之民“阔达而多匿智，其天性也。”(《史记·齐太公世家》)

及至管仲相桓公，令重罪以甲赎，轻罪以盾赎，“甲兵大足”，“兵车之会三，乘车之会六，九合诸侯，一匡天下。”(《国语·齐语》)使齐国为春秋第一霸主。周礼影响的薄弱和重视兵战的必然结果是重法和尚贤。管仲治齐，重视道德教育的作用，他把“礼义廉耻”比作“国之四维”，认为“四维不张，国乃灭亡。”(《管子·牧民》)但他又清醒地认识到：“仓廪实则知礼节，衣食足则知荣辱。”(《史记·管晏列传》)

要实行教化必须首先改善人民的物质生活条件。因此要“富民裕民”、“与民分货”。(《管子·乘马》)在任人方面，他实行的不是西周任人唯亲的“亲亲”原则，而是“匹夫有善，可得而举”的尚贤原则。甚至乡大夫有才而不举，以“蔽明”、“蔽贤”论罪。(《国语·齐语》)管仲重视法

---

① 参见武树臣：《寻找最初的律——对古律字形成过程的法文化考察》，《法学杂志》2010年第3期。

制。为保障法令的贯彻，他主张“劝之以庆赏，纠之以刑罚”。对“不用上令”、“寡功”和“政不治”者绳之以法：“一再则宥”、“三则不赦”。这些主张和措施首开法家思想之肇端。

齐国领地“自泰山属之琅邪，北被于海，膏壤二千里”，具有发展农、渔、盐诸业的得天独存的自然条件。太公治齐，因地制宜，“设轻重鱼盐之利”，“通商工之业，便鱼盐之利”。（《史记·齐太公世家》）故农、渔、盐、商诸业发达。后人承其绪，至桓公时有盐官、铁官操其业。“宫中七市，女官七百”，市场繁多，交易频仍。（《战国策·东周》）故齐人讲“利”，“相语以利”，“以其所有，易其所无”，未有轻商贱贾的观念。管仲治国，注重发展农、渔、工、商四业。他用“相地而衰征”（《国语·齐语》）的办法减轻农民负担，提高农民从事耕织的积极性。他设置盐官、铁官管理盐、铁生产，并以减税的办法鼓励渔、盐、铁贸易。

齐国文化造就了齐国之学，齐国之学的代表是管子、荀子。管仲的思想和实践进一步巩固了齐国文化的基本模式。其一，齐国有重礼的传统，故鲁国儒学得以传入并扎下了根；其二，齐国有减轻人民负担的故政，因此以“清静无为”为尚的道家思想能够在齐国发展起来；其三，齐国有重法尚贤之风，故主张“以法治国”（《管子·任法》）的法家思想得以在齐国蔚然成风。宋钘尹文学派的理论正体现了齐学儒、道、法三家合一的基本风貌。《管子·心术》道：“礼者，因人之情，缘义之理而为之节文者也。故礼者谓有理也。理也者，明分以谕义之谓也。故礼出乎义，义出乎理，理因乎道者也。法者，所以同出不得不然者也。故杀戮禁诛以一之也”；“事督乎法，法出乎权，权出乎道”；“虚而无形谓之道，化育万物谓之德，君臣父子人间之事谓之义，登降、揖让、贵贱有等，亲疏有体谓之礼，简物、大小、一道、杀戮、禁诛谓之法。”儒家的“礼、”法家的“法”都归结于“虚而无形”的“道”。这正是儒、法、道三家混一的理论。在这种诸家互补、混然而一的学术氛围下，任何外来思想都不可能保持其原有的面貌。这种学术氛围得益于齐国兼容并蓄的“稷下学风”与文化政策。齐国重视学术研究，齐宣王曾置学宫于稷门，招徕各派知识分子，自由讲学。赵国荀况即为稷下老师并三为祭酒。他兼容晋秦之学与齐鲁之学。齐法家承其风，其著述颇含道、儒、阴阳而兼有之。晋秦以“寡礼”、“无儒”著称，虽曾招贤纳士，然皆征战、谋略、法术之士，重实用而轻理论。故其法家著述大都苍白无血色，缺乏理论营养。晋秦法家以为诸子之学非本国固有，且“儒无益于国之治”，“儒以文乱法”，“民不贵学问则愚”，“愚则易治”。（《商君书·垦令》）故治国明法令，“以法为教，以吏为师”。（《韩非子·五蠹》）“燔诗书而明法令”。（《韩非子·和氏》）

齐国文化培养了自己的思想家，其总代表是荀子。荀子重礼，故有人称他为儒家；又重法，故有人称他为法家。其实，他可以称作儒法家、法儒家，但更宜于称作齐儒家。他是礼治合流、儒法统一的先行者。荀子的思想带有兼容的特点。正如傅斯年先生所说：“荀卿的思想，一面是鲁国儒家的正传，一面三晋的采色那么浓厚。”[①]他“隆礼重法”，在社会领域讲求“礼治，”要求维护父父子子的宗法伦理规范；在政权范围讲求“法治”，主张确立和维护君君臣臣的中央集权的君主政体，从而把儒家的礼和法家的法统一起来。他又兼重德刑，一手实行仁政德治，另一手对不服从教化的人施以刑罚，从而把儒家的德治和法家的重刑主义结合起来。他同时强调“人”和“法”的作用，认为“法者，治之端也”，治理国家离不开法律；又说：“君子者治之原也”。他的结论是：“有治人无治法”（有十全十美的人而没有十全十美的法）。“故法不能独立，类不能自行，得其人则存，失其人则亡。”（《荀子·王制》、《君道》）即构建以

① 傅斯年：《论孔子学说所以适应于秦汉以来的社会的缘故》，欧阳哲生主编：《傅斯年全集》（第1卷），湖南教育出版社2003年，第481页。

"人"为主而以"法"为辅的统治模式。这种模式在审判领域的反映,就是以法官为中心,以成文法为标准的"混合法"。即《荀子·王制》所概括的:"有法者以法行,无法者以类举,听之尽也";和《君道》所言"法不能独立,类不能自行,得其人则存,失其人则亡"。"法"指成文法典、法律条文;"类"指判例、故事和它们所体现的法律原则。"类"作为一种原则和精神,与社会风俗、习惯、道德是相通的。

荀子的"混合法"理论是对鲁国"判例法"传统的公开肯定,是对晋秦"成文法"传统的合理的修正,也是对古代法律实践活动从以贵族政体为背景转移到以集权君主政体为背景的一次预见性的表述,当然也是对人类法律实践活动规律的一次理论总结;荀子的"混合法"理论对中国古代的司法实践具有极大影响。董仲舒的"春秋决狱"就是一次演习,汉以后的比、故事、例、断例等,就是证明。总之,齐国文化对中国封建社会的影响是巨大的。汉武帝时代独尊的儒术,其实正是荀学。此后,封建文化的旗帜上虽然写着孔孟之道,但实行的正是荀子之术。故近代谭嗣同说:"二千年来之学,荀学也。"①

结语　地域文化的差异性和兼融性

先秦(春秋战国)时代的法律思想和其他思想一样具有鲜明的地域文化色彩。在大体平静的社会背景下,这种多元化特征维持了相当长的历史阶段。它们各自相对独立,很难互相替代。这也是形成思想学术界百家争鸣的原因之一。

在社会大变革的背景下,各种带有地域文化色彩的法律思想都面临着历史的检验和选择。只有那些适应社会发展、获得民众支持的思

① 谭嗣同:《仁学》二十九,《谭嗣同全集》,中华书局 1981 年,第 337 页。

想主张，便逐渐成为社会的主流意识，成为推动社会发展的精神力量。如《韩非子·五蠹》说："今境内之民皆言治，藏管商之法者家有之"。此其证也。

战国时期，深刻的社会变革使地域文化之间的相互差异性得到充分的体现。比如鲁国文化和晋国文化就曾经处于对立之中。这种对立在法律思想上主要表现在：一、在政体方面是世袭的宗法贵族政体和中央集权的君主官僚政体的对立；二、在法律价值观方面是宗法伦理主义的礼和集权国家主义的法的对立；三、在统治方法方面是"富而后教"的德治和"以刑去刑"的法治的对立；四、在法律样式方面是判例法和成文法的对立。这些对立正是当时社会大变革在法律实践领域的反映。

各种地域文化之间的相互差异性并不是绝对排斥的，它们之间还具有相互渗透性和可融性。主导这种渗透和融合的，常常是最具有传统力量的观念，这就是儒家坚持的礼。以法家为例，《商君书·画策》："所谓义者，为人臣忠，为人子孝，少长有礼，男女有别。非其义也，饿不苟食，死不苟生，此乃有法之常也"；《韩非子·忠孝》："臣事君，子事父，妻事夫。三者顺则天下治，三者逆则天下乱"；《睡虎地秦墓竹简·为吏之道》："君怀臣忠，父慈子孝，政之本也"。可见，法家并非一般地否定礼，只不过实现的手段不同而已。儒家思想的生命力亦在于此。诚如傅斯年先生所说："东方的经济人文，虽武力上失败，政治上一时不能抬头，一经多年安定之后，却是会再起来的。自春秋至王莽时，最上层的文化只有一个重心，这一个重心便是齐鲁。"①在新的历史条件下，各种地域文化的优越之处便在新形式下结合在一起，持久地发挥作用——"鲁以伦理及礼制统一中国"，"三晋一带以官术统一中国，""齐以宗教

① 傅斯年：《夷夏东西说》，欧阳哲生主编：《傅斯年全集》第2卷，湖南教育出版社2003年，第229页。

及玄学统一中国。”①

在社会变革的大潮中，任何地域文化或思想主张都不会自行发挥作用，它们还要靠社会集团和个人的主观能动作用。那些以天下为己任的先知先觉者，只要顺应历史潮流，找对了方向，便能够做出一番伟大的业绩。反之，则将一事无成。

---

① 傅斯年：《战国子家叙论》，《傅斯年文集》，上海古籍出版社 2012 年，第 36 页。

中　篇

第九章 “法治”思潮的酝酿、兴起和归宿

春秋战国时期，随着生产关系的变革和新兴地主阶级登上政治舞台，在思想学术界，一个与传统“礼治”相对立的新思潮逐渐萌发、壮大起来，这就是“法治”。它有如一股强劲的风暴，一经生成，便势不可挡，荡涤着整个中华大地。

一、齐、郑改革：“法治”的最初尝试

公元前685年，齐桓公即位后，任命管仲为相，进行了一系列改革。包括：(1)“与民分货”，(《管子乘马》)鼓励开垦荒地，大兴渔盐铸铁之业，富民强国。(2)“参国伍鄙”，用地域“国”(国都以内)、“鄙”(国都以外)来划分居民，把行政组织和军事组织结合起来。(3)破格选拔人材，“匹夫有善，可得而举”，有材不举，以“蔽贤”、“蔽明”论罪。(4)厉行赏罚，“劝之以赏赐，纠之以刑罚。”(《国语·齐语》)打击守旧贵族势力，曾“夺伯氏骈邑三百”。(《论语·宪问》)终于“九合诸侯，一匡天下”，(《史记·管晏列传》)成为春秋第一个霸主。

郑国子产自公元前543年到公元前522年执国政，实行以下改革：(1)“作封洫”，重新划分田界，确认土地私有权。(2)“都鄙有章，上下有服”，把农户按五家为伍的方式编制起来，使“庐井有伍”。(《左传·襄公三十年》)(3)“作丘赋”，(《左传·昭公四年》)以“丘”为单位向土地所

有者征收军赋。(4)任贤选能,“子产之从政也,择能而使之”。(5)“铸刑书”,(《左传·昭公六年》)公布新式成文法律,限制贵族特权,确保地主阶级的既得利益。这些改革使郑国民安国强,在与大国的交锋中顽强地生存下去。

齐、郑改革有共同的特点:一是按地域划分居民,试图建立国家与臣民之间直接的行政关系;二是以贤能作为选拔人材的重要标准;三是用赏罚作为改革的杠杆,打击不从王命的旧贵族,提高国君的权威。这些措施都从不同角度削弱宗法血缘纽带的影响,在一定程度上冲击了土地分封、世卿世禄、任人唯亲、“议事以制”的传统,在“礼治”的阵地上打开一个缺口,为“法治”的问世创造条件。

但是,由于历史的局限性,齐、郑改革又是不彻底的改革。管子、子产虽然对“礼治”有所触动,但又在很大程度上加以保留。管仲以“礼义廉耻”比作“国之四维”,说“四维不张,国乃灭亡”。(《史记·管晏列传》)子产以“重礼”著称’,视礼为“天之经也,地之义也,民之行也,天地之经而民实则之”。(《左传·昭公二十五年》)他治国以“先安大以待其所归。”(《左传·襄公二十九年》)为宗旨,在司法上坚持“直均,幼贱有罪”,(《左传·昭公元年》)即争讼双方曲直相等,则辈分低的一方有罪。这就使“礼治”仍然成为社会的统治思想。有一个富豪“陈卿之车服于其庭,郑人恶而杀”,(《左传·哀公五年》)足见礼制的影响依然很大。故郑大夫邓析不满意子产的改革,以“不法先王,不是礼义”,(《荀子·非十二子》)“以非为是,以是为非”(《吕氏春秋·离谓》)的大无畏气概“数难子产之政”,(《列子·力命》)并私造“竹刑”,(《左传·定公九年))最后以身殉之。

齐、郑二国的改革为“法治”塑造了一个最初的形象,其特点是:首先,“法治”带有较多的“礼治”的痕迹,主要表现在承认宗法道德观念在治理国家中的作用。这一特点在齐桓公主持的葵丘之盟的誓词当中可以略见一斑。《孟子·告子下》载葵丘盟誓之辞:“初命曰:诛不孝,毋易树子,毋以妾为妻。再命曰:尊贤育才,以彰有德。三命曰:敬老慈幼,无忘宾旅。四命曰:仕无世官,官事无摄。取士必得,无专杀大夫。五命曰:无曲防,无遏籴,无有封而不告”。誓词中既有礼治原则,又有尚贤使能的改革色彩。其次,“法治”容忍工商,这与齐、郑传统有关。齐郑二国改革均实行“倡工商”的政策。郑国为工商界制定“尔无我叛,我无强贾,毋或匄夺。尔有利市宝贿,我勿与知”(《左传·昭公十六年》)的原则。齐国也有关于国家不侵犯商人利益,商人不得向外迁徙的规定。以后的齐国法家正是继承了这一传统。在“法治”的前提下,重视道德作用,宽容工商活动,从而与否认道德教化、施行重本抑末的晋秦法家形成鲜明的对照,这是造成齐法家与晋秦法家的分野之一。

二、晋国文化:“法治”的发祥地与输出港

当“法治”像幽灵一样在中原大地上空徘徊时,各诸侯国对待它的态度是不一样的。其原因在于它们有着各不相同的政治、经济状况和民族文化背景。于是,有的诸侯国对它漫不经心,不以为然;有的虽然接受了它,也进行了一番变革,但由于抵挡不过传统“礼治”的余威,终于夭折。但是,与中原诸国不同,晋国却早已为“法治”预备好了一块广阔的用武之地。

(一)“晋国之封,启以夏政,疆以戎索”

据《左传·定公四年》载:卫国大夫祝佗(即子鱼)在追述周初分封的情景时,曾说了一席十分精彩的话:鲁卫之封,“皆启以商政,疆以周索”;“晋国之封,启以夏政,疆以戎索。”启,开辟;疆,治理,如《诗经》:“我疆我理”;索,法也;戎,泛指中国西北部的民族。大意是说,鲁卫二

国“封于殷虚”，鲁公和康叔因其风俗，沿用商朝政事，以周朝法度治理国家。晋国“封于夏虚”，立于戎狄之间，故唐叔沿用夏朝的政事，依照戎人的法度来治理国家。直至春秋末期，晋国在司法审判中仍援引《夏书》，如《左传·昭公十四年》载晋大夫叔向对叔鱼、雍子、邢侯案的见解。这正是晋国文化有别于鲁卫诸国文化的始因。

夏人重法尚忠。《尚书·甘誓》“用命赏于祖，弗用命戮于社”可证。对军令的服从与对军事领袖的忠诚是一致的，故夏人尚忠。《史记·货殖列传》：“夏人政尚忠朴。”《史记·高祖本纪赞》：“夏之政忠。”《礼记·表记》：“子曰：夏道尊命，事鬼敬神而远之，近人而忠焉。”《汉书·董仲舒传》：“夏上忠，殷上敬，周上文。”《说苑·修文》：“夏后氏教以忠，而君子忠焉。”“忠”与“孝”不同，“孝”是血缘亲族的道德，“忠”是非血缘亲族的道德。“孝”是农耕文化的产物，“忠”是游牧文化的产物。

晋为姬姓，姒姓出于大禹，“姬、姒二字古本音同通用，义亦相通”。[①] 如此，则晋与夏族同源。故西周初晋被封于夏虚，以治戎狄。《战国策·楚策一》云；“陈轸，夏人也，习于三晋之事”。陈轸为三晋人而谓之夏人，可证晋封夏虚之说。晋封戎狄之邦，“诸戎”以游牧为生，“戎狄荐居（即逐水草而居），贵货易土，土可贾焉。”（《左传·襄公四年》）故“诸戎饮食衣服不与华同，贽币不通，言语不达”。（《左传·襄公十四年》）晋国以农业为主，故重视安定的社会局势。为使“边鄙不耸（惧），民狎（习）其野，穑人成功”。（《左传·襄公四年》）

晋与诸戎屡兴战事，但以睦好交往为主流。久而久之晋与“诸戎”结成密切的关系。“诸戎中有丽戎、大戎皆姬姓，为晋之附庸。晋与戎长期通婚。晋撒公宠妾骊姬是戎族，重耳、夷吾韵母亲大戎子、小戎子是戎女。重耳逃难在舅家，一住就是十二年，亦娶戎女为妻。“诸戎”也

① 童书业：《春秋左传研究》，人民出版社 1980 年，第 250 页。

在晋的影响下开垦荒地，从事农业生产，并曾协助晋国打败秦国。

戎子驹支曾说：“晋秦人负恃其众，贪于土地，逐我诸戎。惠公……赐我南鄙之田，狐狸所居，豺狼所嗥。我诸戎翦其荆棘，驱其狐.狸豺狼，以为先君不侵不叛之臣，至于今不贰。”在对秦战争中，“晋御其上，戎亢其下”，“譬如捕鹿，晋人角之，诸戎掎之”，“晋之百役，与我诸戎相继于时，以从执政”。(《国语·晋语》)在戎狄的影响下，晋国没有形成宗法“礼治”的浓重传统，相反却养成“尚武”、“重法”、“尚能”的风尚。

(二)“国无公族”与“诸卿专政”

唐叔虞本为晋之始祖，沿至九世。春秋伊始，大宗小宗之间争权日烈。穆侯卒，其弟殇叔自立，是小宗继位。文侯卒，昭侯立，封文侯弟成师于曲沃，为曲沃桓叔，实为分裂之始，国有二君。尔后晋哀侯、鄂侯、曲沃庄伯并存，国有三君。献公时起骊姬之乱，废嫡立庶，“尽逐群公子”，故“国无公族。”(《国语·晋语》)至文公前晋国君主如走马灯般更换不停。公族的削弱导致贵族割据势力的增长，终于演成“六卿专政”的局面。叔向曾哀叹；“虽吾公室，今亦季世也。”公室各支，“降在皂隶，政在家门，民无所依”。(《左传·昭公三年》)而六卿势力渐大：“六卿欲弱公室，乃遂以法尽灭其族，而分其邑为十县，各令其子为大夫，晋益弱；六卿皆大。”(《史记·晋世家》)

晋宗室的虚弱，使晋国不能采取通常加强宗室地位的途径来增强国力；晋与诸侯国之间的斗争、晋公室与诸卿的斗争、诸卿之间的斗争交织在一起，使晋国的政治文化与法律文化别具特色。“在春秋时期唯独晋国没有公室宗族这个包袱，这样它在用人上可以择贤而使，在思想意识上受传统礼制束缚少，不专意于形式而讲求效能和实用。所以法家的一些基本思想最早产生于晋国，晋国称霸的时间最长，其源应溯于此。”[①]

---

① 应永深、王贵民、杨升南：《春秋史话》，中国青年出版社 1982 年，第 48、49 页。

（三）“为国者利国之谓仁”

与中原诸国不同，晋国在思想观念或价值观念方面受西周的“礼治”、“重德”等影响颇小，故有独到的见解。骊姬说；“吾闻之外人之言曰：为仁与为国不同，为仁者，爱亲之谓仁；为国者，利国之谓仁。故长民者无亲，众以为亲。苟利众而百姓和，岂能禅君？……杀君而厚利众，众孰沮之？杀亲无恶于人，人孰去之？……自桓叔以来，孰能爱亲？唯无亲，故能兼翼。”（《国语·晋语》）在考虑政治大事时，不囿于宗法血缘传统，抛弃“爱亲”的狭隘宗旨，而以国家百姓为重，公然宣布“利国”、“利众”“仁”，这无异是对宗法“礼治”传统观念的挑战。难怪有人指责晋人“刚愎不仁”。（《左传·宣公十二年》）一切传统道德观念在“利国”、“利众”的最高原则面前都黯然失色了。

（四）“不闻令德，而闻重币”

晋国上下重利。子产曾批评晋国执政范宣子说：“子为晋国，四邻诸侯不闻令德，而闻重币。”（《左传·襄公二十四年》）这与齐国“轻其币而重其礼”（《国语·齐语》）正好相反。鲁文公十五年（公元前612年）齐侵犯鲁国边界，鲁向晋请求伸张正义，晋召集诸侯准备讨伐齐国。齐国向晋送了财物，晋就罢了兵。次年宋国人杀死国君昭公，晋执政荀林父召集。诸侯兴师问罪，宋人向他行贿，终于不了了之。晋执政魏舒曾收了梗阳人的贿赂，准备枉法裁判，只是听了下属“愿以小人之心度君子之腹”的劝谏之后才罢手的。（《国语·晋语》）无怪时人批评晋国“政以贿成而刑放于宠”。（《左传·襄公十年》）

晋卿有“患货之不足”，“假贷居贿”者。晋卿、大夫之间“争田”、“以田讼”之事，史不绝书。晋民亦重利。有这样一段话：“昔者之伐也，兴百姓以为百姓也，是以民能欣之，故莫不尽忠极劳以致死。今君起百姓以自封也，民外不得其利而内恶其食，则上下既有判矣。”换句话说即所谓“见利不顾其君”。（《国语·晋语》）在一定程度上可以说，“重利”是“轻义”的结果。“重利”一经成为一种习尚，就决定着治国的基本方略——不是“以礼治国”而是“以法治国”。

（五）“无功庸者不敢居高位”

晋国任官以谋略、智慧、政绩、功劳为标准，而不太考虑出身和年龄。晋文公时立“族人为中官，异姓之能为远官”，实为“尚能”之始。任赵衰为卿，衰辞道：“栾枝贞慎，先轸有谋，胥臣多闻，皆可以为辅佐，臣弗若也。”任原季为卿，季辞道：“毛之智，贤于臣，其齿又长，毛也不在位，不敢闻命。”任赵衰为上军，辞曰：“先且居佐军也善，军伐有赏，善君有赏，能其官有赏，且居有三赏，不可废也。”诸卿在官俸面前相互推让，“让，推贤也”，“废让，是废德也。”（《国语·晋语》）“让”的本质是“尚贤”、“尚能”田。故楚大夫子囊说：“晋君类能而使之，其卿让于善，其大夫不失守，其士竞于教，其庶人力于农穑，商工皂隶不知迁业；……范匄少于中行偃而（中行偃）上之，使佐中军；韩起少于栾黡而栾黡、士鲂上之，使佐上军；魏绛多功，以赵武为贤，而为之佐。君明、臣忠、上让、下竞，当是时也，晋不可敌。”（《左传·襄公九年》）

“晋人之教，因材授官”。（《国语·晋语》）尚贤、尚能已成传统。故中军尉祁奚告老，推荐与自己有仇的解狐和自己的儿子祁午。时人赞之“称其仇，不为谄，告其子，不为比”，“能举善也”。大夫王生向执政推荐其仇人张柳朔，说是“私仇不及公”。执政魏舒委派十名县大夫，其中有自己的小儿子魏戊，生怕别人说他“任人唯亲”。（《左传·昭公二十八年》）

（六）“虽楚有材，晋实用之”

晋国“尚贤”、“尚能”的结果，使晋国世族中同姓较少，而异族异姓居多，而其他诸侯国则同姓居多，异姓较少。晋国宗法“礼治”薄弱，又“尚贤”、“尚能”，故向有才之士大开国门。而其他诸侯国宗法“礼治”壁垒森严，不给有识有能之士以用武的机会，于是便形成人才入晋的局面。晋国对外来人才特殊优待，封以田宅官爵，大胆起用。故楚大夫声子“通使于晋，还如楚”，向令尹子木汇报说：“晋大夫则贤，皆卿材。”楚国人才流入晋国，为晋国出谋划策对付楚国，“虽楚有材，晋实用之”。子木问；“独无族姻乎？”声子答道：“虽有，而楚材实多”。（《左传·襄公二十六年》）

（七）“是仪也，非礼也”

晋国君臣颇不懂礼。晋文公向周天子“请隧”，要求允许他死后享受天子规格的葬礼，这与其说是狂妄，不如说是无知。晋侯振士会（即武季）平王室（调解周室与卿的矛盾）。周大夫“相礼”（司仪），“武季私问其故”。周王说；“季氏，尔弗闻乎？”“武敷而讲求典礼，以修晋国之法”。（《左传·宣公十六年》）

晋国遭灾，求助于秦，秦慷慨允诺，将大批粮食“以船漕车转自雍相望至绛”。尔后秦逢旱灾，亦求助于晋，晋却拒绝援救。真是“来而不往非礼也”。晋国不重文化典籍的整理与研究。有一次，韩宣子奉命使鲁，“观书于大史氏，见易象与鲁春秋”，遂发出“周礼尽在鲁矣”的慨叹。（《左传·昭公二年》）晋与郑战，郑派使者谈判，“晋人杀之，非礼也。兵交，使在其间可也”。（《左传·成公八年》）晋执政赵简子不懂礼，“问揖让周旋之礼”。郑大夫子大叔说：“是仪也，非礼也！”（《左传·昭公二十五年》）接着便讲了一篇礼的大道理。晋国“立太子之道三：身均以年，年同以爱,爱疑决之以卜筮。”(《国语·晋语》)这与“立嫡以长不以贤,立子以贵不以长”(《公羊传·隐公元年》)的周礼实在是大异其旨。据礼,“同姓不婚”,“娶妾避其同姓”。(《国语·晋语》)而文公父母即为同姓,他自己大约因近亲结婚而“骿肋”,却又娶姬姓为妻。据礼,平民不得观鼎,而赵鞅“铸刑鼎”,向平民公布“范宣子所为刑书”。故孔子批评道:“民在鼎矣,何以尊贵?贵何业之守?贵贱无序,何以为国?”(《左传·昭公二十九年》)不懂礼,故不拘礼,一张白纸,正好作新文章。

(八)“事君以死,事主以勤”

随着封建经济的发展,在晋国形成了新型的君臣主仆关系和相应的观念。“君”的权威提高了:“不图(商议)而杀者,君也”,“不从君者为大戮”;“臣”的义务感也被强化了:“无私,忠也,尊君,敏也”,“报生以死,报赐以力,人之道也。”豫让三为智氏复仇于赵襄子,他的座右铭是:“众人遇我,我故众人报之;国士遇我,我故国士报之。”(《国语·晋语》)这正是后来儒家倡导的“君使臣以礼,臣事君以忠”(《论语·八佾》)的贵族政体君臣关系的雏形。山西侯马盟书有所谓“策名委质”,即把自己的名字登记在宗主名册上,断绝原来的宗族隶属关系,以建立新的附属关系。新的臣下对主人要绝对忠诚:“委质为臣,无有二心”,必要时还以死报效:“事君以死,事主以勤”,“事君不避难,有罪不逃刑”;“委质而策死,古之法也”。这种君臣关系正是地主与“隶农”关系在政治生活中的反射。晋国较早地形成了大批“隶农”,他们“虽获沃田而勤易之,将弗克飨,为人而已”。(《国语·晋语》)“隶农”向地主出卖血汗,与臣子向君主出卖“死力”是一样的。其间宗法“亲亲”的脉脉温情已荡然无存。

（九）“不从君者为大戮”

晋国对不从王命者往往施以严刑，叫作“不从君者为大戮”。（《国语·晋语》）“大戮”盖即“灭家”、“灭族”、灭宗”。晋怀公时“令国中诸从重耳亡者与期，期尽不到者，尽灭其家”。景公时，晋帅先郤“与翟谋伐晋，晋觉，乃族灭”。尔后，“诛赵同、赵括，族灭之”。平公时，“晋栾逞有罪，曲沃攻逞，逞死，遂灭栾氏宗。”后来，族诛成了政治斗争的手段。顷公时，“六卿欲弱公室，乃遂以法尽灭其族”。（《史记·晋世家》）晋族诛之法必有所本。夏朝即已施族诛于军法，如《尚书·甘誓》：“弗用命，戮于社，予则孥戮汝。”故渭晋国“启以夏政”，得无缘乎！

（十）“戎索”、“军礼”与“晋国之法”

“戎索”即游牧部族的法度，以尚军事、重军法为特征。晋国承其风俗，军政一体，军法、国法相融。晋国重“军礼”，即“大蒐送礼”。“蒐”的本义是汇聚众人以围猎，后来逐渐制度化：“春猎为蒐”，大约是为了捕杀害稼的野兽。晋行“大蒐之礼”有独特的意义：一是阅兵，整编部队。晋作二军工三军、五军、六军皆于此间；二是任命军事首长。晋国军政合一，各军将帅即为国家执政卿相，故此举实为任命国家高级官员。赵盾即于“夷蒐”始掌国政的；三是颁布法律。如晋文公“蒐于被庐”，颁布“被庐之法”。（《左传·僖公二十七年》）晋“蒐于夷”，赵盾执国政，颁布“夷蒐之法”，此皆“晋国之常法也”。（《左传·文公六年》）可见，检阅军队、改组政府、制定法律，实为晋国“蒐礼”的三部曲。人谓晋国“疆以戎索”，得无宜乎？

晋国重“军礼”的刑法，充分体现了古代“兵刑一体”的传统。在军事活动期间，军法具有无尚的威力，违反者不论何人均要受到制裁。所谓“师众以顺为武，军事有死无犯为敬。”（《国语·晋语》）

城濮之战晋文公杀违反军令的颠颉、舟之侨、祁瞒三大夫以肃军纪。其中颠颉是追随文公流亡的有功旧臣,河曲之役胥甲父不从军令自行退兵,被流放到卫国。大夫将军因违令而被处死的比比皆是。晋执政赵盾驱车扰乱阵容,韩厥依法杀赵盾的车仆。晋侯的弟弟杨干乘车破坏行列,魏绛执法处死杨干的车仆。这种执法无情的作风曾倍受褒奖。这种有辱尊上、“刑上大夫”的风尚在其他诸侯国是十分罕见的。在战争中,各级官吏的职责权限是十分明确的,任何人都不得违犯,否则刑之无赦。晋齐之战刚一打响,晋军元帅郤克就被箭射中,血流到靴子里,他对驾车的张侯说:“我不能坚持了。”张侯说:“我的手臂也受伤了,车轮都被血染红了,我都没叫苦,你还是忍着吧。”又说:“军队的耳目,全在我们的旗帜和鼓声,进攻和退却全靠它指挥,你停止击鼓就会导致失败。受伤未到死的程度,你还要坚持指挥。”结果打败了齐军。(《左传·成公二年》)充分体现了“将死鼓,御死辔”(《荀子·议兵》)的精神。

晋楚鄢陵之战,晋厉公的乘车陷在泥沼里,栾书正要去救厉公,他的儿子栾针大声呵斥道:“书退!国有大任,焉得专之?且侵官,冒也;失官,慢也;离局,奸也。有三罪焉,不可犯也。”说完把厉公救起。(《左传·成公十六年》)

正是在这种风尚中,晋国形成了重法的传统。晋文公带头维护法令的尊严。他起兵围原,预先向士兵宣布:只围三天,带三天口粮。结果围了三天,原人不降,文公便下令退兵。谍报人员劝阻说:“原人支持不住,准备投降了。”文公坚持撤兵,说:“信用是最重要的,如果为了得到原而失掉信用,就是得不偿失。”范宣子有意除掉政敌督戎,斐豹说:“苟焚丹书,我杀督戎。”“斐豹隶也,著于丹书。”结果斐豹杀了督戎,范宣子便恢复他了的平民身份。(《左传·襄公二十三年》)以战功而进居高位的还有毕万:“毕万,匹夫也,七战皆获,有马百乘,死于牖下。”晋郑铁之战，赵鞅誓曰："克敌者，上大夫受县，下大夫受郡，士田十万，庶人工商遂，人臣隶圉免。"(《左传·哀公二年》)完全是法家的口气。

晋国重视法律还表现在经常立法和修定法律。晋有最早的"唐叔之法"。(《左传·昭公六年》)至文公"修唐叔之法"而作"被庐之法"。(《左传·僖公二十七年》)赵盾执政，作"夷蒐之法"。(《左传·文公六年》)

武季曾"讲求典礼以修晋国之法"。(《左传·宣公十六年》)晋悼公时曾"修范武子之法"、"修士蔿之法"。(《左传·成公十八年》)赵鞅、荀演则"铸刑鼎"、"著范宣子所为刑书"。(《左传·昭公二十九年》)终晋之世，立法修法活动独多。在司法上则"治国制刑，不隐于亲。"如叔向主张处死其弟叔鱼，就是典型的事例。(《左传·昭公十四年》)

公元前452年，晋国韩、赵、魏三家逐晋出公。公元前403年三家被册命为诸侯，亦称"三晋"。尔后，在"法治"思想的指导下，三国在封建化道路上迅猛前行，并培育出一大批有思想、有胆识、敢作敢为的法家人物。他们东向鲁国，南入楚地，西进秦川，把"法治"的种子撒遍中华大地。

三、秦晋之好：晋土之花与秦地之果

秦是后起的诸侯国。原先，"僻在雍州，不与中国诸侯之会盟，夷翟(狄)遇之"。(《史记·秦本纪》)并不被东方六国所重视。其实，秦与晋有着十分接近的文化渊源和传统。当年楚大夫祝佗如有机会入秦考查的话，也许会修正他的结论，把它变成："晋秦之封，皆启以夏政，疆以戎索"。①

① 《左传·定公四年》："晋国之封，启以夏政，疆以戎索"。

晋秦二国,同处中国西北,国境相比。晋为夏族之后,又封于夏虚。秦为东夷支脉,西迁至陇,久居戎狄之邦。两国同处一地,风土人情相近,又长期通婚为“晋秦之好”,其经济、政治、文化相似之处颇多。在春秋战国的社会大变革中,晋秦同属宗法“礼治”链条中的薄弱环节。晋邻近中原诸国,得风气之先,最早接受先进思想而实践之,秦引进三晋人材与智能而承其绪,大刀阔斧,义无反顾,后来居上。两国在变革中所取得的成果,如“以法治国”、郡县官僚制、中央集权制、成文法体系等等,后来均被封建王朝所继承,成为中国封建社会政治文化与法律文化的骨干。而包含这些成果的晋秦文化终于由地域性文化上升为中国传统文化的重要组成部分。

(一)颛顼之后,戎狄之邦

秦族与夏族有渊源关系。《国语·鲁语上》:“夏后氏谛黄帝而祖颛顼。”《史记·秦本纪》载:“秦之先,帝颛顼之苗裔,孙曰女修。女修织,玄鸟陨卵,女修吞之,生子大业(皋陶)。大业取少典之子。曰女华。女华生大费,与禹平水土。”可证夏与秦皆为颛顼之后。“秦之先为嬴姓,其后分封,以国为姓。……然秦以其先造父封赵城,为赵氏。”殷时,秦人佐殷有功,“故嬴姓多显,遂为诸侯”。后因“以材力事殷纣”被周人打击,遂移居今陕甘一带,与诸戎杂居。后诸戎迫于天灾而东向谋食,秦亦在其列。周宣王时封秦酋长秦仲为大夫,以御诸戎南下之锋。周幽王时,犬戎、申戎南下攻破周人首都,秦人赞周,“将兵救周,战甚力,有功”。平王东迁,“秦襄公以兵送周平王。”平王封襄公为诸侯,赐之岐以西之地。曰:“戎无道,侵我岐、丰之地。秦能攻逐戎,即有其地。”与誓封爵,襄公于是始国”。至秦缪公时,“秦用由余谋伐戎王,益国十二,开地千里,遂霸西戎”。正因为秦族与夏同源,且与戎狄混居,故春秋时人称秦族为“秦夏”、“秦戎”,称“秦声”为“夏声”。而战国时秦人称秦地为

“夏”，称秦人之子为“夏子”。[①] 有鉴于此，谓“秦晋之封，启以夏政，疆以戎索”，岂为谬哉？

（二）“秦无儒”：孔子西行不到秦

地理风俗或重于血缘。秦人素来被称为“秦戎”。戎本是以游牧为生的民族，“随水草放牧，居无常所”，“父子同穹庐卧”。（《汉书·匈奴传》）秦族在戎狄的长期影响下，形成了不同于中原农桑古国的风俗习惯。故世人称秦人为“秦戎”。（《史记·商君列传》、《管子·小匡》）及至秦孝公之世，秦人仍行“戎翟（狄）之教”，“父子同居一室”。商鞅变法，令“民有二男以上不分异者倍其赋”。孝公十二年，“令民父子兄弟同室内息者为禁”。这样，秦人开始“为男女之别，大筑冀阙，营如鲁卫”。（《史记·商君列传》）

由于民族的和历史的原因，秦没有形成严格的宗法制度和宗法道德观念。主要表现有二：其一是秦无嫡长继承之制。在王位继承上，秦人有“择勇猛者立之”（《公羊传》昭公五年注）的古老习俗，故秦君大多数以非嫡长而继王位，嫡长子继位只是例外。自襄公建国至穆公凡九代国君（襄、文、宪、出子、武、德、宣、成、穆），以长子继者二（武、宣），兄终弟及者三（德、成、穆）；以孙立者二（宪、出子）；以次子立者一（襄）。穆公尔后及至战国，国君继承仍无定制。庄襄王（始皇父）即以庶子而继王位者；其二是宗法道德观念薄弱。秦穆公对戎人说：“中国以诗书礼乐法度为政，然尚时乱，今戎夷无此，何以为治？不亦难乎！”（《左传·襄公四年》）

然而，秦又有多少，“诗书礼乐”呢？秦关于父慈、子孝、夫义、妇顺、兄良、弟悌之类的宗法道德观念比较薄弱。据礼，“子女无私财”，而秦

---

① 《睡虎地秦墓竹简》，文物出版社 1978 年，第 226、227 页。

有“子盗父”、“父盗子”者，据礼，“父子无狱”、“君臣无狱”、“妇顺其夫”，而秦有“子告父”、“父告子”、“妻告夫”者。西汉贾谊述秦人之风俗曰：“秦人家富子壮则出分，家贫子壮则出赘，借父耰锄，虑有德色；母取箕帚，立而谇语；抱哺其子，与公并倨，妇姑不相说（悦），则反唇而相稽。”（《汉书·贾谊传》）子壮出分何言孝？父贫驱子何言慈？行如路人何言亲？妇翁同倨何言别？妇姑相校何言睦？追想荀况游秦，谓秦民勇猛好利，而“于父子之义夫妇之别不如齐鲁”，（《荀子·性恶》）诚如是也。

秦素有尚武之风。《诗经·秦风·无衣》：“王于兴师，修我戈矛，与子同仇”；“修我矛戟，与子偕作”；“修我甲兵，与子偕行”。《小戎》：“四牡孔阜，六辔在手。”《驷驖》：“从公于狩”，“舍拔则获”。其悲壮勇奋之气，跃然纸上。司马迁说：“西北地区，“地边胡，数被寇”，其民“好气任侠”。（《史记·货殖列传》）

班固云：“秦汉以来，山东（关东）出相，山西（关中）出将，秦将白起，郿人；王翦，频阳人，……何则？山西天水、陇西、安定、北地处势迫近羌胡，民俗修习战备，高上勇力鞍马骑射。故秦诗曰：‘王于兴师，修我甲兵，与子皆行。’其风声气俗自古而然，今之歌谣慷慨，风流犹存耳。”（《汉书·赵充国辛庆忌传》）鉴于此，谓秦国“疆以戎索”，不亦然乎。

荀子游秦，赞之“四世有胜，非幸也，数也”。然亦慨叹：“其殆无儒”。（《荀子·强国》）秦不仅无儒家之“儒”，就是一般知识分子之“儒”，亦为少见。墨家曾入秦活动，并受到礼遇，大约是因为墨翟“背周道而用夏政”（《淮南子·要略》）的缘故。及至吕不韦以秦相之尊，招徕宾客，“大集群儒”而作《吕氏春秋》，而其作者及思想皆非秦之土产也。纵观秦史，大凡有作为的政治家、思想家皆非秦人，而三晋居多。

在秦人的意识形态中，保留着原始的多神崇拜的神鬼观念。从呵酗勘缸出土的云梦秦简《日记》甲、乙种来看，秦人不仅崇拜天、地鹚醒辰，还崇拜神、天、鬼，甚至自然界的山石、树木、虫鸟、鸡狗等，均被视为可以福祸人间的精灵。在这种文化背景下，秦人保搏人殉的习俗，倒是事出有因的。秦武公死，“从死者六十六人”；秦穆公死，“从死者百七十七人”，其中有三位知名的贤大夫，（《史记·秦本纪》）故《诗经·秦风·黄鸟》哀之：“彼苍者天，歼我良人；如可赎兮，人百其身。”孔子删《诗》，岂能不晓。子罕言利，不语鬼神，怒斥“始作俑者，其无后乎。”（《孟子·梁惠王上》）故周游列国而西行不至秦，岂偶然哉！

秦无儒而寡礼，无历史的沉重包袱，正好轻装简从，大步先行。但是，秦人没有估计到“诗书礼乐”对于维护封建社会秩序的积极作用，反而囿于“儒无益于国之治”，“儒以文乱法”，“儒以古非今”（《韩非子·五蠹》）的偏见，故厉行文化专制政策，至“燔诗书以明法令”，（《韩非子·和氏》）“焚书坑儒”。此种专制酷烈之举，皆出于秦人之手，实属必然。

（三）晋之车也，秦之辙也

晋、秦皆“启以夏政，疆以戎索”，具有同一类型的文化传统和生活环境。因此，在春秋战国的社会大变革中也走着大致相同的路线。现择要罗列如下：

晋惠公时“作爰田”，“作州兵”，（《左传·僖公十五年》）秦“孝公用商君，制辕田”，“舍地而税人”。（《汉书·地理志》注）

晋有盟书，“策名委质”，（《国语·晋语》）秦则“举民口数，生者著，死者削”；“上无通名，下无土地”。（《商君书·去强》、《商君书·徕民》）

晋灭祁氏，羊舌氏，分县设官，（《左传·昭二十八年》）秦孝公十二年“集小乡邑聚为县，置令、丞”。（《史记·商君列传》）

晋铁之誓：克敌者人臣隶圉免，（《左传·哀公二年》）秦《军爵律》：“隶臣斩首为公士”。（《睡虎地秦墓竹简·军爵律》）

晋“无功庸者不敢居高位”，（《国语·晋语》）秦“宗室非有军功论不得为属籍”。（《史记·商君列传》）

晋有“灭家”、“灭族”、“灭宗”之刑，(《国语·晋语》)秦有“夷三族”之罪。(《史记·秦本纪》)

晋执法不避大臣之尊；秦“刑无等级”，肉刑太子之师傅。(《商君书·赏刑》《史记·商君列传》)

晋恶分封，范文子说：“唯有诸侯，故扰扰焉，凡诸侯，难之本也”，(《国语·晋语》)秦始皇云：“天下苦战不休，以有侯王。赖宗庙，天下初定，又复立国，是树兵也，而求其宁息，岂不难哉！”(《史记·始皇本纪》)

晋贱商：绛之富商，其富“能金玉其车”，“能行诸侯之贿”，但因无“功庸”，只得“韦藩木楗以过于朝”，(《国语·晋语》)商鞅之法：“无功者虽富无所芬华”。(《史记·商君列传》)

晋徕楚材；秦用客卿。

晋尊君，“不从君者为大戮”。(《国语·晋语》)秦法：“有不从王令、犯国禁、乱上制者，罪死不赦”。(《商君书·赏刑》)

晋、秦文化传统相似，故晋之所为，皆宜于秦。晋不仅给秦提供了变革的模式，而且还向秦输入了智能和思想。晋国培育的“法治”种子终于在秦国土地上生根、开花、结果。

(四)“法律”：魏法与秦律相结合的产物

文字是社会生活和人们思维活动的忠实记录。现代意义的“法”在古代曾经历了如下的过程：富于图腾色彩的“灋”，饱含神权观念的“辟”，散发暴力气息的“刑”，公正无颇的“法”。“法律”则是秦朝法制统一的产物。《管子·七法》：“法律政令者，吏民规矩绳墨也。”《吕氏春秋·离谓》：“是非乃定，法律乃行。”《睡虎地秦墓竹简·语书》：“法律未足，民多诈巧；”又《睡虎地秦墓竹简·秦律十八种》：“法律程籍。”这些都是“法律”一词诞生的真实标记。

魏国为三晋之一。魏文侯在位时(公元前445—前397年)曾任用吴起（卫国人）、李悝（魏国人）等法家人物，率先进行一系列改革。故司马迁说："魏用李克（悝），尽地力，为强君，自是之后，天下争于战国。"（《史记·平准书》）

李悝在中国法律文化史上的突出贡献是"撰次诸国法，著《法经》。"（《晋书·刑法热》）这是继春秋末期郑子产"铸刑书"、晋赵鞅荀寅"铸刑鼎"以后重要的立法活动。《法经》是魏国变法成果的总结，也是各诸侯国地主阶级立法艺术的结晶。《唐律疏义》说：李悝"造《法经》六篇，即一盗法、二贼法、三囚法、四捕法、五杂法、六具法"，"是皆罪名之制也"。张斐说："律始于刑名者，所以定罪制也。"（《晋书·刑法志》）故"罪名之制"即后世封建法典的"刑名"。这是"以罪统刑"的成文法出现钓集中表现。

商鞅，卫人。曾在魏国做过魏相公叔座的家臣，熟悉李悝、吴起在魏国变法的理论和实践。秦孝公即位，下求贤令。商鞅携带《法经》以相秦，主持变法，他"改法为律"，增连坐、恳草、分户、军爵等内容，并加以充实完善，经过长期的实践，终于形成独特的"秦律"。

秦用"秦律"，赵（三晋之一）为"国律"，魏（三晋之一）亦有《户律》、《奔命律》，（《睡虎地秦墓竹简》）并非偶然。"律"本钟鼎之声调，军队以金鼓之声及节奏指挥战斗，"击鼓进军"，"鸣金收兵"。故《易师》曰："师出以律。""律"便成了"军令"、"军法"的代名。词。违"律"者，必遭严惩。晋、秦居戎狄之邦，习游牧，善征讨，尚军法。故秦、赵、魏以"律"名其法，其所由来者上矣！

秦始皇执辔东向，挥戈南下，六国毕、四海一，天下为郡县，书同文，车同轨，法制为一统，丰功伟烈，铭其钟鼎。故《会稽刻石》云："秦圣临国，始定刑名，显陈旧章，初平法式，审别职任，以立恒常。"（《史记·始皇本纪》）其中，"始定刑名"盖指在《法经》六篇基础上加以完善后，开始定型；"显陈旧章"盖即沿用秦国固有法律。可以说秦律是魏法和秦法相结合的产物。

（五）魏《户律》、《奔命律》与秦法

《睡虑地秦墓竹简》中保存《魏户律》、《魏奔命律》片断。这说明，魏亦有“律”的法律形式，秦在司法中曾参考之，甚至适用魏国法律。

《魏户律》：“廿五年闰再十二月丙午朔辛亥，王告相邦：民或弃邑居野，入人孤寡，徼人妇女，非邦之故也。自今以来，假门逆旅，赘胥后父，勿令为户，勿予田宇。三世之后，欲仕仕之，仍署其籍曰：‘故某闾赘胥某叟之仍孙。’”《魏奔命律》：“廿五年闰再十二月丙午朔辛亥，王告将军：假门逆旅，赘胥后父，或率民不作，不治室屋，寡人弗欲。且杀之，不忍其宗族昆弟。今遣从军，将军勿恤视。烹牛食士，赐之参饭而勿予殽。攻城用其不足，将军以堙壕。”①假门，贾门；逆旅，行商，行商坐贾是也；赘胥，男子无力娶妻，出赘为婿；后父，招赘于有子寡妇之家的男子；为户，自立为户；田宇：田宅；仍孙，曾孙；参饭，三分之一斗的饭：殽，带骨熟肉；堙壕，平填敌城壕沟。

两段律文大意是：行商、坐贾、赘婿不得立户，不予田宅，三世之后才得坐官，还要在簿籍上注明：此人是某闾赘婿某人的曾孙。行商、坐贾、赘婿及不事农务、不建房屋（父子兄弟同居一室）者，皆令从军，不必怜惜他们，只供给三分之一斗的饭，不给肉吃，攻城时让他们打前站或平填壕沟。

秦孝公任商鞅而变法，曾先后颁布如下法令：“废逆旅”；“民有二男以上不分异者倍其赋”；“令民父子兄弟同室内息者为禁”；“事末利及怠而贫者，举以为收孥”。（《史记·商君列传》）秦始皇“三十三年，发诸尝捕亡人、赘婿、贾人，略取陆梁地，为桂林、象郡、南海，以适遣戍。”（《史

① 《睡虎地秦墓竹简》，文物出版社 1978 年，第 292、294 页。

记·始皇本纪》)

从以上律文、法令来看,秦罪“贾人”,而魏惩商贾;秦以“父子兄弟同室内息者为禁”,而魏罚“不治室屋”;秦禁“事末利”,而魏罪“率民不作”;秦魏皆贱赘婿而迁之。如此,则秦魏二国风俗法律何其相似乃尔!

结语 “法治”在合适的时间和地方萌发

就时间角度而言,“法治”思潮兴起子春秋战国,正好与各诸侯国统治阶级先后变法乃致登上政权宝殿相同步;就地域角度而论,由于历史的、民族的和文化传统等原因,各诸侯国政治发展并不平衡。一般说来,在宗法“礼治”影响较深的诸侯国,其封建化的步伐相对缓慢一些,“法治”思想的影响也相对小一些;相反,在宗法“礼治”影响薄弱的诸侯国,其封建化的步伐就较为迅速,“法治”思想便容易进居为统治思想。这种情况与无产阶级革命首先在资本主义世界薄弱环节取得成功有某些相似之处。

对一个伟大的社会思潮进行定量分析常常是困难的,但是如果以时间为横坐标,以地域为纵坐标,才重要政治思想家的行迹及其思想的演化为第三维坐标的话,我们就不难发现:“法治”思想潮的种子在何时、何地萌芽,又经过哪些政治活动家的传播,在哪些诸侯国开了花——结果的花和不结果的花,最后又在哪些地方结果累累硕果。

第十章　法家的群体形象

一、法家的先驱

春秋末期的中国社会已经进入大变革时期。面对这种变化，一些政治家主张通过变法或立法的途径来顺应历史的潮流，以解决或缓和社会矛盾。他们都是当时各国著名的政治家，如：齐国的管仲，郑国的子产、邓析，晋国的赵盾、赵鞅、范武子，宋国的子罕，晋国的叔向。他们在各国的立法、司法实践活动为法家学说的形成奠定了基础。由于他们只有实践，并没有提出相应的系统的理论，因此，从严格意义上讲，还不能称之为法家。但是，把他们看作法家的先驱应该是符合史实的，后来法家学派对他们的尊重也正好说明了这一点。

（一）管仲

管仲（？—公元前645年）名夷吾，字仲，又称敬仲，齐国颍上（今安徽颍上）人。出身平民或没落贵族。年轻时曾与鲍叔牙一起经商。齐桓公即位前曾和其兄公子纠争夺王位，当时任公子纠师傅的管仲曾射过齐桓公一箭。公元前685年齐桓公即位后，经鲍叔牙推荐，不计一箭之仇，重任管仲为相（一说为卿），主持国政。为了富国强兵，他辅助齐桓公进行了一系列改革，使齐国第一个取得了霸主的地位。其法律思想对法家产生了很大的影响。

1.“仓廪实则知礼节”,“与民分货”

管仲有“仓廪实则知礼节,衣食足则知荣辱”(《管子·牧民》)的名言,认为发展经济是国家富强的前提,也是使人们遵守礼义法度和稳定社会秩序的物质基础。这种思想具有一定的朴素唯物主义因素,对当时一味剥削压榨而侈谈礼义廉耻的贵族也是深刻的批判。同时非常重视道德和法律的作用,将“礼义廉耻”比做“国之四维”。(《史记·管晏列传》)他反对空谈礼义法度,认为首先必须解决人民的衣食问题,然后才谈得上礼义廉耻。因此,要想国富民安,就要发展生产、改善人民生活。这种思想是他在齐国进行一系列改革的理论基础。管仲充分利用齐国的有利条件,大兴渔盐、铸铁之利。为此,设置盐官,管理盐铁业,并采取渔盐出口不纳税的政策,鼓励渔盐贸易;在农业上,也改革了赋税制度,按照土地的好坏分等级确定税收额,号召开垦荒地,兴修水利,种植五谷、桑麻,饲养六畜,努力耕织。为了奖励耕织、发展工商业,提出“与民分货”(《管子·乘马》)的主张,即必须让人民分享一点生产成果和经济收益。从而把“富国”和“富民”统一起来。

2.“匹夫有善,可得而举”

管仲认为,要使人民遵守法律,必须使人民感到有利可图。因此,要求做到“民之所欲,因而予之;民之所否,因而去之”,(《史记·管晏列传》)以期“令顺民心”。根据这一原则,主张“修旧法,择其善者而业用之”,(《国语·齐语》)即废除那些不利于“富国”、“富民”的规定,从而“与俗同好恶”。

管仲认为,要保证法令的贯彻执行,必须“劝之以赏赐,纠之以刑罚”。一方面,他不顾周礼任人唯亲的“亲亲”原则,主张“匹夫有善,可得而举”,(《国语·齐语》)提倡破格选拔人才;并规定乡大夫有推举人才的责任,如有才不举,便以“敝明”、“敝贤”论罪。另一方面,他也敢于对那些“不用上令”、“寡功”和“政不治”的官吏绳之以法:“一再则宥”、

“三则不赦”。管仲还按职业和身份将“国”（国都以内）、“鄙”（国都以外）的居民重新加以编制，并“寄内政于军令”，（《国语·齐语》）把行政和军事组织结合起来，以加强军事力量。

总之，管仲的改革已经超出了礼制的范围，突破了“礼不下庶人，刑不上大夫”的旧传统。他敢于打击旧贵族，据《论语·宪问》记载，他曾剥夺“伯氏骈邑三百”；相传他还提出“有过不免，有善不遗”，加之他所主张的“富国强兵”、“与民分货”和“令顺民心”等主张都与后来的法家一脉相承，所以后人一般称他为法家的先驱，他的改革成果与商鞅的法律并称“商管之法”。

（二）子产

子产（？—公元前522年）即公孙侨，字子美，又称公孙成子，郑国贵族。公元前543年至公元前522年执掌郑国国政，是当时享有盛名的政治家。作为一个刚刚从奴隶主贵族转化而来的开明贵族，为了继续保持贵族的某些特权，不仅不公开反对周礼，反而赞美它，甚至认为“礼”是“天之经也，地之义也，民之行也；天地之经而民实则之”。（《左传·昭公二十五年》）因此，被一些贵族看成是“知礼”和“有礼”的典型。但是执政后却进行了一系列违反周礼的改革。

1.“田有封洫，庐井有伍”

为了制止贵族对土地的侵占和争夺，子产首先从改革田制入手，“作封洫”即重新划分田界，明确各家的土地所有权，并把个体农户按五家为伍的方式编制起来，使之“庐井有伍”，以加强对农民的控制。同时，又重新确立了国都内外、上下尊卑的等级秩序，奖赏忠于职守、节俭奉公的贵族和官吏，打击那些骄横奢侈之徒。五年之后，又“作丘赋”，以“丘”为单位，向土地所有者征收军赋，进一步肯定了土地私有权的合法性。

2.“制叁辟，铸刑书”

“作封洫”、“作丘赋”之后，子产又同旧势力的反对进行了斗争。这时，新兴地主阶级的力量逐渐壮大，国人也看到了改革的好处，开始积极拥护改革。为了保护已经取得的改革成果，公元前 536 年，子产“铸刑书”，即把新制定的“刑书”铸在铁鼎上公布，这是中国法制史上一个具有重大意义的创举。以往的奴隶主贵族不但对其封地内的奴隶可以为所欲为，而且也可以恣意迫害平民。他们不制定也不公开颁布什么行为是犯罪以及犯什么罪应该处什么刑的“刑书”，而是采取“议事以制”的方式审判案件，使人们经常处于“刑不可知，则威不可测”的极端恐怖之中。从反对者的意见中不难看出，仅就颁布成文法本身来说，就已经起到了限制贵族特权的作用。反对者叔向谴责说：“今吾子相郑国作封洫，立谤政，制刑书，将以靖民，不亦难乎？”(《左传·昭公六年》)可以推断，子产“刑书”的内容与其田制、赋制改革有关。子产的“刑书”公布后，不仅打破了“先王议事以制不为刑辟”的“礼治”传统，而且限制、打击了奴隶主贵族的特权，让人们知道什么行为是合法的，什么行为是违法的，又应当承担何种责任。“民知争端矣，将弃礼而徵于书，锥刀之末，将尽争之”。这在一定程度上保护了新兴地主阶级和平民的既得利益，因而遭到晋国著名保守派贵族叔向的反对。子产没有屈服，他答复道：“侨不才，不能及子孙，吾以救世也”。(《左传·昭公六年》)意即“铸刑书”正是为了挽救郑国危亡。子产“铸刑书”这一举动为后来法家所主张的“法治”提供了经验。

3. 以“宽”服民和以“猛”服民

子产第一个提出了“宽”、“猛”两手策略。“宽”即强调道德教化和怀柔，“猛”即主张严刑峻罚和暴力镇压。子产在执政期间，主要采用“宽”的一手，主张“为政必以德”。(《史记·郑世家》)为此，孔子多次赞美，说他是“惠人”，“其养民也惠，其使民也义”。(《论语·公冶长》)子产的确如此开明。执政后，郑国人经常到“乡校”议论其为政的得失。“乡校”本来就是国人举行乡射宴饮和议论国政的场所。有人劝子产毁掉乡校，他不同意，说：“何为？夫人朝夕退而游焉，以议执政之善否。其所善者，吾则行之；其所恶者，吾则改之，是吾师也。若之何毁之？吾闻忠善以损怨，不闻作威以防怨。岂不遽止，然犹防川，大决所犯，伤人必多，吾不克救也；不如小决使道，不如吾闻而药之也”。（《左传·襄公三十一年》）这种择善而从，闻过则改的风度在当时是难能可贵的。

到了晚年，子产的“为政必以德”的观点却发生了转变。他在临终前竟对后继者子大叔说：“我死，子必为政。唯有德者能以宽服民，其次莫如猛。夫火烈民望而畏之，故鲜死焉；水懦弱，民狎而玩之则多死焉。故宽难”。（《左传·昭公二十年》）这一转变不外有两种可能：一是他对以往所行的“德政”已经丧失了信心；一是认定子大叔不是“德者”，所以示意他舍宽而取猛。

子产所提出的“宽”、“猛”两手，关系到立法的指导原则。后世的儒家主要继承和发展了其“以宽服民”的思想，主张立法从宽；法家则主要继承和发展了其“以猛服民"的思想，主张立法从严。前者培育了循吏，后者酿造了酷吏。

（三）邓析

邓析（？—公元前501年）郑国人。子产执政时曾任郑国大夫，在政治上非常活跃。子产在郑国进行了一系列有利于封建化的改革，但是作为一个刚刚转化而来的新封建贵族，为了保持贵族的特权，并不否定周礼。而邓析则代表了新兴地主阶级的利益，要求进一步改革。《荀子·非十二子》说他“不法先王，不是礼义”。可见邓析是最早反对“礼治”的思想家。

1. 私造竹刑

邓析对子产所推行的一些改革不满，曾“数难子产之治”。（《列子·力命》）由于不满子产所铸刑书，竟私自编了一部更能适应新兴地主阶级要求的成文法，把它写在竹简上，叫做“竹刑”。晋人杜预在注《左传》时说，邓析“欲改郑所铸旧制，不受君命，而私造刑法，书之于竹简，故言‘竹刑’”（《左传·定公九年》杜预注）。“欲改旧制”和他“不法先王，不是礼义”的精神显然是一致的。“竹刑”的内容已无可考，但从当时的历史条件分析，邓析这一部有别于“刑书”的“竹刑”，必然只能是体现新兴地主阶级意志的作品。

2. 传授法律知识，承揽诉讼

邓析曾聚众讲学，传授法律知识与诉讼方法，并助人诉讼。《吕氏春秋·离谓》载：邓析“与民之有讼者约：大狱一衣，小狱襦裤而学讼者，不可胜数”。又以擅辩论著称，“操两可之说，设无穷之词”，（《邓析子·序》）并“持之有故，言之成理”。（《荀子·非十二子》）在诉讼中也能打破旧传统，不以周礼为准，反而“以非为是，以是为非”。在邓析的倡导下，当时郑国曾兴起一股革新的浪潮，给新老贵族的统治造成严重威胁，以致“郑过大乱，民口欢哗”。（《吕氏春秋·离谓》）最后，“郑驷颛杀邓析，而用其竹刑”。（《左传·定公九年》）驷颛是继子产、子大叔之后的执政，他杀了邓析却不得不继续使用其“竹刑”。可见“竹刑”的内容适应了社会发展的需要。

（四）赵盾、赵鞅

赵盾即赵宣子，赵衰之子。春秋时晋国执政。赵氏在晋国的地位与实力是逐渐上升的。晋文公重耳出逃时，狐偃、赵衰以士的身份随重耳出亡；晋文公作三军时，狐毛、狐偃将上军，赵衰为卿，赵氏不及于狐氏。但是，公元前621年，被推荐任中军元帅，开始执掌国政，从此，赵氏的势力大起来。次年，赵盾主“扈”地之盟，开大夫主盟之先河。公元前 607 年，避灵公杀害出走，未出境，其族人赵穿杀死灵公。赵盾回来拥立晋成公，继续执政，进行了一系列立法活动，以保卫新兴地主阶级的斗争成果。“制事典，正法罪，辟狱刑，董逋逃，由质要，治旧洿，本秩礼，续常职，出滞淹。”（《左传·文公六年》）新法典当时并没有公布，但新兴地主阶级一直用“法”镇压旧贵族。直到公元前 513 年，晋国的赵鞅、荀寅才将赵盾所作的法典铸在铁鼎上。赵盾的立法实践活动为成文法的产生奠定了基础。

赵鞅即赵简子，又名志父，亦称赵孟。春秋时期晋国卿。公元前 513 年冬，与荀寅一起“帅师城汝滨，遂赋晋国一鼓铁”，将赵盾所作法典铸在铁鼎上。（《左传·昭公二十九年》）这是新势力在晋国取得政权后采取的一项重大举措。遭到孔子的严厉批评。

（五）叔向

叔向一作叔响，羊舌氏，名肸（xi 音希）。因其封邑在杨（今山西洪洞东南），又称杨肸。春秋时期晋国卿。约与子产、孔子同时。晋悼公晚年时任太子彪的老师（傅）。后来，彪即位为平公，叔向任太傅，参与国政。

叔向长于历史典故，人称“习于春秋”，（《国语·晋语七》）又有丰富的施政经验。评价晋国的时政是国势日衰，处于“季”世（没世）。为挽救这种局面，坚持“礼”的原则，并主张以“宽”待民。叔向崇尚“礼治”，认为：“礼，政之舆也；政，身之守也。怠礼，失政，不立。是以乱也”。（《左传·襄公二十一年》）“忠信，礼之器也。卑让，礼之宗也”。（《左传·昭公二年》）强调“礼，王之大经也。言以考典，典以志经。”（《左传·昭公十六年》）为维护旧贵族统治，主张对人民施以恩德。面对春秋时期的社会变革，从维护“礼治”的立场出发，对新生事物持否定态度。最突出的事例就是曾写信指责子产公布“刑书”。他说：“昔先王议事以制，不为刑辟，惧民有争心也”；“民知有辟则不忌于止。并有争心，以征于书，而徼幸以成之”；“民知争端矣，将弃礼而征于书，锥刀之末，将尽争之。乱狱滋丰，贿赂并行，终子之世，郑其败乎！”（《左传·昭公六年》）可见，叔向从三个方面抨击子产：其一，“铸刑书”违背了西周以来不公布法律的传统；其二，有了刑法典且公布之后，人们可以依法而力争，必将不再遵守礼；其三，这种新的法制必然导致司法腐败。其实，子产创制的成文法适应了时代发展的需要，是中国古代法律实践走向成熟的标志。

在司法方面，叔向主张依法处死徇私枉法的法官叔鱼（叔向的弟弟），体现了严格执法、大义灭亲的精神。为此，孔子称赞道：“叔向，古之遗直也。治国制刑，不隐于亲。三数叔鱼之恶，不为末减。曰义也夫，可谓直矣！”（《左传·昭公十五年》）这种做法反映了当时晋国重视法制传统的一个侧面。与后世法家“不别亲疏，不殊贵贱，一断于法”（《史记·太史公自序》）的“法治”精神是一脉相承的。

此外，还有一些政治家在一定程度上带有法家色彩。如士会，即随武子、范武子，士为之子，字季。春秋时晋国大夫。因食邑在随（今山西介休东南），后更受范地（今山东梁山西北），故又称随会、范会、士季、随季。公元前 593 年，任中军元帅，并兼任太傅，执掌国政。其间曾修订法制，制定“士蔿之法。”再如司城子罕，春秋战国之际宋国执政。公元前 567 年至公元前 456 年在位，并进行社会改革实践。提出“同罪异罚，非刑也”，（《左传·襄公六年》）批评贵族罪刑擅断的做法。

二、战国法家的代表人物

法家的代表人物大多是战国时期各国著名的政治家、军事家和思

想家。其主要代表有战国初期的李悝、吴起,中期的商鞅、慎到、申不害,末期的韩非、李斯。兹简要介绍如下:

(一) 李悝

李悝(约公元前455年—前395年)魏国人。法家学派始祖,三晋地区最著名的法家代表人物之一。魏国是战国初期最早进行改革的一个诸侯国。自魏文侯时便与韩、赵分晋,建立新国。为了富国强兵,魏文侯(公元前445年—前397年在位)广招人才,礼贤下士,启用了一批著名的政治家、军事家和思想家,李悝就是其中最著名者。初为北地守,后任"魏文侯相"和"魏文侯师",主持魏国的变法,在政治、经济、法制方面进行了一系列有利于发展封建制的改革。他最突出的事迹,就是总结了春秋战国时期各国的立法经验,并对成文法运动进行了理论概括,完成了中国古代第一部新式的成文法典《法经》。至此,法家思想才初步形成一个体系,法家才成为一学派。李悝获得了战国初期法家始祖的地位,谱写了"以法治国"的时代篇章。

(二) 吴起

吴起(?—公元前381年)卫国左氏(今山东曹县北)人。战国初期著名的军事家、政治家。据说性格暴烈,急于功名。年少时因游仕而破家,为乡党所耻笑,遂"杀谤己者三十余人";与母亲诀别时曾发誓说:"起不为卿相,不复入卫。"(《史记·孙子吴起列传》)后入鲁国,师从于孔子的弟子曾参,但因母亲死而不归守孝,为曾参所鄙视。长于兵战,著有兵法,与孙武齐名。初任鲁将,打败齐兵;旋即入魏,屡败秦兵,被魏文侯任为西河郡守,曾协助魏文侯推行奖励军功的法家政策。魏文侯死后,因受陷害,被迫由魏入楚。初被楚悼王任为宛(今河南南阳市)守,一年之后被提升为令尹(相当于相),主持变法,使楚国兵力强盛。

楚悼王死后，被旧贵族杀害，变法失败。

（三）商鞅

商鞅（约公元前 390 年—前 338 年）卫国人。战国中期著名政治家、法家思想体系的奠基者之一。公孙氏，名鞅；因是卫公的同族，亦称卫鞅；因出身魏国国君的疏远宗族，又称魏鞅；

因功被封于商（今陕西商县东南商洛镇）而号商君，史称商鞅。他"少好刑名之学"，曾任魏国"相"公叔痤的家臣，熟悉李悝、吴起在魏国变法的理论和实践。公元前 361 年，秦孝公即位，为富国强兵下令求贤。商鞅携带李悝的《法经》入秦，并取得秦孝公信任，初任左庶长，后升为大良造。在秦孝公的支持下，两度主持变法，奠定了秦国富强的基础，使秦国后来者居上，一跃而成为"兵革大强，诸侯畏惧"的强国，为秦统一天下打下了基础。因其变法损害了贵族的利益并曾刑及太子"傅"公子虔等，被贵族所仇恨。秦孝公死后，商鞅被贵族陷害，车裂而死。商鞅不仅是先秦法家中变法最有成效者，而且是法家思想体系的重要奠基人。商鞅以重"法"而著称，与同时代的慎到、申不害各成一派。《史记》有《商君列传》。

（四）慎到

慎到（约公元前 390 年—前 315 年）赵国人。战国中期法家代表人物之一。曾长期在齐国稷下学宫讲学，对法家思想在齐国的传播起过重大作用。其思想源于"黄老道德之术，因发明序其旨意。"一般认为，慎到是从道家分出来的法家。但是严格说来，慎到是从批判儒家——"笑天下之尚贤"、"非天下之大圣"开始最终走向法家的。慎到在先秦法家中以重"势"而著称，是法家中重要的理论家，在法理学上很有造诣。他的重"势"与"尚法"是一致的。

（五）申不害

申不害（约公元前395年—前337年）郑国京（今河南荥阳东南）人。战国中期政治家、法家代表人物之一。出身低微。韩灭郑后，被韩昭侯（公元前362年—前333年在位）起用为相，主持变法改革，颁布了大量的法律，一度使韩“国治兵强”。《史记·老子韩非列传》称“申子之学，本于黄老而主刑名”。《索隐》：“按刘向《别录》云：申子学号曰刑名家者，循名以责实，其尊君卑臣、崇上抑下，合于六经也。”可见其思想带有道家影响的痕迹。他把法家的“法治”和道家的“君人南面之术”结合起来，成为法家重视“术”的一个分支。《史记》有《孙子吴起列传》。

（六）韩非

韩非（约公元前280年—前233年）战国末期法家主要代表人物之一、先秦法家特别是晋法家法律思想的集大成者。出身韩国贵族。与李斯一同师从于荀子，但只是从荀子那里获得了某些知识，其思想已经与荀子相悖。在荀子在世之时便高举法家的旗帜与老师分道扬镳了。《史记·老子韩非列传》称韩非“喜刑名法术之学，而其归本于黄老”。韩国在战国“七雄”中是最弱的一个。韩非不忍心看着韩国走向衰败，数次上书劝谏韩王变法革新，但没有被采纳。由于口吃不能道说而善于著书，于是便发忿著书立说，作《孤愤》、《五蠹》、《内外储》、《说林》、《说难》十余万言。这些著作传到秦国后，受到秦王政（即秦始皇）的重视，秦王感慨地说：“嗟呼，寡人得见此人与之游，死不恨矣！”后秦国攻打韩国，韩王派韩非出使秦国。秦王见后非常欣赏，但韩非书生气太浓，念念不忘故国，因而崐没有得到信任。在李斯、姚贾的陷害之下，下狱经年，被迫自杀。他集商鞅的“法”崐治、慎到的“势”治、申不害的“术”治为一体，提出了“法、势、术”三者合一的思想，对后世产生很大的影响。“韩非虽然身死于秦，但他的学说实为秦所采用，李斯、姚贾、秦始皇、秦二世实际上都是他的高足弟子。”①

（七）秦始皇嬴政

秦始皇嬴政（前258年—前210年）公元前246年即位为秦王，年13岁。公元前221年统一天下，为秦朝之始皇帝，在位10年卒。接受商鞅韩非的法律思想，继承自商鞅变法以来秦国所实行的法治政策，富国强兵，赢得兼并战争的胜利，建立统一的集权制国家，统一文字、法律、道路、度量衡。李斯等赞颂始皇：“昔者五帝地方千里，其外侯服夷服诸侯或朝或否，天子不能制。今陛下兴义兵，诛残贼，平定天下，海内为郡县，法令由一统，自上古以来未尝有，五帝所不及。”秦始皇排斥神权思想和分封制度，自谓“古之五帝三王，知教不同，法度不明，假威鬼神，以欺远方，实不称名，故不久长。其身未殁，诸侯倍叛，法令不行”；“天下共苦战斗不休，以有侯王。赖宗庙，天下初定，又复立国，是树兵也，而求其宁息，岂不难哉！”他深信“五德终始”理论，以秦属水德，故“刚毅戾深，事皆决于法，刻削毋仁恩和义，然后合五德之数。”实行文化专制主义政策，禁止私学，焚诗书百家语，以“妖言以乱黔首”之罪坑杀460余名不满秦政的儒生于咸阳。（《史记·秦始皇本纪》）秦始皇的继任者延续了专任刑罚的政策。

（八）李斯

李斯（？—公元前208年）楚上蔡（今河南上蔡西南）人。战国末期、秦著名政治家、思想家，法家代表人物之一。年轻时曾作过郡小吏，并曾与韩非一起师从于荀子，后又接受商鞅、慎到、申不害等人的法家

① 郭沫若：《十批判书》，人民出版社1954年，第337页。

学说，韩非的思想也对他产生了很大影响。战国末入秦，起初作秦相国吕不韦的舍人，后来被秦王政（即秦始皇）任命为长史、客卿。公元前237年，以韩国水工郑国事件，宗室贵族建议逐客，他却上书谏阻，曾经劝谏秦王逐客曰："太山不让土壤，故能成其大，河海不择细流，故能成其深，王者不却众庶，故能明其德，"被采纳。秦统一天下后，任丞相。建议坚持郡县制，曰："周文武所封弟子同姓甚众，然后属疏远，相攻击如寇仇，诸侯更相诛伐，周天子弗能禁止。今海内赖陛下神灵一统，皆为郡县，诸子功臣以公赋税重赏赐之，甚足易制。天下无异意，则安宁之术也。置诸侯不便。"为秦始皇所采纳。以"今诸生不师今而学古，以非当世，惑乱黔首"，建议禁止私学；并建议"非博士官所职，天下敢有藏诗书百家语者，悉诣守尉杂烧之。有敢语诗书者弃市，以古非今者族。……欲有学法令，以吏为师，"皆被采纳。秦始皇死后，李斯仍侍奉秦二世胡亥，把商鞅、韩非之术推向极端，行"独断独制"、"督责之术"，继续"重刑轻罪"严刑重罚，深督轻罪。李斯协助秦统治者实践了法家的政治法律主张，但在君主集权方面发展了商、韩等法家思想中的糟粕，把集权君主制度推向极端。其一生的成败与秦王朝的兴亡密切相关，其法律思想和实践活动对秦中央集权的君主制度的确立和发展具有很大影响。

三、法家的变法实践

战国初期，新兴地主阶级先后在一些诸侯国夺取了政权。但是，旧的传统在各个方面仍有很深的影响。为了进一步革除残存的礼制，巩固新兴地主阶级的统治，各诸侯国都不同程度的进行了社会改革，由此掀起了战国时期轰轰烈烈的变法运动。在这场变法运动中，作为政治家、军事家、思想家，一些法家代表人物走上各诸侯国的政治舞台，主持变法，开始实践其“法治”思想，从而揭开了“法治”的序幕，为法家的形成和发展奠定了基础。

（一）李悝在魏国的变法实践

公元前 403 年，韩、赵、魏三家分晋，魏与韩、赵一起被周天子正式册封为诸侯。魏国地处原晋国的中部、西南部平原地区，人口众多，土地肥沃。这种优越的自然条件对魏国社会经济的发展非常有利。

魏国是战国初期最早进行变法的一个诸侯国。第一位国君魏文侯在位时（公元前 445 年—前 396 年）招纳了一大批政治、军事人才参与改革。其中成效最大的是李悝的变法。李悝变法实践的主要内容有以下几方面：

1. “尽地力之教”与“平籴法”

“尽地力之教”与“平籴法”是李悝在经济领域实施的重要改革措施。所谓“尽地力之教”就是废除“井田”的疆界，鼓励自由开垦耕地，勤谨耕作以增加生产，培植个体小农经济。《汉书・食货志》记载：“是时李悝为魏文侯作尽地力之教，以为地方百里，提封九万顷，除山泽邑居参分去一，为田六百万亩。治田勤谨，则亩益三升（注：当为三斗），不勤则损亦如之。地方百里之增减，辄为粟为八十万石矣。”据《汉书・食货志》记载，李悝认为，“籴甚贵则伤民，甚贱则伤农。民伤则离散，农伤则国贫”。即：粮价太贱，农民入不敷出，生活困难，国家就要贫困；粮价太贵，城市居民负担不起，生活困难，就要流浪他乡。为此，他制定了平衡粮价的“平籴法”，就是把好年成分成上、中、下三等，坏年成也分成上、中、下三等；好年成时，农民交纳什一之税，留下自己用的粮食外，其余的由政府按定价收购；坏年成时，又由政府平价售出。这样可以“取有余以补不足”，稳定小农经济。

李悝经济改革的目的是：第一，巩固新兴地主阶级的土地私有制，从而调动土地所有者的生产积极性；第二，巩固新的行政与赋税制度，按地域而不是按血缘来划分居民，并保证国家的“什一之税”；第三，通过国家行政力量的干预，协调农业生产者和城镇手工业者之间的关系，抑制商人囤积居奇，以保障国家的政治稳定。

2．“赏罚必当”的“为国之道”

李悝在政治领域提出了“为国之道，食有节而禄有功，使有能而赏必行、罚必当”（《说苑·政理》）的改革措施。这实际上包括两个方面的内容：其一，在任用官吏上，要打破以往世卿世禄的贵族世袭制，废除贵族的一系列特权，任用大批新兴地主阶级的贤能有功之士。其二，在行赏施罚方面，要做到有功有劳的一定要赏，有罪有过的一定要罚，此即后世法家所主张的“信赏必罚”。李悝的“为国之道”叩响了法家“法治”的大门。

3．“撰次诸国法，著《法经》”

“撰次诸国法，著《法经》”，是李悝在中国法律文化史上最大的贡献。李悝获得法家学派开山鼻祖的地位与《法经》关系密切。

李悝作《法经》之事，战国时期的法家著作中没有提起，《史记》、《汉书》也只字未提。现有文献中，最早提到《法经》的是保存在《晋书·刑法志》中的三国时期曹魏陈群、刘劭等作的《魏律·序》云：“新律因秦《法经》，就增三篇，而《具律》不移，因在第六。”《晋书·刑法志》在追述曹魏之法时则说：“是时承用秦汉旧律，其文起自魏文侯师李悝。悝撰次诸国法，著《法经》。以为王者之政，莫急于盗贼，故其律始于《盗》、《贼》。盗贼须劾捕，故著《网》、《捕》二篇。其轻狡、越城、博戏、借假、不廉、淫侈、踰制以为一篇，又以《具律》具其加减。是故所著六篇而已。然皆罪名之制也。”可证秦《法经》源于悝《法经》。

《唐律疏议》也有比较详细的记述：“周衰刑重，战国异制，魏文侯师于李悝，集诸国刑典，造《法经》六篇：一盗法、二贼法、三囚法、四捕法、五杂法、六具法。”可见，李悝的《法经》是在总结春秋末期郑晋铸刑书刑鼎以来法制改革成果的基础上整理出来的，是后世历代法典的雏形。《盗法》是涉及公、私财产侵犯的法律，《贼法》是有关危及政权稳定和人身安全的法律，《囚法》是有关断狱的法律，《捕法》是有关捕亡的法律，《杂法》是处罚狡诈、越城、赌博、贪污、淫乱等行为法律，《具法》规定了刑罚的加重和减轻。

（二）吴起在楚国的变法实践

吴起在魏国曾参与李悝的变法活动，协助魏文侯推行奖励军功的法家政策。入楚后，开始帮助楚悼王改革，主持变法。

1. “损有余而继其不足”

吴起在楚国变法的宗旨是加强国君的权利。为此，主张削弱贵族的力量。他认为，楚国之所以弱，是因为“大臣太重，封君太众。若此则上逼主而下虐民，此贫国弱兵之道也”。（《韩非子·和氏》）因此，提出“损有余而继其不足”（《说苑·指武》）的变法原则。具体做法是：“使封君之子孙三世而收爵禄，绝灭百吏之禄秩，损不急之枝官，以奉选练之士。”（《韩非子·和氏》）即逐步废除旧贵族的世卿世禄制，剥夺贵族多余的土地来补充新兴地主的不足，取消贵族三世以后子孙的爵禄，精简“无能”、“无用”的官员，把节省出来的经费用于“抚养战斗之士”。（《史记·孙子吴起列传》）同时，把一部分贵族迁往边远地方，“令贵人往实广虚之地”，（《吕氏春秋·贵卒》）进一步打击了贵族势力。

2. “明法审令”

在执法方面，吴起主张“明法审令”，严格依法办事。他要求君主和各级官吏服从统治阶级整体利益的“公”，克服一己之利的“私”：“使私不害公，谗不蔽忠，言不敢苟同，行不敢苟容，行义不顾毁誉。”（《战国策·秦策三》）为此，以“法治”的手段“塞私门之请，壹楚国之俗”，大力整顿楚国的吏治，纠正以私害公的不正之风。此外，还禁止纵横家进行游说，以防内外勾结，破坏楚国变法的方针政策。尽管吴起被楚国旧贵族势力所杀害，其主持的旨在“富国强兵”的变法也被扼杀，但是他的削弱旧贵族势力的措施以及“明法审令”，明于赏罚的主张，都被后世法家所继承和发展。吴起是失败的政治家，商鞅是成功的政治家。他们的变法结果从不同的角度反映出当时以新涤旧的变革浪潮。

（三）商鞅在秦国的变法实践

商鞅在秦国先后主持过两次变法，是先秦法家变法最有成效者。第一次开始于公元前359年（一说公元前356年），主要内容是：

1. 改法为律

商鞅以《法经》为蓝本，结合秦国的具体情况加以修订、扩充，“改法为律”，增加“连坐法”即“令民为什伍而相收司连坐，不告奸者腰斩，告奸者与斩敌首同赏”，（《史记·商君列传》）作为《秦律》颁行秦国，厉行法治。

2. 奖励军功，禁止私斗

商鞅变法，令“宗室非有军功论不得为属籍”，（《史记·商君列传》）“斩一首者爵一级，欲为官者为五十石之官”，“官爵之迁与斩首之功相称也”；（《韩非子·定法》）“为私斗者各以轻重被刑”，使人民“勇于公战，怯于私斗。”（《史记·商君列传》以下同）太子犯法，“刑其傅公子虔，黥其师公孙贾”。

3. 奖励耕织，重农抑商

实行新法令，“僇力本业，耕织致粟帛多者复其身，事末利及怠而贫者，举以为收孥。”

第二次变法开始于公元前350年，主要内容是：确立土地私有制，“开阡陌封疆”，“改帝王之制，除井田，民得买卖”。（《汉书·食货志》）

普遍推行县制,“集小都、乡、邑、聚(村落)为县,置令、丞凡三十一县(一说四十一县或三十县)。”(《史记·商君列传》)县令、县丞等地方官由国君直接任免,集权中央,并统一度量衡制度。按户口征收军赋,“舍地而税人,”(《通典·食货典·赋税上》)以利开垦荒地和增加赋税收入,明令“民有二男以上不分异者倍其赋”,并禁止父子无别、同室而居的旧俗。(《史记·商君列传》)这些改革措施,一方面清理了贵族的政治经济势力,一方面巩固了新兴地主阶级的经济基础和政治统治。从而使秦国从不被人重视的“夷狄之邦”,一跃而成为令人畏惧的虎狼之国。

(四)申不害在韩国的变法实践

公元前403年,韩与赵、魏正式被周天子封为诸侯。地域狭小的韩国地处原晋国的南部,夹于三强之间:西以秦国为邻,北、东北与魏接壤,南与楚相连。建国以来,韩国新型地主阶级的政权就未巩固,国力一直很弱。直到韩昭侯时期(公元前358年—前333年),各国大都进行了变法改革,新兴地主阶级的统治得到了巩固和发展,国力强大,开始对外扩张。面对内外交困的局面,韩昭侯任用申不害进行变法。其变法内容即“修术行道”、(《史记·韩世家》)“内修政教。”(《史记·老子韩非列传》)申不害强调君主治国一定要确立法治,依法办事,反对统治者凭主观意志和个人善恶随意决定政策措施和赏罚制度。同时他更强调“术”的作用。主张君主实行“独断”即集权于一身,将官吏的设置、任免和考核、赏罚以及生杀予夺之权都牢牢地掌握在手中。他主张君主要“无为”而治,同时任用官吏要使其称职,不许官吏越职行事,要经常监督、考核官吏。

申不害在韩国15年间,大力推行“术”治,使得韩国君主势力加强,政治局面比较稳定,国力也比较强盛。但由于用“术”有余,定法不足,没有统一的法律,因而出现了“晋之故法未息,而韩之新法又生;先君之令未收，而后君之令又下”(《韩非子·定法》)的混乱局面。昭侯死后，变法便停止了。

(五) 邹忌在齐国的变法实践

公元前386年，田氏代齐，新兴地主阶级在齐国掌握了政权。为了巩固统治，富国强兵，齐国进行了社会改革。齐威王(公元前356—前320年在位)接受邹忌的进谏，任用邹忌为相国，主持齐国变法。其主要措施首先是广开言路，鼓励群臣吏民进谏。齐威王下令：群臣吏民“能面刺寡人之过者，受上赏；上书谏寡人者，受中赏；能谤议于市朝，闻寡人之耳者，受下赏”。(《战国策·齐策一》)其次是修明法令，整顿吏治，清除奸吏，选择贤能，委派得力大臣坚守国境，使国力大增。

(六) 荀欣、徐越在赵国的变法实践

赵国在烈侯统治时期(公元前408年—前400年)，任用荀欣为中尉，徐越为内史，实行改革。在政治上整顿吏治，根据功劳授予官职，“选练举贤，任官使能”。(《史记·田敬仲完世家》)在经济上节省开支，对臣下进行考核奖励，“节财俭用，察度功德”。通过改革增强了国家实力。

(七) 变法实践的成果：《法经》

如果以“诸书定律”为法家标志的话，李悝便堪称法家的创始者。《汉书·食货志》说：“李悝为魏文侯作尽地力之教，”“行之魏国，国以富强。”可见，其变法的目的是“强君”，即从土地制度改革入手，鼓励农民生产积极性，增加国家赋税进而提高君主的地位。在政治方面，他主张抑贵族、尚君权。《说苑·政理》记李悝云：“臣闻为国之道，食有劳而禄有功，使有能而赏必行、罚必当。……夺淫民之之禄，以徕四方之士。”

李悝在中国法律史上的重大贡献是作《法经》。《晋书·刑法志》谓:"秦汉旧律,其文起自魏文侯师李悝。悝撰次诸国法,著《法经》。……其轻狡、越城、博戏、假借不廉、淫侈、踰制以为《杂律》。"从罪名可知,《杂律》所规定的内容,如"淫侈"、"踰制"等等,基本上不是针对平民百姓,而是针对宗法贵族的。可见,当初压抑贵族、提高君权的改革措施都变成了国家制度。据《战国策·魏策》载,魏国本有"大府之宪","宪之上篇曰:子弑父,臣弑君,有常刑不赦。"这些法令或存于《法经》。因此,可以判断,我国最早的成文法从一开始就浸透着维护君权、抑制权贵和重视家庭秩序的精神。

《法经》以《盗法》、《贼法》、《囚法》、《捕法》、《杂法》、《具法》六篇囊括当时的法令,有着重大的意义:第一,有利于司法的统一,便于司法官准确使用法律和定罪科刑;第二,有利于立法的系统化,使立法活动在兼顾历史沿革和横向联系的科学环境中进行,避免重复和抵牾;第三,实体法和程序法大致区分开来,有利于按客观规律了指导法律实践活动;第四,有利于法律文献的整理、修订、解释、研究。因此,《法经》是新式法令的集中体现,是封建成文法典的雏形。但遗憾的是,《法经》很早就已经失传了。明代末期董说的《七国考》曾引西汉末年桓谭《新论》有关《法经》的片断,但学术界多以为证据不足。

四、法家的代表性著述

《汉书·艺文志·诸子略》列法家学派著作十种、216 篇:

1.《李子》32 篇,李悝所著,今佚。

2.《商君》29 篇,商鞅著。今存《商君书》24 篇。

3.《申子》6 篇,申不害著,大约亡于南宋。今有清马国翰辑佚本《申子》一卷。

4.《处子》9 篇，著者不详，今佚。

5.《慎子》42 篇，慎到著，已佚。今存残本《慎子》七篇及诸书引用的佚文。另，商务印书馆所出《四部丛刊》影印明万历年间吴人慎懋赏本，今人多认为是伪书。

6.《韩子》55 篇，韩非著，今有《韩非子》55 篇。

7.《游棣子》一篇，著者不详，今佚。

8.《晁错》31 篇，汉初学者晁错著，宋以后亡佚。今有清马国翰辑本一卷。

9.《燕十事》十篇，著者不详，今佚。

10.《法家言》两篇，著者不详，今佚。

《汉书・艺文志・诸子略》将《管子》列于道家类，将《吴子》、《商鞅》列为兵家类。

具有代表性且保存相对完整的法家著作，主要有《商君书》、《韩非子》和《管子》。

《商君书》又名《商君》、《商子》，旧题"商鞅撰"。战国时已传世。原有 29 篇，今存 24 篇。据考证，其中的《垦令》、《外内》、《开塞》、《耕战》当是商鞅所作。其余为商鞅后学的作品，《徕民》篇成书偏晚。全书可以说是商鞅与其他法家遗著的合编。

《韩非子》又名《韩子》，今本 55 篇，与《汉书・艺文志・诸子略》同。除《初见秦》、《有度》等篇疑为后人增入，大体为韩非本人作品。《扬权》、《解老》、《喻老》、《主道》、《大体》、《观行》等主要谈论哲学问题。《内储说》、《外储说》、《说林》主要记载故事等资料。其余各篇讨论政治法律问题。

《管子》托名管仲撰。原 86 篇，今存 76 篇。《汉书・艺文志》列为道家类，《隋书・经籍志》列为法家类。系战国时多人著述的合集。《管子》所载齐法家著作甚多，而且理论价值颇高。法家著述有：《法禁》《君臣》《七臣七主》《法法》《权修》《重令》《治国》《正世》《禁藏》《任法》《版法》《版法解》《立政》《立政九败解》《明法》《明法解》《九守》。①

五、法家的派系与法家理论的自我完善

根据不同的划分标准，先秦法家的流派大致有四种划分方法。

法家从时间上可以划分为前期法家和后期法家。前期法家指战国初期、中期的法家，即新兴地主阶级通过变法在各诸侯国内夺取政权时期的法家。主要代表人物是李悝、吴起、商鞅、慎到、申不害等。前期法家的中心思想是：批判传统“礼治”，论证变法的重要性和正义性，探讨新兴地主阶级夺取诸侯国政权的途径，勾勒出一幅“以法治国”的政治蓝图。由于历史条件的原因，前期法家在思想上多少还受到传统思想的某些影响，带有其他诸家思想影响的某些痕迹。前期法家大都注重政治实践，兼政治家、思想家于一身，更为关注推行“法治”的实践问题。因此，前期法家的法律思想颇具有实践色彩。后期法家指战国后期的法家，即新型地主阶级通过兼并战争实现全国统一时期的法家。主要代表人物是韩非和李斯。后期法家已经具备较丰富的政治经验，因而其思想宗旨是：总结变法夺取政权和巩固政权的经验，在前期法家法律思想的基础上，提出较为完备的、系统的“法治”理论，以作为新兴地主阶级的统治理论。后期法家已经有条件对一系列重大理论问题进行理论探讨，因此，其思想更具有理论色彩。此外，前期法家和后期法家还有一主要区别：前期法家并不一般地完全排斥道德教育的作用；而后期法家则认为人们“好利恶害”的本性无法改变，因此基本上否定道德教

① 以上参见叶孝信：《中国学术名著提要·政治法律卷》，复旦大学出版社1996年，第63、74、60页。

育的作用，把法律的作用夸大到无以复加的地步，使法家的“法治”理论发展到极端。

法家从地域上可以划分为三晋法家和齐法家。在大致相同的历史时期，法家内部的主张常常表现出差异性，这在很大程度上取决于不同地域文化传统。

三晋法家或称晋秦法家是以三晋文化和秦文化为基础而产生的法家派系，其代表人物主要有：李悝，魏国人；吴起，卫国人；商鞅，卫国人；慎到，赵国人；申不害，郑国人；韩非，韩国人；李斯，楚国人。他们都不同程度地参与了三晋（韩、赵、魏）和秦国的变法与法制建设。其中，影响最大的商鞅、韩非分别是晋法家“法治”理论的初创者和集大成者。晋法家是战国法家的主体，其思想是战国法家思想的主流和代表。晋法家思想的特征是：重农抑商，严刑峻罚，基本否认道德教育作用，极端夸大刑罚的作用。这可以从晋国的“戎索”精神中找到其原型。

齐法家是以齐国文化为基础产生的法家派系，其法律思想主要反映在假托管仲之名的《管子》一书中。《管子》一书中的法家思想是在管仲的旗帜下发展起来的，即是从管仲在政治、经济上的改革措施中推演出来的，是这些措施在理论上的发展。因此，可以说是对管仲思想的发挥。齐法家之学是齐学的产物。齐学的代表荀子，曾游历过秦、楚、燕等国，其余的大部分时间是在齐国度过的。他才华横溢、成就卓著的辉煌时期就是在稷下学宫讲学，且“最为老师”、“三为祭酒”。（《史记·孟子荀卿列传》。）在儒、法、道诸家兼容的齐国文化氛围中，荀子将鲁儒的“礼”和晋法家的“法”有机地结合起来，成为“隆礼重法”、儒法合流、礼法统一的先觉者。齐法家思想的特征是：重农而不抑商，重法而不全盘否认道德教育的作用。这可以追溯到齐国的地理环境和历史文化传统之中。

法家从理论形式上可以划分为：法派、势派、术派。按照韩非的看法，前期法家可分三派：商鞅重法——法治派，慎到重势——势治派，申不害重术——术治派。商鞅论证了推行“法治”的必要性，慎到、申不害则论证了推行“法治”的可能性（政权、技术）。后期法家韩非则总其大成，提出了“以法为本”，法、势、术相结合的完整理论体系。正如冯友兰所说：“韩非是法家最后的也是最大的理论家，在他以前，法家已经有三派，各有自己的思想路线。一派以慎到为首。慎到与孟子同时，他以‘势’为政治和治术的最重要的因素。另一派以申不害（死于公元前337年）为首，申不害强调‘术’是最重要的因素。再一派以商鞅（死于公元前338年）为首，商鞅又称商君，最重视‘法’。”①

此外，还有一种将法家人物事功和观点相混合的划分方法——“法家分为五派：一为尚实派，主重实业，如李悝尽地力之教，商君重农战之法，管仲兴鱼盐之利都是。二为尚法派，如商鞅是。三为尚术派，如申不害是。……四为尚势派，如慎子是。……五为大成派，如韩非集诸派之大成是。”②

法家的派系是横向的，更是纵向的。它反映了法家在变法初期、获得政权、维护政权等不同时期政治实践的不同目标和特点。法家是实践型的学者，也是思考型的学者。他们在法理学方面，诸如法律的起源、本质，以及法律与经济、政权、道德、风俗、环境、人口等关系方面，都有独到的见解。为我们留下宝贵的财富。

六、先秦法家的两种类型：齐法家与晋秦法家

从思想特征来看，先秦法家分两种类型，即齐国式的法家和晋秦式

---

① 冯友兰：《冯友兰选集》，北京大学出版社2000年，第276页。

② 谭正璧：《国学概论讲话》，当代中国出版社2014年，第91页。

的法家。他们虽然都坚持以法治国的“法治”，但由于各自的历史文化传统所至，其“法治”的内容、特征是不尽相同的。齐法家之学正是齐学的产物。齐法家的法律思想主要反映在托管仲之名的《管子》一书中。与晋秦法家相比较，齐法家法律思想的特点表现在以下几个方面：

首先是“令尊于君”与“君尊则令行”。齐国法家虽主张“尊君”，但又强调“令重则君尊”，“令尊于君”。（《管子·重令》）要求君主带头守法，“行法修制先民服”，（《管子·法法》）以达到“君臣上下贵贱皆从法”（《管子·任法》）的境界。这就把君主权力限制在法律允许的范围内。晋秦法家把“尊君”视为推行“法治”的必要前提：“君尊则令行”。（《商君书·君臣》）故主张君主独揽大权：“权者君之所独制也”，“权制断于君则威”，（《商君书·修权》）“权重位尊”，（《韩非子·难势》）“独视者则明，独听者则聪，能独断者，故可以为天下王”。（《申子·大体》）

其次是“以德使民”与“不务德而务法”。齐法家继承管仲“礼义廉耻，国之四维”的传统观念，认为“四维张则君令行”。（《管子·牧民》）他们虽认为人皆“趋利避害”，但人非禽兽，人性是可以改变的，故承认道德教化的作用：“教训成俗而刑罚省数”。（《管子·权修》）故治理天下不能专任暴力“以力使”，而应“以德使”，以致“民从之如流水”。（《管子·君臣下》）晋人本来就有“畏威如疾，民之上也，从怀如流，民之下也”（《国语·晋语》）的传统见解。晋秦法家以为人性“好利恶害”终生不能改变，故治国“任其力不任其德”《商君书·错法》，“不务德而务法”，《韩非子·显学》，从根本上否认道德教化的意义。

第三是“杀戮不足以服其心”与“以刑去刑”。齐法家受管仲“仓廪实则知礼节，衣食足则知荣辱”（《管子·牧民》）思想的影响，又受到道家、儒家思想的浸渍，认为人民的物质生活状况决定着他们对法律的态度。如果他们衣食无着，饥寒交迫，就会铤而走险，此刻“以法随而诛之，则是诛重而乱愈起”。（《管子·治国》）刑罚的威力是有限的，“刑罚不足以畏其意，杀戮不足以服其心，杀戮众而心不服则上位危矣”。(《管子·牧民》)晋秦法家迷信暴力和刑罚的淫威，以为重刑在前，人莫敢犯，故行罚“重轻罪”，“轻者不至则重者不来”，此谓“以刑去刑”。(《商君书·壹刑》)

第四是“务本饬末则富”与“强本除末则治”。齐国素重工商，齐法家受其熏陶，以为“先王使农士商工四民交能易作”，自古已然。故治国虽应重农却不压抑工商：“务本饬末则富”。(《管子·幼官》)“饬末”即整顿管理工商，勿使商贾参与朝政：“商贾在朝则货财上流(指卖官鬻爵)”。(《管子·权修》)故主张“百工商贾不得服长貂。”(《管子·立政》)晋秦法家皆重农而抑商，以为“事商贾，为技艺，皆以避农战也”，视“不战而荣”、“无禄而富”者为“奸民”。(《商君书·农战》)而“民农则朴，朴则易用”。(《吕氏春秋·上农》)秦法规定“僇力本业耕绢致粟帛多者复其身，事末利及怠而贫者举以为收孥。”(《汉书·食货志》)魏(三晋之一)《奔命律》则规定“贾门逆旅，赘婿后父，或率民不作(不务农耕)，不治屋室，寡人弗欲。且杀之，不忍其宗族昆弟。今遣从军，将军勿恤视。烹牛食士，赐之叁饭而勿予殽(带骨熟肉)，攻城用其不足，将军以堙壕。”①秦魏法律何其相近。

第五是兼容并蓄的“稷下学风”与文化专制政策。齐国重视学术研究，齐宣王曾置学宫于稷门，招徕各派知识分子，自由讲学。赵国荀况即为稷下老师并三为祭酒。他兼容晋秦之学与齐鲁之学。齐法家承其风，其著述颇含道、儒、阴阳而兼有之。晋秦以“寡礼”、“无儒”著称，虽曾招贤纳士，然皆征战、谋略、法术之士，重实用而轻理论。故其法家著述大都苍白无血色，缺乏理论营养。晋秦法家以为诸子之学非本国所固有，且“儒无益于国之治”，“儒以文乱法”，“民不贵学问则愚”，“愚则

---

① 《睡虎地秦墓竹简》，文物出版社1978年，第294页。

易治”,(《商君书·垦令》)故治国明法令,“以法为教,以吏为师”,(《韩非子·五蠹》)“燔诗书而明法令”,(《韩非子·和氏》)“焚书坑儒”。晋秦法家虽有并吞天下之雄心而无兼容他家学术之襟怀。秦公子扶苏建议尊重儒学,竟引得始皇大怒,贬扶苏驻守边关,(《史记·秦始皇本纪》)岂偶然哉!

第六是“治国之道”与“帝王之术”。齐法家也讲“术”,其“术”实为治国之“道”:“道德出于君,制令传于相,事业程于官”,是“明公道而灭奸伪之术也。”(《管子·君臣上》)此乃“循名责实”之道也。晋秦法家出于维护君权、推行法治、防止臣下篡权和阳奉阴违的考虑,大讲“帝王之术”。此“术”除“循名责实”的“阳术”外,还有不可告人的“阴术”:“术者,藏于胸中,以偶众端而潜御臣下者也。”(《韩非子·难三》)其术有“倒言反是”、“挟知而问”、“疑诏诡使”(《韩非子·内储说下》)之类,何其狡诈而远非君子相待之道也。但是,阴谋权术的出现,不能仅仅归结为法家的“阴暗心理”,它从另一个角度揭示了当时新兴政权所面临的险恶局面,非如此不足以治国安邦。

战国时期的法家内部虽然有着某种观点上的差异,但大体上看,法家学术是晋国文化的产物,而秦国文化则为之预备了一个用武之地。如果说法家内部也分为派系的话,那么,首先是晋法家同齐法家之别,其次是晋法家内部的“重法”、“重势”、“重术”三派之别。当然,在晋法家内部还可以有前期和后期之别。但是,晋秦法家是法家的主体,他们的思想是战国法家思想的主流和代表,而齐国法家的主张似乎具有更多的合理性。一种学术的产生及其是否被社会接受,是不以个人意愿为转移的,而是当时社会现实需要所决定的。

结语　一代英雄人物谱写历史

春秋战国是继殷周之变以后中国古代社会经历的第二次大变革时代。这种变革有着社会经济政治文化诸方面的深刻原因。

春秋时代的变革，似乎走着“人惟求旧，器惟求新”的维新渐的路数。奴隶主贵族集团通过统治方法的调整，使集体劳动的奴隶渐变为分散耕织的隶农，统治阶级由奴隶主贵族渐变为开明贵族。他们希望继续保留贵族特权，故抵触社会革命。此间，一些政治家主张通过变法或立法的途径来顺应历史的潮流，以解决或缓和社会矛盾。尽管他们没有也来不及提出系统的“法治”理论，但是，他们在各国的立法、司法实践活动为法家学说的形成奠定了基础。他们以“武器的批判”为“批判的武器”鸣锣开道。

战国时代的变革，似乎走着“人非求旧，器亦求新”革命的道路。一些非贵族出身的平民，通过各种渠道获得土地财产，成为新兴地主阶级。他们有许多利益需要保护，但是他们却无缘染指政治事务。法家人物便成为平民群体的代言人。在法家人物的积极参与下，各诸侯国都不同程度地进行了社会改革，由此掀起了战国时期轰轰烈烈的变法运动。“法治”思想在变法运动中孕育，在变法运动中成长，“法治”思想又反过来指导变法运动。如果说，儒家的思想是写在儒家经典上面的话，那么，法家的思想是写在实践上面的。评价法家的历史地位，不应当仅从道德角度出发，而应当注重他们所处的社会状况特别是他们在历史上所发挥的作用，只有这样才能得出客观的结论。

第十一章　判例法的式微与成文法的酝酿

中国成文法起源于何时？这是一个法史学界争论不休的问题。主张成文法起源于春秋时的学者认为，成文法最大的特征便是公布于众，夏、商、西周的法律尚处在“秘密法”阶段，“刑不可知，则威不可测。”（《左传·昭公六年》孔颖达疏）据此，郭沫若等将《尚书·吕刑》断为春秋时吕王或吕王之后的产物，认为在“议事以制”的西周，决不会产生《吕刑》这样的“刑书”。[①] 与此相反，主张成文法起源于西周时期的学者认为，西周不仅具备《吕刑》产生的条件，而且根据《周礼》等资料记载，西周甚至有定期公布法律于“象魏”的制度。据此推断，成文法不仅在西周已经出现，甚至商代的汤刑、夏代的禹刑也似乎都应纳入成文法的范围。

产生以上分歧的根源在于，人们将“公布”与否视为成文法的标志，将成文法与秘密法相对立。这也许是对成文法的一个误解。若以“公布”视为成文法的标准，那么成文法的历史将与法的历史同样漫长。起源于战争与习惯的法律，无不通过公布而起到规范作用。因此，在论证成文法的起源时，我们应摆脱以往的成见，根据中国古代法律实践的客观情况为中国成文法确定一个较为确切的概念，并以此作为判断成文法起源的标准。

---

① 参见郭沫若：《中国古代社会研究》，人民出版社 1977 年，第 162 页。

中国古代成文法有两个显著的特点：第一，从微观上看，它是罪名与刑罚二项合一的法律规范，即明确规定了什么是违法犯罪行为及相应的刑事处罚；第二，从宏观上看，中国古代成文法具有法典或准法典的特征，它是由一定数量和一定形式所构成的法律规范群，而不是针对某一类或某一事的单项立法。这两个特点，实际上成为成文法与习惯法的分水岭。公布也好，不公布也好，它只能说明法律实施时的方式与程序，而不能决定成文法是否确立。

法律发展的一般规律是由习惯法走向成文法。中国古代法律的发展状况大致与之相符。以成文法的两个特点作为检验标准，可以确定西周春秋时期的法律尚处在习惯法阶段。

一、西周春秋的法律样式："以刑统例"与"判例法"

由于史料方面的限制，我们对夏商时期的法律还不能全面把握。在讨论中国古代成文法起源时只能从西周春秋时期开始。

西周时期立法的特点是"以刑统例"。在其颁行的刑书中只有刑名、刑种的规定，而无确切的罪名。扬雄《法言·先知》："夏后肉辟三千"。《左传·昭公六年》："夏有乱政而作《禹刑》，商有乱政而作《汤刑》，周有乱政而作《九刑》"。《禹刑》、《汤刑》已难考稽，西周的《九刑》据郑玄所注《尚书·尧典》所言，其篇目为九种刑罚的名称，即墨、劓、宫、辟、鞭、扑、流、赎。可见，夏、商、西周时的法律是以刑为主的"刑名之制"。从《尚书·吕刑》中看，夏、商、西周时的刑书除规定刑罚种类、实施方法外，对犯罪行为只作原则上的规定，而且罪行与刑名分而述之，没有明确的罪名及相应刑罚的规定。《左传·文公十公年》记："毁则为贼，掩贼为藏，窃贿为盗，盗器为奸，主藏之名，赖奸之用，为大凶德，有常无赦，在《九刑》不忘。”此处虽言及罪名，但仍未将罪名与刑罚结合起来，未明确规定犯罪及所应受到的处罚。故《九刑》仍不具备成文法二项合一的特征。刑名之下所统之例，只是一个个具体的判例或由此而形成的古训。人们对罪与非罪的区别只能依据传统的观念及社会道德、风俗习惯等去加以甄别。

这种“以刑统例”的立法，导致了司法审判中“议事以制”(《左传·昭公六年》)的特点。当犯罪发生后，人们首先要选择一个最相近似“先例”，其次要从这个先例当中总结出某个原则，然后适用于正在审判的案件。如《左传·昭公六年》孔颖达所疏：“共犯一法，情有浅深，或轻而难原，或重而可恕。”这种“议事以制”的制度为统治者随意轻重提供了依据。从史籍中看，西周“议”的制度十分完备。据《周礼·秋官司寇·乡士》记载：“司寇听之，断其狱，弊其讼于朝，群士司刑皆在，各丽其法，以议狱讼。”(《遂士》、《县士》同)可见，司寇在审判案件时，是与“群士”共同讨论的。此外，在判案过程中还有广泛咨询的做法，即“询群臣”、“询群吏”、“询万民”。(《周礼·秋官司寇·司刺》)这种集思广益的审判制度是当时罪名与刑罚相分离的法律制度的必然产物。

在此，我们应该注意的是，西周春秋的立法并不是秘不示人的。相反，为了使刑罚起到恐吓与震慑作用，定期公布刑书在西周时已成定制。《周礼·秋官·大司寇》记：“正月之吉，始和布刑于邦国都鄙，乃悬刑象之法于象魏，使万民观刑象，挟日而敛之。”同书《小司寇》云：“正岁，帅其属而观刑象，令以木铎，曰：不用法者，国有常刑。若以《周礼》之文不足为凭，那么《尚书·吕刑》中“明启刑书”，《左传》中《禹刑》、《汤刑》、《九刑》等记载至少可以说明刑书在某些时间、某些场合是可以公开的。因此，夏、商、西周时期的法律是半公开、半隐秘的。立法公开、司法隐秘；刑罚公开，罪名隐秘。正是这种半公开、半隐秘的特点使罪名与刑罚不能统一起来，造成罪名与刑罚的分离。

西周时期的立法是单项立法。这些立法归纳起来有两种类型,一是有罪名而无相应的刑罚。如《兮甲盘铭》中所记的有关征税之法:“其唯我诸侯百姓,厥贾毋不即市,毋敢或入蛮宄贾,则亦刑”。[①] 大意为:我周王室的诸侯、百姓,不可不缴纳关市之征,不可逃税及入蛮之地经商,违者处以刑罚。这种立法中虽明确规定了不可为的行为,但处刑时却仍然需要一事一议;二是在特殊情况下,如战争之前的单项立法中,偶尔出现罪名与刑罚合一的立法,如《尚书·甘誓》记夏代军法:“左不攻于左,汝不恭命;右不攻于右,汝不恭命;御非其马之正,汝不恭命。用命,赏于祖;不用命,戮于社。予则孥戮汝。”这条军令明示何为犯罪,右应当如何制裁。符合成文法的要件。只是当时还没有形成一定规模的成文法“法律规范群”。

鉴于以上的分析与论证,我们可以推测,在夏朝的军令中就已经有了成文法的萌芽,但及至西周之时仍未形成具有规模效应的成文法。“以刑统例”的刑书及一时一事的单项立法,构成了西周立法的全部内容。这种立法形式与传统的礼治相辅相成,与“君统”、“血统”一致的社会宗法等级制相辅相成。罪名与刑罚分离的立法,使法律处在半公开、半隐秘的不确定的状况中,公开的刑罚可以起到震慑及预防犯罪的作用,而“议事以制”又使人们感到“威不可测”的神秘性。

西周“议事以制”的判例法有两个特点:一是法的分散性,各诸侯国大都遵守礼的规定,但是由于地域文化传统的原因,各国均实行自己的法律;二是裁判结果是或然的,即在一定程度上造成法律实施的不确定性。比如,西周晚期的《训匜铭》载,牧牛因“敢以乃师讼”,本应判处鞭刑和墨刑,最后改为罚金。[②] 春秋时的鲁庄公曾自谓:“余听狱虽不能

---

① 武树臣:《中国传统法律文化词典》,北京大学出版社1999年,第416页。

② 同上书,第420页。

察，必以情断之”。（《国语·鲁语上》）郑国子产审断一宗兄弟伤害案，首先考虑当事人之间的血缘关系，宣布：“直钧则幼贱有罪。”（《左传·昭公元年》）晋国叔向断案，则援引《夏书》记载的“皋陶之刑”，即：“昏墨贼，杀。”（《左传·昭公十四年》）各诸侯国表现在法律与司法的差异性及地域色彩可略见一斑。

春秋时代的司法体现着诸多不确定性。据西周出土《训匜铭》载，牧牛仅仅因为胆敢跟他的上级贵族打官司——“敢以乃师讼”而败诉，并被处以“鞭汝五百罚汝三百寽”的惩罚。[①] 春秋郑国子产判案，不论事实，仅以当事人身份来判处实际上有理的一方败诉，其理由是“直钧则幼贱有罪”的原则。（《左传·昭公元年》）

到了春秋后期，由于礼制的式微，宗法贵族秩序的崩坏，原先那种片面强调血缘身份而忽略案件事实的判例法开始受到批评。如“同罪亦罚，非刑也”。（《左传·襄公六年》）“刑外乎大人而忍于小民。”（《国语·晋语六》）寻常百姓则以歌谣的形式表达了对司法不公的愤慨：“此宜无罪，女反收之。彼宜有罪，女覆说之。”（《诗经·大雅·瞻卬》）“虽速我狱，室家不足；”“虽速我讼，亦不女从。”（《诗经·召南·行露》）看来，人们对处处维护等级特权的判例法已经心怀不满了。战国的韩非则进一步批评道：“上古之传言，《春秋》所记，犯法为逆以成大奸者，未尝不从尊贵之臣也，然而法令之所以备，刑罚之所以诛，常于卑贱，是以其民绝望，无所告诉。”（《韩非子·备内》）正道出了以往判例法的历史局限性。“议事以制”的判例法之所以被人们批评，其本质原因是它们注重保护贵族的特权及旧的生产关系，而这种旧的社会关系已经过时了，新的生产关系即将成熟并酝酿着新的法律变革。

---

① 武树臣：《中国传统法律文化辞典》，北京大学出版社 1999 年，第 420 页。

二、春秋战国时期的法律变革
“以罪统刑”与“成文法”

春秋战国是中国古代社会发生巨变的时期。在经济上，私有土地的开垦使相当一部分奴隶、平民摆脱了奴隶主贵族的控制，转化为自食其力的自耕农。一部分开明贵族也改变了剥削手法，由力役剥削转变为实物剥削，原先那种“千耦其耘”的奴隶集体劳作，变成一家一户的个体家庭的生产。经济的发展打破了“君统”与“血统”相一致的社会格局，打破了宗法等级制度。“礼崩乐坏”、王室衰微成为时代的特征。新兴的地主阶级此时出现于历史舞台上，虽然他们与周王室、旧贵族有着千丝万缕的联系，但是，他们毕竟肩负着“新桃换旧符”的历史使命。他们顺应着时代的潮流，通过一系列变法活动，将贵族的奴隶转化为国家的农民，将以血缘为基础的奴隶主贵族政治转化为官僚政治，并以君主集权制为目标开始了统一中国的战争。在这巨大的经济、政治动荡中，传统的法律及法律观念都显得过于陈腐，为维护及促进新兴地主阶级的变法活动，已逐渐占据了社会统治地位的地主阶级实行法律制度的变革已势在必行。

春秋战国时期的法律主要有以下两方面的变化。

（一）由刑罚转变为刑法

在西周春秋时期的法律制度中，刑法制度占居重要地位。当时的刑法是礼制的附属物。无所不包的礼，既是刑罚维护的对象，又是刑罚的指导思想。出礼而入刑便是这一时期法律的基本特征。

春秋时“礼崩乐坏”的局面，为法律摆脱礼的制约提供了契机。为弥补"礼崩"所造成的社会规范方面的缺陷，主张变革的执政者急需一套自身体系完备并具有相对独立性的法律来取代正在崩溃的礼。于是，法律的内容被充实了，在人们的观念及实践中，法律不再是单纯的刑罚制度，而是法与刑的结合。如《管子·正篇》所谓："制断五刑，各当其名，罪人不怨，善人不惊，曰刑。……如四时之不貣，如星辰之不变，如宵如昼，如阴如阳，如日月之明，曰法。"单纯的刑罚与法之间已经有了距离从而无法相互替代了。

战国时，儒法两家虽在为政的主张上各持己见，但在不可抗拒的以法代礼的发展趋势面前，两家在分歧中亦有着所见略同之处。荀子在言礼之时，早已将法的内容糅于其中，"话语在说着礼的起源，而眼光却贯射于法的对象——物的'度量分界'，如果把'礼'字换成'法'字，似乎还要切实些，这里就暗示着由礼到法的递嬗的契机。"[①]法家更是将春秋时萌芽的"法治"思想发扬光大，不仅将法与刑密切地联系在一起，而且将法的地位高高地置于礼之上，为以法代礼奠定了理论基础。其中最明显的事例莫过于《唐律疏议·名例律》所记的"商鞅改法为律"之举。"改法为律"究竟是否系商鞅所为，目前尚无定论。但战国时已经有"律"确已为史籍及大量的出土资料所证实。"改法为律"的目的无疑是为了更好地区别以往的旧法与新法的不同。

总之，春秋战国时期的法律基本上摆脱了附属地位。它的内容由单纯的刑而变为刑与法的结合，即由刑罚变为刑法。这种内容的充实及以法取代礼的变化，为法典及准法典的形成提供了条件，使立法有可能具备成文法的宏观特征：即由一定数量和一定形式所构成的法律规范群。

---

① 杜国庠：《先秦诸子若干研究》，三联书店1956年，第128页。

（二）从“议事以制”到“事断于法”

西周春秋时期以礼作为人们的行为规范，出礼入刑。礼的特点有二：一是内容庞杂，融道德、风俗、习惯、典章为一体。以此作为规范，难免有失客观与准确；二是重视血统，并以血统划分贵贱等级。这种以等级为前提的规范。也难免有失公平。礼的这两个特点，使定罪量刑无一定标准可循，需要断狱者审时度势，根据犯罪者的身份等级来议罪量刑。正如叔向所言“议事以制”。这种“议事以制”的审判制度既反映了贵族在法律上享有的支配权，又反映了西周春秋宗法贵族政体下诉讼活动的分散性和随意性。

春秋战国时，主张以法代礼的变革者对以礼作为人们行为规范提出了尖锐的批判。他们认为与赏罚相联系的法，必须克服礼的随意性与贵族政体下的等级性，做到客观、准确、公平。从而为“事断于法”的法治创造了条件。

《管子·法法篇》将法比喻成“尺寸也，绳墨也，规矩也，衡石也，半觚也，角量也。”说明法在人们的观念中与重等级的礼有着本质的区别，它具有客观性与准确性。为了保证法的这种特点，统治者“凡将举事，令必先出。曰：事将为，其赏罚之数必先明之。立事者谨守令以行赏罚，计事致令，复赏罚之所加，有不合于令之所谓者，虽有功利，则谓之专制，罪死不赦。”（《管子·立政》）这种守法有过不免于赏，违法立功不免于罚的做法，实际上是将法奉为人们行为的惟一准则，人们只有守法的义务，而无“议法”的权利。

为进一步说明“议事以制”的随意性与“事断于法”的准确性，我们可以将西周伯禽伐淮夷、徐戎时所作的《费誓》与春秋时赵鞅伐郑所作的《铁之誓》作一个比较：

《尚书·费誓》记伯禽征讨前立军法：“无敢寇攘、逾垣墙、窃马牛、诱臣妾,汝则有常刑。"寇攘、逾垣墙、窃马牛、诱臣妾皆明确规定为犯罪之举,但究竟如何处刑,则需先议而后定。

《左传·哀公二年》载,晋国赵鞅将战于铁(河南淮阳县西北)。战前明令:"克敌者,上大夫受县,下大夫受郡,士田十万,庶人工商遂,人臣隶圉免。"其赏数之具体,无可"议"之余地。人们只需守令行事。春秋时这种明确、具体的法令日益增多,以至于思想家总结道:"发宪出令,设为赏罚。"(《墨子·非命》)这种罪名与赏罚相结合的法令,孕育着成文法的产生。

法的客观性与准确性不仅使官吏、人民有法可依,而且剥夺了旧贵族的特权。明确的法律条款,使主持断狱者失去了"议"的机会和权力,从而也使旧贵族丧失了在"议"的过程中所享有的一切轻刑、免刑的特权。相对杂乱无章、重视等级的礼制来说,法的公平性正如其字义所表现的"平之如水"那样是毋庸置疑的。也正因为如此,法才为广大平民所接受。

战国之时,法已不言而喻地含有罪名与刑罚两项内容。"以刑统罪"的刑书随着时代的发展变为"以罪统刑"的法典。《商君书·定分》言:"诸官吏及民有问法令之所谓也于主法令之吏,皆各以其故所欲问之法令明告之……主法令之吏不告,及之罪,而法令之所谓也,皆以吏民之所问法令之罪,各罪主法令之吏。"在这种罪名明确、刑罚具体的法律面前"吏不敢以非法遇民,民不敢犯法以干法官"。罪与刑名合为一体,使"事断于法"有了保障。同时,这种形式的法律具备了成文法的微观特征:罪名与刑名"二项合一"。

在春秋战国法律变革中,成文法作为法律变革的成果而诞生了。从我们目前所掌握的资料来看,战国初期魏国李悝所制定的《法经》具备了成文法的一切特征,可称得上较为成熟的成文法法典。第一,在量刑定罪方面,《法经》具有罪、刑合一的特点。《晋书·刑法志》记:"秦汉旧律，其文起自魏文侯师(李)悝。悝撰次诸国法，著《法经》……商君受之以相秦。"从出土的秦简《法律答问》来看，秦律的内容与《法经》六篇的内容相合。这些起于李悝之时的刑律条款的解答，对罪名及刑名都作了准确而具体的规定。如"殴大父母，黥为城旦舂，今殴高大父母，何论？比大父母。""擅杀子，黥为城旦舂。"五人盗，赃一钱以上，斩左趾。又黥为城旦舂。"此外，据《七国考》引汉代恒谭之语，《法经》中有"盗符者诛，籍其家"等内容。可见《法经》是罪名与刑名合二为一的。第二，《法经》是一部自成体系的法典，而不是一时一事的单项立法。从《法经》的六篇篇名来看，其与以刑名作篇名的《九刑》有着本质的不同。它打破了西周以刑统罪的刑书格局，代之以罪统刑，并对篇章体例安排作了说明，由"刑名之制"转为"罪名之制"。《晋名·刑法志》记载李悝所著六篇——《盗》、《贼》、《囚》、《捕》、《杂》、《具》，"是皆罪名之制也。"《法经》的内容及编纂方式一直为后世统治者所效法。因此，程树德在作《九朝律考》时，便将《法经》列于"律系表"之首。《法经》确实是一部划时代的法典。

综上所述，中国法律制度的发展，及至战国初期已完成了由判例法向成文法的转变。《法经》便是这一转变完成的标志。作为法律变革成果而产生的《法经》，不仅为司法者准确适用法律定罪科刑提供了依据，而且对君主集权政体的形成起到了促进作用。

三、中国古代成文法的酝酿和确立

《法经》作为划时代的产物标志着中国法律的发展跨入了成文法时代。但它远不是成文法的源头，要论述成文法的起源，还必须追溯到与《法经》有着密切联系的春秋时代的各诸侯国的法律，因为《法经》并不是凭空产生的，也不是李悝个人的独创。它是"撰次诸国法"的成果。

成文法的因素，或不甚完善的成文法早在进入成文法时代之前便产生了，《法经》不过是集大成者。

考稽春秋时期的立法资料，可以看到有两次立法格外引人注目：一是鲁昭公六年（公元前 536 年）郑国子产“铸刑书”，一是昭公二十九年（公元前 513 年）晋国的赵鞅、荀寅“铸刑鼎”。这两次立法引起了当时思想家的争论，从其争论中，我们可以体会到子产所铸的刑书和赵鞅、荀寅所铸的刑鼎与传统的法律有着本质的区别，所以引起了某些人的恐慌，认为“国将不国”，这是传统转变时所特有的现象。而这两次立法与《法经》的诞生有着内在联系。下面将这两次立法及争论分而述之。

（一）郑国子产所铸的三篇“刑书”

郑国是春秋时的小国，它处于大国的夹缝之中，四面受敌。为强国御敌，执政子驷与其同党子国等人对旧制实行了一系列的变革。变革不可避免地遭到旧贵族的反对。子驷与子国死于贵族的叛乱。子国的儿子子产平息了叛乱并成为郑国的执政。子承父志。子产对旧制的变革比子驷等更为迅猛。“铸刑书”便是其执政期间变革旧制的成果之一。

鲁昭公六年（公元前 536 年）郑国执政子产“铸刑书”，晋国贵族叔向批评之。《左传·昭公六年》载叔向语：“昔先王议事以制，不为刑辟，惧民之有争心也。犹不可禁御，是故闲之以义，纠之以政，行之以礼，守之以信，奉之以仁，制为禄位，以劝其从，严断刑罚，以威其淫。惧其未也，故诲之以忠，耸之以行，使之以和，临之以敬，莅之以强，断之以刚，犹求圣哲之上、明察之官、忠信之长、慈惠之师，民于是乎可任使也，而不生祸乱。民知有辟，则不忌于上。并有争心，以徵于书，而徼幸以成之，弗可为也。……民知争端矣，将弃礼而征于书，锥刀之末，将尽争之。乱狱滋丰，贿赂并行，终子之世，郑其败乎？”杜预注：“铸刑书于鼎，以为国之常法”；“临事制刑，不预设法也，法预设则民知争端；”“夏商之乱，铸禹汤之法，言不能议事以制。”孔颖达疏：“圣王虽制刑法，举其大纲。但共犯一法，情有浅深。或轻而难原，或重而可恕。临其时事，议重轻，虽依准旧条，而断有出入。不预设定法而告示下民，令不测其浅深，常畏威而惧罪也。……今郑铸之于鼎，以章示下民，亦既示民，即为定法。民有所犯，依法而断。”①

《左传·昭公六年》记载：“三月，郑人铸刑书。”杜预注：“铸刑书于鼎，以为国之常法。”铸于鼎上的刑书盖有三篇。《左传·昭公六年》记叔向批评子产之语：“今吾子相郑国，作封洫，立谤政。制参辟，铸刑书。将以靖民，不亦难乎？”杨伯峻先生注“参辟”道：“参同三。《晏子·谏篇下》云：‘三辟著于国’。虽晏子之三辟，据苏舆《晏子春秋校注》乃指行暴、逆明、贼民三事，未必同于子产所制定的三辟。疑子产之刑律亦分三大类。或者如《晋书·刑法志》所云‘大刑用甲兵，中刑用刀锯，薄刑用鞭扑’，或者亦如《刑法志》所述魏文侯师李悝著《法经》六篇，此仅三篇耳。吴闿生《文史甄微》谓参辟与封洫、谤政并言，子产所作之法，是也。三辟为刑书之内容，铸于鼎而宣布之，又一事也，故分别言之。”②

子产三篇刑书的内容已难详知，但有一点是可以肯定的，即它不同于以往“以刑统罪”的刑书，而是一部罪名与刑名合一的刑书。正因它具备法的准确性与客观性，叔向才批判它违背了传统的“先王议事以制，不为刑辟”的法律制度。叔向认为，“民知有辟则不忌于上，并有争心，以征于书，而徼幸以成之”，“弃礼而征于书，锥刀之末，将尽争之”。西周时期法律的半神秘、半公开的状况被打破了，平民以刑书为据可以知道自己的行为究竟是否是犯罪，不再受贵族的任意鱼肉。这在保守

① 《十三经注疏》（下），上海古籍出版社 1997 年，第 2044 页。

② 杨伯峻：《春秋左传注》（第四册），中华书局 1981 年，第 1275 页。

思想较重的叔向看来确实是亡国之象，而在子产看来却是“救世”之途。（《左传·昭公六年》）

（二）晋国赵鞅、荀寅所铸的四篇刑鼎

与子产铸刑书相隔二十三年，鲁昭公二十九年（公元前 513 年）晋国赵鞅、荀寅“遂赋晋国一鼓铁，以铸刑鼎，著范宣子所为刑书焉。”孔子批评之。《左传·昭公二十九年》载孔子语：“晋其亡乎，失其度矣！夫晋国将守唐叔之所受法度，以经纬其民，卿大夫以序守之，民是以能尊其贵，贵是以能守其业。贵贱不愆。所谓度也。文公是以作执秩之官，为被庐之法，以为盟主。今弃是度也，而为刑鼎，民在鼎矣，何以尊贵？贵何业之守？贵贱无序，何以为国？且夫宣子之刑，夷之蒐也，晋国之乱制也，若之何以为法？”孔颖达疏：“守其旧法，民不预知，临时制宜，轻重难测。民是以能尊其贵，畏其威刑也。官有正法，民常畏威，贵是以能守其业，保禄位也”；“今弃贵贱常度，而为刑书之鼎，民知罪之轻重在于鼎矣，贵者断狱不敢加增，犯罪者取验于书，更复何以尊贵。威权在鼎，民不忌上，贵复何业之守。贵之所以为贵，只为权势在焉。”①

赵鞅与荀寅铸于刑鼎之上的刑书，据孔子言是作于鲁文公六年（公元前 621 年）的夷蒐之法，为赵盾（赵宣子）所做。（《左传·昭公二十九年》）据《左传·昭公二十九年》记载，赵鞅所铸刑书为范宣子所做。但夷蒐之法却为赵盾（赵宣子）所作。《左传·文公六年》记：“晋蒐于夷。……宣子（赵盾）于是乎为国政，制事典。”亦或赵盾之法为范宣子所用，亦或范宣子应为赵宣子之误。据《左传·文公六年》载：“宣子于是乎始为国政，制事典：正法罪，辟狱刑；董逋逃，由质要；治旧洿，本秩礼；续常职，出滞淹。既成，以授太傅阳子与大师贾佗，使行诸晋国，以

---

① 《十三经注疏》（下），上海古籍出版社 1997 年，第 2124 页。

为常法。""事典"的主要内容有以下四项：

其一,"正法罪,辟狱刑"。指刑事立法。孔疑达疏:"正法罪者,准所犯轻重,豫为之法,使在后依用之也。"杨伯峻注:"若后代之制定刑罚律令。"可见,赵盾所制定的法律与《法经》之后的法典有相似之处,兼有罪名与刑罚两方面的内容。

其二,"董逋逃,由质要"。孔疑达疏,"董逋逃者,旧有逃负罪播越者,督察追捕之也。"可见"董逋逃"与《法经》"盗贼须劾捕"之义相近。"由质要"意为断狱争讼皆有法下的法律文书。

其三,"治旧洿,本秩礼"。孔疑达疏,"法有不便于民,事有不利于国,是为政之污秽也,理治改正使洁清也。""本秩礼"意为以传统习惯为本。此项内容主要指废除不合时宜的旧法,而继承行之有效的传统的等级制度,恢复社会秩序。新法脱胎于礼治之中,在不甚成熟的成文法中出现一些礼的内容是在所难免的。关键是"夷之法"将变革作为继承的前提,首先强调的是"治旧洿"。

其四,"续常职,出滞淹"。其意在于恢复和健全政府机构,任用贤能,汰除无能的官吏。其是晋国"尚能"政策的法律化、条文化。赵盾制定这项法律,目的在于削弱奴隶主贵族的势力,从组织上巩固封建官僚的统治。

以上四项内容或即赵盾"夷蒐之法"的主干。赵盾"使行诸晋国,以为常法"。或许是由于此法与传统的礼相差太远,所以在赵盾时还不太被人所接受,实行不久后便被废置。杜预注"宣子刑书,中既废矣。"孔子则直截了当地将"中废"的夷之法称为"晋国之乱制"。(《左传·昭公二十九年》)当历史又向前发展了一百余年时,夷之法被人们重新认识。赵鞅、荀寅将其铸于鼎上,以示其不可易变。鲁昭公二十九年,即公元前 513 年晋国所铸的刑鼎也许是夷之法中的一部分,也许是"夷蒐之法"的全部,亦或是以"夷蒐之法"为主干,同时又掺入了新的内容。可以肯定,刑鼎的内容比“夷蒐之法”更丰富、更完善、更准确。因此,它与礼的对立也就愈加明显。从《左传·昭公二十九年》记孔子对刑鼎的抨击中,我们可以看到刑鼎的精神与法贵“公平”的宗旨完全吻合。刑鼎的出现,改变了晋国“礼治”的状况。司法的随意性被限制了,贵贱的差别缩小了,刑的神秘性消失了,它与法结合在一起,使民知所避就。

四、“成文法”诞生的历史必然性

春秋战国是我国古代罕见的大变革时代。就国家形态和法律制度而言,它又是由松散的贵族政体向集权的专制政体、由以血缘划分阶级向以地域划分居民、由“属人法”向“属地法”、由“礼治”向“法治”过渡的时代。春秋晚期出现的“法治”思潮和以公布新式成文法为标志的法制改革浪潮,正是这一伟大社会变革在法律文化领域内的集中反映。成文法的诞生和确立,是中国法律文化史上的伟大创举,也是当时上层建筑领域的一场革命。这一变革是当时经济发展,阶级矛盾和政治斗争的必然结果。

首先,“成文法”的诞生和确立是新兴地主经济取代贵族制经济的必然结果。随着铁制工具的广泛使用和生产力的提高,一部分平民通过开垦荒地而成为土地的主人。一些开明的奴隶主迫于形势而改用征收地租的方法剥削隶农;一些工商大贾急切地期望用手中的货币换取良田美宅。但是,当时的法律却仍然体现着西周以降“田里不粥”和土地王有的旧传统。这些传统又集中体现在有关土地争讼的旧判例中。当地主阶级掌握国家政权的时候,他们已经难以忍受用新判例取代旧判例的缓慢改良的做法,而急于寻求一种简捷明快、大刀阔斧的手段,来确保他们的土地所有权,这个方法就是制定和颁布新式成文法。试看《睡虎地秦墓竹简》中关于“盗采人桑叶赃不盈一钱赀徭三旬”、“盗徙封赎耐”的规定，对于维护地主财产私有制是何其简练而有力。

其次，“成文法”的诞生和确立是当时阶级矛盾和政治斗争的必然产物。地主阶级为实行变法，夺取和巩固政权，必须严厉打击旧贵族势力。这就必须用新的立法手段确认新的违法犯罪的定义，确认刑罚措施和司法审判原则，借以剥夺贵族原先享有的一系列传统特权，并使他们处于动辄得咎的境地，不敢或难于组织反攻。同时，地主阶级为避免因内部权力角逐而同归于尽，也需要制定新的法律，以便互相制约。平民是反对贵族势力的激进力量，地主阶级在打击旧贵族势力或维持内部权力平衡时，常常借用平民的力量。因此，也需要制定在某种程度上对平民利益有所关照的新法律。法律公布之后，可以限制官吏的专断行为，使“吏不敢以非法遇民”。（《商君书·定分》）这样便可以取得平民对新政权的支持。

第三，“成文法”的诞生和确立是“属人法”向“属地法”转变的必然结果。西周法律是以血缘身份为标准进行权利再分配的“属人法”。春秋以降，周礼崩坏，宗法制度衰落。政治动乱使贵族“亡其氏姓，踣毙不振，绝后无主，湮替隶圉”。（《国语·周语下》）战争导致疆土易主：“疆场之邑，一彼一此，何常之有。”（《左传·昭公元年》）买卖交换使土田易姓：“贵货易土，土可贾焉。”（《左传·襄公九年》）暴政使人民逃亡，天灾使百姓迁徙……这一切都使原来的血缘身份失去价值。同时，统治阶级为了维持国力和增加税收，相继加强居民的地域联系，不得不实行以地域来划分居民。从齐国管仲的家、轨、连、乡的行政组织，到郑国子产的“都鄙有章、井有伍”；从晋国的县郡制，再到秦国的什伍组织，无一不标志着地域纽带的强化。在这种情况下，只能按地域来确定人们的权利和义务。成文法取代判例法正好与“属地法”取代“属人法”殊途同归。

第四，“成文法”的诞生和确立是新式政体的必然产物。春秋以降，官僚制度和郡县制度不断取代世卿世禄的贵族制度，这就使原来依附于贵族政体的判例法成为无本之木、无皮之毛。在赵鞅“铸刑鼎”的前一年，晋国灭掉两家旧贵族，将其领地分为十个县，任命县大夫去主管境内政务，直接对执政负责。这无疑加强了君主的权力，并使司法成为国家官吏的专业性工作，贵族不得染指。梗阳有大宗、小宗两家贵族争讼，梗阳大夫上报晋执政魏献子。大宗不惜以“女乐”贿赂魏献子来胜诉，这正好说明在郡县制下贵族的传统特权已经受到相当程度的抑制。终战国之世，郡县官僚制大兴。地主阶级为维护诸侯国内或全中国境内政治、经济、军事、法律的统一，除了制定、颁布成文法之外，别无他途。

第五，新式成文法的内容得到社会各阶层的拥护。首先是得到新土地所有者的拥护。子产“作封洫”、“铸刑书”，获得土地的百姓歌曰：“我有田畴，子产殖之，子产而死，谁其嗣之。”(《左传・襄公三十年》)李悝行“尽地力之教”，使“治田勤谨”，又作《法经》，以为“王者之政莫急于盗贼”，也是注重保护土地财产所有者的利益。商鞅变法，“开阡陌封疆”，“舍地而税人，”凡“僇力本业耕织至粟帛多者复其身”，提高了农民的生产积极性。其次是得到官员的支持。在以往宗法贵族政体下，卿大夫的权利并不能得到稳定的保护。特别是遇到昏庸的君主，他们的结局常常是十分悲惨的。如晋厉公“欲尽去群大夫而立其左右”，竟“一朝而尸三卿。”(《史记・晋世家》)《左传・襄公二十六年》载公孙归生批评楚国政治得失时说：“今楚多淫刑，其大夫逃死于四方，而为之谋主，以害楚国，不可救疗。”故葵丘之盟有“取士必得，无专杀大夫”。(《孟子・告子下》)在成文法的支配下，法律规定官吏应当做什么和禁止做什么，官吏只有违犯了法律才会被处罚，而法律和刑罚是可以预先知晓的。这样一来，法律便具有了保护官员权利和制约君主专断行为的双重作用。

结语 刑书刑鼎是我国古代成文法典的滥觞

从子产铸刑书、赵鞅荀寅铸刑鼎这两次颇有争议的立法事件中，我们可以看到，成文法在春秋时已经萌芽。无论是子产所铸的刑书，还是赵鞅、荀寅所铸的刑鼎都具有成文法的特征。可以说成文法诞生于战国而起源于春秋。也许正是因为有了春秋时期人们对成文法内容、形式、特征的争议，当《法经》诞生之时才未引起轩然大波。在争论中，人们既看到了“议事以制”的传统司法方式的衰落，又看到了新式成文法的发展潜力。随着时代的发展，人们不仅习惯了成文法，而且也学会了运用成文法来保护自己的利益。当然，这一变革是与贵族世袭权力的式微相伴而行的。西周春秋“议事以制”制度，对战国以后的人来说实在是“听言则美，论理则违”(《晋书·刑法志》)的事情，正如《左传·昭公六年》孔颖达所疏：“李悝作法，萧何造律，颁于天下，悬示兆民，秦汉以来，莫之能革，以今观之，不可一日而无律也。”①成文法的诞生是历史发展的必然结果，是新社会取代旧社会的必然产物。

---

① 《十三经注疏》(下)，上海古籍出版社1997年，第2044页。

第十二章　名辩思潮与“成文法”的问世

一、名辩思潮与刑名之学

春秋以降，“礼崩乐坏”，许多旧的事物名存实亡，而新的事物有实无名。故形成“名实相怨”(《管子·宙合》)的局面。守旧势力用旧名指责新实，如叔向以“国将亡，必多制”。(《左传·昭公六年》)批评铸刑书的子产；孔子以“贵贱无序，何以为国。”(《左传·昭公二十九年》。)非难赵鞅、荀寅铸刑鼎，并提出以“君臣、臣臣、父父、子子、(《论语·颜渊》)为内容的“正名”(《论语·子路》)主张。新兴势力则批判旧名或赋旧名以新义，如《韩非子·五蠹》：“今兄弟被侵必攻者，廉也；知友辱随仇者，贞也。廉贞之行成而君上之法犯矣”。《商君书·开塞》：“吾所谓利者，义之本也，而世所谓义者，暴之道也”，“以杀刑之反于德而义合于暴也”。名辩思潮就是在新旧交争的社会大变革中逐渐形成的。这一思潮的出现与发展，与人们思维能力的提高，语言文字的进步，政治斗争的需要，固然有着密切的联系，但更为重要的是，它与“成文法”的问世和成熟有着直接的关系。

司马谈《论六家之要旨》置名家于六家之五，谓“名家苛察缴绕，使人不得反其意，专决于名，而失人情，故曰使人俭而善失真。若夫控名责实，参伍不失，此不可不察也。”(《史记·太史公自序》)在这里，司马谈隐约勾勒出名家的两大特征：一是“控名责实，参伍不失，”二是“专决于名，而失人情”。其实这正是名家发展的两大阶段，即以成文法相联系的刑名之学，和与逻辑学相联系并带有诡辩色彩的刑名之学。

一般认为，申不害是刑名之学的代表。《史记·老庄申韩传》:“申子之学，本于黄老而主刑名”。《汉书·元帝纪》“以刑名绳下”注引刘向《别录》:“申子学号刑名”。《申子·大体》:“君操其柄，臣事其常，为人臣者操契以责其名。名者，天地之纲，圣人之符。张天地之纲，用圣人之符，则万物之情，无所逃矣；”“昔者尧之治天下也，以名。其名正，则天下治。桀之治天下也，亦以名。其名倚而天下乱。是以圣人贵名之正也。主处其大，臣处其细。”可见，申不害的刑名之学，只是君道无为、臣道有为、循名责实之学，还不是原始意义的刑名之学。

二、邓析与“竹刑”

首创研名之学的是春秋时的邓析。邓析的事功主要是，在子产作“刑书”(《左传·昭公六年》)之后，私作“竹刑。”(《左传·定公九年》)“竹刑”与“刑书”相比较，是既有继承，又有批判。子产的“刑书”，就形式而言是“公开颁布什么行为是犯罪以及犯什么罪该判什么刑。”[①]这就是与“议事以制，不为刑辟”相对立的“成文法”。《管子·立政》这样概括成文法的特征:“凡将举事，令必先出，曰:事将为，其赏罚之数，必先明之。立事者谨守令以行赏罚，计事致令，复赏罚之所加。有不合于令之所谓者，虽有功利，则谓之专制，罪死不赦。”“墨子·非命上》也说:“发宪出令，设以为赏罚以劝善[沮暴]”。邓析的“竹刑”仍保留了这一基本特征。这是继承的一面。

邓析对子产“刑书”还有批判的一面。这主要是针对“刑书”中保守

① 张国华、饶鑫贤:《中国法律思想史纲》(上)，甘肃人民出版社1984年，第72页。

的那部分内容。这就是礼。子产素以重礼著称。他赞美礼是“天之经也，地之义也，民之行也，天地之经而民实则之。”(《左传·昭公二十五年》)在司法中坚持“直钧则幼贱有罪”(即诉讼双方理由相等，则辈分低的一方被判有罪)。(《左传·昭公元年》)子产是贵族政治家，他的改革旨在维护贵族制度而不是推翻它。这就使他作的“刑书”必然带有维护贵族特权的守旧色彩。杜预注《左传》定公九年谓：邓析“欲改郑所铸旧制，不受君命，而私造刑法，书之于竹简，故言竹刑。”《列子·力命》说：(邓析)“数难子产之治”。《吕氏春秋·离谓》载：“郑国多相县以书者，子产令无县书，邓析致之，子产令无致书，邓析倚之。令无穷，则邓析应之亦无穷矣。是可不可无辨也。……子产治郑，邓析务难之。与民之有狱者约：大狱一衣，小狱襦。民之献衣襦而学讼者，不可胜数。以非为是，以是为非。是非无度，而可与不可日变。所欲胜因胜，所欲罪因罪。郑国大乱，民口欢哗。子产患之，于是杀邓析而戮之。民心乃服，法律乃行”。可见，邓析的“竹刑”与子产的“刑书”在内容上是针锋相向的。“竹刑”在一定程度上代表了平民的要求，故而受到人民的欢迎。据《左传》定公九年载：“郑驷杀邓析，而且其竹刑”。此说与《吕氏春秋》异。但邓析的“竹刑”竟然被统治者所采纳，正说明“竹刑”符合当时社会的需要。邓析敢于向传统挑战的无畏精神是难能可贵的，《荀子·非十二子》说：“不法先王，不是礼义，而好治怪说，玩琦辞，甚察而不惠，辩而无用，多事而寡功，不可以为治纲纪，然而其持之有故，其言之成理，足以欺惑愚众，是惠施、邓析也。”

邓析的功绩不仅在于否定传统，主张“事断于法”(《邓析子·转辞》)的“法治”，而且还在于他首创了刑名之学。这是原始的刑名之学或曰正宗的刑名之学。其内容应是《商君书·定分》所说的“法令之所谓”和《睡虎地秦墓竹简》中的《法律答问》之类。在这个角度来看，刑名之学是与“成文法”同时诞生的。正如冯友兰先生所指出的：“中国古代诡辩思想的产生，是和成文法的公布，法治思想的发展有密切的联系。从某种意义说，它们是对法治的一种反应；”“所谓名家，也是和诡辩思想联系在一起的，而诡辩思想的产生，就其社会根源说，是春秋战国时期各国公布法令所引起的一个后果。当时公布法令是新兴地主阶级在政治上的一种重要措施。在他们看起来，邓析之流的行为是对于他们的法令的一种扰乱，是对于他们的统治的一种破坏。邓析和以后有类似于他的‘辩者’可能是如此的。”①

邓析在中国古代法律文化史上的贡献，借荀况的话来说，就是“有循于旧名，有作于新名。”（《荀子·正名》）“旧名”即从商代以降逐渐形成的相对隐定的法律原则以及关于法律专门术语的诠释。因此才有“刑名从商，爵名从周，文名从礼”（《荀子·正名》）的说法。其实，商代的刑名是在先代法律文化遗产的基础上形成的。这主要是“五刑”，即五种刑罚制度。还有一些法律原则。如《黄帝李法》：“壁垒已定，穿窬不由路，是谓奸人，奸人者杀”；（《汉书·胡建传》引）又如“《夏书》曰：‘昏、墨、贼、杀。’皋陶之刑也。”（《左传·昭公十四年》）“《夏书》曰：与其杀不辜，宁失不经”。（《左传·襄公二十六年》）由于商代迷信鬼神，立法、司法常常借助于占卜，从而限制了法律实践活动中的人的主观能动性。周人则不同，周人既信鬼神又兼重人事。故立国伊始便提出新的法律原则并作了“刑书九篇”。（《逸周书·尝麦解》）《左传·文公十八年》载：周公“作誓命曰：毁则为贼，掩贼为藏，窃贿为盗，盗器为奸，主藏之名，赖奸之用，为大凶德，有常无赦，在《九刑》不忘”。这段文字是在宣布新的法律原则的同时，加以简要的诠释。这可以说是法律注释之学的原始形态。西周以降，逐渐制定新的法律原则，如：“凡盗贼军乡邑及家人，杀之无罪”；“凡报仇者书于士，杀之无罪”；“凡伤人见血而不以

① 冯友兰：《中国哲学史新编》（第一册），人民出版社 1962 年，第 307、309 页。

告者，攘狱者，遏讼者，以告而诛之”；“作言语而不信者，以告而诛之”。[①] 而且，西周又有“悬政象之法于象魏，使民观政象”；“悬刑象之法于象魏，使万民观刑象”（《周礼·夏官司马·大司马》、《秋官司寇·大司寇》）的习惯。这个习惯被沿用至春秋。《左传·哀公三年》载：“夏五月辛卯，司铎火。……南宫敬叔至，命周人出御书；……子服景伯至，命宰人出礼出；……季桓子至，御公立于象魏之外，命救火者伤人则止，财可为也。命藏象魏，曰：旧章不可亡也。”此其证明。这种不断制定法律原则和公布法令政令的作法，对法律注释工作无疑是一种促进。而前者又是离不开后者的。

从有关文献记载中，我们可以看到这种零散的法律注释活动在春秋仍很盛行。《左传·昭公七年》：楚文王“作仆区之法，所以得天下也。曰：盗所隐器，与盗同罪。”《左传·昭公十五年》载叔向断狱之辞：“三人同罪，施行戮死可也。雍子自知其罪而赂以买直，鲋也鬻狱，刑侯专杀，其罪一也。已恶而掠美为昏，贪以败官为墨，杀人不忌为贼。《夏书》曰：‘昏、墨、贼、杀，’皋陶之刑也，请从之。”等等，不一而举。

子产作“刑书”，当有三篇之结构。叔向批评他“制参辟，铸刑书”，（《左传·昭公六年》）就是证明。“刑书”内容应包含关于罪名和刑罚的法律术语。老百姓看了“刑书”，就应当大体上明白何种行为是违法犯罪，违了什么法，犯了什么罪，又应受到何种制裁。但是，有些法律术语的概念、界限不清楚。容易引起歧义和纷争。正是在这个意义上，叔向责难道：“民知有辟，则不忌于上，并有争心，以征于书，而缴幸以成之。……民知争端矣，将弃礼而征于书，锥刀之末，将尽争之。乱狱滋丰，贿赂并行，终子之世，郑其败乎。”故子产的“刑书”被人贬称为“争辟”，即引起纷争的法律。

---

① 参见《周礼·秋官司寇》中《朝士》、《掌戮》、《禁杀戮》、《禁暴氏》诸条。

邓析承“争辟”之绪，又作“竹刑”。不仅在什么行为系违法犯罪，又当如何处罚的问题上同“刑书”背道而驰，而且还在法律术语的概念、界限的问题上标新立异，这就是邓析“以是为非，以非为是，”（《吕氏春秋·离谓》）“数难子产之法”（《邓析子》刘向《序》）的含义。邓析的“竹刑”和他关于法律术语的诠释，作为一种文化财产，当在郑国的法律实践活动有所反映。公元前375年，韩灭郑。申不害被韩昭侯起用为相，主持改革。申不害本是郑人，自然接受郑国的传统文化，他曾作《刑符》，又称《三符》，或许受“刑书”的影响。其学“本于黄老而主刑名。”（《史记·老庄申韩列传》）这个“刑名”之学，或许正是从子产、邓析继承过来的。不过，申不害作为一个政治家，他没有拘泥于法律术语的诠释工作，而旨在确立新的官僚政体，这就是他的以调整新型君臣关系为中心的“循名责实”之说。这是改革、变法、推行“法治”的基本前提。他的“君道无为”、“臣道有为”的“循名责实”之术，成为法家理论的基本柱石之一。

战国以降，百家兴而相争辩。“尚争好辩，形成了战国子学思想的显著特征。在这样的学风里，名辩思潮遂大为高涨，百家之学，也各有其名辩思想，以为立己破敌的思想斗争的武器”。[①] “察辩并不限于一家，儒、墨、道、法都在从事名实的调整与辩察的争斗。”[②]

邓析的刑名之学发展到申不害的刑名之学，是刑名之学的一次变革。其牲主要是从研究“法令之所谓”的法律之名实，扩大到君臣上下之权利义务的政治之名实。故而使刑名之学带有极强烈的政治性和实践性的色彩。

但是，刑名之学并未到此止步。与此同时，还有一些学派或学者在不同领域并沿着不同方向推动刑名之学继续前进。这主要是前期法家

---

① 侯外庐等：《中国思想通史》（第一卷），人民出版社1957年，第416页。

② 郭沫若：《十批判书·名辩思潮的批判》，《郭沫若全集》历史编（第二卷），人民出版社1982年，第253页。

代表人物商鞅，墨家后学或曰墨辩学派，和作为名家代表的惠施。

三、商鞅与“明分”

商鞅与申不害同时代，“少好刑名之学。”(《史记·商君列传》)他吸收了申不害的“循名责实”理论，并把它演化成更为直观的“名分”。用商鞅的话叫作：“土地货财男女之分；”(《商君书·开塞》)“君臣上下之义，父子兄弟之礼，夫妇妃匹之合(分)”；(《商君书·画策》)“圣人必为法令置官也，置吏也，为天下师，所以定名分也”，名分已定，贫盗不取”，“名分定，势治之道也，名分不定，势乱之道也。”(《商君书·定分》)在此基础上，他要求把“名分”法律化，叫作“立法明分”，即以法律明确所谓“公私之分”。(《商君书·修权》)他主张把法律公布于世，使“天下之吏民无不知法者”。他反对以往那种含糊不定的法律术语，他说：“夫微妙意志之言，上智之所难也”，“夫智者而后能知之，不可以为法，民不尽智”，“圣人为法必使之明白易知，名正，愚智遍能知之”。(《商君书·定分》)

商鞅又是立法家，他制定的法条很多。据《史记·商君列传》转而述之：“令民为什伍，而相牧司连坐。不告奸者腰斩，告奸者与斩敌首同赏，匿奸者与降敌同罚。民有二男以上不分异者倍其赋。有军功者，各以率受上爵。为私斗者，各以轻重被刑大小。力本业，耕织致粟帛多者复其身。事末利及怠而贫者，兴以为收孥。宗室非有军功论，不得为属籍。明尊卑爵秩等级，各以差次，名田宅臣妾衣服以家次。有功者显荣，无功者虽富无所芬华。”《商君书·境内》载军事法令：“其战也，五人来[束]薄[簿]为伍，一人羽(一说作“死”，一说作“逃”)而轻[刭]其四人，能人得一首则复。……其战，百将、屯长不得斩首(当为“不得首，斩”)。得三十首以上，盈论，百将、屯长赐爵一级。……能得甲首一者，赏爵一级，益田一顷，益宅九亩，除庶子一人，乃得入兵官之吏。……（陷队之士）不能死之，千人环规谏黥劓于城下。”

商鞅长于立法，自然谙于“法令之所谓”的刑名之学。不仅如此，他还主张刑名之学的官僚化。《商君书·定分》载：“公孙鞅曰：为法令置官吏，朴足以知法令之谓者，以为天下正，则奏天子。天子则各令之主法令，皆降受命发官。各主法令之[吏]敢忘行主法令之所谓之名，各以其所忘之法令名罪之。主法令之吏有迁徙物故，辄使学读法令所谓，为之程式，使日数而知法令之所谓，不中程，为法令以罪之。有敢定法令、损益一字以上，罪死不赦。诸官吏及民有问令之所谓也于主法令之吏，皆各以其故所欲问之法令明告之。各为尺六寸之符，明书年、月、日、时，所问法令之名，以告吏民。……吏民[欲]知法令者，皆问法官，故天下之吏民无不知法者。吏明知民知法令也，故吏不敢以非法遇民，民不敢犯法以干法官也。……如此，天下之吏民虽有贤良辩慧。不能开一言以枉法。”这正是“以法为教”，“以吏为师”（《韩非子·五蠹》）的原版。商鞅推行官方的刑名之学，是得助于他“燔诗书而明法令”（《韩非子·和氏》）的文化专制主义政策的。他一面劝谏君主忠于法律，不以私害法：“世之为治者，多释法而任私议，此国之所以乱也”；“夫倍（背）法度而任私议，皆不知类者也”；“赏诛之法，不失其议，故民不争”；（《商君书·修权》）一面推行’壹教”的政策：“所谓壹教者，博闻、辩慧、信廉、礼乐、修行、群党、任誉、清浊，不可以富贵，不可以评刑，不可独立私议以陈其上”。（《商君书·赏刑》）商鞅发布新法令时，“秦民之国都言初令之不便者以千数”，商鞅斥之为“乱化之民”，并“尽迁之于边城，其后民莫敢议令。”（《史记·商君列传》）可见，官方刑名之学的兴盛是以民间刑名之学的萎缩为代价的。

四、墨辩与“刑名”

在刑名之学上颇有建树的是墨家学派。“黑子对于中国逻辑学的发展是有贡献的。他提出了‘类’与‘故’这两个逻辑概念”。[①]“墨子既是充满着辩诘精神的思想家，便必然有其辩诘的方法。而这种辩诘的方法就是墨子逻辑思想的所在”；“墨子在逻辑思想上的最伟大的发现，首推‘类’和‘故’这两个具有方法论意义的重要概念”。[②]墨子后学的刑名之学正是在这个基础上发展起来的。其代表作是《墨经》六篇(《经上》、《经下》、《经说上》、《经说下》、《大取》、《小取》)，墨家的这一学派被称为“墨辩学派”。

墨家是一个具有严格纪律的学术团体。他们不仅重视一般的法律，而且还严格实行“墨者之法”。(《吕氏春秋·去私》)因此，《墨子》书中载入成文法条是不足为怪的。《墨子·号令》：“有司见有罪而不诛，同罚；若或逃之，亦杀；凡将率斗其众失法，杀；凡有司不使去卒吏民闻誓令，代之服罪。……大将使人行，守操信符。信不合及号不相应者，伯长以上辄止之，以闻大将。当止不止，及从吏卒纵之，皆斩。诸有罪，自死罪以上皆还父母妻子同产。……诸吏卒民，有谋杀伤其将长者，与谋反同罪。有能捕告，赐黄金二十斤。……释守事而治私家事，卒民相盗，家室婴儿皆断无赦，人举而籍之”。值得注意的是，上文有“与谋反同罪”句，正说明当时有了“谋反罪”的罪名，而且还有了以此罪比况彼罪的“类推”制度。《墨子·小取》谓：“以名举实，以辞抒意，以说出故，以类取，以类予”；“推也者，以其所不取之同于其所取者，予之也”。义

① 冯友兰：《中国哲学史新编》第一册，人民出版社1962年，第151页。

② 侯外庐等：《中国思想通史》第一卷，人民出版社1957年，第238、239页。

谓将没有明确定义的事项比照具有明确定义的同类事项。这正是对“类推的逻辑诠释。

《墨经》载有关于’法令之所谓”的可贵材料，这是墨辩学派的刑名之学的重要内容之一。现罗列于下：

《经上》：“君，臣萌（氓）通约也”。

《经说上》：“君，以若名者也”。

《经上》：“法，所若而然也”。

《经说上》：“法，意规员三也，俱可以为法”。

《经上》：“罪，犯禁也”。

《经说上》：“罪不在禁，惟（虽）害无罪”。

《经上》：“法同则观其同，法异则其宜”。

《经说上》：“执服难成言，务成之九，则求执之法，法取同，观巧传，法取此择彼问故观宜”。

《经上》：“赏，上报下之功也”；罚，上报下之罪也”。

这些以诠释法律术语为宗旨的刑名之学，有的已达到相当高的理论水平。比如，他们认为君主是仰仗臣民而得其名的，是通过臣民的共同约定而产生的。这说明，“《墨经》作者最早发现了所谓社会契约论。这和马克思主义经典文献所赞美的希腊古代的这样发现，有同样的历史价值”。① 再如，他们还认识到，有些行为从表面上看来是犯罪，但该行为不在法律条文禁止之列，因此，虽然具有某些危害性的后果，也不应以犯罪论处。当然，这些内容在墨辩学派的研究中只占一小部分，大部分还是关于名实的逻辑学。但是，这两部分内容是统一的整体。墨

① 侯外庐等：《中国思想通史》第一卷，人民出版社 1957 年，第 493 页。

辩学派的刑名之学不过是其名辩思想在成文法领域的反映而已。

无论从事功还是从思想特征而论，邓析和惠施都是属于同类的人物，尽管他们所生活的时代相距近二百年。荀况便执此观点：《荀子·不苟》：“是说之难持者也，而惠施、邓析能之”；《儒效》：“君子不若惠施、邓析”；“惠施、邓析不敢窜其察”；《非十二子》：“不法先王，不是礼义，……是惠施、邓析也”。

惠施是名家的代表人物，以善辩著称。《庄子·天下》载惠施立论的十个命题（即历物十事），他曾与公孙龙派论争。其实，惠施首先是个政治家。他曾作过魏相，并主持制定法律。《吕氏春秋·淫辞》：“惠子为魏惠王为法。为法已成，以示诸民人，民人皆善之。献之惠王，惠王善之”。

但是，这部被国君和百姓欢迎的法律，竟因为触犯了贵族的既得利益而被阻止实行。其实，惠施的确主张削弱贵族的势力，这个主张便是“去尊”。《吕氏春秋·爱类》：“匡章谓惠子曰：‘公之学去尊，今又王齐王，何其倒也？’惠子曰：‘今有人于此，欲必击其爱子之头，石可以代之。今可以王齐王，而寿黔首之命，免民之死，是以石代爱子头也。何为不为？’”惠施的“去尊”，与其说是为着“寿黔首之命，免民之死”，不如说是为着推行“法治”。惠施的“去尊”与商鞅的“法之不行，自上犯之”，（《史记·商君列传》）韩非的“犯法为逆以成大奸者，未尝不从尊贵之臣也”，（《韩非子·备内》）是相通的。魏惠王死后，惠施可能遇到威胁，故“易衣变冠，乘舆而走，几不出乎魏境”。（《吕氏春秋·不屈》）惠施所处时代与邓析不同，因此他没有必要在法律原则和术语之所谓上面反传统。政治上的失意使他把精力倾注到名词概念和逻辑学的研究上去。“战国时代的学风，自墨子以后，即具有由好尚争辩而转化为诡辩主义倾向的趋势。此一具有划时代意义的转折点，似以惠施为开创人”。[①] 郑国

---

① 侯外庐：《中国思想通史》第一卷，人民出版社 1957 年，第 423 页。

执政以死刑阻止了邓析的雄辩之声，惠施则用阔论高谈来掩盖其政治上的孤独和失意。

结语　形名之学与刑名之学携手同行

以社会现实生活息息相关的不是高谈阔论，而是“成文法”。经过李悝作《法经》，商鞅作秦律之后，“成文法”又得到长足的发展。此时的“刑名”已成为“成文法”的代名词。《庄子・天下》：“以法为分，以名为表，以参为验，以稽为决，其数一二三四是也，百官以此相齿”；《管子・正》：“罪人当名曰刑，出令当时曰政，当故不改曰法”；《韩非子・难三》：“人主虽使人，必以度量准之，以刑名参之”，“以刑名牧臣，以度量准下”；“礼法度数，刑名比详，治之末也”；《庄子・天道》：“人主将欲禁奸，则审合刑名”；《韩非子・二柄》：“秦圣临国，始定刑名，显陈旧章”。《史记・始皇本纪》：而刑名之学便又回到它的原点：“法令之所谓”的法律注释学。在“以法为教”，“以吏为师”的文化专制政策之下，这种学术活动已毫无民间的自由的色彩，而一概由官方垄断。

秦律是战国“成文法”的集大成者，又是中国“成文法”确立的标志。从《睡虎地秦墓竹简》来看，秦国的确重视法制建设，做到“诸产得宜，皆有法式”，“事皆决于法”。（《史记・始皇本纪》）为保证各级官吏严格依法办事，维护司法统一，法律注释则是必不可少的环节。这就造成法律注释学或刑名之学的大发展。此间，官方刑名之学的集中代表作，便是《睡虎地秦墓竹简》中的《法律答问》。它以精练准确的文字表现着自己的价值。如“何如为犯令、废令？律所谓者，令曰勿为，而为之，是谓犯令；令曰为之，弗为，是谓废令也。廷行事皆以犯令论。”“论狱何谓不直何谓纵囚？罪当重而端轻之，当轻而端重之，是谓不直。当论而端弗论，及傷其狱，端令不致，论出之，是谓纵囚。”

在秦汉以降的封建时代,刑名之学的杰出代表主要有汉代的律学、晋代张斐的《律序》和唐代长孙无忌的《唐律疏议》等。总之,“成文法”和刑名之学就像一对孪生兄弟一样,同时出世,携手同行。

第十三章　法家法律思想概述（Ⅰ）法家的法理学

战国时期的法家在法律思想上虽然有各种差别，但是他们在政治上都主张依法治国。不仅如此，由于他们重视法律的作用，因此对法这一社会现象曾经进行过探讨，提出其他各家所未曾提出的见解。有些思想已经涉及法理学或法哲学领域，为后世留下宝贵财富。还有大量思想属于法律实践领域，是法家对实行法治的设想和经验总结。这些内容都成为法家法律传统的有机组成部分。

一、法律的概念及其本质特征

法家是先秦时期最重视法律研究的一派，在法律的一般理论方面提出了独具特色的见解。法家有很多关于法律的定义和本质的论述，其中有些内容不乏历史唯物主义的因素。比如《韩非子·定法》说："法者，宪令著于官府，赏罚必于民心。赏存乎慎法，而罚加乎奸令者也。"从字面意义来看，法律是国家制定的行为规范，是规定何种行为合法何种行为违法的行为规范，是国家通过赏赐鼓励合法行为，运用刑罚制裁犯罪行为的特殊行为规范。同时，这种行为规范又符合大众的普通心理。

法家认为，法律有以下本质特征：

第一，法律是客观的不以个人意愿为转移的行为准则。法家人物常常用称量重量的权衡、测量长度的尺寸、识别曲直的绳墨、检验方圆的规矩、衡量容积的斗斛等工具来比喻国家法律。如《商君书·修权》:“法者,国之权衡也。”《管子·七法》:“尺寸也、绳墨也、规矩也、衡石也、斗斛也、角量也,谓之法。”法家以度量衡来比拟法律,其目的就是强调法的客观性、普遍性和平等性。这就使法家的“法”从本质特征上不同于“别亲疏,殊贵贱”的“礼”。同时,法家又把“法”和“刑”结合起来,视“法”为刑罚的依据。这样一来,就把“礼不下庶人,刑不上大夫”(《礼记·曲礼上》)的“礼治”,变成“刑无等级”的“法治”。这种观点以“公义”的普遍性的形式出现,即代表社会全体成员的共同利益,其实质主要反映了当时新兴地主阶级的愿望,即反对贵族世袭特权,实现在法律面前与旧贵族相平等。

第二,法律是国家制定并保障实施的特殊行为规范。《管子·任法》:“夫生法者,君也”。《韩非子·定法》:“法者,宪令著于官府,刑罚必于民心,赏存乎慎法,而罚加乎奸令者也。”可见,法律是官府即国家制定的。法律是国家强制力保障实现的特殊的行为规范。法律具有强制力,这种强制力来自国家政权。法律是国家行赏施罚的标准,国家依照法律对合法行为进行奖赏,对违法犯罪行为进行惩罚。因此,法和刑是密切相联系的。法家将“法”与“刑”结合起来,也就意味着“刑上大夫”。任何人违背法律都要受到刑罚的制裁。

第三,法律是社会整体利益的“公义”的体现。在法家看来,维护旧贵族垄断经济政治利益世袭特权的“礼”则是不公平的,是旧贵族私利的体现。新兴地主阶级反对旧贵族世袭特权,要求实行土地私有,按功劳与才能授官予爵,这些主张才是公平的。法家主张的平等,是平民出身的新兴地主阶级与贵族的平等。尽管这种平等与近代资产阶级的“法律面前人人平等”大异其旨,但是在当时的社会条件下仍然具有进步意义。

二、法律的起源

法家法律起源论作为其“法治”理论的组成部分之一，既具有现实意义，又具有理论色彩。

《商君书·开塞》说：“天地设而民生之，当此之时也，民知其母而不知其父，其道亲亲而爱私。亲亲则别，爱私则险，民众而别险为务，则民乱。当此时也，民务胜而力征，务胜则征，力征则讼，讼而无正，则莫得其性也。故贤者立中正，设无私，而民说仁。当此时也，亲亲废，尚贤立矣。凡仁者以爱利为务，而贤者以相出为道。民众而无制，久而相出为道，则有乱。故圣人承之，作为土地货财男女之分。分定而无制，不可，故立禁。禁立而莫之司，不可，故立官。官设而莫之一，不可，故立君。既立君，则上贤废而贵贵立矣。”法家认为，人类社会在“民知其母而不知其父”的时代，并没有国家和法律；后来，人与人、族与族之间互相争斗，为了“定分”、“明分”、“止争（或止暴）”，需要“立禁”、“立官”、“立君”，才产生了国家和法律。法家在这里所说的“分”，即所谓“作为土地货财男女之分”，主要是指以土地私有制为基础的财产所有权。这种“定分止争”的法律起源说不但完全排除了商周以来的天命神权思想，而且由于和“定分止争”联系起来，因而也就初步触及到适应保护私有制和维护社会秩序与安定等需要的问题。

法家认为，国家是“为民兴利除害”的目的而产生的。《管子·君臣下》：“古者未有君臣上下之别，未有夫妇妃匹之合，兽处群居，以力相征。于是智者诈愚，强者凌弱，老又孤独不得其所。故智者假众力以禁强虐，而暴民止。为民兴利除害，正民之德，而民师之。……上下设，民生体，而国都立矣。是故国之所以为国者，民以为国；君之所以为君者，赏罚以为君。”远古人群曾经像野兽一样不受任何约束，其结果是强者欺凌弱者,善良的人们无法生存。同时,君主凭借赏罚来杨善除恶。因此,国家和法律得到人民的拥护。

法家还从人口数量与物质财富之间的比例关系来论证法律起源问题。《韩非子·五蠹》:“古者丈夫不耕,草木之食足也。妇人不织,禽兽之皮足衣也。不事力而养足,人民少而财有余,故民不争。是以厚赏不行,重罚不用,而民自治。今人有五子不为多,子又有五子,大父未死而有二十五孙。是以人民众而货财寡,事力劳而供养薄,故民争,虽倍赏罚而不免于乱。”远古时代,人口少而货财多,所以人们不争夺而相安无事;后来,人口不断增长,而物质财富增长得比较缓慢,从而造成人口众而货财少的局面,同时由于人性“好利恶害”,必然导致争夺。于是,国家和法律的产生就是必然的了。

三、法律的作用

法家认为,治理国家维系社会的稳定和发展,没有法律是不行的。法律作用体现在三个方面:

法律的第一个作用是“定分止争”。所谓“分”即“土地货财男女之分”。(《商君书·开塞》)包括生产资料的私有制和婚姻家庭制度。“定分”即用法律来确认财产私有制关系和家庭关系,明确当事人的权利义务,告诉人们应当做什么和禁止做什么,以达到“止争”即制止纷争的目的。《商君书·定分》:“一兔走,百人追之,非以兔可以分为百也,由名分之未定也。夫卖兔者满市,而盗不敢取,由名分已定也。故名分未定,尧舜禹汤且皆如鹜而逐之。名分已定,贫盗不取。”可见,私有财产经过法律的确认,就具有了他人不可侵夺的权威。否则将受到法律的制裁。

法律的第二个作用是“兴功惧暴”。法家生活的时代,各诸侯国正处于激烈的兼并战争中。法家深刻地意识到，只有发展国力才能取得兼并战争的胜利并进而统一中国。因此，国家必须“兴功”即“富国强兵”。为此，仅靠道德说教是远远不够的。法家主张通过法律和赏罚手段，驱使人们必须做有利于“富国强兵”的事情，禁止人们做有害于“富国强兵”的事情。所谓“惧暴”，即通过立法，明确规定什么行为是违法犯罪，并进行严厉的惩罚。迫使失去统治地位的旧贵族和广大被阶级，不敢起来反抗统治阶级的政权。

法律的第三个作用是“一民而使下”。“一民”即通过制定、颁布法律，来统一人们的思想、言行。法家主张立法时应当使用百姓通俗易懂的语言，法律应当公布，法官有义务解答官吏和百姓的咨询，以期使家喻户晓、妇孺皆知，以期用法律来统一人们言行。“使下”主要指君主役使臣下。君主对臣下的支配不是靠人格的感召力，而是通过法律以“循名责实”。即用法律明确定臣下的职权，并用法律来加以考核，以确定赏罚黜陟。

四、法律与人性

法家坚持“法治”的理由之一，源于他们对人性的见解。在人性的评价上，法家既不同意孟子的“性善”说，又有别于荀子的“性恶”论，法家认为人生来皆“好利恶害”、“趋利避害”，这是人固有的本性，本无所谓善恶。而且人的这种本性是不可能经过后天教育来加以改变的。商鞅最早提出“好利恶害”的人性论，韩非则把“好利恶害”的人性称为自私自利的“自为心”。(《韩非子·难三》)在法家看来，人自私自利、“趋利避害”是古往今来人所共有的秉性，它表现在社会生活的各个方面。

首先，在法家看来，那些远古圣人也是自私自利的。《韩非子·五蠹》说：“禹之王天下也，身执耒臿以为民先，股无胈，胫不生毛，虽臣虏之劳不苦于此矣。以是言之,夫古之让天子者,是去监门之养,而离臣虏之劳也。故传天下不足为多也。”大禹贵为天子而禅让天下,不是因为他品德高尚,而是因为做天子得不到更多的实惠,反要付出比常人更多的辛劳。

其次,寻常百姓也是心怀自利之情。《管子·禁藏》说:“夫凡人之性,见利莫能勿就,见害莫能勿避。其商人通贾,倍道而行,夜以继日,千里而不远者,利在前也。渔人入海,海深万仞,就彼逆流,乘危万里,宿夜不出者,利在水也。故利之所在,虽千仞之山,无所不上;深渊之下,无所不入焉。”商人倍道兼程渔夫入海千里,都是为了获得财利。《韩非子·备内》说:“故舆人成舆,则欲人之富贵,匠人成棺,则欲人之夭死也。非舆人仁而匠人贼也,人不贵则舆不售,人不死则棺不买,情非憎人也,利在人之死也。”做车子的匠人盼人发财,做棺材的匠人盼人多死,不是前者善良后者恶劣,而是利之所在也。《韩非子·外储说左上》说:“夫买庸而播种者,主人费家而美食,调布而求易钱者,非爱庸客也,曰:如是,耕者且深,耨者熟耘也。庸客致力而疾耘耕者,尽巧而正畦陌畦畤者,非爱主人也,曰:如是,羹且美,钱布且易云也。”佣工努力干活,地主好饭相待,不是出于相互友爱,而是各有所图也。《韩非子·备内》说:“医善吮人之伤,含人之血,非骨肉之亲也,利所加也。”医生救死扶伤不避污秽也是因为有利可图。

第三,家庭亲属之间也是斤斤计较于利害。《韩非子·备内》)说:“夫妻者,非有骨肉之恩也,爱则亲,不爱则疏。语曰:其母好者其子抱,然则其为之反也,其母恶者其子释;”“故后妃夫人太子之党成而欲君之死也,君不死则势不重,情非憎君也,利在君之死也。”《韩非子·外储说左上》说:“人为婴儿也,父母养之简,子长而怨。子盛壮成人,其供养薄,父母怒而诮之。子父至亲也,而或谯或怨者,皆挟相为而不周于己也。”《韩非子·六反》说:“父母之于子女也,产男则相贺,产女则杀之。

此俱出于父母之怀衽，然男子受贺，女子杀之者，虑其后便，计之长利也”。社会上有这样的习俗，生男相贺，生女杀之，这是因为养儿可以防老，而养女出嫁却亏财的缘故。

第四，既然夫妻父母子女之间尚且如此，那么君民、君臣之间则更无例外。《韩非子·杨权》说：“黄帝有言曰：上下一日百战。下匿其私，用试其上，上操度量，以割其下。故度量之立，主之宝也，党羽之具，臣之宝也。臣之所以不弑其君者，党羽不具也。”《韩非子·奸劫弑君》说：“夫君臣非有骨肉之亲，正直之道可以得利，则臣尽力事其主；正直之道不可以得安，则臣行私以干上；”“从是观之，父之爱子也，犹可以毁而害也，君臣之相与也，非有父子之亲也，而群臣之毁言，非特一妾之口也，何怪夫贤圣之戮死哉！”《韩非子·六反》说：“君上之于民也，有难则用其死，安平则用其力”；《韩非子·难一》说：“臣尽死力以与君市，君垂爵禄以与臣市，君臣之际，非骨肉之亲也，计数之所出也”；《韩非子·外储说左下》说：“明主者，不恃其不我叛也，恃吾不可叛也，不恃其不我欺也，恃吾不可欺也”；《韩非子·飾邪》总结道：“故君臣异心：君以计畜臣，臣以计事君。君臣之交，计也。害身而利国，臣弗为也，害国而利臣，君不为也。臣之情，害身无利，君之情，害国无亲。君臣也者，以计合者也。”既然君出爵禄，臣出智力，君臣相市，那么，君仁臣忠就成了虚伪的掩饰之辞。

总之，在法家眼中，人性充满了阴暗、冰冷、残酷和危险。法家的这种心理并非出于其主观想象，而是对春秋以来社会各种矛盾交集的过激反映。在“好利恶害”的人性面前，仁义德教是无济于事的，只有法令赏罚才能奏效。但是，法家却认为，人性“好利恶害”并非坏事，“人情者有好恶，故赏罚可用”；“人性有好恶，故民可治也”。（《商君书·错法》）“凡治天下，必因人情。人情有好恶，故赏罚可用；赏罚可用，则禁令可立。禁令可立而治道具矣。”（《韩非子·八经》）正因为“人性好爵禄而恶刑罚”,所以只能用赏罚的法律手段而不能用仁义德教来进行统治。其结论是治理国家不能靠道德说教,只能用赏罚和“法治”。

法家的人性论实际上是战国时期私有制、商品经济发展的产物,是商品等价交换在人们利益上的反映。法家正是利用这种建立在社会现实利害基础之上的人性论来否定温情脉脉的宗法关系和儒家鼓吹的“礼治”、“德治”、“人治”,为实行“法治”提供理论基础。法家把“好利恶害”的人性与国家的富强结合起来,用赏赐、刑罚诱使、驱使人们“耕”、“战”、“告奸”,凡是生产粮食多的、杀敌有功的、揭发违法犯罪的,都可以得到官爵、田宅。任何人,不论出身如何,只要努力按照国家的法令去做,就能得到富贵荣华,而国家也就强盛起来了。同时,法家的人性论也为帝王驾驭臣民之术提供了理论依据。

五、法律与社会发展

为了论证推行“法治”的必要性,法家提出了进化史观:人类历史是向前发展的,一切法律制度都必须随着历史的法而相应变化,不能复古倒退,也不能固步自封。商鞅早在秦国主持变法时,就对守旧派“法古无过,循礼无邪”的观点进行了批驳,认为人类社会历史的发展经历了四个阶段:“上世”是“民知其母而不知其父”的社会,人们亲爱亲人、贪图私利;“中世”出现了抢夺、争执的现象,但人们尊重贤人,喜爱仁慈;“下世”出现了私有制、君主、刑法,人们尊重官吏和贵族;“今世”是各国忙于兼并,民众有技巧而奸诈;时代不同,统治方法也要改变:“上世”可以靠“亲亲”,“中世”则只能靠“仁义”,“下世”则“亲亲”、“仁义”都行不通了,“今世”更不能沿用这些旧的统治方法。(《商君书·更法》)其口号是“不法古,不循今”,因时立法。韩非继承、发展了商鞅的历史观,讥讽言必称尧、舜,“欲以先王之政,治当今之民”的儒家是“守株待兔”的蠹人；认为人类社会是发展变化的，而且越变越好；上古时期，“人民少而财货众，故民不争”，以“德治”、“礼治”就能治理好天下；现在，“人民众而货财寡，事力劳而供养薄，故民争”。（《韩非子·五蠹》）最后，韩非得出结论：“法与时转则治，治与世宜则有功”，“时移而治不易者乱”。（《韩非子·心度》）从这种历史观出发，法家进一步指出战国时期的形势是：“强国事兼并，弱国务力守”，（《商君书·开塞》）“力多则人朝，力寡则朝于人”。（《韩非子·显学》）在这种形势之下，所谓“礼治”、“德治”都没有用，必须致力于变法，迅速发展农业生产、加强军事力量，才能富国强兵。为此，唯一有效的办法就是：颁布法律，奖励耕战，使人们都能喜农乐战。为了保证这些法律的贯彻执行，就必须厉行“法治”。

六、法律与公义、平等、公开

法家主张“废私立公”的公法观。基于这样一种认识，法家特别是前期法家认为，法律是为整个国家利益服务的，高于包括最高统治者在内的所有社会成员的个人利益；这种个人利益为“私”，整体利益为“公”；体现这种整体利益的“法”则为“公法”；“公”高于“私”，因而“法”也高于“私”，而且二者势不两立。《慎子·威德》说：“故蓍龟所以立公识也，权衡所以立公正也，书契所以立公信也，度量所以立公审也，法制礼籍所以立公义也。凡立公，所以弃私也。”《韩非子·五蠹》说：“公私之相背也”，“私行立而公利灭”。《韩非子·诡辩》说：“夫立法令者，以废私也。法令行而私道废矣。私者，所以乱法也。”《韩非子·有度》也说：“能去私曲就公法者，民安而国治。能去私行行公法者，则兵强而敌弱。”因此，维护新兴地主阶级的整体利益，法家坚决反对“君臣释法任私”。（《商君书·修权》）法家把“法”和“礼”对立起来，认为“公”代表社会的共同利益，“私”代表贵族的一己私利。实行“礼治”的结果是：“国利未立,封土厚禄至矣;主上虽卑,人臣尊矣";"国地虽削,私家富矣;……公民少而私人众矣。"(《韩非子·五蠹》)因此,为了"兴公利",必须实行"不别亲疏,不殊贵贱"的"法治"。法家把法治说成是社会全体成员的"公"的表现,其实,法治首先代表了新兴地主阶级的意志。

因为法律是公的表现,所以法律必然是平等的。其主要表现是"刑无等级","不别亲疏,不殊贵贱,一断于法"。(《史记·太史公自序》)如《商君书·赏刑》所说:"所谓壹刑者,刑无等级。自卿相将军以至大夫庶人,有不从王令、犯国禁、乱上制者,罪死不赦。有功于前,有败于后,不为损刑;有善于前,有过于后,不为亏法。忠臣孝子有过,必以其数断。"尽管法家的平等究其实只是在王权面前的平等,还远远称不上是在法律面前人人平等。但是,原先在贵族政体下各级贵族享受的特权,已经得到严厉制约。

因为法律是公的表现,所以法律必然是公开的。法家主张制定并公布成文法。而且,法律条文应当通俗易懂。《商君书·定分》说:"圣人为法,必使之明白易知,名正,愚智遍能知之。"法家还主张设立"法官"一职,专门回答官吏百姓的咨询。法家甚至认为,百姓掌握法律的好处是使官吏"不敢以非法遇民,民不敢犯法以干法官"。这种比较透明的司法环境,比起贵族政体下那种令人恐惧的"刑不可知则威不可测"的"议事以制"的"判例法"来,其进步性是十分明显的。

七、法律与国家政体

法家注意到法律与国家政体的关系问题。法家认为,法治的推行以建立国家政体为前提,这个政体必然集权君主政体。在先秦诸子中,法家和儒家一样看到春秋弑君内乱兼并亡国的社会现实,极力寻找解决之策。儒家选择了人治(贤人政治)、德治、礼治,试图重建宗法贵族政体；法家则选择了集权君主政体，并将确立集权君主政体作为重要宗旨。与法家不同，儒家主张“民贵君轻”，“从道不从君”，甚至可以“诛暴君”。法家则认为君臣之序是绝对不可以颠倒的。法家的这一政治主张在思想上的表现是“尊君卑臣”。正如《韩非子·外储说左下》所言：“夫冠虽贱，头必戴之，履虽贵，足必践之”；“冠虽穿弊，必戴于头，履虽五彩，必践之于地。”这种“君臣之序”是万万不可动摇的。法家的“尊君”思想是在总结历史教训的基础上提出的。他们认为，国家的动乱莫不是因为君臣关系的颠倒混淆造成的。“上古之传言，春秋所记，犯法为逆以成大奸者，未尝不从尊贵之臣也”。（《韩非子·备内》）《韩非子·忠孝》说：“尧舜汤武或反君臣之义，乱后世之教者也。尧为人君而君其臣，舜为人臣而臣其君，汤武为人臣而弑其主，刑其尸，而天下誉之，此天下所以至今不治者也。”因此，君主应当时刻把握住国家权力，即所谓“国之利器不可以假人”，处处防备大臣的反叛阴谋。其办法就是施行法治、势治、术治。当然，也需要教育大臣：“孝子之事父也，非竞取父之家也；忠臣之事君也，非竞取君之国也；”“人主虽不肖，臣不敢侵也。”（《韩非子·忠孝》）法家的“君臣之义”说，与儒家“以道事君”，“民为贵，社稷次之，君为轻”和“诛一夫纣未闻弑君”的主张是截然对立的。

八、法治与社会组织

法家注意到法治与社会组织的关系，认为实行法治必须进行社会组织方面的改革。其目的是冲破古老宗法血缘家族的藩篱，用地域来划分居民，使臣民个人和国家之间建立简洁的权利义务关系。为了推行法治和统一各地风俗习惯，在郡县之下“设三老以掌教化”。同时实行什伍行政组织。包括实行“生者著，死者削”（《商君书·去强》）的户口管理制度。在此基础上，赏告奸，“不告奸者腰斩，告奸者与斩敌首同赏,”“民人不能相为隐”,“夫妻交友不能相为弃恶盖非。”(《商君书·禁使》)禁止民间复仇,“使民怯于邑斗,而勇于寇战。”(《商君书·战法》)

九、法治与伦理风俗

法家注意到法律与风俗之间的关系问题。在这个问题上,法家的态度是:法律可以改变风俗,同时,法律也应当尊重风俗。《商君书·立本》:“俗生于法”,“错法而俗生”。这是强调法律可以改变旧风俗,建立新风俗。商鞅变法中的一些措施,比如,“民有二男以上不分异者倍其赋”之类,就是为了改革旧风俗,树立新风尚的。在传统风俗礼仪方面,只要不干扰法治的进行,法家则采取容忍和保护态度。比如《商君书·画策》说:“所谓义者,为人臣忠,为人子孝,少长有礼,男女有别,非其义也,饿不苟食,死不苟生,此乃有法之常也。”符合法律的行为同时也就成了符合道德的行为。《韩非子·忠孝》说:“臣之所闻曰:臣事君,子事父,妻事夫,三者顺则天下治,三者逆则天下乱。此天下之常道也。”商鞅、韩非的看法和荀子是一致的。《荀子·仲尼》谓:“少事长,贱事贵,不肖事贤,是天下之通义也。”荀子的“天下之通义”、韩非的“天下之常道”是如出一辙的。这种“通义”、“常道”后来被西汉董仲舒则归纳为“三纲”说——“君臣父子夫妇之义,皆取诸阴阳之道。君为阳,臣为阴,父为阳,子为阴,夫为阳,妇为阴”;“王道之三纲,可求于天。”(《春秋繁露·基义》。)可见,他们在法家和儒家在维护政治等级和家庭秩序方面是高度一致的。在意识形态方面,法家和儒家都维护宗法道德观念。法家强调道德的外在行为,故崇尚法律;儒家则强调忠孝仁爱的内在伦理感情,故重视教化。《睡虎地秦墓竹简·为吏之道》说:“君怀臣忠父慈子孝,政之本也。”以及秦律关于“不孝”、“非公室告”等规定,这些都反映了新兴地主阶级用宗法观念维系统治阶级内部及家庭内部秩序的愿望。

十、法治与文化政策

法家注意到法治与国家文化政策的关系。认为，要推行法治，应当实行相应的文化政策。商鞅为了推行耕战，主张采取“重农愚民”政策，人民“归心于农，则民朴而可正也”，民农则愚，“民愚则易治”：“圣人知治国之要，故令民归心于农。归心于农则民朴而可正也，纷纷则易使也，信可以守战也。”，法家将不利于耕战的交游、私学、商贾、游说、技艺等行为称为“六虱”、“五蠹”，必须严加禁止：“诗、书、礼、乐、善、修、仁、廉、辩、慧，国有十者，上无使守战。国以十者治，敌至必削，不至必贫；”“学者成俗，则民舍农，从事于谈说，高言伪议，舍农游食，而以言向高也。故民离上，而不臣者成群。”（《商君书·农战》）“六虱：曰礼、乐，曰诗、书，曰修善，曰孝悌，曰诚信，曰贞廉，曰仁、义，曰非兵，曰羞战。国有十二者，上无使农战，必贫至削。十二者成群，此谓君之治不胜其臣，官之治不胜其民，此谓六虱胜其政也。”（《商君书·靳令》）“乱国之俗：其学者则称先王之道以籍仁义，盛容服而飾辩说，以疑当世之法，而贰人主之心。其言谈者为设诈称，借于外力以成其私，而遗社稷之利。其带剑者聚徒属立节操，以显其名，而犯五官之禁。其患御者（逃兵）积于私门，尽贿赂而用重人之谒，退汗马之劳。其工商之民，修治苦窳之器，聚沸靡之财，蓄积待时，而侔农夫之利。此五者，邦之蠹也；”“今境内之民皆言治，藏商管之法者家有之，而国愈贫，言耕者众，执耒者寡也；境内皆言兵，藏孙吴之书者家有之，而兵愈弱，言战者多，被甲者少也。故明主用其力，不听其言，赏有功，必禁无用。故民尽死力以从其上。……故明主之国无书简之文，以法为教，无先王之语，以吏为师；无私剑之捍，以斩首为勇。是境内之民，其言谈者必轨于法，动作者归之于功,为勇者尽之于军。是故无事则国富,有事则兵强,此之谓王资。”(《韩非子·五蠹》)为了树立法治的权威,商鞅在变法期间,曾经“燔诗书而明法令。”(《韩非子·和氏》)秦统一后,李斯继承商鞅的做法,建议以吏为师,将民间收藏的诗书百家语等著述皆烧之。

十一、犯罪与刑罚

法家抛开人们物质生活和精神生活的社会背景,把犯罪现象归结于人们“好利恶害”的本性,自然会得出片面的唯心主义的结论。法家通过国家立法,奖励农耕、战斗、告奸,把破坏国家利益的行为定性为犯罪,并加以制裁。同时,法家立足于人们两利相权取其大、两害相权取其小的斤斤计较的秉性,认为刑罚的程度要大于犯罪行为所预期取得的利益,如果刑罚的程度要小于犯罪行为所预期取得的利益,那么刑罚就不能起到制止犯罪的作用。因此,法家提出“重刑”的主张。《商君书·开塞》说:“刑加于罪所终,则奸不去。赏施于民所义,则过不止。刑不能去奸,而赏不能止过者,必乱。故王者刑用于将过,则奸邪不生;赏施于告奸,则细过不失。……此吾以杀刑之反于德而义合于暴也”;“夫利天下之民者莫大于治,胜法之务莫急于去奸。去奸之本莫深于严刑。”商鞅认为,刑罚是对已经完成的犯罪行为的一种惩处,不能预防犯罪;而大的犯罪往往是从小的犯罪发展而来的;人们之所以犯罪都是由于“好利恶害”本性的驱使,而这种本性是无法改变的。因此,要预防犯罪,只有在刑罚上想办法。而最有效的办法就是对轻微的犯罪施以重的惩罚,从而使人们出于利害得失的考虑而不敢犯罪。《商君书·画策》说:“故行刑重其轻者,轻者不生则重者无从止矣,此谓治之于其治也。行刑,重其重者,轻其轻者,轻者不止,则重者无从止矣,此谓治之于其乱也。故重轻,则刑去事成,国强。重重而轻轻,则刑至而事生,国削”；“刑生力，力胜强，强生威，威生德，德生于刑”；“故以战去战，虽战可也；以杀去杀，虽杀可也；以刑去刑，虽重刑可也。”《商君书·赏刑》说：“重刑连其罪，则民不敢试。民不敢试，故无刑也。夫先王之禁，刺杀，断人之足，黥人之面，非求伤民也，以禁奸止过也。故禁奸止过，莫若重刑。刑重而必得，则民不敢试，故国无刑民。国无刑民，故曰：明刑不戮。”后期法家代表人物、法家思想的集大成者韩非继承、发展了商鞅的“重刑”说。《韩非子·内储说上七术》说：“公孙鞅之法也，重轻罪。重罪者人之所难犯也，而小过者人之所易去也。使人去其所易，无离其所难，此治之道。夫人过不生，大罪不至，是人无罪而乱不生也。”他认为，用重刑去制裁轻罪，可以达到预防犯罪的效果。《韩非子·六反》说：“夫以重止者，示必以轻止也；以轻止者，必以重止矣。是以上设重刑而奸尽止，尽止则此奚伤于民也！所谓重刑者，奸之所利者细，而上之所加焉者大也，民不以小利加大罪，故奸必止也。所谓轻刑者，奸之所利者大，上之所加焉者小也。民慕其利而傲其罪，故奸不止也。……今轻刑罚民必易之，犯而不诛，是驱国而之也；基而诛之，是为民设陷也。是故轻罪者，民之至也。是以轻罪之为道也，非乱国也，则设民陷也，此则可谓伤民矣。”按照韩非的逻辑，用轻刑制裁轻罪，不仅不可以制止轻罪，反而从客观上怂恿人们去犯重罪，到那个时候再对人们处以重刑，就等于为人民设了陷阱。其结论不是“重刑害民”而是“轻刑害民。”

与孔孟儒家“富而后教”（先让人民富裕起来，再对人民进行教化，从而杜绝犯上作乱）的“德治”主张不同，商鞅、韩非都从“好利恶害”的人性论出发得出“重刑”的结论。他们不像儒家那样把犯罪视为社会现象，同时又否认了教育的作用，这就把“重刑”视为治理国家的唯一有效的手段。秦王朝实践了法家的这一理论，激化了阶级矛盾，导致“二世而亡。”

结语　法家法理学的得与失

尽管法家人物在政治思想上各有特长,但是他们在坚持法治上是一致的。法家之所以具有这些共同之处,是因为他们以现实主义的态度看待当时的社会问题。在战国时期的社会大变动中,与儒家代表人物泛泛提倡仁政德治,或批评“春秋无义战”不同,法家代表人物敏锐而深切地捕捉到当时社会的基本矛盾和焦点,就是诸侯国内部的变革和诸侯之间的兼并战争。这两个焦点既关系诸侯国的生死存亡,又关系新兴地主阶级的命运。他们觉悟到,以土地分封制、世卿世禄制为代表的宗法贵族政体越来越称谓社会发展的阻力和障碍。必须打破先天的血缘身份制度,用人们后天的努力来重新进行权利再分配。即以耕战的功劳为标准来分配权力、地位和俸禄,打破旧的经济制度,由国家和私人直接掌握土地。法家以耕战为核心的富国强兵政策在客观上推动了当时的政治经济改革,在顺应了社会发展的需要,为建立统一的中央集权的国家创造了条件。

法家的法律思想,虽然为繁荣古代法律、法学作出了贡献,但其中也有不少的糟粕。首先,法家的“法治”是集权君主政体下的“法治”。尽管法家标榜维护君权的目的是为了实行“法治”即所谓“君尊则令行”,但是,从理论上说,君主既然有权立法,也就有权废法,即使随意立法、司法也不可能受到法律的限制。正如章太炎所说:“今法家之训曰:‘王者无恶,神圣而不可侵。’”[①]于是,“尊君”便与“尚法”之间产生了内在矛盾。对此,法家只能期盼明主的产生或对君主晓之以利害,他们没有也不可能提出任何限制君权的制度性主张。其次,法家治国经验积

① 章太炎:《检论·刑官》,《章太炎全集》(三),上海人民出版社1984年,第558页。

累相对有限,对人民的反抗力量认识不足,过分强调暴力和赏罚的功能,忽视教育和古老风俗习惯的作用,不利于新政权及时调整治国之策,客观上促使秦帝国二世而亡。

第十四章　法家法律思想概述（Ⅱ）法家的法势术

一、法家的“法治”说

（一）法家“法治”的概念

法家思想的核心是“法治”，即所谓“以法治国”。（《管子·明法》、《韩非子·有度》）法家的“法治”作为一种理论，主要包括两项：一是“尊君”，二是“尚法”。所谓“尊君”，即确立集权君主政体，以取代以分封世禄为特征的宗法贵族政体。所谓“尚法”，即由国家制定并公布成文法，以取代以往的判例法和风俗习惯，用成文法来管理社会生活的各个方面。法家思想的核心即最早提出“法治”思想的是商鞅。在《商君书》里又称为“据法而治”，（《更法》）“垂法而治”，（《壹言》）“缘法而治”，（《君臣》）“任法而治”，“以法相治”。（《慎法》）这种主张与后来韩非的“以法为本”（《韩非子·饰邪》）都是一致的。法家“法治”的本质特征是将新兴地主阶级的利益和要求上升为法律，用法律作为衡量人们言论行为是非曲直的唯一标准，运用法律和赏罚来实行改革、治理国家、富国强兵、统一天下。“法治”的价值观是超血缘的多民族的国家主义。

法家的“法治”思想不是个别思想家的艺术创作，而是时代的产物。面对春秋以降天子失权、“礼崩乐坏”、政在大夫、战争频仍的纷乱局面，法家主张实行变法，重建国家秩序。正如梁启超所说："法治主义起于春秋中叶，逮战国而大盛，而其所以然者，皆缘社会现象与前古绝异，一大革命之起，迫于眉睫。故当时政治家，不得不应此时势以讲救济之道，郑子产铸刑书，晋叔向难之，子产曰：侨不才，不能及子孙，吾以救世也。救世一语，可谓当时法治家唯一之精神。"[①]

（二）法家"法治"的理论支柱

法家的"法治"理论由四个支柱所构成。

1. "不法古，不循今"的进化史观

法家认为人类社会是发展运动的，而且越变越好。法律制度因势而立。上古之世，"人民少而财货有余，故民不争"。当时用"德治"、"礼治"就能治理天下。现在"人民众而货财寡，事力劳而供养薄，故民争"。（《韩非子·五蠹》）而且国与国争战不休，"强国事兼并，弱国务力守"，（《商君书·开塞》）"力多则人朝，力寡则朝于人"。（《韩非子·显学》）一个国家如果要生存、安定和发展，必须致力于富国强兵，实行"法治"是历史的必然。

2. "好利恶害"的人性论

在法家看来，"趋利避害"是古往今来人人固有的本性。古帝王禅让不是因为品德高尚，而是因为做天子得不到更多的实惠，反要付出比常人更多的辛劳；做车子的匠人盼人发财，做棺材的匠人盼人多死，不是前者善良后者恶劣，而是利之所在也；佣工努力干活，地主好饭相待，不是出于相互友爱，而是各有所图也。社会上有这样的习俗：生男相贺，生女杀之，这是因为养儿防老而养女亏财的缘故。君出爵禄，臣出

---

① 梁启超：《中国法理学发达史论》，《梁启超论中国法制史》，商务印书馆2012年，第63页。

智力,君臣相市,何谈仁爱。“好利恶害”并非坏事,“人情者有好恶,故赏罚可用”;“人性有好恶,故民可治也”。(《商君书·错法》)治理国家不能靠道德说教和君主的人格魅力,只能用行赏施罚。

3. “废私立公”的公法观

法家把“法”和“礼”对立起来,认为前者代表社会的共同利益,后者代表贵族的一己私利。实行“礼治”的结果是:“国利未立,封土厚禄至矣;主上虽卑,人臣尊矣;国地虽削,私家富矣;……公民少而私人众矣。”(《韩非子·五蠹》)因此,为了“兴公利”,必须实行“不别亲疏,不殊贵贱”的“法治”。法家把新兴地主阶级的意志说成是社会全体成员的意志。

4. 民富国强的功利主义

法家把“趋利避害”的人性与国家的富强结合起来,用赏赐和刑罚诱使、驱使人们耕、战、告奸,生产粮食多的、杀敌有功的、揭发违法犯罪的,可以得到官爵田宅。任何人,不论出身如何,只要努力按国家法令去做,就能得到富贵荣华,而国家也就强盛起来了。在法家看来,一个国家因虚弱而被强国并吞,如同老百姓因“怠而贫”一样,都是理当如此的事情。

(三)法家“法治”与儒家思想的对立

法家思想与诸家思想既有差别又有联系。但是,由于法家主张变法革新,儒家主张守旧改良,因此,在特定时期内,法家与儒家处于总体对立状态。但是,儒家、法家思想又有许多地方是相近和重叠的。

法家思想的核心是“法治”。“法治”说在诸家中标新立异,且与儒家思想迥然相异。法家是继墨家之后反对儒家最力的一个学派,同时法家对儒家思想的批判也最为全面和深刻。同时,儒家也极力批判法家政治。比如,商鞅变法后,赵良即以“恃德者昌,恃力者亡”当面批评商鞅。(《史记·商君列传》)于是就形成了法家与儒家思想的对立。这种对立主要表现在以下三个方面:即“法治”与“礼治”、“德治”、“人治”的对立。

首先是“法治”与“礼治”的对立。这是两种不同质的法律和制度的对立。“法治”是法家针对儒家的“礼治”所维护的宗法制而提出的。法家的“法治”要求“不别亲疏,不殊贵贱,一断于法”。(《史记·太史公自序》)反对旧贵族垄断土地所有权的土地国有制和世卿世禄的宗法等级制;主张土地私有并允许自由买卖,实行按军功、才能选拔官吏的官僚制,因而与维护奴隶主贵族世袭特权的“礼治”形成了对立。

其次是“法治”与“德治”的对立。这是法家和儒家在统治方法上的对立。法家主张“不务德而务法”,(《韩非子·显学》)统治人民只能“以力服人”,强调以国家暴力为后盾的法律的强制作用,把法律的强制手段说成是最有效的甚至是唯一有效的统治方法,轻视甚至完全否定道德教化的作用。儒家则主张“以德服人”的“德治”、“仁政”,强调道德教化的作用,相对轻视法律刑罚的强制作用。

第三是“法治”与“人治”的对立。这是在治理国家上“法”、“人”二者哪个起决定作用问题的对立。法家强调治理国家的关键是“法”,而不是“人”;认为只要有了根据新兴地主阶级意志所立的“法”,并坚决贯彻执行,就能轻而易举地治理好国家,即所谓的“以法治国,举措而已”。儒家则鼓吹“为政在人”的“人治”,认为在治理国家上起决定作用的是“人”,而不是“法”,即所谓“其人存则其政举,其人亡则其政息”。(《礼记·中庸》)法家却抨击儒家的“人治”,认为“人治”就是统治者随心所欲的“心治”或“身治”如,《慎子·君人》说:“君人者舍法而以身治,则诛赏夺与从君心出矣。然则受赏者虽当,望多无穷;受罚者虽当,望轻无已。君舍法而以心裁轻重,则是同功而殊赏,同罪而殊罚也。怨之所由生也。”《韩非子·用人》也说:“释法术而任心治,尧不能正一国。”可见,法家的"法治"思想符合战国时期集权君主制度确立的时代要求,比儒家的"礼治"更具有积极意义。

(四) 法家思想与儒家思想的重叠

儒家和法家思想既具有对立的一面,也有相同的一面。其实,"法治"与"礼治"并不是格格不入的整体对立,而是既有分立之处,又有重叠之处。

第一,在阶级属性上,儒家法家都是统治阶级的代表。前者代表宗法贵族阶级的利益,后者则代表非贵族出身的平民上升而成新的土地私有者的利益。两者在维护财产私有制的经济关系上具有一致性。

第二,儒家法家都主张建立统一国家。在政体上,儒家要求建立"礼乐征伐自天子出"的统一的贵族政体,法家则要求建立"尊君卑臣"的统一的集权官僚政体。

第三,儒家法家都主张维护等级制度。儒家维护宗法政治等级和家庭伦理等级制度,法家则维护集权官僚政体的政治等级制度。法家不仅维护国君一家一姓的世袭特权,也注意照顾各级官吏和有爵位者的特殊利益,这些同"礼治"的差别精神毫无二致。

第四,在君臣关系问题上,儒家法家都反对君主为所欲为寡头作风,希望君臣分工合作。儒家设计了"君仁臣忠"的贵族政体,各级贵族在君主面前有极大发言权;法家设计了"君臣上下皆从法"的集权政体,实行君道无为、臣道有为的官僚政治。这两种政体虽然不同,但是,君臣合作的寓意却是相通的。

第五,在社会经济和组织方面,法家和儒家都维护自然经济和宗法家族社会结构,只不过方法不同:法家运用法律的强制手段,儒家则以"重义轻利"和忠孝仁爱的道德说教。秦律维护父系家长对卑亲属的种种特权,证明国家已经把司法权的一部分(或曰准司法权)交给了父系家长，让他们共同维系集权王朝的社会基础。

第六，在意识形态方面，法家和儒家都维护宗法道德观念。法家强调道德的外在表现，故崇尚法律；儒家则强调忠孝仁爱的内在伦理感情，故重视教化。正如《商君书·画策》所言："所谓义者，为人臣忠，为人子孝，少长有礼，男女有别，非其义者，饿不苟食，死不苟生，此乃有法之常也。"符合法律的行为同时也就成了符合道德的行为。《韩非子·忠孝》说："臣事君，子事父，妻事夫。三者顺则天下治，三者逆天下乱。"这也是强调"事"的外在行为，至于是否具备忠孝的伦理感情，法家是不关心的。《睡虎地秦墓竹简·为吏之道》说："君怀臣忠父慈子孝，政之本也。"这些都反映了地主阶级用宗法观念维系统治阶级内部及家族内部秩序的愿望。

第七，在生产方式上，儒家法家都注意保护农耕生产方式。儒家用"重义轻利"的教化特别是维护宗法家族的秩序出发来维护农耕生产方式，法家则从维护集权政体的稳定出发来维护农耕生产方式。其结果是抑制商品经济的萌芽和发展。礼治、法治都是自然经济和宗法社会的产物，两者的差异仅仅在于：儒家法家的差异仅仅在于：儒家是从维护宗法社会到维护自然经济，法家则是从维护自然经济到维护宗法社会，这正是绝少的异曲同工、殊途同归。①

法家自战国初期到战国末期的发展，与儒家自孔子、孟子乃至荀子的发展，有着微妙的和谐之处。法家、儒家都由理想型转变为务实型，法家从"刑无等级"到捍卫宗法伦理观念，儒家从坚持贵族政体到容纳集权专制政体，二者最终都由强调礼法对立而走向礼法合一。秦律维护政治特权及父系家长对卑亲属的支配权，无异于"礼治"的局部法典化。可以说"法治"、"礼治"都是自然经济和宗法社会的产物。

---

①　武树臣等：《中国传统法律文化》，北京大学出版社1994年，第288页。

(五) 法家"法治"的价值观

如果说儒家的"礼治"的价值观是以血缘伦理为内容的家族主义的话,那么,法家"法治"的价值观则是国家主义,具体而言是超血缘的多民族的统一的国家主义。所谓超血缘即扫除宗法血缘的社会根基,通过以赏罚为二柄的法律,在个体自然人与国家之间实现以民富则国富、民强则国强为目标的简洁的权利义务关系所维系的政治共同体。仅此意义而言,法家堪称旷古之英雄也!所谓多民族是秦民族与东方各民族相互融合而形成的民族共同体。所谓统一国家就是具有统一政治、经济、文化、法律的集权君主制国家。面对以上三件大事,由于历史的原因,法家只完成了第三件事,第一件事只完成了一半,第二件事则半途而废。

纵观秦汉以后的王朝,由于宗法家族的恢复与发展,个体自然人与国家的联系又一次被家族所隔绝,个人与国家似乎成为隔水相望毫不相干的陌生人。由于民富则国富、民强则国强的政治共同体受到极大削弱,世代从事农耕生产的农民既希望王朝关心他们的命运,同时又由于对王朝的失望而反过来对王朝的命运漠不关心。当王朝伤害了他们的利益的时候,他们便希望改朝换代,希望出现新的圣明天子。只有面临亡国亡种的危险时刻,他们才会奋不顾身地承担起挽救天下衰亡的责任。

法家"法治"的价值观其实就是希望在个人和国家之间建立直接的简洁的权利义务关系。而这种设想在古代社会显得多么超前,其实行起来又是多么艰难!回味法家的国家主义理想,我们是否可以发出陈子昂那样的慨叹——前不见古人,后不见来者,念天地之悠悠,独怆然而涕下!

（六）法家“法治”说的理论缺欠

法家的“法治”说不仅是一个口号，而是一个相对完整的理论体系。法家的“法治”理论最后归结为尊君尚法的政治主张和以赏罚二柄推行法治的具体措施。这样，法家的法治理论就为新兴地主阶级夺取政权、维护政权，并进而建立统一的王朝提供了理论和方法。

法家的“法治”思想以“尊君”、“尚法”为基本内容。法家曾经相信“尊君”与“尚法”可以并行不悖。但是，前提就是君主自觉遵守法律。法家没有提出任何保障君主遵守法律的问题。商鞅发现“法之不行，自上犯之”，韩非慨叹“智法之士”与“当涂之人”的生死矛盾。但是，他们除了劝说君主守法之外，没有别的办法。这就使法家的“法治”理论不仅在逻辑上而且在实践上都存在缺欠。当然，我们不能苛求古人。法家之所以会产生理论缺欠，还应当从社会文化中去寻找。

二、法家的“势治”说

（一）法家“势治”的概念

在法家思想中，“势”特指国家政权。“势治”意即凭借国家政权来治理国家。在先秦法家中，属于前期法家的慎到一派以重视“势治”而著称。他们认为实行“法治”的前提必须获得国家政权，没有“势”就是坐而论道的空谈。法家心目中的国家政权不是以往的贵族政体而是集权君主政体。因此只有确立了集权君主政体才能制定法律并且贯彻执行。

（二）"势治"与政权的性质

慎到一派主张的"势治"说，强调"势"对于实行法治的重要性。《慎子·威德》说："腾蛇游雾，飞龙乘云，云罢雾霁，与蚯蚓同，则失其所乘也。故贤而屈于肖者，权轻也；不肖而服于贤者，位尊也。尧为匹夫，不能其邻家；至南面而王，则令行禁止。由此观之，贤不足以服不肖，而位足以屈贤矣。"君主如果没有权势，即使像尧那样贤智，百姓也不会听从。结论就是治理天下必须依靠权势。

在法家看来，通过变法而确立的政权必须是中央集权的君主政体。《慎子·德立》说："疑则动，两则争，杂则相纷，害在有与，不在独也。故臣有两位者，国必乱；臣两位而国不乱者，君在也，恃君而不乱矣，失君必乱。子有两位者，家必乱；子两位而家不乱，父在也。恃父而不乱，失父必乱。"君主只有"权重位尊"，才能"令行禁止。"

（三）"势"与为君之道

慎到认为，中央集权的君主政体确立之后，君主应当实行"臣事事而君无事"的为君之道。他说："以死守法者，有司也，以道变法者，君长也"；（《慎子》佚文）"守职之吏，人务其治，而莫敢淫偷其事。官正以敬其业，和顺以事其上"。（《慎子·知忠》）实行君道无为臣道有为的为君之道。《慎子·民杂》说："君臣之道，臣事事而君无事，君逸乐而臣任劳。臣尽智力以善其事，而君无与焉，仰成而已。故事无不治，治之正道然也。"这样君主就可以运用权势来驾驭臣下推行"法治"。

（四）"势"与君主的关系

战国后期的韩非继承并发展了慎到的"势治"说，强调君主必须掌握一切权力以防备臣下欺君塞主。《韩非子·难一》说："臣重之实，擅主也。有擅主之臣，则君令不下究，臣情不上通，一人之力能隔君臣之间，使善败不闻，祸福不通，故有不葬之患也。”《韩非子·内储说下》说：“权势不可以借人，上失其一，臣以为百。故臣得借则力多，力多则内外为用，内外为用则人主壅”；“赏罚者，利器也，君操之以制臣，臣得之以拥主。故君先见所赏，则臣鬻之以为德；君先见所罚，则臣鬻之以为威。故曰：国之利器不可以示人。”

（五）“势”与“法”的关系

慎到认为，君主掌握了权势，是为了实行“法治”。《慎子·君人》所谓：“君人者，舍法而以身治，则诛赏予夺从君心出也。然则受赏者虽当，望多无穷；受罚者虽当，望轻无已。君舍法而以心裁轻重，则同功殊赏，同罪殊罚矣，怨之所由生也。……故曰大君任法而弗躬，则事断于法矣”；《慎子·威德》说：“国家之政要在一人之心矣。古者立天子而贵之者，非以利一人也。曰：天下无一贵，则理无由通，道理以为天下也。故立天子以为天下，非立天下以为天子也；立国君以为国，非立国以为君也；立官长以为官，非立官以为长也。法虽不善，犹愈于无法，所以一人之心也”。君主的权威和势位只有同“法治”密切结合起来，才能统一人民的言论行为，达到天下大治。

韩非关于“势”的思想比慎到更为全面，他强调两者必须结合，不可偏废。《韩非子·难势》所说：“抱法处势则治，背法去势则乱。今废法而待尧舜，尧舜至乃治，是千世乱而一治也；抱法处势而待桀纣，桀纣至乃乱，是千世治而一乱也。”韩非更强调“权势”不能背离“法治”，是强调新兴地主阶级的政权必须坚持“法治”的政治方向，否则，国家政权就不是新兴地主阶级的政权。

三、法家的“术治”说

(一)法家“术治”的概念

先秦前期法家中申不害一派以重“术”而著称。他们所推崇的“术”,即权术,源于道家的“君人南面之术”。是指君主推行法治、驾驭臣下的一种手段或措施。申不害认为,有了法和势还不能防止臣下篡权夺位。只有同时拥有术才能使臣下忠于职守、实行法治。

(二)“术治”的特征

和其他法家人物一样,申不害关于术的主张有两个特点,一是坚持法治的基本前提。他说:“尧之治也,盖明法审令而已。圣君任法而不任智,任教而不任说。黄帝之治天下,置法而不变,使民安乐其法也”;“君必有明法正仪,若悬权衡以称轻重,所以一群臣也”。(《申子》佚文)二是坚持君臣之间的名分。说:“昔者尧之治天下也,以名。其名正则天下治。桀之治天下也,亦以名。其名倚而天下乱。是以圣人贵名之正也。王处其大,臣处其细。以其名听之,以其名视之,以其名命之”;“明君如身,臣如手,君如号,臣如响。君设其本,臣操其末;君治其要,臣行其详;君操其柄,臣事其常。为人君者操契以责其名。”有了这样的名分,君主就可以对臣下“循名责实”,行赏施罚,驾驭臣下。防止“蔽君之明,塞君之聪,夺之政而专其令,有其民而取其国。”(《申子·大体》)三是贯彻“循名而责实”的方针。即《韩非子·定法》所谓:“术者,因任而授官,循名而责实,操生杀之柄,课君臣之能者也。”要根据才能来授予官职,同时还要根据其职责了考察其政绩,以定赏罚。韩昭侯就是“循名而责实”的典范:“昔者韩昭侯醉而寝,典冠者见君之寒也,故加衣于君之上。觉寝而悦，问左右曰：谁加衣者？左右对曰：典冠。君因兼罪典衣与典冠。其罪典衣，以为其失事也；其罪典冠，以为越其职也。”（《韩非子·二柄》）

（三）“术”与“法”的关系

《韩非子·定法》对前期法家的思想和实践做了总结，指出商鞅“徒法而无术”，只知道变法和推行法制，却“无术以知奸”。其结果是“故战胜则大臣尊，益地则私封立；”“商君虽十饰其法，人臣反用其资。故乘强秦之资数十年，而不至于帝王者，法虽勤饰于官，主无术于上之患也。”申不害则“徒术而无法”，“申不害不擅其法，不一其宪令，则奸多，故利在故法前令则道之，利在新法后令则道之。故新相反，前后相悖，则申不害虽十使昭侯用术，而奸臣犹有所　其辞矣。故托万乘之劲韩十年，而不至于霸王者，虽用术于上，法不勤饰于官之患也。”而且，如果脱离了“法”的前提而一味地讲求“术”，就会导致君主背离法律实行随心所欲的“身治”和“心治”。韩非的结论是“法”、“术”两者缺一不可：“人不食十日则死，大寒之隆不衣亦死。谓之衣食孰急于人？则是不可一无也，皆养生之具也。……君无术则弊于上，臣无法则乱于下，此不可一无，皆帝王之具也。”

（四）“阳术”与“阴术”

所谓“阳术”指君主公开实行的方法，即《韩非子·定法》所概括的：“术者，因任而授官，循名而责实，操生杀之柄，课群臣之能者也。因任而授官，循名而责实”。即根据官吏的政绩来检验其是否忠于职守。其方法就是“众端参观”：“观听不参则诚不闻，听有门户则臣壅塞。”（《韩非子·内储说上》“参观”即“参伍”。《韩非子·八经》说：“参伍之道，行参以谋多，揆伍以责失。行参必折，揆伍必怒。不折则渎上，不怒则相和。折之微足以知多寡,怒之前不及其众。观听之势,其征在比周而赏异也,诛毋谒而罪同。言会众端必揆之以地,谋之以天,验之以物,参之以人。四征者符,乃可以观矣。”

所谓“阴术”即《韩非子·难三》所谓:“术者,藏于胸中,以偶众端,而潜御群臣者也。”韩非出于“君臣相市”、“上下一日百战”的见解,认为君主要想维护自己的权势以防备臣下谋权篡位,必须有一套驾驭臣下的“阴术”,包括“疑诏诡使”、“挟知而问”、“倒言反事”。(《韩非子·内储说上》)有了这种“阴谋权术”就可以使时时监督控制群臣百吏众。

战国后期,伴随着中央集权的君主政体在各诸侯国的相继确立,新兴地主阶级与宗法贵族之间的矛盾基本得到解决,然而以君主为代表的国家和取得既得各种利益的“重臣”、“重人”、“当涂之人”之间的冲突成为主要矛盾。法家从“循名责实”的“阳术”发展到“潜御群臣”的“阴术”,正反映了当时政治领域的这一重要变化。

四、“法”、“势”、“术”相结合

在前期法家中,商鞅、慎到、申不害分别以主张“法治”、“势治”、“术治”而著称。韩非继承、修正、发展了他们的思想,提出“以法为本”,法律、权势、权术三者紧密结合的主张。据《韩非子·难势》所述,韩非的主张有以下三个特征:

第一是“以法为本”,即“法治”优于“势治”和“术治”。“法治”是新兴地主阶级实行改革建立政权和治理国家的根本性的政治基础。“法治”要求建立的国家必须是新兴地主阶级的新政权,而不是宗法贵族阶级政权的改朝换代,必须是集权君主政体而不是分散割据的贵族政体的延续,同时,指导国家活动的行为规范必须是国家制定的新的成文法,而不是以往的判例法。这些内容构成了“法治”的基本框架,君主应当在这个框架当中发挥作用。因此，君主掌握的权势和权术必须在“法治”允许的范围内而不能逾越。否则就会背离“法治”的精神。

第二是“法治”也离不开“势治”和“术治”。“法治”作为新兴地主阶级的政治理想和政治路线，不可能自然地付诸实施，它必须具备一定的社会条件和政治前提，其中，最重要的条件是国家政权。没有国家政权，或者说国家政权仍然被守旧的贵族集团牢牢掌握着，“法治”理想再完美也只是坐而论道、纸上谈兵。因此，在实行“法治”之前最重要的任务就是夺取国家政权。新兴地主阶级夺取国家主权之后并非一劳永逸，如果没有治理国家、驾驭臣下的手段，就难免因贵族集团复辟而丧失政权。此间，如何维护政权的“权术”就显得格外重要了。

第三是“法治”“势治”“术治”三者相结合。其结合的方式有二：一是“法”与“势”相结合，即“抱法处势则治”。新兴地主阶级在取得国家政权以后必须在“法治”范围内运用国家权力，否则，国家权力就会发生质变，甚至成为宗法贵族政体的翻版。二是“法术兼重”：“法术皆帝王不可一无之具”。韩非认为如果“徒法而无术，”那么改革的成果就会被既得利益集团所窃取，平民百姓得不到改革的利益，就会离心离德。甚至改革家还会被阴谋家除掉。如果君主“徒术而无法”，就会使国家权势演变为君主个人随心所欲的“身治”、“心治”，从而背离了“法治”轨道。

韩非的“以法为本”、“法”、“势”、“术”相结合的主张，是对前期法家思想特别变法实践的总结。值得注意的是，韩非“法”、“势”、“术”相结合的主张是以集权君主为核心的，在君主的权威下，大臣百吏作为及其次要甚至负面的位置。在治理国家中，过分强调君主居高临下、唯我独尊的作用，忽视群臣百吏的作用，只会助长君主个人权威的恶性膨胀。

结语　法势术之说反映了法家变革的历史轨迹

对待法家关于法势术的主张,我们不仅应当从道德和价值观的角度去观察,更应当从战国时期的改革实践的角度去观察。法关于法势术的见解,其实客观地反映了法家变革实践的历史轨迹。法家“以法治国”的“法治”思想,在法家参与变法活动之前,仅仅是书斋里的议论。一旦付诸实施,就变成革新的纲领。首先,革新要有思想路线,这就是“法治”,故此间的法家如商鞅者重视“法”的作用;改革必须首先掌握政权,故此间的法家如慎到者重视“势”的作用;掌握政权之后,外有贵族复辟势力相威胁,内有既得利益集团相掣肘,故此间的法家如申不害者重视“术”的作用。及至战国后期,有韩非者出,对前期法家的主张及政治实践进行总结,始有法势术三者相结合之说。用这种眼光看待法家思想,或许能够客观地再现战国时期社会变革的历史轨迹。

第十五章　法家法律思想概述(Ⅲ)
法家的法治实施蓝图

一个负责任的思想家不仅提出他的理想,而且还指出实现的途径。如同儒家提出"仁政"理想,同时设计"仁政必自经界(土地制度)始"一样,法家在提出"法治"理想的同时,也设计出实施"法治"的蓝图。

一、"以法为本":制定并颁布成文法

法家主张"以法治国",其前提是必须有法律,才能实施变法并统一人们是言论行为。因此,法家十分重视立法活动。

法家主张"生法者,君也"。(《管子·法法》)"政法独制于主,而不从臣出"。《管子·明法解》)君主掌握国家立法大权。君主立法不能随心所欲,应当考虑以下因素:第一,要根据现实需要来立法:即所谓"当时而立法。"(《商君书·更法》)"法与时移,禁与能变。"(《韩非子·心度》)第二,要注意法律要符合民心,即人们的秉性。如《商君书·错法》:"人情好爵禄而恶刑罚,人君论二者以御民之志,而立所欲焉。"《管子·形势解》:"人主之所以令则行,禁则止者,必令于民之所好,而禁于民之所恶也。"第三要考虑人民是否能够接受。如《管子·形势解》:"明主度量人力之所能为而后使焉。故令于人所能为则令行,使于人之所能为则事战。乱主不量人力,令于人之所不能为,故其令废,使于人之所不能为,故其事败。"

法律制定之后,必须公布于百姓。《韩非子·难三》说:"故法莫如显。……是以明主言法,则境内卑贱莫不闻知也。"《管子·法法》说:"号令必著明,赏罚必信密,此正民之经也。"这样做的目的是使百姓预先知道应当做什么和不能做什么,以法律自我约束。因此。法律条文必须以通俗易懂的文字写成。《商君书·定分》:"行法令,明白易知,为置法官吏为之师以道之知,万民皆知所避就。"百姓明晓法律的另一个好处是杜绝司法官吏枉法裁判或法外徇私。即《商君书·定分》所谓:"吏不敢以非法遇民,民不敢犯法以干法官。"

《商君书·定分》提出,各级官吏和百姓均应明晓"法令之所谓。"其方法是组织学习和提供咨询服务:"郡县诸侯一受宝来之法令,学问并所谓。吏民欲知法令者,皆问法官;故天下之吏民无不知法者"。"诸官吏及民有问法令之所谓也,于主法令之吏,皆各以其故所欲问之法令明告之"。"为法令置官吏,朴足以知法令之谓者,以为天下正。则奏天子,天子则各主法令之;皆降受命,发官。各主法令之民,敢忘行主法令之所谓名,各以其所忘之法令名罪之。"

二、树立法律的权威:"君臣上下贵贱皆从法"

法家认为,要实行"法治",使法令成为判别人们言论行为是非曲直唯一准则,就必须使法令具有绝对权威。

法家认为,要就应使法令具有绝对权威。一方面,要使法令高于一切。如另一方面,法令一出,无论任何人都必须遵守。商鞅总结了以往破坏法制的历史教训,一针见血地指出:"法之不行,自上犯之。"(《史记·商君列传》)不仅要求各级官吏守法,而且要求君主本人"慎法制",做到甚至认为,君主更应"先民服",带头遵守。当然,家打击的矛头并不是君主,而是那些敢于坏法的贵族和大臣。为此,至于一般老百姓,更只能“服法死制”，不许违犯，也不许议论。因为“人主为法于上，下民议之于下，是法令不定，以下为上也，此所谓名分之不定也”。（《商君书·定分》）否则就对作议者处以死刑。不仅如此，法家还主张“禁奸于未萌”，以期从思想上根本解决问题，并认为这是最好的办法，即所谓“太上禁其心”。从“禁其心”出发，法家要求统一思想，“以法为教”、“以吏为师”，一切与法令不合的仁义、道德及诗、书，礼、乐，等等，都必须尽职。结果，从商鞅的“燔诗书而明法令”发展到秦始皇、李斯的“焚书坑儒”，用极其野蛮的手段实行文化专制。

第一，要求君主带头服从法律。

法家以“尚法”著称。《商君书·君臣》：“言不中法者，不听也；行不中法者，不高也；事不中法者，不为也”；《韩非子·问辩》：“明主之国，令者言最贵者也；法者，事最适者也。言不二贵，法不两适。故言行不轨于法令者必禁。”《管子·任法》：“君臣上下贵贱皆从法，此之谓大治。”

第二，排除贵戚的干扰和破坏。

法家的改革措施首先伤害了旧式贵族集团的世袭特权，他们无时无刻企图复辟。同时，在改革过程中还形成了新的既得利益集团，他们出于保护私利的目的，千方百计阻挠改革的继续深入。因此，商鞅慨叹：“法之不行，自上犯之”。韩非亦悲愤道：“智法之士与当涂之人不可两存之仇也”。这些特殊利益集团与君主有着千丝万缕的联系，他们对付改革之士有太多的手段。因此，要实行“法治，”树立法律的权威，必须排除贵戚的干扰和破坏。

第三，保持法律在空间和时间上的统一性和稳定性，反对朝令夕改。《韩非子·五蠹》：“法莫如一而固。”强调法律的统一和稳定。韩非批评申不害在韩国变法的失策：“晋之故法未息，而韩之新法又生；先君之令未收，而后君之令又下。申不害不擅其法，不一其宪令，则奸多故。”（《韩非子·定法》）韩非说：“凡法令更则利害易，利害易则民务变，……

治大国而数变法则民苦之,是以有道之君贵静,不重变法。"(《韩非子·解老》)法令的改变意味着人们利益的改变,是必须慎重对待的。

三、信赏必罚:"刑无等级"

所谓"信赏必罚"即指按照法律规定,该赏的一定要赏,该罚的一定要罚,以树立法律的权威并取信于民。"民信其赏,则事成功;信其罚,则奸无端"。(《商君书·修权》)要做到"信赏必罚"必须排除私利:"罚不讳强大,赏不私亲近"。(《战国策·秦策》)为实现"必罚"的精神,法家主张"不宥过,不赦刑",坚决反对赦罪和减免刑罚,否则法律就失去权威。

商鞅提出"壹刑"的主张:"所谓壹刑者,刑无等级。自卿相将军以至大夫庶人,有不从王令、国犯禁、乱上制者,罪死不赦。有功于前,有败于后,不为损刑;有善于前,有过于后,不为亏法。忠臣孝子有过,必以其数断。守法守职之吏,有不行王法者,罪死不赦,刑及三族。周官之人,知而讦(揭发)之上者,自免于罪。无贵贱,尸袭其官长之官爵田禄。"(《商君书·赏刑》)韩非也提出:"法不阿贵,绳不挠曲";"刑过不避大夫,赏善不遗匹夫"。(《韩非子·有度》)

法家强调要贯彻"信赏必罚"的方针必须善于运用赏罚。其方法有二:

第一,"厚赏重罚"。即"赏厚而信,刑重而必"。如韩非所说:"赏厚则所欲之得也疾,罚重则所恶之禁也急。"重赏"非独赏功也,又劝一国","是报一人之功而劝境内之众也;"重罚则可以起到威吓作用,"重一奸之罪而止境内之邪"。(《韩非子·六反》)

第二,"赏誉同轨,非诛俱行"。法家认为,如果社会舆论的誉毁与法律的规定相左,那么,法律的作用就大打折扣。慎到说:"士不得背法而有名。”(《慎子》佚文)社会舆论不能因为某人违背了法律而得到称赞。韩非说:“有重罚者必有恶名”,“赏者有诽焉不足以劝,罚者有誉焉不足以禁”。因而要求“赏誉同轨,非诛俱行”。(《韩非子·八经》)为了解决国家法律与社会舆论的矛盾,法家主张“以法为教,以吏为师。”

四、重轻罪:“以刑去刑”

在前期法家当中商鞅一派以主张重刑著称。《商君书·赏刑》说:“禁奸止过莫若重刑。”其“重刑”有特定的含义:一是与赏相对,在数量上应该“刑多而赏少”,只赏有功于农战、告奸者,反对滥赏;但是,后来却发展到取消赏,认为“赏善之不可也,犹赏不盗”,“故善为治者,刑不善而不赏善,故不赏而民善”。二是加重轻罪的刑罚,从而提出了“以刑去刑”的理论。《商君书·勒令》说:“行刑,重其轻者,轻者不至,重者不来,此谓以刑去刑,刑去事成。”法家的“以刑去刑”不但反对重罪轻判,而且也反对罪刑相称。他们认为,要想“去刑”,就必须重轻罪而不能就事论事地“重重而轻轻”;并且宣称轻罪重判可以“不刑而民善”,因而提出“德生于刑”和“以战取战,虽战可也;以杀去杀,虽杀可也;以刑去刑,虽重刑可也”的主张。(《商君书·画策》)作为法家集大成者的韩非,原来认为“用赏过者失民,用刑过者民不畏”,但后来也赞成“以刑去刑”,并反驳当时儒家攻击法家“重刑伤民,轻刑可以止奸,何必于重哉”的论点。他的理由是:“夫以重止者未必以轻止也,以轻止者必以重止矣。”因此并非“重刑伤民”,反而“轻刑伤民”:“令轻刑罚,民必易之。犯而不诛是驱国而弃之也;犯而诛之,是为民设陷也。”(《韩非子·六反》)

五、营造良好的"法治"环境

为了树立法律的权威,法家主张营造良好的"法治"环境。其措施主要是"不尊贤","不任智",禁绝私议。避免社会上的所谓贤人智者干扰破坏君主和国家法律的权威。慎到说:"立君而尊贤,是贤与君争,其乱甚于无君。是故有道之国,法立而私议不行,君主则贤者不尊,民一于君,事断于法。"(《慎子》佚文)《韩非子·诡使》说:"道私者乱,道法者治。上无其道,则智者有私词,贤者有私意。上有私惠,下有私欲,圣智成群,造言作辞,以非法措于上。上不禁塞,又从而尊之,是教下不听上,不从法也。"《商君书·修权》:"夫废法度而好私议,则奸臣鬻权以约禄,秩官下吏隐下而渔民。"因此,《管子·任法》得出结论说:"任法而不任智,任数而不任说,任公而不任私,任大道而不任小物。"《管子·任法》:"以法制行之,如天地无私也。是以官无私论,士无私议,民无私说,皆虚其胸以听于上。"《韩非子·问辩》:"明主之国,令者,言最贵者也;法者,事最适者也。言无二贵,法无两适,故言行不轨于法令者必禁。"《韩非子·说疑》:"禁奸之法,太上禁其心,其次禁其言,其次禁其事。"

在营造良好的"法治"环境方面,商鞅不仅有主张而且还有行动。商鞅主张"壹教",取缔一切不利于农战的社会活动,使"富贵之门"只对有功于农战者开放。他把不利于农战的"礼乐、诗书、修善、孝悌诚信、贞廉仁义、非兵羞战"(《商君书·靳令》)说成是国家的"六虱",坚决反对"国以六虱授官予爵"。商鞅认为"人主为法于上,下民议之于下,是法令不定,以下为上也,此所谓名分之不定也"。(《商君书·定分》)故商鞅变法,法令颁布以后,有人批评法令不合理,不宜实行。商鞅对这些批评者进行了严厉惩罚:"秦民初言令不便者,有(又)来言令便者,卫鞅曰:此皆乱化之民也。尽迁之于边城。其后民莫敢议令”。(《史记·商君列传》)韩非则将游学者、言谈者、带剑者、患御者(逃避兵役)、商工之民视为国之五蠹(蛀虫),必须严厉禁绝,同时主张“明主之国,无书简之文,以法为教;无先王之语,以吏为师;无私剑之捍,以斩首为勇。是境内之民,其言谈者必轨于法,动作者必归于功,为勇者尽之于军。”(《韩非子·五蠹》)

结语　法家的“法治”是个社会工程

法家是重视实践的学派。在春秋战国的乱世,法家不仅提出结束混乱治理国家的主张,而且还设计出似乎具有可操作性的实施蓝图。尽管这个蓝图在今人看来是多么强硬而酷烈,在这个蓝图之下广大人民实际上成为任由国家政权任意摆布甚至宰割的虫蚁,一切均以国家利益为依归。但是,如果抛开道德意义上的评价,在当时的社会背景下,相对于诸家所有治国之策,也许法家的“法治”蓝图最具有实现的可能性。

法家的“法治”不仅是个口号,更重要的还是一个社会工程。从国家政权的确立,到法律的制定和颁布,法律的宣传教育,法律实施方法和技术等等。我们看到法家丝毫没有坐而论道的习气,而是倾注身心地为实现他们的理想而努力实践。法家的“法治”思想与其说是个理论不如说是个社会工程。我们今天仍然需要像法家那样,不仅仅满足于各种漂亮的标语口号,而是兢兢业业地潜心谋划,我们的“法治”建设才能够健康地深入进行。这也许就是两千年前的法家留给今人的启示。

第十六章　法家法律文化与法律实践(Ⅰ)
秦律的诞生及其历史地位

秦国“改法为律”是秦国也是我国法律史上的重大事件。夏商周三代法律多以“刑”为名。战国以后，各诸侯国又多以“法”为名。秦国则“改法为律”，独以“律”名。后世历朝大体相沿而未改。关于秦国“改法为律”的原因，以及秦律在中国古代法律史上的地位问题，都是值得深入探讨的问题。

一、秦律的诞生：商鞅“改法为律”

在讨论秦国“改法为律”的原因之前，有一个无法回避的问题，就是如何看待秦国的“改法为律”及其与商鞅的关系问题。

（一）史料关于商鞅“改法为律”的记载

两千年来，历史文献当中关于战国时秦国商鞅据《法经》“改法为律”的记载，主要有两以下四处：一是北齐魏收撰《魏书·刑罚志》：“逮于战国，竞任威刑，以相吞噬。商君以《法经》六篇入说于秦，议叁夷之诛，连相坐之法；”二是唐司空房玄龄、褚遂良等奉诏集体奉诏编辑的《晋书·刑法志》：“是时承用秦汉旧律，其文起自魏文侯师李悝，悝撰次诸国法，著《法经》。以为王者之政莫急于盗贼，故其律始于盗贼。盗贼须劾捕，故著网捕二篇。其轻狡、越城、博戏、借假、不廉、淫侈、踰制，以为杂律一篇。又以具律具其加减，是故所著六篇而已，然皆罪名之制也。商君受之以相秦。……旧律因秦《法经》，就增三篇，而《具律》不移，因在第六”；三是唐太尉长孙无忌、刑部尚书唐临等奉诏集体编辑的《唐律疏议》：“周衰刑重，战国异制，魏文侯师李悝，集诸国刑典，造《法经》六篇：一盗法，二贼法，三囚法，四捕法，五杂法，六具法。商鞅传授，改法为律。汉相萧何，更加悝所造户、兴、厩三篇，谓九章之律。”四是唐首辅大臣奉诏集体编辑的《唐六典》：“魏文侯师李悝，集诸国刑书，造《法经》六篇：一盗法，二贼法，三囚法，四捕法，五杂法，六具法。商鞅传之，改法为律以相秦。”

可见，商鞅“改法为律”之说最早即源于《唐律疏议》。《唐律疏议》代表了我国古代立法、司法解释和法律编纂艺术的最高水准。它能够在短短两年之内顺利完成，除了具有朝廷重要职官奉诏编修的政治权威，和具有专业人士集体合作的智能优势之外，还有一个十分重要的有利条件，就是当时存在着大量的可资借鉴的官方文献和民间私家著述。其中就包括历代相传的私人律学著述和私人收藏的法律史资料。应当注意，我国历来就有官方和民间收藏整理研究各类文献的传统。比如《左传・定公四年》载，春秋时卫国大夫子鱼在追述周初封建时的情况，罗列描述鲁、晋等诸侯国所分得的田土疆域、殷民六族七族姓氏、礼器、备物、典策、官司彝器等，如数家珍。能够如此详细叙述一千余年前的事件，没有可靠文献是很难想象的。又如《墨子・明鬼》叙述齐地用神羊裁判的故事，并说此事“著在齐之《春秋》”。这种传统远非秦火所能灭绝。因此，在某种程度上可以说，官修正史不过是在某种思想原则指导下，在对大量史料进行筛选编排基础上加工润色而已。正如长孙无忌在给皇帝所上《进律疏表》所谓：“摭金匮之故事，採石室之逸书，捐披凝脂，敦兹简要，网罗训诰，研覈丘坟，撰律疏三十卷，笔削已了，实三典之隐括，信百代之准绳，铭之景钟，将二仪而并久，布之象魏，与七曜而长悬。”[①]于是,我们可以相信,官修正史并不是编修者个人的即兴创造,其所撰文字必合于官方见解、主流通论,其所引典故遗训必有翔实之本,而绝非街谈巷议、村野小说者也。如果草率从事,必为时人所诟病,其后果自然是很严重的。

(二)学术界关于商鞅“改法为律”的意见

中国古代的“律”究竟起于何时?至今并未形成定论。根据《唐律疏议》、《唐六典》的记载,以律名法典者始于公元前4世纪中叶,其创始者即商鞅。这一观点多被学人所认同。这就是肯定商鞅“改法为律”的所谓通说。如沈家本认为(秦国)“改律之事乃变法之大者也。”[②]老一辈中国法史学者对商鞅之变法和“改法为律”亦多持肯定意见。[③]但是,也有一种否定的观点,认为以律名法典者始于西汉。明代丘濬认为萧何捃摭秦法、定律令,“律之名始见”,而《法经》“未以律为名也”。[④]近代梁启超认为,“自汉以还,而法遂以律名”。[⑤]

当代的中国法史学者也大都肯定商鞅“改法为律”的通说。[⑥]

---

① (唐)长孙无忌等撰:《唐律疏议》,刘俊文点校,中华书局1983年,第579页。

② 沈家本:《历代刑法考》(第二册),中华书局1985年,第847页。

③ 参见程树德:《九朝律考》,中华书局1963年,第11页;杨鸿烈:《中国法律发达史》,中国政法大学出版社2009年,第50页;陈顾远:《中国法制史概要》,台北三民书局1977年,第28页。

④ 参见沈家本:《历代刑法考》(二),中华书局1985年,第852页。

⑤ 梁启超:《中国法理学发达史论》,《梁启超论中国法制史》,商务印书馆2012年,第16页。

⑥ 参见刘海年:《云梦秦简的发现与秦律研究》,载《法学研究》1982年第1期;程天权:《论商鞅改法为律》,载《复旦学报(社)》1983年第1期;吴建璠:《商鞅改法为律考》,载《法律史论集》(第四卷);曾宪义主编:《新编中国法制史》,山东人民出版社1987年;孔庆明:《秦汉法律史》,陕西人民出版社1992年;武树臣等:《中国传统法律文化》,北京大学出版社1994年;张国华、李光灿主编:《中国法律思想通史》,山西人民出版社2001年;郑秦:《中国法制史纲要》,法律出版社2001年;张晋藩主编:《中国法制史》,高等教育出版社2003年。

20世纪30年代以降，陆续出现质疑商鞅“改法为律”说的意见。理由是对商鞅“改法为律”的记载只出现在商鞅变法后千年的唐代，而更权威的历史文献对此事件均无记载。虽然1975年出土的睡虎地秦墓竹简证实了秦法经和秦律的存在，从逻辑上为商鞅“改法为律”提供了间接证据。但是，质疑的意见并没有停止。比如，江必新认为，商鞅“改法为律”不符合历史事实，秦“改法为律”当在商鞅死后、秦统一六国之际。理由是：据《晋书·刑法志》，在商鞅相秦之前已有律之名；《商君书》及秦汉史籍未见“改法为律”痕迹；出土的睡虎地秦墓竹简虽以律名法，但不能成为商鞅“改法为律”的佐证。[①] 祝总斌提出，与商鞅同时代及保存商鞅变法的可靠史料中均找不到法律意义的律字，在这之前的文献中，律只作音律、效法、约束、纪律解，法律之律应始于公元前260年左右，即比魏《户律》、《奔命律》（约于公元前252年制定）的年代略早，不但商鞅“改法为律”为不可能，同时代的各诸侯国也未曾发生“改法为律”之事。[②] 对此，吴建璠先生撰文予以回应，他认为，《唐律疏议》是唐王朝官修专著，其所言法律渊源必有所本，不能轻易否定，有关文献未曾记载，不能断言该事实不存在，在商鞅之前，律即有军法、纪律之义，商鞅借律来表述成文法，顺理成章，云梦秦简中有的律文可把法律之律推溯到公元前4世纪下半叶。[③]

此外，还有一种近似“中立”的观点，认为商鞅“改法为律”说“并无确证”，“信否难徵”，当存而不论。[④] 在新的资料出土之前，争论商鞅是否“改法为律”的问题没有实质意义，一切否定史料记载的论断都言之

---

① 江必新：《商鞅“改法为律”质疑》，《法学杂志》1985年第5期。

② 祝总斌：《关于我国古代的“改法为律”问题》，《北京大学学报（社）》1992年第2期。

③ 吴建璠：《商鞅改法为律考》，韩延龙主编《法律史论集》第4卷，法律出版社2002年。

④ 参见戴炎辉：《中国法制史》，台北三民书局1966年，第2页；［日］浅井虎夫：《中国法典编纂沿革史》，中国政法大学出版社2007年，第11页。

过早。[1]

当年在秦国进行的轰轰烈烈的变法和"改法为律",竟然不见于其他记载,此诚可疑者。当年,我们读过某些描写秦律的词句,如"繁如秋荼,密如凝脂","诸产得宜,皆有法式"之类,也许并不以为然。但是,直到1975年《睡虎地秦墓竹简》问世以后,方知此言不谬。因此,换一个方式来想一想,也许是因为"改法为律"活动发生在偏远落后的被"夷狄遇之"的秦国,很容易被当时先进的东方六国的主流社会所鄙夷忽视;也许是因为秦王朝以严刑酷罚之暴政而招致短祚,后世学人对秦的历史故事刻意回避或不屑于议论;也许是因为"改法为律"是一项"专业"活动,故除了极少数对法律刑政有偏爱者,比如像历代刑官法曹,还有像撰写《晋书·刑法志》和《唐律疏议》的特殊作者们偶尔提及之外,一般文人墨客终身潜心于儒家经典以学干禄犹恐不逮,何暇他顾尔;而民间世传的刑政法狱诉讼之私人著述等,连正常传播都有诸多不便,更鲜有机遇挤入圣贤明哲著述之林。凡此等等,皆不足怪也。今天,我们的主流文章舆论早已不再评论"文化大革命"时代的"文攻武卫"了,就这样再过一千年,若有人追述"文攻武卫"之事,于是便有人站出来说:当时的国家严格控制武器,民众不可能得到武器,"文攻武卫"是否存在,值得怀疑。此例也许并不恰当,但这其中的道理不是一样的吗?

(三)商鞅"改法为律"不宜轻易否定

秦国"改法为律"是一个不争的事实。"改法为律"的"法",盖指李悝在整理诸国法律实践成果基础上编纂的《法经》;"改法为律"的"律"即指秦律。尽管学界对《法经》是否真实存在,以及"改法为律"是否始自商鞅,尚存争议,但否定的意见至今仍提不出可靠的证据。秦国"改

① 张建国:《中国律令法推行概论》,《北京大学学报》1998年第5期。

法为律”是将异国之《法经》,与秦国具体国情相结合的长期立法司法实践的产物。秦国“改法为律”的开先河者即商鞅。“在商鞅改法为律之前,律字已经具有军纪、军令的含义,在军队里广泛使用。”律作为法律、法令的意义出现,至晚不迟于商代,它肇始于战争中的军律,而军律来源于音律。[①] 秦国“改法为律”则是将原本为军纪、军令意义之律的法律形式,拓展到国家社会生活的各个领域,做到“诸产得宜,皆有法式”。(《史记·秦本纪》)即所谓“以军法之律,移刑典之称。”[②]之所以这样,不仅是因为在战争年月,军纪、军令之律具有极大权威,容易统一全体臣民的言论行为,而且更为重要的是,因为律具有其他法律样式所不具备的“诸项合一”的优点。

商鞅(约公元前390—前338年),少好刑名之学,又长于兵法。曾在魏为官,熟悉李悝、吴起在魏国变法的实践。秦孝公时携带《法经》入秦。公元前359年任大良造,主持秦国变法二十余载。他以《法经》为依据,增连坐、垦草、分户、军爵等新令,形成秦国独特的法律样式。今版《商君书》中“律”字凡六见:《战法》:“兵大律在谨”;《徕民》:“先王制土分民之律也”,“秦四境之内,……不起十年征,著于律也”;

作者按:学界以《商君书·徕民》为商鞅后学所著,几成定论。然而,商鞅因“谋反”而被车裂后,其著述或不传。弟子私相传写,或暗自引为时论,加上“长平之战”之语。当《商君书》复被整理之时,其文字无人校正,故而留下疑点。因此,对《商君书》进行辨伪时应当慎之,去伪不忘存真,可谓“不以一眚掩大德”。《算地》:“此先王之正律也”,“此所谓任地待役之律也”。《商君书》多言“律”,其所谓“律”已非乐律,乃兵律、法律也。此六处之“律”,与土地相关者居其五,非偶然也。作为兵

① 马小红:《礼与法:法的历史连接》,北京大学出版社2004年,第74页。

② 陈顾远:《中国法制史概要》,台北三民书局1964年,第360页。

律之“律”本来就与军功赏赐有关。《商君书·境内》:“能得甲首一者，赏爵一级，益田一顷，益宅九亩，除庶子一人，乃得入兵官之吏;”“以战故，暴首三日，乃校三日，将军以不疑至士大夫劳爵”;“能攻城围邑，所斩首八千以上，则盈论。野战，斩首二千，则盈论。吏自操及校以上大将尽赏。……故爵公乘，就为五大夫，则税邑三百家。……皆有受赏。大将、御、参皆赐爵三级。”这些内容，也许正是对《史记·商君列传》“有军功者各以率受上爵”之“军功率”的具体描述。在连绵不绝的战争年月，军律具有极大权威，它多以战前誓命为形式，鼓舞约束将官战士，它规定着庆赏诛罚的条件，有时还通过审判以定功过。军律施行的必然结果，是不断进行普遍的身份、财产、权利的再分配，从而直接或间接地影响到社会生活的各个领域。因此，在特殊的时期和特殊的国度，军律差不多就等于国家法律了。古人也许远远不像我们今天的学者这样在到底是军律之律还是法律之律的概念上面纠缠不休。戏剧排练早已就绪，只等开场锣鼓了。这个开场锣鼓就是商鞅主持的变法。商鞅在变法成功之际死去，他留给后世的重要遗产就是秦律。

既然《睡虎地秦墓竹简》的大量律名律文是秦律存在的铁证，那么，完全可以通过秦墓竹简内容对商鞅“改法为律”的大概时间做出推测。《睡虎地秦墓竹简》律文涉及地方行政机构及官吏，绝大部分称“县”、“令”、“丞”，未见“丞相”之名。据《史记·秦本纪》《六国年表·秦表》载，秦孝公(公元前381—前338年)十二年(公元前350年)始“集小都乡邑聚为县，置令、丞，凡县三十一;”秦武王二年(公元前309年)“初置丞相”。“这些情况也从一个侧面反映了出土秦律在颇大程度上保留了商鞅秦律的内容。”①而且，据1980年在四川青川县郝家坪出土战国秦

① 高敏:《商鞅秦律与云梦出土秦律的区别和联系》，杨一凡主编:《中国法制史考证》甲编(第二卷)，中国社会科学出版社2003年，第388页。

墓木牍载，秦武王二年（公元前309年）王命丞相“修《为田律》”。《为田律》当在此前制定颁布，行之既久，故修订之。[①] 这是秦律存在的最早的可靠记载。那么，秦律出现的年份是否与商鞅主持变法的时间（公元前359年—前338年）大体一致呢？

《睡虎地秦墓竹简》的《法律答问》引律文“公祠未阕，盗其具，当资以下耐为隶臣。……以律论；”“可谓盗埱主？王室祠，貍其具，是谓主”。下面的解释则把“公祠”改为“王室祠。”睡虎地秦墓竹简整理小组在《法律答问》的“说明”中指出：“《法律答问》所引用的某些律文的形成年代是很早的。例如律文说公祠，解释的部分则说王室祠。看来律文应形成于秦称王以前，很可能是商鞅时期制定的原文。”[②]据此，吴建璠先生指出：“研究秦简的学者认为，律本文是在秦称王前制定的，故称公祠，解释则作于称王之后，故改称王室祠。我们知道，秦孝公之子惠文王（公元前356—前311年）于公元前324年称王，这条律文的制定时间不应晚于此年，也可能是秦孝公在位时制定的。”[③]秦惠文王（公元前356—前311年）称王于公元前324年，与商鞅任大良造的公元前359年之间相隔了35年，与商鞅被车裂的公元前338年只相隔14年。由此是否可以推断，秦“改法为律”活动即施行于商鞅变法期间？

《史记·田敬仲完世家》载，齐威王（？—前320年，公元前356—前320年在位）时，邹忌答淳于髡曰：“请谨修法律而督奸吏。”是“法律”一词出现的最早记录。秦武王二年（公元前309年）“修为田律”，是秦律存在的最早记载。《睡虎地秦墓竹简·为吏之道》抄录《魏户律》律文：“假门逆旅，赘婿后父，勿令为户”；《魏奔命律》律文：“假门逆旅，赘

① 于豪亮：《释青川秦墓木牍》，《文物》1982年第1期。

② 《睡虎地秦墓竹简》，文物出版社1978年，第149页。

③ 吴建璠：《商鞅改法为律考》，韩延龙主编：《法律史论集》第4卷，法律出版社2002年。

婿后父……今遣从军,将军勿恤视”。两律文颁行于魏安釐王二十五年(公元前252年)。[①]《韩非子·饰邪》谓:“舍法律而言先王明君之功,”“当赵之方明国律,从大军之时,人众兵强,辟地齐燕。即国律慢,用者弱,而国日削。”可见,此间,律的形式和与律相联系的“法律”这一词汇已经扩展至秦国之外。秦的“改法为律”活动作为一种文化运动成果已经扩散到各个诸侯国的社会生活领域。

今天我们有幸看到的《睡虎地秦墓竹简》,它的内容十分广阔,涉及秦律律名如《田律》、《仓律》、《金布律》、《效律》等近三十种,向我们展现了两千多年前即战国晚期至秦统一时期秦律的总体风貌。据学者研究,《睡虎地秦墓竹简》所载某些律文,与《韩非子》、《史记·商君列传》、《战国策·秦策》、《商君书》的有关内容之间,存在着基本内容和精神实质上的一致性。包括“什伍连坐”、奴隶制残余、军功赐爵、禁止私斗、赏告奸、禁擅徙、废逆旅、统一度量衡,等等。[②]

还有学者提出:“秦汉律的基本框架、原则和内容为商鞅所确立。”[③]也许正因如此,商鞅因为曾经充当了秦律的最初缔造者而被时人广为称颂。《战国策·秦策》谓:“今秦妇人婴儿皆言商君之法;”《韩非子·定法》曰:“商君十飾其法,”“及孝公商君死,惠王即位,秦法未败也;”《五蠹》云:“今境内之民皆言治,藏商管之法者家有之。”“商君之法”和“禹刑”、“汤刑”、“周文王之法”、“子产刑书”、“宣子之刑”等一样,都是古人对当时重要立法活动的客观记录和凝练表述。在古人心目中,早已把商鞅的名字与秦国之律紧紧联系在一起了。

---

① 《睡虎地秦墓竹简》,文物出版社1978年,第292—294页。

② 高敏:《商鞅秦律与云梦出土秦律的区别和联系,》杨一凡主编:《中国法制史考证》甲编第二卷,中国社会科学出版社2003年,第388页。

③ 杨震红:《从出土秦汉律看中国古代的礼法观念及其律体现》,《中国史研究》2010年第4期。

二、秦"改法为律"的原因

(一) 关于秦"改法为律"原因的探讨

关于秦国"改法为律"的原因,古代学者曾有论述。明代邱濬在《大学衍义补·慎刑宪·定律令之制》中说到"改法为律"的原因:"李悝所著者,谓之法经,未以律名也。律之言昉(始)于虞书,盖度量衡受法于律,积黍以盈,无锱铢爽。凡度之长短,衡之轻重,量之多寡,莫不以此取正。律以著法,所以裁判群情,断定诸罪,亦犹六律正度量衡也。故制刑之书以律名焉。"近代思想大家梁启超指出:"盖吾国科学发达最古者莫如乐律。……书言同律度量衡,而度量衡又皆出于律。……夫度量衡自为一切形质量之标准,而律又为度量衡之标准。然则律也者,可谓一切事物之总标准也。……然则律也者,平均正确,固定不动,而可以为一切事物之标准者也。……其后展转假借,凡平均正确可为食物标准者,皆得锡以律名。《易》曰:师出以律,孔疏云,律法也。是法律通名之始也。自汉以还,而法遂以律名。"①

老一辈法律史学者陈顾远先生在《中国法制史概要》中指出商鞅"改法为律"的三个原因:(1)借用音律之律,以示罪之轻重;(2)借用竹器之名,以竹书于简上之刑法;(3)移军法之律作刑典之称。又说:"商鞅为避免法刑用语之混杂,遂以军法之律,移刑典之称。"②祝总斌老师在《关于我国古代的改法为律问题》一文中总结出"改法为律"的三个原

① 梁启超:《中国法理学发达史论》,《梁启超论中国法制史》,商务印书馆 2012 年,第 15、16 页。

② 陈顾远:《中国法制史概要》,台北三民书局 1964 年,第 360 页。同名书,商务印书馆 2012 年。

因:一是战国时期音乐的社会地位逐渐被强调,突出了"律"的地位;二是战果时期度量衡的统一,促进了"律"的规范意义;三是"律"与"率"同义,从而促成"律"字逐渐具有法律的含义。[①] 这种着眼于社会文化的宏观视野和研究方法,读罢使人有耳目一新的感受。武树臣指出:"律本钟鼎之声调,军队以金鼓之声及节奏指挥战斗。击鼓进军,鸣金收兵。故《易·师》曰:师出以律。律成了军令、军法的代名词。违律者必遭严惩。晋、秦居戎狄之邦,习游牧,善征讨,尚军法。故秦、赵、魏以律名其法,其所由来者上矣!"[②]

吴建璠在《唐律研究中的几个问题》一文中说:"改法为律的意义何在?……律本来是音乐的术语。是调整音量的标准。后来把律用到军事上,有军律的意思。……改法为律,就正式借用军事上的律以强调法律的重要性和权威性,强调它的必须遵守;"[③]在《商鞅改法为律考》一文中又说:"商鞅看中了军队中习用的律字,……借用军律的极大权威性来强化成文法的地位与作用,使之成为人人必须遵守的准则,以利于贯彻执行他提出的变法措施,这就是商鞅改法为律用意之所在。"[④]

(二)秦"改法为律"的社会原因

战国时代是社会大变革、大动荡、大改组的时代。诸侯国之间的兼并战争,诸侯国内部变法图强的政治运作,构成了战国社会生活的主旋律。战争使政治权力日益集中于君主手中,使军事艺术和军法、军令发达起来了。而军事组织的强化则促进了社会组织由血缘联系向地缘联

---

① 祝总斌:《关于我国古代的改法为律问题》,《北京大学学报》1992 年第 2 期。

② 武树臣等:《中国传统法律文化》,北京大学出版社 1994 年,第 279 页。

③ 吴建璠:《唐律研究中的几个问题》,《中外法律史新探》,陕西人民出版社 1994 年,第 221、212 页。

④ 吴建璠:《商鞅改法为律考》,韩延龙主编:《法律史论集》第 4 卷,法律出版社 2002 年。

系的过渡，使按照地域来划分居民成为可能。军法、军令实施的直接后果是赏赐和刑罚。有功者获得良田美宅官职爵位，有过者不齿于人。从而慢慢地进行着社会权力财富的再分配。而大批有功的军官不断充实到地方官僚队伍中来，便悄悄地促进社会管理模式的改变。政治变革的主要目的之一，就是扩充国力以赢得战争。为了赢得战争，必须有效动员和支配全社会的人力物力财力，这就使国家法律得到空前发展。在上述活动中，表现最为突出的就是秦国。秦国从一个被“夷狄遇之”的偏远小国，一跃而成拥有“虎狼之师”的强国，在很大程度上得益于商鞅以论功行赏为内容的“军功率”，和各种以“奖耕战富国强兵”为宗旨的立法，从而赢得对外扩张的兼并战争。对有功于耕战者的赏赐，对有害于耕战者的惩罚，以及对其连带者（卒伍、职官、乡里、亲属）的处分等，都促成着更为广泛、更为精确的行为规范的诞生，这就是秦律。

（三）秦“改法为律”的文化原因

秦国崇尚“律”，与其祖皋陶有关。《史记·秦本纪》：“秦之先，帝颛顼之苗裔。孙曰女修，女修织，玄鸟陨卵，女修吞之，生子大业（即皋陶）。大业娶少典之子曰女华，女华生大费。……大费拜受，佐舜调顺鸟兽，鸟兽多驯服，是为伯益，舜赐姓嬴氏。”秦嬴姓，以皋陶为先祖。“到皋陶的儿子伯益、仲甄时，才为了区别族系，分成嬴、偃两姓。但直到一千四百多年后的春秋时期，嬴、偃仍认为同姓同族。如楚灭偃姓舒、蓼诸国，而嬴姓的秦孝公为之挂孝。”[①]皋陶是尧舜时代的刑官。《竹书纪年》：“咎陶作刑；”《风俗通义》：“咎陶谟，始造律；”《急就篇》：“皋陶造狱法律存；”《后汉书·张敏传》：“皋陶造法律”；《路史·后纪·少昊》：“立犴狱，造科律，……是皋陶”。

---

① 何光岳：《东夷源流史》，江西教育出版社1990年，第21页。

皋陶造的“律”是军律。这些古老的传说终于被凝结在最初的文字里。律字甲骨文写作聿。由丨和又组成,表示以手持丨。丨即鼓槌。以手执鼓槌,表示击鼓,击鼓者,或鼓音。① 祭祀和战争是古代社会的两件大事。指挥军队打仗和互相传递信息靠的是战鼓之音。最古老的战鼓名叫“皋陶”,与造律的皋陶同出一源,并非偶然。古代战鼓或许像编钟一样是一组或一套的。鼓的规格不同,发出的声调也不同。《周礼·冬官·考工记》:“鼓大而短,则其声急而短闻,鼓小而长,则其声舒而远闻。”《周礼·春官·大师》:“大师执同律以听军声而诏吉凶。”“同律”即指事先约定的鼓点儿,即鼓音的高低和频率。鼓点儿就是指挥军队的号令,也是部队之间传递信息的手段。《易·师》有“师出以律”,甲骨文有“师惟律用”。② “师”与“律”的联系,绝非偶然。

这些都说明,在商代“律”已经成为军令、军纪的专用名称了。这一传统一直被延续下来。尽管也存在着律同时大量用作音律的情况,但是,在初起时代,军律之律恰恰与钟鼓之音的音律如出一辙,故音律之律与军律之律的使用得以并行不悖。皋陶不仅造律,而且还是最早执行军律的军事法官。《诗经·鲁颂·泮水》:“矫矫虎臣,在泮献馘。淑问如皋陶,在泮献囚。”献,即讞,审讯;馘,杀敌取其左耳以为评定战功之凭证。此诗反映了战争之后论功行赏的情景。皋陶出生在曲阜,属于鲁地,鲁人歌颂皋陶是十分自然的事情。军律有了赏罚作后盾,便具有极大权威。任何人不得违犯,否则将处以严刑。正如《尚书·甘誓》所言:“用命,赏于祖;弗用命,戮于社。”甲骨文有[illegible]、[illegible],可能是对“赏于祖”“戮于社”的真实记录。③ 既然皋陶是秦人的先祖,皋陶又是战鼓和

① 武树臣:《寻找最初的律——对古律字形成过程的法文化考察》,《法学杂志》2010年第3期。

② 刘兴隆:《新编甲骨文字典》,国际文化出版公司2005年,第100页《屯南》一一九。

③ 武树臣:《寻找最初的独角兽——对廌的法文化考察》,《河北法学》2010年第10期。

“律”的创制者，那么秦人尚律则是顺理成章的事情。

从民族传统来说，秦国“改法为律”还与秦人的游牧习俗有关。秦为后起之诸侯国。《史记·秦本纪》：秦“辟在雍州，不与中国诸侯之会盟，夷狄遇之”。秦本为东夷的一支。《国语·鲁语上》：“夏后氏禘黄帝而祖颛顼”。《秦本纪》载：“秦之先，帝颛顼之苗裔，……与禹平水土。”“秦之先为嬴姓，其后分封，以国为姓。”周幽王时，犬戎、申戎南下寇周，秦人赞周“将兵救周，战甚力，有功。”平王东迁，秦护之。“平王封襄公为诸侯，赐之岐山以西之地。曰：戎无道，侵我岐丰之地。秦能攻逐戎，即有其地。与誓封爵，襄公于是始国。”至秦谬公时，“伐戎王，益国十二，开地千里，逐霸西戎。”

秦人始为游牧部落，又以战争立国，故素有尚武之风。《诗经·秦风·无衣》：“王于兴师，修我戈矛，与子同仇。”司马迁《史记·货殖列传》说：西北地区，“地边胡，数被寇。其民好气任侠。”班固《汉书·赵充国辛庆庆忌传》云：“山西天水、陇西、安定，北地处势迫近羌胡，民俗修习战备，高上勇力鞍马骑射。故秦诗曰：王于兴师，修我甲兵，与子皆行。其风声气俗，自古以然。今之歌谣慷慨，风流犹存耳。”因此，秦人崇尚军律军法，是十分自然的事秦人习惯于用“律”，与秦军队中原本熟悉军律的司法官吏，转业到地方后仍执掌司法工作，这一社会现象是有联系的。近代思想大家章太炎在《文录·古官制发源于法吏说》一文中指出：“法吏未置以前，已先有战争矣。军容国容，既不理，则以将校分部其民，其遗迹存于周世者，传曰官之师旅，……及军事既解，将校各归其部，法吏独不废，名曰士师，征之《春秋》，凡言尉者，皆军官也，及秦而国家司法之吏，亦曰廷尉，比因军尉而移之国中者也”。[①] 此言何其中肯！

---

① 转引自杨鸿烈：《中国法律发达史》，商务印书馆 1930 年，第 24 页。

秦国强大之后,自然要向诸国宣扬自己的软实力。这个软实力就包括上层建筑诸领域。如同秦相吕不韦以秦文化落后“羞不如”而集宾客撰《吕氏春秋》一样——《史记·吕不韦列传》载:“吕不韦以秦之强羞不如,亦招致士厚遇之,……乃使其客人人著所闻,集论以为八览、六论、十二纪,二十余万言”。秦国同样标榜自己的“律”来与诸国之“法”相区别,以标新立异。

秦国崇尚自己的“律”,正是适应当时的国内政治和“国际”形势需要。一方面,秦国以秦律打击守旧贵族势力,巩固和加强君主权力,维持官僚机器正常运转;另一方面,以秦“律”为手段,“奖耕战”、“富国强兵”,以期获取兼并战争的胜利。同时,随着秦国军队的不断壮大,官僚队伍的不断扩充,特别是新的领土和臣民的迅速增加,为了保证统治集团的意志在更广阔的地域内统一实施,包括度量衡和文字的统一,唯一有效的手段就是法律。秦律就成了统一吏民言论行为的最高标准。拜占庭帝国皇帝优士丁尼敕编《法学阶梯》前言说:“帝国之君不单应当佩戴武器,还要佩戴法律。”①这一高论也适合中国的秦始皇。

以上是秦国“改法为律”的一般原因,但非本质原因。至于本质原因,是秦国缔造了与商周春秋截然不同的新型的“法律样式”。这种“法律样式”伴随着改革不断完善,至秦朝时已蔚为大观。

三、秦律的形式特征及其历史地位

(一)秦律的形式特征

秦成文法的样式即指它的形式和体裁。我们从不同角度、深度出

---

① ［英］约翰·福蒂斯丘爵士:《论英格兰的法律与政制》,袁瑜琤译,北京大学出版社2008年,第32页。

发，会得出不同的结论。姑且以“宏观体裁”、“中观体裁”、严微观体裁”名之。

1. 宏观体裁：“以罪统刑”

判例法的体裁是“以刑统例”，即在某一刑罚下面排列若干判例，而刑罚的轻重就表示了罪行的轻重：

墨刑——判例　甲、乙、丙、丁、戊……（从略）
劓刑——判例　子、丑、寅、卯、辰
刖刑——判例　一、二、三、四、五
官刑——判例　1、2、3、4、5
大辟——判例　A、B、C、D、E

所谓“五刑之属三千条”，是说在五种刑罚后面分别罗列了许许多多的适用该种刑罚的判例。《周礼·秋官·司寇》：“司刑掌五刑之法以丽万民之罪：墨罪五百，……杀罪五百。若司寇断狱弊讼，则以五刑之法诏刑罚而以辨罪之轻重。”法官审判案件定罪量刑，首先要在上述五类判例中选择一个最为妥当的判例（即“事”），然后引以为据，这种审判方法就叫作“议事以制”。（《左传·昭公六年》）

随着时代的演进和司法实践经验的不断积累，一些颇有创造性的法官出于查找方便的目的，开始对判例进行新的排列组合。其分类的标准不再是只顾形式、不看内容的五种刑罚，而是根据诉讼的内容或犯罪行为所侵犯的某一类社会关系来划分。于是排衍出新的格式——“以例属刑”：

判例甲——盗羊，处墨刑；
判例丑——盗牛，处劓刑；

判例三——盗马,处刖刑;

判例4——盗兵器,处宫刑;

判例E——盗礼器,处大辟。

以上五个判例都属于同一类型,即盗窃行为。于是由此抽象出命题甲:无敢盗他人羊牛马兵器礼器,汝则有常刑。久而久之,又抽象出命题乙:盗他人羊牛马兵器礼器,为盗窃罪,汝则有常刑。

于是,一系列从同类判例中引申出来的罪名相继产生了。如盗窃罪、伤人罪、不从王命罪……于是便出现了过渡型的格局:

墨刑——盗窃罪、伤人罪、不从王命罪……(从略)

劓刑——盗窃罪、伤人罪、不从王命罪

刖刑——盗窃罪、伤人罪、不从王命罪

宫刑——盗窃罪、伤人罪、不从王命罪

大辟——盗窃罪、伤人罪、不从王命罪

当法官把五种刑罚按照罪名重新加以排列时,便又抽象出命题丙:"凡盗他人羊牛马兵器礼器,为盗窃罪,盗羊,处墨刑;盗牛,处劓刑;盗马,处刖刑;盗兵器,处宫刑;盗礼器,处死刑。"

于是便最终出现"以罪统刑"的新体裁:

盗窃罪——墨、劓、洞、宫、大辟;

伤人罪——墨、劓、荆、宫、大辟;

不从王命罪——墨、劓、刖、宫、大辟;

……

由"以刑统例"到"以罪统刑"是个漫长的历史过程,这个过程与"判例法"时代向"成文法"时代转化的过程同步的。在相当长的一段时期内各种因素相互并存、互相消长。同时,由于历史与文化的原因,各诸侯国发发展状况不平衡,法律体裁的演进程度也不一样。在过渡的特定时期内,诸种法律体裁互相混合、纵横交错。有的法律规范指明具体行为、刑罚而不表明罪名,如:"覆公悚,其刑渥(剭)"。(《易·鼎卦》)"男女不以义处者,其刑宫"。(《尚书大传·甫刑》)有的法律规范表明行为、罪名而不表明刑罚,如"毁则为贼,掩贼为藏,窃贿为盗,盗器为奸,……在九刑不忘"。(《左传·文公十八年》)有的法律规范表明罪名、刑罚而不表明行为,如;"昏、墨、贼,杀"。(《左传·昭公十四年》)有的法律规范表明行为而不表明罪名、刑罚,如"侵官,冒也;失官,慢也;离局,奸也,有三罪焉"。(《左传·成公十六年》)又如;"窃马牛诱臣妾,汝则有常刑"。(《尚书·费誓》)有的法律规范则行为、罪名、刑罚兼而明之,如"触易君命,革舆服制度,奸宄寇攘伤人者,其刑劓。"(《尚书大传·甫刑》)直至李悝《法经》出现,才形成了以罪名为标准组合法律规范的新局面。如《盗法》、《贼法》,都是"以罪统刑"的新体裁。《秦律》中的某某律,如《捕盗律》、《犯令律》、《田律》、《仓律》、《军爵律》等等,都是某一领域的单项法规,是对《法经》诸篇的延伸扩大。

2. 中观体裁:六篇格局

从《法经》至《秦律》,为后世刑法典奠定了篇章的格局。《法经》所含《盗法》、《贼法》、《囚法》、《捕法》、《杂法》、《具法》六篇,和秦墓竹简所见《田律》、《厩苑律》、《仓律》、《金布律》、《工律》、《徭律》、《司空律》、《军爵律》、《置吏,律》、《传食律》、《效律》、《捕盗律》、《犯令律》、《除吏律》、《除弟子律》、《傅律》、《屯表律》、《游士律》、《藏律》、《戍律》、《户律》、《公车司马猎律》、《中劳律》、《识而不当之律》、《效赢不当之律》、《平罪人律》、《行书律》、《关市律》等等,都是含刑法、民法、行政法、诉讼法内容而兼有之的,且以刑法为多。

3. 微观体裁:法、律、令、事

从微观角度来看,秦成文法由四种形式组成,即法、律、令、事。

《睡虎地秦墓竹简·语书》载:古者,民各有乡俗,其所利,及好恶不同,或不便于民害于邦,是以圣王作为法度以矫端民心:去其邪僻,"除其恶俗。法律未足,民多诈巧,故后有间令下者。凡法律令者,以教道民,去其淫僻,徐其恶俗,"而使之之于为善也。今法律令已具矣,而吏民莫用、乡俗淫失之民不止,是即法(废)主之明法也。……故腾为是而修法律令、田令及为间私方而下之,令吏明布,令吏民皆明知之,毋巨于罪。今法律令已布,闻吏民犯法为间私者不止,私好乡俗之心不变。……今且令人奉行之,举劾不从令者,致以律,论及令丞。"

又曰:"凡良吏明法律令事,无不能也,又廉洁憨懿而好佐上,以一曹事示足独治也;故有公心,又能自端也,而恶与人辨治,是以不争书。恶吏不明法律令,不知事,不廉洁,无以佐上,:愉惰疾事,易口舌;不羞辱,轻恶言而易病人,无公端之心,而有冒抵之治,是以善诉事,喜争书。"

上述"法律令事,无不能也"句,《睡虎地秦墓竹简》注释者断句为:"凡良吏明法律令,事无不能也。"我以为恐误。应当断句为"凡良吏明法律令事,无不能也。"此句系主谓结构,主语是"良吏",后面是谓语。"无不能"的"无"所指的范围,即"法律令事"四种法律形式。是说,良吏业务熟练,四种文件均能掌握。事,即指廷行事。后文"恶吏不明法律令,不知"事","明""知"都是动词,作谓语;"法律令""事"是名词,作宾语。后文有"善诉事,喜争书,"亦可证。可证此处的事不是事务之事。①

从上述文字我们可以得出这样的印象:第一,秦人以"法律令事"为

---

① 参见《睡虎地秦墓竹简》,文物出版社 1978 年,第 19、20 页。

法律规范之通称，且以“法律令事”为法官日常接触理当精熟的四种法律文献。《史记》云：赵高尝教胡亥“狱律令法事”，又其证也。第二，“法度”、“法律”是较为稳定、较为疏略的法律规范：“令”是较为灵活、较为具体的法律规范，“法律”不足以应竺新形势，故有随时制定颁行的“令”。第三，“令”的内容是指出应当完成某种行为或不得进行某种行为，“不从令者致以律”，即违犯“令”则根据相应的“律”处以刑罚。可见“律”比“令”的内容更全面。四，“法律令”是最基本的法律规范，故称“今法律令已具”、“修法律令”、法律令已布”。而“事”不在“具”、“修”、“布”之列，属于内部掌握的范围，故法官必须“明事”、“知事”。可见“事”是“法、律、令”的补充物，是法官在审判中参考的内部法律文献。

首先是法——李悝《法经》六篇之谓。秦墓竹简中有“法度”（一见）、“法律”（一见）、“法律令”（六见）、“法律令事”（一见）、“与盗同法”（四见）、“犯法”（一见）、“明法”（一见）、“法耐迁”（三见），除“法度”泛指国家法律制度之外，其余“法”字大都指《法经》六篇之法，即《盗法》、《贼法》、《囚法》、《捕法》、《杂法》、《具法》。秦承而用之，虽有增益更动（如更《捕法》为《捕盗律》），但大体上均仍其旧。故竹简说：“与盗同法”，即按《盗法》论处之。

其次是律——据《法经》而演化之秦律。史谓商鞅携《法经》入秦，“改法为律”，实则“据法为律”、“据法增律”。从竹简来看，秦之律列于正名者有三十几种。律是调整某一类社会关系的法律规范的集合。不同的律之间有十分清楚的界限。这一特点在竹简律文里表现得很突出。竹简律文从形式上有两类：其一，言本律条文者。如：“去者弗坐，它如律”（《效律》）；“其出入禾增积如律令”（《仓律》）；“其出入钱以当金布以律”（《金布律》）；“以律论之”，（《置吏律》）“留者以律论之”（《行书律》）；“行戍不以律，赀二甲”，（《戍律》）等等，所言之“律”皆本律也；其二，引它律条文者。如：“知而弗罪，以《平罪人律》论之”（《效律》）；“城旦为安事而益其食,以《犯令律》论吏主者”(《仓律》);“府中公金钱私贷用之,与盗同法”(《金布律》)“效公器赢不备以《齐律》论及偿”,“以《识而不当之律》论之”,“以《效赢不当之律》赀之”(《效律》)等,所引具名它律,非本律条文也。

第三是令——因时而颁行之法条。秦简《语书》谓:“法律未足,民多诈巧,故后有间令下者。”是说:法律不足以包揽无遗,老百姓奸狡而规避法律,所以才不时地制定颁布法令。又云:“故腾为是而修法律令、田令及为间私方而下之,令吏明布。”秦律本有《田律》,而此处言“修田令”;“为间私方”即防治奸私的法令,皆因时而制定者。“令”的内容是“勿为”或“为之”,即规定不可以做什么或必须做什么。“律所谓者,令曰勿为而为之,是谓犯令;令曰为之,弗为,是谓废令也。”对“犯令”、“废令”者,“各以其律论之”。

第四是事——司法审判之成例。“事”即判例,西周“议事以制”,遵循判例以审判。竹简“行事”(一见)、“廷行事”(九见)。事、行事、廷行事均指判例、故事。《汉书·翟方进传》“行事以赎论”,注引刘敞云:“汉时人言行事、成事,皆已行已成事也。”王充《论衡·别通》:“法令之家,不见行事,议罪不审,章句之生,不览古今,论事不实。”王念孙《读书杂志》引刘敞:“行事者,言已行之事,旧例成法也。汉世人作文言行事,成事者,意皆同。”[①]汉律常称为“故事”。秦虽推行成文法之制,但遇到法律令无明文规定者,则依当时国家政策及法律意识对案件作出判决,是为判例。秦之“事”有以下功用或类型:

甲　律无明文,事以论之。如:“百姓有债勿敢擅强质,擅强质及和受质者皆赀二甲。廷行事:强质人者,论;予者不论。”律文规定,民间借贷不得强行索取抵押物,擅自强行索取或双方协议抵押的,均罚二甲,

---

① 王念孙:《读书杂志》第二册,上海古籍出版社2014年,第865页。

但判例却这样处理:强行索取抵押物的应论罪,被迫交付抵押物的不论罪。这是因为律文中没有规定被迫交出抵押物的处理条文,此判例是对这一空白的补充。

乙 虽有律文,事以更之。如:“律所谓者,令曰勿为而为之,是谓犯令,令曰为之,弗为,是谓废令也。廷行事皆以犯令论。”行为人做了法律禁止的行为,以犯令罪论处;行为人不做法律要求做的行为,以废令罪论处。但判例不分二罪,皆以犯令罪论处。这是因为犯令和废令的行为实际上不易区分,故均以《犯令律》论处。这实际上是以司法的形式否定了关于废令罪的立法。

丙 律令之外,事以立之。如:“实官户关不致容指若抉,廷行事赀一甲”;“实官户扇不致禾稼能出,廷行事赀一甲”,“空仓中有荐,荐下有稼一石以上,廷行事赀一甲”。这是因为律文未涉及上述违法行为,法官在司法审判中根据国家有关政策和法律意识对案件定罪量刑,是方判例,此乃以司法来立法者也。

“事”在形式上有两类,一类是有形之“事”,如上所述者。另一类是无形之“事”,即“比”。“比”即“比附”、“类推”,是在无法律明文规定的情况下比照类似条文以处罚的审判制度。如:“臣强与主奸,比殴主”;斗折脊项骨,比折肢”,“殴高大父母,比殴大父母”;律文本无“臣与主奸”;“斗折脊项骨”、“殴高大父母”的治罪条文,故比照“殴主”、“折肢”、“殴大父母”;的条文科处刑罚,这实际上形成了判例。但由于有了“比某某”的条文,上述判例就隐而不现了,这是无形的判例。

总而括之,“法律”或是《法经》与《秦律》的总称,是相对稳定的法律规范;“令”、“事”是机动权变的法律规范。“法律”是“令”、“事”的指导原则,“令”、“事”是主法律”的补充。“法律”不足,“令”、“事”补之。“法律”不宜于时,“令”、“事”更之。“事”久而为“令”,“令”众而为“律”。法、律、令、事循环往复,互为因果,未有穷期。

(二)秦法律样式的历史地位

从法律样式和法的内在结构的角度出发,去揭示法的进化规律,无疑具有重要理论价值。在这个领域提出创见和重要命题的是穗积陈重和蒙文通。

日本法学前辈穗积陈重先生(1856—1926)在论述中国古代"子产铸刑书"、"赵鞅铸刑鼎"事件的意义时指出,这反映了古代法律由"弹性法"向"硬性法"的过渡。古代法律之所以常常带有"刑不可知,威不可测"的"秘密法"的色彩,其原因在于,"古来对于人民如有命令或禁令,皆公布其命令之一部分,至于制裁犯罪之部分,则不加规定,或严守秘密。即制裁法在古代有作为随意法者,有规定而不公示,而仅训示于裁判官等是也。故当时法律,常系半公开半秘密,所谓正义之神之秤与剑,则常藏诸神殿,不示公众。当此过渡时代,裁判官之行制裁,若有秘密法规时,则据以处断,否则完全由一己之自由裁量处断之。又古来法令之中,有仅警告人民不得犯法,而不明示如何制裁之方法者;""反之,古代法律,又有仅规定刑罚,而不定其罪;"这样,"罪刑皆各独立,其间无法规上之对当关系,惟由裁判官之自由裁量,使罪刑二者之间,生出关系而已。"更为重要的是,他还概括了中国古代法律进化的三阶段:"在其初期,五刑为绝对观念,而不明示其对当之罪;在其中期,则为概括的相对观念,而种别的明示其对当罪;在其终期,则为特殊的相对观念,而个别的明示其对当罪。"①

蒙文通在《古史甄微》中《秦之社会》的《刑制》一节论述道:"《左氏》言:夏作禹刑,商作汤刑,周作九刑。《甫刑》有墨、劓、膑、宫、大辟。《周

---

① [日]穗积陈重:《法律进化论》,黄尊三等译,中国政法大学出版社1998年,第144、145、146、147页。

官》有墨、劓、宫、刖、杀。此三代之刑经而法纬，刑可考而法难知也。《左氏文公十八年传》言：周公制作誓命，曰：毁则为贼，掩贼为藏，窃贿为盗，盗器为奸。主藏之名，赖奸之用，为大凶德，有常无赦，在九刑不忘。《荀子》亦曰：害良曰贼，窃货为盗。贼、盗、奸、藏，殆三代之法名也。秦用《法经》，汉以后沿之：一盗法，二贼法，三囚法，四捕法，五杂法，六具法。是法经而刑纬，法可考而刑难知也。此秦与三代之异也。"[①]他用"刑经法纬"，"刑可考而法难知"，和"法经刑纬，""法可考而刑难知"，概括了三代之法和秦代之法的本质特征，给我们留出很大想象的空间。

张国华从"体制"的角度论及战国成文法与以往法律的差异。他对《法经》的价值有一段精辟的论述："从《晋书·刑法志》的记载来看，《法经》在内容和形式上都有显著特点。其一是，它把'王者之政莫急于盗贼'作为指导思想，……其二是，它那六篇'皆罪名之制，'一反过去'以刑统罪'的旧传统，转而以罪统刑。这在刑法史上也是前所未见的新体制。"[②]从"以刑统罪"到"以罪统刑"，概括了战国"成文法"与以往"判例法"的形式差别。从而为我们的研究提供了一种全新的角度。

1. 三代之法：以刑统例

夏商周三代之法常以刑为名。如《左传·昭公六年》"夏有乱政，而作禹刑；商有乱政，而作汤刑；周有乱政，而作九刑。"其时立法为"单项立法"。所谓"单项立法"是国家单独制定颁布三种内容的法律规范：

A 项　稳定的刑罚制度；

B 项　半稳定的司法原则；

C 项　不稳定的禁与令。

---

① 蒙文通：《古史甄微》，巴蜀书社 1999 年，第 235 页。

② 张国华、饶鑫贤：《中国法律思想史纲》(上)，甘肃人民出版社 1984 年，第 176 页。

上述三项内容相互独立存在,不合于一典,它们之间不能发生因果逻辑关联。A项指五刑(墨、劓、剕、宫、大辟);B项如《左传·昭公七年》的"有亡荒阅",《尚书·吕刑》的"刑罚世轻世重",《左传·昭公元年》的"直钧则幼贱有罪",《易经》的"不富以其邻","无平不陂,无往不复","迷逋复归",《左传·文公六年》的"董逋逃,由质要"等法律原则或法律政策;C项是关于禁止和提倡某种行为,但不涉及具体后果及责任。如《尚书·费誓》:"无敢寇攘、逾垣墙、窃马牛、诱臣妾,汝则有常刑。"至于何为"寇攘",又处以何种刑罚,是不明示的,有待执政者根据具体情况临时处分。在各诸侯国,被分立的三项内容统称为刑或法。"单项立法"的结果是使判例故事成为最重要的法律规范,从而使法官则居于十分优越的主导地位。当时的审判方法是《左传·昭公六年》所谓"议事以制,不以刑辟"。孔颖达疏:"临事制刑,不豫设法"。"议事以制",议,选择;事,指先例、故事;制,裁断。意谓选择适当的先例、故事以为依据来裁判,不预先制定包括何种行为为违法、犯罪,又当给以何种处分这两项内容的成文法律。当时的法律规范主要由先例、故事组成。先例、故事整理和编纂的方式是在五种刑罚后面分别列出处以该种刑罚的先例。这种方法即《尚书、吕刑》所谓"五刑之属三千。"当时还不太讲究系统的罪名之制,故某一刑罚后面囊括罗列各种曾经处以该刑罚的犯罪之先例、故事。举例如下:

墨刑:先例甲(贼)、先例乙(盗)、先例丙(欺诈)……(从略)

劓刑:先例甲(贼)、先例乙(盗)、先列丙(欺诈)

剕刑:先例甲(贼)、先例乙(盗)、先列丙(欺诈)

宫刑:先例甲(贼)、先例乙(盗)、先列丙(欺诈)

大辟:先例甲(贼)、先例乙(盗)、先列丙(欺诈)

法官审判案件，就从这些文献中去寻找最为合适的先例、故事，作为审判的依据，即《周礼·秋官·司寇》所谓“司寇断狱弊讼，则以五刑之法诏刑罚以辨罪之轻重”；《周礼·地官司徒·遂师》所谓“比叙其事而赏罚”；《礼记·王制》所谓“必察小大之比以成之”。当时法官的标准是《国语·晋语》所谓的“直”和“博”：“直能端辨之，博能上下比之。”只有熟知历史典章故事者，才能正确定罪科刑。春秋时代直接参与审判事务的叔向、子产等，都是“习于春秋”“熟知训典”的知名政治家。

2. 战国之法：以法统令

战国是社会大变革的时代，又是变法的时代。法是国家制度的代名词。法家作为新兴天地所有者的政治团体，把他们的“法”说成是“公”的体观。当时的“法”是作为传统宗法社会和贵族政体的“礼”的对立物而出现的。所谓“变法”是改革国家政治制度和确立新的社会关系。以往被大量判例所维系的政治结构和社会关系已经过时，必须把它们赶下历史舞台。“法”正是政治斗争的工具，是变法的产物。变法以除旧更新为特征，以不断颁布新法令为方式。法令积累到一定程度就显得难于把握了。为了让官僚群体全面掌握法令，最好的方法就是分类编纂。对法令进行分类这种做法，春秋末期即已开始了。郑国子产之“刑书”盖有三篇之格局；晋国赵鞅之“刑鼎”著赵盾“夷蒐之法”，盖有四篇之格局。[①] 子产的“刑书”可能包含了诸项合一的色彩，具有反传统精神。因此叔向从政治角度出发批评之，而邓析则“以非为是，以是为非”，（《吕氏春秋·离谓》）“数难子产之治，”（《左传·定公九年》杜预注）则是从司法角度批评之。从鲁昭公二十九年（公元前 513 年）晋国“铸刑鼎”，至李悝（约公元前 455—前 395 年）“撰次诸国法，著法经，”大约又过了一个世纪。李悝在总结各诸侯国立法司法经验的基础

---

① 武树臣等：《中国传统法律文化》，北京大学出版社 1994 年，第 294—304 页。

上编纂了《法经》。《法经》有六篇:盗法、贼法、囚法、捕法、杂法、具法。在各篇之下应编集该类法令。法是纲,令是目,纲举目张。《法经》的可贵之处是出现了实体法与程序法的内在区分。由于史料缺乏,对当时法令编纂的具体情况已无法详知。我主观推测,当时的令恐怕有两种情况:一种是宣布应当做什么或不应该什么,但不规定其法律责任;另一种是同时宣布其法律责任。这些法令被加以分类,从三篇、四篇到六篇,于是出现《法经》。当时,在没有公布法律或者法条过于笼统宽泛之际,也许允许法官适度自由裁量。而当着到了秦律严格限制法官自由裁量的时候,那时的法律已制定得十分详尽了。今读秦简,法条规定之具体精确,司法解释之明白细致,毫不逊色于当今。因此,可以想象,当年秦朝的法官援引法条判案有如做加减法一样简洁而准确。

3. 秦国之法:以律统刑

从李悝《法经》到云梦《秦律》,大约过去了两个世纪。这正是封建社会由诸侯称雄向统一王朝转变的时期,也是成文法从确立到成熟的过渡时期。纵观睡虎地秦墓竹简,可知秦律比同时代其他诸侯国之法,已有了很大的进步。秦人文化水平不太高,官僚群体的文化水平也有限。况且,秦人不断扩张自己的领土,不断扩大自己的军队和官僚队伍。为了实现国家政权对秦人,并通过官僚机器对扩展的新领土之人民进行有效统治,除了武力之外,法律是最为有效的手段。秦人是一手执着刀戈,一手执着法典横行天下的。

为了充分发挥法律的规范作用,最有效的办法是把法律制定得越具体、细致、精确越好。这种一来,秦律便完成了诸项合一,即把A何种行为是违法、犯罪;B应当承担何种刑罚或责任;C法律原则或政策,这三项内容合为一处。这种法律是公开颁布的,又被广为宣传。这就做到了使法律“明白易知”,“妇孺皆知”。这种法律便成了确切意义上的成文法或制定法。

这种诸项合一的法令或行为规范，早在远古时代的战争誓命中就已初见端倪了。《尚书·甘誓》："左不攻于左，汝不恭命；右不攻于右，汝不恭命；御非其马之正，汝不恭命。用命赏于祖；弗用命，戮于社。予则孥戮汝。"该誓词立足于罚，将"不恭"的三种表现及其责任，说得十分具体。《左传·哀公二年》载晋赵鞅"铁之誓"："克敌者，上大夫受县，下大夫受郡，士田十万，庶人工商遂，人臣隶圉免。"该誓词立足于赏，将不同身份之赏格开列得明明白白。誓是在广众之中面对神灵发出的，其语言通俗易懂，使人入耳而难忘，便于大众传播。

战国时的学者们，曾经对这种诸项合一的新式法令进行概括。如《墨子·非命》："发宪出令，设为赏罚，以劝善沮暴"；《管子·立政》："凡将举事，令必先出，曰：事将为，其赏罚之数，必先明之。立誓者慎守令以行赏罚，记事致令，复赏罚之所加。有不合于令之所谓者，虽有功力，则谓之专制，罪死不赦。"这种严格"缘法而治"的办法，极大地提高了法律的权威。

在秦国的法律规范体系中，主要有法、律、令、事四种表现形式。正如《睡虎地秦墓竹简·语书》所谓"凡良吏明法律令事，无不能也"，

"法"是战国变法革新运动中既新起同时又被虚拟化的一个字眼儿，盖泛指国家制度，或特指《法经》之六法；"令"是临时发布的命令，具有不稳定性。如《语书》谓："法律未足，民多诈巧，故后有间令下者。"可见，令是法律的补充。"事"指"廷行事"，是审判中形成的具有特殊意义的先例、故事，是经过严格程序被确认的规范，也是制定法的补充。尽管我们还没有发现援引"廷行事"来判案的实例，而且我们也推测当时不大可能允许法官这样做，但是，法官在适用法律时曾经讨论过"廷行事"，说明它起码具有参考价值。

"律"是正式的比较稳定的占绝大比重的也是最重要的法律规范形式。以"某某律"为形式的如《田律》《效律》《军爵律》者，是其所调整的

某一社会领域的法律条文的集约化,因此多少带有后世单项法规的色彩。“某某律”有的是诸项合一的规定,故言“如律”、“以律”、“以律论之”;有的则不包含刑罚或处分,但大都明示“以某律论之”,“比某律论之”,“以某律责之”。从而依然保持了诸项合一的特征和效力。然而这种交叉之比于无意之间却给判例的创制开了方便之门。

秦国统治集团在两个方向上做得十分出色:一是详定律文。秦律文字精细,一望便知。这一特点,在《睡虎地秦墓竹简》中随处可见。如:“其以牛田,牛减絜(腰围),笞主者寸十”。用牛耕田,饲养不善,牛腰围每减瘦一寸,鞭打主者十下。再如:“城旦舂折瓦器、铁器、木器,为大车折鞣,辄笞之。值一钱,笞十。值廿钱以上,熟笞之,出其器。弗辄笞,吏主者负其半。又如:“五人盗,赃一钱以上,斩左止,又黥以为城旦;不盈五人,盗过六百六十钱,黥以为城旦;不盈六百六十至二百廿钱,黥为城旦;不盈二百廿钱以下至一钱,迁之”;二是司法解释。即通过经常性的司法解释,及时有效地指导司法。如:对律文“擅杀子,黥为城旦舂”的解释是:“今生子,……直以多子故,不欲其生,即弗举而杀之”。又如:“何为家罪?家罪者,父杀伤人及奴妾,父死而告之,勿治”。再如:“盗采人桑叶,脏不盈一钱,何论?赀徭三旬”;“父盗子,不为盗,今假父盗假子,何论?当为盗;”“殴大父母,黥为城旦舂。今殴高大父母,何论?比大父母。”[①]这两种手段有效地克服了成文法难以包揽无遗且不便随时立法的弱点,极大地提高了统治效率。

要而言之,秦“改法为律”,是当时政治、军事、经济、历史、文化传统等等诸多社会因素共同造成的。秦人尚律,是因为律适应了对内削弱贵族势力,鼓励人民勇于耕战,对外防止复辟,有效扩张等政治需要;秦人尚律,是因为律源于战争之誓辞,其辞通俗易懂,明白易知,且带有神

① 参见《睡虎地秦墓竹简》,文物出版社 1978 年。

之佐助，令人奋进而无畏；秦人尚律，是因为律源于军令，击鼓而进，鸣金而止，胜者进爵富且贵，败者无容身之地，足以使壮士一往无前；秦人尚律，是因为律精于定分，寸铢必校，公私分明，得者当得，损者当损，足以使民众循规守矩；秦人尚律，是因为律为天下公开之物，官吏权重，亦不敢违法以侵百姓，贤贵豪右，亦不敢非议法律以自宠。秦人尚律，是因为律可以并吞各国迟滞不进之旧法，足以为大一统之帝国奠定基业。事实证明，这种庞大、具体、精确的成文法体系，确实为秦帝国管理官吏、统制地方和统一天下，发挥了重要作用。

结语　秦文化、秦律与中华法系

没有秦文化就没有中华法系。秦文化传统是一个历史概念。它由大文化传统和小文化传统所构成。所谓大文化传统指东夷文化或殷商文化，秦之先民为皋陶之后，以玄鸟为图腾，与殷商民族同源。本来居住在“商奄”即后来的齐鲁一带，西周初年因变乱被迫迁徙至西陲，后发展成为诸侯国。① 因此，秦人祭祀蚩尤，以皋陶为祖先，自然继承了东夷民族和殷商民族的文化传统。这些传统包括善战尚律，厉行赏罚。东夷民族的“被发文身”与“髡耐”之刑有关，甲骨文中的“五刑”如黥劓刖在秦律中屡见不鲜；《尚书·大禹谟》载皋陶曰：“罪疑惟轻，”《尚书·吕刑》有赎赦之制，而秦简有大量关于赎赦的规定；《吕刑》有“五听”之法、“上下比罪”之方、法官道德（五过之疵）、重视证据等记载，秦简中有讯囚之方、比附类推、“吏有五失；”《周易》之“明夷”、《尚书·洪范》之“明用稽疑”实与秦简《为吏之道》之“听其有矢”一脉相承。以此可证，《吕刑》的作者吕侯很可能本属于殷商民族之一系。所谓小文化传统是

① 王洪军：《新史料发现与“秦族东来说”的坐实》，《中国社会科学》2013年第2期。

在春秋战国通过文化交流特别是变法实践形成的尊君尚法、信赏必罚等等。秦国之所以能够变法成功,从落后的西戎一跃成为强国,与其大文化传统和小文化传统的有机结合分不开。

秦文化对中华法系的影响是巨大的。从法统而言,秦文化确立了国家主义精神,在很大程度上打破宗法血缘纽带,把个人解放出来,使个人第一次直接与国家建立起简洁的权利义务关系,从而在古老的废墟上第一次建立起统一的多民族的超血缘的地缘国家。从法体而言,秦国不仅第一次把成文法发展到极致,使社会生活的各个领域无一例外地被法律所调节。值得注意的是,秦国法律在一定程度上还注意维护父系家庭秩序,第一次规定"不孝"罪,以及"家罪"和"非公室告"之制。因此,如果说到"中国古代法律的儒家化,"那么,可以说,"中国古代法律的儒家化"毫无疑问至迟应当以秦律为其始。

秦的"改法为律"以及经过长期实践缔造的秦律体系,代表了当时的中华民族运用逻辑思维和书面语言描述统治阶级意志和驾驭复杂社会生活的最高水准,展现了涵盖民事、刑事、行政、经济诸多社会生活领域的硕大无比的成文法的恢恢法网,宣示了我国成文立法所期达到的第一个峰巅。以"明白易知"为宗旨的成文法律第一次从贵族的庙堂里走向民间,成为寻常百姓见惯不惊的生活常识。如果我们绕过秦律带来的酷烈之风,我们似乎仍然可以感受到它的另一个历史功能——个体自然人第一次从血缘氏族的废墟上挣脱出来,与超血缘的国家建立了直接而简洁的权利义务关系。人们一边藐视着先天的血缘身份,一边通过自己的智慧、汗水和勇敢去开创未来。这种新式法律是公开的,它不仅约束一般民众的行为,而且也约束官吏,甚至也间接约束帝王个人的过分恣意妄为。不仅如此,秦律所凭借的律、令、事、比、式、程、课等所构建的法律体系,为后世历朝法律体系奠定了基础。特别是其中的"廷行事",在封建时代,在特殊社会背景下,经过朝廷的认可,它曾经演化成判例，如汉代的决事比例，宋元的断例，还有民初大理院的判例。它们在成文法空白或不宜于实用之际可以成为独立的法律渊源，在有成文法时可以成为与成文法律并行的诠释型辅助型的法律渊源。待判例积累到一定程度，最终被成文法所吸收。这种法律样式可以称为成文法与判例"并行式的混合法"；而在历代的绝大部分时间内，经过朝廷审批加工程序，大量原始案例被抽象提炼成为裁判要旨，即例，并且构成"以例辅律"的框架。例来源于审判实践，具有"与时偕行"的优点。它虽然从具体案例中加工而成，但是仍然比成文法条要具体得多。尽管它失去了其原始面目，但它的抽象性还是有限的。在法律适用中，例具有相对独立性和稳定性，甚至从表面上来看具有取代律文的作用。例通过不断的新陈代谢来保持自己的适用性。因此，虽然例最终可以被律所吸收，但是即使一时不被吸收，也可以有效避免成文法的僵化和锈蚀。这种法律样式可以称为成文法与例共同构成的"循环式的混合法"。"以例辅律"这种法律文献编纂方式，起码在《唐律疏议》中就已初见端倪，比如"疏议"就引用"令"、"格"。及至《大明律例》《大清律例》，已经达到十分完善的境地，中华民国亦承其绪，《六法全书》即以成文法和判例共同构成。"以例辅律"代表着"混合法"时代立法司法艺术的最高成果。它的价值是既克服了成文法的潜在僵化性，又克服了判例法的过于灵活性，从而完成了由成文法到判例、案例，再到成文法的循环往复。

第十七章　法家法律文化与法律实践(Ⅱ) 秦墓竹简与秦律

一、秦简的基本内容

睡虎地秦墓竹简，是1975年12月从湖北省云梦县睡虎地秦代墓葬中出土的大量秦代竹简，总计1155支。当时共发掘战国末至秦代墓葬12座。秦简系出自第11号墓。经考证，墓主人名喜，生于秦昭王四十五年(公元前262年)，秦始皇时曾任安陆御史、令史、鄢令史及狱吏。作为殉葬品的竹简，其内容大部分是法律条文、司法解释、治狱文书、勘验记录等。这些简策正反映了墓主的职业及爱好。

睡虎地出土的秦简经整理拼复后，内容有十种：《编年记》、《语书》、《秦律十八种》、《效律》、《秦律杂抄》、《法律答问》、《封诊式》、《为吏之道》、《日书》甲种、《日书》乙种。简文除大量法律条文、法律文书之外，还涉及当时政治、经济、军事、文化等广泛领域。

《编年记》逐年记载秦昭王元年(公元前306年)至秦始皇三十年(公元前217年)90年间统一战争中的重大战事，并记载喜的简要生平职历。

《语书》是秦王政二十年(公元前227年)四月初二日南郡郡守腾颁发给辖区各县、道官吏的一篇文告，要求属下严格施行新发布的“法律令”，否则以“不胜任”、“不廉”治罪。其中也有劝诫之词，有如后世“官箴”。

《秦律十八种》是对18种秦律的摘录。其中,《田律》、《厩苑律》是关于农田水利、牛马饲养的规定;《仓律》、《金布律》、《关市》是关于粮食保管、货币流通、市场关市方面的规定;《徭律》、《司空》是关于徭役征发、刑徒监管方面的规定;《工律》、《工人程》、《均工》是关于手工业劳动者管理的规定;《置吏律》、《军爵律》、《效》、《内史杂》、《尉杂》、《属邦》是关于官吏任免、军爵赏赐、官吏职务方面的规定;《传食律》是驿站伙食供给的规定。《行书》是关于传送文书的规定。《效律》是关于县和都官物资账目管理核验的规定。

《秦律杂抄》是对秦律律文的摘录,涉及的律名有《除吏律》、《游士律》、《除弟子律》、《中劳律》、《藏律》、《公车司马猎律》、《牛羊课》、《傅律》、《敦表律》、《捕盗律》、《戍律》凡十一种,所录内容与《秦律十八种》并无重复。

《法律答问》是以问答形式,对秦律特别是刑法中涉及定罪量刑和诉讼程序的条文、术语及律文本义,作出具体明确的解释,类似今天我国最高人民法院做出的具有法律效力的司法解释,对各级官吏和法官具有约束力。其中“廷行事”即判例九件。说明当时除成文法条之外,判例也具有一定参考价值。

《封诊式》共有25节,其中《治狱》、《讯狱》是对法官审理案件的要求,比如“勿笞掠”(不要刑讯),其余大体上是对案件进行调查、检验、审讯等程序的文书格式。其中列举各类案例,以供审案法官参考。

《为吏之道》有如后世官箴,是对为官者的各方面的要求和劝诫,如“吏有五善”、“吏有五失”之类。还有些词句如“君怀臣忠,父慈子孝,政之本也”,似儒家者言。尾部有《魏户律》、《魏奔命律》,体现了严禁商贾、赘婿、客店的精神。

《日书》甲、乙种是关于占卜的内容。反映了楚地的风俗习惯。

秦简的发现引起国内外学术界的广泛重视,并促进了对秦代法律制度的研究。《睡虎地秦墓竹简》一书的出版,为该研究提供了详实的原始材料。近年来关于秦简研究的论文已有数百篇,在某些问题上还引起争论。

二、秦律的基本精神

秦朝虽国祚短暂,但堪称成文法鼎盛时期。1975 年出土的秦墓竹简向我们展现了秦成文法的基本风貌。在"法治"精神的指导下,秦统治阶级极端重视法律建设,使天下事无大小皆决于法。

(一)"诸产得宜,皆有法式"

秦统治阶级作为新兴的剥削阶级,带有与旧贵族截然不同的气质:关心经济活动。从《睡虎地秦墓竹简》来看,大凡经济领域的农业生产、畜牧业、粮食保管、运输、手工业生产、商品交换、徒工培训、市场管理、徭役、渔业、林业、天灾的控制等等,均有相应的法律加以规定,即所谓"诸产得宜,皆有法式"。(《史记·秦始皇本纪》)这是统治阶级用法律手段管理经济活动的一次伟大创举。

(二)详而细哉,铢寸必较

秦统治阶级为使各级司法官吏明白无误地依法办事,以实现司法统一,故而将法条制定得十分详细,一览无余。如:"其以牛耕,牛减絜(腰围),笞主者寸十。"是说,用牛耕田,牛腰围每减瘦一寸,鞭打主事十下。再如:"城旦舂折瓦器、铁器、木器,为大车折鞣,辄笞之。值一钱,笞十;值廿钱以上,熟笞之,出其器。弗辄笞,吏主者负其半。"又如:"五人盗,赃一钱以上,斩左止,又黥以为城旦;不盈五人,盗过六百六十钱,黥劓以为城旦；不盈六百六十到二百廿钱，鲸为城旦；不盈二百廿以下到一钱，迁之。”这里把盗窃的人数和盗窃的赃物以及应受的处罚，列得一清二楚。

（三）法言法语，准确无误

为了让各级司法官吏准确地适用法条和正确地定罪科罚，秦统治阶级运用司法解释的渠道，对法律专门用语进行了简练明确的解释。如：对律文“擅杀子，黥为城旦舂”解释道：“今生子，……直以多子故，不欲其生，即弗举而杀之。”把“杀子”限制为：父母因多子之故擅自杀死自己刚出世的婴儿。又如：“何谓家罪？家罪者，父杀伤人及奴妾，父死而告之，勿治。”“何谓家罪？父子同居，杀伤父臣妾、畜产及盗之，父已死，或告，勿听，是谓家罪。”这两条解释从不同行为人的角度描述了“家罪”的全面含义，并对其行为的范围作了准确的限制。

（四）能严则严，寡恩少情

秦统治阶级在“以刑去刑”、“重轻罪”原则下本来对犯罪行为规定了十分严酷的刑罚，如：“盗采人桑叶，赃不盈一钱，何论？赀徭三旬。”何其严厉！在司法审判中遇到可严可宽的特殊情况，仍然从严处之。如：“律所谓者，令曰勿为而为之，是谓犯令；令曰为之弗为，是谓法（废）令也。廷行事皆以犯令论。”又如：“毋敢履锦履。履锦履之状何如？律所谓者，以丝杂织履，履有文，乃为锦履，以锦缦履不为，然而行事比焉。”“把其假以亡，得及自出，当为盗不当？自出，以亡论。其得，坐赃为盗，盗罪轻于亡，以亡论。”“求盗追捕罪人，罪人格杀求盗，问杀人者为贼杀人且斗杀？斗杀人，廷行事为贼。”“盗封啬夫何论？廷行事以伪写印。”这些都体现了能严则严、毫不手软的精神。

三、秦法律规范的表现形式

秦法律规范的表现形式十分丰富,除相对稳定的六篇法经之外,还有随时颁行的单行法规、法令、文告,司法中形成的判例、式、答问、爰书,还出现了与法律规范并行的官箴。

第一是法。法在广义上泛指秦法律的通称,在狭义上指《法经》六篇,即由六篇形式构成的秦的基本法典。它是最为稳定的法律规范,也会是其他法律规范的法律基础和指导原则。

第二是律。律是调整某社会领域的单项法规。秦简中有《田律》、《仓律》、《金布律》、《关市律》、《工律》、《捕盗律》等,加上《秦律杂抄》摘录的律条文中涉及的律名,共三十四种。

第三是令。令是国家临时发布的法律规范。《语书》说:"法律未足,民多巧诈,故后有间令下者。"又有"举劾不从令者,致以律。"《法律答问》有"何如为犯令、废令。"

第四是命书。命书是以国君名义发出的命令。《秦律十八种·行书律》:"行命书及书署,急者,辄行之。"命书在秦统一后指皇帝发布的诏制。

第五是事。事即廷行事,指司法审判的判例、故事、成例。当时审判案件应严格使用成文法条,但在特殊情况下又变通处理,形成判例。这种判例对以后同类案件的审理具有参考价值。《法律答问》有"盗封啬夫何论?廷行事以伪写印。"

第六是法律答问。法律答问的内容即司法解释,是对"法令之所谓"的具体说明。秦简中有《法律答问》一篇,用设问和回答的形式,对法律条文、名词术语进行官方的统一的注释。其中涉及最多的是刑法。如罪名的定义,各种罪的界限,量刑标准,适用刑罚的原则,等等。法律答问是法律的具体化或补充,其效力等同法律,如同封建时代的法律注释。

第七是式。秦简中有《封诊式》一篇,即检查勘验文书。其内容涉及审讯的一般原则,及有关法律文书格式的规定,并有具体承办案件的例文。

第八是爰书。爰书是司法机关在诉讼中使用的通行文书。《封诊式》中的爰书有诉辞、口供、证词、现场勘查、法医检验的记录,以及与案情有关的报告。

第九是文告。文告指地方政权在辖区内发布的法令、文告。秦简《语书》中说:"腾为是而修法律令。"

第十是官箴。官箴指地方或部门首长对属下的告诫劝勉之词。虽不属于法律规范,但对官僚们具有实际的约束力。《语书》中有:"凡良吏明法律令事,无不能也,又廉洁敦慤而好佐上";"恶吏不明法律令,不知事,不廉洁,无以佐上"。《为吏之道》中有:"凡为吏之道,必精洁正直,慎谨坚固,审悉无私……慈下勿陵,敬上勿犯。……临财见利,不取苟富,临难见死,不取苟免"。"为人君则鬼(读 Huai,下同),为人臣则忠,为人父则慈,为人子则孝。君鬼臣忠,父慈子孝,政之本也。"

四、秦律的基本特点

(一)明主治吏不治民

《韩非子·外储说右下》说:"明主治吏不治民"。在郡县制之下,郡县官吏管理百姓。因此,有道之君把任用管理官吏当作头等大事。其办法就是依法治吏。

秦的行政机构和职官分三个层次:中央、郡、县。中央行政机构有三公九卿。三公即丞相、太尉、御史大夫。丞相是百官之首,辅佐皇帝日理万机。太尉主掌军事。御史大夫掌管公卿奏事,举劾官吏。九卿即:奉常(宗庙礼仪)、郎中令(皇帝警卫)、卫尉(皇家卫队)、太仆(皇家服务)、廷尉(全国刑狱)、典客(外交)、宗正(宗室事务)、治粟内史(钱粮货物)、少府(赋税徭役)。此外,秦简所见还有主爵中尉(授爵)、司空(刑徒与工程)、典属邦(官吏少数民族事务)。郡的职官有郡守(一郡之长)、郡丞(司法)、郡尉(武装)、监御史(监察)、郡司空(刑徒与工程)。县的职官有县令(一县之长)、县丞(司法)、县尉(武装)、县司空(刑徒与工程)、县司马(军马)、亭啬夫(公共安全)。

秦重视职官的管理,形成一整套官吏任免制度。担任官吏需达到一定年龄,即壮年。《内史杂律》:"除佐必当壮以上。"《礼记·曲礼上》:"三十曰壮。"未受过行政处罚,即未"废"。《除吏律》:"任废官者为吏,赀二甲。""废官"是指已撤职永不叙用处分的人。"甲",指一副铠甲。其道德标准是"忠"和"诚仁"。《为吏之道》:"为人臣则忠。"《行书》:"老弱及不可诚仁者勿令。"还要具有一定能力。秦因能因功而授官。《除吏律》:"发弩啬夫射不中,赀二甲,免";"驾驺除四岁,不能驾御,赀教者一盾,免。""盾"即一副盾牌。业务标准是通晓法律法令。《语书》:"凡良吏明法律令","恶吏不明法律令"。不通晓法律令的不能继续为官。其选拔程序是经过现任职官的保举。《法律答问》:"任人为丞,丞已免,后为令,今初任者有罪,令当免不当免?不当免。"《史记·范雎列传》:"秦之法,任人而所人不善者,各以其罪罪之。"被保举的人在任时犯了罪,要追究保举者的责任。最后还要必须经过任命。《置吏律》:"除吏、尉,已除之,及令视事及遣之。所不当除而敢先见事,及相听从遣之,以律论之。"未有正式任命而私自到任的,以法论处。

秦时的官吏兼而负有行政责任、刑事责任和民事责任。在行政责任方面,规定官吏不履行行政职责的,要受到行政处分。最轻的处分是训斥（谇）。对轻微过失，如粮仓有两个鼠洞，把故意伤人罪误作斗殴伤人罪判刑的，都要训斥。稍重的处分是罚款（赀）。如《秦律杂抄》："伤乘舆马，决革一寸，赀一盾；二寸，赀二盾；过二寸，赀一甲。"《效律》：损失官府物资的，"过二百廿钱以至千一百钱，赀啬夫一盾。"较重的处分是免职（免）。《秦律杂抄》："县毋敢包卒为弟子，尉赀二甲，免。"私匿壮丁为弟子，包庇其逃避兵役的，免官。免官之后仍有机会复职。最重的处分是免职永不叙用（废）。《除吏律》："任废官者为吏，赀二甲。"对诸如听皇帝命书不起立致敬、非法领取军粮、武器供应不善、军马训练不合标准、生产连续完不成任务的，既罚款又"废"。

在刑事责任方面，官吏以自然人身份犯罪，自然与百姓一样被法律追究，即所谓"刑无等级"。秦律对官吏的职务犯罪，更要严加制裁。比如，官吏挪用或侵占公款，要"与盗同法"。《法律答问》："府中公金钱私贷用之，与盗同法。"又如，官吏合谋骗取爵位和赏金的，论罪。《捕盗律》："捕人相移以受爵者，耐"；《法律答问》："有秩吏捕阑亡者，以畀乙，令诣，约分购，问吏及乙论何也？当赀各二甲，勿购。"再如，保举他人做官，被保举人再任上犯罪，保举人负连带责任。最后，法官错判案件，要被追究"不直"、"纵囚"的刑事责任。

在民事责任方面，官吏执行职务时由于过失或不法行为，致使国家财产遭到损失的，应负有赔偿责任。《效律》规定，账目记录与实物不符，报销了不应报销的开支，"过六百六十钱以上，赀官啬夫一甲，而复责其出也"。还规定，粮仓漏雨，损坏了谷物，除罚款外，官吏要"共偿败禾粟"。《工律》规定，借出公物未及时收回，借者逃亡或死亡，借出公物的官吏只负赔偿公物的责任。

（二）重刑重罚

实行轻罪重判、重刑重判，是秦刑律的重要原则。法家否认教育的作用,认为人们的“好利恶害”自私自利的本性不能改变,只能用严厉的刑罚来制止犯罪。《商君书·说民》:“刑重其轻者,轻者不生,则重者无从至。”秦刑律完全秉承了法家严刑酷罚的精神。

重刑重罚的第一个表现是轻罪重罚。对轻微的犯罪行为处以重刑,是秦刑律的基本原则。《法律答问》:“五人盗,赃一钱以上,斩左止,又黥以为城旦”;“甲盗,赃值千钱,乙知其盗,受分赃不盈一钱,问乙何论?同论”;“或盗采人桑叶,赃不盈一钱,何论?赀徭三旬”;“宵盗,赃值百一十,其妻、子知,与食肉,当同罪”。五人共同盗窃,赃物在一钱以上,断去左足,黥为城旦;甲盗窃,赃值一千钱,乙知道甲盗窃,分赃不满一钱,与甲同样处罚;偷摘别人的桑叶,价值不到一钱,判罚服徭役三十天;有人夜间盗窃,赃值一百一十钱,其妻、子知情,与其一起用钱买肉吃,其妻、子同样论罪。有些行为本属道德范畴,秦刑律也科以重刑。《法律答问》:“同母异父相与奸,何论?弃市”;“有贼杀伤人[illegible]术,偕旁人不援,百步中比野,当赀二甲。”“免老告人以为不孝,谒杀,当三环之不?不当环,亟执勿失。”同母异父的人通奸,处以弃市;有人在大道杀伤人,在旁边的人不加援救,其距离在百步以内的,应与在郊外同样论处,罚二甲。老人控告儿子不孝,要求判以死刑,应否经过三次原宥的程序?不应原宥,立即拘捕,勿令逃走。

重刑重罚的第二个表现是从重加重。秦刑法以重刑为著,但在司法审判中还要贯彻从重加重的原则。这主要表现在以下几个方面:首先,故意犯罪重于过失犯罪。“失刑罪”是法官过失错判,只处以训斥。《法律答问》:“甲贼伤人,吏论以为斗伤人,吏当论不当?当谇。”而“不直”和“纵囚”是法官故意犯罪,判处赀盾;其次,共同犯罪重于个体犯罪。《法律答问》:“夫、妻、子五人共盗,皆当刑城旦”;“五人盗,赃一钱以上,斩左止,又黥以为城旦”,就是证明;第三,累犯加重。犯罪人在服刑中又犯新罪,要加重处罚;第四,教唆犯罪的从重。《法律答问》:“甲谋遣乙盗杀人，……何论？当磔。”对教唆杀人的，车裂之。

重刑重罚的第三个表现是族诛连坐。族诛指亲属间负连带责任。《法律答问》：“盗及诸它罪，同居所当坐。”同一母亲所生而未分居的兄弟，在犯盗窃罪和其他罪的情况下，都适用家属连坐法。其他犯罪主要指政治犯罪和逃避徭役的犯罪。但事先揭发举报的，可以得免。伤害、杀人、诬告、行贿等，不适用亲属连坐法。连坐指具有特定关系的人负有连带责任。首先是邻里连坐。商鞅变法，“令民为什伍，而相牧司连坐”。居民五家为保，设典老，即保长。一家有罪，株连四邻，但举报可免坐。《法律答问》：“何谓四邻？四邻即伍人谓也。”依秦律，盗窃及类似犯罪，“同居、典、伍当坐之”。其次是职务连坐。《效律》：“尉计及尉官吏即有劾，其令、丞坐之，如它官然。”县尉的会计以及县尉官府中的吏如犯有罪行，该县令、县丞也要承担罪责，和其他官府一样。

（三）“罪刑法定”与适用判例

秦刑法中的“罪刑法定”精神，是与春秋战国颁行成文法典的法治潮流相一致的。根据这一精神，何种行为是犯罪行为，对该犯罪行为人又处何种刑罚，都有具体明白的规定，并向民众公布。这就排除了以往“议事以制”的判例法，也避免官吏的罪刑擅断。这种新的理念和制度，其政治目的在于有效控制人民和维护中央集权的君主专制政体。

秦刑法对各类犯罪和刑罚均有详细具体的规定。如《盗律》中对行为人的规定，对盗窃对象的规定；《贼律》中对侵害方和被侵害方的规定，对各种伤害方式的规定，就是证明。法官审判案件，必须严格依照成文法条，既不能援引所谓习惯法，也不能凭借自己的主观判断。“从新出土的《法律答问》中看，秦律没有任何承认习惯法的痕迹。其中只有就成文法进行解释，而没有任何从习惯法的说法或暗示。”①法官一

---

① 栗劲：《秦律通论》，山东人民出版社 1985 年，第 179 页。

旦背离“罪刑法定”原则,将招致严重后果。“失刑罪”、“不直罪”、“纵囚罪”就是关于法官犯罪的专门规定。值得注意的是,秦律不仅重视法律在空间上的一致性,而且还重视法律在时间上的一致性,这就是法律不溯及既往。《法律答问》有:“或以赦前盗千钱,赦后尽用之而得,论何也? 毋论。”问:有人在赦令颁布之前曾盗窃一千钱,赦令颁布后将钱花费,因此被拿获,应如何论处? 答:不予论处。又有“会赦未论。又亡。赦期已尽六月而得,当耐。”有人犯罪,由于遇到赦令而没有处罚。现在又逃亡,赦令限定日期已过六个月才被捕获,应处以耐刑。《为吏之道》总结道:“毋罪无罪,毋罪可赦。”不要处罚无罪的人,也不要处罚应当赦免的人。可见,秦刑法中确实体现出类似“罪刑法定”的原则。

从理论上来看,创制和适用判例的作法是与“罪刑法定”原则相矛盾的。“判例”盖即“廷行事”。王念孙《读书杂志》引刘敞:“行事者,言已行之事,旧例成法也。汉世人作文言行事,成事者,意皆同。”[①]廷行事是在法律无明文规定或规定得过于宽泛、笼统的特殊情况下,经逐级上报被批准而形成的特例。虽然我们还没有发现司法当中直接引用廷行事的例证,但是可以推测,这种特例经司法解释认可而获得与法律条文同等的效力,与法条并行而不悖。

判例的产生渠道称作“比”,即“比附”、“类推”。《法律答问》:“殴大父母,黥为城旦舂。今殴高大父母,何论? 比大父母。”殴祖父母,应处黥刑并城旦舂。现在有人殴曾祖父母,如何处罚? 比照殴祖父母处罚。比的结果就形成了一个新的判例。在审判中,廷行事是在无法律条文引用同时也没有相近的法律条文可以比附的条件下,经过一定程序创立出来的。如《法律答问》:“实官户关不致,容指若抉,廷行事赀一甲”;“实官户扇不致,禾稼能出,廷行事赀一甲”;“空仓中有荐,荐下有稼一

---

① 王念孙:《读书杂志》第二册,上海古籍出版社2014年,第865页。

石以上，廷行事赀一甲，令史监者，一盾”；“仓鼠穴几何而当论及谇？廷行事鼠穴三以上赀一盾，二以下谇。鼷穴三当一鼠穴。”仓库门闩不紧密，可插进手指，判例罚一甲；仓库门扇不紧密，谷物漏出，判例罚一甲；空仓草垫下遗漏谷物一石以上，判例罚一甲；判例，仓中有鼠洞三个以上罚一盾，两个以下应训斥。显然法官认为上述行为已经违法或构成犯罪，虽然没有法律条文，但仍然应当处罚。以上判例就是在法无明文规定的情况下根据法律政策创制出来的。这种判例弥补了法律条文之不足。

还有一类判例是纠正成文法条之不当的。《法律答问》：“百姓有债，勿敢擅强质。擅强质及和受质者，皆赀二甲。廷行事：强质人者，论。予者不论。和受质者，予者论。”百姓之间有质，债权人不得强索人质，强索人质及债务人同意交付人质的，都罚二甲。判例：强索人质的论罪，交付人质的不论罪。但双方同意以人质抵押的，双方都要论处。法律规定强行索取人质的和被迫交付人质的都要同等处罚，显然不尽合理，而判例则纠正了法条的不当之处。“秦统治集团在司法实践中，不断地总结经验，以廷行事和认定类推案例的形式，订正、补充和扩展成文法的内容。这种不断完善法律制度的努力，也是不断扩大实行罪刑法定主义范围的表现。”①

秦统治者太真爱成文法了，但成文法又偏偏有缺欠，那么只有采取判例的方式加以补救了。可以相信，在每一个廷行事背后都有一个原始案例，只是基于法律文献整理或援引的方便，那些原始案例的文字便常常被隐去，只留下简练的法律术语。在外行人士看来，这些法律术语与成文法法条几乎已经无法分清了。但是司法行家却心知肚明。这些法律术语经过积累之后，遇到国家立法的时候便被新的法典所吸收。

---

① 栗劲：《秦律通论》，山东人民出版社 1985 年，第 183 页。

(四)重视证据与依法刑讯

司法机关根据法律规定和相关证据,对案件作出判决。有些案情复杂的案件,判决后须呈报上级批准,始得生效。当事人对判决不服的,可以申请复审。《法律答问》:"乞鞫者,狱已断乃听。"证据是判定案件的重要依据。证据包括:一、物证。如《群盗》中的"弩"、"矢"。二、书证。如《法律答问》中的"投书"。三、证人证言。如《封守》中记载的里典、同伍的证词。四、鉴定结论。如《封诊式·疠》对麻风病人检查的鉴定结论。五、现场勘验报告。如《封诊式》中关于杀人、偷盗案的现场勘验报告《贼死》、《经死》、《穴盗》。

在案件审理中,原告被告均须到廷。在有证据的情况下,被告人仍狡辩的,可以刑讯。《治狱》:"治狱,能以书从迹其言,毋笞掠而得人情为上,笞掠为下,有恐为败。"《讯狱》:"凡讯狱,必先尽听其言而书之。"发现矛盾之处后再反复讯问,对不如实交代多次改变口供的,"其律当笞掠者,乃笞掠,笞掠之必书曰:爰书:以某数更言,无解辞,笞讯某。"审理的经过要完整记录下来。刑讯的情况也要如实记录。可见,秦时的刑讯是法定刑讯,要如实记录,这与后世官吏上下其手、私刑逼供还是有区别的。

(五)维护家庭秩序

秦律规定,缔结婚姻必须向官府登记才有效,否则,不受法律保护。《法律答问》:"女子甲为人妻,去亡,得及自出,小未盈六尺,当论不当?已官,当论。未官,不当论";"弃妻不书,赀二甲"。女子甲为人之妻,私逃,被捕或自首,如年少,身高不满六尺,应否论处?婚姻经官府认可的,应论处;未经认可,不应论处。丈夫休弃其妻而不报官登记,罚二甲。夫妻与第三方通奸是被严禁的,重婚也是被禁止的。"女子去夫亡”，与他人“相夫妻”，要“黥为城旦”。“夫为寄豭，杀之无罪。”（《史记·秦始皇本纪》）杀死与他人通奸的丈夫是被允许的。

在家庭中，父家长享有一系列特权，包括对子女有权鞭笞甚至杀死的权力。《法律答问》：“父母擅杀、刑、髡子及奴妾，不为公室告”；“子告父母，臣妾告主，非公室告，勿听”；若“而行告，告者罪”。在财产关系上，有“父盗子，不为盗”的规定。父家长可以因子女不孝而告官，要求官府对子女施以断足、流放之刑甚至杀死。官府应马上前往捕拿，勿使逃亡。《法律答问》：“免老告人以不孝，谒杀……亟执勿失”；《封诊式·告子》：“甲告曰甲亲子同里士伍丙不孝，谒杀，敢告。即令令史已往执”；《封诊式·迁子》：“某里士伍甲告曰：谒鋈亲子同里士伍丙足，迁蜀边县，令终身毋得去迁所，敢告。……今鋈丙足……以县次传诣成都。”可见，即使是在子壮分户的情况下，父家长的权力仍然得到国家法律的拱卫。秦律的规定一直被后世法律所沿用。如《大清律例·刑律·诉讼·子孙违犯教令》例文：“其有祖父母、父母呈首子孙，恳求发遣，及屡次违犯，忤逆显然者，即将被呈之子孙，发烟瘴地方充军。”①

在秦简中，房屋、树木、衣服、器具、牲畜、奴隶等，都可作为继承的对象。同时，一般的债务，在债务人死后，也由其子女继承。在“家富子壮则出分，家贫子壮则出赘”（《汉书·贾谊传》）的习俗下，幼子应当成为父母财产的继承人。在夫妻之间，“妻有罪以收，妻媵臣妾、衣器畀夫”，夫是妻财产的法定继承人。在特殊场合，指定继承人常常要经过官府登记认可。《法律答问》：“何谓后子？官其男为爵后，及臣邦君长所置为后太子，皆为后子。”经官方认可其子为爵位的继承人，臣邦君长立为后嗣的太子，都是后子。在无子情况下，对财产继承也实行指定继承。“士伍甲无子，其弟子以为后。”弟子即甲兄弟之子。被指定的继承

---

①　马建石、杨育棠：《大清律例通考校注》，中国政法大学出版社1992年，第895页。

人是与被继承人血统最近的男性晚辈。

结语　秦简的学术价值

秦简的发现对于中国法制史研究具有重大意义。首先,它再现了秦代法制的概貌,填补了秦代法制研究的空白。对于秦国的法律制度,由于《史记》、《商君书》、《韩非子》等文献直接或间接的介绍,故多少有所了解。而秦代法律制度的情况,由于秦帝国历史短暂,“二世而亡”,尔后世人对秦政又多有贬抑,故关于秦代法律可以说语焉未详。《史记·秦始皇本纪》载刻石铭文:“诸产得宜,皆有法式”。是说经济领域的各个方面,已都有详备的法律制度加以调整。但其具体情况如何,又不得而知。秦简则以大量的法律条文告诉人们,在秦代,从土地管理到耕牛的使用,从仓库管理到货币流通,从市场物价到劳役,从手工作坊到器物的质量等等,均有相应的法律条文加以规范。这些文献资料证明,“诸产得宜,皆有法式”决不是溢美浮夸之词。

其次,它给先秦法律思想史研究以重大启示。人们都知道,战国时代,儒家与法家在政治、法律方面的主张是针锋相对的。一般来说,人们往往注意到两家相互对立的方面,而忽视它们相互渗透和结合的方面。虽然人们早已注意到荀子将儒法融而为一的理论,但对其理论的社会基础还缺乏更详尽的探索,对“礼法统一”这一新动向在社会生活中的反映还知之甚少。秦简中的《为吏之道》,以“君怀臣忠”、“父慈子孝”等明确的语言告诉人们,在秦代,虽然标榜法家“以法治国”的口号,但实际上,儒家思想已经渐渐渗透到官吏队伍中来。而且,秦律中也有“不孝”罪,父母以子女“不孝”而告官的,官吏要马上制裁。可以预想,如果秦朝国祚长久,儒家思想的影响还会逐渐扩大,并最终将与法家理论完成新的融合。

第三，从古代法典发展史的角度来看，学术界常常追述李悝《法经》六篇，此后汉初又增为汉律九章，及至唐律十二篇而定型。但李悝《法经》六篇的具体内容已不可考。从秦简律文的内容来看，秦律确实有六篇的结构，这是商鞅依据《法经》"改法为律"的证明。从而填补了成文法沿革历史的一个空白。

第四，在律学(法律注释)方面，学术界比较注意汉代的私家注律和《唐律疏议》等，对汉代以前的律学知之甚少。从秦简的《法律答问》来看，在秦代，对成文法条和法律名词术语的解释已经相当发达，而且受到官方的严格指导和控制，从而把我国历史上的律学的源起大大提前了。

第五，在古代法医学方面，过去学术界常常提到宋代的《洗冤集录》，认为宋代的法医学已达到空前发达的程度。秦简中的《封诊式》告诉我们，早在秦代就已经积累了大量法医学方面的经验，从而再现了中国古代法医学的源头。

第六，在司法审判方面，有两点值得注意：一是严格依照法律条文来断案，法官不得发挥个人的主观见解。遇到法无明文规定或法律条文内涵不清楚时，要逐级上报。与此同时，极少量的案例(廷行事)也发挥着潜在的作用。二是在证据与口供的关系上，当时，一方面重视物证及其他证据材料，比如《封诊式》中详细记载犯罪现场或伤情，为定罪科刑提供证据；另一方面又偏重口供，并规定在一定情况下使用刑讯("其律当笞掠")，这是我国封建社会刑讯制度的最早记录。

总之，云梦秦简以其不可辩驳的真实史料，再现了两千年前的法律实践活动，从而为中国法史研究提供了生动具体、丰富多彩的史料。

第十八章　法家法律文化与法律实践(Ⅲ)法律艺术与法律教育

一、法律艺术

在“成文法”时代，法律艺术得到长足的发展。这是由于，在“判例法”时代，法律实践活动表现出极大的分散性，立法和立法的统一，在当时诸侯割据、大夫专权、政在家门的状态下是无法实现的。同时，除了制定重大法律政策、原则和法令之外，立法活动与司法活动混然为一，两者尚未分离。法官既是司法者又是立法者，判例成为主要的法律规范。法律实践活动对法律艺术没有提出更多的要求。但是，在“成文法”时代，立法、司法活动首先在诸侯国领域内被统一起来。同时，立法活动与司法活动成为分离的两个过程。立法机构依照法定程序制定成文法律，司法机构依照成文法律进行审判。一切活动都要严格合法和准确。在这种情况下，就要求立法者和司法者具备专门的法律技术和方法。

(一) 立法艺术

立法艺术主要分立法组织与程序、法律规范的表达方法两方面。

1. 立法组织与程序

在“成文法”时代。国君与重要大臣共同讨论重大立法问题，已成常规。商鞅变法期间《垦草令》的制定就是一例。《商君书·更法》载："孝公平画，公孙鞅、甘龙、杜挚三大夫御于君，虑世事之变，讨正法之本，求使民之道。"秦孝公说："今吾欲变法以治，更礼以教百姓，恐天下之议我也。"接着诸位大臣各抒己见。最后孝公采纳商鞅的意见，说："寡人不之疑矣"，于是，遂出《垦草令》。秦朝确立郡县制也是这样。《史记·秦始皇本纪》载：丞相王绾"请立诸子"，封侯建国，始皇"下其议于群臣，群臣皆以为便。"唯李斯反对，他说："今海内赖陛下神灵一统，皆为郡县，诸子功臣以公赋税重赏赐之，甚足易制，天下无异意，则安宁之术也，置诸侯不便。"最后始皇采纳李斯的意见，说："廷尉议是。"君臣共议立法事宜而由君主最后裁决，这是当时立法的既定模式。

2. 法律规范的表达方式

法律规范的表达方式或技术要求主要有两项：一是要做到"明白易知。"《商君书·定分》说"微妙意志之言，上智之所难必，"故圣人为法，必使乏明白易知，名正，愚智遍能知之，""万民皆知所避就，避祸就福，而皆以自治也。"二是简练准确。《睡虎地秦墓竹简》法律答问有："擅杀子，黥为城旦舂。其子新生而有怪物其身不全而杀之，勿罪。"把"杀子"的犯罪行为概括为：杀死自己新生的无怪物、肢体完全的婴儿，措辞简明扼要。①

（二）司法艺术

司法艺术包括审判方法、司法勘查检验技术和法律咨询艺术。

1. 审判方法

春秋判案，带有很大程度的或然性。比如，子产断案注重案件当事

---

① 参见《睡虎地秦墓竹简》，文物出版社1978年，第181页。以下未注明者皆源于此书。

人的血缘身份,以"直钧则幼贱有罪"(《左传·昭公元年》)的"礼治"原则做出裁判。叔向则引用《夏书》断案。(《左传·昭公十四年》)但是,战国以降,由于成文法的不断制定和公布,这种司法的或然性或不确定性逐渐得到控制,司法活动逐渐走上专业化的轨道。

《睡虎地秦墓竹简·封诊式》指出:"治狱,能以书从迹其言毋曾晾前得人情为上,笞掠为下。有恐为取。"是说,在审讯中凡晚艘据被告人的口供发现破绽、线索而进行追查,不使用刑讯逼供的办法就能获得犯罪实情的,是上策;用刑讯获得真情的是下策。之所以这样,是担心造成错案。值得注意的是,《睡虎担秦墓竹简》注释"有恐为败"为"恐吓犯人,是失败。"我以为恐不妥。"有恐为败"是对以上见解的总结之语,意即担心造成错案。

关于"以书从迹其言"的审问方法,《封诊式》说:"讯狱、凡讯狱必先尽听其言而书之,各展其辞,虽知其他(欺骗),勿庸辄诘。其辞已尽书而无解,乃以诘者诘之。诘之又尽听,书其解辞,又视其它无解者以复诘之。"是说,审讯被告,必须听完他们的陈述,并一一记录。虽发现他们在说谎,也不能随时反驳。等他们陈述完毕无话可说了,再找出应当发问的问题。问了之后又听其陈述,再发现其中的矛盾。这样被告难于自圆其说,理屈词穷,就会吐出真情。

2. 司法勘查技术

《封诊式》保留了《贼死》、《经死》、《穴盗》、《出子》四份法律文件。这是迄今为止发现的最早的刑事勘查记录。《贼死》记录了一宗凶杀案的勘查过程,详细地记载了被害人的衣着、身长、年龄、肤色、发型、尸体方位、刀伤的数目、部位、深度以及周围的环境,并记录了报案、询问证人、勘查尸体、呈送物证的细节。《经死》是对一件自缢(上吊)案的现场勘查记录。记载着尸体的位置、特征、绳索的粗细长度、血污及身体各部位的情况。《穴盗》对一件盗窃案犯罪现场记录得十分细致。如房间周围环境、洞穴的位置、大小、犯罪者手、脚、膝部留下的痕迹及其特征。《出子》记录了一个因斗殴致使女方流产的勘查结果。记载着被害人的年龄及创伤流血等情况。并注明：检验人员是一位多次生育的妇女。从这些文件看来，秦代的司法勘查制度已经十分完备了。案发后，司法人员立即赶到现场，搜取物证，询问证人，尽量详尽地把握现场情况并记录下来。这些措施对于及时侦破案件是十分有利的。

3. 司法检验技术

秦代司法人员在总结以往经验的基础上，掌握了比较丰富的司法检验技术。对"经死"案件，司法官不仅注意区别自杀和他杀，而且还总结一套鉴别方法。如：舌不吐出、颈部无血、头部不能从绳套中脱出，这些情况可能是他杀的迹象。对因斗殴致使妇女流产案，司法人员专门检验凝血状胎儿。其方法是用布将血块包好房子水中摇动，冲出血污，然后打开仔细辨认。秦代对犯罪麻烦病人往往处以"生理"之刑。因此，对麻风病的鉴定便具有法律意义。法官总结出一套检验方法，如：眉毛脱落、鼻梁断陷、手背无汗毛、声音嘶哑、两腿不能正常行走，都是确定麻风病的重要症状。这种检验技术虽然不尽科学，但这是长期实践的总结。[①] 这些知识和技术被后世继承并发展，造成了法医学的繁荣。

4. 法律咨询技术

法官的职责之一是回答臣民的法律询问。《商君书·定分》载："吏民欲知法令者，皆问法官。故天下之吏民无不知法者"；"(吏)遇民不循法，则问法官，法官即以法之罪告之，民即以法官之言正告之吏，吏之其如此，故吏不敢以非法遇民"；"诸官吏及民有问法令之所谓也于主法令之吏，皆各以其故所欲问之法令明告之"，"主法令之吏不告，及之罪，而

---

① 参见《睡虎地秦墓竹简·封诊式》。

法令之所谓也,皆以吏民之所问法令之罪,各罪主法令之吏”。法官回答的内容要写在左右券上,左券给询问者,右券由法官收藏。

(三)法律文件管理艺术

法律文件管理艺术包括法律文件的制作、传递、学习和整理。

1. 法律文件的制作

秦律对法律文件的制作有十分严格的规定。如:“有事请也,必以书,毋口请”;“讯狱,必先尽听其言而书之”;“笞掠之必书曰:爰书:以某数更言,无解辞,笞讯某”;小隶臣“其非疾死者,以其诊书告官论之”;定期上报谷物数量,“到十月牒书数,上内史”;工匠“盈期不成学者,籍书而上内史。

2. 法律文件的传递

下发法律文书必须得到上级的批准,否则“勿敢行,行者有罪”。对急件必须及时下发,“勿敢留,留者以律论之。传送或收到法律文书,必须登记日期,“书有亡者,急告官”;“宜到不来者,追之。”发行伪造的文书,皆有罪当罚。

3. 法律文件的学习

官吏应熟知自己职责范围内的法律,“县各告都官在其县者,写其官之用律。”法官要在法定期限内熟知法令:“下法令之吏有迁徙物故,辄使学读法令所谓,为之程式,使日数而知法令之所谓,不中程,为法令以罪之。”法官遗忘法令,有罪:“各主法令之人,敢忘行主法令之所谓之名,各以其所忘之法令罪之。”

4. 法律文件整理艺术

秦律有“岁雠辟律于御史”,即每年到御史那里核对法律的规定。《商君书·定分》也有“一岁受法令以禁令”,即每年把所收藏的法令颁给官吏的记载。国家设“禁室”专门收藏法令,平时“封以禁印”,不得开拆，擅入禁室偷视法令或损益一字以上，罪死不赦。法官在回答法律问题时，将回答的内容写在左、右两券上，左卷给提问者，右券藏入“禁室”，“封以法令之长印。即后有物故以券书从事。”

“成文法”时代的法律艺术发展到空前繁荣的阶段。它作为“成文法”时代法律文化的重要遗产而留给后世。

二、法律教育

在战国时代，法律研究和教育有了长足的发展。这主要分战国和秦朝两个时期。

（一）战国“亦私亦官”的法律教育

战国是我国封建制度形成和确立的时代。当时学术活动十分兴盛，出现儒、墨、道、法诸子百家争鸣的新气象。在法律教育方面各家各派在彼此的对立与争辩中，注意研究法学基本理论问题，积累了比较丰富的法律知识，形成比较系统的法律思想，并且努力用自己的政治法律主张来影响各诸侯国统治者。

儒、墨、道诸家在宣传自己主张的过程中，形成各自的私人讲学活动，其中也包括法律教育内容在内。儒家不仅完善了“礼治”“德治”、“人治”思想，而且还涉及法律常识和司法原则。如《孟子·万章下》说：“非其有而取之者，盗也”。给盗窃罪下了一个比较确切的定义。《荀子·王制》有：“有法者以法行，无法者以类（案例）举”。意思是，对某种具有社会危害性的行为，有法律明文规定的，就依法定罪判刑，没有法律明文规定的，就适用类推。这是一条重要的司法原则。墨家的法律教育颇重实践。墨家团体有自己的法规——“墨者之法”。遵守“墨者之法”是墨家成员的必备条件。谁违犯这个法规，就严格予以制裁。墨家有位领袖的儿子,犯了杀人罪,当时的国君已经赦免了他的死罪,但这个领袖仍依“墨者之法”将儿子处死。墨家还注意研究法律理论问题。比如《墨子·经上》有:“罪,犯禁也”;《墨子·经说上》说:“罪不在禁,唯(虽)害无罪”。意思是,一种行为不在禁令规定范围之内,虽然具有危害社会的结果,也不算犯罪。在对犯罪概念的研究上有独到的见地。道家与儒、墨、法相对立;宣扬法律虚无主义,并且从“天道”中探求其理论依据,这就形成比较丰富的法哲学理论。总之,法律教育内容的深化,必然促进法律教育发展到一个更高的水平。

法家是先秦最重视法律作用,而且对法律最有研究的一个学术派别。他们所致力的“刑名法术之学”,既有理论性,又有实践。性。因此,他们关于法律的理论、观点,对繁荣我国古代法律文化园地做出了、杰出的贡献:而且,许多法家代表人物曾经主持诸侯国变法,参与国家的立法、司法活动,兼具法学家和政治家的双重身份,这就使法家的法律教育具有“亦私亦官”的色彩。

法家法律思想的特点是实践性。就某种角度而言,法家的法律主张只有被君主采纳了,才能够实现。因此,法家的法律教育不仅施之于学派内部,而且还注意影响当时的统治者。韩昭侯就是在申不害影响下处处注意循名责实、严明赏罚的。一次,韩昭侯醉眠榻上,“典冠”(官名)怕他受凉,给他盖上一件衣服。他知道了以后,既惩罚了典冠,又惩罚了“典衣”(官名),因为前者“越权”,后者“失职”。这正是法家重视“上层教育”的结果。

当时的法律教育是与法官的选拔、培养相联系的。以商鞅变法后的秦国为例,当时法官的来源,一般是将基层明晓法律的官吏,经逐级推荐后由国君批准正式任命的。法官如果凭自己的理解来随使解释法律的内容,就要受到处罚。法官平时要训练自己的属员,让他们熟悉法律条文的含义和审判的注意事项,并命令他们在一定时间内通晓法律条文,否则也要处罚。国君颁布了新的法令之后,法官和属员首先要学习、弄懂这些条文,然后回答人们的问询。同时还注意法律、法令、案例的保存、整理,法官离任或死亡,新任法官就按照这些材料继续进行审判工作。

(二)秦朝“以吏为师”的法律教育

秦统一六国后,建立了中央集权的封建君主专制制度,由朝廷统一立法、司法。同时采纳李斯“以吏为师”的建议,禁绝私学,逐渐垄断法律教育。

“以法为教”、“以吏为师”是韩非提出的文化专制主义政策。法臣不仅主张用法律来制约人们的行为,而且还强调用法律来统一的思想。他们认为最好的治国办法是不让人们产生犯罪意图:“禁奸之法,太上禁其心,其次禁其言,其次禁其事”。(《韩非子·说疑》)这样,自然把一切私人教育活动视为推行法治的障碍。所谓“儒以文乱法,侠以武犯禁”(《韩非子·五蠹》),“私学而相与非法教”。因此,自商鞅变法后就“燔诗书而明法令”,树立法律的最高权威。秦王朝则下令“焚书”:“非博士官所职,天下敢有藏诗书百家语者,悉诣守尉杂烧之”。“令下三十日不烧黥为城旦”,“有敢语诗书者弃市”。儒家等诸家的思想材料和教材都成了违禁品。要想学习文化知识,只能学习法律,以法官为老师:“今天下已定,法令出一,士则学习法令辟禁”,“若欲有学法令,以吏为师。”(《史记·秦始皇本纪》)在这种情况下,当时的法律教育不仅是一家独营的官方教育,而且还成了唯一的文化教育。

这种官府独办的法律教育,实质上成了国家司法活动的附属物,使法律教育的内容、形式变得狭窄而单一。由于禁绝私学,使本来比较丰富的诸家法律思想成为异端,从而窒息了包括法家在内的法律思想和法律教育活动的正常发展,僵化了法律教育的灵魂。

秦朝重视法制建设。当时,社会生活的各个领域已“皆有法式”。与此相适应、司法活动必须深入社会生活的各个领域。这就需要国家统一指导各地司法,并造就大批的执法之吏。因此,秦朝的法律教育就以中央政府对各级法官的司法指导、业务培训为中心内容。

秦朝法律教育主要有以下几方面:

1. 司法业务教育

秦朝以“明法律令”为“良吏”的必备条件,因雌十分强调提高各级法官的业务水平。中央政府对地方各级司法机关提出的问题,包括秦律条款的内容、名词、术语等等,均明确做出答复。这些内容被整理成具有法律效力的国家文件,供各级司法人员学习掌握。《睡虎地秦墓竹简》中的《法律答问》就属于这类文件。其中载:问:什么是“不直”? 什么是“纵囚”? 答:罪重而故意轻判、罪轻而故意重判,叫“不直”;应论罪而故意不论罪,或故意减轻案情,使罪犯够不上判罪的标准,叫“纵囚”。问:依照法律,盗钱一文以上二百二十文以下,处以流放。今有人摘别人桑叶,赃值不满一文,如何处罚? 答:服役三十天。除此之外,在案件的调查、核验,对被告人的审讯等各个环节中,应注意哪些事项,以及如何制作法律文书,也是业务训练的内容之一。《睡虎地秦墓竹简》中的《封诊式》就是这种性质的材料。比如,勘验自杀现场要注意访问死者身边的人:“自杀者必先有故,问其同居,以合其故”。讯问被告人时应注意记录:“凡讯狱,必先尽听其言而书之,各展(陈述)其辞”。还强调:“治狱,能以书从迹其言,毋笞掠而得人情为上,笞掠为下:有恐为败。”意思是,审理案件,以根据口供发现破绽,不用拷打而查得实情的为上策,以拷打而获得实情的为下策,之所以这样,是担心拷打造成错案。这些法律文件实际上成了指导和训练法官的官方教材。

2. 司法道德教育

秦朝在注意提高法官业务水平的同时,还对法官进行品行方面的教育。《睡虎地秦墓竹简·语书》就强调,区分“良吏”与“恶吏”的标准不仅在于是否“明法律令”,而且还在于法官的品行。办事“廉洁”,出以“公心”,忠诚老实,随时纠正过错的,是“良吏”;“无公端之心”,办事草率,苟且懒惰,遇事推诿,说假话处处表现自己,爱搬弄是非的,是“恶吏”。《竹简》中的《为吏之道》就是司法人员和其他官吏的学习教材,大部分是三四五字一句,便于记诵。其中有“审悉毋私”,“毋以忿怒决”,“毋喜富、毋恶贫,”“忠信敬上”,还有“为人臣则忠”、“为人子则孝”一类的道德说教。这种教育的目的,在于使各级司法官员听命于上级和杜绝枉法徇私。

(三)法律宣传

法律宣传是法律教育的一项内容。法家不仅主张公布成文法典,而且还十分强调法律条文要“明白易知”,使老百姓一看就懂。《商君书·定分》:“郡县诸侯一受宝(赍)来之法令,学问并(其)所谓。吏民欲知法令者,皆问法官;故天下之吏民无不知法者”;“诸官吏及民有问法令之所谓也,于主法令之吏,皆各以其故所欲问之法令明告之”。即,基层的法官一接到朝廷的法令,就要立即学习,弄清楚法令的具体规定;其他官吏、百姓要想知道法令,就向司法官吏咨询,这样人们就没有不知道法律的。《商君书·定分》:“为法令置官吏,朴足以知法令之谓者,以为天下正,则奏天子,天子则各主法令之;皆降受命,发官。各主法令之吏,敢忘行主法令之所谓之名,各以其所忘之法令名罪之。”法官不仅负责审判案件,而且还有义务解答一般官吏和老百姓提出的法律问题。如果法官拒绝回答,将来官吏、百姓犯了罪,而且正好是当初他们问的那一条款,那么就依照该条款规定的刑罚来处罚这个法官。法官要把人们提问的内容和解答的内容书写在竹简上,一式两份,一份交提问者,一份存档。由于法家重视法律宣传,使“秦妇人婴儿皆言商君之法”,(《战国策·秦策一》)“境内之民皆言治,藏管、商之法者家有之”。(《韩非子·五蠹》)有力地促进了“法治”的实施。

秦朝往往用法律手段来解决道德问题。比如,秦律规定:“有贼杀伤人冲术,偕旁人不援,百步中比野,当赀二甲。”[①]有人在路上杀人或伤人,在出事地百步以内的过路行人如不加援救,也要处罚。在道德问题成了法律问题的情况下,法律宣传也就成为道德宣传了。秦统一后十分注意法律宣传工作。当时,曾在各地基层行政组织“设三老以掌教化”,正是推行法治和统一各地风俗习惯的辅助措施。秦始皇为使“黔首改化,远迩同度”,曾五次出巡,刻石立碑。(《史记·秦始皇本纪》)

结语　理论与实践携手并进

在政治态度和学风方面,法家与同期其他各家学术派别不同,这主要表现在以下几个方面:首先,从政治态度而言,他们对当时的政治活动是积极参与的,与各诸侯国的统治者的关系是合作的,这是法家人物常常被统治者重用的原因之一;其次,法家思想和主张来源于生活现实,切中时弊,具有极大针对性和有效性,这又是法家的主张常常被统治者采纳的原因之一;第三,法家一身而二任,既是思想者,又是实践者。他们往往在晚上思考问题,做出决定,提出方案,几乎第二天就能付诸实施;第四,法家学派的组成人员不是仅仅以师承关系为标准,所有拥护、参与“法治”实践的官员都可以纳入其中,这也许就是某一位法家人物虽然失势,而其事业却能够长期延续的原因。

① 《睡虎地秦墓竹简》,文物出版社 1978 年,第 194 页。

法家的学术是与其理想和事业水乳交融的。他们是为实现其理想而勇敢战斗、不惜以身殉道的猛士。他们的成功就在于他们按照自己的理想去创建了一个新世界——一个挣脱了古老藩篱对个体自然人的羁绊的超血缘的统一的国家。

下　篇

第十九章　荀子对儒家法家法律思想的吸收与改造

荀子，即荀况（约公元前313—前238年），字卿，又称孙卿，战国末期赵国郇（今山西临猗）人。长期在齐稷下学宫讲学，“三为祭酒”，“最为老师”。曾游历燕、赵、楚、秦等诸侯国，对商鞅变法后的秦国政治评价甚高。晚年应楚春申君之邀，任楚兰陵（今山东苍山县西南兰陵镇）令。公元前238年春申君被杀，荀况罢居兰陵，不久去世。

荀况虽然以儒家自居，而且是继孔孟之后的最有影响的儒家大师，但他的思想已远远跳出孔孟之学的框框而独成一家。他不仅改造了孔孟的“礼治”，而且还修正了法家的“法治”，并把本来是水火不容、冷眼相向的东西，在新的理论框架下融为一体，成为儒法合流、礼法统一的先行者。正因为荀子思想中吸收了法家的思想成分，主张“法后王”，“王霸”并提，宣传“人性恶”，“天人相分”，直语严刑等等，故后世称荀子之学“不醇”，甚至将荀子列为法家。其实，就其思想内容本身而言，荀子之学既非孔孟之儒学，又非商韩之法术，而是“儒法家”或“法儒家”之学。究其实乃齐国之学的特殊产物。

近代思想家谭嗣同曾指出：“两千年来之学，荀学也。”[①]此一语道破中国古代社会的官方学术，既非孔孟的道德仁爱，亦非商韩者流的严刑酷罚，而是兼两者而有之的荀子之学。荀子的“隆礼重法”是历代王

① 谭嗣同：《仁学》第二十九，《谭嗣同全集》，中华书局1981年，第337页。

朝的“法统”（国家与家族主义）的雏形，而其“人治”理论（“有法者以法行，无法者以类举”）则是古代成文法与判例相结合的“混合法”的指南。仅此两端，足以使荀子成为我国古代真正的“素王”。正如荀子的弟子们所赞誉的：“今之学者，得孙卿之遗言余教，足以为天下法式仪表。所存者神，所过者化。观其善行，孔子弗过。世不详察，云非圣人，奈何！天下不治，孙卿不遇时也。德若尧禹，世少知之。方术不用，为人所疑。其知至明，循道正行，足以为纲纪。呜呼，贤哉！宜为帝王。”（《荀子·尧问》）

一、“隆礼重法”的礼法统一论

“隆礼重法”的礼法统一论是荀子思想中的重要内容之一，也是最富于特色的内容。“大体说来，荀子所理解的礼是指与礼乐制度相联系的社会伦理和等级原则，法则是指与刑赏律令相联的行政法律手段。”[①]“隆礼重法”的礼法统一论是荀子在对以往的思想材料（主要是儒家和法家）进行加工修正之后形成的。这一理论从某种角度而言，是对先秦法律思想的高度总结，也是献给未来社会的一宗遗产。

（一）从孔孟之礼到荀子之礼

礼作为宗法社会的行为规范和伦理观念，在先秦时代曾发挥过重要作用。但是，在战国时期，非贵族出身的平民阶级和新兴地主阶级曾高举批判“礼治”的大旗，用“以法治国”的“法治”武器涤荡了“尊尊亲亲”、“亲贵一体”的宗法贵族政体，引来了守旧势力“礼崩乐坏”、国将不国的叹息。生活在战国末期的荀子，也同孔孟一样重视并强调“礼治”，

---

① 孟祥才、胡新生：《齐鲁思想文化史》，山东大学出版社2002年，第314、315页。

但“礼”的内容已经发生了局部质变，从而使荀子之礼已不同于孔孟之礼了。

孔孟所主张的“礼治”，是国家政治生活与宗法家族活动全面适用的“一元化”的“礼治”，就是说，孔孟的“礼治”是全方位的，它不仅适用于当时的政治活动，即“为国以礼”，而且还适用于宗法社会，即“为家以礼”。而在西周、春秋的“亲贵合一”的政体下，政治等级与血缘等级相互重叠，政治上的“尊尊”与宗法上的“亲亲”毫无二致，服从君长与孝于父辈无实质差别。因此，可以说，孔孟的“礼”是宗法贵族政体的代名词。孔孟坚持“君君、臣臣、父父、子子”的宗法等级名分，实质上是维护以世袭制、分封制、世卿世禄制为特征的贵族制度。

荀子对“礼”的改造主要表现在：首先，荀子吸收了法家的“尚贤使能”即建立官僚政体的主张，以清除“礼治”在政体领域内的根基；其次，荀子把“礼治”仅仅局限在家族社会的范围内，使礼仅仅作为宗法家族的行为规范在宗法家族领域内发挥作为。正如张国华所说：“这种改造实际上关系到整个上层建筑的重大变化。一方面使当时非贵族出身的新兴地主阶级取得了和贵族比较平等的地位，也有入仕做官参与政治的权力。另一方面，由于取消了世卿世禄制，各级官吏由国君直接任免，也就必然加强了君权。这并不等于说荀况否定了宗法制。与此相反，在整个社会生活中他仍然强调以家族为本位，以家长制为核心的宗法关系。只不过他把过去‘国’与‘家’合一的一元化的‘礼’，变成了‘国’与‘家’相分的二元化的新‘礼’。”[①]此论实为真知灼见。

荀子认为，“任人唯亲”的贵族政体，任用私人、子弟、亲戚，而不任贤者能者，是社稷不安甚至亡国的重要原因。《荀子·君道》说：“人主

---

① 张国华、饶鑫贤：《中国法律思想史纲》（上册），甘肃人民出版社 1984 年，第 118、119 页。

欲得善射，射远中微者，县贵爵重赏以招致之。内不可以阿子弟，外不可以隐远人，能中是者取之，是岂不必得之之道也哉！虽圣人不能易也。……然而求卿相辅佐则独不若是其公也，案惟便嬖亲比己者之用也，岂不过甚矣哉！故有社稷者莫不欲强，俄则弱矣；莫不欲安，俄则危矣；莫不欲存，俄则亡矣。古有万国，今有十数焉，是无他故，莫不失之是也。故明主有私人以金石珠玉，无私人以官职事业，是何也？曰：本不利于所私也。”

荀子主张打破宗法血缘身份制度，以人们的才能品德来决定其社会身份，以人们的行为来决定赏罚，其口号便是“尚贤使能”。《荀子·王制》说：“贤能不待次而举，罢不能不待须而废，元恶不待教而诛，中庸民不得政而化。分未定也则有昭穆。虽王公士大夫之子孙也，不能属于礼义，则归之庶人。虽庶人之子孙也，积文学、正身行，能属于礼义，则归之卿相士大夫。……王者之论，无德不贵，无能不官，无功不赏，无罪不罚。朝无幸位，民无幸生。尚贤使能，而等位不遗。折愿禁悍，而刑罚不过。”

不仅如此，荀子还主张取消宗法贵族政体，代之以君主集权的官僚政体。《荀子·君道》说：“天子三公，诸侯一相，大夫擅官，士保职，莫不法度而公，是所以班治之也。论德而定次，量能而授官，皆使人载其事而各得其所宜，上贤使之为三公，次贤使之为诸侯，下贤使之为士大夫，是所以显设之也。……隆礼至法则国有常，尚贤使能则民知方，纂论公察则民不疑，赏克罚偷则民不怠，兼听齐明则天下归之。然后明分职、序事业，材技官能莫不治理，则公道达而私门塞矣，公义明而私事息矣。”

《荀子·王霸》说：“明主好要而暗主好详，主好要则百事详，主好详则百事荒。君者，论一相、陈一法、明一指，以兼覆之，兼炤之，以观其成者也。相者，论列百官之长，要百事之听，以饰朝廷臣下百吏之分，度其功劳，论其庆赏，岁终奉其成功以效于君。当则可，不当则废。故君人劳于索之，而休于使之。”很明显，荀子吸收了前期法家“君道无为，臣道有为”的思想，同时有提出中央集权的君主政体的设计法案。

荀子之礼是君子修身养性的重要渠道。《荀子·修身》说：“以修身自强，则名配尧禹。宜于时通，利以处穷，礼信是也。凡用血气、志意、知虑，由礼则治通，不由礼则悖乱提慢；食饮、衣服、居处、动静，由礼则和节，不由礼则触陷生疾；容貌、态度、进退、趋行，由礼则雅，不由礼则夷固僻违，庸众而野。故人无礼则不生，事无礼则不成，国家无礼则不宁。”

荀子之礼是使“人之所以为人”的重要保障。《荀子·非相》说：“人之所以为人者何也？曰：以其有辨也。饥而欲食，寒而欲暖，劳而欲息，好利而恶害，是人之所生而有也，是无待而然者也，是禹、桀之所同也。然则人之所以为人者，非特以二足而无毛也，以其有辨也。今夫猩猩形状亦二足而毛也，然而君子啜其羹食其胾。故人之所以为人者，非特以其二足而无毛也，以其有辨也。夫禽兽有父子而无父子之亲，有牝牡而无男女之别。故人道莫不有辨。辨莫大于分，分莫大于礼。”

荀子之礼是宗法社会的行为规范和伦理观念，也是“人之所以为人”的必备环境。这个环境就是宗法家族。它由一系列宗法网络所组成。个人生活在这个网络中，完成一系列道德规范所确定的义务，才成为真正的“人”。这样一来，荀子之礼就仅仅降格为宗法家族的道德伦理规范，它适用于一切生活在宗法世界的人们。

（二）从法家之法到荀子之法

荀子作为平民阶级的代表，一方面对宗法贵族政体的衰败和新兴地主阶级的胜利表示了由衷的喜悦，他对秦的赞颂即最明显的例证；另一方面又对法家专任刑罚，以力服人的酷烈政策提出严厉的批评。

荀子批评秦国自商鞅变法以来实行的政策违背“仁义礼智”，是“干赏蹈利”、“佣徒鬻卖”之道。《荀子·议兵》：“李斯问于孙卿子曰：‘秦四世有胜，兵强海内，威行诸侯，非以仁义为之也，以便从事而已。’孙卿子曰：‘非女所知也。女所谓便者，不便之便也。吾所谓仁义者，大便之便也。彼仁义者，所以修政者也。政修则民亲其上，乐其君，而轻为之死。故曰：凡在于君，将率末事也。秦四世有胜，諰諰然常恐天下之一合而轧己也，此所谓末世之兵，未有本统也。……今女不求之于本而索之于末，此世之所以乱也。礼者，治辨之极也，强固之本也，威行之道也，功名之总也。王公由之所以得天下也，不由所以陨社稷也。故坚甲利兵不足以为胜，高城深池不足以为固，严令繁刑不足以为威，由其道则行，不由其道则废；……秦人，其生民也狭隘，其使民也酷烈，劫之以势，隐之以隘，忸之以庆赏，鰌之以刑罚，使天下之民所以要利于上者，非斗无由也，……皆干赏蹈利之兵也，佣徒鬻卖之道也。’”

在荀子看来，“佣徒鬻卖之道”即“贪利”、“无礼义”，“惟权势之嗜”。《荀子·非十二子》：“古之所谓士仁者，厚敦者也，合群者也，乐富贵者也，乐分施者也，远罪过者也，务事理者也，羞独富者也。今之所谓士仕者，污漫者也，贼乱者也，恣睢者也，贪利者也，触抵者也，无礼义而惟权势之嗜者也。”

荀子还指出慎到表面“尚法”，却不懂“法”的要旨，其结果是“欺惑愚众。”《非十二子》说：“尚法而无法，下修而好作，上则取听于上，下则取从于俗，终日言成文典，反循察之，则倜然无所归宿，不可以经国定分。然而其持之有故，其言之成理，足以欺惑愚众，是慎到、田骈也。”

荀子用儒家的“德治”、“仁义”批评并修正法家的“严刑酷罚”，其原因一方面来自他对统治与被统治阶级之间的“同一性”（相互依存，互相转化）的深刻认识，即《荀子·哀公》所谓“君者，舟也，庶人者，水也。水则（能）载舟，水则覆舟；”另一方面还由于他在人性论方面持与法家不同的看法。法家认为人皆自私自利，“好利恶害”，而且这种本性不可改变，道德教化不起作用，故只能靠“赏罚二柄，”特别是刑罚的一手。荀子则认为，虽然人都是“好利恶害”的，有“性恶”的一面，但这种“先天”的本性可以通过“后天”的实践和自我改造而加以改变，只要学习和修身，人人可以成为尧舜禹那样的圣人。故谓“人之性恶，其善者伪(人为)也。”而且，正由于人生下来就具有“恶”性，所以才必须进行后天的改造，否则，社会秩序就无法建立。

《荀子·荣辱》说：“材性知能，君子小人一也。好荣恶辱，好利恶害，是君子小人之所同也，若其所以求之之道则异矣。……故熟察小人之知能，足以知其有余可以为君子之所为也。譬之越人安越，楚人安楚，君子安雅，是非知能材性然也，是注错习俗之节异也。凡人有所一同：饥而欲食，寒而欲暖，劳而欲息，好利而恶害，是人之所生而有也，是无待而然者也，是禹、桀之所同也。……夫贵为天子，富有天下，是人情之所同欲也。然则从人之欲，则势不能容，物不能赡也。故先王案为之制礼义以分之，使有贵贱之等，长幼之差，知愚能不能之分，皆使人载其事而各得其宜，然后使谷禄多少厚薄之称，是夫群居和一之道也。”

如果说，法家的“法”包括两项最基本的内容：一是确立和维护集权君主政体；二是“以力服人”，以赏罚为“二柄”，以“严刑酷罚”治理天下，那么，经过荀子的加工和修正，最后只余其一而摒弃其二，即仍然主张建立和维护集权官僚政体，同时用儒家传统的“德政”、“礼义”来取代法家的“专任刑罚”。还应当指出，在荀子眼中，合格的官僚已远远不是法家政治所锻造的刀笔之吏，而是胸怀儒家之大义的“雅儒”、“大儒”，即“爱民如子”、“为民父母”的儒家式的“圣臣”、“社稷之臣”。换句话来讲，在荀子看来，君主要像法家所主张的那样集权专柄，而臣子要像儒家所要求的那样“忠君爱民”。

荀子坚持了法家关于建立和维护集权君主政体的主张。《荀子·劝学》说:“君子结于一,”“事两君者不容”;《仲尼》说:“天下之行术,以事君则必通,以为仁则必圣,立隆而勿贰也;”《正论》说:“故天子生,则天下一隆致顺而治,论德而定次”;《致士》说:“君者,国之隆也;父者,家之隆也。隆一而治,二而乱,自古及今,未有二隆争重而能长久者。”

《荀子·王制》则系统论述“隆一”的必要性和合理性:“分均则不遍,势齐则不一,众齐则不使。有天有地而上下有差,明王始立而处国有制。夫两贵之不能相事,两贱之不能相使,是天数也。势位齐而欲恶同,物不能赡则必争,争则必乱,乱则穷矣。先王恶其乱也,故制礼义以分之,使有贫富贵贱之等,足以相兼临者,是养天下之本也。《书》曰:‘维齐非齐’,此之谓也。”

(三)“礼法”:两者名异而实同

梁启超在《先秦政治思想史》中指出:“荀子生战国末,时法家已成立,思想之互为影响者不少。故荀子所谓礼,与当时法家所谓法者,其性质极相逼近。”[①]诚如此言。荀子不仅视礼与法为同一物,而且还创造了新的名词:“礼法”。《荀子·劝学》:“非礼,是无法也。……故学也者,礼法也。”《荀子·王霸》:“……是百王之所以同也,而礼法之枢要也。……是百王之所同而礼法之大分也。”

在荀子看来,礼和法都是社会历史的产物,都是为着解决人们现实生活问题而产生的。《荀子·王制》提出“明分使群”的观点:“火有气而无生,草木有生而无知,禽兽有知而无义。人有气有生有知亦且有义,故最为天下贵也。力不若牛,走不若马,而牛马为用何也?曰:人

---

① 梁启超:《先秦政治思想史》,中华书局2015年,第138页。

能群彼不能群也。人何以能群？曰：分。分何以能行？曰：义。……故人生不能无群，群而无分则争，争则乱，乱则离，离则弱，弱则不能胜物。故宫室不可得而居也，不可少顷舍礼义之谓也。能以事亲谓之孝，能以事兄谓之弟，能以事上谓之顺，能以使下谓之君。君者，善群也。”

《荀子·礼论》从人性角度论述道：“礼起于何也？曰：人生而有欲，欲而不得，则不能无求，求而无度量分界，则不能不争。争则乱，乱则穷。先王恶其乱也，故制礼义以分之，以养人之欲，给人之求。使欲必不穷乎物，物必不屈于欲，两者相持而长，是礼之所起也。”

《荀子·性恶》从改造人性的目的来论述礼与法的起源：“人之性恶，其善者伪（人为）也。……圣人积思虑、习伪故，以生礼义而起法度，然则礼义法度者，是生于圣人之伪，非故生于人之性也。若夫目好色，耳好声，口好味，心好利，骨体肤理好愉佚（逸），是皆生于人之情性者也，感而自然，不待事而后生之者也。夫感而不能然，必且待事而后然者，谓之生于伪。是性伪之所生，其不同之征也。故圣人化性而起伪，伪起而生礼义，礼义生而制法度。然则礼义法度者，是圣人之所生也。故圣人之所以同于众其不异于众者性也，所以异而过众者，伪也。”

荀子认为，从社会功用的角度看来，礼与法所起的作用是完全一样的。《荀子·王霸》说：“国无礼则不正。礼之所以正国也，譬之犹衡之于轻重也，犹绳墨之于曲直也，犹规矩之于方圆也，既错之而人莫之能诬也。”《大略》也说：“礼之于正国家也，如权衡之于轻重也，如绳墨之于曲直也。故人无礼不生，事无礼不成，国家无礼不宁；”《儒效》：“礼者，人主之所以为群臣寸尺寻丈检式也。”而通篇大讲其“礼”的《礼论》说：“绳墨诚陈矣，则不可欺以曲直，衡诚陈矣，则不可欺以轻重，规矩诚陈矣，则不可欺以方圆，君子审于礼，则不可欺以诈伪。故绳者，直之至，衡者，平之至，规矩者，方圆之至，礼者，人道之极也。然而不法礼，不足礼，谓之无方之民；法礼，足礼，谓之有方之士。”

荀子用“绳墨规矩”比喻“礼”，如同法家用“绳墨规矩”比喻“法”。如《管子·七法》：“尺寸也，绳墨也，规矩也，衡石也，斗斛也，角量也，谓之法；”《商君书·修权》：“法者，国之权衡也。”这说明，荀子之“礼”，已经从靠内心感情和舆论调节的道德观念，演变成客观的靠国家机器维系的法律规范，从而标志着家族世界的“礼”开始受到国家政权的拱卫。于是，原先分离的“礼”和“法”便终于合并为一体了。

正是基于对“礼法”一致性的认识，荀子才高举着既不同于儒家（孔孟）又不同于法家的新口号：“隆礼重法。”《荀子·强国》：“人君者，隆礼尊贤而王，重法爱民而霸，好利多诈而危，权谋倾覆幽险而亡。”《天论》：“君人者，隆礼尊贤而王，重法爱民而霸”；《大略》：“君人者，隆礼尊贤而王，重法爱民而霸”；《君道》：“至道大形，隆礼至法则国有常，尚贤使能则民知方。”

“礼法”的基本原则正是君臣贵贱之序。《荀子·王霸》说：“君臣上下，贵贱长幼，至于庶人，莫以是为隆正。然后皆内自省以谨于分，是百王之所以同也，而礼法之枢要也。然后农分田而耕，贾分货而贩，百工分事而劝，士大夫分职而听，建国诸侯之君分土而守，三公总方而议，则天子共己而止矣。出若入若，天下莫不平均，莫不治辨，是百王之所同，而礼法之大分也。”

这种以“法”来确认的“君臣上下”之序，和用“礼”调整的“贵贱长幼”之制，正是以宗法家族为社会基础的中央集权的集权君主政体。总之，荀子“隆礼重法”的“礼法”统一观，结束了儒法两家之间“为国以礼”与“以法治国”的对立，经过加工修正之后，使两者各司其域并相互辅助，成为未来中央集权的统一王朝的基本制度。

二、“德礼政刑”相互为用的“德刑”关系说

（一）“德礼”与“政刑”

荀子作为儒家的重要代表人物仍然坚持了“以德服人”的基本主张。他认为，赏罚不足以治理天下。最好的办法是德政和教化。但他又不是一般地否定政令和刑罚的作用，而认为政令刑罚是德政教化的辅助手段。荀子是第一个提出关于“德礼政刑”相互为用理论的思想家。我国古代社会的政治家、思想家，自西汉董仲舒到南宋朱熹，都不过是重复和阐释这一理论。荀子的这一思想集中地反映在《荀子·议兵》中：“凡人之动也，为赏庆为之，则见害伤焉止矣。故赏庆刑罚势诈不足以尽人之力、致人之死。为人主上者也，其所以接下之百姓者，无礼义忠信，焉虑率用赏庆刑罚势诈险隘其下，获其功用而已矣，大寇则至，使之持危城则必叛，遇敌处战则必北，劳苦烦辱则必奔，霍焉离耳，下反制其上。故赏庆刑罚势诈之为道者，佣徒鬻卖之道也，不足以合大众美国家，故古之人羞而不道也。故厚德音以先之，明礼义以道之，致忠信以爱之，尚贤使能以次之，爵服庆赏以申之，时其事轻其任以调齐之，长养之如保赤子，政令以定，风俗以一，有离俗不顺其上，则百姓莫不敦恶，莫不毒孽，若被不祥，然后刑于是起矣。是大刑之所加也，辱孰大焉。将以为利邪？则大刑加焉，身苟不狂惑戆陋，谁睹是而不改也哉？然后百姓晓然皆知循上之法，像上之志而安乐之，于是有能化善、修身、正行、积礼义、尊道德，百姓莫不贵敬，莫不亲誉，然后赏于是起矣。是高爵丰禄之所加也，荣孰大焉。将以为害邪？则高爵丰禄以持养之，生民之属，孰不愿也。雕雕焉县贵爵重赏于其前，县明刑大辱于其后，虽欲无化，能乎哉？故民归之如流水，所存者神，所为者化而顺。

暴悍勇力之属为之化而愿，旁辟曲私之属为之化而公，矜纠收缭之属为之化而调，夫是之谓大化至一。”

荀子认为，“道德之威”比起法家严刑酷罚的“暴察之威”来，要高明得多。《荀子·强国》说：“礼乐则修，分义则明，举措则时，爱利则形，如是，百姓贵之如帝，高之如天，亲之如父母，畏之如神明。故赏不用而民劝，罚不用而威行，夫是之谓道德之威。”

荀子主张德政，是出于他对“君子”、“小人”之间辩证关系的深切理解。《荀子·王制》说：“马骇舆则君子不安舆；庶人骇政则君子不安位。马骇舆则莫若静之；庶人骇政则莫若惠之。选贤良、举笃敬、兴孝弟、收孤寡、补贫穷，如是则庶人安政矣。庶人安政，然后君子安位。传曰：君者舟也，庶人者水也，水则载舟，水则覆舟。此之谓也。故君人者欲安，则莫若平政爱民矣；欲荣，则莫若隆礼敬士矣；欲立功名，则莫若尚贤使能矣，是君人者之大节也。”《君道》也说：“有社稷者而不能爱民、不能利民，而求民之亲爱己，不可得也。民不亲不爱，而求其为己用、为己死，不可得也。民不为己用、不为己死，而求兵之劲、城之固，不可得也。……故君人者，爱民而安。”

（二）“富而后教”，“先教后刑”

在如何推行“德政”方面，荀子仍然继承了孔孟“富而后教”的理论。《荀子·大略》说：“不富无以养民情，不教无以理民性。故家五亩宅、百亩田，务其业而勿夺其时，所以富之也。立大学，设庠序，修六礼，明七教，所以道之也。《诗》曰：‘饮之食之，教之诲之’。王事具矣。”

荀子认为，经过“德政”、“礼教”之后，如果还有人不服，那么，对这种“妖怪狡猾之人”就应当施之以刑罚，这就是“先教而后杀”。《荀子·非十二子》说：“遇君则修臣下之义，遇乡则修长幼之义，遇长则修子弟之义，遇友则修礼节辞让之义，遇贱而少者则修告导宽容之义。无不爱也，无不敬也，无与人争也，恢然如天地之包万物。如是则贤者贵之，不肖者亲之。如是而不服者，则可谓妖怪狡猾之人矣。虽则子弟之中，刑及之而宜。”

（三）“赏行罚威”

荀子还从“好利恶害”的人性论出发，认为赏罚是重要的治国工具。《荀子·富国》说：“……然后众人徒、备官职、渐庆赏、严刑罚以戒其心，使天下生民之属，皆知己之所愿欲之举在是于也，故其赏行；皆知己之所畏恐之举在是于也，故其罚威。赏行罚威，则贤者可得而进也，不肖者可得而退也，能不能可得而官也。”

尽管荀子主张“先教后诛”，以政令刑罚作为“德治”、“礼教”的后盾，甚至主张对“奸人之雄”可以“不待教而诛。”（《非相》、《王制》）但是，他总还是相信，只要真正推行“德教”，就会消除犯罪，使刑罚“置而不用。”《荀子·富国》说：“不教而诛，则刑繁而邪不胜，教而不诛，则奸民不惩，诛而不赏，则勤励之民不劝，诛赏不类，则下疑俗险而百姓不一。故先王明礼义以壹之，致忠信以爱之，尚贤使能以次之，爵服庆赏以申重之，时其事、轻其任，以调齐之，潢然兼覆之、养长之，如保赤子。若是，故奸邪不作，盗贼不起，而化善者劝勉矣。是何邪？则其道易，其塞固，其政令一，其防表明。”

三、“法者治之端”的法律观

荀子主张“隆礼重法”，其中“重法”是对孔、孟儒家“礼治”思想的重大修正，也是荀子之儒区别于孔孟之儒的主要标志。“重法”表现在政体上就是确立和维护中央集权的君主专制政体。这一点与法家并无实质差别。不仅如此，他出于“法者治之端也”（《荀子·君道》）的见解，还提出了独特的法律观。

（一）“明分使群”与“君执要，臣执详”

荀子提出了“明分使群”(《荀子·富国》)的社会分工说和法律起源论。他认为，人们为了结成社会以共同生存和发展，必须确立“名分”。包括“农农、士士、工工、商商”，“君君、臣臣、父父、子子、兄兄、弟弟”，“贵贱之等、长幼之差、智愚、能不能之分。”(《荀子·荣辱》)而国家和法律就是为着确认和维护这种名分而产生的。他把这种名分和与此相适应的礼说成是“与天地同理、与万世同久”的“大本”。(《荀子·王制》)并且坚持“少事长，贱事贵，不肖事贤，是天下之通义也。”(《荀子·仲尼》)这就等于宣布：新兴地主阶级的政权和政体也是天然合理的。

荀子坚持“君执要，臣执详”的官僚政体。他认为，君主不必“兼听天下”，事必躬亲。那样的话，是只能“治一”、“治近”、“治明”，不能“治二”、“治远”、“治幽”。而且，“主好详则百事荒”。因此应当置“相”以率“百官”。而这一切均应由法律来加以调整：“君者，论一相，陈一法”(《荀子·王霸》)就足够了。这种政体早已不是孔、孟所维持的宗法贵族政体，而是君主支配下的以法律为工具的封建官僚政体了。这一主张和法家是一致的，因为法家在政体上也主张“君道无为，臣道有为”的。

（二）公布成文法与“信赏必罚”

荀子主张制定和公布成文法。这样，使“天下晓然皆知夫盗窃之不可以为富也，皆知夫贼害之不可以为寿也，皆知夫犯上之禁之不可以为安也。……皆知夫为奸则虽隐窜逃亡犹不足以免也。”(《荀子·君子》)这样就会达到预防犯罪的目的。《荀子·成相》还说：“君法明，论有常，表仪既设民知方，进退有律，莫得贵贱孰私王”；“刑称陈，守其垠，下不得用轻私门，罪祸有律，莫得轻重威不分”；“上通利，隐远至，观法不法见不视，耳目既显，吏敬法令莫敢恣”。总之，公布成文法，使官吏和人民均有所遵循。

在司法方面，荀子主张“信赏必罚”，“庆赏刑罚必以信”，（《荀子·议兵》）“无功不赏，无罪不罚”，（《荀子·君子》）“无恤亲疏，无偏贵贱”，（《荀子·王霸》）“内不可以阿子弟，外不可以隐远人。”（《荀子·君道》）他的这些主张同法家甚至同墨子基本上是一致的。之所以这样，是因为他们都是站在平民或平民出身的新兴地主阶级一边来批判贵族政体的。这一主张的实质在于，一方面用法律武器清除贵族守旧势力，另一方面通过“尚贤使能”来构筑新型的官僚政体。

（三）“罪刑相称”与“以公胜私”

荀子主张“罪刑相称”的刑罚原则。《荀子·正论》说：“罪至重而刑至轻，庸人不知恶矣，乱莫大焉。凡刑人之本，禁暴恶恶，且惩其未也。杀人者不死而伤人者不刑，是谓惠暴而宽贼也，非恶恶也。……凡爵列官职赏刑罚皆报也，以类相从者也。一物失称，乱之端也。夫德不称位，能不称官，赏不当功，罚不当罪，不详莫大焉。”其结论是“刑称罪则治，不称罪则乱。”

从“罪刑相称”引申出来的，就是反对“以族论罪”的族诛连坐之制。《荀子·君子》说：“刑当罪则威，不当罪则侮。爵当贤则贵，不当贤则贱。古者刑不过罪，爵不逾德。故杀其父而臣其子，杀其兄而臣其弟。刑罚不怒罪，爵赏不逾德，分然各以其诚通。是以为善者劝，为不善者沮，刑罚綦省而威行如流，政令致明而化易如神。……乱世则不然，刑罚怒罪，爵赏逾德，以族论罪，以世举贤。故一人有罪而三族皆夷，德虽如舜，不免刑均，是以族论罪也。先祖当贤，后子孙必显，行虽如桀纣，列从必尊，此以世举贤也。以族论罪，以世举贤，虽欲无乱，得乎哉。”如果说“以世举贤”是对西周礼治的批判，那么“以族论罪”则是对秦国法制的批判。显然，荀子对商鞅“造参夷之法”和后来法家的“以古非今者族”一类的做法是深恶痛绝的。

荀子要求君主和各级官吏严格依法办事，“以公义胜私欲”。《荀子·修身》：(君子)“怒不过夺，喜不过予，是法胜私也。《书》曰：‘无有作好，遵王之道；无有作恶，遵王之路。’此言君子之能以公义胜私欲也。”《成相》：“吏守法令莫敢恣。”君主以法胜其喜怒之情，官吏严格依法办事，这是法家“法治”的基本要求之一。既然荀子坚持官僚政体，也就不能不坚持法家的这一原则。

四、“有治人，无治法”的“人治”思想

在先秦儒法两家法律思想的总体对立中，或曰“人”与“法”的对立，即宗法贵族政体和集权君主政体的对立，曾经是十分重要的方面。孔孟儒家从维护宗法贵族政体的立场出发，认为诸侯国或领地采邑的最高领导者个人素质的好坏，对于其施政领域的治理与否具有决定性的意义。正是在这种认识上，《礼记·中庸》说：“为政在人，其人存则其政举，其人亡则其政息。”法家则认为，个人素质、个人喜怒等因素都是主观任意的，靠不住的，最客观的标准和最可靠的治国方法是“以法治国”。因为法带有客观性和普遍性。与其把希望寄托在几百年出一个的“圣人贤君”，不如推行“法治”。但是，到了战国末期，由于新兴地主阶级前后确立了集权君主政体，原先政体意义上的或曰“人”与“法”的对立已成过去，并逐渐蜕变为法律实践领域内的“人”与“法”的对立。这种对立属于法理学或法哲学领域中的重要课题。

（一）荀子“人治”思想的内容

荀子的“人治”思想不涉及政体而只限于司法领域，其内容主要包括以下三个方面：

第一，“有治人，无治法”，“法者治之端也，君子者，法之原也”。（《荀子·君道》）意思是说，天下没有十全十美的法律，但是有十全十美的贤人君子。那么，贤人君子当然胜过有缺欠的法律。法律虽然是治理国家的前提，但法律毕竟是靠“人”创定的，“人”的好坏决定着“法”的好坏，“人”的完美程度决定着“法”的完善程度；

第二，法律是靠人来实施的。即使有了好的法律，也并不能保证实现。因为“法不能独立，类不能自行。得其人则存，失其人则亡。”（《荀子·君道》）法律有毛病也可以通过君子的矫正而得以避免。总之，法律即使是好的法律，如果没有贤人加以操作，就只能是一纸具文，而坏的法律没有贤人加以矫正，便只能造成恶果；

第三，社会生活非常复杂而且经常变化，法律既不能包揽无遗又不能随时应变，完全仰仗“贤人君子”的灵活掌握和首创精神。《荀子·王制》说：“法而不议，则法之所不至者必废。职而不通，则职之所不及者必坠。故法而议，职而通，无隐谋，无遗善，而百事无过，非君子莫能。”最后的结论是：“有良法而乱者，有之矣，有君子而乱者，自古及今，未尝闻也。”《致士》也说：“君子也者，道法之总要也，不可以顷旷也，得之则治，失之则乱，得之则安，失之则危，得之则存，失之则亡。故有良法而乱者有之矣，有君子而乱者，自古及今，未尝闻也。”

为了实现“人治”，荀子要求各级统治者通过学习和自我修养，成为真正的君子贤人，其途径就是学习礼义。小人“积礼义而为君子”。《荀子·儒效》：“涂之人百姓，积善而全尽谓之圣人。”官吏更应当学习礼义。《荀子·大略》：“君子壹教，弟子壹学；”“学者非必为仕，而仕者必如学。”官吏真正掌握了礼义，就会融会贯通、运用自如。《荀子·劝学》说：“礼者，法之大分，类之纲纪也，故学至乎礼而止矣。”“礼”是“法”的根本，掌握了“礼”，就会弥补“法”的不足，并改变和完善“法”。自西汉至唐代的古代法律实践，正是履行了荀子的这一预言。

（二）荀子“人治”思想的特征

荀子是先秦儒家中最重视法律作用的代表人物。而且，在荀子生活的时代，作为政体意义上的“人治”与“法治”之争（即贵族政体与集权官僚政体之争），已由于新兴地主阶级通过变法运动先后在各诸侯国登上政治舞台而退出前台；另一方面，掌握国家政权的新兴地主阶级在立法、司法活动中已经总结了一些经验，同时也出现了一些问题。在这种社会背景之下，素来重视法律的荀子竟提出“人治”的主张，其原因和意义何在？

首先，荀子的“人治”绝不意味着恢复贵族政体。在政体上，荀子与法家的立场大体上是一致的，都是支持集权君主政体的。同时，荀子的“人治”也不意味着对中央集权的官僚政体作实质上的修正。也就是说，荀子的“人治”思想不是针对政体问题的。这样一来，荀子实际上改变了以往在政体意义上谈“人治”、“法治”问题的旧套路；

其次，荀子的“人治”思想仅限于法律实践活动（立法和司法）的范围。换言之，便是在法律实践活动中，作为法律操作者的“人”和作为行为规范的“法”两者当中，谁最重要？谁为第一性？荀子认为“人”的作用为第一性；

第三，在荀子的“人治”理论中，作为“人”的对立面的“法”，不仅仅是法律规范或法律制度，“法”的确切含义是“成文法”，即君主立法、法官司法的立法权与司法权相分离的“成文法”法律样式。在这种法律样式中，法官个人的主观能动性被大大地压抑着，“作议者尽诛”的严峻法律使法官成为机械比照法条来断案的“司法工匠”。这一特征在《睡虎地秦墓竹简》中得到充分反映。同时，由于成文法律本身的局限性——它不可能包揽无遗，又不能随机应变，使得这种法家式的立法司法活动出现漏洞和毛病。荀子便针对这种弊病试图加以补救，其方法就是“人治”，即重视法官的主观能动性和创造精神。

五、“有法者以法行，无法者以类举”的“混合法”理论

如果说，荀子的“人治”主张是对法家机械“成文法”样式的修正的话，那么，“人治”的理想蓝图则是构筑一个“成文法”与“判例法”有机结合的“混合法”样式。可以说，“混合法”样式是荀子“人治”理想的归宿。自西汉至清末的历代法律实践活动，正是实践了荀子的“混合法”理论。从这一角度可以说：两千年来之法，荀法也，混合法也。

（一）荀子的“类”概念

战国时期，周礼的崩坏和新生事物的崛起，造成“名实相怨”的现象；而百家林立相互争胜，又催动着古代名辩之学的繁荣。“类”就是在当时产生并被人们广为使用的新字眼儿。“类”在其古老含义之上被赋予新意：一是逻辑学上的概念，如《墨经》所谓“类”、“故”；二是大众语言上的概念，即道理、常理，如《孟子・告子上》：“此之谓不知类也”；《商君书・修权》：“皆不知类者也。”《韩非子・难势》：“此不知类之患也。”荀子的“类”也兼含上述几种含义并有创新。

《荀子》涉及“类”字颇多，据不完全统计，全书言“类”70余处，其中“统类”8次，“伦类”两次。简而别之，荀子言“类”有以下几种含义：

1.“物类”之“类”

“物类”指自然界和社会的各种事物，或万物所组成的世界。《荀子·劝学》：“物类之起，必有所始。”

2.“族类”之“类”

指宗族、家庭、氏族。《荀子·礼论》：“先祖者，类之本也。”此处之“类”即“族类”。《左传·成公四年》：“非我族类，其心必异。”

3.“形名”之“类”

指“形名”之学即逻辑学之“类”。《荀子·非十二子》：“僻违而无类，幽隐而无说，闭约而无解”；《王制》：“以类行杂，以一行万”；《子道》：“志以礼安，言以类使”；《大略》：“多言而类”；《解蔽》：“类不可两也，”等等。

4. 法律之“类”

“类”本来就含有法式、模范的意义。《楚辞·九章·怀沙》：“明告君子，吾将以为类兮。”《左传·昭公十六年》：“刑之颇类。”又《方言》七：“类，法也，齐曰类。”《荀子·王制》：“听断以类”，“有法者以法行，无法者以类举，听之尽也。”《荀子》书中从法律角度谈“类”者占相当大的篇幅。

（二）与“法”并行之“类”

荀子从法律角度所言之“类”也有两种：一是与“法”并行之“类”，二是高于“法”之上的“类”即“统类”。荀子多处论及与“法”并行之“类”。比如：“礼者，法之大分，类之纲纪也；”（《荀子·劝学》）“智则明通而类，愚则端悫而法；”（《荀子·不苟》）“依乎法而又深其类；”（《荀子·修身》）“法不能独立，类不能自行；”（《荀子·君道》）“举统类而应之，张法而度之；”（《荀子·儒效》）“其有法者以法行，无法者以类举，听之尽也；”（《荀子·王制》）“有法者以法行，无法者以类举，以其本知其末，以其左知其右，凡百事异理而相守也，庆赏刑罚，通类而后应。”（《荀子·

大略》）

上述之“类”有以下特征：其一，“类”是法律规范的表现形式之一；其二，“类”是“法”的重要补充；其三，“类”具有比“法”更广更高的使用价值。据此可以说，荀子思想中的“类”就是判例、故事、成事、先例的意思，这种意义上的“类”不仅可以从以往的文献中找到，也可以由法官临时创制出来。同时，荀子的“类”还包含另一层含义，即它是判例所体现出来的某种法律原则，这种法律原则既可以从以往的判例当中引申、抽象、概括出来，又可以作为法官当时裁判案件的法律依据。于是，“类”便具有比判例更为抽象的色彩，这就是既不同于法条、判例，而又高于法条、判例的法律原则或法律政策。

（三）高于“法”、“类”的“统类”

荀子一方面把“法”分成“法数”、“法义”两个层次，另一方面又把“类”加以划分，一种是具体的判例，另一种是判例所体现的或创制判例时所依据的法律原则——“统类”。

1.“法义”与“法数”

《荀子·君道》说：“不知法之义而正法之数者，虽博，临事必乱”；《荣辱》：“循法则度量刑辟图籍，不知其义，谨守其数。”明确提出“法义”、“法数”的概念。“法义”即法律之原理或立法宗旨，是法律所期达到的目标和法律实施所欲实现的价值。“君子者，法之原也”，君子是创立法的人，只有君子才知道法律的宗旨，也只有君子才能准确无误地实现法律的宗旨。“法数”即法条之所谓，是对法条术语的一般性理解，这是可以通过背诵强记而掌握的。《商君书·定分》所说的“知法令之谓”、“法令之所谓之名”，即“法数”。法家要求法官牢记“法数”以断案。故谓“以数治。”（《商君书·靳令》）“不恃其言，而恃其数”，“守其数，虽深必得”，“陈数而当”，使法官成为“通数者。”（《商君书·禁使》）“以法相治，以数相举。”（《商君书·慎法》）从而使“法治”成了“数治”。道家庄周就看不起这种机械的“数治”。《庄子·天下》说：“以法为分，以名为表，以参为验，以稽为决，其数一二三四是也，百官以此相齿。”《荀子·非十二子》也批评慎到“终日言成文典，反循察之，则倜然无所归宿”，实际上是“尚法而无法。”荀子认为合格的法官应当不仅掌握“法数”而且还更应当深晓“法义”。

2.“类”与“统类”

在荀子看来“类”除了判例之外，还带有法律原则的含义，在这层意义上“类”近似于“法义”。《荀子·修身》说：“好法而行，士也；笃志而体，君子也；齐明而不竭，圣人也。人无法则怅怅然，有法而无志其义则渠渠然，依乎法而又深其类然后温温然。”显然，此处之“类”近似“法义”。有时，荀子干脆称之为“统类”。《荀子》书多处涉及“统类”即“伦类”。比如：“总方略，齐言行，壹统类；”（《荀子·非十二子》）“修修分其用统类之行也；”“卒然起一方，则举统类而应之；”“志安公，行安修，智通统类；”（《荀子·儒效》）“言之千举万变，其统类一也；”（《荀子·性恶》）“以圣王之制为法，法其法以求其统类；”（《荀子·解蔽》）“伦类不通，仁义不一，不足谓善学；”（《荀子·劝学》）“忠信以为质，端悫以为统，礼义以为文，伦类以为理。”（《荀子·臣道》）

荀子的“统类”是法律的根本原则，它可通过对法的研究思索而获得，即“法其法以求其统类”。其过程是“诵数以贯之，思索以通之”。（《荀子·劝学》）不仅如此，由于“统类”同时又是国家政治和社会生活的根本原则，所以它还可以从这些方面获得。“统类”反映在法典方面是“律贯”，如《荀子·成相》：“臣谨循，君制变，公察善思论不乱，以治天下，后世法之成律贯”。表现在社会政治方面即是“统”和“道贯”。如《荀子·非十二子》：“略法先王而不知其统”；《天论》：“百王之无变，足以为道贯。一废一起，应之以贯，理贯不乱。不知贯，不知应变。贯之大体未尝亡也”;“统类”表现在伦理道德方面就是“礼法”,表现在认识活动方面则是正确的思辨。总之,“统类”是指导社会生活行为的最基本的准则。荀子认为,合格的法官应当掌握“统类”,因为它不仅是产生成文法典的本源,也是创制和适用判例的最高原则。

(四)“混合法”四要素:“人”、“统类”、“法”、“类”

荀子所谓“有法者以法行,无法者以类举,听之尽也”,实际上提出了成文法与判例法相结合的“混合法”理论。即:当有成文法典或成文法典宜于时用之际,便依据成文法典对案件作出裁判;否则,便援引以往的判例或根据判例所体现的法律原则来作出裁判。在这种“混合法”的运行过程中,有四种最基本的要素:

首先是作为法官的“人”。荀子认为这是“混合法”四要素中最关键的一环,荀人的“人治”思想即由此而发;

其次是作为法律原则或法律政策的“统类”,它与“礼法”的内容是完全一致的,“人”可以通过种种学习和修养来掌握它。“统类”是派生出成文法典和判例的直接本源;

第三是作为中央集权国家所制定的表现为成文法典的“法”,它是确立和维护中央集权的君主政体并驾驭庞大官僚机器的最重要的工具,也是法律规范的主体;

第四是作为成文法典之补充的判例——“类”,它是在成文法典、法规不足或显然不宜于时用的情况下,或者作为裁判的法律依据,或者作为裁判的结果,即今人所言“适用判例”和“创制判例”。因此,“类”可以说既是司法又是立法的产物。

关于四种要素之间的关系,集中表现在以下论述之中:

“好法而行,士也;笃志而体,君子也;齐明而不竭,圣人也。人

无法则伥伥然，有法而无志其义则渠渠然，依乎法而又深其类然后温温然。”(《荀子·修身》)

“有治人，无治法。羿之法非亡也，而羿不世中；禹之法犹存，而夏不世王。故法不能独立，类不能自行，得其人则存，失其人则亡。法者，治之端也，君子者，法之原也。故有君子，则法虽省，足以遍矣；无君子，则法虽具，失先后之施，不能应事之变，足以乱矣。不知法之义而正法之数者，虽博，临事必乱。”(《荀子·君道》)

“无土则人不安居，无人则土不守，无道法则人不至，无君子则道不举。故土之与人也，道之与法也者，国家之本作也。君子也者，道法之总要也，不可少顷旷也。得之则治，失之则乱；得之则安，失之则危；得之则存，失之则亡。故有良法而乱者有之矣，有君子而乱者，自古及今，未尝闻也。”(《荀子·致士》)

“判例法”的思维方式是归纳推理。法官在审理案件时，从以往判例故事中寻找法律依据。“成文法”的思维方式是演绎推理，法官在断案时，从抽象的法条中寻找法律依据。胡适在《中国哲学史大纲》中指出：法家的方法“根本上只是一种演绎的理论”；[①]冯友兰指出，名家的出现是当时“公布法令所引起的一个后果”。[②] 可见，战国时“成文法”取代“判例法”还促进了逻辑学的繁荣。

(五)从俗吏到儒臣：官僚的最高境界

荀子把人分成四个层次：俗人、俗儒、雅儒、大儒。他把这种划分方法运用到官僚队伍中，便有俗吏和儒臣之分。前者“不学问，无正义，以

---

① 胡适：《中国哲学史大纲》(上)，商务印书馆1987年，第378页。

② 冯友兰：《中国哲学史新编》第一册，人民出版社1962年，第309页。

富利为隆，是俗人也”；“略法先王而足乱世，术谬学杂，不知法后王而一制度，不知隆礼义而杀诗书……是俗儒也。”“俗人”当了官自然是俗吏。而“儒臣”又有“雅儒”、“大儒”之别。《荀子·儒效》说：“法后王，一制度，隆礼义而杀诗书，其言行已有大法矣，然而明不能齐法教之所不及，闻见之所未至，则智不能类也；知之曰知之，不知曰不知，内不自以诬，外不自以欺，以是尊贤畏法而不敢怠傲，是雅儒者也。法先王，统礼义，一制度，以浅持博，以古持今，以一持万，苟仁义之类也，虽在鸟兽之中，若别白黑；倚物怪变，所未尝闻也，所未尝见也，卒然起一方，则举统类而应之，无所疑怍，张法而度之，则奄然若合符节，是大儒者也。”

（六）“判例法”诸原则

荀子的“混合法”理论是对当时法家一味强调成文法及机械依法办事的修正。针对法家片面维护成文法典的尊严，《商君书·定分》：“有敢剟定法令，损益一字以上，罪死不赦；”《管子·重令》：“亏令者死，益令者死，不行令者死，留令者死。”不允许“议法，”《管子·法法》：“作议者尽诛。”《史记·商君列传》载，商鞅将“言令不便者”，称为“乱化之民”，“尽迁之于边城，其后，民莫敢议令。”荀子指出：成文法典是有缺欠的：“有治人，无治法。”意谓只有十全十美的人而无十全十美的法典。因此，他主张君子“议法”：“法而不议，则法之所不至者必废，职而不通，则职之所不及者必坠。故法而议，职而通，无隐谋，无遗善，而百事无过，非君子莫能。故公平者，职之衡也，中和者，听之绳也。其有法者以法行，无法者以类举，听之尽也。”（《荀子·王制》）可见，创制和适用判例是弥补成文法之不足的重要手段。不仅如此，荀子还提出了创制适用判例的诸原则。

其一，“有法者以法行，无法者以类举”。这是创制和适用判例的前提和条件。这既维护了成文法典的威严，又弥补了它的缺欠；

其二，“听断以类”，“以类度类”。《荀子·王制》：“饰动以礼义，听断以类，明振毫末，举措应变而不穷，夫是之谓有原；”《非相》：“以人度人，以情度情，以类度类，以说度功，以道观尽，古今一也，类不悖，虽久同理。”是说，尽管判例（先例）很多，而且庞杂，但它们所蕴涵的原则是完全一致的，因而是可以被援引的；

其三，“立法施令莫不顺比。”（《荀子·议兵》）“比”即先例，立法时和司法时都要参考以往的判例。有些判例可以被加工抽象成为成文法条；

其四，“无稽之言，不见之行，不闻之谋，君子慎之。”（《荀子·正名》）在无先例可资借鉴时，应慎之又慎；

其五，“有循于旧名，有作于新名”。（《荀子·正名》）在适用罪名和施用刑罚时，可以根据具体情况援用旧名或创制新名；

其六，“稽实定数”，“同则同之，异则异之”；“使异实者莫不异名也”，“使同实者莫不同名也”，（《荀子·正名》）援引判例、适同刑罚要注意犯罪事实和罪名的一致性；

其七，“是非疑则度之以远事，验之以近物，参之以平心。”（《荀子·大略》）审判疑难案件时，既要参照过去的判例，又要结合当时的现状，还要做到法官良心的平静，既不欺人，又不欺已。“平心”即法律意识，亦即“统类”、“礼法”。

（七）归纳与演绎：“听则合文，辩则尽故”的“推类”之法

荀子的“混合法”思想有两个理论支柱：一是“人治”理论，再一个是逻辑学上的思维方法——归纳法与演绎法相结合。简言之，是在贤能的“人”的操作之下，将成文法的思维方式演绎推理，和判例法的思维方式归纳推理结合起来。

西周春秋时代的法律式样是“议事以制，不为刑辟”（《左传·昭公

六年》)的"判例法"。当时"世卿世禄"的世袭制,和"帅型先考"的孝观念,是"判例法"的制度上和观念上的保障。当时的法律规范主要表现为具体的判例,它们或者藏之于王宫,或者铸之于礼器,以示威严与不朽。与"判例法"相适应的思维方法便是归纳推理。法官在审理案件时,从以往的判例、故事中去寻找法律依据,如果找不到,就从礼仪风俗或公认的观念中去寻找。这种思维方式与英国法系十分相近。

战国以后,随着贵族政体的崩溃和集权官僚政体的确立,一种新的法律式样产生了,这就是成文法。成文法的理论支柱是"二权分离",即"生法者君也,守法者臣也"。(《管子·任法》)为了保证众多官吏施政的统一,成文法便不得不详备。如《韩非子·八说》所谓"明主之法必详事"。使社会生活的各个领域"皆有法式","皆决于法"。由于成文法的思维方式是演绎推理,故成文法的兴起引起了法律领域内"名实"问题的大辩论。胡适曾指出,先秦法家的"控名责实"、"以一统万","根本上只是一种演绎的理论"。① 冯友兰亦指出,名家的出现是当时"公布法令所引起的一个后果"。②

生活在战国末期的荀子,既看到成文法对于维系集权官僚政体的重大作用,又看到成文法的局限性和弊病;既看到贵族政体的不合理性,又看到贵族政体下法官的独立性灵活性及判例法的合理因素。因此,他主张把成文法与判例法结合起来,其理论之一便是将演绎和归纳两种推理方法结合起来。按荀子的话来说即是"兼听齐明"、"兼听之明"、"齐明而不竭"、"中和察断"、"参伍明谨","中和者听之绳也","好法而行,士也;笃志而体,君子也;齐明而不竭,圣人也";(《荀子·修身》)(雅儒)"明不能齐法教之所不及闻见之所未至,则智不能类也",

---

① 胡适:《中国哲学史大纲》上,商务印书馆 1987 年,第 379 页。

② 冯友兰:《中国哲学史新编》第一册,人民出版社 1962 年,第 309 页。

(大儒)“卒然起一方,则举统类而应之,无所疑怍,张法而度之,则奄然若合符节”;(《荀子·儒效》)“职分而民不慢,次定而序不乱,兼听齐明而百事不留”;(《荀子·君道》)“临事接民而以义,变应宽裕而多容,恭敬以先之,政之始也;然后中和察断以辅之,政之隆也;然后进退诛赏之,政之终也”;(《荀子·致士》)“有兼听之明”,“辨异而不过,推类而不悖,听则合文,辨则尽故”;(《荀子·正名》)“听之经,明其情,参伍明谨施赏刑”。(《荀子·成相》)

《荀子·王制》说:“公平者,职之衡也;中和者,听之绳也。其有法者以法行,无法者以类举,听之尽也。”荀子所谓的“听”即“听政”、“听讼”、“听断”之义。而“兼听”即全面听讼之义。如果说,“有法者以法行”是适用成文法的话,那么,其逻辑方法便是演绎推理,即“以一持万”、(《荀子·儒效》)“以一行万”,(《荀子·王制》)由一般到特殊。作为“一般”的成文法条,是在长期法律实践的基础上形成的,它高度概括了法律活动的一般特征:“以道观尽,古今一也”,(《荀子·非相》)“千举万变,其道一也”。(《荀子·儒效》)成文法的稳定性和广泛适用性便由此而生。

如果说,“无法者以类举”是适用和创制判例的话,那么,其逻辑方法便是归纳推理,即“以类度类”、(《荀子·非相》)“听断以类”,“以类行杂”。(《荀子·王制》)即由特殊到一般。判例是十分庞杂的,前后时间跨度较大,但它们所蕴涵的法律原则是一致的:“类不悖,虽久同理”。(《荀子·非相》)这就造成了判例的稳定性和统一性。

荀子认为,法官的标准有二:一是一般标准;二是最高标准。《荀子·荣辱》说:“循法则、度量、刑辟、图籍,不知其义,谨守其数,慎不敢损益也,父子相传,以侍王公,是故三代虽亡,治法犹存,是官人百吏之所以取禄秩也”,这里说的便是一般标准。“以圣王为师,案以圣王之制为法,法其法以求其统类”,(《荀子·解蔽》)“卒然起一方,则举统类而应之，无所疑作；张法而度之，则奄然若合符节”。(《荀子·儒效》)这便是最高标准。如果说，一般标准的法官是成文法之下的博闻强记、善于操作的司法工匠的话，那么，最高标准的法官便是善于把立法和司法结合起来，善于把成文法和判例法结合起来的法律大师！作为最高标准的法律大师，除了具有高深的道德修养之外，还要深晓“统类”(即“礼法”)，熟知判例、故事，同时还要具备科学的逻辑思维方法，这就是“兼听齐明”的将归纳推理与演绎推理结合起来的方法。

从人类的认识活动来看，归纳和演绎是统一的和相辅相成、互为条件的；从人类的法律实践活动来看，成文法和判例法也是统一的和相辅相成的。荀子对西周春秋的判例法和战国以后的成文法作了深入的研究，并从认识论逻辑学的高度把两者结合起来，充分表现了古代先哲的聪明与智慧。

结语　荀子的法律思想与古代法律文化

荀子对传承儒家经典功劳卓著，之后学不绝如缕。虽然《荀子》书长期无人问津，乃至“编简烂脱”。但其精髓未尝绝也。荀子弟子李斯，李斯弟子吴公，吴公弟子贾谊，其学未绝。《汉书·贾谊传》：吴公“故与李斯同邑，而尝学事焉。”“贾谊，洛阳人也。年十八，以能诵诗书属文称于郡中。河南守吴公闻其秀才，召置门下，甚幸爱。”而后有“作书美孙卿”(刘向：《孙卿叙录》)的董仲舒。除李斯为法家者流外，其余都坚持了荀子礼法统一的总方针。此外，在政治法律实践领域，实现荀子思想的更大有人在。比如，“少时为狱吏”，中年“乃学春秋”，老年以“贤良文学”征为博士，后官至御史大夫，“习文法吏事缘饰以儒术”(《汉书·公孙弘传》)的公孙弘，从其经历、作为乃至“外宽内深”的性格，都浸透着儒法合一的时代风采。可以说，荀子“隆礼重法”的理论和“混合法”的主张，都仰仗着这类官僚的长期实践才得以实现。

荀子“隆礼重法”的理论是经过自汉至隋唐的长期实践才实现的。其大致过程是：首先，儒家的“礼治”思想通过“春秋决狱”的司法活动，“经义注律”的法律注释活动，“纳礼入律”的立法活动，逐渐成为指导法律实践的最高原则，并且上升为法条或法律制度；其次，法家的“法治”理论一方面在维护中央集权的君主专制政体上继续发挥主导作用；另一方面又不断改变自己的面貌，使它更适应“礼”的差异性精神。到了隋唐，礼对法的浸润或法对礼的靠拢大体完成。以唐律“十恶”为例，十种常赦不原的重罪中，四条半是维护中央集权政体的，四条半是维护宗法家族秩序的，只有一条是一般性质的犯罪。这正是礼法统一的最典型的例证。

荀子的“混合法”理论对整个古代社会的立法、司法活动均有重大影响。西汉武帝时董仲舒开创“春秋决狱”的审判方式，这可以说是对西周、春秋时的“判例法”的一次回顾。此后，当有成文法典且宜于时用之际，“重法”之声则甚器尘上；相反，则“重人”、“议事以制”之声不绝于耳。最终形成“人法”兼重、“法例并行”的定论。从晋代刘颂所谓“律法断罪，皆当以法律令正文。若无正文，依附名例断之”；“法欲必奉，故令主者守文；理有穷塞，故使大臣释滞；事有时宜，故人主权断；”（《晋书·刑法志》）到唐律的规定：“诸断罪皆须具引律令格式正文”，“诸制敕断罪，临时处分，不为永格者，不得引为后比”；（《唐律疏议·断狱律》）从宋代苏轼所谓“人胜法则法为虚器，法胜人则人为备位，人与法并行而相胜则天下安；”（《东坡奏议·应制举上两制书》）到明律的规定“内外问刑衙门，今后问拟囚犯罪名，律有正条者，俱合依律拟断，无正条者，方许引例发落，亦不许妄加参语，滥及无辜，”（《嘉靖新例·刑例·断罪引律令》）都是对荀子的“公平者，职之衡也，中和者，听之绳也，其有法者以法行，无法者以类举，听之尽也”（《荀子·王制》）的“混合法”理论的诠释和实践。

如果说，荀子之学（“隆礼重法”）是中国古代社会的正宗法统，故谭嗣同概之为“两千年来之学，荀学也”。[①] 那么，荀子之法（“混合法”）则是中国古代社会的正宗法体，故亦可概之为“两千年来之法，荀法也”。由此看来，说中国古代社会明标孔孟抑商韩而实行荀学，得无宜乎！

① 谭嗣同：《仁学》二十九，《谭嗣同全集》，中华书局 1981 年，第 337 页。

第二十章　董仲舒对荀子学术的继承与实践

董仲舒(约公元前197—前104年),西汉广川(今河北省枣强县)人。汉景帝时以精通春秋而征为博士,兼通群经,为群儒首。汉武帝时下诏,举荐贤良方正极言敢谏之士,董仲舒以"天人三策"应对,提出"推明孔氏,抑黜百家,立学校之官,州郡举茂材孝廉","任德教而不任刑","灾异谴告","春秋大一统"等主张,受到汉武帝的重视。曾任江都相,胶西相,"凡相两国,辄事骄王,正身以率下,数上疏谏争,教令国中,所居而治。"后辞官居家,"以修学著书为事","朝廷如有大议,使使者及廷尉张汤就其家而问之,其对皆有明法"。(《汉书·董仲舒传》)现存于《汉书·董仲舒传》中的《贤良对策》及经其后学整理而成的《春秋繁露》是研究董仲舒思想的重要史料。

董仲舒不仅是汉代的名儒,而且还是中国古代正统思想包括中国古代正统法律思想的理论奠基者。他的思想上承孔子、孟子,近取荀子,兼而吸收法家、阴阳五行、天人合一等思想因素,神化集权君主政体和宗法道德伦理的"三纲五常",为我国古代社会的立法司法活动提供指导原则。同子学时代的儒家代表人物不同,董仲舒的法律思想在当时及后世的政治法律实践中基本得到实现。苏舆说:"仲舒学术尚仁,而有时主刑,所以为大儒也;""两汉多用董学,魏晋南北朝多用郑学,宋以后多用朱学。董学在《春秋》,郑学在《礼》,朱学在《四书》。"朱熹亦谓:“汉儒惟董仲舒纯粹,其学甚正。”①

一、“天人合一”:皇权的神化与制约

董仲舒继承了先秦的天命思想,又吸取了阴阳五行的理论,创造了“天人合一”的神学体系。这种神学体系的价值,不仅在于说明宗法礼制的合理性,更重要的是在于论证集权君主政体的神圣性。

(一)“天人合一”的神学体系

与孔子“敬鬼神而远之”的态度和荀子“天人相分”的理论不同,董仲舒提出了最高精神本体——“天”的学说。他认为,“天”是最高的神:“天者,百神之大君也。事天不备,虽百神犹无益也”;(《春秋繁露·郊语》以下仅注篇名)“天者,百神之君也,王者之所最尊也。”(《郊义》)“天”是派生出世界万物的最高本源:“天者万物之祖,万物非天不生”。(《顺命》)《春秋繁露·基义》说:“凡物必有合。……阴者阳之合,妻者夫之合,子者父之合,臣者君之合。物莫无合,而合各有阴阳。……君臣、父子、夫妇之义,皆取诸阴阳之道。……天之亲阳而疏阴,任德而不任刑也。是故仁义制度之数,尽取之天。……王道之三纲,可求于天。”《五行之义》说:“天有五行:一曰木,二曰火,三曰土,四曰金,五曰水。……故五行者,乃孝子忠臣之行也。”在这种神秘学说的渲染下,国家制度和道德伦理都被赋予了神性。

(二)“大一统”的尊君说

在政体问题上,董仲舒和荀子一样一改孔子孟子坚持贵族政体的

① 苏舆:《董子年表》,载《春秋繁露·义证》,中华书局1992年,第481、491、488页。

主张，转而拥护集权君主政体。不仅如此，他还从神学角度来论证集权专制政体的合理性。

董仲舒把先秦“天命”观和“天人合一”论结合起来，把皇帝神化为“天之子”和“万民之父母”。《春秋繁露·郊语》说：“圣人正名，名不虚生。天子者，则天之子也”；《为人者天》说：“惟天子受命于天，天下受命于天子，一国则受命于君”；《顺命》说：“天子受命于天，诸侯受命于天子，子受命于父，臣妾受命于君，妻受命于夫。诸所受命者，其尊皆天也，虽谓受命于天亦可”；《深察名号》说：“受命之君，天意之所予也。故号为天子者，宜视天如父，事天以孝道也”。这样，封建皇帝便以天之子的地位被神化，又以天下人之父的身份被置于天下至圣至尊的神坛上。

为了尊君，董仲舒要求臣民忠于君主。《天地之行》集中论述了这个问题：“为人臣者，其法取象于地。故朝夕进退，奉职应对，所以事贵也；供设饮食，候视疢疾，所以致养也；委身致命，事无专制，所以为忠也。……臣不忠而君灭亡，若形体妄动而心为之丧。是故君臣之礼，若心之与体，心不可以不坚，君不可以不贤；体不可以不顺，臣不可以不忠。”这些说教不外乎要求臣下忠于君主，做君主的忠实奴仆。

（三）“灾异谴告”说

原始儒家是反对君主集权的，孟子甚至主张推翻暴君。法家虽然要求君主守法，不要“以私害法”，但他们都没有提出任何有效措施。董仲舒一方面用“天之子”把皇权加以神化，另一方面又提出“灾异谴告”说，试图对皇帝的过分行为加以约束。《春秋繁露·必仁且智》说：“天地之物有不常之变者，谓之异，小者谓之灾。灾常先至而异乃随之。灾者天之谴也，异者天之威也。谴之而不知，乃畏之以威。诗云：畏天之威。殆此谓也。凡灾异之本，尽生于国家之失。国家之失乃始萌芽，而天出灾害以谴告之。谴告之而不知变，乃见怪异以惊骇之。惊骇之尚不知畏恐，其殃咎乃至。以此见天意之仁而不欲陷人也。谨案灾异以见天意。天意有欲也，有不欲也。所欲所不欲者，人内以自省，宜有惩于心。外以观其事，宜有验于国。故见天意者之于灾异也，畏之而不恶也，以为天欲振吾过，救吾失，故以此报我也。……以此观之，天灾之应过而至也，异之显明可畏也。圣主贤君尚乐受忠臣之谏，而况受天谴也？"这种"天谴天告"说，对于制约皇帝个人的专断行为来说的确发挥着潜在的威力。后世历朝的大赦之制，与此说有着直接的关系。在皇权至高无上的集权政体下，这种理论多少充当了制约皇权或限制皇帝专断行为的神秘警钟。

二、"天道任阳不任阴"与"德主刑辅"说

关于"德政教化"与"法令刑罚"两者之间的关系问题，先秦儒法两家持对立的见解。儒家主张"以德去刑"，法家则主张"以刑去刑"。荀子则将德刑二者统一起来，提出"德刑兼重"的观点。董仲舒承荀子之绪，进一步明确"德主刑辅"的理论，并给这种理论披上"天道"、"阴阳"的神秘外衣。

董仲舒以人间的庆赏刑罚匹配天道。《春秋繁露·四时之副》说："天之道，春暖以生，夏暑以养，秋清以杀，冬寒以藏。暖暑清寒，异气而同功，皆天之所以成岁也。圣人副天之所行以为政，故以庆副暖而当春，以赏副暑而当夏，以罚副清而当秋，以刑副寒而当冬。庆赏刑罚，异事而同功，皆王者之所以成德也。庆赏刑罚与春夏秋冬，以类相应也，如合符。故曰王者配天，谓其道。天有四时，王有四政，四政若四时，通类也，天人所同有也。庆为春，赏为夏，罚为秋，刑为冬。庆赏刑罚之不可不具也，如春夏秋冬不可不备也。庆赏刑罚，当其处不可不发，若暖暑清寒，当其时不可不出也。庆赏刑罚各有正处，如春夏秋冬各有时

也。四政者不可以相干也，犹四时不可相干也。四政者不可以易处也，犹四时不可易处也。”

而且，天道是重阳不重阴的，因此，治国应当重德不重刑。《春秋繁露·基义》说：“天之亲阳而疏阴，任德而不任刑也。是故仁义制度之数，尽取之天。天为君而覆露之，地为臣而持载之；阳为夫而生之，阴为妇而助之；春为父而生之，夏为子而养之；秋为死而棺之，冬为痛而丧之。王道之三纲，可求于天。天出阳，为暖以生之；地出阴，为清以成之。不暖不生，不清不成。然而计其多少之分，则暖暑居百而清寒居一。德教之与刑罚犹此也。故圣人多其爱而少其严，厚其德而简其刑，以此配天。”

这种理论的价值和作用是：首先，结束了先秦儒家法家之间“以德服人”、“以德去刑”和“以力服人”、“以刑去刑”的“德”与“刑”的截然对立，把两者都纳入“天道”、“阴阳”、“五行”的轨道之中，使它们在时间上空间上达到统一和谐调；其次，仍然偏重儒家的“德治”，把它置于“天道”的首位，宣布“德治”是治国的根本和首务，是第一位的而非第二位的。这是对儒家传统“德治”思想的强化和神化；第三，在肯定儒家“德治”的优先地位的同时，又肯定了法家的刑罚的作用。虽然把这些措施置于第二位，是“德治”的辅助手段，但毕竟给它们披上神圣的外衣，使法家的刑罚第一次被堂而皇之地纳入“天道”运行的必然规律当中；第四，这种理论实际上是对儒家偏重“德治”而相对轻视刑罚作用，法家偏重刑罚而相对轻视“德治”的传统态度的纠正。它指出，“德治”与刑罚两者不可或缺，只有其一不及其二是不能治理好国家的，也是不符合“天道”的。正确的选择是“德刑兼用”，“德主刑辅”。这一理论是在总结儒家理想主义和法家一味迷信暴力的经验的基础上形成的，并成为古代正统法律思想的重要支柱，支配着历朝历代的法律实践活动。

三、“君道无为”、“臣道有为”的政治论和“以名定实”的考绩之法

董仲舒之所以主张“尊君”，又在一定程度上肯定刑罚的作用，这与他对先秦法家的“法治”思想的态度是有密切关系的。总的来看，他同荀子一样，对法家的“法治”是既有继承又有修正的。

（一）“君道无为”、“臣道有为”的政治论

建立中央集权的君主政体是先秦法家的政治归宿，抑制地方豪强势力，强化中央朝廷的权威，是汉武帝时代的政治首务。在面对集权君主政体时，董仲舒和先秦法家的政治立场是大致相同的。如果说有差别则表现在：法家旨在如何确立之，而董仲舒旨在如何维护之。这一立场决定着董仲舒对法家的“法治”的继承态度。

《春秋繁露·天地之行》说：“为人君者其法取象于天。故贵爵而臣国，所以为仁也；深居隐处，不见其体，所以为神也；任贤使能，观听四方，所以为明也；量能授官，贤愚有差，所以相承也；引贤自近，以备股肱，所以为刚也；考实事功，次序殿最，所以成世也；有功者进，无功者退，所以赏罚也。是故天执其道为万物主，君执其常为一国主。……为人臣者其法取象于地。故朝夕进退，奉职应对，所以事贵也；供设饮食，候视疢疾，所以致养也；委身致命，事无专制，所以为忠也；竭忠写情，不饰其过，所以为信也，伏节死难，不惜其命，所以救穷也；推进光荣，褒扬其善，所以助明也；受命宣恩，辅成君子，所以助化也；功成事就，归德于上，所以致义也。”这种由“深居隐处”的帝王操纵的，靠“任贤使能”、“量能授官”和“考实事功”来推行的政体，就是集权官僚政体。

为了巩固集权君主政体，董仲舒还公开吸收了法家关于“势”和

“术”的思想，主张用“建治之术”来确保帝王之“权势”。这种“无为而无不为”的帝王之术，其作用就在于维护帝王之“势”。《春秋繁露·王道》说：“故道同则不能相先，情同则不能相使，此其教也。由此观之，未有去人君之权，能制其势者也，未有贵贱无差，能全其位者也。故君子慎之。”

这种帝王之“势”和帝王之“术”又是靠“法治”和赏罚来维持的。《春秋繁露·保位权》说：“国之所以为国者德也，君之所以为君者威也。故德不可共，威不可分。德共则失恩，威分则失权。失权则君贱，失恩则民散。民散则国乱，君贱则臣叛。是故为人君者，固守其德，以附其民；固执其权，以正其臣。……故为君虚心静处，聪听其响，明视其影，以行赏罚之象。……是以群臣分职而治，各敬而事，争进其功，显广其名。而人君得载其中，此自然致力之术也。圣人由之，故功出于臣，名归于君也。”

（二）“据位治人”、“以名定实”的“考绩之法”

董仲舒吸收了先秦法家“循名责实”的统驭百官之法，并提出了考核官吏的具体措施。《春秋繁露·立元神》说：“君人者，国之元，发言动作，万物之枢机。枢机之发，荣辱之端也。故为人君者，谨本详始，敬小慎微，志如死灰，形如委衣，安精养神，寂寞无为。休形无见影，揜声无出响，虚心下士，观来察往。谋于众贤，考求众人，得其心遍见其情，察其好恶，以参忠佞，考其往行，验之于今，计其畜积，受于先贤。释其仇怨，视其所争，差其党族，所依为臬，据位治人，用何为名，累日积久，何功不成。”这里所说的“据位治人”，就是法家所主张的“因能授官”、“循名责实”。亦即《春秋繁露·保位权》所说的“挈名考质，以参其实，赏不空施，罚不虚出。”

不仅如此，董仲舒还设计“考绩之法”和“考试之法”。《考功名》篇说:“考绩之法,考其所积也。……考绩绌陟,计事除废,有益者谓之公,无益者谓之烦。挈名责实,不得虚言,有功者赏,有罪者罚,功盛者赏显,罪多者罚重。不能致功,虽有贤名,不予之赏;官职不废,虽有愚名,不加之罚。赏罚用于实,不用于名,贤愚在于质,不在于文。故是非不能混,喜怒不能倾,奸轨不能弄,万物各得其真。则百官劝职,争进其功。”尽管董仲舒“考绩之法”、“考试之法”在汉代未能实施,其具体做法又语焉未详。但他的目的是通过具体的制度来驾驭庞大的官僚机器,保证集权官僚政体的正常运转。另一方面,他的考核之法也是针对当时的弊端而发的。如《汉书·董仲舒传》即载其“对策”之语:“长史多出于郎中、中郎,吏二千石子弟选官吏,又以富赀,未必贤也。且古所谓功者,以任官称职为差,非所谓积日累久也。故不材虽累日,不离于小官;贤才虽未久,不害为辅佐。是以有司竭力尽知,务治其业而以赴功。今则不然,累日以取贵,积久以致官,是以廉耻贸乱,贤不肖浑淆,未是其真。”

董仲舒的考核之法既源于《尚书》的“三载考绩,三考黜陟”,又与先秦法家的“循名责实”、“赏贤罚劣”的“法治”精神相一致。作为名儒,董仲舒既宣扬儒家的传统治国之策,又对治吏之法津津乐道,反映了汉武帝时代儒法进一步融合的时代特征。

四、“春秋决狱”:儒家经义与判例法

董仲舒所生活的时代背景及个人经历与孔子、孟子、荀子都有着显著的差别。先秦儒家生活在社会大变革和新制度刚刚确立的时代,儒家思想的影响基本上保存在民间,而没有登上官方正宗的宝殿,也不可能受到官方行政力量的保护和青睐。而且,当时的儒家代表人物大都是民间学者,很少有机会身居要职以推行自己的主张。即使做过官也

只是暂时的，没有实践自己政治抱负的机会和条件。董仲舒则不同。在他所生活的汉武帝时代，儒家思想逐渐恢复了元气，不仅在民间日益扩大影响，不断把儒家知识分子推荐到官僚队伍中来，而且还登上官方正宗学术的宝座，受到国家政策和行政力量的保护和推崇。而且，董仲舒还有做官的经历，如大中大夫、江都相、胶西相。退休告老之后，仍以顾问形式参与朝廷政议和狱讼之事。这就使他有机会和条件参与国家立法、司法活动，使儒家思想渗透到法律实践领域，为儒家思想的法律化创造条件。董仲舒还作《春秋决狱》16卷，载判例二百三十二事。这种做法不仅带有强烈的时代气息，而且在法律史上占有极为重要的地位。可以说，董仲舒对中国古代法律发达史的贡献，既表现在思想观念方面上，又表现在操作层面上。

（一）儒家经义：最高法律原则

自从儒学被西汉王朝确立为官方正宗学术以后，便结束了“百家争鸣”的子学时代，进入“独尊儒术”的经学时代。儒家经典著作及其所含原则逐渐成为国家制定政策和立法、司法的最高依据。这些儒家经典著作主要有《易经》、《诗经》、《书经》、《仪礼》、《春秋经》等。其中，最重要的是《春秋》。《汉书·艺文志》谓：“《春秋》以断事，信之符也”。是说《春秋》所包含的义理和故事，均有行为规范的作用。董仲舒作为治公羊春秋的大儒，特别重视《春秋经》的作用。他曾多次强调《春秋》之义的重要地位。比如《春秋繁露·楚庄王》说：“《春秋》之辞，多所况，是文约而法明也。……《春秋》之用辞，已明者去之，未明者著之。……《春秋》，义之大者也。得一端而博达之，观其是非，可以得其正法。视其温辞，可以知其塞怨。是故于外，道而不显，于内，讳而不隐。于尊亦然，于贤亦然，此其别内外、差贤不肖而等尊卑也。……《春秋》之道，奉天而法古。是故虽有巧手，弗修规矩，不能正方圆。虽有察耳，不吹六律，不能定五音。虽有智心,不览先王,不能平天下。然则先王之遗道,亦天下之规矩六律已。故圣者法天,贤者法圣,此其大数也。得大数而治,失大数而乱,此治乱之分也。所闻天下无二道,故圣人异治同理也。古今通达,故先贤传其法于后世也。《春秋》之于世事也,善复古,讥易常,欲其法先王也。”

董仲舒把《春秋》看成无所不包的经世大典。《春秋繁露・十指》:

> “《春秋》二百四十二年之文,天下之大,事变之博,无不有也。”治国之策莫不藏于其中。只要谙习《春秋》,善于从中总结先王治国理民之道,并且运用于当今政治法律活动之中,就一定会成果卓著。如《春秋繁露・俞序》所谓:“《春秋》之道,大得之则以王,小得之则以霸。”

董仲舒一方面把《春秋》视为“义之大者”,是载“先王遗道”、“人道之极”的“大法”。另一方面还把《春秋》大义看做可以由之引申出具体法律原则的最高法源。这些具体的法律原则是可以通过举一反三、“伍其比、偶其类”、“比贯类”、“緢援比类”的方法来加以总结提炼出来的。这种从具体的特殊事物抽象出一般原则的推论方法,就是归纳法。他认为,一般性原则既可以从具体事物中概括出来,又可以施用于具体事物。

总之,董仲舒相信,从儒家经典著作特别是《春秋》当中,可以总括出一系列法律原则,并用这些原则来评判事物的曲直正误。在董仲舒心目中,《春秋》是先王留给后世君主用以治国安邦的经世大法,是可以取之不尽、用之不竭的法律本原。

董仲舒从《春秋》中概括出许多儒家经义。这主要有:“近近而远远,亲亲而疏疏,贵贵而贱贱,重重而轻轻,厚厚而薄薄,善善而恶恶”;

(《春秋繁露·楚庄王》)“《春秋》之听狱也,必本其事而原其志。志邪者不待成,首恶者罪特重,本直者其论轻;”(《精华》)“《春秋》之义:立嫡以长不以贤,立子以贵不以长。立夫人以嫡不以妾。天子不臣母后之党”;“《春秋》之义,臣不讨贼,非臣也。子不复仇,非子也”;(《王道》)“《春秋》君不名恶,臣不名善,善皆归于君,恶皆归于臣。”(《阳尊阴卑》)这些儒家经义不仅是处理国家政治、日常行政的依据,而且还是立法、司法所依照的重要原则。这些原则从《春秋》所载史事、故事、先例中被概括出来,并且运用到现实政治、行政、法律活动中。而《春秋》经典直接表述的经义,也有相应的具体事例加以论证。董仲舒以毕生精力研究《春秋》,他既善于从具体故事、案例中引申出法律原则,又善于援引具体故事、先例来论述法律原则。公羊学派所专注的“微言大义”正是这样的法律原则。

(二)春秋决狱:判例法的复兴

董仲舒不仅从理论上论证了儒家经典对法律实践活动的指导作用,指明归纳推理的推论方法,而且还亲自运用这些方法来创制和适用判例。可以说,董仲舒是判例法的复兴者,是以儒家经义决狱平讼的“始作俑”者。《后汉书·应劭传》载:“故胶东相董仲舒,老病致仕,朝廷每有政议,数遣廷尉张汤亲至陋巷问得失。于是作《春秋决狱》二百三十二事。动以经对,言之详矣。”《汉书·艺文志》记有《公羊董仲舒治狱》十六卷,《隋书·经籍志》、《旧唐书·艺文志》记有《春秋决狱》十卷。盖于唐以后散佚。程树德撰《九朝律考》载董仲舒《春秋决狱》六则,散见于《通典》、《白孔六帖》、《太平御览》。其中载有一件案例:

> “甲父乙与丙争言相斗,丙以佩刀刺乙,甲即以杖击丙,误伤乙,甲当何论?或曰:殴父也,当枭首。论曰:臣愚以父子至亲也,

闻其斗，莫不有怵怅之心。扶杖而救之，非所以欲诟父也。《春秋》之义，许止父病，进药于其父而卒，君子原心，赦而不诛。甲非律所谓殴父，不当坐。"①

通过这件案例可以看到，当时的司法审判常常只注意行为人的客观行为，而忽视行为人的主观动机，延续了先秦法官的遗风。董仲舒则提出了新的审判思想："《春秋》之听狱也，必本其事而原其志。"（《春秋繁露・精华》）按现在的刑法理论，即以法律行为和案件事实为依据，并分析判断行为人的主观动机和目的，然后判明案件的性质和情节，据以裁断。这种审判思想，较之死背法律条文或只看客观事实（客观归罪）的做法，无疑是一大进步。

同时，更为重要的是，以上述"殴父"案为例，我们可以看到适用判例、创制判例的操作过程。首先，甲以杖击乙，这是事实，乙是甲之父，这也是事实。故法官认为，"殴父，当枭首。"这正是自秦代延续而来的审判风格——"客观归罪"。董仲舒反对这种过于简单武断的审判方式，并试图加以纠正；其次，在汉武帝时代，儒学被定为官方正宗之学，儒家著作被奉为经典，儒家经义具有相当高的权威。这就使援引儒家经义以断案成为可能；第三，在当时成文法典无明文规定的情况下，董仲舒从《春秋》这部鲁国史书中援引一宗古老的判例——"许止进药"案，并从该案中引申出一种法律原则——"原心论罪"，最后将这一原则施用于当时正在审理的"殴父"案，并得出无罪的结论；第四，这实际上等于又创制了一个新的判例，这个判例尽管是由于适用古老的判例而形成的，但它对今后同类审判活动具有指导意义。这种适用判例、创制判例的方式不是董仲舒首先发明的，因为在西周、春秋时，当时的审判

---

① 程树德：《九朝律考》，中华书局 1963 年，第 164、165 页。

方式正是“议事以制”(《左传·昭公六年》叔向语)的判例法。但由于文献不足,对当时适用判例、创制判例的具体过程已经很难再现了。而董仲舒的审判方式正是对“议事以制”古老判例法的复原。

董仲舒首创的“春秋决狱”对汉代政治法律活动产生了巨大的影响。使以儒家经义裁决疑难案件的做法蔚为风气。程树德《九朝律考》专有“汉以春秋决狱之例”一节,列有25例之多。还有“汉论事援引春秋”一节,列有31例。[①]

从这些实例可以看到,在汉代,在处理国家政治、行政、法律事务之际,儒家经义和孔子、孟子之言,均具有极高的权威性。而儒家经义也被大大地开发出来,诸如:“君子大居正”;“臣无将,将而诛”;“为亲者讳”;“大夫出疆,有可以安社稷存万民,专之可也”;“以功覆过”;“诛首恶而已”;“意恶功遂,不免于诛”;“原心定罪”;“奸以事君,常刑不舍”;“诸侯不得专地,所以一统尊法制也”;“恶恶止其身,善善及子孙”;“君亲无将,将而诛焉”;“功在元帅,罪止首恶,故赏不僭溢,刑不淫滥”;“原情定过,赦事诛意”;“继母如母”;“亲亲之道”;“诛君之子不宜立”;“五辟之属,莫大不孝”;“尊上公谓之宰,海内无不统焉”;“家不藏甲”;“罪以功除”;“春秋之诛,不避亲戚”;“选人所长,弃其所短,录其小善,除其大过”;“先内后外”;子不报仇,非子也”;“逐君侧之恶”;“公族有罪,虽曰宥之,有司执宪不从”;“责知诛率”;“春秋大居正”;“大义灭亲”;“于厚者薄,则无所不薄矣”,等等。[②] 其崇儒尊经之风可略见一斑。

董仲舒发其端,时人争效之。其弟子“吕步舒持节使决淮南狱,于诸侯擅专断不报,以《春秋》之义正之,天子皆以为是。(《史记·儒林列传》)廷尉张汤“以古法义决疑狱。”(《汉书·儿宽传》)汉宣帝时廷尉于

---

① 程树德:《九朝律考》,中华书局1963年,第165、170页。

② 同上书,第165—177页。

定国“学《春秋》，身执经，……其决疑平法，务在哀鳏寡，罪疑从轻。”(《汉书·于定国传》)汉和帝时廷尉、尚书陈宠“数议疑狱，常亲自为奏。每附经典，务以宽恕，帝辄从之。”(《后汉书·陈宠传》)“春秋决狱”的结果是，纠正了“缓深故之罪，急纵出之诛”(《汉书·刑法志》)的偏差，也救活了许多人命。及至“元、成以后，刑名渐废，上无异教，下无异学，皇帝诏书，群臣奏议，莫不援引经义以为据依。”①从而大大巩固了儒学的正宗地位。

结语　“春秋决狱”的历史地位

董仲舒首先使用的“春秋决狱”的审判方法，在中国法律史上具有十分重大的意义。首先，这种审判方式实际上宣布，儒家经义具有等同于甚至高于现行法律的价值，从而使儒家思想进入法律实践领域成为可能。而事实上儒家思想正是从司法领域入手，逐渐深入到法律注释和立法领域，最后终于按自己的形象来改造整个法律实践活动的；其次，董仲舒的“春秋决狱”一改先秦儒法两家对立的局面，使两者自然地融合起来。先秦儒家是个民间学派，无缘登上政治舞台，故无机会从事现实的法律实践活动。而法家人物又是在批评儒家思想的同时，按法家的意愿来从事立法、司法的。董仲舒的做法，使儒学从书斋走向实践，又使法官转而关心儒学。从而使截然对立的儒法两家水乳交融般走向统一；第三，董仲舒以“春秋决狱”的方式恢复了古已有之的判例法，再一次宣示着判例法的生命力。中国古代的判例法和英国的判例法是恍如隔世的吗？两者之间有没有形似之处？丘吉尔说：“英国人的自由并不依靠国家颁布的法律，而是依靠长期逐渐形成的习惯”；“法律

---

① 皮锡瑞：《经学历史》，中华书局1959年，第103页。

早就存在于国内的习惯之中，关键是需要通过潜心研究去发现它，把见诸史籍的判例加以比较，并在法庭上把它应用于具体争端。”[①]读了《春秋决狱》的文字，就可以发现，中国古代的判例法和英国的判例法在操作程序上是大致相同。这证明人类法律实践活动具有共同性。第四，由于判例法的复兴，终于形成成文法与判例相结合的“混合法”。可以说，董仲舒不仅是荀子“隆礼重法”思想的继承人，而且还是荀子的审判方式——“有法者以法行，无法者以类举，听之尽也”（《荀子·君道》）的实践者。这种法律样式自汉汉武帝时代确立之后，便一直被后世封建王朝所采纳，成为中华法系的主要特征之一。

在法律思想和法律实践领域，儒家代表人物各自完成着各自的使命：孔子、孟子并肩站在哲学和理想主义的地平线上，为中华民族指明前进的方向；而荀子、董仲舒则立于中华大地，用双手为统一帝国编织经世大典。

---

① ［英］温斯顿·丘吉尔：《英语国家史略》（上），薛力敏、林林译，新华出版社 1985 年，第 208 页。

第二十一章　儒家法家法律文化从对立走向融合

一、儒学的复活与蜕变

西汉以后,曾经倍受打击与压抑的儒学逐渐复兴。民间教育的深厚根基使儒学保持生命力,通经入仕的政策又使儒学步入王朝的殿堂。于是,肩负着历史重任的一代儒家演出了新的一幕。

(一)儒生们悄悄踏上官府的台阶

儒学迂阔而不切于实用,故长期无人问津。加之前有商鞅"燔诗书而明法令",(《韩非子·和氏》)后有李斯"焚书坑儒"及"偶语"、"挟书"之禁,使儒学倍受打击,处境艰难。但是,儒学并未断绝,它在自己的故乡仍保留着极大的生命力。《史记·儒林列传》:"天下争于战国,儒术既绌焉,然齐鲁之间,学者独不废也;""及高皇帝诛项籍,举兵围鲁,鲁中诸儒尚讲诵习礼乐,弦歌之音不绝,岂非圣人之遗化,好礼乐之国哉?""齐儒之间于文学,自古以来,其天性也!"儒生首次参与政治活动是在秦末。"陈涉之王也,而鲁儒持孔驭之礼器往归陈王。于是孔甲为陈涉博士,卒与涉俱死……缙绅先生之徒负孔子礼器往委质为臣者何也?以秦焚其业,积怨而发愤于陈王也。"(《史记·儒林列传》)

儒生正式参与国家政治是在高皇帝之际。"叔孙通作汉礼仪,因为太常，诸生弟子共定者咸为选首，于是喟然兴于学。”(《史记·儒林列传》)儒生以所操之礼乐参与政治事务并进而为官，这正是孔子的百年梦想。

(二)孔子的百年梦想:学而优则仕

“学而优则仕”是孔子也是儒家梦寐以求的理想。这一理想是在汉武帝时代逐渐实现的。高皇帝时“未暇遑庠序之事”，“孝惠、吕后时公卿皆武力有功之臣”，“孝文帝本好刑名之言”，“孝景不任儒者”，“窦太后又好黄老之术”。此间，“诸博士具官待问，未有进者”，与秦朝“博士虽七十人，特备而弗用”曾无二致。然而至汉武帝时，形势大变。武帝下诏:“延天下方正博闻之士，咸登诸朝。”又“绌黄老刑名百家之言，延文学儒者数百人，而公孙弘以《春秋》白衣为天子三公，封以平津侯，天下学士靡然乡风矣”。(《史记·儒林列传》)

据《史记·儒林列传》载，公孙弘曾提出四条建议:一是“因旧官”:“为博士官置弟子五十人复其身，太常择民年十八已上仪状端正者补博士弟子”;二是“选贤良”:选拔“郡国县道邑有好文学、敬长上、肃政教、顺乡里、出入不悖所闻者，令相长丞上属所二千石”;三是“举文学”:“一岁皆辄试，能通一艺以上，补文学掌故缺，其高第可以为郎中者，太常籍奏即有秀才异等，辄以名闻”;四是“罢不材”:“小吏浅闻，不能究宣”，“其不事学若寡材及不能通一艺，辄罢之”。武帝皆批准实施。于是，儒家“学而优则仕”的理想终于实现了。

(三)明倡六经，暗行荀术

西汉初期，统治阶级曾试图寻求一种理论作为统治思想。当时，法家思想由于秦朝暴虐早亡而威信扫地，墨家主张“官无常贵，民无终贱”，(《墨子·尚贤上》)又反对“不与其劳获其实”(《墨子·天志下》)的剥削行为，显然不合时宜；主张清静无为、“约法省禁”（《淮南子·诠言训》、《原道训》）的黄老之学，虽然颇见成效，但又过于消极而不利于巩固中央政权，不利于富国强兵以御外患。于是，统治阶级的眼光最后落到儒学上面。儒家既主张建立“礼乐征伐自天子出”（《论语·季氏》）的“大一统”王朝，又强调君臣上下尊卑长幼之序；既重视德政教化，又不一般地排斥法律刑罚的作用，故有利于维护王朝的根本利益和社会的安宁。于是，儒学便得到统治者的青睐。

武帝采纳董仲舒的建议，“罢黜百家，表彰六经”，（《汉书·董仲舒传》）独崇孔子之术。从此，使孔孟之学成为中国古代社会的正宗学术。但此时的儒学并非孔孟之原始儒学。孔孟主张贵族政体而又崇德礼抑刑法，显然不宜于汉初形势。故“作书美荀卿”、深明荀学大旨的董仲舒明崇孔孟之道而实循荀子之术。董仲舒的政治法律观主要有以下两点：其一，“天人合一”的君权天授说。天子是天之子，天子承天意以治天下，天子治国失当、滥施刑罚，则天必降灾异以谴告之。这种理论既满足了帝王强化神化君权的意愿，又照应了儒家限制君主专断的传统主张。其二，“大德小刑”说，以天道有阴阳，阳为主而阴为辅，阳为德而阴为刑，故治理国家应以德为主而刑为辅。这样，既神化了儒家“重德轻刑”的传统见解，又暗中把刑法提高到天道之一翼的神圣地位。可见，董仲舒在继承荀学之际，又给荀学披上了神学的外衣。

二、儒生与文吏：高阁中的儒经与社会深层的司法

《论衡·程材》谓：“文吏，朝廷之人也。幼为干吏，以朝廷为田亩，以刀笔为耒耜，以文书为农业，犹家人子弟生长宅中，其知曲折愈于宾客也。宾客暂至，虽孔墨之材，不能分别。儒生犹宾客，文吏犹子弟

也。”首批“通经入仕”的儒家知识分子正如登堂入室的外地客人，他们和原先的“武力有功之臣”，(《史记·儒林列传》)子承父业之吏，在政治素质和思想意识上存在明显的差异。这种差异在立法、司法活动中表现得尤为突出。

(一)先进与后进：两种官吏、两种素质

《论语·先进》：“子曰：先进于礼乐，野人也；后进于礼乐，君子也。如用之，则吾从先进。”孔子说，先学习礼乐而后做官的，是平民子弟；先有了官爵而后学习礼乐的，是卿大夫子弟。如果要我选择人材，那么我主张选用先学习礼乐的平民子弟。

汉代官吏也有两种成分：一种是“武力有功之臣”和子承父业而为官者，他们未曾系统接触过六经之学.不明子曰诗云之类。但请习施政的惯例，通晓法律成事，熟知钱粮赋税捕盗及审判业务。正如《论衡·程材》所谓：“文吏幼则笔墨，手习而行，无篇章之诵，不闻仁义之语，长大成吏，舞文巧法。”另一种是出身平民以“通经而入仕”的贤良文学。他们系统学习过儒家经典，深明仁义礼智信等道德伦理和宽惠博施、富而后教的治民之道，以及“格物致知正心诚意修身齐家治国平天下”(《礼记·大学》)的路数。但是，他们不通政务，不习法律，不懂审判。两种成分的人“皆为掾吏，并典一曹，将知之者，知文吏儒生笔同而儒生胸中之藏当多奇余；不知之者，以为皆吏”。(《论衡·量知》)当两种貌同而神异的官吏共同处理政务和司法时，将不可避免地发生分歧和冲突。

(二)儒生与文吏：两张皮合为一张皮

儒生与文吏本来就存在差别，加之公孙弘以为“小吏浅闻，不能究宣”，罢免一批“不事学”、不能通一艺”的官吏，(《史记·儒林列传》)又

用考试的办法大量取用儒生，这就更加深了儒生与文吏的隔阂与对立。但这毕竟是暂时的现象，经过坎坷的路程，两者终于握手言和、合而为一了。

1. 排斥阶段："儒者寂于空室，文吏哗于朝堂"

文吏看不起儒生："文学能言而不能行，居下而讪上，处贫而非富，大言而不从，高厉而行卑，诽誉訾议以要名采善于当世。夫禄不过秉握者不足以言治，家不满担石者不足以计事，儒皆贫羸，拐冠不完，安知国家之政县官之事乎！"（《盐铁论·地广》）"呻吟摘简，诵死人之语，则有司不以文学，文学知狱之在廷后而不知其事，闻其事而不知其务。""儒者之安国尊君未始有效也；"（《盐铁论·大论》）儒生也看不起文吏："文吏不晚吏道，所能不过案狱考事，移书下记。"（《盐铁论·谢短》）"人不博览者，不闻古今，不见事类，不知然否，犹目盲耳聋鼻痈者也。"（《论衡·别通》）"不治其本而事其末，"古之所谓愚，今之所谓智。以篓楚正乱，以刀笔正文，古之所谓贼，今之所谓贤也。"（《盐铁论·大论》）两种官吏相互鄙薄，互不通容，其结果是"儒者寂于空室，文吏哗于朝堂"。（《论衡·程材》）

2. 相峙阶段："文吏以事胜、以忠负，儒生以节优、以职劣"

实践表明，儒生、文吏各有长短："儒生治本，文吏理末。""取儒生者必轨德立化者也，取文吏者必优事理化者也。""文吏以事胜，……以忠负"。"舞文巧法，徇私为己，勉赴权利，考事则受贿，临民则采渔。""生以节优、以职劣"。"儒生不晓簿书，置之于下第，法令比例，吏断决也。""儒生务忠良，文吏赴理事。"（《论衡·程材》）两者缺一不可，故不应相互鄙视仇怨。

3. 战略转移："一府员吏，儒生什九"

"掺沙子"的成效随着时间的推移而日渐其卓越。致使"一府员吏，儒生什九"，"簿书之吏，什置一二"。（《论衡·程材》）儒家知识分子不仅位居三公，而且在一些郡县官府中占了八九成。其结果是：鄙视儒生之论难以存在，而儒生必须亲自“理事”。这就使儒生与文吏之间的对立与隔阂日益消除。

4. 融合阶段：“以经术润饰吏事”

儒生与文吏各有长短，应取长补短。于是，儒生改变了，“入文吏之科，坚守高志厂不肯下学”的孤芳自赏的态度，向文吏学习“理事”的本领；文吏也改变了“循今不顾古，趋仇不存志，竞进不案礼，废经不念学”的旧姿态，转而向儒生学习六经之学。互相学习的结果是：“吏事易知而经学难见也”，“儒生能为文吏之事，文吏不能立儒生之学”。儒生终于沾沾自喜，发出了“牛刀可以割鸡，鸡刀难以屠牛”(《论衡·程材》)的慨叹。儒生在官府中站稳了脚，造成了“以经术润饰吏事”(《汉书·循吏传》)的新局面。

(三) 社会深层的司法活动

秦汉法律本以法家精神为宗。《汉书·宣帝纪》注云；“萧何承秦法所作为律令，律经是也。”《晋书·刑法志》谓：“汉承秦制，萧何定律。尸及至魏明帝时仍“承用秦汉旧律”。又《汉书·元帝纪》载宣帝之语：“汉家自有制度，本以霸王道杂之，奈何纯任儒教用周政乎？”皆其证也。武帝以降，儒学虽被捧为官方正宗学术，但难以立即成为立法、司法的指导原则，它实际上还是被置之高阁的。当时意识形态领域与法律实践领域呈现出奇特的“两张皮”状态。前者是儒学为宗，后者是法家为用。

汉代司法在两方面仍体现法家精神，是“刑无等级”，(即“刑上大夫”)相国萧何“为民请苑”，高皇帝疑其受贿，“乃下相国，廷尉械系之”。(《史记·萧相国世家》)身为绛侯、食邑万户、官居右丞相的大将军周勃被诬下狱，被狱吏捆绑斥责，他叹道：“吾尝将百万军，然安知狱吏之贵乎！”(《史记·绛侯周勃世家》)故贾谊上书，建议大臣有罪“有赐死而无戮阁，系、缚、榜、笞、髡、刖、黥、劓之罪不及大夫”。(《汉书·贾谊传》)二是客观归罪。《盐铁论·刑德》载；“盗马者死”，“乘骑车马行驰道中，吏举苛而不止，以为盗马而罪亦死”；盗武库兵，其罪死，“今伤人持其刀剑而亡，亦可谓盗武库兵而杀之”。又《太平御览》六四〇卷载汉武帝时有一案：“甲父乙与丙争言相斗，丙以佩刀刺乙，甲即以杖击丙，误伤乙，甲当何论？或曰：殴父也，当枭首。”[①]可见，汉代司法仍以法家精神和秦律原则为尚，而儒家思想尚未实际指导立法、司法活动。

三、循吏、酷吏与汉代法律文化

循吏、酷吏是汉代集权官僚政体中风格迥异的两种官僚群体。他们各有不同的出身、经历和文化程度，并以其不同的施政方式来完成拱卫集权专制政体及其社会基础的政治使命。他们在价值观念上的差异，可以从春秋战国的儒法对立和晋国文化鲁国文化的分野中找到原型。而这种差异的消弭和统一正反映了法家文化儒家文化融合过程的一个侧面。“从思想源流的大体言之，循吏代表了儒家的德治，酷吏代表了法家的刑政；汉廷则相当巧妙地运用这两种相反而又相成的力量逐步建立了一个统一的政治秩序。”[②]

(一) 汉代循吏、酷吏的产生

从历史渊源来看，循吏自春秋时便已初露端倪。《史记·循吏列传》所述孙叔敖、子产、公义休、石奢、李离五人大多为春秋时人。其主要特征是“施教导民”、“以患养民”、“奉法循理”。依太史公的见解，循

---

① 程树德：《九朝律考》，商务印书馆1935年，第164页。

② 余英时：《汉代循吏与文化传统》，《中国思想传统的现代诠释》，台湾联经出版事业公司1987年，第197页。

吏的主要特点是“奉法循理”、“奉职循理”。而所遵循之“理”正是儒家主张的德治、仁政。这也许是“循吏”所以得名的原因。余应时以为《史记·太史公自序》中“道家无为……其术以虚无为本,以因循为用”中“因循”两宇正是“循吏”之“循”的意思。[①]

在西周春秋的贵族政体下,宗法血缘纽带在当时的政治生活中发挥着极大作用。作为各级行政长官的贵族,对下属施以恩惠、使民以时、取之有方等等,不仅是政治方策也是宗法道义。因此,“德治”、“仁政”、“礼教”乃是基本的治家治国的方法。但是到了春秋中后期,社会的变革导致统治方法的改变,因而出现了“宽”“猛”两手策略。其倡始者便是子产。

子产一方面实践了“其养民也惠,其使民也义”、(《论语·公冶长》。)“不毁乡校”、(《左传·襄公三十一年》)“为政必以德”(《史记·郑世家》)的“以宽服民”的政策,同时又“铸刑书”,“大人之忠俭者,从而与之,泰侈者,因而毙之”,(《左传·襄公三十年》)实践了“以猛服民”的方针。他临终时对其后继者子太叔说:“我死,子必为政。唯有德者能以宽服民,其次莫如猛。夫火烈,民望而畏之,故鲜死焉。水懦弱,民狎而玩之,则多死焉。故宽难。”(《左传·昭公二十年》)子太叔执政后“尽杀萑苻之盗”,正是听从了子产的教诲。子产的遗言,既反映了他对贵族传统治国方法的叹息,和对新的治国方略的寄托之情。

从价值观上对上述两手政策进行评判的是孔子。《论语·为政》载:“导之以政,齐之以刑,民免而无耻;导之以德,齐之以礼,有耻且格。”政令刑罚是“猛”的一手,德政教化是“宽”的一手。前者虽能奏效于一时一事,却无力改变人们的道德风貌。故治国应以后者为尚。然

---

① 余英时:《汉代循吏与文化传统》,《中国思想传统的现代诠释》,台湾联经出版事业公司 1987 年,第 194 页。

而孔子并非一般否定政令刑罚的作用，他主张根据具体需要将两手配合起来："政宽则民慢，慢则纠之以猛。猛则民残，残则施之以宽。宽以济猛；猛以济宽，政是以和。"(《左传·昭公二十年》)以后的循吏、酷吏正是各自扮演着"以宽服民"、"以猛服民"的角色。

战国时法家推行以赏罚二柄为后盾的"以法治国"，正是"以猛服民"的特殊表现。在人皆"好利恶害"、"趋利避害"的人性论的支配下，恩惠、宽缓、教化等等被视为无用之物，只有"以力服人"、"以刑去刑"才是惟一有效的手段。以"猛政"所打击的对象是旧贵族势力和反抗的人民，其目的在于确立和维护集权式的封建王朝。从这个角度而言，战国之吏大都带有"酷"的色彩。及至秦朝则无以复加。正如蒯通对范阳令所说："秦法重，足下为范阳令十年矣，杀人之父，孤人之子，断人之足，黥人之首，不可胜数。"(《史记·张耳陈余列传》)秦吏之酷，足见一斑。然而这不是个人品质所致，而是国家政治使然。

西汉以降，秦所确立的集权君主政体被承继下来。因此，秦原来用以维护集权政体的一整套官僚机构和治国方法也必然地被继承下来。这就是汉代酷吏得以生存的政治环境。在"以法为教，以吏为师"的秦代，官吏兼任着"以法教民"的官方教师和"以法治民"的行政长官的职责。《睡虎地秦墓竹简·语书》载，当时的南郡郡守腾发布的文告："凡法律令者，以教导民，去其淫僻，除其恶俗，而使之之于为善也。……凡良吏明法律令，事无不能也；……恶吏不明法律令，不知事。……"通晓法律条文并严格依法办事的是"良吏"，否则便是"不忠"、"不胜任"、"不廉"的"恶吏"。为推行朝廷的法令，虽然对人民残酷刑杀亦不为过。当时的官吏是仰视朝廷而无视民间疾苦的。从这个角度来看，专任刑罚的秦吏同后来的"吏道以法令为师"、(《汉书·薛宣传》)"太守汉吏奉三尺律令以从事"、(《汉书·朱博传》)的汉代的"文史法律之吏"(《汉书·儿宽传》)是如出一辙的。这些官吏被儒家知识分子贬斥为"俗吏"或

“酷吏”。“俗吏和酷吏事实上是属于同一类的，不过程度有别而已，他们都是循吏的反面”。[①] 酷吏、循吏是相辅相成的，他们各自反映了古代文化传统的某一个侧面，他们是汉代政治法律实践活动的产物，并各自发挥着特殊的职能。

（二）汉代酷吏的政治作用

酷吏的特征，为《史记·酷吏列传》所谓“其治暴酷”、“直法行治，不避贵威”、“暴酷骄恣”、“其治如狼牧羊”、“内深次骨”、“务在深文”；《后汉书·酷吏列传》所谓“以暴理奸”、“风行霜烈”、“政严猛好申韩法”、“专任刑罚”、“刻削少恩”、“专事威断”、“肆情刚烈”、“重文横人”，等等。其要只在“以猛服民”。汉代酷吏作为专制皇权的鹰隼，其政治作用主要表现在以下几个方面：

首先，是镇压人民的反抗行为。西汉时，朝廷的残暴政治常激起民变，“吏民益轻犯法，盗贼滋起”，“大群至数千人，擅自号，攻城邑，取库兵，释死罪，缚辱郡太守都尉，杀二千石，为檄告县趣具食；小群以百数，掠卤乡里者，不可胜数也。”因此，“诛灭盗贼”是当时地方行政长官的要务。比如，定襄吏民为乱，义纵率军平之，被升为定襄太守。“纵至，掩定襄狱中重罪轻系二百余人，及宾客昆弟私人相视亦二百余人。纵一捕鞠，曰‘为死罪解脱’。是日皆报杀四百余人。其后郡中不寒而栗，猾民佐吏为治。”（《史记·酷吏列传》）东汉时，“九江山贼起，连月不解”，阳球因擅理盗贼而官拜九江太守。“球到，设方略，凶贼殄破。收郡中奸吏尽杀之。”（《后汉书·酷吏列传》）凭借武力和刑威来平息民变以图社会的安定，是酷吏的一项政治职能。

---

① 余英时：《汉代循吏与文化传统》，《中国思想传统的现代诠释》，台湾联经出版事业公司 1987 年，第 217 页。

其次，是翦灭地方豪强势力。汉初，王国与郡同为地方高级行政机关。诸王拥兵自重、煮盐铸币，成为中央政权的威胁。而诸王宗族横行乡里，不遵法度，往往激起民变。因此，翦灭地方豪强是拱卫中央政权的需要。西汉时，“济南瞯氏，宗人三百余家，豪猾，二千石莫能制。于是景帝乃拜都为济南太守。至则族灭瞯氏首恶，余皆股栗。居岁余，郡中不拾遗”；郅都“独先严酷，致行法不避贵戚，列侯宗室见都侧目而视，号曰苍鹰。”(《史记・酷吏列传》)东汉初，李章拜阳平令。“时赵、魏豪右往往屯聚，清河大姓赵纲遂于县界起坞壁，缮甲兵，为在所害。章到，乃设飨会而延谒纲。纲带文剑，被羽衣，从士百余人来到。章与对宴饮，有顷，手剑斩纲，伏兵亦悉杀其从者，因驰诣坞壁，掩击破之，吏人遂安。”(《后汉书・酷吏列传》)在翦灭地方豪强方面，酷吏发挥着刑官和军官的作用。

第三，是维护社会治安。严延年为涿郡太守，当时，不逞之徒在当地大姓庇护下无恶不作，致使“道路张弓拔刃，然后敢行”。延年至，“穷竟其奸，诛杀各数十人。郡中震恐，道不拾遗。”尹赏为长安令，当时“长安中奸猾浸多，闾里少年群辈杀吏，受赇报仇，相与探丸为弹，得赤丸者斫武吏，得黑丸者斫文吏，白者主治丧。城中薄暮尘起，剽劫行者，死伤横道，枹鼓不绝。”尹赏收捕“轻薄少年恶子”数百人，又掘坑方深各数丈，以大石盖其口，名为“虎穴”，将人犯纳其中，以大石掩其口。“数日壹发视，皆相枕藉死”。(《汉书・酷吏列传》)王吉为沛相时，“凡杀人皆磔尸车上，随其罪目，宣示属县。夏月腐烂，则以绳连其骨，周遍一郡乃止，见者骇惧。视事五年，凡杀万余人。其余惨毒刺刻，不可胜数。郡中惴恐，莫敢自保。”(《后汉书・酷吏列传》)酷吏正是以酷烈的刑杀手段威慑人们，来达到“以刑去刑”的目的。

最后，是铲除奸党叛逆。酷吏王于审讯，长于理奸，因此在打击叛逆奸党方面成绩卓著。张汤“治陈皇后蛊狱，深竟党与”；“治淮南、衡山、江都反狱，皆穷根本”。（《史记·酷吏列传》）阳球为司隶校尉，奏治权宦王甫狱，“球自临考甫等，五毒备极，”“朴交至，父子悉死杖下。”（《后汉书·酷吏列传》）

总之，汉代酷吏以拱卫中央集权的封建王朝为己任，以“以猛服民”为方针，以酷烈为手段，充当皇权的“鹰犬之仔。”（《后汉书·酷吏列传》）其作为虽有悖三尺律令，但因其符合王朝的根本利益，故每每得到朝廷的首肯。循吏有着深厚的社会文化根基，这就是儒家的思想。即使是在“焚书坑儒”的秦代，这种思想观念乃未绝迹。《睡虎地秦墓竹简·为吏之道》所谓“安静毋苛”、“严刚毋暴”、“宽容忠信”、“和平毋怨”、“慈下勿陵”、“善度民力”、“正行修身”、“喜为善行”、“恭敬多让”、“除害兴利、慈爱万姓”、“均徭赏罚”、“敬而起之，惠以聚之，宽以治之”，“与民有期，安驺而步、毋使民惧”等等，其注意力在百姓身上，也在自我道德修养上面，这与《语书》惟法律令是从的旨趣是截然不同的。可以说，《为吏之道》是循吏施政准则，尽管它在当时未能真正实行。

（三）汉代循吏的社会职能

西汉以后，伴随着儒学的复兴和官吏荐举制度的推行，受到儒学教育的知识分子逐渐登上政治舞台。当他们有条件实施夙愿时，便沿着儒家的“德治”、“仁政”一展雄才，成为循吏。汉代循吏的社会职能主要有以下几方面：

首先，是为民兴利，使民安居乐业。汉代循吏在一定程度上认识到人民的物质生活状况对于维护封建统治的重要性，故将改善人民的生产和生活视为施政的重要内容之一。如西汉时召信臣为南阳太守，“好为民兴利，务在富之。躬劝耕农，出入阡陌，止舍离乡亭，稀有安居时。视行郡中水泉，开通沟渎，起水门提阏凡数十处，以广灌溉，岁岁增加，多至三万顷。民得其利，畜积有余。……其化大行，郡中莫不耕稼力田，百姓归之，户口增倍，盗贼狱讼衰止。吏民亲爱信臣，号曰召父。”（《汉书·循吏列传》）东汉孟尝为合浦太守时，“郡不产谷实，而海出珠宝，与交比境，常通商贩，贸籴粮食。先时宰守并多贪秽，诡人采求，不知纪极，珠遂渐徙于交界。于是行旅不至，人物无资，贫者饿死于道。尝到官，革易前敝，求民病利。曾未逾岁，去珠复还，百姓皆反其业，商货流通，称为神阴。”（《后汉书·循吏列传》）

其次，是行德政以得民心。汉宣帝时，“渤海左右郡岁饥，盗贼并起，二千石不能禽制”，即任龚遂为渤海太守。他认为民乱的原因是“民困于饥寒而吏不恤”，“治乱民犹治乱绳，不可急也，唯缓之，然后可治。”龚遂“至渤海界，郡闻新太守至，发兵以迎，遂皆遣还，移书敕属省悉罢逐捕盗贼吏。诸持钅且钩田器者皆为良民，吏无得问，持兵者乃为盗贼。遂单车独行至府，郡中翕然，盗贼亦皆罢。渤海又多劫略相随，闻遂教令，即时解散，弃其兵弩而持钩钅且。盗贼于是悉平，民安土乐业。遂乃开仓廪假贫民，选用良吏，尉安牧养焉。”（《汉书·循吏列传》）东汉安帝时，镡显为豫州刺史。“时天下饥荒，竞为盗贼，州界收捕且万余人。显愍其困穷，自陷刑辟，辄擅赦之，因自劾奏。有诏勿理。”（《后汉书·循吏列传》）在对待“盗贼”的方法上，循吏的怀柔手段比起酷吏的大砍大杀来，真是相去甚远。从社会效果而言，有时宽的一手比猛的一手更为得力。

第三，是施行教化，移风易俗。循吏以地方行政长官的身份而肩负着教育者的职能。他们把推行国家的法律政令同向老百姓灌输儒家的道德伦理结合起来，成为把强制性行为规范演变为人们内心的伦理规范的灵魂工程师。西汉黄霸“独用宽和为名”，“为条教，置父老师帅伍长，班行之于民间，劝以为善防奸之意，及务耕桑，节用殖财，种树畜养，去食谷马，”“百姓乡化，孝子弟弟贞妇顺孙日以众多，田者让畔，道不拾遗，养视鳏寡，赡助贫穷，狱或八年亡重罪囚，吏民乡于教化，兴于行谊，可谓贤人君子矣。”(《汉书·循吏列传》)东汉卫飒为桂阳太守,“郡与交州接境,颇染其俗,不知礼则。飒下车,修庠序之教,设婚姻之礼。期年间,邦俗从化”;秦彭为山阳太守,“以礼训人,不任刑罚。崇好儒雅,敦明痒序。每春秋飨射,辄修升降揖让之仪。乃为人设四诫,以定六亲长幼之礼。有遵奉教化者,擢为乡三老,常以八月致酒肉以劝勉之。吏有过咎,罢遣而已,不加耻辱。百姓怀爱,莫有欺犯”;许荆为桂阳太守,“郡滨南州,风俗脆薄,不识学义。荆为设丧纪婚姻制度,使知礼禁。尝行春到耒阳县,人有蒋均者,兄弟争财,互相言讼。荆对之曰:‘吾荷国重任,而教化不行,咎在太守。’乃顾使吏上书陈状,乞诣廷尉。均兄弟感悔,各求受罪。在事十二年,父老称歌”;刘矩为雍丘令,“以礼让化之,其无孝义者,皆感悟自革。民有争讼,矩常引之于前,提耳训告,以为忿恚可忍,县官不可入,使归更寻思。讼者感之,辄各罢去,其有路得遗者,皆推寻其主”;仇览为蒲亭长,“人有陈元者,独与母居,而母诣览告元不孝”,览劝之:“奈何肆忿于一朝,欲致子以不义乎?”“母闻感悔,涕泣而去。览乃亲到元家,与其母子饮,因为陈人伦孝行,譬以祸福之言。元卒成孝子”。(《后汉书·循吏列传》)这种教师的角色缩短了官僚与百姓的距离,标榜了“为民父母”的仁慈形象。

最后,是制约统治集团内部的过分行为。循吏大都受过儒家思想的熏陶,对统治者与被统治者之间相互依存、相互转化的关系有较为清醒的认识,因此,他们为封建朝廷长治久安计,敢于纠正统治集团的不理智的专断行为。如龚遂为郎中令,事昌邑王贺,“贺动作多不正,遂为人忠厚,刚毅有大节,内诤争于王,外责傅相,引经义,陈祸福,至于涕泣,……面刺王过,王至掩耳起走,曰‘郎中令善愧(辱)人’。及国中皆畏惮焉”。(《汉书·循吏列传)如汲黯“好直谏,数犯主之颜色”,被称为“社稷之臣”。汲黯与廷尉张汤议事,“汤辩常在文深小苛,黯伉厉守高不能屈,忿发骂曰:‘天下谓刀笔吏不可以为公卿,果然。必汤也,令天

下重足而立,侧目而视矣’”。(《史记·汲郑列传》)

酷吏与循吏出身经历不同。大体上说,西汉酷吏发迹于基层幕僚。如宁成曾为“小吏”,赵禹“以刀笔吏积劳稍迁为御史”;张汤“无尺寸功起刀笔吏,陛下幸致为三公,”王温舒曾为亭长、小吏,“以治狱至廷史”,尹齐“以刀笔吏稍迁至御史”,(《史记·酷吏列传》)等等。因此,他们谙习政务,通晓法律,其任务以推行朝廷法规为尚。为达此目的,不惜采用强制手段以速见成效。西汉循吏大都受过儒家思想的影响,故较为注意个人品行的自我修养,从而深得“吏民爱敬”。如朱邑以贤良被荐举,龚遂“以明经为官”,召信臣“以明经甲科为郎”“举高第迁上蔡长。”(《汉书·循吏列传》)东汉后,这一特征发生量变。酷吏黄昌“仕郡决曹”,曾“就经学,又晓习文法”,阳球“举孝廉补尚书侍郎”,董宣“举高第,累迁北海相”,李章“习《严氏春秋》,经明教授,历州郡吏”,周纡“好韩非之术”,而其奏章每引《春秋》,王吉“少好诵读书传”。(《后汉书·酷吏列传》)可见,东汉酷吏亦受到儒学的一定影响。而东汉循吏受儒学教育则更为系统,如卫飒“家贫好学问,随师无粮,常庸以自给”;任延“年十二为诸生,学于长安,明《诗》、《易》、《春秋》,显名太学”;王景“少学《易》,遂广窥众书,又好天文术数之事”;秦彭“崇好儒雅,敦明庠序”;王涣“敦儒学,习《尚书》,读律令,略举大义”;孟尝“少修操行,仕郡为户曹史”,后又“策孝廉,举茂才”;第五访“少孤贫,常庸耕以养兄嫂。有闲暇,则以学文,仕郡为功曹,察孝廉,补新都令”;刘宠“父丕,博学,号为通儒”,“宠少受父业,以明经举孝廉”;仇览“少为书生淳默,乡里无知者”,后曾“入太学”,专务经学。(《汉书·循吏列传》)可以说,学儒经者虽未必为循吏,而循吏必崇儒学。

(四)汉代循吏、酷吏产生的社会原因

循吏、酷吏是汉代政治法律活动的必然产物。大致而言,循吏的作

用在于维护集权王朝的社会根基，没有循吏的工作，统治阶级和被统治阶级之间的政治关系就永远是紧张激烈的，社会不安定，王朝的稳定也就难于实现；酷吏则是专制皇权的忠诚“鹰犬”，他们用酷烈手段打击那些直接威胁皇权的民变和地方割据势力，其作用正如酷吏周纡所云：“见无礼于君者，诛之如鹰鹯之逐鸟雀”。(《后汉书·酷吏列传》)

汉代循吏酷吏得以产生的社会原因是复杂的。总的来看不外以下诸端：

首先，从思想渊源来看，秦虽灭亡，但其治国的基本方法即“以法治国”，仍有强大的影响力。这种方法是与集权官僚政体密切相连的。汉朝既然承袭了这种政体，便不能不同时继承这种治国方法。特别是当着人民的反抗斗争和地方豪强势力直接威胁王朝统治时，便只能仗暴力和刑罚。儒家思想虽经秦代文化专制政策的打击而一蹶不振，但它凭借深厚的社会根基和民间教育而保存下来，汉初黄老学术一面矫正秦之猛酷，一面为儒学的复兴打开方便之门。而汉武帝“罢黜百家，表章六经”及选拔官吏的措施，使儒家知识分子步人政治舞台以实现其夙愿。这便是酷吏、循吏存在的思想条件。

其次，从社会经济状况看来，汉承战乱之后，民生凋敝，百业待举。无论百姓和朝廷都希望重振经济，这就使循吏有条件实现其富民兴利的主张。这种措施是与个体家庭的农业经济的恢复发展同步进行的。它不仅有利于人民安居乐业，还为对人民施行教化创造了物质条件。从这个角度来看，循吏的职能是持久性的，非一朝一夕所能奏其效。另一方面，地方豪强凭借其特权而鱼肉乡里、横行不忌，深为百姓所痛恨，有些民变就因此而发生。因此，对这些豪强绳之以法是大得民心的。在这方面，酷吏发挥了立竿见影之效。

第三，从政体来看，郡县守令作为中央朝廷的代表，在其行政范围内，拥有相当独立的权力。正如当时人所谓“今之襄守重于古诸侯”；

(《汉书·王嘉传》)“今郡守之权非特六乡之重也,地畿千里非特闾巷之资也,甲兵器械非特棘矜之用也,以逢万世之变,则不可胜讳也。”(《汉书·严安传》)在这种环境下,郡守县令的个人素质和风格得以淋漓尽致地表现出来。因此,面对同样的“盗贼”,酷吏可以快刀斩乱麻而威震境内,循吏则可以怀柔克刚而消弭祸患。故郡县之治乱及其风貌在极大程度上取决于行政首长。在这里,我们似乎感受到了先秦贵族政体的“为政在人”的浓烈气息。

最后,从法律制度来看,由于当时法制尚不完善,尤其是监察机构未充分发挥职能,致使郡县首长得以罪刑擅断、无所顾忌。如严延年“所欲诛杀,奏成于手”,致“流血数里,河南号曰屠伯”;尹赏为“虎穴”,“窒杀数百人”;(《汉书·酷吏列传》)樊哗“政严猛,好申韩法,善恶立断,人有犯其禁者,率不生出狱”;周纟亏动辄“杀县中尤无状者数十人”,“收考奸臧,无出狱者”,“每赦令到郡,辄隐闭不出,先遣使属县尽决刑罪,乃出诏书”;黄昌为宛令,“人有盗其车盖者,……悉收其家,一时杀戮,”后“再迁陈相,县人彭氏旧豪纵,造起大舍,高楼临道。昌每出行县,彭氏妇人辄升楼而观。昌不喜,遂敕收付狱案杀之”;王吉为沛相,“课使郡内各举奸吏豪人诸常有微过酒肉为臧者,虽数十年犹加贬弃”,“专选剽悍吏,击断非法”,“视事五年,凡杀万余人,其余惨毒刺刻,不可胜数。”(《后汉书·酷吏列传》)可见,汉代郡县守令在定罪量刑上有相当大的主观任意性,这与秦代“事皆决于法”,(《史记·始皇本纪》)法吏断刑失当则以“不审”、“不直”、“纵囚”、“失刑”罪论处的精神是大异其旨的。西汉初,刘邦“约法三章”、“悉除去秦法”,(《史记·高祖本纪》)法网由密而疏,故官吏得自行。如周阳由为郡守,“所爱者挠法治之,所憎者曲法诛灭之”;王温舒为中尉,“有势家,虽有奸如山,弗犯;无势者,贵戚必侵辱”;(《史记·酷吏列传》)严延年为河阳太守,“贫弱虽陷法,曲文以出之,其豪桀侵小民者,以文内之,众人所谓当死者,一朝出之;所谓当生者,诡杀之"。(《汉书·酷吏列传》)这种情况在秦代是绝对不被允许的。

汉代循吏为数很少,大部分官吏属于"俗吏"。循吏得到朝廷的褒奖,如黄霸被颂为"贤人君子",朱邑被赞为"淑人君子",(《汉书·循吏列传》)王涣被誉为"忠良之吏"。(《后汉书·循吏列传》)而"俗吏"则往往受到舆论的贬斥。如董仲舒谓:"今吏既亡教训于下,或不用主上之法,暴虐百姓,与奸为市,贫穷孤弱,冤苦失职,甚不称陛下之意"。(《汉书·董仲舒传》)贾谊云:"夫移风易俗,使天下回心而乡道,类非俗吏之所能为也。俗吏之所为务在于刀笔筐箧,而不知大体"(《汉书·贾谊传》)王吉上疏曰:'今俗吏所以牧民者非有礼义科指,可世世通行者也,独设刑法以守之。其欲治者,不知所由"(《汉书·王吉传》)匡衡上疏:"今俗吏之治,皆不本礼让而上克暴,或忮害好陷入于罪,贪财而慕势,故犯法者众,奸邪不止,虽严刑峻法,犹不为变"。(《汉书·匡衡传》)这种责难至东汉时,有增无已。

与此同时,酷吏还受到种种限制。首先,在升迁方面,酷吏往往因其形象不佳而失去官职。酷吏严延年,号为"屠伯"。"后左冯翊缺,上欲征延年,符已发,为其名酷复止";(《汉书·酷吏列传》)周纡因"在任过酷,不宜典司京辇"而被免去御史中丞职;阳球因"故酷暴吏,……不宜使在司隶以骋毒虐",被免去司隶校尉职。其次,酷吏的罪刑擅断也受到法律的制约。如李章"坐诛斩盗贼过滥,征下狱免";纡扣押赦令而诛杀罪囚,"坐征诣廷尉,免归";后又因"苛惨失中,数为有司所奏"而免官;阳球"以严苛过理,尉守收举,会赦见原"。(《后汉书·酷吏列传》)封建法制日趋完善,对酷吏的独断专行也是一种制约。最后,在"天人合一"的灾异谴告说的影响下,汉代统治者常常因发生灾异而大赦天下。其诏书同时强调:"崇宽大,长和睦,凡事恕己,毋行苛刻";(《汉书·成帝纪》)"至今有司执法,未得其中,或上暴虐,假势获名,温良宽柔，陷于亡灭；”（《汉书・哀帝纪》）“将残吏未胜，狱多冤结，元元愁恨，感动天乎？……务进柔良，退贪酷，各正厥事焉。”（《后汉书・光武帝纪》）这对酷吏的肆情妄为也是一种制约。

汉代的循吏、酷吏分别是儒家文化和法家文化的实践者。他们之间的关系随着儒法两家文化的变化而改变。如果说，“盐铁会议”反映的“御史大夫”与“贤良文学”的论战是儒法之争的最后一役，那么，此后的文化大趋势便是儒法进一步的融合。由于儒家文化的进一步渗透和法制进一步完善，特别是“通经而入仕”的儒家知识分子不断改变官僚队伍的构成和文化素质，及至东汉，有些郡县衙门之内，“一府员吏，儒生什九”，“簿书之吏，什置一二”，（《论衡・程材》）从而使循吏与酷吏的分野随着儒法的深层次融和而渐趋消失。一些兼具儒学和法术的官僚队伍逐渐扩大，他们“力行教化而后诛伐”，（《汉书・循吏列传》）“以平正居身，得宽猛之宜”，（《后汉书・循吏列传》）从而淡化了循吏酷吏之间的界限，树立了循吏的新形象。虽然汉代以后的历代正史仍载有循吏（良吏）、酷吏列传，但其差别仅表现在施政技术和操作方法上面，远不如汉代循吏、酷吏那样因为代表截然不同的文化源流而具有的独特的时代精神。

四、盐铁辩论：儒法对立的最后一役

“盐铁会议”召开于汉昭帝始元六年（公元前 81 年）。当时，盐铁官营和平准均输等措施已实行近 30 年，出现了许多问题；为解决这些矛盾，中央政府召各郡贤良文学来到京师，与丞相、御史大夫共商对策，是为“盐铁会议”。会议中，以御史大夫桑弘羊为一方，贤良文学为另一方，就武帝时及现行的经济、政治、外交、军事、法律、学术等问题，各自提出针锋相对的见解。

（一）洋溢着时代气息的大论战

“盐铁会议”的论争是先秦儒法对立的回光返照，而非简单的再现。先秦诸家思想经过相互渗透与吸收，至西汉时已失去原来的面目。壁垒森严、泾渭分明的儒法对立已成为过去。汉武帝时被奉为正宗的儒学已融合了阴阳家、法家等思想，而先秦法家的法治理论已经以集权君主政体的形式被确立并延续下来。在“盐铁会议”上，桑弘羊既赞颂商鞅、韩非广又大谈“春秋之法”，贤良文学既祖述尧、舜、文、武、孔、孟、侈谈“尽地力”，承认“法势者，治之具”，甚而主张“刑必加而无赦”，（《盐铁论·周秦》）就是证明。

“盐铁会议”产生于这样的时代：一方面，自武帝以降，在意识形态领域定儒学为一尊，五经之学兴而通经入仕者日众，另一方面，由于施政的实际需要，朝廷又重用有才干和经验的官吏，如张汤以狱掾为御史大夫，“天下事皆决于汤”。（《史记·循吏列传》）并采用先秦法家的一些治国措施。正所谓“武帝、宣帝皆好刑名，不专重儒”。可见，作为正宗学术的儒学真正支配上层建筑诸领域，还需要一个过程。及至“元、成以后，刑名渐废，上无异教，下无异学，皇帝诏书，群臣奏议，莫不援引经义以为据依”。[①] 这个过程才告一段落。正是在这种情况下，桑弘羊与贤良文学虽视若仇敌却都从儒家经典中寻找论据，这些无不显示着浓烈的时代风格。

总的来看，桑弘羊及御史大夫是汉武帝加强中央集权政策的继承者，他们时刻牢记景帝时吴楚七国之乱的教训，试图以法律和强力扼制地方割据势力的复活，贤良文学则念念不忘秦朝暴虐而亡的前车之鉴，希望修正武帝“退文任武、若师劳众”（《铁论·请诘》）的好大喜功政策，

---

① 皮锡瑞：《经学历史》，中华书局1959年，第103页。

以维护王朝的长远利益。这就是双方对立的政治动因。

就法律思想而论，贤良文学是董仲舒确立的正统法律思想的忠实继承者。但是，一来，儒家学术尚未真正指导立法、司法活动，二来，儒家思想在以加强中央集权和抵御、外患为首务的时代还显得不那么切实有效，正如桑弘羊所谓："儒盛之安国尊君，未始有效也。"（《盐铁论·论儒》）因此，从国家实际管理的需要出酝在朝大臣仍坚持先秦法家的某些措施，这就在新形势下演成了两种法律思想的对立。

（二）两种法律思想的对立

以桑弘羊和贤良文学为代表的两种法律思想的对立，主要表现在以下几方面：

1. 义利之辩

贤良文学继承儒家"重义轻利"的思想，反对盐铁官营、"与民争利"。认为当权者带头争利，百姓自然效法，必然否定教化的作用，"开利孔为民罪梯"。（《盐铁论·本议》）桑弘羊一派认为盐铁官营可以富国利民、抑制豪强，而且，要对人民实行教化，需具备一定的物质条件，做到"文实配行，礼养俱施"。（《盐铁论·孝养》）

2. 德刑之争

贤良文学记取秦"专任刑罚"而速亡的教训，主张广施德教，即减轻对人民的剥削压迫，并施以教化，以达到"教成而刑不施"（《盐铁论·后刑》）的境界；桑弘羊一派认为，治国只能靠权势和法律，人性皆"好利恶害"，教化很难起作用，"礼不足以禁邪而刑法可以止暴"。（《盐铁论·诏圣》）

3. 立法、司法原则

贤良文学认为秦亡的原因是法网严密刑罚酷烈，故立法应简约，量刑应适中。他们强烈反对连而主张亲属相容隐："今以子诛父，以弟诛兄，亲戚相坐，什伍相连”，是“以一人之罪而兼其众”，“以有罪诛无罪”。(《盐铁论·周秦》)他们反对客观归罪，强调行为人的动机和目的。但又夸大为“论心定罪”，“志善而违于法者免，志恶而合于法者诛；”(《盐铁论·刑德》)桑弘羊一派认为治国主要靠法制完备和执法严厉：“少目之网不可以得鱼，三章之法不可以为治，故令不得不加，法不得不多。”(《盐铁论·诏圣》)他们反对亲属相容隐，主张株连：“一室之中，父兄之际，若身体相属，一节动而知于心”，不轨之徒知道犯罪必然饿及父兄，必惧而为善”。(《盐铁论·周秦》)

4. 灾异与司法

贤良文学承袭董仲舒的“天人感应”论，说“狱讼平、刑罚得则阴阳调、风雨时”，如果一味重刑，就会干扰阴阳之道，致使“日月有变”、“水旱不时”，出现灾异，(《盐铁论·执务》)桑弘羊一派则坚持天道与人事两不相关：“水旱，天之所为，饥穰，阴阳之运也，非人力故……天道然，殆非独有司之罪也!”(《盐铁论·水旱》)

5. 人治与法治

贤良文学重视“人”即统治阶级成员在治国中的作用，认为法律必须靠贤人来掌握，“法势者，治之具也，得贤人而化”；(《盐铁论·刑德》)桑弘羊一派则认为“法”的作用比“人”大，“无法势，虽贤人不能以为治。”(《盐铁论·申韩》)

(三) 儒法对立的最后一役

“盐铁会议”所反映的两种法律思想的斗争，从形式上来看，是先秦儒法对立的最后一役。此后，类似这般旗鼓相当的论战实未曾再现。盐铁论战告诉我们，正统法律思想自武帝时确立以后，曾受到重视法制的官方人士的挑战；而当时的立法、司法陋状，也受到在野的儒士们的批评。这表明，正统法律思想臻为一种理论虽已确立，加之公羊大师以引经断狱来促进它对司法活动的渗透，但是，当时它还远没有达到完全指导司法实践的程度。儒士出身的狱吏并不普遍，既通经又通律的儒学大师毕竟少见，故桑弘羊指斥当时的儒士："文学知狱之在廷后而不知其事，闻其事而不知其务。"(《盐铁论·大论》)但是，应当指出，在儒学定于一尊之后，经学方兴未艾且浸润到法律注释领域。儒生通经而入仕者渐多，在立法，司法上的发言机会也随之增加，加之春秋决狱之风的盛行，这一切都使儒学在思想上、组织上站稳了阵脚，儒学向法律领域的战略挺进已成不可遏止之势。

五、儒学的"法典化"与法律的"儒学化"

儒生不断涌入官吏队伍，经过长期的施政实践，他们逐渐熟悉政事与法律，于是开始肩负起伟大的历史使命；用儒学精神改造现行法律。这一瓦史使命是分作以下三个阶段完成的。

（一）引经决狱

引经决狱是儒学在法律领域构筑的第一座桥头堡，由汉武帝时治公羊学的名儒董仲舒开其端。所谓引经决狱（或春秋决狱），是指遇到义关伦常而法律无明文律定，或虽有明文却有碍纲常的疑难案件，则引用儒家经典中所记载的古老判例或某项司法原则对案件作出判决。[①]这实际上等于确认儒家经义具有高于现行法律的特殊地位，从而为儒学向司法领域的渗透打开一条通道。从法律样式的角度来看，西汉开始的引经决狱（或春秋决狱）是对西周春秋判例法的一次重温。

---

① 参见程树德：《九朝律考》，中华书局1963年，第165—177页。

（二）据经注律

两汉经学大兴，著名经学大师获得官职之后，有机会兼而研讨儒经与汉律，从而派生出一门实用型的新学科——律学，或云法律注释学。他们用儒家经义来解释现行法律条文，洋洋万言。《晋书·刑法志》说，当时注律者“十有余家，家数十万言，凡断罪所当用者合二万六千二百七十二条，七百七十三万三千二百余言”。这样做的价值在于：一、论证了某些法律条文的合理性；二、使某些法律条文经过注释以后向儒家经义靠拢；三、指出某些法律条文违背儒家伦理。这些注释之言或则经过朝廷的批准而具有法律效力，或则通过改变司法官的法律意识在司法中悄悄发挥作用。这一切都为下一步作了准备。

（三）纳礼入律

纳礼入律是指通过国家立法的渠道使儒家经义直接上升为法律条文或法律制度。贾谊的“刑不上大夫”被采纳，应当说是纳礼入律的开端。大规模的纳礼入律是从魏开始的。如“除异子之科使父子无异财”，（《晋书·刑法志》）既是对秦法“民有二男以上不分异者倍其赋”（《史记·商君列传》）的否定，又是对儒家孝义的强化。此后，“八议”、“以服制论罪”、“子孙违犯教令”、“犯罪存留养亲”、“官当”、“十恶”等等体现儒家伦常精神的东西纷纷入律，直至“一准乎礼”（《四库全书总目·政书类·法令之属》按语）的唐律出现，刑礼合一，“出礼则入刑”，（《后汉书·陈宠传》）“纳礼入律”的过程便大功告成。此刻，引经决狱之风渐息，而法律注释学便成了对现行法条的正面阐发。

儒学的法典化和法律的儒学化是古代法律实践活动的两个侧面。其中起着决定作用的因素是：第一，儒学进居统治地位并发挥了实际作用，皇帝下诏、大臣奏章无不据引儒家经典，以儒家经义为最高指导思想;第二,儒家知识分子进居官吏行列且身践要职,获得修订法律和参与重大司法活动的机会,得以贯彻初衷。儒学的法典化与法律的儒学化的过程,究其实正是儒家、法家法律,思想血肉凝结、鲁文化与晋文化水乳融合的过程。这种融合奠定了中国传统法律文化的基本形象;第三,从研究方法上来看,儒家的经学有一个传统,就是以事例解经,如诠释礼经的有礼例。诠释《春秋经》的文字有左氏、谷梁氏、公羊氏三传。这种研究方法一旦介入到法律领域,就自然演化成以案例注释法条,其结果就是律例合典。《大明律例》《大清律例》莫不如此。

(四)司法中的冲突与磨合

西汉以降,伴随着儒家法家法律思想的逐渐融合,正统法律思想悄然诞生。这只是问题的一个侧面。思想的融合并不能马上导致司法领域的变革。在司法领域,儒家法家法律传统还处在局部冲突状态。这种局部冲突经过长期磨合之后才最终解决。

司法层面的局部冲突与磨合的第一个典型事例是"复仇"。儒家出于维护宗法家族的秩序和伦理感情,一般是支持复仇但又主张对复仇行为有所限制。法家出于维护国家秩序和法律权威,故严厉禁止私人复仇。汉武帝以后,儒家思想的正统地位被确立,盛行"春秋决狱",儒家经义往往高于法律,五伦范围以内的复仇已成习惯,不复仇则为社会舆论所蔑视、谴责。在司法中对复仇者每每加以宽贷而民间舆论则极力颂扬复仇。复仇问题在整个古代都没有解决。在以家族为本位的社会制度下,国家法律既然要求"一准乎礼",就不可能真正禁止复仇,这样必然造成礼与国法的矛盾。因此,家与家、族与族之间的复仇、械斗便连绵未断。

司法层面的局部冲突与磨合的第二个典型事例是亲属相隐与族诛连坐。先秦儒家主张亲属相隐,反对族株连坐。法家则反对亲属熟知互相包庇罪行，又主张族诛连坐。作为法律制度，亲属相隐和族诛本是截然对立的东西。但是经过法律实践特别是国家立法，亲属相隐和族株连坐中竟得以并行不悖。其办法是：对谋反、谋大逆、谋叛等重罪，施行族诛而不适用亲属相隐，允许子孙奴婢揭发检举；对此以外的一般罪行则允许亲属相隐而不施行搞族诛连坐。这样便可以既维护了王朝的根本利益，又维护了王朝的社会基础。

结语　六经之学与刑名之学熔于一炉

儒家研究儒学经典，不仅有家法师承，而且还有一套方法。这种方法，盖由孔子所首创。孔子不仅讲述《春秋》，编纂《春秋》，还有机会参与国家诉讼。我们相信，孔子断案很可能以《春秋》所载判例故事为依据。孔子讲学，不仅讲理论原则，还要以事实阐明之。从而形成以例释义的方法。此方法为后世学者所继承。

汉武帝以后，儒家知识分子进入官府，必然会接触法令刑狱。儒家知识分子出身的官吏，通过实践和学习，增加了履行职务的真本领，终于改变了"儒生不晓簿书，置之于下第，法令比例，吏断决也"（《论衡·程材》）的局面。儒者研究律令，自然是援用研究儒经的方法。即用一系列具体的案例来阐释法律条文之所谓。特别是汉武帝以后，"春秋决狱"蔚为风气，时间长了，经学研究与律学研究便融为一体，不分彼此。故"邵子曰，《春秋》，孔子之刑书也。程子曰，五经之有《春秋》，犹法律之有断例也。唐陈商立曰，《春秋》者，儒家之法经也；""《春秋》之为法经，为刑书，为断例，可以见其梗概矣。"①儒家从过去强调仁德、鄙视刑

① 范罕：《法论四篇》，程波点校：《法意发凡：清末民国法理学著作九种》，清华大学出版社 2013 年，第 20、21 页，初版于宣统二年（1910 年）十月。

政，发展到对律令断例融会贯通、津津乐道，是孔孟之儒不曾想到的。可见，儒家知识分子接受新事物是十分自信和敏捷的。更重要的是，儒家义理与法律实践得以结合，这种新学风对后世立法、司法悄悄地产生了巨大影响。

第二十二章　中国古代法律的儒家化、法家化

所谓中国古代法律的儒家化、法家化，这是一个既虚拟而又真实的命题。说它是虚拟的命题，是因为，在儒家和法家诞生之前，中国古代法律实践中既存在崇尚“礼”又崇尚“法”的思想萌芽。假设儒家、法家从来没有问世，那么，古代法律仍然会按照自身的规律发展下去，并在某种程度上容纳“礼”和“法”的思想元素。儒家、法家的功绩在于总结历史、评判当今、筹划未来。他们从不同角度崇尚古代法律文化的某一个侧面，各自形成了相对独立的思想体系。后来，人们为了简洁地评价某一思想的属性，慢慢习惯于用“儒家的”、“法家的”这样的概念，去说明古已有之的思想元素。须知，“儒家的”、“法家的”这样的概念有似作品的标签，而不是原产地证书。这样一来，就不免产生错觉，似乎这些法律思想是儒家或法家创造出来的。其结果是“数典而忘祖”，喧宾夺主。

所谓中国古代法律的“儒家化”、“法家化”，“化”即是变化，就是一种过程。有过程就应当有始点有终点。“儒家化”、“法家化”的逻辑起点是，某个时代的法律本来没有儒家因素，后来逐渐加入儒家元素，使法律演变成儒家式的法律。或者说某个时代的法律本来没有法家因素，后来逐渐加入法家元素，使法律演变成法家式的法律。其实，这个逻辑起点是虚拟的并不存在的。远在儒家之前，古代思想当中就包含丰富的成果。这些思想成果当中的某一部被后来的儒家所推崇，而另

一部分被后来的法家所推崇。所以儒家、法家并不是他们所推崇的思想的原作者。这样，如果用“儒家化”、“法家化”的名词来概括某种变化的性质，实际上是极不准确的。在这个意义上如果强调先秦本无学派，也许有利于全面客观审视先秦法律文化发展脉络。

“儒家化”、“法家化”的名词之所以不十分准确，还在于儒家思想、法家思想本来就是交叉的，不是壁垒森严、截然对立的。或者说，儒家思想当中也包括一定程度的法家思想，法家思想当中也包括一定程度的儒家思想。在某种事物既是甲，又是乙的情况下，非宣布这个事物是甲而不是乙，这在事实上和逻辑上都是容易出问题的。事实上有些法律制度的产生，既是儒家化，也是法家化。中国古代法律文化的演进，是一个漫长的综合的全方位的过程，已经分不出哪一阶段、哪一领域是儒家化而不是法家化，哪一阶段、哪一领域是法家化而不是儒家化。

尽管如此，作者仍然认为，学术研究应当尊重既有的约定俗成的成果和习惯，因为这些成果虽然受制于当时的文献不足，却仍然具有不可忽视的学术价值，而且已经被学界所认可，那么就不必全盘颠覆、另起炉灶。因此，作者仍然沿用“儒家化”、“法家化”的名词，并试图注入新意。

一、关于“古代法律儒家化”命题及其影响

20世纪40年代，陈寅恪先生首先提出“刑律儒家化”的命题：“古代礼律关系密切，而司马氏以东汉末年儒学大族创制晋室，统制中国，其所制定之刑律尤为儒家化。既为南朝历代所因袭，北魏改律，复采用之。辗转嬗蜕，经由齐隋，以至于唐。实为华夏刑律不祧之正统。”[①]此

① 陈寅恪：《隋唐制度渊源论稿》，河北教育出版社2002年，第102页。

后，瞿同祖先生率先系统论述“中国法律之儒家化”问题。他指出：“秦汉的法律是法家所制定的，其中并无儒家思想的成份在内，”“归纳言之，中国法律之儒家化可以说是始于魏晋，成于北魏、北齐，隋唐采用后便成为中国法律的正统，”“儒家化是中国法律发展史上一个极为重要的过程，中国古代法律因此而产生了重大深远的变化，”“所谓儒法之争”，“亦即差别性行为规范及同一性行为规范之争”，“所谓法律儒家化”，“也就是怎样使同一性的法律成为有差别性的法律的问题。”①瞿同祖先生的观点在历史学界特别是中国法史学界影响很大。许多教材、论文都在不同程度上沿用了这一论断。正如有人总结的：“瞿先生的这个观点目前在国内仍居绝对主导地位，接受该观点的学者及其著作或教材不胜枚举，海外学者接受此观点者亦居多数。”②

70 年代以后，随着睡虎地秦墓竹简、张家山汉简等出土文献的出现，其中所反映的看来应当属于儒家思想的内容引起重视。因此，有学者提出，古代法律的儒家化从战国秦代就已经开始。③ 在这之前，余英时提出“儒学的法家化。”④祝总斌亦撰文指出，古代法律的儒家化成果集中体现在晋代的晋律当中。⑤ 张纯、王晓波提出汉代法家被儒家化、儒家被法家化的观点。⑥ 郝铁川提出“封建法典法家化”一说，认为李悝法经、竹简秦律和后世法典一脉相承，都是“法家化的法典”，古代法

① 瞿同祖：《中国法律与中国社会》，中华书局 1981 年，第 270—346 页。

② 苏亦工：《唐律一准乎礼辩证》，《政法论坛》第 24 卷第 3 期，2006 年 5 月。

③ 孙家洲：《试论战国秦汉时期立法指导思想的演变》，《杭州师院学报》1986 年第 1 期。

④ 余英时：《反智论与中国政治传统》，《历史与思想》，台北联经出版社 1981 年，第 31 页。

⑤ 祝总斌：《略论晋律之儒家化》，《中国史研究》1985 年，第 2 期。

⑥ 张纯、王晓波：《韩非思想的历史研究》，台北联经出版事业公司 1994 年，第 249 页。

律未曾儒家化。[1] 对此，范忠信提出批评意见。[2] 杨振红撰文，在对中国古代法律儒家化、法家化问题进行总结性评论的同时，以大量出土秦汉律文献为证据，描述了秦汉社会的等级秩序和家庭伦理秩序，指出，中国法律之儒家化说的前提——秦汉的法律是法家所制定的，其中并无儒家思想的成分在内，是对秦汉律特质以及中国历史上儒家、法家思想的误读；秦汉律的基本框架、原则和内容为商鞅所确立，秦汉律所构建和维护的家庭伦理秩序亦应当本于商鞅。这种秩序，是从其建立伊始就已经存在了，而不是法律儒家化的结果。这样的结论显然与儒家化或法家化说关于礼法观念、关于儒法思想主张的认识有相当大的距离。[3]

这些观点都分别反映了作者各自对中国古代法律历史演进过程的某一阶段或某一侧面的特征的理解，因此都具有相对客观性。但是应当指出，上述观点所谓之“法律”实际上大都属于刑事法律，并未涉及刑事以外的诸如民事、经济、行政等领域的法律制度。而所谓法律的“儒家化”、“法家化”实际上或者在很大程度上只是“刑事法律”的“儒家化”、“法家化”。为了讨论的方便，本文也沿用了这一习惯用法。至于刑事以外的诸如民事、经济、行政等领域的法律制度是否存在“儒家化”、“法家化”的问题，也许是值得探讨的新课题。

作者无意针对有关“中国法律儒家化”的某些具体观点进行商榷，而是试图运用法律文化的研究方法，对“中国法律儒家化”过程进行新的全方位式的描述。

---

① 郝铁川：《中华法系研究》，复旦大学出版社 1997 年，第 1—56 页。

② 范忠信：《中华法系法家化驳议——〈中华法系研究〉商榷》，《比较法研究》1998 年第 3 期。

③ 杨振红：《从出土秦汉律看中国古代的礼、法观念及其法律体现——中国古代法律之儒家化商兑》，《中国史研究》2010 年第 4 期。

二、中国古代法律的演进轨迹既是儒家化也是法家化

在学术界，所谓“中国古代法律的儒家化”，是一个历时久远、影响深刻的学术命题。其立论以为，秦的法律是在法家思想影响之下确立的，没有体现儒家思想的成分。及至汉武帝时代，以确立儒学为官方正宗学术为其开端，中国法律开始儒家化过程，且以唐代《唐律疏议》颁布为其终点。其实，此命题的起点并不能完全成立。因为，第一，在儒家、法家出现之前，中国古代法律实践活动已经取得丰富成果，形成自己的基本特点并一直延续下来，其中就包括后来儒家、法家所主张的内容；第二，法家虽然十分重视集权君主政体的确立和维系，但是在婚姻家庭领域，法家仍然注意维护父系家族的伦理秩序。而父系家族的伦理秩序也正是儒家始终坚持的。

在先秦时代，作为一种行为规范，“礼”与“法”是有差别的。儒家主张的“礼”是适用于具有“骨肉之恩”的“血缘群体”的规矩，而法家主张的“法”则是适用于“好利恶害”的陌生人的“地缘群体”的规矩。这两种规矩或者可以简称为“熟识人的法”和“陌生人的法”，它们之间有对立也有重叠。前者靠风俗习惯和世袭法官的“判例法”来维持，后者靠官僚法官的“成文法”来维持。在表现形式上，“礼”通过风俗习惯的熏陶、教育和“先例故事”来保护，“法”则通过国家正式制定的成文法和司法活动来体现。

但是，应当注意，“礼治”、“法治”除了对立还有重叠。这个重叠面这就是维护社会阶级的差异性和家族的伦理秩序。这对于儒家来说不过是与天地同久颠扑不破的真理，对于法家来说则是基于统治经验积累的现实觉悟。法家主张的“法治”就其本质而言只是个政治变革的纲

领，其矛头始终指向政治领域。一切反对、破坏、诋毁这种政治变革的思想、行为、言论，都在禁止和打击之列。而在社会基层组织领域，"法治"并没有宣布以宗法家族秩序为敌，更没有一般地否定忠孝仁爱等宗法道德观念。正如瞿同祖先生所言："法家并不否认也不反对贵贱、尊卑、长幼、亲疏的分别及存在，但法家的兴趣并不在这些与治国无关、无足轻重甚至与治国有妨碍的事物上，他所注意的是法律、政治秩序之维持。"[①]在意识形态方面，儒、法两家都程度不同地维护宗法道德规范。两者的差别在于儒家重视忠孝仁爱的内在感情而法家则重视它们的外在行为。《韩非子·忠孝》："臣事君，子事父，妻事夫，三者顺则天下治，三者逆则天下乱。"相对于"敬"来说，"事"是一种看得见摸得着的客观行为。《商君书·画策》："所谓义者，为人臣忠，为人子孝，少长有礼，男女有别，非其义者，饿不苟食，死不苟生，此乃有法之常也。"当忠孝礼义都被具体法条加以规定之际，判别某一具体言行是否符合忠孝礼义，就不必琢磨人们的内心世界，只要符合法律规定就行了。这样一来，法家就用法兼容了道德的功能，因为合法的行为同时也就自然成了符合道德的行为。在某种意义上可以说，在自然经济和宗法家族面前，儒家和法家的立场并无本质差别——儒法两家都维护自然经济和宗法家族结构，只不过方法不同；法家自战国初期到末期的发展，与儒家自孔、孟到荀况的发展之间有着微妙的和谐之处。儒、法两家都由理想型转为务实型，儒家容忍集权政体，法家也捍卫宗法等级，他们都由强调礼法对立转而强调礼法合一。秦律维护官吏及父系家长的特权，无异于礼治的局部法典化。礼治、法治都是自然经济与宗法社会的产物，两者的差异仅仅在于：儒家是从维护宗法社会到维护自然经济，法家则是从维护

① 瞿同祖：《中国法律与中国社会》，中华书局1981年，第282页。

自然经济到维护宗法社会，这正是绝妙的异曲同工、殊途同归。[①]

自西汉以后，古代法律的法家化方式，不是表现为从零开始的创新，而是表现为实质上的继承和延续。继承和延续的内容包括先秦法家缔造的集权政体和新式成文法。而行政领域的成文法逐渐成为王朝法律的重要组成部分。正如余英时所谓："儒教对汉代国家体制，尤其是中央政府的影响是比较表面的，当时的人已指出是'以经术润饰吏事。'以制度的实际渊源而言，'汉承秦制'在《汉书·百官公卿表》上有明白而详细的记载，法家的影响仍然是主要的。汉宣帝的名言云：汉家自有制度，本以霸王道杂之，奈何纯任德教，用周政乎？（《汉书·元帝本纪》）这是汉代政治未曾定于儒家之一尊的明证。"[②]但是，法家的"法治"自始就不意味着必然全部排斥文化传统。事实上法家不仅没有一般地否定父系家族伦理秩序，反而十分注意用法律手段维护这种秩序。这一特征在《睡虎地秦墓竹简》中得到较为充分的反映。《秦律》有"非公室告"的规定："父母擅杀、刑、髡子及奴妾，不为公室告，""非公室告，勿听。"又有"父盗子不为盗，""子告父母，告者罪"，"免老告以不孝，急执勿失"等等规定。《封诊式》中的"黥妾"记载着主人要求官府对其婢女施行黥劓之刑的请示公文，"迁子"记载着父母要求官府对其亲子实施断足流放的请示公文。《为吏之道》宣传"君怀臣忠，父慈子孝，政之本也。"[③]这些规定与儒家坚持的"孝"、"君臣无狱"、"父子无讼"的古老礼治原则是一脉相承的。秦律维护父系家长的特权和家族秩序，无异于礼的局部成文法化。可以说，当成文法还没有诞生的时候，古老的礼治就已经发挥着法的功能了。因此，可以说这一过程是很难以儒家化、

---

① 武树臣等：《中国传统法律文化》，北京大学出版社1994年，第287、288页。

② 余英时：《汉代循吏与文化传统》，《中国思想传统的现代诠释》，台湾联经出版事业公司1987年，第180页。

③ 《睡虎地秦墓竹简》，文物出版社1978年，第196、195、260、261、285页。

法家化来命名的。究其实是两者兼而有之。在这种所谓“纳礼入律”的实践过程中，似乎并没有引起大的思想交锋，一切都平平静静理所当然地进行着。这说明，在法家的思想深处，仍然为古老的礼治留有极大的空间。同时，这一现象也反映了新兴地主阶级用古老的宗法家族的行为规范来维系新国家的社会基础的愿望。

三、对中国法律儒家化法家化的全方位描述

从中国法律文化史角度而言，所谓“中国古代法律的儒家化”，是一个复杂多元的历史文化演化过程。这一过程是中国古代法律思想、法律规范、法律设施、法律艺术全方位发展成熟的过程，也是中华法系酝酿、磨合乃至最终确立的过程。如何客观描述这一过程，最为重要的前提是，西汉以后的儒家已经完成了由原始儒家（孔孟之儒）向新儒家（荀董之儒）的演变，而新儒家的形成，一方面对原始儒家思想进行局部的修正，另一方面又吸收了先秦法家的部分主张。因此，“中国古代法律的儒家化”就其实质或思想本源而言是古代法律的儒家化兼法家化。或者说，中国古代法律的进化过程，已经不能再以先秦儒家思想或先秦法家思想作为各自孤立的观察标尺了。古代法律的儒家化和法家化过程已经交融为一、无法分开了。这一过程大致可以表现在以下几个方面。

（一）确立皇权本位与族权本位的双向法统

从法律实践的价值观来看，西汉以后中国古代法律的儒家化和法家化表现为确立皇权本位（法治）与族权本位（礼治）的双向法统。法统即指导法律实践活动（立法、司法及思维活动）的价值基础。它决定着

法律实践活动的内容、特点和发展方向。一般而言，一个民族的法统是一元的，而中国古代的法统则是二元的，即族权本位（礼治）和皇权本位（法治）相结合。

西汉以后，儒学被奉为官方正宗学术，这是一纸有形的宣言；而中央集权的君主政体的继续存在，则是无形的宣言。宗法家族社会细胞的生存与发展，是“礼治”的坚实基础；而集权官僚政体的巩固与壮大，则继续呼唤着“法治”。儒家思想的法典化和法家法律的儒家化，则使两者有机地结合起来。“礼治”与“法治”的结合可以从《唐律》中的“十恶”中得到集中反映。“十恶”中有四条半是维护宗法家族秩序的，另有四条半是维护集权专制政体的。一般犯罪只有一条。这种二元式的法律传统在中国特殊的社会条件下竟结合得天衣无缝，这不能不说是一个奇迹。古老的礼终于被国家上升为法条，以致在家族社会中发挥威力。而法家的法则在指挥一个庞大的官僚机器时发挥独特的效力。法律和法律制度的字里行间处处浸透着尊卑、长幼、亲疏、男女、贵贱之间的不平等精神，这些都是使中华法系有别于其他法系的重要原因。

简而言之，“礼治”的价值在于使“人之所以异于禽兽”，或者说使“人之所以为人”。这个“人”不是个体自然人，而是宗法家族意义上的“人”。也就是使人作为宗法血缘网络中的一个结而存在。“法治”的价值在于使臣民作为集权专制大机器上的小小螺丝钉而发挥作用，它是实现皇权的一个环节。这种二元的法律价值观使人一旦成为人，就必须兼而履行家族和国家所赋予的双重义务——你是家族的一员又是国家的一员。这就使古代法官在判案时不得不在家法（礼俗）和国法（律典）之间寻求平衡。

（二）形成以儒家为主体、以法家为辅助的正宗学术

从政治法律思想角度来看，西汉以后中国古代法律的儒家化、法家

化，表现为以儒家为主以法家为辅的正宗学术的形成。

“汉承秦制”，西汉政权延续了集权君主政体和维持这一政体的法律制度，这是继承的一面；汉武帝时确立儒学的官方正统地位，这是创新的一面。延续了集权君主政体就必然要继续法家的治国方略“以法治国”；定儒学为一尊就必然要用儒家的主张来修正法家的弊端。如果说秦代是专任刑罚的时代，西汉初期是崇尚黄老的时代，那么，汉武帝时则是开启了独尊儒术的时代。秦朝因实行法家政策严刑酷罚导致二世而亡，致使法家思想受到社会的普遍抵制和鞭笞。黄老思想虽然宜于困顿社会的休养生息，但它过于消极，不利于削弱割据势力，巩固中央政权，不利于富国强兵以御外患，不利于大一统王朝的巩固与发展。于是，统治阶级的眼光最后落到儒学上面。儒家既有“礼乐征伐自天子出”(《论语·季氏》)的“大一统”的传统主张，又强调君臣上下尊卑长幼之序；既重视德政教化，又不一般地排斥法律刑罚的作用，这种思想体系既有利于美化王朝的仁民爱物之形象，又有利于维护王朝的根本利益和社会的安宁。于是，儒学便自然得到统治者的青睐。

武帝采纳董仲舒的建议，“罢黜百家，表彰六经”，(《汉书·董仲舒传》)独崇孔子之术。“作书美荀卿”而深明荀学宏旨的董仲舒，名崇孔孟之道而实循荀子之术。董仲舒的“天人合一”的君权天授说和“大德小刑”说。天道有阴阳，阳为主而阴为辅，阳为德而阴为刑。故治理国家应以德为主而刑为辅。这样，既神化了儒家“德主刑辅”的传统见解，又暗中把刑法提高到天道之一翼的神圣地位；第三，强调儒家经典和经义对司法活动的指导作用，首倡“春秋决狱”，在清算法家政治弊端的同时，探讨新的司法模式。董仲舒是最早开始系统运用儒家经义指导司法活动的儒家大师。从某种意义上可以说，董仲舒的思想和实践是对荀学的真诚而巧妙的注释。

（三）儒家经学与法家刑名之学共同促成司法职业化

从司法职业训练角度来看，古代法律的儒家化和法家化表现为儒学的律学化或律学的经学化，从而完成了古代法官的职业化。

西汉以后儒家知识分子不断通过举荐、通经入仕等渠道进入国家官僚队伍，这不仅实现了孔子“先进于礼乐”、（《论语·先进》）“学而优则仕”（《论语·子张》）的百年梦想，而且还在不断改变官僚队伍结构素质的同时，也悄悄地改变儒家知识分子的传统学风——从深居书斋到关系社会现实问题。因为，在官言官，既然入仕为官，就不能不介入日常政务和司法。此间，伴随着著名宿儒被提拔为三公重臣，董仲舒创始的“春秋决狱”之风也起着推波助澜的作用。与“春秋决狱”之风并驾齐驱的是“引经注律”的活动。据《晋书·刑法志》载，汉代法律，世有增损，集类为篇，结事为章，“后人生意，各为章句。叔孙通、郭令卿、马融、郑玄诸儒章句十有余家，家数十万言。凡断罪所当由用者，合二万六千二百七十二条，七百七十三万二七二百余言。”深谙儒家经义的名儒们，将探寻微言大义、字斟句酌的看家本领，施用于法言法语之际，而这些活动曾经是法家津津乐道而被儒家视为旁门左道的雕虫小技。这实际上是对战国法家“以法为教，以吏为师”主张的第二次落实和推广。乐此不疲的儒生们早把孔夫子“重德轻刑”的教诲忘置脑后了。“后进于礼乐”、子继父业的文吏们开始倾心学习儒家经典了，而“先进于礼乐”的儒家知识分子也逐渐熟悉日常政务。实践与理论的深层次结合促进了司法官吏群体的专业化进程。其结果是法家式的文吏与儒家知识分子的深层次的交融，最终完成了司法群体的儒法化或专业化。司法群体专业化的副产品就是儒学的律学化或律学的经学化。

（四）零散的古老习俗礼仪逐渐被编入刑法典

从刑法典编纂沿革角度来看，古代法律的儒家化、法家化表现为宗法礼制的逐渐成文法化。

以荀子为代表的新儒学，自其诞生之际就吻别了久仰的贵族政体转而颂扬集权王朝，同时以前所未有的清醒和远见去构筑新的法律知识系统。由于儒家对社会生活的深切理解，对家族这一社会存在的政治意义的清醒认识，这些都有利于促使古老的民间之礼登上政治法律的殿堂，最终导致礼的精神和原则不断制度化法律化。汉代以降的国家立法走的就是这条路。汉代贾谊的“刑不上大夫”的“阶级论”被采纳，可以说是个开端。此后便一发不可收拾。比如“除异子之科使父子无异财”，（《晋书·刑法志》）既是对秦法“民有二男以上不分异者倍其赋”的否定，又是对儒家孝义的强化。及至“八议”、“以服制论罪”、“子孙违犯教令”、“犯罪存留养亲”、父母在禁止“别籍异财”、“同姓不婚”、“义绝”、“七出”、“三不去”、“八议”、“官当”、“十恶”等体现儒家伦常精神的内容，逐渐变成法律条文或制度。《四库全书总目·政书类·法令之属》案语谓唐律“一准乎礼”，宣告刑礼合一，“出礼则入刑”，（《后汉书·陈宠传》）终于大功告成。在世界主要法系当中，只有中华法系通篇洋溢着古老的伦理主义的浓烈色彩。唐律那些的“一准乎礼”的法律规定，大都不是立法机关的创制，而充其量只是一种整理或再确认。因此，它使寻常百姓感受到那些见惯不惊、耳熟能详的乡间礼俗，一夜之间都变成了庄严肃穆的法条。比如，按照乡间礼俗，婚姻的缔结和解除要遵照“七去三不去”的原则，《唐律》照单录之；按照民间礼俗，“子不复仇非子也，”《唐律》规定：父为人所杀而私和者罪之；按照民间礼俗，父母在，“不有私财”，《唐律》有禁止父母在子女“别籍异财”和“私辄用财”之制；按照民间礼俗，身为子孙应服从父母祖父母之指挥，《唐律》有“子孙违犯教令"之罪；按照民间礼俗，"闻丧即须哭泣"，《唐律》有闻父母夫丧"匿不举哀"之罪；按照民间礼俗，"事亲有隐无犯，"《唐律》有侮骂、殴打、状告父母祖父母之罪；按照民间礼俗，身为子孙对其父母、祖父母应当"以其饮食忠养之"，《唐律》有"供养有缺"之罪，等等。[①] 可以看到，经过历代王朝的立法实践，那些本来在民间流传既久的，曾经被儒家经典记载或讨论过的，靠着道德自律和乡里组织调节的各种风俗习惯，都一一地披上法律的盛装，闪烁着王法的威严。这一过程，正是民间礼俗的成文法化。

（五）儒家的理论与法家的实践共同培育了"混合法"样式

从法律样式角度来看，古代法律儒家化、法家化表现为儒家提倡而法家实践的"混合法"逐渐社会化。

代秦而立的西汉统治集团牢记暴秦以严刑酷法速亡的前车之鉴，故尔政缓法疏。其结果是法律缺失。汉武帝时儒家思想复兴且与现行法律之间每每发生冲突。这些情况都为创制和适用判例进而形成"混合法"提供了前提。西汉是判例法的草创和混合法的酝酿阶段。一定数量的成文法律和大量的"春秋决狱"和"决事比例"共同勾勒出"混合法"的雏形。以解决特殊案件而产生的"春秋决狱"，无意间使儒家经义高于法律之上。由于律典有限，法官在裁判中常常援引相近的律令，从而形成大量"决事比"。"决事比"的前身正是《睡虎地秦墓竹简》的"廷行事"。经过朝廷核准的"春秋决狱"和"决事比"，与成文法共同构成基本的法律渊源。这种创制适用判例的新方法与其说是用儒家法律思想浸润改造当时的司法实践，不如说是对古老判例法的旧梦重温，和对"混合法"格局的第一次速描。如果说"判例法"时代培养了一批善于思

---

① 参见（唐）长孙无忌等撰、刘俊文校：《唐律疏议》，中华书局1983年。

考和将立法寓于司法之中的法官，"成文法"时代则造就了一批博闻强记、长于操作的执法工匠式的法官的话，"混合法"时代则要求培育两者相结合的更高层次的司法群吏。这种实践，其实都是在应验荀子的预言——"有法者以法行，无法者以类举，听之尽也。"(《荀子·王制》)

西汉时期形成的"混合法"格局意义重大。因为它反映了法律实践活动的规律性，既克服了成文法、判例法的天然缺欠，又发扬了两者的优点，从而有效发挥了法律对国家社会的积极作用，同时也体现了中华法系的优越性。简言之，从西汉至明清的整个封建时代，大都实行以"成文法"与"判例法"相结合为特征的"混合法"。在社会稳定、"成文法"宜于时用之际，则成文法便发挥支配作用；在相反的情况下，"判例法"(表现为故事、决事比、断例、判例等)则起支配作用。由于成文法的天然欠缺(既不能饱览无遗有难于随机应变)，从而使判例成为不可或缺的伙伴。被朝廷核准的判例一方面弥补成文法的空白，一方面又阐释着法言法语之所谓。判例积累到一定程度，又被成文立法所吸收。如此循环往复、未有穷期。

西汉创始的"混合法"经过长期磨合、总结、提高，至明清而日臻完善。其代表性成果就是《大明律例》、《大明律例》。如果说西周春秋的法律编纂方式是"以刑统例，"战国秦朝是"以罪统刑"的话，那么，明清《律例》则是律例合典。这种编纂方式，既凝结了法律专门家群体的集体智慧，又反映了中央朝廷和广大官员对法律生活的理性认识，又能够为寻常百姓所知晓，是一种易于被全民族接受、理解、掌握和传播的知识体系。如果说，《唐律疏议》毕其功于一役，既确立皇权本位与族权本位的双向法统，又完成了民间风俗礼仪的成文法化，那么，明清《律例》则将中国古代法律样式的"混合法"发展到极致。

结语　中华法系在进化中自强不息

人类法律实践活动丰富多彩。中华法系在世界法律文化园地独树一帜。儒家、法家思想的密切结合，共同塑造了中华法系。中华法系是在自然的环境中形成的，它在空间上所表现多样性和时间上表现的一致性，为我们展现了古代法律历史发展的阶段性和整体规律。包括儒家、法家在内的古代思想家为探讨这些规律付出心血并取得有益成果，对我们今天的思考仍有深刻启迪意义。

中华法系从西汉以后逐渐形成，及至今天从来就没有死亡。虽然自近代以后，中华法系所具有的宗法伦理主义精神总体上已经退出历史舞台，但是，中华法系所独有的集体本位精神和混合法传统一直延续到近现代。特别是其中的混合法传统，它充分展示了中华民族的古老智慧。中国古代混合法的科学性在于，它既肯定了法的作用，又肯定了人的主观能动性，在法律实践过程中自觉克服了法的缺欠——既克服了成文法的过于僵化性，又克服了判例法的过于灵活性，从而始终保持了法的生命力，为维护一定的社会秩序发挥了重要作用。

第二十三章　法家法律文化与历代法制(Ⅰ)

在战国至秦朝的数百年间,法家经过变法实践和理论思考,终于形成了与其他学术派别迥然相异的法律传统或法律精神。尽管由于秦朝的短祚和后世舆论的批评,使法家作为一个学术派别无法继续生存,但是,由于汉朝以后各代均延续秦朝所确立的集权政体和官僚机器,法家思想和治国方略均大有用武之地。因此,法家法律传统不仅没有退出历史舞台,反而在社会实践的各个领域继续发挥作用。法家法律传统对当时特别是后世的影响是客观存在而且是十分广泛的。

一、法家法律文化与秦之兴亡

秦国自秦孝公于公元前 359 年,任用商鞅实行变法,开阡陌封疆,使人民获得土地,奖励耕战,国富兵强,迁都咸阳,屡败魏师,拓土至洛水以东。此后,经过数十年的兼并战争,到公元前 221 年,终于"六王毕,四海一",建立统一集权的国家。从秦孝公重用商鞅到秦始皇重用韩非、李斯,我们可以看到,法家思想在很大程度上得到实施。

秦国行"法治"而强国。秦用法家而强盛。《韩非子·和氏》:"商鞅教秦孝公以连什伍,设告坐之过,燔诗书而明法令,塞私门之请,而遂公家之劳,禁游宦之民,而显耕战之士。孝公行之,主以尊安,国以富强。八年而薨,商君车裂于秦。"《战国策·秦策三》:"夫商君为孝公平权衡,正度量，调轻重，决裂阡陌，教民耕战，是以兵动而地广，兵休而国富，故秦无敌于天下，立威诸侯。”《盐铁论·非鞅》：“昔商君相秦也，内立法度，严刑罚，饬政教，奸伪无所容，外设百倍之利，收山泽之税，国富民强，器械完饰，蓄积有余。是以征伐敌国，攘地斥境。不赋百姓而师以赡。”荀子曾入秦考察秦自商鞅变法以来的社会情况。他不禁感慨道：百姓朴实正直，敬畏有司，乃“古之民也”；百吏严肃认真，恭俭忠信，乃“古之吏也”；士大夫不事朋党，明通而公，乃“古之士大夫也”；朝廷处事听决，百事不留，乃“古之朝也”。但他也指出秦之不足——“其殆无儒邪”，“此秦之所短也”。（《荀子·强国》）

然而，秦朝仅二世而亡。秦朝为什么国祚短暂二世而亡？和法家政治有没有关系？秦朝之亡，原因众多。粗略而观，有如下诸端：

其一，法家间接亡秦说。秦国统治集团任用商鞅，主持变法，实行重刑政策。始皇时又采纳韩非、李斯的意见，横征暴敛，专用刑罚，最终激起人民反抗而灭亡。学界持此说者较多。

其二，秦朝暴政亡秦说。秦朝统统治者背弃仁政教化的传统，滥用民力，大兴土木，修阿房，造陵墓，驱使人们驻守边关，使人民不得安居乐业，加之重刑轻罪，使百姓动辄得咎，终于导致人民起义而亡。[①]

其三，秦未及时调整政策说。秦靠战争夺取天下之后，应当改变治国方针。贾谊所谓“仁义不施而攻守之势异也。”如果改行德政，轻徭役，与民休息。宽刑罚，宥小过，与民更始。兴礼教，倡忠孝，安抚社稷。如此，则“四海之内皆欢然各自安乐其处”，是可以长久的。但是，秦朝建立之后没有及时调整国家政策，仍然崇尚暴政刑罚，“自群卿以下至于众庶，人怀自危之心，”（《新书·过秦》）最终引起人民反抗而亡。

其四，二世赵高亡秦说。秦始皇壮年早逝，属于突发事件。因未事

---

① 杨宽：《战国史》，上海人民出版社1979年，第397、398页。

先安排王位继承之事，致使胡亥、赵高阴谋夺权。之后，为了巩固王位，排除异己，大开杀戒，自毁长城。如《新书·过秦》："二世受之，因而不改，暴虐以重祸"，"二世不行此术，而重以无道，坏宗庙与民，更始作阿房之宫，繁刑严诛，吏治深刻，赏罚不当，赋敛无度。""今二世立，天下莫不引领而观其亡"。又《盐铁论·非鞅》："大夫曰：秦任商鞅，国以富强。其后，卒并六国，而成帝业。及二世之时，邪臣擅断，公道不行，诸侯叛弛，宗庙堕亡。……今以赵高之亡秦，而非商鞅，犹以崇虎乱殷，而非伊尹也。"

其五，秦始皇刚愎自用，君臣共治的政治格局被破坏。秦朝初立，始皇受阴阳家及江湖术士影响，迷信五行之说，治国酷烈，以和水德之旨。又希求长生不死，浪费财力。至使国政偏离正确轨道，极端尊君而卑臣，使臣下动辄得咎，如贾谊《过秦论》所谓"当此之时，世非无深谋远虑知化之士也，然所以不敢尽忠拂过者，秦俗多忌讳之禁也，忠言未卒于口而身为糜没矣，故使天下之士，倾耳而听，重足而立，合口而不言。是以三世失道，而忠臣不谏智士不谋也。"由于君臣共治的政治格局被彻底破坏，终于失政而亡国。

其六，秦亡于始皇用人不当。清王夫之云："秦始皇之宜短祚也不一，而莫甚于不知人。非其不察也，惟其好谀也。托国于赵高之手，虽中主不足以存，况胡亥哉！汉高之知周勃也，宋太祖之任赵普也，未能已乱而足以不亡。建文立而无托孤之旧臣，则兵连祸结而尤为人伦之大变。徐达刘基有一存焉，奚至此哉？虽然，国祚之所以不倾者，无谀臣也。"(《读通鉴论·秦始皇三》)

秦朝二世而亡的原因应当从主观、客观两个因素来分析。从主观的角度而言，法家思想的实质是通过变法掌握国家政权，推行法治，富国强兵。他们没有也不可能为统一天下之后如何治理国家，提出具体设计。秦统治集团在统一以后，没有采取甚至还没有想到对国策实行根本性的调整。他们统治经验不足，仍然迷信暴力，实行严刑酷罚。没有采取怀柔的政策，以削弱六国传统势力的社会根基。也没有调整文化政策，安抚民众，弱化社会矛盾。正如《新书·过秦》所说“向使二世有庸主之行而任忠贤，臣主一心而忧海内之患，缟素而正先帝之过，裂地分民以封功臣之后，建国立君以礼天下，虚囹圄而免刑戮，去收孥污秽之罪，使各反其乡里，发仓廪，散财币，以振孤独穷困之士，轻赋少事，以佐百姓之急，约法省刑，以待其后，使天下人皆得自新，更节循行，各慎其身，塞万民之望，而以盛德与，天下息矣。”如此则天下可安。尽管贾谊的设想多么有道理，但是，秦统治者又怎能做到呢？他们缺乏治理泱泱大国的经验，又对人民的反抗力量估计不足，致使四面出击，滥用民力，外敌匈奴，内兴土木，使人民疲于奔命，不知所终。特别是秦法严酷，秦时“赭衣半道，断狱岁以千万数”。(《汉书·食货志》)蒯通对范阳令说：“秦法重，足下为范阳令十年矣，杀人之父，孤人之子，断人之足，黥人之首，不可胜数”。(《史记·张耳陈余列传》)“赭衣塞路，囹圄成市，天下仇怨，溃而叛之。”(《汉书·刑法志》)“秦时劓鼻盈累，断足盈车，举河以西，不足受天下之徒。”(《盐铁论·刑德》)迟早会激化社会矛盾。加之由于偶发事件，秦政权在权力移交上出现严重问题，又没有自我纠偏的机制，从而极大地自废武功，一发而无法收拾。法家以严格依法办事为尚，但是，这种精神如果被推行到极端，就会自我伤害。试想，如果“失期皆斩”的法令之下有个但书的规定，那么，陈胜吴广的起义或可延期举行。

从客观角度而言，秦以虎狼之师打败东方六国，纯属军事上的胜利，非孟子荀子所云仁义之师者。故东方六国虽然战败，但其传统势力强大，从精神上他们从未投降，他们未尝不蠢蠢欲动以期复辟。郡县制的推行，彻底割裂了六国的血缘根基，给六国宗族及民人造成文化上的切肤之痛。北部游牧民族策马而南，以待时机，也增加了社会的不安定。为了平定边疆，出兵屯驻是不可或缺的。秦人本西陲戎狄凭武力而入主中原，其正宗地位一时尚不能被普遍接受，天下学人侧目而视之，聚众而诽之，常也。此时之秦朝除了诉诸暴力以外，一时难有更好的良策。秦统治者治理大国的经验不足，又迷信武力刑罚，面对反抗势力，只知强力镇压，结果适得其反尔。人民本来希望在统一王朝治下恢复经济生产过上安定的生活，但是，他们失望了，陈胜所言“天下苦秦久矣”代表了广大人民的心声。若有人揭竿而起，必然云集响应。

法家作为一个学术派别，以阐述自己的政治主张为务。其主张是否被掌权者采纳，在何种程度上被采纳，这都是或然的。秦始皇“师申、商之法，行韩非之说”。(《汉书·董仲舒传》)即使个别法家人物被提拔为官吏，他仍然是国家政策的实行者。就像孔子曾经作过鲁司寇却不能改变鲁国政治一样，法家从政也不可能对国家政治得失负责。法家的作用，就像前些年我国的法学家提出实行“依法治国”的建议被国家采纳一样，他们仅仅是实行“法治”的倡议者。这些倡议一经被国家所采纳，就上升为国策了，不再是私人文章著述了。法家的主张一经被国家采纳，就变成国家政策，必然对社会产生直接而重大的影响，不论是正面的还是负面的影响。尽管如此，除了道义与良心的责任之外，“思想家应该承担的历史责任应该严格限制在思想范围内。”[①]法家提出变法强国之策并取得成功，但是他们没有为统一王朝制定完善的治国理论，以完成由打天下到坐天下的成功转型。法家即使有这样的理论也无法让最高统治者照办。试读《吕氏春秋》又岂无改弦更张之义哉？我们今天不能如此苛求于古人。因此，秦国行“法治”而强国，非独法家之功也。同样的道理，秦朝行暴政而亡国，亦非独法家之过也。如柳宗元

---

① 宋洪兵:《二十世纪中国学界对专制概念的理解与法家思想研究》,《清华大学学报》2009 年第 4 期。

《封建论》所谓:“失在于政,不在于制,秦事然也。”此说是比较客观的。

秦朝之速亡并不能掩盖秦朝之兴起的历史意义。正如陈启天所说:“中国之得以在亚洲大陆造成一个大一统的大帝国者,实受法家之赐为多。近二千年中,中国偶遭外侮和内乱,伏流的法家便有跃起的倾向,即由于法家学说较为切合实际需要,而能产生实际的功效。我们可以说,中国没有法家,中国便从来不能统一为一个大国家,或至今如欧陆一样的小国林立。我们今天有这样大的一个国家,是法家所遗留下来的,我们应该感谢法家。我们应该承认法家的历史价值。”①

春秋战国之乱局,不仅表现在各个诸侯国之间战争不已,杀人盈城,杀人盈野,生灵涂炭,人民陷于水生火热之中。更表现在陈旧的宗法贵族政治已经腐败无能、毫无生气、无力回天,完全丧失了统治国家的勇气和智慧。社会上充斥着苟延残喘、及时行乐的戾气——贵族和官吏们只图私利,不关心国家利益,“家与家务于相益,不务尊君也。大臣务相贵而不任国,小臣持禄养交不以官为事,故官失其能。”“为人臣者重私而輕公,十至私人之门,不一至于庭,百虑其家,不一图国;”政治人物结党营私,排除异己,“比周以相为匿,是忘主死交,以进其誉。故交众者誉多,外内朋党,虽有大奸,其蔽主多矣。”甚至造成“忠臣死于非罪,而邪臣起于非功。”(《管子·明法》)面对这种衰败的局势,如果不痛下决心实行变法,就只能自行糜烂下去,直至亡国。

不错,秦人勇猛作战,横扫六国,也许是为了一雪长期被“夷狄遇之”的愤懑,为了赢得秦民族集体的尊严,与东方诸国争个平等待遇。士兵们勇敢无畏也许是为了获得良田美宅和爵禄,他们心中恐怕没有儒家那种行仁者之师天下从之如流水的高尚情怀。但是,在七国争雄的残酷战争中,如果没有秦人所凭借的虎狼之师,实现六王毕四海一的

① 陈启天:《中国法家概论》,上海书店1936年,第32页。

最终胜利，那么，兼并战争还会精疲力尽且无休止地进行着，诸侯分立的割据局势也还会延续下去。被荀子贬斥为“以力兼人”，“干赏蹈利之兵，佣徒鬻卖之道”“可以霸而不可以王”(《荀子·议兵》)的大秦军队，不管是出于什么目的，他们毕竟充当了统一天下建立超血缘的国家的历史角色，并完成了历史赋予他们的使命。

秦人通过严酷的法律，把分散的人户和个人与国家建立了超血缘的铁一般的联系，在法律的网络之下全体秦人形成了休戚与共的民族文化共同体，共同在强国富民的大道上疾驰。然而，秦人共同体没有融入中原共同体。其原因有二：从文化传统角度而言，中原六国很难接受秦人的政治统治；从社会现实角度而言，秦的耕战政策到秦统一之后，已经没有适用的空间了。秦人如果不进行政策大调整，失败只是迟早而已。

秦国统治者运用法家的“法治”理论，缔造了一个泱泱秦帝国。但是，秦帝国的统治者把“法治”推向极端，专任暴力刑罚。无休止的滥施淫威、滥用民力，终于激化了阶级矛盾，导致秦朝二世而亡。秦亡与法家法治思想之间无必然的因果联系。正如萧公权所指出的：“秦以专制失道而早亡，与法治殊少关系”；“秦之覆亡乃专制之失败，非法治之失败。”①

因此，关于法家传统与秦之兴亡的关系，其结论是：秦之兴也，非独法家之功也。秦之亡也，亦非独法家之罪也。

二、法家法律文化与集权政体

在政体问题上，儒家法家的立场是对立的。面对春秋礼崩乐坏、诸

---

① 萧公权：《中国政治思想史》上册，商务印书馆2015年，第266、268页。

侯兼并、陪臣执国命的社会现实，儒家要求“正名”，“为国以礼”，重建“礼乐自天子出”的统一的宗法贵族政体；法家则主张尊君尚法、废止世袭、赏功任能，建立非血缘的集权君主政体。

自西周春秋以来，以血缘为纽带的分封制一直占据主导地位。春秋后期在一些诸侯国产生局部的郡县设置。秦自商鞅变法以后，秦国领土不断扩大，郡县制也不断发展。但是，作为国家政体的官僚制还没有上升到国家政体层面。此间，《吕氏春秋》的作者曾经建议恢复封建制：“观于上世，其封建众者，其福长，其名彰”，“权轻重，审大小，多建封，所以便其势也。”（《吕氏春秋·慎势》）这一建议可谓逆历史而行者。

公元前221年，秦王嬴政亲政25年之后，终于统一六国，建立了统一的秦帝国，秦王嬴政成为第一任皇帝——秦始皇。秦帝国成立之后遇到的一个问题就是政体问题，即采用什么样的政权形式来统治这个泱泱大国。是采用分封制，还是采用郡县制。对此，曾经有过一次争议。

《史记·秦始皇本纪》载，“丞相绾等言：‘诸侯初破，燕齐荆地远，不为置王，毋以填（镇）之。请立诸子，唯上幸许。’始皇下其议于群臣，群臣皆以为便。廷尉李斯议曰：‘周文武所封弟子同姓甚众，然后属疏远，相攻击如寇仇，诸侯更相诛伐，周天子弗能禁止。今海内赖陛下神灵一统，皆为郡县，诸子功臣以公赋税重赏赐之，甚足易制。天下无异意，则安宁之术也。置诸侯不便。’始皇曰：‘天下共苦战斗不休，以有侯王。赖宗庙，天下初定，又复立国，是树兵也，而求其宁息，岂不难哉！廷尉议是。’”紧接着分天下为36郡，郡设都、尉、监，“一法度衡石丈尺，车同轨，书同文字”。秦始皇显然接受了晋人所总结的历史教训——“唯有诸侯，故扰扰焉，凡诸侯，难之本也！”（《国语·晋语六》）

郡县制实行数年之后，又遭到儒生的非议，乃至引起重大事变。“博士齐人淳于越进曰：‘臣闻殷周之王千余岁，封弟子功臣，自为枝辅。

今陛下有海内，而弟子为匹夫，卒有田常六卿之臣，无辅拂，何以相救哉？事不师古而能长久者，非所闻也。'始皇下其议。丞相李斯曰：'五帝不相复，三代不相袭，各以制，非其相反，时变异也……若欲有学法令，以吏为师。'制曰：'可'。"经过禁私学、焚诗书的强制措施之后，这种非议才被压制下去。将法家精神与集权政治紧密结合在一起。法家精神与集权政治的精髓就是"事皆决于上"、"事皆决于法"。(《史记·秦始皇本纪》)秦以后的历代封建统治者都继承了秦始皇的衣钵，延续了集权政体。

秦朝速亡，汉承秦制。尽管汉初知识界总结秦亡教训之一是不分封子弟功臣，但是，西汉仍然延续了秦朝的官僚政体。特别是平定吴楚七国之乱以后，中央集权的集权政体得到加强。西汉以降，历朝无不延续中央集权的官僚政体。西晋时，刘颂曾经建议局部恢复封建制，其疏曰："今宜反汉之弊，修周之旧跡"；"善为天下者，任势而不任人：任势者，诸侯是也；任人者郡县是也。郡县之察，小政理而大政危；诸侯为邦，近多违而远虑固；""若乃兼建诸侯而树藩屏，深根固蒂，则祚延无穷，可以比跡三代。"(《晋书·刘颂传》)但是未能实行。

及至唐朝，柳宗元著《封建论》，总结郡县制的历史合理性。其文曰："封建非圣人意也，势也。""秦有天下，裂都会而为之郡邑，废侯卫而为之守宰……此其所以为得也。"至秦末，天下大乱，"时则有叛人而无叛吏。""汉有天下，矫秦之枉，徇周之制，"设立王国，发生诸国叛乱，"时则有叛国而无叛郡。"可见，"秦制之得"，在于郡县，秦之失"在于政，不在于制。"[①]柳宗元以为秦失于施政，而非郡县制，并认为郡县制适应时代要求而产生，并非源于个人意志，这些看法可谓真知灼见。

后世学人，如南宋朱熹出于抑制君主专断，曾建议将封建之国"杂

---

① 柳宗元：《柳河东全集》，中国书店 1991 年，第 32、33 页。

建于郡县之间”,[①]明末清初黄宗羲出于巩固边防的需要,建议加强方镇:“今封建之事远矣,因时乘势,则方镇可复。……是故封建之弊,强弱吞并,天子之政教有所不加;郡县之弊,疆场之害苦无已时。欲去两者之弊,使其并行不悖,则延边之方镇乎?”[②]此外,罕见恢复分封制之论。而具有法家思想倾向者则始终坚持中央集权的郡县制。可见先秦法家尊君尚法思想影响之深远。

那么,于是就出现了一个无法回避的问题:法家所主张的集权君主政体是不是“专制”政体?法家的“法治”是否与“专制”政体相联系?

在古代文献中,“专制”与“专政”均指大臣专断。如《韩非子·亡徵》:“出军命将太重,边地任守太尊,专制擅命,径为而无所者,可亡也。”《战国策·赵策二》:“先王之时,奉阳君相,专权擅势,蔽晦先王,独制官事。”《史记·穰侯传》:“范雎言宣太后专政,穰侯擅权于诸侯。”又“专制”与“专政”义近,故有“封建专制”说。如认为“春秋时期列国均实行贵族专制制度,”“春秋时期列国的政体既不是君主个人独裁的专制政体,也不是贵族共和政体,而是以君主为主的贵族专制政体。”[③]

近代以后,西方政治学术语经日本传入中国,始有“东方专制主义”的“专制”一词。“专制”之义或与亚里士多德所谓“法治应当优于一人之治”的“一人之治”[④]和孟德斯鸠所谓“夫专制者,以一人而具无限之权力,惟所欲为,莫与忤者也”[⑤]的概念或有渊源关系。在另一版本,孟德斯鸠的话被译为“在专制政体中,除主子或暴君的意志外,没有其他法律。”[⑥]

① 朱熹:《朱子文集》卷十四《经筵留身西陈四事扎子》。
② 黄宗羲:《明夷待访录·方镇》,中华书局1981年,第21页。
③ 徐鸿修:《春秋时代执政正卿的选拔》,《文史哲》1994年第6期。
④ [古希腊]亚里士多德:《政治学》,吴寿彭译,商务印书馆1965年,第167页。
⑤ 孟德斯鸠:《法意》,严复译,商务印书馆1981年,第24页。
⑥ [法]孟德斯鸠:《论法的精神》(上),许明龙译,商务印书馆2012年,第29页。

“专制”不仅与“东方主义”紧密相连，而且成为“东方主义”的本质特征。络德睦说：“孟德斯鸠、黑格尔、马克思和韦伯皆为古典欧洲东方主义者，他们的著作在实质意义上确认了西方文明和法律的优越性；”“东方主义者的意涵并不难以理解：中国是一个反面典型，代表了所有我们不愿成为，抑或不承认成为的对象；”“其中，最有才华的实践者之一是孟德斯鸠，或许较之其他任何人，他更多地将‘专制’与‘法律’对照起来，并进而将前者放逐到东方(这并不是说，在他之前不存在希腊与罗马的先辈同样将专制与东方联系在一起)。在《论法的精神》这本18世纪最为重要的政治理论著作之一中，孟德斯鸠在全球的层面上详尽阐释了一种比较专制理论。他将君主制与共和国同欧洲勾连起来(前者为所有政体中最可欲的一种)，而将专制主义作为一种非洲、美洲与亚洲与生俱来治理形式。君主制与专制政体在形式上是相似的，因为它们皆由单独一人统治，然而在君主制中，一种荣誉的精神确保了经由法律的统治，而专制政体皆纯粹通过恐惧来进行统治。尽管专制政体是欧洲之外的一种普遍的统治形式，但孟德斯鸠却将其天然家园定位在亚洲，中国便被其作为亚洲的其中一个原型。”①可见“专制”一词是西方学者研究西方政治沿革史使用的术语，不是详细研究中国政治史之后得出的结论。最重要的是，西方学者为了论证西方文明的优越性，必然需要“反面典型”来加以衬托。因此，以“专制”一词为中国古代政体定性是否合适，其本身就值得研究。

“专制”一词传入中国伊始即发生混淆。如康有为《请定立宪开国会折》谓：“吾国行专制政体，一君与大臣数人共治国家。”②康氏的“专制”概念与“为所欲为”的“一人之治”颇异其旨。近代学者又多以“专

---

① [美]络德睦：《法律东方主义——中国、美国与现代法》，魏磊杰译，中国政法大学出版社2016年，第44、16页。

② 康有为：《康有为政论集》，中华书局1981年，第338页。

制”与法家思想相联系，且以“集权君主专制”命名中国古代政体，甚至有“专制”实即“人治”之说。“可以说，20世纪中国学界有关中国古代的历史与思想是否专制的争论，与专制概念的模糊混乱以及认知错位造成的文化移植困境密切相关。”[①]“专制的概念以及专制中国的概念，都出于近代西方，它深刻地影响了中国现代学者对于先秦法家的认知。”[②]

从法家的法律思想来看，法家主张的政体还不是那种君主可以“为所欲为”的“一人之治”。法家无疑以建立和维护集权君主政体为首要目标，同时，法家还要求君主守法，以实行君臣共治。其实，坚持君臣共治的共和精神是法家在变革的时代注意继承古代文化传统的一个证明，正如同法家在注意国家政治秩序的同时也注意父系家庭秩序一样。可以说君臣共治是法家儒家的共同理想。

中国古代的政体既非民主政体，亦非寡头暴君政体，而是中国式“君臣共治”的“共和”政体。这一政体经历了殷商君权与神权的共和、西周春秋天子与诸侯的共和、秦至清末皇族与官僚群体的共和，还有朝廷特别是地方官府与民间俊秀（乡绅群体）的共和。中国古代的共和思想起源于先秦儒家。先秦儒家大都坚持维护贵族政体，主张限制君主独断专横的权力，要求各级贵族在天子诸侯面前有更多发言权。孔子认为，如果一位君主把“唯其言而莫予违”（君主说什么都没有人敢反对）当作君主之乐趣，那必然会“丧邦”。（《论语·子路》）孟子甚至认为“贵戚之卿”的职责是“君有大过则谏，反复之而不听，则易位”。对像纣那样的暴君，人民可以起来推翻他：“贼仁者，谓之贼，贼义者，谓之残，残贼之人，谓之一夫。闻诛一夫纣矣，未闻弑君也”。（《孟子·万章

---

① 宋洪兵：《二十世纪中国学界对专制概念的理解与法家思想研究》，《清华大学学报》2009年第4期。

② 俞中：《法家三期论》，《法学评论》2016年第3期。

下》、《梁惠王下》）西汉以后，儒法合流，限制君权的思想仍然延续下来。董仲舒的天人合一、天谴灾异之说的深意，就在于制约君权，实现君臣共治。古代共和思想的巅峰之作是明清之际启蒙思想家黄宗羲的“学校议政”说。[①] 按照他的设计，皇帝和大臣定期到太学听取名儒们的意见，接受他们对时政得失的批评谏议，以图改进政治。这种设计或许可以称得上是中国式议会的雏形。如果中国社会从明清之际顺利走上发展商品经济的道路，那么，黄宗羲也许就会成为中国的卢梭。

先秦法家主张一种“法治”之下的“共和”。法家主张君道无为，臣道有为，如《管子·任法》：“夫生法者君也，守法者臣也；”《慎子·民杂》：“君臣之道，臣事事而君无事；”《申子·大体》：“君如身，臣如手，”“君设其本，臣操其末，君治其要，臣行其详，君操其柄，臣事其常。”能够把君主与群臣联系起来的桥梁就是“垂法而治”、“缘法而治”的“法治”。法家虽然“尊君”但同时也要求君主守法。如《管子·任法》：“君臣上下贵贱皆从法，此谓为大治”，《法法》：“令尊于君”，《任法》：“圣君任法而不任智，任数而不任说，任公而不任私。”《商君书·君臣》：“明主慎法制，言不中法者，不听也；行不中法者，不高也；事不中法者，不为也。”《定分》主张公布法律，让妇孺皆知，使“万民皆知所避就”，“吏不敢以非法遇民”。统一多民族的秦朝建立之后，十分重视法律的作用，立法活动蔚为大观。如泰山刻石：“皇帝临位，作制明法，臣下修饬”，“治道运行，诸产得宜，皆有法式”，“事皆决于法。”（《史记·秦始皇本纪》）历代朝廷都组建庞大的官僚机器，制定了完备的法律制度，驾驭着地域广阔的泱泱大国。在司法活动领域，君主和大臣的分工合作已经制度化。如《晋书·刑法志》载刘颂疏云：“君臣之分，各有所司。法欲必奉，故令主者守文。理有穷塞，故使大臣释滞。事有时宜，故人主权断。主者守

① 黄宗羲：《明夷待访录》，《学校》，中华书局 1981 年，第 9 页。

文，若释之执犯跸之卒也。大臣释滞，公孙宏断郭解之狱也。人主权断，若汉祖斩丁公之为也。”毋庸讳言，由于皇帝享有至高无上、不受法律约束的权力，这种君臣分工合作是难于真正制度化的。因此，历史上不乏不守法纪、无视祖训、不听谏言、倒行逆施的“昏君”、“暴君”。但是，“昏君”、“暴君”之政不可能持久，反而充当历史的反面教员。西汉海昏侯刘贺和唐代的敬宗就是典型的事例。

秦汉以后的君主与夏商周三代的君主不同，夏商周三代的君主可以从远古圣王和血缘那里得到神圣性和合法性。秦汉以后君主的权威已经失去了这种天然的传统神性，而不得不主要依靠政治权势。在这种文化背景下，君主至高无上的权力不可能来源于文化传统，而只能来源于制度运行中形成的习惯。没有一部法律明确规定君主可以为所欲为，也没有一部法律规定君主不可以为所欲为。同样的道理，对君主权力的约束也主要来源于制度运行中形成的习惯。如张释之审理百姓“犯跸”案，依法只判罚金。汉文帝嫌太轻，十分不满。张释之说，我是皇帝委任的司法官吏，你是皇帝，你可以自己审理，但是你既然让我审，我必须按照法律规定判决，我审理案件只服从法律。张释之所言者就是制度运行中形成的习惯。皇帝虽然可以自己直接从重判案，但是那样会招致天下的非议——为人父母之君，待民岂可如此刻薄！于是，这就成为一个制度先例，对后世人君具有约束力。另外，朝廷专门设置谏官制度，谏官以批评朝政得失为职责而言者无罪。皇帝常常受到尊亲长特别是母亲的约束。这是“孝”的道德要求。这些尊亲长又常常以习惯、先例、礼义等等教训或劝诱皇帝。加之太子亲政之前亦经过长期的学习，得以系统熟悉传统文化，其中不乏六经之训和子曰诗云者。还有足以令人生畏的“天谴灾异”说，历代均行大赦之制，其弦外之音只是避免冤狱之气上达苍天。一遇天灾人祸，皇帝便下诏罪己并同时发布大赦令。中国古代的皇帝正是由于受到制度运行中形成的习惯的束缚，才无法成为“为所欲为”的“一人之治”。从宏观的文化角度言之,皇帝只是一种制度而非一个特殊的个体自然人。或者说一个自然人一旦成为皇帝就变成庞大制度的一部分了。

应当注意,秦汉以后国家立法活动和司法实践活动已经实现职业化专门化,这实际上对皇帝随意干预立法事务和司法事务构成制约。

在立法方面,秦孝公变法之际,秦始皇否定分封制确定郡县制之际,都经过众臣的认真讨论而后形成决策。唐代立法,经过众多阅历颇深且长于律例的官员认真搜集材料,反复讨论修改而始成:“摭金匱之故事,採石室之逸书,捐披凝脂,敦兹简要,网罗训诰,研覈丘坟,撰律疏三十卷,笔削已了,实三典之隐括,信百代之准绳,铭之景钟,将二仪而并久,布之象魏,与七曜而长悬。”[①]此非精通历代法律沿革者所能完成之事业。在立法事务上皇帝只是高居于专业工作之上的领导者。

在司法方面则尤为突出。据《晋书·刑法志》载,晋惠帝时“议事以制”已蔚为风气。上自皇帝,下至法吏,无不行之。皇帝亲自决狱,“事求曲当”,而法吏“牵文就意,以赴主之所许”。这种做法发生许多问题,造成“刑法不定,狱讼繁滋”。故尚书裴顾上疏道:“刑书之文有限,而舛违之故无方,故有临时议处之制,诚不能皆得循常也。”但是,“临时议处”应符合法定程序,“按行奏劾,应有定准”。三公尚书刘颂又上疏谓:“天下至大,事务众杂,时有不得悉循文如令”,故“议事以制”有其合理性。但要符合这些条件:第一,“议事以制”要以“名例”为依据,“律法断罪皆当以法律令正文,若无正文,依附名例断之、其正文名例所不及,皆勿论。”第二,司法官吏在审判中可以发表不同意见,但不得自行“议事以制”:“主者守文,死生以之,不敢错思于成制之外以差轻重”,“守法之

① (唐)长孙无忌等撰:《唐律疏议》,进律疏表,刘俊文点校,中华书局1983年,第579页。

官唯当奉用律令，至于法律之内所见不同，乃得为异议也”。第三，大臣、皇帝独揽“议事以制”之权：“事无正名，名例不及，大臣论当，以释不滞”，“君臣之分，各有所司，法欲必奉，故令主者守文；理有穷塞，故大臣释滞；事有时宜，故人主权断”。熊远亦上疏云：“法盖粗术，非妙道也，矫割物情，以成法耳。若每随物情，辄改法制，此为以情坏法”，“诸立议者皆当引律令经传，不得直以情言，无所依准，以亏旧典”，“凡为驳议者，若违律令节度，当合经传及前比故事，不得任情以破成法”，“开塞随宜，权道制物，此是人君之所得行，非臣子所宜专用”。（《晋书·刑法志》）其实，这种司法程序不仅制约了官吏的行为，而且还在一定程度上约束了皇帝随时干预司法活动的行为，使皇帝只能依程序关注那些数量有限的疑难案件，从而改变了像秦始皇那种事无巨细、“躬操文墨，昼断狱，夜理书”（《史记·秦始皇本纪》）那样的施政风格。后世皇帝并非不如秦始皇那么勤政，而是司法已经成为专业化的领域了。在司法领域即使皇帝也不能轻易地为所欲为。实际上在一般情况下皇帝还要求各级官吏依律裁断，不得随便上奏。宋建隆三年《非疑狱不得奏裁诏》谓：“国家外建庶官，共分忧寄，各专职任，素有纲条。苟务因循，渐成弛紊。应诸道州府，凡有刑狱公事，仰详断官依法断遣，不得申奏取裁。如显是疑狱及有异见，即听上闻，稍涉不公，当行朝典。”①

在君臣关系上，儒家与法家虽然都主张君臣共治，但是他们的侧重点不同：儒家给君臣关系披上“君使臣以礼，臣事君以忠”的和谐的面纱，一方面强调君主尊重大臣，给大臣更多的发言权，另一方面强调大臣遵守为臣之道，自觉遵守礼仪，不得僭越；法家则从“君臣相市”、“君臣上下一日百战”的残酷现实出发，要求君主时时掌握好权势和权术，防备臣下篡位。在法家眼里，大臣之所以未发难，是因为党羽未备也。

---

① 司义祖整理：《宋大诏令集》，中华书局2009年，第471页。

法家为了维持社会秩序而尊君并不惜容忍不肖之君。

不论儒家还是法家，他们既没有直接论述"君臣共治"政体的科学构建问题，也没有从制度设计入手来达到有效限制君权的目的。他们主张限制君权的良好愿望，最终成了一种祈祷，相信"五百年必有王者兴"，（《孟子·公孙丑下》）希望圣明君主从天而降。而法家则把君主设计为一个既不圣贤又非残暴的中等君主，靠以法治国则是唾手可得的事情。纵观中国古代史，可以看到，大凡共和精神贯彻得比较好的朝代或时期，社会就比较安定繁荣。大凡共和精神被破坏甚至走向寡头统治的时期，社会就停滞和纷乱。

法家和秦朝留给后世的遗产是非常丰富的。其中莫过于统一而集权的国家。他们敏锐地总结以往社会混乱的终极原因是国家的政体——宗法贵族政体。在这个政体之下，横征暴敛荼毒平民百姓之卿者有之，为所欲为杀害卿相大夫之国君者有之，贼弑其君篡夺政权之大臣者有之，为着一宗一姓之私利朝三暮四者有之，凭借暴力驱使人民效命沙场者有之。国家内部的混乱与国家之间的混战搅作一团而不知其所终。秦统一中国之后，如果没有始皇的雄才大略而因循守旧实行分封之制，其结果必然会重演诸侯割据互相征战的混乱格局，这种局面或与三国两晋南北朝直接相衔接。若此以往，既无秦皇汉武，复何论唐宗宋祖！试想，一个小邦林立的东亚大陆，在西方坚船利炮的攻击之下，会如多米诺骨牌般争相倒下，东亚大陆的上空会插满西方列国之旗。那么，中华民族对世界的贡献就不过是为人们多提供了一个割据而亡国的负面教训，为联合国增加十几个甚至几十个成员国而已。

诚如王夫之所云："郡县之制，垂二千年而弗能改矣，合古今上下皆安之，势之所趋，岂非理而能然哉？……强弱相噬而尽失其故，至于战国，仅存者无几，岂能役九州而听命于此数诸侯王哉？于是分国而为郡县，择人以尹之。郡县之法，已在秦先。秦之所灭者六国耳，非灭三代之所封也。则分之为郡，分之为县，俾才可长民者皆居民上以尽其才，而治民之纪，亦何为而非天下之公乎？”（《读通鉴论·秦始皇一》）

三、法家法律文化与古代社会

集权君主政体并非法家主观意愿创造的艺术品，而是中国古代社会的客观规律的必然产物。中国古代社会的基础条件是土地私有制自然经济、宗法家族社会、集权政体的有机结合。这一特征从根本上决定了中华法系的总体精神和宏观样式。农耕生产活动天然要求稳定的社会环境和条件。先民们经过长期对时（四季变化）与空（经度纬度）的体验与比较，最终定居于远离猛兽、近靠水源、气候温和、土壤适宜的土地上。因为农业生产是长周期的活动，生产者对时令的摸索、耕作技术的总结和传递，都需要长时间过程。从而显现了年长者的优越性。加之农业生产有极强的时令性，如播种、收割、兴修水利等都需要一种绝对权威把所有劳动人口集中起来，便加强了男性长者的领导权威。伴随着生产力的提升，个体家庭逐渐取代家族而成为基本生产单位。此间农业生产的目的是满足自己消费不是将产品变为商品。以积蓄农产品为终极目的的生产方式必然带有内向的封闭性。它的功能表现在：第一，它对内要求把劳动人口牢牢固着在狭小的土地之上，既限制劳动人口流出又阻止社会人口的流进，限制土地、劳动力和农产品变为商品；第二，它对外要求抵御商品经济因素的浸润。任何商品的输入都意味着交换关系和平等价值的侵蚀并最终将打破农业社会的安宁。于是，一方面，宗法家族式的社会组织成为基本细胞并形成了一整套以礼为内容的行为规范；另一方面，彼此孤立隔绝的家族或家庭，既然不能通过平等的经济交换和政治参与手段来实现自己的权利并进而走向“市民社会”，不能通过横向联合共同抗拒水旱之灾或抵御游牧民族的侵扰，那么只有仰望凌驾于社会之上的绝对权威，希望从那里获得阳光雨露。自然经济是酿造成宗法社会结构和集权王朝的基本土壤。

宗法家族在封闭式的自然经济那里找到最适宜生存发展的土壤。身兼数职的宗法家族或家庭，既是物质生产和人类自身再生产的基本细胞，也是社会保障、社会保险的基本单位。在整个古代社会中的个体自然人，正如同在原始社会不能离开氏族那样无法超越宗法家族而离群索居。在宗法家族的领域里，一般个人的权利和利益既不能因为据有独立的私有财产而获得，又不可能通过交换被社会所认可。个人的权利和社会、国家的整体利益似乎都显得遥不可及而缺乏逻辑关系。作为社会细胞的家族，它的安宁与王朝的安全毫无二致。经过王朝的授权，使家族首长在王权鞭长莫及的领域充当皇帝的半官僚、半立法司法者以帮助皇帝管理民众。家族首长的一系列特权也得到王朝的确认。唐律的“十恶”中有四条半维护皇权五条半维护族权，皇权与族权均得到无微不至的保护。这一切都使被称为礼的宗法伦理行为规范具有普遍的社会价值。礼在西周、春秋泛指以刑罚为后盾的法律规范，它在秦汉以后则作为立法、司法的指导精神，它在立法领域不断被法典化、条文化，同时在司法领域能作为创制和适用判例的法理渊源。可以说中国古代社会中的以成文法典与判例制度相结合为基本特征的“混合法”运行方式，正是在礼的指导下完成的。

中国古代文明并非氏族内部经济发展贫富分化导致社会分裂的必然结局，而是源于一个部族对另一个部族的军事占领和政治统治。由于战争的胜败决定着双方在国家中的地位，从而使不妥协的你死我活、胜者王侯败者贼成为最高的政治原则。古代西方的情况是，城市和奴隶是私有制和交换关系的产物，债务造成奴隶，金钱可以改变人的身份，这种交换关系正是民法(或私法)的基前提；古代中国的情况是，城邑和奴隶则是政治活动的结果，战争和犯罪产生奴隶，政治行为决定人们的身份，于是以暴力为后盾的刑法便发达起来。国家政治权力的强大，使经济发展的内在规律性和正当要求很难变成合理的政策。国家政治权力政治行为却总是以自己的特殊方式去干预、支配经济运行。这种干预从西周的禁酒、战国的“强本抑末”、汉武帝的盐铁官营等等都可略见一斑。国家权力对经济的高度支配，致使政治价值高于经济价值、权力高于财力。于是民间采矿、冶炼金属、煮盐、烧炭、长途贩运和边关交易等纯属经济性质的活动常常被贬为“啸聚山林”、“滋扰一方”、“资敌”等而严加禁绝。同时王朝不允许在权势之外存在与之对抗的民间财势集团，时刻防止民间财势集团恃财而藐视官府和“行诸侯之贿”。诚如王夫之云：“贾人者，暴君污吏所亟进而宠之者也。暴君无贾人无以供其声色之玩，污吏非贾人无以供其不急之求，假之以颜色而听其辉煌，复何忌哉！贾人之富也，贫人以自富者也。牟利易则用财也轻，志小而不知哉，智昏而不恤其安，欺贫懦以矜夸，而国安得不贫，民安得不靡？”(《读通鉴论·汉高帝十四》)商鞅变法，令商贾“虽富无所芬华”，(《史记·商君列传》)《睡虎地秦墓竹简·法律答问》亦有“毋敢履锦履”的法令，其立意均在于此。

王朝既担心民间财势集团会助长地方割据势力，又担心财富的集中导致土地的集中而造成流民和社会动荡。于是“平均”主义既是农民的美好理想也是封建朝廷的政治原则。在这里我们似乎看到了重农抑商政策的政治价值。集权君主政体作为自然经济和宗法家族社会的产物又反过来维护它们的安全。一切行之有效的行政行为、法律制度、道德教化等都从不同方向将个人固着在土地上、束缚在家族里。自然经济、宗法社会、集权政体的“三结合”构筑了足以抵御商品经济侵袭的天然壁垒。也许正因如此中国古代社会才虽然得以缓慢发展，然而却一再失去飞跃的机缘。

四、法家法律文化与统一文字

秦朝的统一不仅是军事、政治、法律的统一，而且更重要的是文化的统一。秦朝成立之后，统一法律、货币、度量衡、车轨、历法。其中，最重要的措施除了统一法律就是统一文字。

罗素认为，中国历史数千年而未曾中断，与象形文字有关。“中国文化能如此历久不变，足以让后人追根溯源，或许就是由于使用了表意文字”；“表意文字自然要比表音文字更能显示优越性”。[①] 其实，中国历史数千年而未曾中断，一靠文字，二靠法律。文字靠法律而延续，法律靠文字而传播。正是孔子所谓“名不正言不顺”则“刑罚不中”（《论语·子路》）者也。

中国文字何以为象形文字，或与集中权力主体的出现有关。黄帝时代为部落联盟时代。据《史记·五帝本纪》载，黄帝打败蚩尤以后，召开部落联盟大会，“合符釜山，而邑于涿鹿之阿。”《索隐》：“合诸侯符契圭瑞，而朝之于釜山。犹禹会诸侯于涂山也。”所谓“符契圭瑞”即刻画氏族图腾符号的玉器之类，上面或有远古图形文字。“禹会诸侯于涂山，执玉帛者万国。”（《左传·哀公七年》）“玉帛”与“符契圭瑞”的作用是一样的。

随着古人生活空间的不断扩大，不同氏族之间的交往也日益发达。但是，由于各地语言不通，唯凭借文字以作媒介。可以说，权力的集中促进了共同性文字的产生。而共同性文字的普遍适用正是文字的生命力所在。中国古代文字与集中的权力主体是结伴而行的。有了文字就有了使用文字的专职人员，即后来的诸史。《史记·太史公自序》：“余

---

① ［英］罗素：《中国问题》，秦悦译，学林出版社 1996 年，第 25 页。

先周室之太史也。自上世尝显功名于虞夏，典天官事。”如此，则史官之职所由来者尚矣，而文字之所由来者亦尚矣。学界往往以文字之产生为国家文明产生之标志，或不必然，集中的权力主体或在文字之前。

我国文字产生之后，是否经历过拼音阶段？廖平作《文字源流考》，认为“吾国未有六书之前，亦必有字母之时代。”秦统一以后，文字始得通行。“秦汉以前所谓史皆字母书。太史公《史记》在《春秋经》类，故《汉书·艺文志》无史部。盖以前史书皆字母。秦火焚后，久而绝迹。故东汉唯孔氏古文书独行。”“大一统之世，必须整齐划一，实行同文之制，再造文字，如西人化学名词，本非中国所有，习化学者，必以中文编定其名辞，此秦李斯、赵高、胡勿敬、程邈皆各作文字所由来也。”“中国六书形、声、义毕具，望而即知，不必由音，造此大同文制也。”“太史公称字母为百家言，《六经》为孔氏古文。此中国上古用字母之徵也”“吾国未有六书之前，亦必有字母之时代。”“中国京官，使皆以语言相通，必尽二十二省方言，乃可从政，则无一人能胜其任矣。礼乐刑罚，彼此参差，吏胥舞文弄法，赏罚何以能平？以文字通，则无扞格，此又秦始皇之第一大功也。”①

廖平所谓之字母书是否存在，可以另议。但是古乐谱、鼓谱的存在当属无疑。《礼记·投壶》即记载鼓谱。但春秋战国时文字的不统一是事实。故司马氏有“百家言黄帝，其文不雅训，缙绅先生难言之”（《史记·五帝本纪》）的感叹。百家之言或以其国文字所写成，缙绅先生只熟悉鲁国的古文文献，对他国文献不得要领，是很自然的事。“《说文·序》：‘战国分为七国，田畴异亩，车涂异轨，律令异法，衣冠异制，言语异声，文字异形。秦始皇初兼并天下，丞相李斯乃奏同之，罢其不与秦文

① 李耀仙：《廖平选集》（下），巴蜀书社 1998 年，第 577、587、592、577、581 页。

图21　商鞅方升　秦孝公十八年(公元前344年)商鞅统一度量衡时制作的标准器。秦统一六国后,又加刻诏书再次颁行。容积为198.574立方厘米。方升侧面刻秦孝公十八年铭文:"十八年齐率卿大夫众来聘冬十二月乙酉大良造鞅爰积十六尊五分尊壹为升。"底部刻秦始皇二十六诏书:"二十六皇帝尽并兼天下诸侯黔首大安立为皇帝乃诏丞相状绾法度量则不一嫌疑者一之。"参见杨宽:《战国史》,上海人民出版社1979年,扉页。

合者。'"①

与黄帝、禹的做法相同,秦的统一文字亦从中央政府开始。"六国之士囿于方音,始皇于京师诸郡特开同文法令学校,以吏为师。凡国民以上之资格,如王公子弟,凡民之俊秀,先学文字,后学法令,以画一整齐之。《说文·序》所谓讽诵九千字乃得为吏是也。"②

秦统一文字之后,通行文字为小篆,而大篆不行。清桂馥云:"自黄帝至三代,其文不改。及秦用篆书,烧焚先典,而古文绝矣。汉武帝时,

---

①　李耀仙:《廖平选集》(下),巴蜀书社1998年,第573页。

②　同上书,第591页。

文史众君母妾身刑

图 22　古文字字形沿革　自上而下分别为甲骨文、金文、小篆。作者摹写。

鲁恭王坏孔子宅，得《尚书》《春秋》《论语》《孝经》，时人以不复知有古文，谓之科斗书。……至孔子定六经，左邱明述春秋，皆以古文，厥意可得而言。其后七国殊轨，文字乖别，暨秦兼并天下，丞相李斯乃奏蠲罢不合秦文者。斯作《苍颉篇》，中车府令赵高作《爰历篇》，太史令胡毋敬作《博学篇》，皆取史籀大篆，或颇省改，所谓小篆者也。"[①]可见，小篆是从大篆"省改"而成的。具体说是经过了形变、伪变、省变三种方式。小篆是秦官方文字，而民间盛行"草篆"。此后，在小篆的基础上经过变圆为方、变弧为直的"隶变"，出现"隶书"。"如果要把汉字的形体分为古今两大类的话，那么隶书以前叫作'古'，隶书开始以后叫作'今'。所以隶变是古今汉字的分水岭。"[②]

统一文字和统一成文法是同步的。成文法的颁布和实施离不开统一文字的辅助，统一的成文法又拱卫着统一文字的权威地位。统一文字和统一度量衡都是各诸侯国人民的共同期望，是历史发展的必然要求，也是秦朝留给后世的最重要的遗产。尽管秦国祚短暂，后世每多诟

---

① (清)桂馥：《说文解字义证》，《附录》，齐鲁书社 1987 年，第 1332 页。

② 左民安：《细说汉字》(修订版)，中信出版社 2015 年，第 13 页。

病之,但是,统一文字毕竟是延续下来了。同文方能同种,同种方能同国。西汉以后的历史,虽然出现多次过割据时代,但是,当时的统治者莫不以中华正宗自居,莫不以中华文化为尚,且莫不以统一天下为己任。中华文化赖统一文字而普及,古代正宗学术赖统一文字而传播,古代物质与精神文明赖统一文字而延续,古代法律亦赖统一文字而得以实践。中华民族数千年未曾中绝者,秦统一文字与成文法之功也。

五、法家法律文化与历代变法

在社会大变革的战国时期,法家代表人物提出了一套变法的理论,在各诸侯国进行了轰轰烈烈的变法实践。这种以进化历史观为指导的“与时偕行”、“法与时转”的变法精神对后世产生了深远的影响。

变法主张历来与现实政治要求密切联系。战国末期的《吕氏春秋》曾经对法家的变法思想做了总结,其基本主张是“治国无法则乱,守法而弗变则悖”。杂家根据当时的政治要求,总结以往的政治法律实践,提出“世易时移,变法宜矣”的口号。这一口号在当时具有鲜明的针对性,就是反对“法先王之法”的守旧态度。《察今》篇集中地批驳了“法先王之法”的主张。其理论依据是:第一,先王之法“不可得”:“先王之法,经乎上世而来者也。人或益之,人或损之,胡可得而法?”第二,古今言语、事体、风俗不同,很难掌握古法的真义:“虽人弗损益,犹若不可得而法。东夏之命,古今之法,言异而典殊。故古之命多不通乎今之言者,今之法多不合乎古之法者,殊俗之民有似于此”;第三,先王之法是依当时的情况而立的,今时异于古时,所以古法不可法:“凡先王之法有要于时也。时不与法俱至,法虽今而至,犹若不可法”;第四,今人完全有权力依今时而立今法:“故择(一作释)先王之成法,而法其所以为法。先王之所以为法者何也?先王之所以为法者人也。而己亦人也。故察己则可以知人，察今则可以知古。古今一也，人与我同耳”。何必泥于先王之成法呢？

《察今》篇举了四个例子：其一，“荆人欲袭宋，使人先表（做标记）澭水。澭水暴益，荆人弗知，循表而夜涉，溺死者千有余人”；其二，“楚人有涉江者，其剑自舟中坠于水，遽契其舟曰：‘是吾剑之所从坠’。舟止，从其所契者入水求之”；其三，“譬之若良医，病万变，药亦万变。病变而药不变，向之寿民，今为殇子矣”；其四，“有过于江上者，见人方引婴儿欲投之江中。婴儿啼，人问其故。曰：‘此其父善游’。其父虽善游，其子岂遽善游哉！”

其结论是：“今世之主法先王之法也，有似于此。时已与先王之法亏矣，而曰：‘此先王之法也’。而法之以为治，岂不悲哉！故治国无法则乱，守法而弗变则悖。悖乱不可以持国。世易时称，变法宜矣！”杂家的变法理论既不是对法家变法理论的重复，也不是单纯的经验总结，它有着明确的“现实”意义。这就是修改秦国传统的君主集权政体，建立开明的君主专制政体。杂家不仅宣布“先王之法”不宜于“当今”，甚至敢于指出“其父善游，其子岂遽善游哉！”这连同它称道“禅让”、“多封建”，批评“不与贤”而“与其子孙”的“私道”等等，构成了一种完整的新理论。这种新理论显然与秦国秉持的政治路线相左，但是，这种思想显然没有被秦王朝所采纳。

西汉初期的贾谊从秦末农民起义中看到人民力量的强大，他说：“故夫民者，至贱而不可简也，至愚而不可欺也。故自古至于今，与民为仇者，有迟有速，而民必胜之。”（《新书·大政上》）积于这种认识，他总结秦亡之教训：“秦王置天下于法令刑罚，德泽亡一有，而怨毒盈于世，下憎恶之如仇雠，祸几及身，子孙诛绝，此天下之所共见也；”“以礼义治之者积礼义，以刑罚治之者积刑罚。刑罚积而民怨背，礼义积而民和亲。”（《汉书·贾谊传》）因此，贾谊建议“悉更秦之法”，恢复儒家的德治教化政策。并且在国家政治层面进行改革,以示与民更始。《史记·贾生列传》载:“贾生以为汉兴至孝文二十余年,天下和洽,而固当改正朔、易服色、法制度、定官名、兴礼乐,乃悉草具其事仪法,色尚黄,数用五,为官名,悉更秦之法。”他主张“廉耻礼节以治君子,”故建议“系缚搒笞髡刖黥劓之罪,不及大夫。”(《新书·阶级》)纠正了法家“刑无等级”的主张。

《淮南子》对先秦法家的变法思想进行总结和发挥,反对一味遵循古制的“循旧”、“法古”思想,主张“法与时变”、“各因其宜”。《淮南子·氾论训》说:“圣人制礼乐而不制于礼乐。治国有常,而利民为本;政教有经,而令行为上。苟利于民,不必法古;苟周于事,不必循旧;夫夏商之衰也,不变法而亡。三代之起也,不相袭而王。故圣人法与时变,礼与俗化,衣服器械各便其用,法度制令各因其宜,故变古未可非,而循俗未足多也;”“夫伏羲神农不施赏罚,而民不为非,然而立政者不能废法而治民;舜执干戚而服有苗,然而征伐者不能释甲兵而制强暴。由此观之,法度者,所以论民俗而节缓急也;器械者,因时变而制宜适也;”《齐俗训》说:“世异则事变,时移则俗易。故圣人论世而立法,随时而举事。……法度不同,非务相反也,时世异也。是故不法其已成之法,而法其所以为法。所以为法者,与化推移者也。”至于变法的目的,《氾论训》说:“法制礼义者,治人之具也,而非所以为治也。故仁以为经,义以为纪,此万世不更者也。若乃人考其才,而时省其用,虽日变可也。天下岂有常法哉!当于世事,得于人理,顺于天地,祥于鬼神,则可以正治矣。”可见,变法的目的还是实现儒家的仁义。

北魏孝文帝拓跋宏(467—499 年)在位 29 年,即高祖。积极推行鲜卑族的汉化,进行了政治、经济、文化领域的变法改革。包括迁都洛阳,颁行均田令;“始班俸禄”,统一官制,整顿吏治,惩治贪污,倡导慎刑,一依魏晋南朝制度;改定郊祀宗庙礼仪,禁胡服,一遵汉制;断诸北语，一从正音；改姓氏祖籍，提倡各族通婚；建三长制，五家为邻，五邻为里，五里为党。（《魏书·高祖纪》）这些措施有力促进了各民族的融合和社会的演进。他重视法律的作用，经常“躬亲听狱”，并参与修律，“魏律系孝文自下笔，此前古未有之例”。[①]

王安石（1021—1086 年）是北宋著名的政治家、思想家，字介甫，神宗熙宁年间，官至参知政事，主持变法，富国强兵，借以扭转北宋积贫积弱的局势。作为中国 11 世纪时的改革家，王安石立意变法，崇尚法治。其变法实践与变法思想都受到了先秦法家的影响。他提出“三不足”的变法理论，即天变不足畏，祖宗不足法，人言不足恤。自然灾害与人事各有其规律，两不相关；祖宗之法也是因世制宜、因时制宜，不能固守不变；国家立法以长远利益为标准，不必迁就舆论指责。王安石的变法措施主要有：设立制置三司条例司负责筹划、制定新的财政经济政策，变更旧法，议定新法并颁布施行。制定、颁布了一系列“富国强兵”的法令，史称“熙宁新法”。主要有：一、均输法。统一采购物资，防止富商大贾操纵市场；二、青苗法。目的是救济贫弱，防止豪强以高利贷兼并；三、农田水利法。即《农田利害条约》，鼓励各地开垦废田，兴修水利，修建堤防，扩大圩田和淤田，以利农业生产；四、免役法。规定由国家出钱雇人充役，按户等收免役钱，以减轻农民的负担；五、方田均税法。规定每年九月，由县官丈量土地，以东西南北各千步为一方，按土地的肥瘠分等级确定税额，以纠正田产不实、赋税不均的弊病；六、市易法。在京师开封设立市易务，以一百万贯作为流动资金，控制商业贸易，收购或出售物资，调节物价，打击富商大贾对商业的垄断；七、兵将法。裁减老弱兵士，选择武艺精良的军官，负责操练军队，提高军队的战斗力；八、保甲法。规定乡村民户以十户组成一保，五十户为一大保，十大保为一

---

① 程树德：《九朝律考》，中华书局 1963 年，第 348 页。

都保,农闲时进行军事训练,平时要巡逻、放哨,维护治安。如果保内发现"强盗"不报,同保人要连坐。(《王文公文集·上皇帝万言书》)由于保守派的阻挠,王安石辞去相位,新法都被废除。此外,王安石非常重视法律的作用,并要求严格依法办事。首先,主张君主应当知法、守法,即君主不仅谨慎行法,而且要学习、明晓法律。其次,要用法律手段抑制权贵的特权,使其像普通百姓一样循法守令,因此必须严厉制裁违法犯罪的贵戚、大臣。再次,为维护司法的统一,反对法官在审判中不循法律、任其私虑,建议加强司法监督。

张居正(1525—1582 年)明代政治家、思想家。神宗即位后,升任首辅,长达 10 年,成为明代第一权相。张居正任相时正值明军政败坏,财政破产,农民起义此起彼伏,危机严重。为挽回颓势,维持封建统治,张居正力主改革时政,中振纪纲。改革措施主要有:一、在政治上,主张"省议论,振纲纪,重诏令,核名实","尊主权,课吏职,行赏罚,一号令"。他认为,嘉靖以来朝政腐败的重要原因之一是豪门势力过强,骄恣不法,以至中央的政令只能行于百姓,不能达到豪门,朝廷没有权威,地方各自为政。以此,他主张高度集权中央,加强内阁和六部的权力,以法律政令规范天下。针对时弊,整饬吏治,汰除冗员,选拔支持变法的新生力量。实行"考成法",严格考察各级官吏贯彻朝廷诏旨的情况,地方官员定期向内阁报告政事;二、在经济上,主张"厚农而资商","厚商而利农",实行"一条鞭法",清丈土地,清查大地主隐瞒的庄田,各州县的田赋、徭役,以及其他杂税统统计算在一起,一律按地亩折纳征收银两。这在一定程度上改善了政府的财政状况;三、在军事上,主张"饬武备,谨边防。"为了防御女真入寇边关,张居正选派戚继光守蓟门,李成梁镇辽东,在山海关至居庸关的长城上加筑"敌台"三千余座。又与鞑靼部落进行互市贸易。巩固北地边防;四、在司法上要求以严刑制裁严重的犯罪。在他看来,宽缓的政策是以仁爱之心导致祸患,严明的法制则能造成天下安宁。(《张文忠公全集·疏奏》)因而,提出了"法在必行,奸无所赦"的主张。他认为,所谓"姑息之爱"是"独见犯罪者身被诛戮之可悯,而不知被彼所戕害者皆含冤蓄愤于幽冥之中,""不忍于有罪之凶恶而反忍于无辜之良善。"(《张文忠公全集·论决重囚疏》)最后,在学风上,他批评空谈心性的风气。他认为,当时政治的腐败,民风的浇薄,都与这种学风有关:"士习日弊,民伪日滋,以驰骛奔趋为良图,以剽窃渔猎为捷径,居常则德业无称,从仕则功能鲜校。"(《张文忠公全集·请申旧章饬学政以振兴人才疏》)张居正因积劳而病故,守旧派立即群起攻击。张居正成了改革的牺牲品,家产被抄没,子弟戍边。

19世纪七八十年代,资产阶级改良思潮在中国出现。1895年甲午战争之后,帝国主义的侵略使中国陷入严重的民族危机。社会各阶层掀起"救亡图存"的爱国热潮。至90年代终于爆发了震惊之外的变法运动。变法实施于1898年即农历戊戌年,故称"戊戌变法",因变法只实行了一百零三天,故又称"百日维新"。以康有为、梁启超、谭嗣同为首的改良主义者,在光绪皇帝支持下进行资产阶级政治改革。改革的主要内容是:一、在思想上,学习西方,提倡科学文化,引进"天赋人权"、民主、自由、平等、权利等政治观念,以改变中国固有的"纲常名教"旧思想;二、在政体上废止君主制度,代之以"君民同体"的君主立宪政体;三、在经济上"以商立国",开银行、修铁路、建轮船、开诸矿,以强国富民;四、在法制上引进西方及日本之民法、商法、讼律、军律、国际公法;五、在教育上废八股,兴新学,京师设大学,各省设高中、各县设中小学,兴办海、陆、农、商、矿、医、律、师范等专门学校;六、在军事上设立并加强陆军、海军建设。变法运动受到以慈禧太后为首的守旧派的强烈反对,当年九月守旧派发动政变,光绪皇帝被囚,维新派人物康有为、梁启超逃往海外。谭嗣同等六人被杀害,史称"戊戌六君子"。

沈家本(1840—1913年),历任刑部,光绪三十三年(公元1907年)

任修订法律大臣,主持法律改革。沈家本既精通熟知中国旧律,有熟知西方法律。其修律宗旨是“模范列强”,“折衷各国大同之良规,兼采近世最新之学说。”他说:(泰西各国)“十九世纪以来,科学大明,而精研政法者复朋兴辈作,乃能有今日之强盛,岂偶然哉?方今中国屡经变故,直事艰难,有志之士,当讨究治道之原,旁考各国制度,观其会通,庶几采撷精华,稍有补于今世。”(《政法类典序》)在沈家本指导下,做了大量工作:一、修订法律馆主持翻译了欧美等各国现行法律,推动西方法学在中国的传播;二、删除《大清律例》300余条,奏请废除凌迟、枭首、戮尸、刺字、刑讯、缘坐,死罪执行斩决,改良狱政;三、编定大量法律草案,如《大清现行刑律》、《刑事民事诉讼法》、《法院编制法》、《违警律草案》、《大清商律草案》、《国籍条例》、《禁烟条例》、《大清民律》等;四、创设法律学堂,培养兼通中外的新式司法人才。成立法学会,政法研究所,举办《法学会杂志》,进行法学研究和交流。沈家本开创了中国法律近代化的先河。

总之,在中国历史上,先秦法家的变法精神始终成为激励有识之士改革旧制,树立新风,强国富民,推动社会向前发展的精神动力。正如童书业所说:“在历史上,凡是受到法家影响的人物,多是比较进步的。由于法家的进化观点和法治思想等,都是针对儒学的缺点的,这类思想被统治者所舍弃,而被历史上比较进步的人物所吸收,成为他们变法改革的根据。这样,法家的变和儒家的不变就成为历史上进步与落后两种势力的理论核心。”①

六、法家法律文化与议事以制

春秋末期,郑国子产铸刑书,晋国叔向批评之,其理由之一即“先王

① 童书业:《先秦七子思想研究》,齐鲁书社1982年,第287页。

议事以制，不为刑辟”。“议事以制”是叔向对春秋及以往司法宏观方式的概括，也是中国古代判例法的最重要的特征。秦汉以后，在成文法未完备之际，判例法有所复兴，于是，“议事以制”又一次走到法律实践活动的前台。

据《晋书·刑法志》载，晋惠帝时“议事以制”已蔚为风气。上自皇帝，下至法吏，无不行之。皇帝亲自决狱，严事求曲当”；法吏“牵文就意，以赴主之所许”。这种做法发生许多问题，即“政出群下，每有疑狱，各立私情；刑法不定，狱讼繁滋”。故引起一代法律家的思考。

尚书裴顾上疏道：“刑书之文有限，而舛违之故无方，故有临时议处之制，诚不能皆得循常也。”但是，“临时议处”应符合法定程序，“按行奏劾，应有定准”。三公尚书刘颂又上疏谓：“天下至大，事务众杂，时有不得悉循文如令”，故“议事以制”有其合理性。但要符合这些条件：第一，“议事以制”要以“名例”为依据，“律法断罪皆当以法律令正文，若无正文，依附名例断之、其正文名例所不及，皆勿论。”第二，司法官吏在审判中可以发表不同意见，但不得自行“议事以制”：“主者守文，死生以之，不敢错思于成制之外以差轻重”，“守法之官唯当奉用律令，至于法律之内所见不同，乃得为异议也”。第三，大臣、皇帝独揽“议事以制”之权：“事无正名，名例不及，大臣论当，以释不滞”，“君臣之分，各有所司，法欲必奉，故令主者守文；理有穷塞，故大臣释滞；事有时宜，故人主权断”。熊远亦上疏云：“法盖粗术，非妙道也，矫割物情，以成法耳。若每随物情，辄改法制，此为以情坏法”，“储立议者皆当引律令经传，不得直以情言，无所依准，以亏旧典”，“凡为驳议者，若违律令节度，当合经传及前比故事，不得任情以破成法”，“开塞随宜，权道制物，此是人君之所得行，非臣子所宜专用”。（参见《晋书·刑法志》）

上述议论可综合为以下几点：第一，在司法审判中，有成文法则适用成文法，“设法未尽当，则宜改之”，法吏应严格以法办事：“法轨既定则行之，行之信如四时，执之坚如金石”，“守法之官唯当奉用律令”，“不得援求诸外论随时之宜，以明法官守局之分”；第二，法官“得为异议”，发表己见，但不得漫无边际、无所据依，要合于“经传”之义，遵循“前比故事”，然后整理成文牍上报朝廷，不得擅自“以情坏法”；第三，“观人设教，在上之举”，大臣及皇帝才有“议事以制”之权。于是法律家们设计了一套万无一失的司法方案：法官严格依法断案，遇疑难案件则附法律令、经传之义、前比故事上报朝廷；大臣集体讨论，提出方案，上报皇帝，皇帝御笔决断。

经过长期法律实践，封建法律家认识到如下的事实：其一，成文法是有缺欠的，它不可能包罗各种复杂情况，又不能随机应变；其二，“议事以制”的基本精神是永存的，无此则不能弥补成文法的天然缺欠；其三，“议事以制”等于在司法中自行立法，但在中央集权的君主专制政体下，只有君主才享有最高立法权，法官只有司法职权。于是，“议事以制”本身深藏着立法权与司法权在形式上的矛盾，即君主与臣下在等级名分上的背离。“政出群下”的局面与君主执掌最高立法、司法权的集权政体是不能并存的。因此必须把“议事以制”的合理性与君主集权的独断性统一起来；其四，君主的独尊地位使他高高凌驾于法律与众臣之上，他可以根据具体情况做出“非常之断”，这一特权“唯人主专之，非奉职之臣所得拟议”，“此是人君之所得行，非臣子所宜专用”。

可见，在“混合法”时代，原先“判例法”时代“议事以制”的审判方法，已经被中央集权政体改变了形象，使普遍而全面的“议事以制”变成片面的、独揽的“议事以制”。法官的主观能动性被限制在最小的范围内，而君主的司法权则被大大扩张了。当然，面对泱泱大国的司法活动，为了保持法律在时间和空间的统一性，为了避免各级法官的恣意妄为，除了加强君主的权威之外，还有什么更有效的措施吗？

七、法家法律文化与人法之辩

秦汉以后，原先以宗法贵族政体和集权君主政体为背景的“人治”与“法治”之争——在国家政治生活中，作为统治阶级特别是最高主宰者的“人”的作用是决定一切的还是法律的作用则是第一位的——已成过去，只留下法律领域的“人法之辩”——在立法、司法过程中，作为法官的“人”的作用是第一位的还是法律条文是第一位的？

在法律领域，儒家仍然重视“人”的作用，其理由是：首先，法律是“人”制定的，好的“人”自然可以制定出好的法律；其次，法律又是靠“人”来执行的，有了好的法律，但没有德才兼备的法官必然使法律变样；第三，法律的规范作用毕竟有限，它们不可能包罗无遗，不可能预先描述各种具体复杂的情况，更不可能自己随机应变去适应变化了的新形势，只有靠法官凭借法律意识灵活掌握。法家则认为，在法律实践活动中，作为统治阶级整体意志的“法”的作用是第一性的，“人”是第二性的，“人”有各种弱点，“人”的素质有很大差别，特别是人都是好利恶害的，因此，治理国家只能依靠完备的“法”。有了完备的“法”，即使“人”不太贤能也能够治民理国。

儒家的重视“人”的思想与其说是强调“人”的作用，不如说是重视那个把“人”放在重要位置的“法”。这个“法”就是贵族政体和“判例法”。在这个意义上我们同意梁启超的如下断语：“儒家固甚尊人治者也，而其所以尊之者，非以其人，仍以其法。”“凡儒家之尊圣人，皆尊其法，非尊其人也。”[①]其实，儒家所重视的法就是贵族政体和判例法。

---

① 梁启超：《中国法理学发达史论》，《梁启超论中国法制史》，商务印书馆 2012 年，第 42、43 页。

从理论而言，在法律实践活动中“人”与“法”是两个最基本的不可或缺的因素，两者相辅相成互为补充。秦汉以后，伴随着“成文法”与“判例法”相结合的“混合法”的形成，“人法之辩”逐渐失去市场。特别是唐代以后，统治阶级已积累了近千年的实践经验，在法律思想上逐渐形成了“人法并重”的观点，其表现形式是兼重“法”的威严性与“人”的灵活性。

宋代欧阳修说：“已有正法则依法，无正法则原情。”（《欧阳文忠全集·论韩纲弃城乞依法札子》）王安石谓：“盖夫天下至大器也，非大明法度不足以维持，非众建贤才不足以保守。”（《王文公文集·上时政书》）“在位非其人而恃法以为治，自古及今未有能治者也”。（《王文公文集·上皇帝万言书》）“有司议罪，惟当守法，情理轻重，则敕许奏裁。若有司辄得舍法以论罪，则法乱于下，人无所措手足矣”。（《文献通考·刑考九》）苏轼云：“任法而不任人，则法有不通，无以尽万变之情；任人而不任法，人各有意，无以定一成之论。”（《东坡续集·王振大理少卿》）“人胜法则法为虚器，法胜人则人为备位，人与法并行而相胜，则天下安。”（《东坡奏议·应制举上两制书》）朱熹指出：“大抵立法必有弊，未有无弊之法，其要只在得人。”（《朱子语类》卷一〇八）“古之立法，只是大纲，下之人得自为，后世法皆详密，下之人只是守法，法之所在，上之人亦进退下之人不得；”“法至于尽公（详备）而不私（无余地）便不是好法，要可私而公，方始好。”（《朱子全书·治道一·总论》）明代丘濬强调：“法者存其大纲，而其出入变化固将付之于人。”（《大学衍义补·谨号令之颁》）“守一定之法，任通变之人”。（《大学衍义补·公铨选之法》）“守法而又能于法外推情察理”。（《大学衍义补·简典狱之官》）“事有律不载而具于令者，据其文而援以为证。有不得尽如法者，则引法与例取裁于上”。（《大学衍义补·定律令之制》）清初王夫之道：“天下有定理而无定法，定理者，知人而已矣，安民而已矣，进贤远恶而已矣，无定法者，一兴一废一繁一简之间，因乎时而不可执也。”（《读通鉴论·光武一九》）“任人任法，皆言治也。而言治者曰：任法不如任人。……苟有法以授之，人不得以玩而政自举矣。故曰则人而授以法，使之遵焉，非立法以课人也。”（《读通鉴论·三国二三》）“夫法之立也有限，而人之犯也无方，以有限之法，尽无方之慝，是诚有所不能该矣。于是律外有例，例外有奏准之令，皆求以尽无方之慝，而胜天下之残。”（《读通鉴论·汉昭帝四》）清末沈家本总结道：“法之善者仍在有用法之人，苟非其人，徒法而已。”（《寄籍文存·书明大诰后》）“大抵用法者得其人，法即严厉，亦能施其仁于法之中，用法者失其人，法即宽平，亦能逞其暴于法之外；”“有其法犹贵有其人。”（《历代刑法考·刑制总考·唐》）

总之，在“混合法”时代，当“成文法”详备而宜于时用时则往往强调“法”的作用，强调户格依法办事，当“成文法”由于落后于现实生活而不太宜于时用之际，则常常突出“人”的作用，强调灵活机动的必要性；当法制建设不甚完善，因而造成司法混乱时，又十分强调用法来统一全国的审判活动，故强调“法”的作用。但总的来看，先秦时代那种截然对立的“人·法”之辩已成过去。在“成文法”与“判例法”有机结合的“混合法”时代，“法”与“人”的作用被置于同等重要、不可或缺的地位，只不过在某一特定背景下分别有所侧重而已。“人法并行”正是“人治”“法治”之辩的归宿。

但是，应当注意的是，尽管从理论上将“法”与“人”视为同等重要的东西，然而在法律实践中，“判例法”并没有达到与“成文法”平起平坐的地位。事实上，根据一般的见解，人们总是偏向“成文法”而抑制“判例法”的。这主要是因为，成文法是皇帝制定的，具有最高权威。重视“人”的作用并不简单地等同于重视“判例法”的作用，而实际上，作为法官的“人”的作用，已经极大地受到皇权的控制与支配。这恐怕是一般舆论偏向"成文法"的主要原因。正因如此,历史上批评诋毁"判例法"的大有人在。如清代袁枚曾指出:"律者,万世之法也;例者,一时之事也。万世之法,有伦有要,无所喜怒于其问,一时之事,则人君有宽严之不同,卿相有仁刻之互异,且狃于爱憎,发于仓促,难据为准。"又说:"夫例者,以彼物以肖此物,援甲事以配乙事;其能无牵合影射之虞乎?律虽繁,一童子可诵而习。至于例,则朝例未刊,暮例复下,千条万端,藏诸故府,聪强之官,不能省记。一旦援引,惟吏是循。或同一事也而轻重殊,或均一罪也而先后异,或转语以抑扬之,或深文以周内之。往往引律者多公,引例者多私,引律者直引其词,引例者曲为之征。"(《小仓山房集·答金震方问律例书》)

八、法家法律文化与劲士精神

战国、秦朝是我国中央集权官僚政体确立的时代。它酿造了"尊君尚法"的劲士精神和"事皆决于法"的成文法传统。这两者互为因果相辅相成。尔后,虽经世代变迁、王朝更迭,劲士精神因深深植入忠君敬上的为人之道的行为模式,而始终发挥着支配作用。劲士精神是中国古代一气呵成的成文法的精神支柱。正是仰仗着这种劲士精神,中国古代成文法传统才得以维系和发展,进而维护着统一的泱泱大国的生存与发展。

所谓劲士精神,是指执法守职之吏心存法律,严格依法办事,不畏权贵,不徇私情,不计个人得失,忠于职守的风格和情操。其内涵是:忠于国家,忠于君主,忠于法律,依法办事,敢于同违法行为做斗争。劲士又称"端直之士"、"能法之士"、"智术之士"、"法术之士"。先秦古籍对此论述颇多。如《商君书·修权》:"君好法则端直之士在前";《庄子·天下》:"以法为分,以名为表,以参为验,以稽为决,其数一二三四是也,百官以此相齿”；《管子·君臣下》：“据法而不阿，上以匡主之过，下以振民之病者，忠臣之所行也”；《韩非子·孤愤》：“能法之士必强毅而劲直，不劲直不能矫奸”；“智术之士明察，且烛重人之阴情；能法之士劲直，且矫重人之奸行”；《诡使》：“据法直言，名刑相当，循绳墨，诛奸人，所以为上治也”；《荀子·儒效》：“行法志坚，不以私欲乱所闻，如是，则可谓劲士矣。”

春秋战国以后，随着集权官僚政体的发展，又形成了尊君精神。国家的核心是君主，他掌握最高权力，所有官僚由君主委派，并向君主直接负责。这种政体要求臣民对君主无条件服从和效忠。这种以集权君主为对象的“忠君”思想是在“亲亲”的宗法礼治思想的废墟上确立并发展起来的。“忠君”思想在社会生活领域的折射，便是“士为知己者死”的侠义精神。

劲士精神的承载者是秦代所谓“良吏”和“循吏”。《睡虎地秦墓竹简·为吏之道》：“凡为吏之道，必精洁正直，慎谨坚固，审悉毋私，微密纤察，安静毋苛，审当赏罚。严刚毋暴，廉而毋刖，毋复期胜，毋以忿怨决。宽俗（容）忠信，和平毋怨，悔过勿重。兹（慈）下勿陵，敬上勿犯，听间（谏）勿塞。”并列举了官吏的五大善行：“忠信敬上，清廉毋谤，举事审当，喜为善行，恭敬多让。”两汉“循吏”与“良吏”的形象大致相同，甚至有些严格司法的“酷吏”亦应归于“良吏”。这些“良吏”在百姓心目中就是“清官”。

“清官”是中国古代民间对品行清廉、公正，守法持正，刚直不阿，执法如山的司法官吏的美称。如张释之审理百姓“犯跸”案，盗皇陵玉环案。如张释之依法判刑，汉文帝以为太轻，十分恼怒。张释之说，我是皇帝委任的司法官吏，你是皇帝，你可以自己审理，但是你既然让我审，我必须按照法律规定判决，我审理案件只服从法律。西汉的郅都，敢于直谏，公廉，执法不避权贵；张汤，官至三公，被诬陷入罪，自杀，死后家产仅总值不过五百金，都是所得奉赐之物；尹齐病死后，家产不值五十金。其中最著名者就是宋代的包公，他不畏权贵、执法如山、严惩贪官、为民雪冤、断案清正的事迹被后人以戏曲、小说等形式热情讴歌，在民间广为流传，世人称为“包青天”。还有明代的海瑞。他生活在明朝从全盛走向衰败、政治最腐败、贪污成风的时代，为官18年，以自奉节俭、力矫旧弊、刚正廉洁、不畏强权、执法如山而著称，明末时家喻户晓，人称“海青天”。

但是，在集权君主政体下，劲士、良吏、清官往往不得善终。因为在皇帝周围总是簇拥着一大批既得利益集团，他们有太多私利需要保护，他们又有太多手段得以上下其手。在这种政治环境中，忠贞之士安能不危！故历经数次变法的商鞅慨叹道：“法之不行，自上犯之”；(《史记·商君列传》)韩非亦谓：“智法之士与当涂之人不可两存之仇也”。(《韩非子·孤愤》)然而历代的变法和中兴都离不开“劲士”的冲锋陷阵甚至英勇捐躯。劲士精神所体现的严于执法、嫉恶如仇、不避权贵的品性，正是对先秦法家传统的继承和发扬。

九、法家法律文化与古代吏治

秦朝确立的集权君主政体彻底取代了世袭血缘贵族政体，国家机器的运转完全依靠中央地方官僚群体。特别是郡守、县令拥有相当独立的权力。正如汉代人所谓“今之郡守重于古诸侯”。(《汉书·王嘉传》)“今郡守之权非特六卿之重也，地畿千里非特闾巷之资也，甲兵器械非特棘矜之用也，以逢万世之变，则不可胜讳也”。(《汉书·王嘉传》)官吏群体担负着直接管理社会和人民的任务，他们的素质和施政行为直接关系地方的治乱和国家的安危。因此，先秦法家一直比较重视对官吏的治理。正如韩非所谓“明主治吏不治民”。(《韩非子·外储

说左下》）

法家严于吏治的精神首先体现在秦律当中。从《睡虎地秦墓竹简》来看，法律条文中大都是针对官吏如何实行职务而制定的。如，有“不胜任”、“不廉”、“纵囚”、“不直”、“失刑”等具体的罪名，还有“犯令”、“废令”罪名。秦实行的官吏责任制、官吏考核制，以法的形式将各级、各部门官吏的职权、职责固定下来，要求要求官吏各行其职、各负其责，并定期检查，予以奖惩。即官吏免职或调任后，如对其在职时所犯的罪或对其下属犯罪负有责任，则该官不能因免职或调任而逃脱刑事制裁。

秦汉以后的律典继承并发展了秦律严于吏治的立法精神，设专篇规定官吏职司。如，西晋时，《晋律》有《违制》篇，北齐沿用；隋《开皇律》则改为《职制》篇，唐、宋律沿用。《职制》律的内容是有关官吏超编，贡举非其人，玩忽职守，泄漏机密，奏事犯讳，制书有误，指斥乘舆，贪赃枉法，等等。明朝则发展到一个新的阶段：一方面，明初朱元璋废除宰相制，六部直属皇帝统领，以适应高度专制主义中央集权发展的需要。为此，《大明律》一改唐律的体例，仿《元典章》以六部官制编目：《名例》、《吏律》、《户律》、《礼律》、《兵律》、《工律》。其中，《吏律》2 卷，分为“职制”15 条、“公式”18 条，这为清朝律典所承用。另一方面，朱元璋“刑乱国用重典”的立法指导思想中包括“治吏”、“治民”，首要的是“治吏”。“治吏”不仅是为了维护专制主义中央集权，更好地发挥官僚机构的统治效能，而且也是为了更有效地“治民”。为此，朱元璋亲自指导编定了《大诰》，其突出特点之一就是强调重典治吏：一是《大诰》所列举的各种案件中，80%以上是惩治官吏的；以《大诰续编》为例，共 87 条，属于打击官吏贪污和豪强作恶的案件就占了约 70 条。二是朱元璋所作的“训导”绝大多数也是针对官吏而发的。三是以法外用刑、轻罪重判的原则惩治官吏犯罪。

十、法家法律文化与历朝律典

章太炎说:"著书定律为法家"。[①] 法家与立法活动密不可分。从法家先驱子产、邓析再到法家鼻祖李悝,都直接参与立法活动。子产的刑书、邓析的竹刑早佚。唯有李悝的《法经》尚保存其篇章目录。程树德《九朝律考·汉律考序》谓《法经》"其源最古",故列于"律系表"之首。浅井虎夫说:"征之历史,则战国时魏李悝撰《法经》六篇,当为中国编纂法典之始。"[②]秦汉以后,虽然法家作为一个学术派已经不复存在,但是法家崇尚法治重视立法的精神以及法典的内容形式,却对后世历朝律典的编纂活动施以重要影响。

战国以降,成文法的代表作是秦律。商鞅携《法经》"以相秦","改法为律"。《睡虎地秦墓竹简》中所见秦的律名有34种,其内容仍然在《法经》六篇体系之内。

汉初,萧何在《法经》六篇之外,又增加了"厩"、"户"、"兴"三篇,以成《九章律》。叔孙通制定了《傍章》十八篇,张汤制定《越宫律》二十七篇,赵禹制定《朝会律》六篇。以上统称汉律。

三国时期,曹魏作《新律》(《魏律》)十八篇,以《具律》为《刑名》,冠于篇首。西晋修定《晋律》(《泰始律》)二十篇。将《刑名》更为《刑名》、《法例》。并增删了某些篇章,共计620条。北朝的《北魏律》、《北齐律》上承汉魏晋,下启隋唐,起到了承上启下的作用。《北齐律》将《北魏律》的《刑名》、《法例》合为《名例》,仍冠于篇首,定律12篇,完成了秦汉以来封建律典从繁到简的进化过程。

---

① 《检论·原法》,《章太炎全集》(三),人民出版社1984年,第437页。

② [日]浅井虎夫:《中国法典编纂沿革史》,陈重民译,中国政法大学出版社2003年,第6页。

隋朝的《开皇律》以《北齐律》为蓝本，共十二篇，502 条。上承汉律的源流，下开唐律的先河，在中国法制史上占有重要的地位。

唐代的《唐律疏议》共有十二篇，502 条，其篇目是：《名例》、《卫禁》、《职制》、《户婚》、《厩库》、《擅兴》、《贼盗》、《斗讼》、《诈伪》、《杂律》、《捕亡》、《断狱》。它总结了李悝《法经》以来历代封建王朝所积累的丰富的立法经验，开创了熔律、令、例为一典的先例。是中国古代社会政治、经济、文化发展到鼎盛时期的产物。

宋代《宋刑统》仿效《唐律疏议》，其篇目仍与《唐律疏议》一样，为十二篇，在篇下设"门"，凡 502 条。

元代有《元典章》，分国典、朝纲、吏、户、礼、兵、刑、工八门。还有大量判例。开创了以六部为篇章、律文与判例合为一典的新格局。

明初法律仍以唐律为准，后在体例上改为以"六部"为纲，即《名例》、《吏律》、《户律》、《礼律》、《兵律》、《刑律》、《工律》，名为《大明律例》，凡七篇 460 条。其条文多与唐律相同。

清代的《大清律例》其结构与《大明律》相同，七篇，律文 436 条，后附奏准的"条例"1049 条。随着专制主义中央集权的加强，"例"的法律地位提高，数量日益增多。

回顾历代法典编纂活动，"自《法经》六篇，以至明清律三十篇，虽其间篇之分合多寡不等，而得其中程者，则推《唐律》十二篇。"[①]从《法经》到《唐律》，再到《大清律》，尽管律典的体例随着专制主义中央集权的发展而不断演化完善，但是先秦法家在《法经》中所确立的法典体例以及立法宗旨，却一致延续下来。中华民族之所以数千年连绵不绝，其原因很多，其中，除了象形文字之外，还有统一的法典。

---

① ［日］浅井虎夫：《中国法典编纂沿革史》，陈重民译，中国政法大学出版社 2003 年，第 264 页。

第二十四章　法家法律文化与历代法制（Ⅱ）

一、法家法律文化与历代律学

律学的前身是“刑名之学”，是春秋末期伴随着成文法的问世而产生了一门新的专门知识。“刑名之学”创始者是法家先驱邓析。“刑名之学”研究的内容就是《商君书·定分》所说的“法令之所谓”。战国时期的法家代表人物，如商鞅、申不害、韩非，皆好“刑名之学”或曰“刑名法术之学”，将形名（逻辑学）原理运用于法律实践及法学研究领域，从而为中国古代法学的形成提供了实践基础。古代律学特点是从实践出发，注重法律的操作性，即围绕如何定罪量刑等刑法问题进行探讨，同时注重法律概念、名词的精确解释及命题的逻辑论证。这种法律注释学的学风在战国时期促进了“百家争鸣”的古代法学的形成，但在秦“以法为教”、“以吏为师”（《韩非子·五蠹》）的文化专制主义政策之下，这种学术活动已经毫无民间的自由色彩，而一概由官方垄断。

战国是的律学成果是《睡虎地秦墓竹简》中的《法律答问》。《法律答问》据有官方性质，它采用问答形式，对秦律某些条文、术语，以及律文的意图作出明确解释，语言精练准确，对当时的司法活动具有指导作用。从其内容范围来看，所解释的是秦律的主体部分即刑法

律学研究兴起于汉代。自汉武帝实行“独尊儒术”的文化政策之

后，儒家所传《易》《书》《诗》《礼》《春秋》被视为官方正宗经典，原先的“子学”便上升为“经学”。西汉董仲舒首开“春秋决狱”之风，得到朝廷赞许。此后，经学诸儒纷纷以儒家经典诠释汉律，师徒相传，无形中将儒家学术与法家“刑名之学”融合为一。据程树德《九朝律考·汉律考·律家考》所列，汉代律家有萧何、叔孙通、张苍、董仲舒、贾谊、吴公、晁错、张恢、张汤、赵禹、杜周、杜延年、公孙弘、于定国、路温舒、黄霸、严延年、孔光、陈汤、丙吉、薛宣、尹翁归、何比干、弘恭、石显、王禁、淮阳宪王钦、赵敬肃、王彭祖、广陵思王敬、王霸、梁统、梁松、郭弘、郭躬、陈宠、应劭、叔孙宣、郭令卿、马融、郑玄等近八十人。[①] 这些律学研究者大致可以分为两部分：一是儒者，提倡以儒家经义作为研究律学和审理案件的理论依据。这些儒者解律实际上是将儒家学说注入律文；二是文吏，他们解释法律则侧重阐明条文本义，探讨法律名词、术语的含义。

及至东汉末期，许多儒学大师采用研究儒家经典的章句训诂方法来注释法律，阐述法律条文的立法本旨。注家蜂起，形成门户。据《晋书·刑法志》记载，其中著名学者有叔孙宣、马令卿、马融、郑玄等十余家，每家注释文字达数十万言之巨。“凡断罪所当由用者，合二万六千二百七十二条，七百七十三万二千二百余言。言数益繁，览者益难”。魏晋时期律学有了重大的发展。魏明帝下诏：各级司法官吏在审判中“但用郑氏章句，不得杂用余家”。由于国家的行政干预，致使私家注律转变为官方注律。此间，律家开始研究法典的篇章、体例，最有成就者就是魏《新律》改汉代《具律》为《刑名》，并冠于律典之首。

晋朝是律学鼎盛的时期，涌现很多律学著作。其代表者有，如张斐的《汉晋律序注》一卷、《杂律解》二十一卷，(《隋书·经籍志》)《律解》二

---

① 程树德：《九朝律考》，中华书局1963年，第178—191页。

十卷。(《新唐书·艺文志》)现《晋书·刑法志》中仅存《律注要略》一篇。[①] 还有杜预的《刑法律本》二十一卷。(《新唐书·艺文志》)经晋武帝批准,张斐、杜预的律注被颁行于天下,具有与晋律同等的法律效力,后世称之为"张杜律"。张杜律注继承发展了先秦以来的"刑名之学"的传统,注重研究律典的体例结构,从法理上推究律文的含义,提倡运用逻辑思维,抽象概括法律名词、术语并作出简明、确切的解释。[②] 因而成为秦汉以后"刑名之学"的杰出代表作。

唐代"刑名之学"的突出代表作是长孙无忌等官修且被保存至今的《唐律疏议》。它反映了中国古代律学发展的最高水平。唐代以后,律研究岁代不乏人,但却没有大的发展。明清时期,由于集权政体高度发展的需要,统治者非常重视法律的实际作用,通过设立讲读律例的制度,在官吏中提倡律学,要求官吏研究律学,以提高司法审判的水平。因此,这一时期,注释法律、讲读律令律学又向前发展了一大步。《大明律》颁布以后,官方律注有《明律纂注》。民间为之作注者颇多。据《明史·艺文志》记载,有张楷的《大明律解》十二卷,应櫝的《大明律释义》三十卷、高举的《大明律集解附例》三十卷。还有王樵、王肯堂父子分别编写的《读律私笺》、《律例笺解》。而清代大量的律学著作注重应用,王明德的《读律佩觿》就是典型代表。大部头的注律著作有:沈之奇的《大清律例辑注》、万枫江的《大清律例集注继编》;还出现了一些简明读物,如:胡凤丹校的《读律要略》、杨荣绪的《读律提纲》、刘衡的《理论撮要》。甚至出现了用白话文和图表解释律例的通俗读物,如:志和的《大清刑律择要浅说》,邵春涛的《读法图存》。以歌诀形式出现的通俗读物:《大清律例歌诀》、《大清律七言集成》。此外,在考证、比较研究、案例汇编

---

① 高恒:《张斐的律注要略及其法律思想》,《中国法学》1984 年第 3 期。

② 同上。

等方面，都取得了超越前人的成就。

总之，从秦汉到明清，历朝都进行了大量的修律活动。围绕着新式律典的颁行和实施，为了统一全国司法，解决司法实践中随时产生的新问题，便形成了以诠释和法律适用为主要宗旨的律学。历代专门研究和注释律条者不绝如缕，其成果亦可谓汗牛充栋。其研究成果已涉及应用律学、比较律学、古律辑佚与考证等领域。除了律学专门著述之外，历代朝臣奏疏、文集、断例、判读当中，也含有律学方面的论述。中国古代律学是中华法律文化的重要组成部分，律学成果虽然不是专门阐述法律之原理的法哲学，但是，它深深植基于法律实践活动，并如实反映了古代的社会现实和文化传统，可以称为活的法律。

二、法家法律文化与法律教育

春秋末期，社会处于大变革中，教育制度也发生了变化。“学在官府”的局面被打破，私学大兴。文化教育走入民间，出现了私学传授法律知识的现象。郑国大夫、法家先驱子产聚徒讲学，传授法律知识。这是中国法律教育史上空前之举，开创了私人传授法律之先河。

战国时期，法家为推行“法治”，提出“以法为教”、“以吏为师”(《韩非子·五蠹》)的官方教育模式。以至“秦妇人婴儿皆言商君之法”，(《战国策·秦策一》)“境内之民皆言治，藏管、商之法者家有之”。(《韩非子·五蠹》)有力推动了法律的实施。秦统一天下之后，采纳了法家代表人物李斯的建议，禁绝私学，继续垄断法律教育。以中央政府对各级法官的司法指导、业务培训为中心内容。

汉承秦制。汉初曾下诏令：明习法律者汇集丞相府中，专门传授法律知识。令各郡县欲学法律者至京师接受专门培训。汉文帝时，蜀郡太守文翁非常重视司法官吏的培养，曾选拔十余名聪明、敏捷且有才华的郡县小吏前往京师,“受业博士,或学法令”,学成归还,“以为右职”;并“常选学官童子,使在便坐受事”,让他们一边办公事,一边学习法律。(《汉书·文翁传》)武帝时,曾诏令地方荐举贤才,分为四科,第三科就是录取“明习法令,足以决疑”者,任为司法官吏。这就促使人们学习法律知识,从而推动法律教育活动。随着律学的形成发展,私家注律者收徒讲授成为当时民间法律教育的主要形式,并且是“子继父业”。《南齐书·崔祖思传》记载:“汉末治律有家,子孙并世其业,聚徒讲授,至数百人。”如西汉的杜周、杜延年父子;东汉的于公、于定国父子,郭弘、郭躬等数代,世任国家的司法官员,大多官至廷尉、御史大夫。生活在这种法律世家中,晚辈可以自幼修家业,在潜移默化或有意识培养之中,得以明晓法律。

魏明帝时,为了扭转人们只重儒经、小视法律的习俗,卫觊上疏:“九章之律,自古所传,断定刑罪,其意微妙。百里长吏,皆宜知律。刑法者,国家之所贵重,而私议之所轻贱;狱吏者,百姓之所悬命,而选用者之所卑下。王政之弊,未必不由此也。请置律博士,转相教授。”(《三国志·魏书·卫觊传》)这一建议被采纳。此后,律博士成为负责培训地方司法官吏的专职官职,在官学中占有一席之地。北魏列律博士于廷尉属官。北齐转属大理寺,其职责是参与司法审判并解答咨询、培训司法人员和教育官吏子弟,令“仕门之子弟常讲习之,齐人多晓法律,盖由此也。”(《隋书·刑法志》)

唐代的法律教育开始步入正轨,其表现是法律教育、官学、考试制度与官吏选拔联系在一起。唐大兴学校,贞观年间在国子监之下设律学馆,其下又设律博士1人、助教1人,主掌教习;招收八品以下官员子弟及平民子弟50人,年龄在18至25岁之间;学习的内容是当时的律、令、格、式,学制不超过6年。律学馆每年进行考试,及格者参加尚书省礼部的考试,再合格者得以任官;不及格者仍留馆学习,连续三年不及格者和不从师教、逾假不归者，免除学籍。唐代科举考试，由中央即部主持，分秀才、明经、进士、明法、明书、明算六科。考生为参加州县考试合格的“贡生”和中央、地方学校毕业的“生徒”。“明法”科由律学馆出题、阅卷。另外，据洪迈《容斋随笔》载，吏部以身、言、书、判四项取人。身，体貌丰伟；言，言词辩正；书，楷法遒美；判，文理优长（逻辑严谨）。《文苑英华》有判牍 20 余卷，《白氏长庆集》也有甲、乙判，大抵为备考的范文。

宋代法律教育因袭唐制并有发展。其律学馆入学者不以品官子弟为限，各地举人也要入馆学习。学习的内容为律令、断案两项。其中律令一项还包括朝廷新颁布的法律、法令。每月“一公试”（集体考试）、“三私试”（单独考试）。结业时，学律令者考《刑统》大义 5 题；学断案者考案例 1 题，其中包括“刑名”内容的小题 5 至 7 题。合格者参加礼部的考试。宋科举考试社进士、明经、明法等科。明法的考试内容是律令 40 条，而经、传诸科也要“抽卷问律”。975 年，进士诸科都要考试律义 10 道；990 年，明法考试分七场，分别考律、令及六经疏议。王安石变法时，立新科明法，考试科目是律令、《刑统》大义、断案，凡没有考取进士的都可投考。应“明法”考试而被录取者由吏部列入备用的司人员名单中，其名次在进士之上。后来又规定：凡参加进士和诸科考试而被录取者，还要参加律令、《刑统》大义、断案的考试，合格者才能委派官职。但司马光任宰相时废除了明法新科。仁宗时，有书判拔萃科，召试长于书判者。《名公书判清明集》正是书判的楷模。

明清不设律博士、律学馆。通过设立讲读律令的制度督促官吏学习法律知识。明清律都有“讲读律令”的规定，要求百官熟读法律，讲明律意。还规定，每年年终，京内、京外各个部门的官吏都要由其上司进行考核，以督促官吏学习法律。如果发现有不能讲解、不晓律意者，官要罚俸一个月，吏要笞四十。明国子监学习的课目除经义外，还有《大诰》及其他法令；科举考试还考书判5道。清代的学校制度基本承袭明制，国子监及地方学校唯一涉及法律的只有《御制律学渊源》，但科举考试连书判也免了。明清民间的法律教育方式，主要是以乡规民约及家族法规来把封建道德教化与法律教育结合起来，训导人们服从国家的法律以平息争讼、防止犯罪。弥补国家实行以对官吏进行法律教育为主之不足。

三、法家法律文化与历代官箴

官箴泛指统治阶级内部的劝诫之词与公认的惯例。《说文解字》："箴，诫也"。箴同鍼、针。是缝衣物的用具。针又是医疗器具。故箴有弥补漏洞、为人治病之义。官箴是古代官吏施政行法的行动指南，在法律活动中具有特殊的作用。箴多见于古籍。《尚书·盘庚》："犹须顾于箴言"，《逸周书》载有"夏箴"、"商箴"，《吕氏春秋·谨听》载有"周箴"。在"礼治"即贵族政体时代，有上对下之箴，也有下对上之箴。前者如《尚书》的"诰"，诸如"罔敢易法"、"无康好逸豫"、"师兹殷罚有伦"、"罔敢湎于酒"之类，都带有告诫意味；后者如《左传·襄公四年》所谓"昔周辛甲之为太史也，命百官官箴王阙。"阙，门观。此指王宫。这句话的意思是让百官从各自角度出发给朝廷提意见和建议。又引《虞箴》："芒芒禹迹，画为九州，经启九道，民有寝庙，兽有蒸草，各有攸处，德用不扰，在帝夷羿，冒于原兽，忘其国恤，而思其牝牡，武不可重，用不恢于夏家，兽臣司原，敢告仆夫。"杨伯峻注："自此《虞箴》以后，箴便为文体之一。"

秦朝建立中央集权的官僚制政体，官吏众多。秦统治者标榜"以法治国"，又以为"明主治吏不治民"，故在"以法治吏"的前提下重视对官吏的教育培训。《睡虎地秦墓竹简》所载《语书》、《为吏之道》应当说是今天所能见到的最早的官箴。《语书》以"有公心"、"能自端"、"明法律令事”、“廉洁佐上”为“良吏”，以“无公端之心”、“易口舌”、“轻恶言而易病人”、“不明法律令、不知事”、“不廉洁无以佐上”为“恶吏”。《为吏之道》则列举官吏的道德与业务标准，如：“精洁正直、慎谨坚固、审悉无私、微密纤察、安静毋苛、审当赏罚、严刚毋暴……”还有吏之“五善”、“五失”等等。这写内容既包括上级对下级的劝诫之词，也是官吏施政行法的经验总结。

秦汉以后，中央集权的官僚制政体一直延续下来。为了有效地控制官吏的所作所为，同时也为了传递施政行法的经验，在国家行政法日趋完备的同时，官箴也逐渐发达起来。“不辱官箴”、“有玷官箴”成了官吏忠于职守或失职的代名词。尔后，官箴名目日渐繁多，如官箴、政经、自箴、臣戒、政训、牧鉴、仕的、政学等等，不胜枚举。

官箴的发展大抵分为两期：前期是汉至唐，为发展时期。其主要代表作是西汉扬雄的《十二州箴》、东汉崔瑗的《百官箴》、唐太宗的《帝范》和武则天的《臣轨》。后期是宋至清，为繁荣时期。此间，官箴的数量大幅度增加，内容日趋完善，形式也逐渐规范化。此间的官箴主要有：宋代陈襄的《州县提纲》、李元弼的《作邑自箴》、吕本中的《官箴》、许月卿的《百官箴》、朱熹的《朱文公政训》、真德秀的《政经》、胡太初的《昼帘绪论》；元代张养浩的《三事忠告》(《庙堂忠告》、《风宪忠告》、《牧民忠告》)、叶留的《为政善报事类》；明代薛碹的《从政录》、杨昱的《牧鉴》、吕坤的《实政录》、江东之的《抚黔纪略》、徐榜的《宦游日记》，还有明太祖的《臣戒录》和明宣宗的《官箴》；清代李蕤的《司牧宝鉴》、陆陇其的《莅政摘要》、郑瑞的《政学录》、吴仪的《仕的》、陈弘谋的《从政遗规》、《学仕遗规》、《在官法戒录》、汪辉祖的《佐治药言》、《学治臆说》、高廷瑶的《宦游纪略》、刘衡的《州县须知》、《庸吏庸言》、璧昌的《牧令要诀》、徐栋的《牧令书钞》、蔡均的《出使须知》、袁祖志的《出洋须知》等。另外，清世祖也曾作《人臣儆心录》。

官箴是中央集权君主政体和官僚制度的产物。在封建社会，中央朝廷控制着幅员辽阔、人口众多的泱泱大国，主要靠两件东西：一是官吏，二是法律，而法律又靠官吏来执行。这样就使官吏处在十分关键的位置上，管好官吏是事关全局的事情。《学治说赘·福孽之辨》谓："州县一官作孽易，造福亦易。天下治权，督抚而不莫重于牧令，虽藩臬道府皆弗若也，何者？其权专也，专则一，一则事事身亲。……牧令之所是，上官不能意为非，牧令之所非，上官不能意为是。"

国家控制官吏的方法有两条：一是以人治之，二是以法治之。以人治之是设立有关监督机关，赏善惩恶；以法治之是用法律制约官吏的行为。但是这两条都不是十分有效，官吏仍可以钻各种空子以逞其私。因此，要使官吏自觉守法奉公，避免众多官署与官吏在无谓的互相磨擦、彼此倾轧中拖滞国家机器的正常运转，防止官吏治民无术无方而激化阶级矛盾，光靠法律和监督机关是远远不够的，这就必须借助于道德教化的力量。另外，官吏施政内容复杂，有一定专业要求，不断总结官吏的业务活动经验，以指导官吏施政，也是提高统治效率的重要途径。于是，官箴就应运而生了。它在对官吏的职业道德教育和专业技能培养方面，的确起到了国家法律难以奏效的作用。官箴的内容以统治阶级的道德、法律为依据，又是多年施政实践经验的总结与提高，因此，它常常成为官吏行动的指南。正是在这个意义上，我们可以把官箴视为特殊的"官法"。

官箴是官吏行动指南和处世准则，所谓"居官格言"、"为吏须知"、"幕僚宝鉴"；又是长期施政执法经验与惯例的总结。违背官箴，可以造成直接或间接的后果，不仅有碍于施政与执法，而且还会遭到同僚和上级的非难、抵制、弹劾，必然影响官吏的前程。因此，官箴实际上成了官吏的第一法律。

官箴的内容很丰富，既有道德条目，又有施政纲要；既有中朝官、地方官之要务，又有钱粮、农桑、市贾、国课、教化、刑狱、防御等具体专项。官吏日常施政所及，应有尽有。但总的来看，宦箴的内容大致可以分为三类：一是为官道德，二是为政要则，三是施政经验，四是司法艺术。

首先是为官道德。官箴十分重视为官道德（即职业道德）的作用。认为，只有具备了为官道德，才能获得官吏必须具备的“心术”、“才识”、“器度”、“言貌”，才能处理好与上下级和百姓的关系，处理好政务特别是刑狱，成为优秀的官吏。如宋吕本中《官箴》：“当官之法，‘唯有三事：曰清，曰慎，曰勤’”；“当官之法，直道为先”；“当官之大要，直不犯祸，和不害义”；“当官者先以暴怒为戒”；“忍之一字，众妙之门”；“事君如事亲，事官如事兄，与同僚如家人”。元张养浩《风宪忠告》：“尽己之职为国为民而得罪，君子不以为辱而以为荣”；“为人臣唯欲收名而不敢任怨，此不忠之尤者”。明杨昱《牧鉴》：“清心省事居官守身之要”；“不惑有三：酒、色、财”。《公门不费钱功德录》：“忠君为国，洁己爱民”；“临民矢公矢慎，事上不亢不卑”。这些都属于为官的一般道德要求。

其次是为政要则。官箴中有相当多的内容属于为政原则，即执行公务的一般原则，官吏只有遵循这些原则才能居官有绩，避免偏差。宋梅挚《五瘴说》：“仕有五瘴，避之犹未能也：急征暴敛，剥下以奉上，租赋之瘴也；深文以逞，良恶不白，刑狱之瘴也；晨昏荒宴，废弛王事，饮食之瘴也；侵牟民利，以实私储，货财之瘴也；盛陈姬妾，以娱耳目，帷薄之瘴也。”《牧民忠告·不可以律己之律律人》：“同官有过不至害政，宜为包容，大抵律己当严，待人当恕，必欲人人同己，天下必无是理也。”《风宪忠告》：“荐举之体，则宜先小官，纠弹之体，则宜先贵官。”《公门不费钱功德录》：“不知情故枉，不执法太严，不贪赃枉法，不逢上虐下”；“不动怒，不作威，不轻拘妇女，不轻用刑”；“不断离婚姻，不拆散骨肉”；“词讼宜劝速结，和息宜早批准”。这些原则是与具体政策密切相联的，比为官道德更为具体明确。

第三是施政经验。施政经验是官吏执行公务的方法、技术、诀窍，是官箴的重要组成部分。官吏尤其是地方官吏，政务繁多，如刑名、赋税、收支、文教、选士、缉查、市易、水利及日常公文往来等，均须过问，没有一套方法是不行的。下面仅以司法为例说明之。清汪辉祖《学治说赘》总结出一套文簿管理方法，设《稽狱囚簿》、《查管押簿》、《宪批簿》、《理论簿》等，分别记载狱囚出入年月日、暂时拘押的牵连当事人、上级下发的诉讼文件、原被告的姓名地址词状等，以便随时处置，勿使滞留拖累。还建议官吏"宜设粉版一方，将应办事件随手登记，办一条，抹一条，自无遗忘之患"。汪著《学治臆说》还总结办案的具体方法，如"相验宜速"，即及时勘验犯罪现场；"验尸宜亲相亲按"，即司法官亲自验尸，以防他人作弊；"法贵准慎"，即参酌具体情节定罪而不可拘泥法条；"办案宜有限断"，即提高办案效率，不因细小之事拖延，"拒捕不宜轻信"，即不可轻信办案小吏的谎报，以拒捕之罪加重对当事人的惩罚。

第四是司法艺术。如明吕坤《刑戒》总结出一套刑讯的方法。如"五不打：老不打，幼不打，病不打，衣食不继不打，人打我不打"；"五勿就打：人急勿就打，人忿勿就打，人醉勿就打，人随行远路勿就打，人跑来喘息勿就打"；"五且缓打：我怒且缓打，我醉且缓打，我病且缓打，我不见真且缓打，我不能处分且缓打"；"三莫又打：已拶莫又打，已夹莫又打，已枷莫又打"；"三怜不打：盛寒酷暑怜不打，佳辰令节怜不打，人方伤心怜不打"；"三应打不打：尊长该打，为与卑幼讼，不打，百姓该打，为与衙门人讼，不打，工役铺行该打，为修私衙或买办自用物，不打"；"三禁打：禁重杖打，禁从下打，禁佐贰非刑打"。在刑讯盛行的时代，这些经验对基层官吏的行为或许多少有些约束。

四、法家法律文化与司法技术

司法技术主要指勘验技术，是为了确定案件事实而对案件的客观材料进行勘验鉴定的技术和方法，包括勘查技术和检验技术。它们是保障司法审判正确性的重要条件。

司法勘验技术发生于何时？尚无定论。《山海经·海内南经》记载："夏后启之臣曰孟涂，是司神于巴，巴人请讼于孟涂之所，其衣有血者乃执之。"《礼记·月令》载，孟秋之月，"是月也，命有司修法制，缮囹圄，具桎梏，禁止奸，慎罪邪，务搏执。命理瞻伤察创视折，审断决，狱讼必端平，戮有罪，严断刑。"其中，"命理瞻伤察创视折"，陈澔注："理，治狱之官也；伤者，损皮肤；创者，损血肉；折者，损筋骨也。"

《睡虎地秦墓竹简》的《封诊式》保留了《贼死》、《经死》、《穴盗》、《出子》四份法律文件不仅保留了我国最早的刑事勘查记录，同时还展示了比较丰富的司法检验技术。这些知识和技术被后世继承并发展，促成了法医学的繁荣。

中国古代以命案为案中之重者，确定死因是定案的关键因素，因此法医检验技术十分发达。自汉至唐，已积累了关于鉴别死亡（窒息死、烧死、冻死、饿死、雷击死、急死）的初步经验，掌握了各类中毒（金属中毒、植物中毒、气体中毒、食物中毒）的症状，还发明了滴骨验亲之法。宋以后，法医检验技术进入空前繁荣阶段。其主要标志是：第一，法医检验逐渐制度化。法医检验已成为司法审判的必要程序，并为法律规范确定下来。第二，出现了法医检验的专门人员，作为司法职官的组成部分从事日常法医检验工作。第三，出现了大量的法医检验著作，如：《洗冤录》、《平冤录》、《无冤录》、》、《内恕录》、《检验法》、《检验尸伤指南》等等。

据宋代法医学文献《结案式》所列,法医检验分为四类:尸、伤、病、物。尸,是尸体检验;伤、病,是活体检验物,是物证检验。其中尸体检验技术最为发达,其主要代表作是宋慈的《洗冤录》。

《洗冤录》又作《洗冤集录》,南宋宋慈撰。宋慈曾先后任广东、江西、湖南提点刑狱公事,长期从事刑事勘验事务,经验丰富。宋慈的《洗冤录》和元王与的《无冤录》、元赵逸斋的《平冤录》并称为"宋元检验三录。"宋慈的《洗冤录》是在总结传世尸伤检验成果及个人经验心得基础上写成的。该书分为验复总说、疑难杂说、验骨、验物、验死共五卷。其中,疑难杂说包括初验、覆验、验尸、妇人、验坟、猝死;验骨包括自缢、溺死;验物包括杀伤、自刑、服毒、病死、针灸死;验死包括杖死、跌死、压死、雷震死、蛇虫伤死、酒食罪饱死、男子作过死、避秽方、救死方等。宋慈的《洗冤录》对当时及后世的司法审判活动产生极大影响,成为司法官员必备读物。该书曾经被翻译成日本、朝鲜、德国、英国、法国、荷兰等国文字,成为世界法医学的名著。

五、法家法律文化与止争无讼

"无讼"作为中国古代社会的法律观念,在古代司法实践中发挥重要的社会职能。"无讼"一词出自《论语·颜渊》:"子曰:'听讼,吾犹人也,必也使无讼乎。'"听:审理、判断、处分。如《尚书·吕刑》"无简不听";《荀子·王制》"听断以类";《睡虎地秦墓竹简·为吏之道》"听其有矢",皆为此义。"讼"与"狱"相对而言,又"狱讼"并用。《周礼·地官司徒·大司徒》:"凡万民之不服教而有狱讼者与有地治者,听而断之。"注:"争罪曰狱,争财曰讼。"但"狱"与"讼"常常是不可分的,如《周礼·秋官·布宪》:"凡伤人见血而不以告者,攘狱者,遏讼者,以告而诛之"。"伤人见血"既可引起刑事诉讼,又可引起民事(赔偿)诉讼,故"狱"、

“讼”连用。此处之“讼”，应泛指“狱讼”。“听讼”即“折狱”。孔子曾“听讼”，弟子仲由曾“折狱”，皆指断案。孔子的这段话可译为：我审判案件和别人没有什么不同，但是我的目标在于使人们不争讼。

但是，“无讼”的思想并不是儒家的专利，法家也有类似的主张，即“止争”。法家实现“止争”的方法是“定分止争”。他们认为，人性皆“好利恶害”，天生如此，不可改变。因此，争讼是毫不奇怪的，国家法律就是为解决争讼而产生的。《商君书·开塞》：“天地设而民生之。当此之时也，民知其母而不知其父。其道亲亲而爱私。亲亲则别，爱私则险，民众以别险为务，则民乱。当此时也，民务胜而力征。务胜则争，力征则讼，讼而无正，则莫得其性也。故贤者立中正，设无私，而民说仁”。法律的最大作用是“定分”，即确定“土地货财男女之分”，“制土分民之律”。（《商君书·来民》）法家多次引用这样的事例：“一兔走，百人逐之，非以兔可分为百也，由名分之未定也。夫卖兔者满市，而盗不敢取，由名分已定也。故名分未定，尧舜禹汤且鹜焉而逐之。名分已定，贫盗不取”。（《商君书·定分》）法家相信，只要做到“定分”，并保障实施，那么，不仅能够制止民间财产纠纷，还可以制止犯罪。“定分止争”的具体办法是：一、制定并公布详尽的成文法律，使之足以规范社会生活的各个领域；二、向老百姓进行法制宣传，使家喻户晓，妇孺皆知。为此，法家不惜禁绝诗书百家语，实行文化专制主义政策，“以法为教”，“以吏为师”；（《韩非子·五蠹》）三、重轻罪，行连坐，“以刑去刑”。用严刑酷罚威慑人民，使他们不敢违法犯罪，从而达到不用刑罚的目的；四、提供法律服务。设立法官解答官吏和百姓的法律咨询。（《商君书·定分》）法家在一定程度上也可能允许民间的法律咨询，如春秋时的邓析。史传邓析“与民之有狱者约：大狱一衣，小狱襦。民之献衣襦而学讼者，不可胜数”；（《吕氏春秋·离谓》）五、从司法程序上实现“止争”。如《睡虎地秦墓竹简·法律答问》规定卑亲属不得到官府控告尊亲属的侵害行为，即官府不得受理“非公室告”案件。粗略而言,如果孔子“重义轻利”、“富而后教”的“无讼”思想与法家的“立法明分”、“定分止争”的操作过程能够有机地结合起来,也许不失为通向“无讼”的可行道路。

西汉以降,儒家思想也重返政治舞台,并最终在汉武帝时代上升为官方正宗学术。此间,“通经入仕”的措施实现了孔子“学而优则仕”的理想,并为儒家思想的社会化提供组织保障。于是,“无讼”思想再一次成为“循吏”施政执法的指导原则。“循吏”兼国家官僚与社会教师于一身,其社会功能是“导之以德,齐之以礼”,简言之便是安民与教化。“循吏所扮演的角色便比卿相和经师都要重要得多,因为他们是亲民之官。”[①]这些“亲民之官”在施政和司法中自然积极贯彻孔子的“无讼”主张。

实现“无讼”的基本措施是“诉讼和解”。东汉许荆任桂阳太守,“尝行春到耒阳县,人有蒋均者,兄弟争财,互相言讼。荆对之曰:‘吾荷国重任,而教化不行,咎在太守’。乃顾使吏上书陈状,乞诣廷尉。均兄弟感悔,各求受罪”。东汉刘矩任雍丘令,“以礼让化之,其无孝义者,皆感悟自革。民有争讼,矩常引之于前,提耳训告,以为忿恚可忍,县官不可入,使归更寻思。讼者感之,辄各罢去”;东汉仇览任薄亭长,“人有陈元者,独与母居,而母诣览告元不孝”,仇览劝之:“奈何肆忿于一朝,欲致子以不义乎?”“母闻感悔,涕泣而去。览乃亲到元家,与其母子饮,因为陈人伦孝行,譬以祸福之言。元卒成孝子。”(《后汉书·循吏列传》)行政官吏审理词讼时,用礼让人伦教育当事人,使他们自愿撤诉,和好如初。

这种调解的做法为后世良吏所继承。在“无讼”意识影响下,历代

---

① 余英时:《汉代循吏与文化传播》,《中国思想传统的现代诠释》,台湾联经出版事业公司1987年,第180页。

法官均以息事宁人为基本原则，以诉诸法律为下策，故对当事人想方设法令其撤诉言归于好。如唐代韦景骏任贵乡令，“有母子相讼者。景骏谓之曰：‘吾少孤，每见人养亲，自恨终天无分。汝幸在温清之地，何得如此？锡类不行，令之罪也。’垂泣呜咽，取《孝经》付令习读。于是母子感悟，各请改悔，遂称慈孝。”（《旧唐书·良吏列传》）地方官吏即使判决民间词讼，也不乏息讼宁人的教化之举。如宋代胡石壁《母讼子不供养》判词：“嫠妇阿蒋，茕然孑立，所恃以为命者，其子钟千乙而已。其子狼狈如许，既不能营求勺合，以赡其母，阿蒋贫不聊生，至鬻其榻，以苟朝夕，剥庆及肤，困穷极矣。钟千乙又将其妄用，久而不归，致割其爱，声诉于官，此岂其情之得已哉！钟千乙合行断治，今观其母羸病之余，喘息不保，或有缓急，谁为之倚，未偏听偏信之于法，且责戒劝，放。自此以后，仰革心悔过，以养其母。本州仍支五斗，责付阿蒋，且充日下接济之须。”（《名公书判清明集·人伦门·母子》。）明邱濬《大学衍义补·慎刑宪》指出：“有一讼累数十年历十数世而不能举奉，所用之费校其所争之直始至数倍，往往废业破产”，认为这是法官处置不当的结果。清汪辉祖《佐治药言·息讼》说，有些争端“不过一对竞气，冒昧启讼”，只要好生劝诱，“皆可随时消释。可息便息，亦宁人之道。断不可执持成见，必使终讼，伤闾党之和，以饱差窄之欲”。对于族人乡党因细故一时动气而起的争讼，可以不急于殴理，待双方冷静下来分头劝说，自可息讼；对由于讼棍挑唆而睡的争讼，只要惩治了讼棍，双方自然无事；对争讼双方，一方面劝以道德伦理，一方面晓以诉讼的弊害，使“理直者既通亲友迁情，义曲者可免公庭之法”。对亲戚相讼的，有些法官不但不予受理，而且以“居官无德”自责，挂印欲去，使当事人在舆论压力下醒悟谢罪。在诉讼中，法官常借助当地德高重年长者出面调停，以期息讼。

此外，在家法族规家训里面，也充满了“无讼”的训诫之词。如《袁氏世范·处己》：“居乡不得已而后与人争，又大不得已而后与人讼。……不必费用财物交结胥吏,求以快意,穷治其仇。……大抵人之所讼,互有短长,各言其长而掩其短,有司不明则牵连不决,或决而不尽其情,胥吏得以受赃而弄法,蔽者之所以破家也”。《王士晋宗规·争讼当止》:“太平百姓,无争讼,便是天堂世界。盖讼事有害无利:要盘缠,要奔走,若造机关,又坏心术。且无论官官廉明何如,到城市便被歇家撮弄,到衙门便受胥皂呵。伺侯几朝夕,方得见官。理直犹可,理曲到底吃亏。受笞杖,受罪罚,甚至破家忘身辱亲,冤冤相报,害及子孙。总之则为一念客气,始不可不慎。经曰:‘君子以作事谋始’。始能忍,终无祸。始之时,义大矣哉。即有万不得已或有关系祖宗父母兄弟妻子情事,私下处不得,设奈何闻官,只宜从直告诉。官府善察情,更易明白。切莫架桥捏造,致问招回。又要早知回头,不可终讼。”①

在我国古代,“无讼”作为一种传统法律观或诉讼价值观,之所以能够对官吏和民众发挥实际的指导作用,大体上得益于以下诸因素:一是儒家“重义轻利”观的影响。《论语·里仁》说:“君子喻于义,小人喻于利。”君子讲求义理,小人追逐货利。而诉讼正缘于争财夺利,是小人之行,君子耻之。善良百姓一旦涉讼,被官府传唤,便被邻里所小视。这就使人们不愿轻易走进衙门;二是地方官吏的政绩和形象的特殊要求。古代地方官兼行政、司法于一身,地方治理的好坏,直接关系到他们的政绩与升迁。而一个地方的百姓诉讼浩繁、争讼不断,正是地方官治民无方、德教不彰所至。因此,封建官僚从心里厌恶讼诉,尤其痛恨挑词架讼、包揽官司的“讼棍”,似乎“天下本无事,讼师自扰之”,不惜对之大兴挞伐;三是封建诉讼制度的黑暗。百姓一走进衙门就身不由己了,“阎王难见,小鬼难缠”,处处需打点,节节需疏涌。其结果是为着一纸判状而倾家荡产。加之当事人和证人常常被关到班房里候审,家里人

① 武树臣等:《中国传统法律文化》,北京大学出版社1994年,第499—500页。

忙不迭送茶送饭。一个不大的官司常常耗时一年半载。由于诉讼而花费的金钱远远超过诉讼标的的价值。这一切都使人们望而生畏;四是自给自足自然经济的庇护。封建社会的经济形式是自给自足的自然经济,人们在封闭的农村生活,鸡犬之声相闻,交换很不发达。因此,产生争讼的机会也不多。这实际上是“无讼”的天然土壤。

在古代社会,“无讼”的社会功能是十分明显的。首先是维护了王朝的社会基础。试想,一个充满乱与争讼的社会,一种在诉讼中权钱交易的黑色风气,一个对官府裁判行为充满敌意的人群的存在,正是对王朝统治的潜在威胁;其次是维护了自然经济秩序。试想,两个家庭之间的争讼如果得不到调停,最终会演成两个家族的对立,其结果是田地荒芜,家人离散,族人仇杀。这对维护自然经济秩序是不利的。因此,古代的民间调解受到普遍重视,而“始能忍,终无祸”的“无讼”观,倒成了维护自然经济秩序的一剂清凉丸散;第三,作为一种副作用,“无讼”观也带有压抑人们正当权利观念的作用。一般而言,当着自己的正当权利被他人非法侵害时,应当勇敢地走进公堂,用法律来维护自己的正当权利。但是,当着这种正当行为代价太高时,人们有理由望之却步。更易于接受。

历史上也曾有过支持诉讼的意见,如清代崔述《无闻集·讼论》说:“今不察其曲直,而概不欲使讼,陵人者反无事,而陵于人者反见尤。此不惟赏罚之颠倒也,而势亦不能行。……不得已而讼之于官,则官以为好事,而里党亦共非之。是以豪强愈肆,而良善常忍泣而吞声。无讼则无讼矣,吾独以为反不如有讼之为善也。”但这种见解同“无讼”观相比,真是微乎其微。

六、法家法律文化与不孝罪名

“孝”是儒家最为提倡的道德观念。传说时代的圣王如尧舜禹均以孝名。《新序·杂事》:“昔者舜自耕稼陶渔而躬孝友。《论语·泰伯》:(禹)“菲饮食而致孝乎鬼神”。“不孝”则是人神共疾的劣行。《吕氏春秋·孝行》引《商书》:“刑三百,罪莫重于不孝。”高诱注:“商汤所制法也。”《孝经·五刑章》谓:“五刑之属三千,罪莫大于不孝。要君者无上,非圣人者无法,非孝者无亲,此打乱之道也。”

“不孝”指家庭内部卑亲属对尊亲属特别是子女对父母的不供养、不尊敬或者伤害行为。“不孝”之名最早见于先秦时代的文献。《尚书·康诰》有:“元恶大憝,矧惟不孝不友。惟吊兹,不于我政人得罪,天惟与我民彝大泯乱。曰:乃其速由文王作罚,刑兹无赦”。《孟子·告子下》载春秋时“葵丘会盟”的盟誓之辞:“初命曰:诛不孝,无易树子,无以妾为妻。”《周礼·夏官司马·大司马》载:“冯弱犯寡则眚之,贼贤害民则伐之,暴内陵外则礫之,野荒民散则削之,负固不服则侵之,贼杀其亲则正之,放弑其君则残之,犯令陵政则杜之,外内乱鸟兽行则灭之”。又《秋官司寇·掌戮》:“凡杀其亲者,焚之;杀王之亲者,辜之;”《礼记·檀弓下》载:“臣弑君,凡在官者杀无赦。子弑父,凡在宫者杀无赦。杀其人,坏其室,洿其宫而潴焉。”是说不仅把罪犯杀死,还要毁坏他的住所,用水淹之,以除不洁。《礼记·王制》载:“司寇正刑明辟,以听狱讼。必三刺,有旨无简不听,附从轻,赦从重。凡制五刑,必即天论(伦),邮罚丽于事。凡听五刑之讼,必原父子之亲、立君臣之义以权之。意论轻重之序、慎测浅深之量以别之。”又谓“不孝者君绌以爵。”孟子认为,子女“不顾父母之养”,是为“不孝”。(《孟子·离娄上》)从这些记载可以推测,不孝的行为不仅为社会舆论所痛恨,还可能受到严厉制裁。

秦律始有“不孝”罪名。《睡虎地秦墓竹简·法律答问》载：“免老告人以不孝，谒杀，当三环之否？不当环，亟执勿失。”老人控告他人不孝，是否应当经过原宥的手续？不应当，要立即拘捕，勿使逃跑。又《封诊式》载：“甲亲子同里士伍丙不孝，谒杀，敢告。即令令使己往执。”甲因其子丙不孝，要求处死丙，应当命令令史己前往捉拿丙。“某里士伍甲告曰：谒鋈亲子同里士伍丙足，迁蜀边县，令终身毋得去迁所，敢告。……今鋈丙足……以县次传诣成都。”甲要求官府将其子断足（一说械足）流放到蜀地，终生不得返回，已经执行。此外，秦律还有“非公室告”的制度，《法律答问》：“父母擅杀、刑、髡子及奴妾，不为公室告”；“子告父母，臣妾告主，非公室告，勿听”；若“而行告，告者罪”。是说，父母对卑亲属实施杀害、处罚、断发行为，卑亲属不得去官府检举，检举了官府也不受理，如果再去检举，就要治罪。在财产关系上，秦律还有“父盗子，不为盗”的规定。

西汉继承秦律关于“不孝”的规定并加以完善。《张家山汉简·贼律》：“子贼杀伤父母，奴婢贼杀伤主、主父母妻子，皆枭首市”；“子牧杀父母，殴四言泰父母、父母假大母、主母、后母，及父母告子不孝，皆弃市；”《张家山汉简·告律》：“杀伤大父母、父母及奴婢杀伤主、主父母妻子，自告者皆不得减；”“子告父母，妻告威公，奴婢告主、主父母妻子，勿听而弃告者市。”[①]同时，在汉代，诸侯服丧期间行奸作乐、娶妻妾者为不孝，官吏有不孝行为得免职或获罪，百姓告子不孝的案件，多以教化结案。[②]

及至《唐律疏议·名例》有“十恶”专条，“七曰不孝。谓告言、诅詈祖父母、父母，及祖父母、父母在，别籍异财，若供养有缺；居父母丧，身

① 朱红林：《张家山汉简（二年律令）集释》，社会科学出版社文献 2005 年，第 38、99 页。

② 苑媛：《汉朝不孝罪的考察》，《法律文化研究》第二辑，中国人民大学出版社 2006 年，第 538 页。

自嫁娶,若作乐,服从吉;闻祖父母、父母丧,匿不举哀,诈称祖父母、父母死”。《唐律疏议·斗讼》又有“子孙违犯教令”条:“诸子孙违犯教令及供养有缺者,徒二年。”《疏议》:“祖父母、父母有所教令,于事合宜,即须奉以周旋,子孙不得违犯。”

中国古代之所以严厉惩治不孝罪,其目的还在于维护宗法家族的秩序。此外,也包含保护丧失劳动力的老人,勿使无人供养而沦落荒野。同时,重视孝道也含有道德教育的作用。作为子女出于私利而不供养父母,是“于厚者薄则无所不薄矣”,即丧失了做人的根本底线,必为世人所不齿。

七、法家法律文化与十恶重罪

十恶,指封建刑律中十种重罪。秦律有不敬、不孝、犯上、非上之名,汉以后又有大逆、不义、大不敬、内乱。至《北齐律》称“重罪十条”。隋《开皇律》始称“十恶”。《唐律》仍旧。尔后历朝相沿不改。十恶重罪为常赦所不原。即使属“八议”范围者,亦不得议、请、减。犯十恶者均处以重刑。唐律规定,谋反、谋大逆者皆斩,家属从坐,子女年十六岁以上者皆绞。清明更严其罚,犯者凌迟处死,“祖父、父、子、孙、兄、弟及同居之人,不分异姓,及伯叔父、兄弟之子,不限籍之同异,年十六以上,不论笃疾、废疾,皆斩。”

《唐律·名列·十恶》疏议:“五刑之中,十恶尤切,亏损名教,毁裂冠冕,特标篇首,以为明诫。其数甚恶者,事类有十,故称十恶。然汉律九章,虽并淹没,其不道、不敬之目见存,原夫厥初,盖起诸汉。案汉陈已往,略有其条。周齐虽具十条之名,而无十恶之目。开皇创制,始备此科,酌于旧章,数存于十。大业有造,复更刑除,十条之内,唯存其八。自武德以来,仍遵开皇,无所损益”。

十恶之罪名及内容如下：

谋反。即“谋危社稷”，图谋推翻封建王朝，危及帝王的君位。

谋大逆。即“谋毁宗庙、山陵及宫阙”，图谋毁损皇帝家庙、祖坟、宫殿。

谋叛。即“谋背国从伪”，图谋背叛国家。

恶逆。即“殴及谋杀祖父母、父母，杀伯叔父母、姑、兄、姊、外祖父母、夫、夫之父母、父母者”。

不道。即“杀一家非死罪三人，支解人，造畜蛊毒、厌魅”。

大不敬。即“盗大祀神御之物，乘服御物，盗及伪造御宝，合和御药误不如本方及封题误，若造御膳误犯食禁，御幸舟船误不牢固，指斥乘舆，清理切害及对捍制使，而无人臣之礼”。

不孝。即“告言、诅詈祖父母、父母，及祖父母父母在，别籍异财，若供养有缺，居父母丧身自嫁娶，若作乐，释服从吉，闻祖父母、父母丧，匿不举哀，诈称祖父母、父母死”。

不睦。即“谋杀及卖缌麻以上亲，殴告夫及大功以上尊长、小功尊属。

不义。即“杀本属府主、刺史、县令、见受业师，吏、卒杀本部五品以上官长，及闻夫丧匿不举哀，若作乐，释服从去及改嫁“。

内乱。即“奸小功以上亲、父祖妾及与和者”。

纵观十恶之目，除“不道”系指灭绝人道的杀人罪之外，其余九条中，有四条（谋反、谋大逆、谋叛、大不敬）是维护中央集权的君主政体的；有四条（恶逆、不孝、不睦、内乱）是维护以父权为核心的宗法家族秩序的。剩下的两条，“不义”则两者兼而有之，“不道”则指情节严重的杀人犯罪。

十恶中维护集权君主政体的内容，与法家历来主张的“尊君”思想是相通的。在法家看来，君主具有至高无上的权威，臣下和百姓均不得侵犯。尽管君主也会有贤不肖的差别，但是，君主再有缺点也还是君主，臣下不得取而代之，就像鞋子再新也不能戴在头上，帽子再旧也不能穿在脚上一样。在法家心目中，国家秩序是高于一切的。为了维护国家秩序，应当付出成本，这就是用制度来容忍庸主和恶君。

表1 十恶罪名及其所维护的社会关系

罪名	维护集权君主制度	维护宗法家族秩序	备注
谋反	√		
谋大逆	√		
谋叛	√		
大不敬	√		
不孝		√	
恶逆		√	
不睦		√	
内乱		√	
不义	√	√	
不道			√杀人罪

八、法家法律文化与亲属复仇

“复仇”原是原始社会的习惯。当本族成员被外族伤害时，大家都要为被害者报仇。当时，复仇既是一种权利又是一种义务。当阶级社会形成后，复仇的习惯仍被沿袭下来。中国古代社会是以家族为本位的，宗法观念很强，因此，复仇的习惯也表现得比较突出。

儒家一般是支持复仇的。作为儒家经典之一的《礼记·曲礼上》有："父之仇，弗与共戴天；兄弟之仇，不反兵（身不离武器）；交游之仇，不同国"。《春秋公羊传·隐公十一年》说："君弑，臣不讨贼，非臣也；父弑，子不复仇，非子也"。但儒家又主张区别：节待。如《周礼·地官司徒·调人》："父之仇避诸海外，兄弟之仇避诸千里之外，从父兄弟之仇不同国。君之仇比父。师长之仇比兄弟。主友之仇必从父兄弟。……凡杀人而义（宜）者，不同国，令勿仇，仇之则死"。杀了应该杀的人，只要离开本国境，就不许复仇。《周礼·秋官司寇·朝士》："凡报雠仇者，书于士，杀之无罪。"《春秋公羊传·定公四年》说："父不受诛，子复仇可也；父受诛。子复仇，此推刃之道也"。父亲犯罪不当死而被错判枉杀，可以复仇；如果父亲犯死罪而被依法处死，则不准复仇。否则被复仇者的子弟又将复仇，必然招致反复相杀。同时儒家还主张实施复仇必须先报官，而且只能杀仇人本身。可见儒家并非一味放任复仇。

法家是坚决反对复仇的。商鞅变法时曾规定；"为私斗者各以轻重被刑"，使秦民"怯于邑斗，勇于寇战"。（《商君书·战法》）法家强调国家法律高于一切，只有君主才有权行赏施罚，所以严厉禁止私人复仇。

秦汉以后，民间一般肯定复仇，官方则举棋不定，时而禁止，时而放宽。特别是汉武帝以后，以儒家为主的正统思想确立，并推行"春秋决狱"。儒家经义往往高于法律，五伦范围以内的复仇已成习惯，不复仇则为社会舆论所蔑视谴责。东汉初年的桓谭曾上疏道；"今人相杀伤，虽已伏法，而私结怨仇，子孙相报，后忿深前，至于灭户殄业，而俗称豪健。故虽有怯弱，犹勉而行之。"（《后汉书·桓谭传》）东汉章帝时，有人因其父被人侮辱而将侮辱者杀死，章帝免其死罪从轻发落，此案成为后来审判的依据。和帝时制定《轻侮法》，对复仇者加以宽待。该法不久即被废止。两汉间对复仇者往往是减免刑罚，而民间则极力赞颂复仇。

三国时魏明帝明令禁止复仇："今海内初定，敢有私复仇者芦族之。”但后来制定的《魏律》又规定:杀人者逃亡,经报官以后,“听子弟得追杀之”。魏晋南北朝时期,总的情况是官方禁止或限制复仇,而实际上对复仇者又大都予以减免处罚。

《唐律》中并没有明确禁止复仇的条文,《唐律·贼盗·亲属为人杀私和》规定:“诸祖父母父母及夫为人所杀,私和者流二千里。”不许与仇人“私和”。其理由是:因“窥求财利”而“忘大痛之心”。这种见利忘义的行径被视为不齿于人的禽兽。因此,在唐代曾不断就复仇问题展开争论。武则天时,徐元庆将冤杀其父的县尉赵师蕴杀死,然后自首。陈子昂认为,按国法则杀人者死,按礼经则父仇不共戴天。于是建议“宜正国法”然后“旌其闾墓、嘉其徽烈”,以期礼法两存。柳宗元作《驳复仇议》驳斥说,礼和刑是统一的,都是“防乱”的工具。该处罚的就不能表彰,该表彰的就不能处罚,否则刑礼两失。他还提出要区别对待,认为徐元庆之父如“死于法”则不可复仇,如“死于吏”,则可以免除徐元庆的死罪。[①]

唐宪宗时又发生了梁悦复仇案。韩愈上书说:“不许复仇则伤孝子之心”,“许复仇则人将恃法专杀。”他建议:“凡有复父仇者,事先具其事申尚书省,尚书省集议奏闻,酌其宜而处之,则经律无失其指。”[②]

明代邱濬提出:父兄被人故杀,报官而官府不理,子弟复仇者无罪,官吏应免职;不报官便擅自杀仇人,要判死刑,但如杀得有理,可免为流放。(《大学衍义补·慎刑宪·明复仇之义》)

不过自秦汉,至清代,有几种限制性的条件:一是“父受诛”,不得复仇;二是“杀人而义”,不得复仇;三是复仇对象只限于仇人本身;四是过失杀人不得复仇,但杀人者须回避;五是杀人者已经判处,后遇“恩赦”

---

① 柳宗元:《柳河东全集》,中国书店 1991 年,第 45 页。

② 韩愈:《复仇状》,《韩昌黎文集》,中国书店 1991 年,第 445 页。

释放，不许复仇，但仍须回避。

复仇问题在整个封建统治时期都没有解决。在以家族为本位的社会制度下，古代法律既然要求“一准乎礼”，就不可能禁止复仇，这必然会造成礼与国法的矛盾。因此，家与家、族与族之间的复仇、械斗便连绵未断。

复仇观念源于自然经济、宗法社会再加上伦理道德的影响，这些因素足以支配人们的行为和思考。在西方古代，私有财产和交换的发达，使赎金息灭了血亲复仇的怒火和神圣责任，“财产的感情钻入人类的心中动摇了一切最根深蒂固的感情、本能和观念，激起了新的欲望。只有私有财产才抑制和减弱了复仇欲——这古老的统治着半开化人心灵的欲望”[①]。而个人对个人的侵害则演变成通过民事诉讼完成的，以损害赔偿为终结的“不法行为法”或“侵权行为法”。[②] 而在中国古代，私有财产制度和交换关系的不发达，金钱或财产无法减弱更不能消灭血亲复仇的神圣感情。及至整个古代，民间舆论仍赞许复仇，每以手刃其凶为一大快事，虽力所不及仍勉而行之。人与人、家族与家族间的侵害行为，既然不能通过双方的协议以经济赔偿而告终，那么只有仰仗官府了。于是古代的刑法和刑事诉讼发达起来——官府既用刑罚手段去平息受害者及其家属的不平之心，又不至于伤害植根于人们心灵深处的古老而凝重的伦理感情。历代王朝长期彷徨于家礼与国法之间。在兼而避免“伤孝子之心”和“倚法专杀”之际寻找良方，于是才有了折衷式的办法：“贼斗杀人，以劾而亡，许依古议听子弟得追杀之，会赦及过误相杀，不得报仇，所以止杀害也”。（《晋书·刑法志》）这正是古代的原始复仇法则。

---

① 拉法格：《宗教和资本》，王子野译，三联书店 1963 年，第 79 页。

② ［英］梅因：《古代法》，沈景一译，商务印书馆 1959 年，第 208 页。

复仇观念影响极深,20 世纪 30 年代,郑继成为父复仇,刺杀军阀张宗昌于济南火车站,施剑翘(女)为父复仇刺杀军阀孙传芳于天津某佛堂,随即自首,为世人所称赞。二人先后被判刑入狱,后均被特赦。此二案之处理,与古代何其相似也。

九、法家法律文化与株连相隐

"株连"是一种刑罚制度,又称诛连、缘坐、连坐,是族诛和连坐的统称。意谓人际之间如树干与枝叶相连,互相承担连带责任。以血缘为标准者为族诛,以地域、职官为标准者为连坐。"相隐"即亲属相隐,指亲属当中有人犯罪,其他亲属可以为之隐瞒而不受法律追究。相反,如果揭发检举却要受到法律制裁。

族诛的历史十分久远。据《尚书·甘誓》载,夏启征讨有扈氏时宣布誓命:"弗用命戮于社,予则孥戮汝。"《汤誓》载:"尔不从誓言,予则孥戮汝。"郑玄注:"大罪不止其身,又孥戮其子孙。"《史记·秦本纪》秦文公二十年(公元前 476 年)"法初有三族之罪。"连坐产生于血缘纽带逐渐松解而地域关系不断加强的战国时期。秦国商鞅变法确立了什伍基层行政组织,"令民为什伍,而相收(牧)司连坐,不告奸者要斩,告奸者与斩敌首者同赏,匿奸者与降敌同罚。"(《史记·商君列传》)据《睡虎地秦墓竹简》载,一家犯罪,里正、伍老亦负连带责任。

汉初,废秦苛法,萧何定九章律仍保留"夷三族"之制。汉文帝时"除收孥诸相坐律令",但实际上并未尽绝。盐铁会议中贤良文学批评道:"今以子诛父,以弟诛兄,亲戚相坐,什伍相连,若引根本之及华叶,伤小指之累四体也;""自首匿相坐之法立,骨肉之恩废而刑罪多。"(《盐铁论·周秦》)汉武帝时作"见知故纵监临部主之法",主管官吏知部下犯罪而不举劾者,与同罪。汉以后株连之法一直得到延续。

《唐律疏议·盗贼》规定:“诸谋反及大逆者,皆斩。父子年六十以上皆绞,十五以下及母女、妻妾、祖孙、兄弟、姊妹,若部曲资财田宅皆没官,男夫年八十及笃疾、妇人年六十及废疾,并免。伯叔父、兄弟之子皆流三千里,不限籍之同异。”未嫁之女及未娶之媳,及收养、出家者均不缘坐。官员对属下的某些过错亦负连带责任。明清延续此制。清律扩大缘坐范围,奸党、邪教均适用缘坐。

最早提出“亲属相隐”的是孔子。《论语·子路》载:“子曰:父为子隐,子为父隐,直在其中矣。”法家主张“任法去私”、“信赏必罚”,故禁止亲属相隐而主张告奸。《商君书·禁使》:“夫妻交友不能相为弃恶盖非”,“民人不能相为隐”。否则就实行株连。但秦律规定,卑亲属告尊亲属是“非公室告”,官府不予受理。汉初仍实行“首匿相坐之法”。汉章帝时下诏:“自今子首匿父母,妻匿夫,孙匿大父母,皆勿坐。”汉以后,此制被沿用。

《唐律疏议·名例律·同居相为隐》规定:“诸同居,若大功以上亲及外祖父母、外孙,若孙之妇、夫,兄弟及兄弟妻,有罪相为隐,部曲奴婢为主隐,皆勿论。即泄露其事及摘语消息亦不坐。其小功以下相隐,减凡人三等。若犯谋反以上者,不用此律。”除十恶重罪之外,卑亲属不得告尊亲属。《唐律疏议·斗讼律·告祖父母父母》规定:“诸告祖父母、父母者,绞。即嫡、继、慈母杀其父,及所养者杀其本生,并听告。”《疏议》:“谋反、大逆、及谋叛以上,皆为不臣,故子孙告亦无罪,缘坐同首法,故虽父祖听捕告。若告余罪者,父祖得同首例,子孙处以绞刑。”《斗讼律·知谋反谋判不告》:“诸知谋反及大逆者,密告随近官司,不告者绞。知谋大逆、谋判不告者,流二千里。官司承告,不即掩捕,经半日者,各与不告罪同。”

先秦儒家主张亲属相隐,即亲属之间可以相互包庇罪行而不受法律追究,目的在于维护王朝的社会基础——家族秩序。儒家反对株连,认为株连是“以有罪诛及无罪”,(《盐铁论·刑德》)违背“父子兄弟罪不相及”(《左传·昭公二十年》引《康诰》佚文)的圣人之道。法家则反对亲属熟知互相包庇罪行:“民人不能相为隐”,“夫妻交友不能相为弃恶盖非”。(《商君书·禁使》)法家又主张族诛连坐,驱使同族和同一行政单位的人们之间互相监视制约,以达到预防犯罪的目的。

亲属相隐和族诛本是截然对立的东西,但在熔儒法思想于一炉的古代法律中竟得以并行不悖,其办法是:对谋反;谋大逆、谋叛等重罪,施行族诛而不适用亲属相隐,允许子孙奴婢揭发;对一般罪行则不搞族诛而允许亲属相隐。在古代统治者看来,当犯罪行为危及统治阶级根本利益,国与家、忠与孝不能得兼时,只能委屈一下“亲亲”而将就“尊尊”,叫作“不以亲亲害尊尊”。(《春秋谷梁传·闵公元年》)这样一处理,便可以既维护王朝的社会基础——宗法家族,又维护了王朝的根本利益。

十、法家法律文化与肉刑之争

肉刑又称肉辟,指古代残害肌肤伤废肢体的刑罚。在中国法律史上,肉刑起源得很早。据《尚书·吕刑》载,黄帝时代的蚩尤“作五虐之刑曰法。”五刑包括墨、劓、刵、宫、大辟。除大辟死刑之外,前四种刑罚均为肉刑。《吕刑》所谓五种刑罚及刖刑在甲骨文中都有所体现。《商君书·画策》谓黄帝“内行刀锯,外用甲兵。”据《汉书·刑法志》:“禹承尧舜之后,自以德衰而制肉刑,汤武顺而行之者,以俗薄于唐虞故也。”《唐律疏议·名例》疏云:“古者大刑用甲兵,其次用斧钺,中刑用刀锯,其次用钻笮,薄刑用鞭扑,其所由来,亦已尚矣。”

法家主张重刑以治国。《商君书·赏刑》:“夫先王之禁,刺杀,断人之足,黥人之面,非求伤民也,以禁奸止过也。故禁奸止过,莫若重刑。

刑重而必得，则民不敢试，故国无刑民。国无刑民，故曰：明刑不戮。”《画册》：“以杀去杀，虽杀可也。以刑去刑，虽重刑可也。”《韩非子·奸劫弑臣》：“仁义爱惠不足用，而严刑重罚可以治国。”从《睡虎地云梦秦简》可以看到，秦严格实行肉刑。

据《汉书·刑法志》载，汉文帝十三年，齐太仓令淳于公有罪当刑，其女缇萦上书，“愿没入为官婢，以赎父刑罪，使得自新”。汉文帝怜悲其意，下诏废止肉刑。具体措施为“诸当完者，完为城旦舂。当黥者，髡钳为城旦舂。当劓者，笞三百。当斩左止者，笞五百。当斩左止及杀人先自告及吏坐受赇枉法，守县官财物而即盗之，已论复有笞罪者，皆弃市。”

新刑罚实行既久，出现许多弊端。比如，原斩右止改为弃市，将生刑变为死刑。又笞刑往往致人于死，是徒有轻刑之名而有重刑之实。景帝时降低笞刑数额，限定笞具规格，并改笞背为笞臀，但在实行中仍有许多问题。故自东汉始不断有人提出恢复使用肉刑，从而演成长期的肉刑废复之争。

班固最先批评之。《汉书·刑法志》谓：“除肉刑者，本欲全民也，今去髡钳一等，转而入于大辟，失本惠矣。故死者岁以万数，刑重之所致也。至乎穿窬之盗，忿怒伤人，男女淫佚，吏为奸臧，若此之恶，髡钳之罚又不足以惩也。故刑者岁十万数，民既不畏，又曾不耻，刑轻之所生也。”建议恢复肉刑：“伤人与盗，吏受赇枉法，男女淫乱，皆复古刑”。

自东汉以后，不时出现恢复肉刑的意见。总的来看，恢复肉刑的理由包括以下几点：第一，肉刑是古代圣王之制，实行久远，不宜废止；第二，斩右趾与斩左趾本无太大差别，斩右趾上升为“弃市”，把身体刑变成了生命刑，是失之于重；第三，死刑与生刑之间过于悬殊，原因是缺少中间刑加以过渡，恢复肉刑则可以承上启下，使刑罚平允；第四，肉刑可以去掉罪犯，卖施犯罪的条件和手段，如刺面后，人皆识其为恶人，故知警惕防范，捏盗被断趾后终身不能再做强盗，这就起到“特殊预防”(使犯罪者不能再犯罪)的作用。同时，实行肉刑可以使一般人产生恐惧和耻辱之心，从而不敢重蹈覆辙，这样又起到“一般预防(使没犯罪的人不犯罪)的作用。

但是，针对恢复肉刑的意见，也出现了反对恢复肉刑的声音。反对恢复肉刑的理由主要有：第一，肉刑太残酷，有损仁政和德教，非圣人治国理民之术。这种刑罚措施容易激起变乱；第二，肉刑不利于引导和教育犯罪者改恶从善，阻塞了改邪归正之路。受到肉刑制裁的人往往被社会舆论所鄙视，使受刑者因不齿于人而愤不欲生，甚至自暴自弃、铤而走险；第三，肉刑既已废止多时，一旦恢复，民甚不便，恐生事端。

尽管肉刑恢复论者振振有词，但恢复肉刑毕竟违反人类社会由野蛮向文明发展的总规律。沈家本谓：“汉文帝除肉刑，千古之仁政也。”(《历代刑法考·刑法分考五》)历代帝王也不敢冒天下之大不韪留骂名于后世，故肉刑始终未能恢复，用徒刑取代肉刑已成不可逆转之势。诚如清王夫之所云：“肉刑之不可复，易知也。如必曰古先圣王之大法，以止天下之恶，未可泯也，则亦君果至仁，吏果至恕，井田复，封建定，学校兴，礼三王而乐六代，然后复肉刑之辟未晏也。不然，徒取愚贱之小民，折割残毁，以唯吾制是行，而曰古先圣王之大法也，则自欺以诬天下，憯孰甚焉。……民之仁也，期以百年必世，而犹必三代遗风未斩之日也。风未移，俗未易，犯者繁有，而毁支折体之人积焉，天之所不祐也！”(《读通鉴论·文帝一九》)

第二十五章　法家法律文化与历代法制(Ⅲ)

一、法家法律文化与别籍异财

别籍异财指家庭成员分割财产、分立户籍,即今民间所谓“分家”。儒家一般不主张分家。《礼记·坊记》:“父母在不敢有其身,不敢私其财。”“别籍异财”的主张最早是商鞅主持秦国变法时提出的,即“民有二男以上不分异者倍其赋”。(《史记·商君列传》)分,指分立户口;异,指分割财产。这种改革的目的是使有两个以上成年男子的家庭分割成小家庭,从而鼓励生产和扩大户数,增加税收。当然,也包含改革“父子同穹庐卧”的游牧习惯的意义。战国时,就劳动人民而言,“五口之家”、“七口之家”的小家庭已很普遍。“公作则迟,分作则速,无所遁其力也。”(《吕氏春秋·上农》)小家庭与当时小农经济的发展是相适应的。而原来那种“钟鸣鼎食”累世同堂的大家族则很难继续存在了。从《睡虎地秦墓竹简》来看,律文多见“父盗子”、“子盗父”的记载,可见,秦人的小家庭是比较普遍的,且有“家富子壮则出分,家贫子壮则出赘”(《汉书·贾谊传》)的风俗。这也许是秦推行分户政策的结果。

秦汉以后,在儒家思想影响下,大家庭又有所增加。但到东汉时多数士大夫也只是二世同居。三世共财者亦属罕见。故蔡邕“与叔父从弟同居三世不分财”,竟受到乡党的称赞。(《后汉书·蔡邕传》)即使是父母在而分家的，法律亦不禁止，故有“举秀才，不知书，察孝廉，父别居”的讽刺。[①] 南北朝时，至少在南方，小家庭仍占上风。《宋书·周朗传》载周朗语：“今士大夫父母在而兄弟异居，计十家有七；庶人父子殊产，八家而五。其甚者乃危亡不相知，饥寒不相恤，忌疾谗害，其间不可称数。宜明其禁，以易其风。”

禁止“别籍异财”于隋唐开始入律。《唐律·名例律》“十恶”中“不孝”罪的第一条就是“父母在别籍异财”。《疏议》说：“祖父母在而子孙别籍异财者，徒三年。若祖父母，父母令别籍者，徒二年，子孙不坐。”在父母丧期内“兄弟别籍异财者，徒一年”。宋代有时处罚更重，可以论死。且规定父母在出为赘婿或诱人子弟析家产者均处流配。元代规定只要祖父母、父母同意则允许分产异财。明律规定：“别籍异财”的案件须经祖父母、父母告诉始受理，处罚仅为杖一百。清律规定此类案件须经期亲以上尊长告诉始成立，处罚杖八十。[②]

古代法律禁止“别籍异财”，其目的在于维护父系家族的稳定和“孝道”，视“父母在别籍异财”为不孝不友、重利轻义的行为。其中也包含使父母年迈不致无人供养的意图。但这种强制办法并不合情合理，也不利于经济的发展。因此，历史上曾有不少人提出反对意见。

宋代袁采《世范·睦亲》谓：“兄弟义居固世之美事”，但是“每见义居之家，交争相疾，甚于路人。则甚美反成不美。故兄弟当分，宜早有所定。倘能相爱，虽异居异财，亦不害为孝义也。”清代李绂比袁采更激进。他在所著《别籍异财议》中说，对于兄弟，“禁其争财可也，禁其分居恐未可也”。其理由是：其一“古者未尝禁人分居”，孟子论王政止称“八口之家”，即指小家庭，同样可以“相友、相助、相扶持”，是“分而不分”；

① 顾炎武：《分居》，黄汝成：《日知录集释》(中册)，上海古籍出版社 2006 年，第 808 页。

② 同上书，第 808—812 页。

其二，大家庭的出现是衰世“渐失友、助、扶持”的结果，用累世同居的办法来“劝亲睦而激薄俗”，实际上很难达到敦良风俗的目的；其三，累世同居是有条件的，必须代代有“贤者”主持家族事务，而且还要有好的“家法”，这两个条件都是不容易具备的；其四，分家既可发展生产又可促进互相帮助。而大家庭的弊病是：“财相竞，事相诿，俭者不复俭而勤者不复勤，势不能以终日。反不如分居者，各惜其财，各勤其事，犹可以相持而不败也。”依照上述意见，似乎都在不经意之间赞同了商鞅的分户令。

二、法家法律文化与赦制

赦即赦免，是减轻或免除罪犯的罪责或刑罚的一种制度。《尚书·舜典》有“眚灾肆赦”。即对因过失和意外事故而不幸犯罪者可以赦免。《尚书·吕刑》有“五罚之疑有赦”。即对疑狱可以赦免。《周礼》有三宥：不识、过失、遗忘；三赦：幼弱、年迈、愚钝。赦免之制只适用于个别人或特殊情况。春秋战国时，有些诸侯国已有普遍适用的大赦，如《春秋经·庄公二十二年》“春王正月肆大眚”。先秦儒家一般赞成赦免，把它看作“德治”、“仁政”的体现，并希望以此来教育犯罪者改恶向善，同时亦可避免冤案，“与其杀不辜，宁失不经”。法家则坚决反对赦免，主张“不赦过，不宥刑”。（《商君书·赏刑》）理由是：赦制违背“信赏必罚”的原则，失信于民；赦制不能制止犯罪：“上赦过则民多重罪，积之所生也”；有损法律的威严：“赦出则民不敬，惠行则过日益”。（《管子·法法》）法家以为人性皆“好利恶害”，无所谓犯罪的故意与过失之别，故坚决否定赦制。但是据《睡虎地秦墓竹简》所载，秦律有赦制的规定。秦朝在农民起义兵临城下之际曾经来了个“大赦天下”，可谓物极必反。

大赦之例一开，后世相继风行。皇帝即位、改年号、册皇后、立臣子、生皇孙、平叛、灾异、帝后疾病、郊祀天地、婚丧大典、获珍禽豁等都要大赦天下。而且名目繁多,有大赦、曲赦(局部地区)、特赦、常赦、恩赦、郊赦等。西汉元帝在位 15 年大赦 12 次,大臣匡衡上疏:“臣窃见大赦之后奸邪不为衰止,今日大赦,明日犯法,相随入狱,此殆导之未得其务也。”(《后汉书·匡衡传》)东汉光武帝也是个大赦迷,大将吴汉临终遗言:“臣虽无所知识,唯愿陛下慎无赦而已。”(《后汉书·光武帝纪》)

东汉王符在《潜夫论·述赦》中曾对“数赦”进行严厉批驳。他指出,第一,守法的人不会犯罪,数赦对好人没有益处;第二,受害者希望国家为他们伸冤雪恨,数赦则使他们白白蒙受损失;第三,数赦使恶人更加放肆,他们“旦脱重梏,夕还囹圄”,“虽得赦宥之泽,终无改悔之心”,不利于制止犯罪;第四,古代开国之君在大乱时行赦,旨在安定社会,与民更始,现在以赦为常典则悖于赦的本义。与王符同时代的崔寔、荀悦亦持此说。此后,非赦之论未尝断决。如明代张居正提出了“法在必行,奸无所赦”的主张。他认为,所谓“姑息之爱”是“独见犯罪者身被诛戮之可悯,而不知被彼所戕害者皆含冤蓄愤于幽冥之中,”“不忍于有罪之凶恶而反忍于无辜之良善。”(《张文忠公全集·论决重囚疏》)

唐太宗也主张“慎赦”,却别出匠心导演了一幕“纵囚”闹剧。他亲自录囚,释放所有死囚回家,约期来归以就死刑。后来死囚皆如期来归,都被赦免。此事一时传为美谈,宋代欧阳修却提出异议。他批评唐太宗是“立异以为高”,“逆情以干誉”。《欧阳忠公全集·纵囚论》载其论点:第一,刑入于死者已属罪大恶极,不可轻易赦免;第二,罪大恶极之徒不可能在一日之间变成视死如归的君子,如果唐太宗暗中许诺,死囚知道归而必生,这不过是欺世盗名;第三,此事只可一而不可再,“若屡为之则杀人者皆不死”,哪里还有“天下之常法”。

非赦论者前前后后还有不少,据明代邱濬所著《大学衍义补》和日本学者卢野德林《无刑录》所记，非赦的主要意见有以下几点：第一，《尚书》所谓赦免只适用于具体的人和事，不是对天下罪人普遍适用的大赦，对罪大恶极者不当赦免；第二，后世遍赦天下，“罪无大小咸赦除之”，实际上是“患奸盗、贼良民”，“怙终得志，善良喑哑”，结果是“杀人不死，则死者何辜？攫财不罪，则失者何苦”；第三，赦只能是权宜之计，用来缓和社会动乱，不可数赦，更不能以赦为常典；第四，赦的本旨是赦过宥刑，后世因改年号、立皇后、生皇孙而大赦，或三年一赦，比年一赦，皆失其本义；第五，赦的目的之一是保留罪犯的生命，但数赦的结果是“启侥幸之心而教人犯也”，最后导致犯大罪，“不得已而诛之，是以恩为陷也”。

古代统治者之所以不惮于滥赦，除了标榜仁政、恩德之外，还由于有这样一个后盾作保障，即赦排除了谋反、谋叛、谋大逆等十恶重罪，为常赦所不原。因此，赦并不会危及统治阶级的根本利益。但是，赦制多少也流露出朝廷对各级官员的不信任以及对枉法裁判的担忧。

古代的大赦诏令是纳儒家、阴阳家、法家诸家思想为一炉的政论文。如唐《大曆七年大赦》：

“门下：济于道者，化醇而刑措，善于理者，纲举而网疏。朕涉道未弘，烛理多昧，常亦遐想太古。高挹玄风，保合太和，在宥天下。盖德薄而为甄也，是用因时以设教，便俗以立功。务尽平恕，用申哀恤。又教浅而多犯也。加以边虞未戢，井赋犹繁，荒疾之余，寇攘斯起。遂令圜土嘉石之下，积有纍囚。危章玄简之中，困于法吏。属盛阳之侯，大暑方蒸。永念狴牢，何堪郁灼。所以沮伤和气，感致咎徵。天道人事，岂相远也。如闻天下诸州，自春以来，或愆时雨，首种不入，宿麦未登。哀我矜人，何恃不恐。皆由朕过，益用惧焉。惕然忧嗟，深自咎责。所以悉灭常膳，别居斋宫，祷于明神。冀获嘉应。仲夏之月，静事无刑，以助宴阴，以弘长养。断薄决小，已过于麦秋，继长增高，宜顺乎天意。可大赦天下:其大曆七年五月十五日昧爽已前,已发觉、未发觉、已结正、未结正,应天下见禁囚徒、罪无轻重,一切并宜放免,所由不须类例闻奏。宜令诸道节度观察及州县牧宰等,于当官内,所有名山灵迹,各精诚致祭,祈降甘泽。冀获丰稔。永思流弊,庶振风猷。其巴南诸州,仍岁水旱,迫于冻馁,或至流离。因有剽攘,苟全性命。惧刑网之所及,始啸聚以相依,抑有由焉。盖非获已,永言其弊。用轸于怀。如能相率来归,各安生业,并无所问,咸许自新。敢以赦前事相告者,以其罪罪之。亡命山泽,挟藏军器,百日不首,复罪如初。赦书日行五百里,宜示中外,咸使闻知。”①

三、法家法律文化与赎制

法家主张“信赏必罚”。《商君书·赏刑》:“所谓壹刑者,刑无等级,自卿相将军以至大夫庶人,有不从王命犯国禁乱上制者,罪死不赦。有功于前,有败于后,不为损刑。有善于前,有过于后,不为亏法。忠臣孝子有过,必以其数断。”为了保持刑罚的权威,法家主张“不宥过,不赦刑”。法家认为“刑无等级”是“公”的表现,而“宥过赦刑”是“私”的表现。如果允许“宥过赦刑”,不仅会稀释国家法律的严肃性,还会给官吏们提供徇私枉法的机会。但是据《睡虎地秦墓竹简》所记载,秦律中关于赎的适用比较广泛。这很可能是因为秦统治者认为赎并不意味着刑罚的减轻。

西汉以后,在司法领域仍然继承了法家“刑无等级”(即刑上大夫)的精神。如周勃入狱与犯罪的平民百姓关在一起,毫无特殊待遇。汉武帝独尊儒术以后,儒家礼治思想逐渐恢复影响力。故贾谊提出“刑不

① (宋)宋敏求:《唐大诏令集》,中华书局2008年,第484、485页。

上大夫”的建议:“古者礼不至庶人,刑不至大夫,所以厉宠臣之节也”;“廉耻节礼以治君子,故有赐死而亡戮辱,是以黥劓之罪不及大夫,以其离主上不远也;”大臣“有过,帝令废之可也,退之可也,赐之死可也,灭之可也。若夫束缚之,系绁之,输之司寇,编之徒官,司寇小吏詈骂而榜笞之,殆非所以令众庶见也。……非所以习天下也,非尊尊贵贵之化也。”(《汉书·贾谊传》)事皆实行。此后,在儒家德政思想影响下,法家的“刑无等级”、“不宥过”、“不赦刑”的主张不断得到侵蚀和修正。

汉律规定允许以金赎罪。汉惠帝时规定:“民有罪,得买爵三十级以免死罪。”西汉晁错建议实行“纳粟拜爵除罪”的政策:“方今之务,莫若使民务农而已矣。欲民务农,在于贵粟。贵粟之道,在于使民以粟为赏罚。今募天下之民入粟县官,得以拜爵,得以除罪。如此,富人有爵,农民有钱,粟有所渫。夫能入粟以受爵,皆有余者也。取于有余,以供上用,则贫民之赋可损。所谓损有余补不足,令出而民利者也。”(《汉书·食货志》)事得实行。其后因西羌扰边,张敞建议“愿令诸有罪,非盗受财杀人及犯法不得赦者,皆得以差入谷此八郡赎罪。”萧望之批评道:“今欲令民量粟以赎罪,如此则富者得生,贫者独死,是贫富异刑而法不壹也。人情,贫穷,父兄囚执,闻出财以得生活,为人子弟者将不顾死亡之患,败乱之行,以赴财利,求救亲戚。一人得生,十人以丧,如此,伯夷之行坏,公绰之名灭。政教壹倾,虽有周召之佐,恐不能复。”(《汉书·萧望之传》)在盐铁会议上,贤良文学对“富者买爵贩官,免刑除罪”的赎制提出批评,认为赎制不仅使“杀人者生,剽攻窃盗者富,”还使“蒙戮辱而捐礼义”的犯罪受刑之人得以“食太官享赐”,“载卿相之列”。(《盐铁论·周秦》)这就失去了刑罚的本旨。

唐代行“功臣恕死”之制,吕温批评道:“挠权乱法,以罪宠人,坠信赏必罚之典,亏昭德塞违之道”。(《吕衡州集·功臣恕死议》)南宋朱熹认为:“古之所谓赎刑者,赎扑耳。夫既已杀人伤人矣,又使之得以金赎，则有财者皆可以杀人伤人，而无辜被害者何其大不幸也。且杀人者安然居乎乡里，彼孝子顺孙之欲报其亲者，岂肯安于此乎？所以屏之四裔，流之远方，彼此两全之也。”董鼎论曰：“舜既以五流而宥五刑矣，鞭扑之轻者乃许以金赎。所以养其愧耻之心而开以自新之路。曰眚灾肆赦，则直赦之而已。穆王乃以刑为致罪，以罚为赎金。既谓五刑之疑有赦，而又曰其罚若干锾，则虽在疑赦，皆不免于罚赎。五刑尽赎，非鬻狱乎？自是，有金者虽杀人可以无死，而刑者相伴于道必皆无金者也，中正安在哉？”明邱濬指出：“夫罪人入五刑而可疑者，使富而有金者出金以赎其罪可矣，若夫无立锥之民而犯大辟之罪，何从而得金千锾乎？如是则罪之疑者，富者得生，贫者坐死，是岂圣人之刑哉？然则罪之有疑者如之何则可？《书》固自谓上下比罪，上刑适轻下服，是即《虞书》罪疑惟轻也，奚用赎为哉？”(《历代刑法考·刑法分考十六》)

赎制自古有之。但在实行中常常出现不公平的弊端，多为明哲所诟病。究其实与法家“刑无等差”的公平之旨相违背。但是，自秦律开始就确立了赎制，及至清末均沿用不改，或因其并不伤其王朝的根本，而有利于缓解社会矛盾，有利于统治秩序的稳定。

四、法家法律文化与杀婴习俗

杀婴(溺婴、弃婴)一般指父母(或其他尊亲长)直接或间接剥夺亲生婴儿生命的行为。其社会原因较复杂，或出于迷信，或迫于舆论，或权于利害，或由于贫困。但一般来看，被害者多为女性。从这个角度前言，杀婴可以说是古代父系家长对子女的支配权和重男轻女的宗法观念的产物。

最早的弃婴可以追溯到西周末期。宣王时，“府之小妾生女而非王子也，惧而弃之。”后来，这个女婴被人收养长大成人，这就是作了幽王王后的褒姒。(《国语·郑语》)春秋时楚国司马子良生了一个儿子,令尹子文看了这个婴儿后说:“必杀之。是子也,熊虎之状而豺狼之声。弗杀,必灭若敖氏矣。谚曰:‘狼子野心’。是乃狼也,其可畜乎!”其实这位令尹子文,初生时也有一段被遗弃的经历。(《左传·宣公四年》)可见在但当时弃子是不被制止的。

战国时,民间杀婴比较普遍,而且被害者多系女婴。《韩非子·六反》说:“父母之于子也,产男则相贺,产女则杀之。此俱出父母之怀衽,然男子受贺,女子杀之者,虑其后便,计之长利也。故父母之于子也,犹用计算之心以相待也,而况无父子之泽乎!”女子不能赡养双亲,相反双亲还要花费一笔嫁奁,因此养女孩是无利可图的事。韩非为了论证“好利恶害”人性论的普遍性,而列举当时杀婴的劣习,说明当时杀婴现象已经比较普遍了。

秦国自商鞅变法后法制日趋完善。当时,“四境之内,丈夫女子皆有名于上。生者著,死者削。”(《商君书·境内》)由此可以推断,当时生子不报户口而擅自杀掉是违法行为。秦朝首次以杀婴为犯罪行为。《睡虎地秦墓竹简·法律答问》:“擅杀子,黥为城旦舂。”即私自杀死自己的婴儿,要处以刺面和苦役。杀子的动机是“直以多子故,不欲其生”。可见当时杀婴多发生在子女较多而不富裕的百姓家中。秦律还规定,杀死怪胎和四肢残缺的婴儿不算犯罪。尽管秦律是从户籍管理的角度来禁止“擅杀子”,但在某种程度上多少也承认婴儿在刑事法律关系中的地位,认为子女是国家的臣民,其父母无权处置。从而标志着古代法律意识的进步。

汉武帝好大喜功,“征服四夷,重赋于民。民产子三岁则出口钱。故民重困,至于生子辄杀,甚可悲痛”。(《汉书·贡禹传》)据《通典》卷六九载,武帝“时有疑狱,曰:甲无子,拾道旁弃儿乙,养之以为子。及乙长,有罪杀人,以状语甲,甲藏匿乙。甲当何论?仲舒断曰:甲无子,振活养乙,虽非所生,谁与易之。”可见,当时百姓忍痛弃男婴于道旁,实出于无奈。

杀婴在东汉时成了严重的社会问题。因此,“白虎观会议”专门讨论了这一问题。《白虎通·义诛》:“父杀其子当诛何?以为天地之性,人为贵。人皆天所生也,托父母气而生耳。王者以养长而教之,故父不得专也。”这里透露着佛教的影响,因为佛教主张“众生平等”,反对杀生。也许正是在这种思想影响下,东汉对杀婴行为惩罚较为严厉。酷吏王吉作沛相时,郡中“若有生子不养,即斩其父母,合土棘埋之”。(《汉书·酷吏列传》)张奂任武威太守时,“时俗多妖忌,凡二月、五月产子及与父母同月生者悉杀之。奂示以义方,严加赏罚,风俗逐改,百姓生为立祠”。(《后汉书·张奂传》)贾彪任新息长吏,当时“小民困贫,多不养子”。他“严为其制,与杀人同罪”,严厉禁止杀婴。一天,城南发生抢劫杀人案,同时城北发生妇人杀子案。贾彪带领下属出府勘验现场。一位随员建议去城南,他大怒道:“贼寇害人,此则常理。母子相残,逆天违道!”于是赶到城北,治了那个妇女的罪。数年后,“人养子者千数”,百姓出于感激,“生男名为贾子,生女名为贾女”。(《后汉书·贾彪传》)某些官吏用强制手段禁止杀婴恶习的动机是无可厚非的,但是,百生们并非无缘无故地乐于杀害亲生骨肉,一纸法令又怎能改变人民物质文化生活条件。东汉起义农民对杀婴恶习表示极大义愤。《太平经》指出,当时“多贱女子,反贼杀之”,“今天下一家杀一女,天下几亿(十万)家哉。或有一家乃杀十数女者,或有妊之未生出,反就伤之者,其气冤结上动天!”

魏晋之际,继母与前妻之子女间的矛盾成为突出的社会问题。其焦点是财产继承。因此,“后母投前妻之子于井中”(《后汉书·庞参传》)的事件时有发生。

晋代郭巨,其妻生一男儿,他恐怕婴儿分食掉老母的食物,便将儿子活埋，人称其孝。魏晋南北朝时，“世人多不举女，贼行骨肉”。南朝后期著名学者颜之推曾目睹一次遗弃女婴的事件。他在《颜氏家训·治家》中写道：“吾有疏亲，家饶姑媵，诞育将及，便遣阍竖守之。体有不安，窥窗倚户。若生女者，辄持将去，母随号泣，莫敢救之，使人不忍闻也。”他悲愤道：“岂当如此而望福于天乎！”

《南史·徐羡之传》载，某周姓妇女有个三岁的孩子，此孩“生得痈病，周因其病发，掘地生埋之”。结果被人告到官府，该妇被处以“弃市”。据此，近代章太炎作《五朝法律索隐》，说魏晋宋齐梁五朝法律“重生命”，“父母杀子同凡论”。

隋唐以降，弃婴多为女婴。《唐律·户婚律·养子舍去》规定：“即养异姓男者，徒一年。与者，笞五十。其遗弃小儿年三岁以下，虽异姓，听收养，即从其姓”。《疏议》曰：“异姓之男，本非族类，违法收养，故徒一年；违法与者，得笞五十。养女者不坐。”可见，收养三岁以下男性女性婴儿和收养三岁以上女孩是合法的行为。这一规定从侧面反映了当时弃婴恶俗。及至宋代，理学兴而重孝道，埋儿行孝之事每有发生。故元代以严刑禁之。《元史·刑法志》载，元代法律规定：“诸为子行孝，辄以割肝、刲股、埋儿之属为孝者，并禁止之”；“有未生堕其胎，已生辄残杀其命者，禁之”；“诸生女溺死者，没其家财之半以劳军，首者为奴”；“诸因争，以妻前夫男女溺死诬赖人者，以故杀论”。弃婴之俗到清代愈演愈烈。《郑观应集。劝戒溺女》曾写道：“吾见海阳县有一富绅，家产饶裕，年四十无子，心其忧之，娶妻妾六人，一年之间，每妾生一女，绅怒甚，均溺之”；“约计每年每邑溺死女孩少则数千，多且数万，此天下古今第一痛心事”。该文还列举了溺婴的原因：“生女太多，忿而溺之”；“生女需乳，不利连孕，急而溺之”；“婢女所生，妻不能容，恶而溺之”；“溺其现生之女，而冀其未来之于”；“急于生子而竟溺其女者”；“有以生女为可耻”等等。加之，民间厚嫁成风，也促使女婴被弃杀。面对这一严重的社会问题，一些进步的知识分子抨击这一恶俗，一些地方官吏也出榜禁止溺女，还有的地方组成“保婴局”、“育婴堂”、“生生会气募求钱米，收养孤女。这些措施虽多少取得一些成效，但远未从根本上解决问题。太平天国严禁溺婴。《资政新篇·祛法类》提出：“禁溺子女。不得已难养者，准无子之人抱为己子，不得作奴视之。或交育婴堂；溺者罪之。”又说：“生女难养，准为女伺，长则出嫁从良。”太平天国为了运用法律和社会救助手段来杜绝溺婴，进行了有益的尝试。

总之，我国历史上的弃婴(溺婴)是剥削制度和落后风俗意识造成的。这种恶俗只有在较高的物质生活和文化条件之下才能逐步根除。回过头来，我们重温秦律“擅杀子，黥为城旦舂”的规定，依然可以体味到秦人敬畏民生的价值光芒。

五、法家法律文化与等级特权

法家在面对传统的贵族等级制度时，迫切要求废除贵族的世袭特权，实行“刑无等级”，“不别亲疏，不殊贵贱，一断于法”的“法治”。法家“刑无等级”的口号旨在用集权君主政体取代宗法贵政体，用新式的成文法取代贵族的判例法。同时，这个口号在一定程度上还反映了平民在适用法律上的平等要求。

在变法初期，法家“刑无等级”口号不仅在于否定贵族等级制度和世袭特权，而且更为重要的是非如此不足以严厉打击阻挠改革的贵族势力。商鞅变法时，守旧贵族唆使太子犯法，商鞅下令“刑其傅公子虔，黥其师公孙贾”。并将反对变法的“乱化之民”，“尽迁之于边城”。(《史记·商君列传》)从而保证了变法的进行。

“刑无等级”的法律精神对贵族政体和贵族世袭特权是极大冲击。西周春秋以来，贵族一直享受着各种特权。如《礼记·曲礼上》所谓“礼不下庶人，刑不上大夫”。依照礼制的规定和习惯，贵族免除某些肉刑，“公族无宫刑，”（《礼记·文王世子》）“命夫命妇不恭坐狱讼”，甚至死刑也不公开执行，“王之同族有罪不即市”。（《周礼·秋官司寇·小司寇》）贵族“有赐死而无戮辱”。（《汉书·贾谊传》）因此，如果说商鞅的“宗室非有军功论不得为属籍”是“法施贵族”的话，那么，肉刑太子师傅则可以说就是“刑上大夫”了。

“刑无等级”的目的在于提高君主的无上权威。《韩非子·备内》强调：“法不阿贵，绳不挠曲”，“刑过不避大臣，赏善不遗匹夫”。任何有身份、有地位、有官爵、有功劳的特殊人物，只要不服从君主的命令，破坏国家制度，都一律严格依法制裁，决不宽免。这一精神直接促进了集权君主政体的确立。

但是，法家从来没有主张废除一切等级制度。“刑无等级”并不是否定一切等级差别，实行所有人在法律面前一律平等。新兴地主阶级否定贵族的世袭特权，但并非一般地反对等级。法家在要求实现“君臣上下贵贱皆从法”的时候，根本没有也不可能想到要废除“君臣上下贵贱”这样的等级制度。“只不过，法家试图将等差的标准逐渐嬗替，重构一个新的等级社会。在这一过程中，原有等级形态的逐步崩塌，才让后人颇有由不平等而进于平等，平等法制取代等级礼制的错觉。”[①]商鞅变法，“明尊卑爵秩等级，各以差次，明田宅臣妾衣服，以家次。”（《史记·商君列传》）商鞅创立军功爵制度，“斩一首爵一级，欲为官者，为五十石之官。”（《韩非子·定法》）有官爵者享受不同特权。这些措施其实都是运用新法来确定新的等级秩序。因此，法家的“刑无等级”带有极大的局限性，它不同于西方近代资产阶级提出的“在法律面前人人平等”。

法家的等级特权思想表现在几个方面：第一，尊君权抑臣权。法家

① 马腾：《儒法合流与中国传统法思想阐释》，法律出版社2016年，第37页。

虽然主张君臣分工合作,但作为权势只能由君主独揽,大臣绝对不可染指。而且,对君主的命令,臣下只能服从,不得违反。第二,在官僚群体内部,实行等级制度。据《百官表》载,六百石以上至二千石官吏为显大夫,包括丞相、太尉、御史大夫等;一百石以上至六百石官吏为有秩吏,包括县令、县丞、官啬夫;百石以下为斗食之吏。包括令史、求盗、害盗、亭长等。级别高者享受的特权就越高。[①] 第三,在家族领域,法家虽然否定贵族世袭制度,但没有否定家庭伦理秩序。《韩非子·解老》:"义者,君臣上下之事,父子贵贱之差也,知交朋友之接也,亲疏内外之分也;"把等级差异和"义"相联系。又《韩非子·忠孝》:"臣事君,子事父,妻事夫,三者顺则天下治,三者逆则天下乱。"把等级差异和国家秩序挂上钩。这种主张和儒家一贯捍卫宗法道德伦理规范的态度应当说是一致的。所谓"三纲"说的出现,既不是儒家浸润了法家,也不是法家浸润了儒家,而是儒家、法家都不约而同地继承了传统文化。据云梦秦简,秦律有"不孝"罪,还有对"不孝"处刑的记录文字。第四,司法中体现明显的等级差异精神。秦律在处置官吏与百姓、有爵和士伍、家庭亲属、主人和奴仆、士伍和商贾,以及后父、赘婿、隶臣妾等犯罪时,表现出各种差异性。[②]

秦汉以后,政治、社会、家庭领域的等级差异不断上升为法律制度。如果说,"准五服以论罪"是确定了宗法家族范围内血缘亲属的等级特权的话,那么,八议、官当、议请等制度,就是确定了政治领域的等级特权。在漫长的集权官僚制度下,社会生活的各个方面都充斥着等级和特权,从而形成浓烈的等级特权意识。在等级特权意识方面,儒家思想和法家思想在实质上是完全一致的。这也是儒法合流、礼法统一的重

① 栗劲:《秦律通论》,山东人民出版社 1985 年,第 364—366 页。

② 同上书,第 222—236 页。

要原因之一。在建设社会主义法治国家的今天，从制度上思想上真正清除等级特权的残余影响，真正树立平等、权利意识，仍然是一项长期而艰难的任务。

六、法家法律文化与历代酷吏

“酷吏”是西汉以后中国古代社会特有的一种政治现象。司马迁将严刑峻法的官吏称为“酷吏”，始立《酷吏列传》。《太史公自序》说：“民倍本多巧，奸轨弄法，善人不能化，唯一切严削为能齐之。作《酷吏列传》第六十二。”二十四史自《史记》以后，《汉书》、《后汉书》、《魏书》、《北齐书》、《隋书》、《北史》、《新唐书》、《旧唐书》及《金史》都有《酷吏传》。其中，汉武帝、唐武则天统治时期，酷吏最多，酷吏政治最为著名。“酷吏”行为的思想基础与法家思想关系密切。在法家“尊君尚法”、“重轻罪”和“好利恶害”人性论的支配下，恩惠、宽缓、教化等等被视为无用之物，只有“以力服人”、“以刑去刑”才是唯一有效的手段。官有清官，民有刁民。其猛政所打击的刁民是旧贵族势力和反抗的人民，其目的在于确立和维护集权王朝。

“酷吏”的基本特征是“以猛治人”。这种思想最早可以追溯到子产的“以猛服民”。郑国执政“尽杀萑符之盗”，就是“以猛服民”的一例。(《左传·昭公二十年》)从这个角度而言，秦吏大都带有“以猛服民”的色彩。如蒯通对范阳令所说：“秦法重，足下为范阳令十年矣，杀人之父，孤人之子，断人之足，黥人之首，不可胜数。”(《史记·张耳陈余列传》)秦吏之酷，由此可见一斑。

自秦以后，酷吏代不乏人。《史记·酷吏列传》、《汉书·酷吏列传》、《后汉书·酷吏列传》、《魏书·酷吏列传》、《北齐书·酷吏列传》、《隋书·酷吏列传》、《旧唐书·酷吏列传》、《新唐书·酷吏列传》记酷吏凡 66 人之众。

汉代的酷吏,以其施政活动承担着维护国家政权及其社会基础的政治使命。作为朝廷的鹰隼,其作用表现在:第一,镇压人民的反抗;第二,翦灭地方豪强势力;第三,维护社会治安;第四,铲除奸党叛逆。汉代酷吏又以"以猛服民"为特色,以酷烈为手段,充当皇权的"鹰犬之任"。(《后汉书·酷吏列传》)尽管其具体行为往往带有任意性而有悖于三尺律令,但因其符合王朝的根本利益,故每每得到朝廷的首肯或默许。应当注意,酷吏群体是有品位之分的。那些忠于法律、不畏权贵、为民请命者,常常得到人民的赞扬。而纯粹以猛服民、滥施淫威者,必然被人们所唾弃。

汉以后历代酷吏大都以执法残酷为特征。特别是在横暴虐的帝王支配下,酷吏得以恣意妄为。同时,因为这些官吏兼有司法职权,故每每以刑讯酷烈著称。在官僚政体之下,官吏判案多行究举方式。官吏判案的成绩又与官吏升贬有直接关系。故获得犯罪嫌疑人自认有罪的口供,最为保险。而获得犯口供就必然使用刑讯。因此,刑讯又成为酷吏的最明显的特点之一。

七、法家法律文化与纠举刑讯

西周春秋未发现刑讯。其必有因。首先,当时的审判实行贵族共审制,即由数名贵族共同审断案件。如《训匜铭》载:伯杨父审断牧牛案件时,有専、啬、朕等五位贵族参审并监誓。这与《周礼·秋官司寇》所说"士师,下大夫四人"(即法官及助手四人)的记载是一致的。在贵族政体下,法官是世袭的并得到大家的尊重。再加上众审制,遇疑难案件亦可合而议之,有罪无罪,罪轻罪重,如何处罚,均可合议而决。这样就将审判案件的责任大为分散了。这些贵族,凭着他们对以往习俗和法律的理解，凭着他们对社会生活的见解，足以对案件做出判断。既不必祈求神明，又不必仰仗刑具。其次，西周春秋的审判是论辩式的，即当事人均到庭，就争讼当面诉辩。《左传·襄公十年》载王叔与伯舆之讼，《左传·昭公七年》载章华宫吏与芋尹无宇之讼，双方（代理人）均到庭诉辩。这种审判方式即《尚书·吕刑》所谓"两造具备，师听五辞"。即原告被告均应到庭，法官居中审判。这种审判方式是原被告之间冲突，法官观战，因此就杜绝了法官命令打手去刑讯一方当事人的可能性和必要性。第三，西周春秋的审判是注重证据的。《尚书·吕刑》所谓"师听五辞"，"五辞"即具有文字形式的诉讼材料，包括誓辞、起诉辞、答辩辞、证辞、判辞。《曶鼎铭》说"木榜用征"，即用当初所立的赎约为证。《训匜铭》则以牧牛当初的誓辞为据。《左传·襄公十年》载王叔与伯舆之讼，"使王叔氏与伯舆合要，王叔氏不能举其契。王叔奔晋"。"契"即"要辞之契券"。《左传·文公六年》载"董逋逃，由质要"，即处理走失的奴隶、牛、马所有权而引起的争讼，要以购买奴隶牛马对立的契券为凭证。《左传·庄公七年》载鲁庄公所言："小大之狱，虽不能察，必以情"。杨伯峻注："情谓实际情况"。《礼记·大学》："无情者不得尽其辞"。情即案情或证明案件实际情况的材料，亦指证据。

综合上三点，可见西周春秋的审判是共审制、辩论式、注重证据的。而且当事人对判决结果是心悦诚服的。因此在总体上杜绝了纠举式审判，从而也就杜绝了刑讯的产生。

刑讯是官僚制和注重口供的纠举审判方式的必然产物。刑讯是司法者运用体罚手段施于案件当事人（嫌疑人）以获取口供的审判方式。它是注重口供、轻视证据和纠举式审判方法的结果。作为一种审判制度它与集权官僚政体携手而来。刑讯是中国古代司法制度当中最为有害而残酷的一个侧面，在两千年的审判实践活动中始终未能断绝。

刑讯当发生在战国时期。《礼记·月令》载，春天应当"命有司，省囹圄,去桎梏,毋肆掠,止狱讼。""肆掠"当即刑讯。刑讯最早入律当在秦朝。《睡虎地秦墓竹简·封诊式》载:"治狱:治狱,能以书从迹其言,毋笞掠而得人情为上,笞掠为下:有恐为败";"讯狱:凡讯狱,必先尽听其言而书之,各展其辞,虽知其,毋庸辄诘之。其辞已尽书而无解,乃以诘者诘之。诘之又尽听其解辞,又视其它无解者以复诘之。诘之极而数,更言不服,其律当笞掠者,乃笞掠。笞掠之必书曰:爰书:以某数更言,无解辞,笞讯某。"[①]大意是说,审理案件,能根据记录的口供进行追查,不用拷打而察得犯人的真情,是上策。施行拷打以取得真情的,是下策。为什么呢?是担心造成错案(屈打成招);凡审问案件,必须先听完口供并加记录,使受讯者各自陈述。虽然明知他是在说谎,也不要马上反问。供辞记录完毕而问题尚未交待清楚,于是对应加讯问的问题进行讯问。再把供辞记录下来,再看有无没交待清楚的问题,再继续讯问。直到犯人辞穷。对多次说谎,还改变口供,拒不服罪的,依法律应当拷打的,就施行拷打。拷打时必须记录:爰书:因某人多次改变口供,无从辩解,拷打了某人。"其律当笞掠者",是说按照法律的规定,应当刑讯的才可以刑讯。可以想见,何种情形可以笞掠,以及笞掠的刑具、笞打的数量、程度,都应当有具体的规定。可惜秦简中没有具体的条文可查了。尽管如此,"笞掠"作为审判的合法手段,是被法律加以确认的。

在秦代,刑讯不仅施用于一般案件当事人,还施用于高级官吏,这一点与儒家主张的"礼不下庶人,刑不上大夫"是大异其旨的。《史记·李斯列传》载:赵高诬陷李斯谋反,将李斯关进监狱,并"榜掠千余",使他"不胜痛,自诬服"。既然自己都承认谋反,判处死刑就是不可避免的。

---

① 《睡虎地秦墓竹简》,文物出版社 1978 年,第 246 页。

西汉继承了秦朝的刑讯制度。刘邦对贯高“榜笞数千”，打得“身无完者”。(《史记·张耳陈余列传》)西汉的刑讯曾使一些大臣感到惶恐。曾任右丞相的周勃被人诬陷谋反，在狱中受到狱吏的侵侮，后平反出狱，叹道：“吾尝将百万军，然安知狱吏之贵乎！”(《史记·绛侯周勃世家》)东汉也是“掠拷多酷，惨苦无极”。魏晋南北朝时刑讯逐步规范化。如北魏规定，对年满五十以上者不得刑讯，体弱者可酌减，而且对拷打的数额和刑具都作了限制。唐代对刑讯的限制更严，对非法刑讯的官吏要严加惩处。《唐律疏议·断狱律·讯囚察辞理》：“诸应讯囚者，必先以情，审察辞理，反复参验。犹未能决，事须讯问者，立案同判，然后拷讯。违者杖六十。若赃状露验，理不可疑，虽不承引，即据状断之”；又《拷囚不得过度》：“诸拷囚不得过三度，数总不得过二百。杖罪以下不得过所犯之数。拷满不承，取保放之。若拷过三度及杖外以他法拷掠者，杖一百。杖数过者，反坐所剩。以故致死者，徒二年”。但实际上这些规定得不到真正执行。非法刑讯、法外施暴的现象层出不穷，合法的刑讯仅成例外。但实际上，这些规定得不到真正的执行，非法刑讯、法外加诛的现象层出不穷，合法的刑讯反成为例外。至于周兴、索元礼、来俊臣那样的酷吏，更采用各种酷刑来制造冤狱。

明代法外刑讯更为惨烈，明吕坤《刑戒》总结出一套刑讯的方法。如“五莫轻(随意)打：宗室莫轻打，官莫轻打，生员莫轻打，上司差人莫轻打，妇人莫轻打”；“五且缓打：我怒且缓打，我醉且缓打，我病且缓打，我不见真且缓打，我不能处分且缓打”；“三应打不打：尊长该打，为与卑幼讼，不打，百姓该打，为与衙门人讼，不打，工役铺行该打，为修私衙或买办自用物，不打”；“三禁打：禁重杖打，禁从下打，禁佐贰非刑打”。其仁爱之义又如何掩得了一个打字！可见明代刑讯适用十分普遍。直至清朝，非法刑讯依然盛行。面对刑讯，历史上亦不乏批评之声。

首先反对刑讯的是西汉的路温舒。他在汉宣帝时曾上书道：“夫人情安则乐生，痛则思死，捶楚之下，何求而不得！(《汉书·路温舒传》)要求废止刑讯。南北朝时，梁朝实行"测囚"之法，即将囚犯鞭笞之后令其戴上刑具站在仅容两足的土垛上。当时范泉建议"分其刻数"，限定罚站时间。周弘正支持此意见。他认为："凡大小之狱必应以·情正言，依准五听(辞听、色听、气听、耳听、目听)，验应虚实，岂可全凭拷掠以判刑罚?"否则，"重械之下，危堕之上，无人不服，诬枉者多"。《陈书·沈洙传》在刑讯问题上有两个皇帝值得一提；一个是宋太祖赵匡义他曾下诏："自今系囚如证佐明白而捍拒不伏合讯掠者，集官属同讯问之，勿令胥吏拷次"。(《文献通考·刑考》)另一个是金世宗完颜雍。他曾慨叹道："篓楚之下，何求不得？奈何鞫狱者不以情求之乎?"(《金史·刑法志》)两个皇帝都有重视证据的意思。清末两江总督刘坤一和两湖总督张之洞在《第二次会奏变法事宜疏》中批评当时的刑讯："敲扑呼号，血肉横飞，最为伤和害理，有悖民牧之义。地方官相沿把久，漠不动心。拟请以后除盗案、命案证据已确而不肯供认者准其刑吓外，凡初次讯供时及牵连人证断不准轻加刑责。"这两位洋务派领袖对刑讯的态度是有所限制而不是彻底废除。

鸦片战争后，在"领事裁判权"的刺激下，禁止刑讯的呼声日高。沈家本主持拟成的《大清刑民事诉讼草案》也规定禁止刑讯。中华民国成立后，明令禁止刑讯。孙中山先生就任临时大总统后不久便宣布："不论行政司法官署及何种案件，一概不准刑讯，鞫狱当视其证据之充实与否，不当偏重口供。"[①]终于在法律规定上给古老的刑讯制度划上了句号。

刑讯制度为什么与集权官僚制度同生共存，自有其历史文化原因。

---

① 《大总统令内务司法两部通饬所属禁止刑讯文》，《辛亥革命资料》，中华书局1961年，第215页。

第一，在官僚政体之下，地方长官兼理审判。而且是行政长官一个人审判，刑名师爷只是个专业顾问。案子如何审理，全靠长官一人定夺。审判事务处理得优劣，与地方长官的政绩息息相关，并直接决定其升贬。审对了，理当如此。审错了，就要丢掉乌纱帽。因此，在审判当中，地方长官的心态是十分紧张的，生怕把案子审错，毁了前程。而最可靠最令人放心因此也最能排斥他人非议的，莫过于让被告人自己承认自己犯罪。于是，口供就成为了最有价值的东西。为了获得口供，不惜采取刑罚的手段。一旦获得了口供，就万事大吉了。

第二，古代为王朝地广人众，交通不便，获取证据比较困难。原告提出诉求，却举不出相应的证据，按理应驳回其起诉。但这样一来，地方舆论就会嘲笑长官无能，断狱无方。如果众多案件长期破不了案，不仅无辜受害的善良百姓会心存不满，他们甚至还会四处伸冤举报，这位地方官的政绩就成问题了。当然历史上也有不少聪明智慧的地方官，运用巧妙的方法，甚至扮作平民，私访乡里，获取证据。但是地方长官兼理吏、户、礼、兵、刑、工，不容得为一件案子耗费大量功夫，倒不如用刑讯迫人招供画押来得简便快捷。

第三，在古代官僚头脑里，有罪推定的意识根深蒂固。在古代社会，虽然儒家思想成为官方正宗学术，但实际上法家的思想影响更深。法家认为人都是自私自利"好利恶害"的，违法犯罪者更是如此。对这种人不要怜惜，要严刑酷罚。从而使犯了罪的人不敢再犯，使没有犯过罪的人望而生畏。因此，一旦有人被指控违法犯罪，就要以有罪看待之。不招供，就是狡诈顽抗。不用刑讯威迫之，他怎能老实承认呢？于是，"与其杀不辜，宁失有罪"的古老格言被抛到九霄云外。

第四，为了维护王朝的稳定，以确保其代代传递下去，必须有一套迅速有效的统治手段。朝廷当中如有大臣谋反，民间若有盗贼匪患，常有皇帝下诏严惩不贷，要求迅速破案处决，以期令天下臣民不敢效法，以达到一般预防的目的。刑讯就是适应这种需要的好手段。特别是，在政治派系你死我活的残酷斗争中，刑讯又成为排除异己、巩固权力的有效手段。刑讯作为酷刑的集中表演，足以使人不敢违法犯罪，时时处在恐惧之中。面对王朝的稳定大局，在官僚群体的既得利益面前，搞些冤假错案，伤害些无辜善良又算得了什么呢？

第五，我国古代社会虽标榜孔孟的"仁德"、"爱民"之类，但这种政治伦理理想，一方面在官僚们日常琐碎的政务当中显得黯然失色，另一方面又因为缺少宗教信仰的支持而显得毫无生气。南宋时，不少官僚受佛教"因果报应"、"六世轮回"之说的影响，对囚徒每存善念，对罪犯每施宽贷，以求来世善报，从而受到朱熹的严厉批评。我国自古以来的观念，是唯敬其祖，唯亲其族，不及其余的。所谓"非我族类，其心必异"。(《左传·成公四年》)间或又有华夷之辨，视四陲之族为异类，不与同中国。视农民起义为暴乱之盗贼，于盗贼又有何怜悯之情。加之文化传统中素来缺少人人平等，人人均来自至上神的观念，因而缺少人对于人的普遍同情心。在彼此隔绝、缺少交往的农耕社会，人与人的亲密关系仅限于血缘亲属。故"非其鬼而祭之，谄也。"(《论语·为政》)儒家倡导的"老吾老以及人之老，幼吾幼以及人之幼"的美妙说教，只是令人向往的至善境界，因缺少实现的途径而影响甚微。这种因缺乏人类同情心而形成的藐视人格尊严的冰冷心态，也是酷刑和刑讯得以存在的文化心理原因。

刑讯往往与酷吏携手同步。刑讯助长酷吏的权威，酷吏因刑讯而显名。酷吏在秦汉以后出现并延续并不是偶然的现象。一个王朝，当它不能从历史文化传统中去获得权威性、合法性和人民自觉服从之际，往往更倾向于寄托暴力。酷吏群体所秉持的价值观念可以从先秦法家文化中找到原型。可以说，酷吏既是古代集权政治的产物，也是先秦法家思想的极端实践者。纵观我国正史，虽有未立酷吏列传之名者，而酷吏之行则史不绝书。其中,最突出的表现就是刑讯。自秦汉及至近代以后,刑讯现象不绝如缕,一旦源于诏狱,则更是有恃无恐,无所不用其极。此乃官僚政治之一大毒瘤也!

在建设社会主义法治国家的今天,刑讯或变相刑讯之事件时有发生。防止刑讯的发生,除了制度建设之外,思想文化建设也十分重要。政法队伍是国家法律和人民利益的保护者。在政法队伍中树立重视人权的观念,注重程序的观念,疑罪从无的观念,是最为有效的一道防线。古老的《夏书》所谓"与其杀不辜,宁失不经",(《左传·襄公二十六年》)"哀敬折狱","五刑之疑有赦",(《尚书·吕刑》)这些古老的训诫之辞,对我们仍然具有重要而现实的启迪意义。而刑讯尽绝之时,正是国民权利树立之日,此亦我国法律文化建设之一大进步也!

八、法家法律文化与罪刑法定

战国秦朝期间,在法家"法治"理论的指导下,秦始终重视立法活动,逐步形成了"诸产得宜,皆有法式","天下事无大小皆决于法"(《史记·秦始皇本纪》)的成文法格局。为了确保法律的统一,秦朝采取了两个办法:一是把法律条文制定得十分详细,避免出现歧义;二是要求官吏严格依法办案,不得自作主张。法家又主张制定公布成文法,以此来杜绝以往的习惯法或判例故事,统一人民的言论行为。法家主张进行法律宣传,让"妇孺皆知"法律,使"吏不敢以非法遇民","民不敢以非法干法官"。(《商君书·定分》)从《睡虎地秦墓竹简》可以看到,秦律对罪名、刑罚做出详细的规定。而且特别规定了"失刑罪"、"不直罪"、"纵囚罪",以规范法官的职务行为。有鉴于此,如果从中引出"罪刑法定"的刑法原则应当是符合逻辑的。

与罪刑法定相联系的是"法不溯及既往"原则。《韩非子·定法》

说:“晋之故法未息,而韩之新法又生;先君之令未收,而后君之令又下。申不害不擅其法,不一其宪令,则奸多。”在这里,韩非在强调法律在时间上地域上的统一性的同时,也间接涉及了法律的时效问题。《管子·法法》:“令未布而民或为之,而赏从之,则是上妄予也;令未布而罚及之,则是上妄诛也。”杜绝“妄予”、“妄诛”的唯一办法是依法赏罚,而依法赏罚的前提是有法可依。又如《睡虎地秦墓竹简·法律答问》有:“或以赦前盗千钱,赦后尽用之而得,论何也?毋论。”[①]有人盗窃千钱,赦令颁布后将钱挥霍,后被缉拿,如何论处?回答是:不予论处。其原因是赦令已颁,不视为犯罪。实际上“从另一方面体现了刑法无溯及以往的效力。”[②]

汉代继承了秦法的精神,如汉律规定:“犯法者,各以法时(犯法之时)律令论之,明有所讫(止)也。”(《汉书·孔光传》)“更加明确规定了刑法没有溯及以往的效力。”[③]

晋朝时刘颂又强调:“律法断罪,皆当以律令正文,若无正文,依附名例断之,其正文名例所不及,皆勿论。法吏以上,所执不同,得为异议。如律之文,守法之官,唯当奉用律令。至于法律之内,所见不同,乃得为异议也。今限法曹郎令史,意有不同为驳。唯得论释法律,以正所断。不得援求诸外,论随时之宜,以明法官守局之分。”(《晋书·刑法志》)

《唐律·断狱律》:“诸断罪皆须具引律、令、格、式正文,违者笞三十;”“诸制敕断罪,临时处分,不为永格者,不得引为后比。若辄引,致罪有出入者,以故失论。”《宋刑统·断狱律》规定与唐律同。《大明律例·断罪引律令》:“凡断罪皆须具引律令,违者笞三十;”“其特旨断罪、

---

① 《睡虎地秦墓竹简》,文物出版社 1978 年,第 167 页。

② 栗劲:《秦律通论》,山东人民出版社 1985 年,第 179、180 页。

③ 同上书,第 183 页。

临时处治不为定律者，不得引比为律。若輙引比，致罪有出入者，以故失论。”《大清律例·断罪引律令》：“凡断罪，皆须具引律例，违者笞三十；”“其特旨断罪、临时处治不为定律者，不得引比为律。若辄引比，致罪有出入者，以故失论。”可见，法家“罪行法定”的思想和秦律关于“失刑罪”、“不直罪”、“纵囚罪”的规定被后世法律所继承。

法家所提倡的“罪行法定”思想与成文法携手而来。这种思想和制度是对西周春秋“议事以制，不为刑辟”，“刑不可知，威不可测”（《左传·昭公六年》及疏）的“判例法”的总体否定，也是对传统风俗习惯的否定。尽管其目的是加强对官僚群体职务行为的控制，而不是为了维护人民的权利，同时，与西方近代西方理论只是形似而神异，但是，这种思想和制度在一定程度上是对统治阶级罪刑擅断的一种制约，多少有利于对人民利益的保护，因此，其进步意义值得肯定。

应当注意，法家的“罪刑法定”思想并没有完全体现在秦律当中。因为秦律中还有“廷行事”，这是比附类推的结果。这种制度充分体现了皇权对司法的支配。这一特征也被后世法制所延续和发展。秦汉以后，由于皇帝具有最高司法权，他可以对案件临时裁断。同时，由于判例的创制和适用，都从不同角度冲决“罪刑法定”的原则。“中国旧时代的法律，在法律的适用方面，并不能贯彻绝对的法定主义，”“古代君主法官恣意擅断的记录，在文献中屡见不鲜。”但是，“中国的法定主义思想，早在公元前4世纪乃至前2世纪的周末秦汉时代就已产生，”“也就是说，与欧洲近代刑法理论类似的观点，中国在一千多年以前的公元3世纪已经原则采用，并制定为法律了。”①清末修律期间，清政府公布了日本法学家冈田朝太郎等起草的《大清新刑律》，首次采用“法无明文规

① ［日］仁井田陞：《唐律的通则性规定及其来源》，《日本学者研究中国史论著选译》（第八卷），刘俊文：《法律制度》，中华书局1992年，第108、103、104页。

定不为罪”的“罪刑法定”原则。我国1979年制定的刑法典保留类推制度,实行罪刑法定与类推制度相结合的原则,对刑法分则没有规定的犯罪,比照刑法分则最相类似的条文定罪,报最高法院核准。1997年,我国的刑法典经过修订以后,取消了类推制度,实行罪刑法定原则。

九、法家法律文化与法官职责

“法官”一职最早见于《商君书·定分》:“天子置三法官,殿中置一法官,御史置一法官及吏,丞相置一法官。……吏民(欲)知法令者,皆问法官。”商鞅所谓“法官”实即以管理法律文件、研究法令之所谓、解答法律咨询为业务的“主法令之吏”。而广义的“法官”是司法官吏。“法官”的职责是严格依法断案。在对方官吏兼理司法的体制下,“法官”的职责也就成了地方官吏的职责了。

在《睡虎地秦墓竹简》中,有些规定是专门为“法官”制定的。现简述如下:

首先,是“久系”罪。《秦律十八种·司空》:“所弗问而久系之,大啬夫、丞及官啬夫有罪”。对那些因犯罪赎免而在官府服劳役的人,管理者如果不加讯问而长期加以拘禁的,大啬夫、丞及官啬夫有罪。

其次,是“不直”罪。“不直”即不公正,是“恶吏”的表现之一。“恶吏”的表现包括“不廉”、“无公端之心”、“喜争书”等等。《法律答问》:“甲有罪,吏知而端重若轻之,论何也?为不直”。甲有罪,吏知道他的罪行而故意从重或从轻判刑,应如何论处?应以不直罪论处。《法律答问》:“论狱何谓不直?”“罪当重而端轻之,当轻而端重之,是谓不直。”判案怎样是不直?罪重而故意轻判,罪轻而故意重判,是不直。

第三,是“纵囚”罪。《法律答问》:“何谓纵囚?”“当论而端弗论,及易其狱,端令不至,论出之,是为纵囚。”应论罪而故意不论罪,减轻案情，故意使案情达不到判刑标准而判决无罪的，是纵囚。

第四，是依法“刑讯”。《封诊式》：“治狱，能以书从迹其言，毋笞掠而得人情为上，笞掠为下，有恐为败。”审理案件，以依据口供发现真情不用刑讯为上策，以刑讯为下策，之所以这样评价是因为担心制造错案。

秦律关于法官职责的规定得到严格实行。据《史记·秦始皇本纪》载，三十四年，将治狱不直者贬筑长城及南方越地。秦律关于法官职责的规定虽然还不十分完善，但是，与以往“判例法”时代相比，已经揭开了司法专业化的序幕。

“汉承秦苛法之后，慎狱恤刑，与民更始。高景之诏，尤于疑狱郑重言之，而以宽为先务。”（《历代刑法考·汉律摭遗六》）汉律有关断狱的不直、出罪、故纵之条，盖皆取诸秦律。

古代法官的职业化的完善，集中表现在法律规定当中。其最典型者是《唐律疏议》的《断狱》。《断狱》凡 34 条。现简述如下：

首先，是依法拷讯。《讯囚察辞理》规定，法吏须事先审察辞状，反复参验，验诸证信，仍不首实者，然后拷讯。违者杖六十。《拷讯不得过三度》规定，拷讯不得过三度，总数不得过二百，限满不首，取保放之。《决罚不如法》规定：“诸决罚不如法者，笞三十，以故致死者，徒一年。”决罚指笞杖之罚。《拷决孕妇》规定，妇人未生产而拷决者，杖一百。产后未满百日而拷决者，减一等。

其次，是依告状鞫狱。《依告状鞫狱》规定，“诸鞫狱者，皆须依所告状鞫之，若于本状之外，别求他罪者，以故入人罪论。”

第三，是断罪须引律令格式。《断罪不具引律令格式》规定：“诸断罪皆须具引律令格式正文，违者笞三十。”《辄引制敕断罪》规定：“诸制敕断罪，临时处分，不为永格者，不得引为后比。若辄引，致罪有出入者，以故失论。”

第四，是出入人罪。《官司出入人罪》规定：“诸官司入人罪者，若入全罪,以全罪论。从轻入重,以所剩论;""其出罪者,各如之。"

第五,狱结竟取服辩。《狱结竟取服辩》规定:"诸狱结竟,徒以上,各呼囚及其家属,具告罪名,仍取囚服辩。若不服者,听其自理,更为审详。违者笞五十,死罪杖一百。"

第六,疑罪以赎。《疑罪》规定:"诸疑罪,各依所犯,以赎论。即疑狱,法官执见不同者,得为异议,议不过三。"

古代法律关于法官职责的规定,是长期司法实践经验是总结,也是司法规律的体现。这些规定,对法官群体的职业行为无疑是一种约束和指导,对皇帝而言,也具有一定的制约作用。在司法领域,皇帝并非可以为所欲为。

十、法家传统与混合法

法家崇尚成文法。但是,成文法本身具有先天的弊端——它既不可能包揽无遗,又不可能随机应变,于是就产生了判例制度。这种判例在秦朝被称作"廷行事"。《睡虎地秦墓竹简》"廷行事"凡九见。尽管今天还没有发现"廷行事"在具体审判中被引用的史料,但在判案遇到法无明文规定的情形,"廷行事"应当起着重要参考价值。从《秦简》来看,当时的判决先例有两种:无形的判决先例和有形的判决先例。无形的判决先例数量极大。大都是因为法无明文规定而比照最相类似的条文作出的判决。如"臣强与主奸"比"殴主";"殴高大父母"比"殴大父母。"①这些判决本应属于判决先例,但是,由于该判决先例已经上升为成文法条了,原先的判决先例就被隐去了。有形的判决先例即"廷行事",秦简中"廷行事"凡9件,"行事"1件。其中,法无明文规定而做出

① 《睡虎地秦墓竹简》,第183、184页。

判决的有六件，如门扇不严致谷物流出，罚一甲。[①] 虽有明文规定却未按规定做出判决的有三件。如对诬告者依法应罚一盾，而廷行事却罚二甲。[②] 这样就隐去了判决先例而直接形成成文法条，这种工作程序实即后世的“比附”、“类推”；而有形的判决先例先被创制出来，以后再被适用于同类案件审判的工作程序，即后世的“援引”。诚如陈顾远谓："比系以律文之比附为重，例则以已有之成事为主，是其所异。”[③]可以说。秦法律制度是后世“比附援引”的滥觞。可以说，在秦朝法制中已经出现了成文法与判例制度相结合的混合法的萌芽，从而实践了荀子的名言：“有法者以法行，无法者以类举。”(《荀子・王制》)而荀子的理论正是在吸收以往的判例法并纠正战国时成文法之不足的基础上形成的。

西汉以后，历朝均制定法典，如《汉律》、《魏律》、《唐律》、《宋刑统》、《元典章》、《明律》、《清律》等等。汉以后的历代法制也在一定程度上继承了先秦法家“罪刑法定”的基精神。由于法典在制定、修改方面受到各种条件的限制，为适应新形势，历代王朝还制定大量法令，与法典效力相等或优于法典。但是，由于成文法的局限性，即“三尺律令，未穷画一之道”，(《晋书・刑法志》)“刑书之文有限而外违之故无方。故有临时议处之制，诚不能皆得循常也”。(《隋书・刑法志》)因此，在特殊情况下，应结合具体案件，运用统治阶级的法律意识和政策精神做出判决，是为判例。这种判例既是司法的结果，又是新的立法，即“有作于新名”。它的价值在于：一、为后来的审判所援引，以弥补立法之不足；二、为发布较抽象的法令和法典修纂创造条件。这样，相对稳定的成文法典、应变而生的判例和源于判例的法令三者循环往复，未有穷期。判例

① 《睡虎地秦墓竹简》，第169、175、215、216页。

② 同上书，第167、180、214、220页。

③ 陈顾远：《中国法制史概要》，台北三民书局1964年，第90页。

的表现形式比较丰富,如汉代及后世的“春秋决狱”、“决事比”、“故事”、“法例”、“断例”、“例”等等。即在审判中遇到法无明文规定者,则依据统治阶级的法律意识、法律政策予以裁处,于是形成案例。案例经国家核准,具有与成文法典同等的效力,即“法所不载,而后用例”。(《大学衍义补·定律令之制》)

经过长期实践,成文法和判例的适用逐渐制度化。《唐律疏议·断狱律》规定:“诸断罪皆须具引律令格式正文,违者笞三十。”疏议曰:“犯罪之人,皆有条制,断狱之法,须凭正文,若不具引,或致乖谬。”故“曹司断狱,多据律文,虽情在可矜而不敢违法,守文定罪,或恐有冤。”但是《唐律疏议·名例律》又规定:“诸断罪无正文,其应出罪者则举重以明轻,其应入罪者则举轻以明重。”这是适用类推的原则。又《唐律疏议·断狱律》:“诸制敕断罪临时处分不为永格者,不得引为后比。若辄引致罪有出入者,以故失论。”疏议曰:“事有时宜,故人主权断,制敕量情处分不为永格者不得引为后比。”又《唐律疏议·职制律》:“诸称律令格式不便于事者,皆须申尚书省,议定奏闻,若不中议辄奏改行者,徒二年。”可见,在唐代,在无律令格式正文的情况下,可以适用类推或援引经过国家审核批准的判例。不仅如此,唐律还创立了律例合典的法律文献编纂模式。

“混合法”是“成文法”与“判例法”的统一。当成文法典宜于社会实际时,往往推崇“成文法”而排斥判例的创制与适用;成文法典尚未出现或现行法典明显不宜于社会生活时,则创制和适用判例,以此指导全国的司法活动。判例积累到一定程度,经国家加工后上升为法条。以统治阶级法律意识为核心,“成文法”与“判例法”周而复始,循环运动。

“混合法”的直观表现形式是:法条与例文合为一典,即在成文法条下面罗列许多例文(其中有的即源于案例)。例文是可以随时产生的,这就克服了成文法的僵化和笼统的缺欠。在“混合法”当中,判例制度最具有活力。

中国的“混合法”传统一直延续到近代。民国初期，在法律或缺的特殊背景下，大理院的法官们勇敢地创制适用判例，形成大量的判例和解释例，有效地维护了社会秩序。据不完全统计，自 1912 年至 1927 年，大理院汇编的判例有 3900 多件，公布的解释例有 2000 余件。[①] 以后，成文法与判例相结合，构成了比较完善的六法体系。当时的法规如《司法院组织法》、《法院组织法》、《最高法院处分规则》等，对判例的选择、公布、修定等事项都作出了具体规定。[②]

中国古代的混合法除了成文法与判例法相结合以外，还包括法律规范与非法律规范相结合。在国家法律鞭长莫及的领域，那些非法律规范如家法族规、行业习惯等曾经发挥着实际的作用。[③]

结语　法家法律文化与中华法系

没有法家法律文化就没有中华法系。法家始终坚持的“以法治国”，包括维护统一集权的君主政体、郡县官僚制度、妇孺皆知的成文法、忠于国家法律的劲士精神、律令与廷行事相结合的混合法、法律注释、宣传、教育等等，都成为中华法系的有机组成部分。

中华法系从来就没有死亡。这是因为，中华法系所独有的与西方个人本位相对应的集体本位精神和混合法传统一直延续到近现代。中国古代的混合法是中华法系是中华民族智慧和人类法律实践活动内在规律的体现，是中华法系区别于西方大陆法系、英美法系的最典型的特征。中国古代的判例法自然不同于英美，但是也存在形似之处。故中

---

① 肖永清：《中国法制史简编》（下），山西人民出版社 1982 年，第 193 页。

② 武树臣等：《中国传统法律文化》，北京大学出版社 1994 年，第 656—659 页。

③ 武树臣：《中国传统法律意识批判》，《烟台大学学报》1988 年第 2 期。

华民国最高法院院长、司法院院长居正说:“中国向来是判例法国家,甚似英美法系制度。”[①]而中国古代的混合法最初萌芽于秦朝,它是暂短的秦朝留给后世最有价值的法律文化遗产。

我们对中华法律文化进行梳理,目的是通过选择和扬弃总结历史经验,为当代中国法治实践提供合理性的论证。面对中国古代的法律文化成果,我们大可不必自惭形秽、自愧弗如。在没有充分掌握大量中国古代法律史料之前,就认为中国古代法律文化漆黑一片、毫无价值,这种学风既不客观科学,还会贻害青年。“法治”在本质上不是理论的,而是实践的,不是个人的,而是国家的。而古老的法律文化传统早已植入人心。“我们是在历史的中国建设社会主义法治的,读懂中国法律文化传统和国情,是一门必修课;同时,我们又是在世界的中国建设社会主义法治的,借鉴域外优秀法律文化成果,是一门必选课。只有这样,我们才有效推动法治国家建设进程,最终走上与人类法律实践活动同步发展的道路”。[②]

---

① 居正:《司法党化问题》,《中华法学杂志》1935 年第 32 卷第 10 号。见居正:《法律哲学导论》,商务印书馆 2017 年,第 22 页。

② 武树臣、武建敏:《中国古代法学实践风格的理论诠释》,《浙江大学学报》2013 年第 5 期。

第二十六章　法家法律文化与古代法律文献

在传统的重礼轻法、重德轻刑观念的影响下,《四库全书》的编纂者在编辑《史部·政书类·法令》、《职官类·官箴》、《子部·法家类》时,是极为"吝啬"的。主编纪昀在《政书类·法令之属》按语中说:"刑为盛世所不能废,而亦盛世所不尚。兹所录者,略存梗概而已,不求备也。"故仅录《唐律疏议》和《大清律例》二部。而《子部·法家类》也仅录二十三种。这种指导方针对于中国古代法史文献的保存和研究无疑是不利的。但是《子部·法家类》对法史文献的选择,又是颇具匠心的。大体上录有四类:一是私人学术著述,如《管子》、《邓析子》、《商子》、《韩非子》;二是律学文献,如《刑统赋》、《读律佩觽;三是官箴类,如《巡城条约》、《风宪禁约》;四是谳学(审判)类,如《折狱龟鉴》、《棠阴比事》;五是判牍类,如《名公书判清明类》、《王恭毅驳稿》。可见,《四库全书》编辑者心目中的"法家"类文献,是甚为广泛的。不仅有思想家的著述,还有律学、吏学、谳学文献。涉及立法、法律解释、法律适用、为官施政、司法审判等各个方面。中国法史学可以划分为五个方面:法学、法典、律学、吏学、谳学。中国法史学文献浩如烟海,若依此四方面整理研究,或有裨益。

一、中国古代的法学文献

与西方不同,中国历史上确切意义上的法学家和纯粹法学著作是罕见的。但这并不意味着中国古代无法学，也不等于说中国古代法学天然落后。关键是要从中国历史的实际情况出发来把握和研究。

中国古代法学指中国古代人们关于法这一社会现象的一般见解和理论评价，近似于今天的法理学或法哲学。包括：法的概念、特征、起源、社会功用，法与国家权力的关系，法与道德的关系，法与天道（自然规律）的关系，法与人性的关系，立法基本原则，变法理论，法与君权，“法治”与“人治”，犯罪的原因与预防，等等。

中国古代法学几乎是与法这一特殊社会现象同时诞生、同步发展的。那些凭着人们口耳相传得以保留的远古史事，以及人们约定俗成的观念，待到文字出现时，便通过文字的结构真实地表现出来。古代的“法”、“刑”、“礼”、“律”、“刑”等字，无不以象形文字的优越性，凝聚了古人对法这一社会现象的见解。在商周时代，官方典册记载了当时统治者对法一般原则的理解和主张。春秋战国时代，百家争鸣。思想家们在论述其政治、社会主张时，也谈到法。特别是法家，他们对法的研究是空前的。西汉以后，儒家思想居统治地位，法学研究受到一定压抑。但在大量文献中，包括个人的文集、奏章、官修史书、类书等，都保留了法学的丰富内容。

中国古代法学的主要特点是：一是，朴素唯物主义和无神论精神。在夏商西周时，神权思想曾居支配地位。但自西周初期开始，神权思想的影响逐渐弱化。春秋战国以后，其影响力甚微。从而使朴素唯物主义无神论精神成为中国古代法学有别于其他古老民族的一大特点；二是，“亲亲”、“尊尊”的伦理差异精神。宗法伦理道德的影响极大地支配着人们的思考，使中国古代的法学基本上没有跳出“礼”的范围，这就使中国古代法学带有先天的滞后性；三是，立足于解决实际问题的现实主义精神。中国古代思想家、政治家总是出于解决现实社会中的法律问题来讨论法的，这就使中国古代法学带有凝重的现实主义色彩。同时，过分拘泥于实践，也带来轻视哲学本体论的副作用，其结果是法学理论的思辨精神淡薄，理论层次不高。

中国古代法学资料保存在十分广泛的册籍之中，如《周易》、《尚书》、《礼记》、《周礼》、《仪礼》、《逸周书》、《左传》、《国语》、《论语》、《孟子》、《荀子》、《墨子》、《老子》、《庄子》、《商君书》、《慎子》、《申子》、《韩非子》、《管子》、《吕氏春秋》，还有历代正史《刑法志》、《礼乐志》、《食货志》、《列传》，私人文集（如明丘濬《大学衍义补》）、奏议（如《历代明臣奏议》），及类书（如《古今图书集成·经济汇编·祥刑典》）、丛书（如《丛书集成初编》）中有关刑法的部分，等等。

二、中国古代的法典文献

此处所谓"法典"指国家基本法典或曰刑事法典，"法典文献"即指此类文本材料。广义的"法典文献"还应当包括先秦时代的判例、故事，秦汉以后的律典、令、敕、格、式等国家法律规范。

中国古代成文刑法产生于春秋战国，其粗略轨迹为：子产刑书三篇、赵鞅刑鼎四篇、李悝法经六篇。[①] "商鞅传《法经》，改法为律，律之名，盖自秦始。"[②]据《睡虎地秦墓竹简》，秦律有《田律》、《仓律》、《金布律》、《工律》等30余种，此外，《秦律杂抄》还涉及更多律名。

西汉初，朝廷或以秦法酷烈未便采用，故直接沿用法经。《晋书·刑法志》："萧何定律，除参夷连坐之罪，增部主见知之条，益事律兴、厩、户三篇，合为九篇。"《唐律疏议》亦谓："汉萧何更加悝所造户、兴、厩三篇，谓九章之律。"

---

① 王宏治：《历代法典说略》（上），燕山出版社2008年，第61页。

② 程树德：《九朝律考》，中华书局1963年，第11页。

魏时陈群等奉诏，傍采汉律，增劫掠、诈伪、毁亡、告劾、系讯、断狱、请赇、惊事、偿赃等九篇，为新律十八篇，改汉具律为刑名，列为首篇。

晋时命贾充等增损汉魏律为二十篇：刑名、法例、盗律、贼律、诈伪、请赇、告劾、捕律、系讯、断狱、杂律、户律、擅兴律、毁亡、卫宫、水火、厩律、关市、违制、诸侯。

梁时蔡法度奉诏修律，定为二十篇：刑名、法例、盗劫、贼叛、诈伪、受赇、告劾、讨捕、系讯、断狱、杂、户、擅兴、毁亡、卫宫、水火、仓库、厩、关市、违制。

北魏时常景奉诏修订北魏律，凡十五篇：刑名、法例、宫卫、违制、户、厩牧、擅兴、贼、盗、斗、系讯、诈伪、杂、捕亡、断狱。

北周时赵肃、拓跋迪奉诏修订北周律，凡二十五篇：刑名、法例、祀享、朝会、婚姻、户禁、水火、兴缮、卫宫、市廛、斗竞、劫盗、贼叛、毁亡、违制、关津、诸侯、厩牧、杂犯、诈伪、请赇、告言、逃亡、系讯、断狱。

唐代长孙无忌、房玄龄等奉诏修订唐律，凡十二篇：名例、卫禁、职制、户婚、厩库、擅兴、贼盗、斗讼、诈伪、杂律、捕亡、断狱。

宋代窦仪奉诏修订宋律，名为《宋刑统》，凡十二篇：名例、卫禁、职制、户婚、厩库、擅兴、贼盗、斗讼、诈伪、杂律、捕亡、断狱。

元代官修元律，名为《大元圣政国朝典章》，首开六部格局。凡八部分：朝纲、台纲、吏、户、礼、兵、刑、工。

明代刘惟谦等奉诏修订明律，篇目一准唐律为十二篇。后减为七篇：名例、吏、户、礼、兵、刑、工。并附例文，称《大明律例》。

清代官修《大清律例》，凡七篇：名例、吏、户、礼、兵、刑、工。并附例文。

综上，刑律为历史诸朝法律体系中的重要部分，是国家管理社会生活、界定犯罪行为并进行刑罚制裁的法律规范。除了刑律之外，历朝还制定大量的规范政府机构管理行为的行政法律，如《唐六典》、《明会典》、《清会典》等。其中包括丰富的经济领域的法律法规。清末修律，模仿大陆法系，编纂新式法律，如《大清新刑律》、《大清民律草案》、《刑事诉讼律草案》、《民事诉讼律草案》，开始了中国法律体系近代化的历程。

三、中国古代的律学文献

律学又称为“刑名之学”、“刑学”。中国古代律学是十分发达的。这是因为，在古代社会，法律或曰律典具有“常经”的地位，在国家管理中发挥着重要作用。为保证司法在时间上空间上和质量上的统一性，一种讲求“法条之所谓”的官方学问就必然经久而不衰。

就狭义的角度而言，讲求“法条之所谓”的律学是与成文法同时产生并同步发展的。因为律学是研究具体的法律原则、名词术语之概念、特征及量上的规定性的学问。律学与立法解释、司法解释是分不开的。立法解释重在阐述法条的宗旨，而司法解释则重在解决法条对具体案件的适用问题。律学成果作为成文法律的附属物，一方面扩充了法，一方面解决了由于成文法条的抽象性，具体案件的多样性所带来的“危机”。它是为着解决具体司法问题而产生和发展的。律学作为一种专业知识或技能，构成了司法者正确适用法条的主观条件。

一般而言，有了“法”这一社会现象，也就有了法思想或广义的“法学”。但是，有了法现象，不一定有律学。这是因为，律学是伴随着具体法律原则或法条的问世而产生的。这些具体法律原则和法条从法律实践中被高度抽象出来之后，就出现了在司法中如何理解它把握它的问题，即从抽象还原为具体的问题。如果说成文立法是从具体到抽象，那么，律学就是从抽象到具体。可以说，成文法是律学的母亲。

在夏商西周春秋的判例法（或曰习惯法）中，一个异己的因素产生了，这就是具体的法律原则。它们源于判例又游离于判例。它们一经产生就带有时间上的稳定性。如《左传·昭公十四年》载："《夏书》曰：昏、墨、贼、杀。皋陶之刑也"；《周易·鼎》："覆公餗，其刑渥(剧)；"《左传·昭公七年》所谓"周文王之法曰：有亡荒阅"，楚文王仆区之法："盗所隐器，与盗同罪"；《左传·文公六年》："董逋逃，由质要"，等等。对当时的统治者来说，这些原则或法条是在总结大量判例的基础上抽象而成的，其具体含义也是十分清楚的。可是时代久远之后就不免产生了隔膜，于是不得不通过查找具体判例来重温它的本旨。

春秋战国是成文法产生和定型的时期。《左传·哀公十六年》说："礼失则昏，名失则愆。"当时正是名实相违、新旧交替的时代。郑子产"铸刑书，郑邓析"作竹刑"，晋赵鞅"铸刑鼎"，终于掀起成文立法的大潮。与此同时，以讲求"成文法条之所谓"为内容的律学也应运而生了。当时的"刑名之学"与逻辑学的"形名之学"是同步发展的。《睡虎地秦墓竹简·法律答问》是先秦律学的典范。

在整个集权君主政体时代，特别是在国家政治经济社会稳定发展时期，成文法大体上适宜社会的需要，此间的律学便大为发展。相反，当判例的创制与适用占有很大比重时，律学的发展就受到抑制。这也许是一个规律。如果说汉代律学兼有融合儒学与法家法律之间裂痕的作用的话，那么明清律学便顺着自己本身的规律达到登峰造极的地步。

中国古代律学的第一个特点，是立法者参与律学研究，律学研究与立法活动同步进行。比如晋张斐所著的《律序》，唐长孙无忌等人的《唐律疏议》；第二个特点是官方色彩，即由国家统一支配法律解释工作，如《睡虎地秦墓竹简·法律答问》；第三个特点注重司法实践，许多地方官在总结司法审判经验和教训的基础上，撰写私人性的律学成果；第四个特点是律学研究者的批判精神，他们在律学成果中勇于对立法和司法中的弊病予以批评；第五个特点是律学成果在内容上逻辑上的严谨性。

中国古代律学文献非常丰富，主要有秦代《睡虎地秦墓竹简·法律答问》、晋张斐的《注律表》、唐长孙无忌等人的《唐律疏议》、宋傅霖的《刑统赋》、刘筠的《刑法序略》、王键的《刑书释名》、元沈仲纬的《刑统赋疏》、明刘维廉等人的《明律集解附例》、陈遇文的《大明律解》、明允的《大明律注释详刑冰鉴》、王樵和王肯堂的《大明律例笺释》、何广的《律解辨疑》、缺名辑《律例类钞》、张楷的《律条疏议》、雷梦麟的《读律琐言》、唐枢的《法缀》、缺名辑《大明律直引》、舒化等人的《大明律附疏》、林处楠等人的《新刑精选刑学大成》，清官修《大清律集解附例》、王有孚的《番审指掌》、刘衡的《读律心得》、钱之青的《大清律笺释合抄》、万维翰的《大清律例集注》、《律例图说辨伪》、沈之奇的《大清律辑注》、《大清律例集要新编》、《大清律例刑案汇纂集成》、湖北谳局编的《大清律例汇辑便览》、潘德畬的《大清律例按语》、崇纶等人重编的《大清律例根源》、吴坛的《大清律例通考》、杨荣绪的《读律提纲》、梁他山的《读律琯朗》、王明德的《读律佩觿》、薛允升的《读例存疑》、《唐明律合编》、谢诚钧辑《秋审实缓比较条款》、蔡嵩年的《律例便览》、沈辛田的《名法指掌》、徐文达的《大清律例图说》、费斌的《律例摘要·读律要略》、缺名撰《律例疑义问答》，等等。

四、中国古代的吏学文献

吏学又称幕学、宦学、仕学、牧学、官学、政学，是关于官吏居官施政司法的学问。也是为官经验的总结。它是伴随着职官的专业化而产生的，至集权君主专制时代特别是其后期发展到高峰。吏学作为一种专业素质，构成了官僚机器正常运行的不可或缺的条件。其主要文献是官箴。

中国古代吏学主要涉及以下几方面内容：其一，是为官道德。这是居官的道德要求，包括“心术”、“才识”、“器度”、“敬上”等；其二，是为政要则，即执行公务的政策原则，涉及钱粮、赋税、司法、选举、教化、赈济、市易、农桑、水利、狱政等；其三，是施政技术，包括执行公务的具体方法、技术和诀窍。

中国古代吏学大体上可以分成两个阶段：一是西周春秋时期贵族政体的吏学；二是战国后和整个集权君主政体的吏学。前者如《尚书·吕刑》所谓“五过之疵”，《国语·晋语》所谓“直与博”：“直能端辨之，博能上下比之。”后者如秦代《睡虎地秦墓竹简·为吏之道》所谓：“吏有五善”、“吏有五失”之类。在整个集权君主专制时代特别是其后期，官箴成为一种独立的文体，并在庞大官僚机器的运行中发挥实际的作用。

中国古代官箴有以下几个特点：一是作者的广泛性。即君臣上下均可以制作官箴。历代皇帝亲自制作官箴的不乏其人，而有知识的官僚也常常把自己的实际经验整理出来，以传后世；二是密切联系实际。即官箴内容不尚空谈，完全为着解决施政的实际问题而写；三是内容丰富，涉及居官行政的各个方面；四是文体多样，有语录体、条教体、警句体、集语体；五是文风活泼，带有明显的个人色彩。

中国古代吏学文献除散存于法学文献（如《尚书》中之外，主要集中在官箴类文献里面）。主要有秦代《睡虎地秦墓竹简》中的《语书》、《为吏之道》。汉扬雄的《十二州箴》。唐太宗的《帝范》、武后的《臣轨》。宋陈襄的《州县提纲》、吕本中的《官箴》、李元弼的《作邑自箴》、真德秀的《政经》、《政训》、《谕僚属文》、胡太初的《昼帘绪论》、张镃的《仕学规范》、许月卿的《百官箴》、朱熹的《政训》、徐元瑞的《吏学指南》、张养浩的《御史箴解》、《为政忠告》、《牧民忠告》、《风宪忠告》、《庙堂忠告》。明朱逢古的《牧民心鉴》、吕坤的《实政录》、《明职》、《风宪约附狱政》、《刑政节录》、金忠士的《巡方规吏十要》、丘濬的《大学衍义补》、薛瑄的《从政录》、杨昱的《牧鉴》、祁承的《牧津》、王世茂的《仕学全书》、曾大奇的

《治平言》。清王永吉的《御定人臣儆心录》、滕元鼎的《治经政略》、陆寿名的《治安文献》、刘邦翰的《政刑大观》、蒋伊的《臣鉴录》、李铎的《越州临民录》、戴兆佳的《天台治略》、叶燮的《已畦琐语》、李颙的《司牧宝鉴》、陆陇其的《莅政摘要》、王士祯的《手镜》、郑端的《政学录》、犀照堂主人辑《仕学大乘》、汪杰的《新辑仕学大乘》、吴仪一的《仕的》、李渔的《新增资治新书》、凌铭麟的《新编文武金镜律例指南》、陈弘谋的《从政遗规》、《学仕遗规》、《在官法戒录》、《公门修行录》、邵嗣宗的《筮仕金鉴》、万维卓的《刑钱指南》、万维翰的《幕学举要》、朱子熏的《刑幕要略》、汪辉祖的《佐治药言》、《学治臆说》、《学治续说》、《学治说赘》、《梦痕录节钞》、田文镜等人的《钦颁州县事宜》、缺名撰《折狱便览》、徐栋的《牧令节钞》、《牧令书辑要》、《保甲书辑要》、刘衡的《州县须知》、《从政约言》、《吏治三书》(《庸吏庸言》、《读律心得》、《蜀僚问答》)、高廷瑶的《宦游纪略》、方大的《平平言》、壁昌的《牧令要诀》、余潜士的《居官臆测》、王景贤的《牧民赘语》、戴启肇辰的《求治管见》、《学仕录》、黄六鸿《福惠全书》、王士俊的《吏治学古编》、胡衍虞的《居官寡过录》、王又槐的《钱谷备要》、《刑钱必览》、金缨的《从政约言》、墨池山人的《使事均知录》、(即《衙门通晓》)、王凤生的《学治体行录》、何祖柱辑《赵恭毅公自治官书》、高鹗的《吏治辑要》、金庸的《居官必览》、沈葆桢的《居官主臬》、宋邦德的《明慎录》、兰煦的《政谱》、佚名撰《学治要言》、刘拱宸的《居官慎刑录》、方戊昌的《牧令经验方》、潘的《牧令须知》、陆维琪的《学治偶存》、寿峰的《事宜须知》、觉罗乌尔通阿的《居官日省录》、李车的《言官录》、周炳麟的《公门惩劝录》、缺名撰《公门不费钱功德录》、费山寿的《官幕同舟录》、许之轼的《牧令梯航》、左宗棠的《学治要言》、杨景仁的《式敬编》、刚毅的《居官镜》、李庚乾的《佐杂谱》,等等。

五、中国古代的谳学文献

谳学即断狱决讼之学，主要包括司法审判的理论、原则、经验和技术。从逻辑上谳学可以包括在吏学之中，且又与律学有着某种重迭之处。但由于它有极强的特殊性，故将它独自列为一学。古代谳学是中国传统法律文化的重要成果之一。

中国古代谳学主要由以下三部分组成：首先是审判原理，如纠举式、有罪推定、罪刑法定等等；其次是审判技术，即法官审讯当事人调查案件事实并据以断案的方法；第三是检验技术，包括对证据、犯罪现场、尸伤、疾病等检验和鉴别的技术；第四是状牍制作技术，即制作专门法律文书的方法和技术。

中国古代谳学发端很早，《尚书·吕刑》即有“两造具备，师听五辞，”“中听狱之两辞，无或私家于狱之两辞”，“无僭乱辞”；《周礼·秋官司寇·小司寇》有“以五声听狱讼，求民情”，“用情讯之”；《司剌》有“讯群臣”、“讯万民”、“求民情，断民中”。秦代谳学已发展到相当高的程度。从《睡虎地秦幕竹简·封诊式》所载治狱、讯狱、群盗、穴盗、经死等节可略见一斑。在整个封建社会，谳学发展到十分纯熟的程度。其中，宋代宋慈的《洗冤录》是古代法医学的里程碑。关于审判的原则、方法和技术的总结性内容，在官箴和判牍中随处可见。

中国古代谳学的特点主要是科学性与非科学性并存。这表现在以下几个方面：其一，既强调证据的作用，又主张使用刑讯以取供；其二，在证据检验方面，既有科学经验，又有迷信色彩；其三，既有有罪推定，又有无罪推定因素；其四，既有纠举式，又有当事人主义成分（比如劝原告撤诉）。此外，还可以看到，古代法官在适用法律时，既遵循成文法典，又在特殊情况下以情补法、适用判例；最后，法官分析案情适用法条时的严谨慎重、一丝不苟、善于论驳、勇于争辩的精神，亦跃然于纸上。

中国古代谳学文献除了散见于法法著述之中，且与吏学(官箴)、律学文献相交叉之外，也有相对独立的文体和分类。这主要有三种：一是著述体，即把谳学内容著为书；二是实录体，即真实的判牍或其择要；三是前两者的结合，有录有述。主要有：唐张鹫的《龙筋凤髓判》、白居易的《白氏长庆集·甲乙判》。五代和凝的《疑狱集》。宋桂万荣的《棠阴比事》、郑克的《折狱龟鉴》、朱熹等人的《名公书判清明集》。明吴讷的《棠阴比事续编》、《祥刑要览》、张九德的《折狱要编》、应木的《谳狱稿》、余懋学的《仁狱类编》、竹林浪叟的《萧曹遗笔》、卧龙子的《萧曹致君术》、清波逸叟的《折狱明珠》、野叟的《法家须知》、余员等的《三台明律始判正宗》、佚名撰《比部招议》、王延相的《浚川驳稿集》、张肯堂的《䓣田辞》。清吴天民的《法家新书》、叶世倬的《律例须知》刘衡的《读律心得》、王祖源的《明刑弼教录》、穆翰的《明刑管见录》、伊里布的《学案初模》、刚毅的《秋谳辑要》、《审看拟式》、白如珍的《刑名一得》、吕芝田的《律法须知》、兰鼎元的《鹿州公案》、胡秋潮的《问心一隅》、顾麟趾的《山右谳狱记》、官撰《秋审事宜》、谢诚钧的《秋谳志》、缺名撰《秋审枕秘》、冯钟岱的《秋审琐言》、魏茗虚的《刑部平反节要》、佚名撰《命案要略》、《盗案要略》、《命案论》、《盗案论》、《清讼要言》、刘衡的《刑案汇要》、陈坤的《从政绪余录》、全士潮的《驳案新编》、桑春荣的《秋审比较汇案》、蒋超伯的《爽鸠要录》、李馥堂的《两歧成案新编》、《加减成案新编》、许木等的《刑部比照加减成案》、佚名撰《刑成案》、祝庆祺的《刑案汇览》、《续增刑案汇览》、吴潮等人的《刑案汇览续编》、潘文舫等人的《新增刑案汇览》、北洋洋务局辑的《约章成案汇览》、李之芳的《棘昕草》、蒯德模的《吴中判牍》、李钧的《判语录存》、符翕的《阳山丛牍》、董沛的《汝东判语》、樊增祥的《樊山批判》、孟壶史的《刑案成威》、张光月的《例案全集》、洪弘绪的《成案质疑》、洪彬的《驳案成编》、全士潮的《驳案新编》、佚名撰《行移体式》、《刑幕文法》、杨士骧的《例学新编》,等等。

结语　法律史料承载着法家传统

我国古代的法律文献可谓汗牛充栋,这是古代法律实践活动的结晶。尽管在古代社会主流意识当中,法学仍属旁门左道,为世人君子所罕言,亦登不得大雅之堂,但是,古代法学在维护国家法制正常运行方面起了不可或缺的作用。这和法家法律传统的深厚影响是分不开的。

中国法律史是一个古老的研究领域。改革开放以后,伴随着研究的深入开展,中国法律史又分化为中国法制史和中国法律思想史两个学科。同时又出现中国传统法律文化的新领域。中国法律史研究离不开法律史料。在中国法律史研究领域,任何学术观点和历史评价,都应当以充分把握法律史料为前提。近年以来,中国法史学界出版了大量新史料。比如《中国法制史考证》(15 册)、《中国法制史考证续编》(13 册)、《中国珍稀法律典籍集成》(14 册)、《中国珍稀法律典籍续编》(10 册)、《中国律学文献》(19 册)、《中国古代地方法律文献》(40 册)、《历代珍稀司法文献》(15 册)、《古代乡约与乡治法律文献》(3 册)、《古代判牍案例新编》(20 册)、《历代判例判牍》(12 册)、《古代榜文告示汇存》(10 册)、《中国古代地方法律文献》(40 册)、《历代判例判读》(12 册)、《官箴书集成》(10 册)、《中国监察制度文献辑要》(6 册)、《古代乡约及乡治法律文献》(3 册)等。这些史料的出版不仅为中国法史研究提供了方便,也为中国法史研究的深化提供了保障。只有比较全面地掌握了法律史料,我们才能在定量分析的基础上进行定性分析,对古代法律文化做出客观评价,从而避免只见树木不见森林的片面结论,避免历史文化虚无主义学风。

第二十七章　法家法律文化的遗产及历史地位

一、如何对待法家法律文化

战国时期盛极一时的法家及其“法治”学说，随着秦国统一天下、中国历史上第一个统一的中央集权国家建立而取得了巨大的成功。但是似乎于顷刻之间却因秦朝的迅速灭亡而一落千丈。汉承秦制的同时，却对法家及其学说进行了深刻的批判。秦汉以后，人们高谈儒家经典而罕言法律，视法律刑政为旁门左道，登不得大雅之堂。汉以后历代统治者对法家学说，持实用主义态度：从来不公开提法家，甚至贬斥法家，但却在实践中不折不扣地享用法家学说的成果，贯彻法家的主张。特别是历代科举考试大都以儒家经典为教科书，法家学术被长期冷落，无人问津。

1978 年党的十一届三中全会以来，实行依法治国，建设社会主义法治国家，已经成为现代中国的一项基本方针，成为建设富强、民主、文明的社会主义现代化国家的一个重要目标。党的十八届四中全会对建设法治中国又进行了全面部署。30 多年来，通过加强民主与健全法制的一系列重大举措，中国法律文化建设已经取得了前所未有的辉煌成就，中国正在朝着建设社会主义法治国家的方向前进。今天，面向世界面向未来的中华民族，正冷静地总结过去、思考未来，为中国法律文化的未来描绘一幅蓝图。

在以依法治国为治国方略的今天，面对祖先留下的法家法律文化遗产，我们应持什么态度呢？

首先，不应该割断历史。历史发展的长河是割不断的，今日的中国是历史中国的一个发展阶段。既区别于历史，又与历史保持着千丝万缕的联系。今日具有中国特色的法律文化建设正是以古往今来的中国国情为出发点的。我们不可能将国土抛进大海，更不可能用方外的五色土来重构中原大地。我们必须基于中国现实的国情来制订法律文化建设的总体方案。

其次，不要忘记中国古代法律文化的潜在优势。在世界范围内的法律文化交融之中，首要的问题是不要忘记本国法律文化的优势。在这方面，本世纪初近代中国的第一批法律家在清末法律改革中不是没有留下教训的。清末在西方坚船利炮之下所进行的法律变革由于有西方现成的法律模式可供借鉴，因而中国传统的法律文化往往容易被遗弃。我们不否认，中国传统的法律文化有其致命的缺陷："法治"意识淡漠，法学不发达。清末的法律家沈家本在其《法学盛衰说》中总结了中国古代法学兴衰与政治的关系，指出：法学盛衰与政治成败息息相关，"当学之盛也，不能必政之皆盛，而当学之衰也，可决其政之必衰"；又谓"吾独不解，骫（扭曲）法之人，往往即为定法之人；""自来势要寡识之人，大抵不知法学为何事，欲其守法，或反破坏之，此法之所以难行，而学之所以衰也。"[①]因此，一代先贤欲从变革传统法律制度和法律体系入手，进而深入变革法律观念及法学理论，创建一个完全不同于传统的法律文化体系。但遗憾的是，清末民初，西方的法律模式被移植到中

① 沈家本：《寄簃文存·法学盛衰说》，《历代刑法考》四，中华书局 1985 年，第 2141、2144 页。

国，而在现实社会中人们的法律观念、法律意识依然淡漠，法学依旧衰微。中国与西方在制度上也许只差之毫厘，但在观念上却失之千里。这充分说明，法律文化背景是不可能移植的，而本国法律文化的优势更不能被遗弃。因此，中国今日的法治建设必须充分体现民族优秀传统。

第三，以史为鉴，反对全盘否定和全盘肯定两种错误倾向，注重改造，反对照搬、照抄。我们反对照搬、照抄历史上的经验，主张对这些经验加以改造，为我所用。因为，现代的中国与历史的中国既有密切的联系，又有质的差异性。把历史上东西不加分析地当做国粹大力推崇，或是不加选择地当做糟粕一概抛弃，都是武断的、不科学的。正确的方法是批判地继承，经过科学分析和改造，去其糟粕，取其合理的内容或外壳，为中国今天的法律文化建设提供有益的营养。

先秦法家的法律文化遗产作为法家代表人物法律实践的成果之一，是当时特定社会历史条件下的必然产物，具有“不得不然”的历史“合理性”。从历史发展来看，大致可以将先秦法家的法律文化遗产分为三大类：第一类，先秦法家法律文化的良性遗产，即在当时对社会发展基本上起着进步作用并对后世社会发展产生过积极影响；第二类，先秦法家法律文化的劣性遗产，即在当时对社会发展基本上起着阻碍作用并对后世社会发展产生了消极影响；第三类，先秦法家法律文化的中性遗产，即是以上两者兼得，既起过进步作用又起过阻碍作用，既有积极影响又有消极影响。

以上这种分类不一定科学合理，仅仅是为了总结和叙述的方便。因为，严格说来任何一种文化遗产都具有哲学意义上的“合理性”和历史上的局限性。二者常常是正误混合、是非参半。当然，对历史文化遗产采取贴标签式的方法，是十分危险的和不科学的。尽管如此，我们仍然坚信，一种历史文化成果对当时社会乃至对后世社会的作用，大致可以概括为积极、消极和既积极又消极这三大类。最麻烦的问题是：将具体某一种遗产归入哪一类。因此，这种划分常常带有某种主观性。事实上，即使是最优秀的文化遗产也不可避免其局限性，而最落后的文化遗产也宗包含有其“合理性”。我们想经过这样的说明，再进行划分或许就可以避免发生歧义。

二、法家法律文化中的劣性遗产

（一）皇权至上的集权君主制度

法家代表人物强调君主集权，尤其是后期法家代表将之极端化。君主掌握国家一切权力，甚至凌驾于国家之上，以“法”、“势”、“术”来控制封建官僚机构，以“尊尊”来构建政治等级，以“亲亲”来塑造伦理等级。法律则成为公开的等级的法律。秦始皇将法家的集权君主理论极端化、制度化，确立了被黄宗羲斥为“一家之法”的皇权主义。从此，皇权主义统治中国达两千年之久，造成皇权至上、个人的权利和义务观念模糊、缺乏民主传统，派生出各级大贵族、大官僚以及宦官、外戚等各种法定的等级特权，形成权力本位传统。古代的集权君主政体及皇权主义思想往往会扼杀统治集团内部的活力，使王朝失去了自身变革的契机，从而无可避免地招致改朝换代的暴风骤雨。1912 年，集权王朝被推翻，但其思想流毒一直在阻碍着中国法制近代化的进程。

（二）等级特权制度

法家虽然否定贵族世袭制度，但是并非一般地否定等级特权。商鞅变法，建立军功爵制，可以说是新式等级制的序幕。法家通过变法涤荡了以“礼”为代表的贵族等级制度，却建立了以“法”为代表的集权君主等级制度。《韩非子·忠孝》说：“臣事君，子事父，妻事夫，三者顺则天下治，三者逆则天下乱。”在国家政治领域，尊君卑臣，贵贱有等，各级官僚按其官位享受不同待遇；在家族领域，尊父卑子，尊夫卑妻，长幼有差，尊亲长按其辈分享受不同特权。总之，在构筑等级社会方面，法家与儒家只有形式上的差异，而没有本质上的不同。

（三）极端的重刑主义

法家以“专任刑罚”而著称，主张以严刑峻法来推动“富国强兵”政策的实施，刑罚的最终目的就是消除法律。把法律特别是刑法的作用夸大到决定一切的高度，轻视甚至完全否定道德感化作用。《商君书·禁令》说：“以刑去刑，刑去事成。”因而，法家主张轻罪重罚，其表现就是为政太急、役民过酷。这是法家理论的致命弱点。秦王朝将这一致命弱点发展得淋漓尽致，最后导致秦帝国的灭亡。以致后来在古人的心目中将法与暴政、严刑酷罚相联系，“法治”也成了暴政的标志。不难理解，要维护一个公开不平等的特权制度，除了严酷的刑罚手段之外，很难实施更好的措施。因此，秦汉以后历朝，在建国之初刑罚还比较宽平，中后期往往不免于酷刑泛滥。重刑主义发展的结果就是重刑轻民：一是重视刑法而轻视民法，一是重视刑事审判而轻视民事审判。虽然中国古代刑法发展的总趋势是从野蛮至文明，但从整体而言，其刑网之繁苛，刑罚之酷烈，是举世皆知的。历代酷吏虽不乏“不避权贵”的气度，但毕竟以执法深刻而著称于世；纠举式的审判，重口供的偏见，残酷的刑讯，造成多少冤魂；贪婪的胥吏，污秽的狱政，又使多少无辜者法外受诛。官府衙门居高临下的专横气势，使当事人望而生畏；无休止的审判，无止境的勒索，在百姓心中铸起一句格言：“屈死不打官司”。

（四）文化专制主义

法家对古代文化传统力量缺乏客观认识，以为仅凭一纸法令便可以改变一切。“秦吏只知有政治秩序，不知有文化秩序。”[①]实际上法家企图以“政治秩序”来重组“文化秩序”，即以法治为标准推行移风易俗。这种措施又往往以“民农则愚，愚则易使”的“愚民”政策相联系，把人们固着在土地上。为了推行“法治”，法家要求统一思想、统一认识，“以法为教”、“以吏为师”。一切与新兴地主阶级意志相左的仁义道德、诗、书、礼、乐都必须禁止。结果，从商鞅的“燔诗书”发展到秦始皇、李斯的“焚书”，将文化专制主义政策推向高峰。在思想文化领域实行专制主义，禁止私学，取缔民间的学术与教育活动，其目的是从根本上中断历史文化脉络。其结果是致使战国时期繁荣的古代法学一蹶不振，给古代文献造成不可挽回的损失，极大干扰了中国古代学术思想的正常发展。

三、法家法律文化中的中性遗产

（一）立足于社会总体利益的“集体本位”

“本位”即具有实际支配价值的基本原则。在法律实践活动中，“本位”的意义在于如何确认和维护某种特定的社会秩序，并在此前提下塑造人们的权利与义务。与中国传统法律文化的总体精神一样，法家法律文化中也体现着“集体本位”的精神。简言之，在确认社会总体利益的前提之下，来规定一般个人的权利和义务，而不是从确认个人的权利义务出发，来维护某种社会秩序。在这种精神的指导下，中国古代社会从战国时期开始直至明清，一直是集权政体与宗法家族结构相结合的

---

① 余英时：《汉代循吏与文化传统》，《中国思想传统的现代诠释》，台湾联经出版事业公司 1987 年，第 211 页。

“国”、“家”集体本位。这一社会结构的存在使得任何时代的统治者都深切认识到，家族是国家政权的社会基础，国家是家族的扩大，个人则是家族的缩影。在这种“国家”、“家族”兼重的“集体本位”精神支配下，必然忽视个人的权利和自由。个人既是家族成员，又是国家臣民，必须尽双重义务。特别是在商品经济萌芽的情况下，“集体本位”的道德与法律严重阻碍了商品经济的正常发展，延缓了社会前进的脚步。这种“集体本位”实质上是单向的，是剥夺绝大多数人的权利而维护极少数人的利益。但是，其中并非没有可资借鉴的“合理内核”。作为一种社会意识，它是中国古代社会的产物，有利于维系中华民族的团结与统一。特别是当民族危难之际，“天下兴亡，匹夫有责”、“先天下之忧而忧”等“精忠报国”的豪情壮志，曾深深地打动每一个人，并激励社会全体成员义无反顾地为民族捐躯。体现着集体重于个人的传统价值观在今天并非毫无意义。当个人利益与集体利益发生矛盾时，克己奉公仍然被视为美德。这种道德观念，已经植根到今天的社会生活之中，依然具有社会舆论的强势，对于抵制极端的个人主义的侵袭，激励人们主人翁的自豪感，遏制种种不良风气，仍将发挥积极作用。

（二）建立完备的法律专门机构

法律设施是保障法律活动得以正常进行的客观条件，是国家为实现法制、指导法律活动而建立的一系列专门工作机构的总和。没有法律设施，法律规范既不能产生，也不能实施。法家出于对立法、司法的审慎与重视，非常重视法律设施的建设。为了更好地推行“法治”，在战国时期的变法实践中就开始建立立法特别是司法的专门机构。秦统一天下之后，统一了立法、司法机构。汉承秦制，法律设施日趋完备，除立法、司法之外，还设有监察、考核、监狱、法律教育、法律宣传、法律文献管理等专门机构。汉以后的法律设施基本上是在秦的基础上发展完善起来的。其设施之完备，运行之精密，在世界历史上是绝无仅有的。

（三）讲求法律艺术的思想和实践

法律艺术是法律文化中最具有连续性和适用性的因素，包括立法艺术、司法艺术和法律文献管理艺术。立法艺术是国家制定、认可、颁布法律的技术和方法，包括立法机构的组织及其工作程序，立法指导原则，立法实际的判断与选择，法律颁布的方式，法律规范的题材或样式，法律规范的表达方法，立法解释艺术等内容。司法艺术是法律专门机构实施法律的方法和技术，包括司法机构的设置与协调，审判艺术，证据检验与法医检验技术，法条适用、判例适用和法律意识适用艺术，司法解释艺术，调解艺术，狱政管理艺术等内容。法律文献管理艺术指保存、整理法律文献资料的方法与技术，它与立法艺术、司法艺术是密不可分的。

中国古代法律艺术十分发达，主要原因有三：第一，中国古代社会史连绵数千年而未曾断绝，使法律艺术具有一个传播、继承、发展的稳定环境；第二，法家法律思想和法律实践中朴素的唯物主义、辩证法因素和无神论精神，使法律艺术得到较为科学的世界观与方法论的指导；第三，中国所独有的“混合法”（即成文法与判例法相结合）对法律艺术提出了多方面的要求并提供了广阔的用武之地。法家关于法律艺术的思想的来源有两个：一是春秋以前法律艺术的积累和总结，一是战国时期法律艺术实践。

《管子》、《商君书》和《韩非子》保留了法家有关法律艺术的思想，比如关于立法、司法、法律宣传教育、法律解释、法官培养等丰富内容。前面已经阐述。出土的《睡虎地秦墓竹简》之《封诊式》则保留了法家法律艺术实践的信息，如，“治狱能以书从迹其言毋笞掠而得人情为上”的审判精神，犯罪现场勘验和文书制作制度，关于“贼死”、“经死”、“穴盗”、

“出子”案的勘验方法；等等。法家有关法律艺术的思想和实践奠定了中国古代法律艺术的基础，使得中国古代的法律艺术日臻成熟，对世界法律艺术的发展也产生了一定的影响。对今天具有中国特色的社会主义法制建设仍然具有借鉴意义。

四、法家法律文化中的良性遗产

（一）朴素的唯物主义、辩证法因素和无神论精神

任何一个古老的民族都曾经历过神权主宰的时代。这种时代往往具有以下特征：神权高于政权，神意即法律，神明裁判。中国商代是神权法思想发展的顶峰时期。但是西周开始，神权法思想便不断受到冲击，重民思想和以“德”配天的重德思想逐渐占据主导地位，从而构成中国古代社会“不语鬼神，注重人事”的传统基调。先秦法家思想中朴素的唯物主义、辩证法因素和无神论精神是异常突出的，主要表现在以下两个方面：

第一，立法领域。法家清楚地认识到，法律不是神意的体现，而是基于社会现实生活的需要制定的行为规范。在这一思想的指导下，在法理学方面，法家对法律的起源及其本质、作用以及法律同社会经济、时代要求、国家政权、伦理道德、风俗习惯、自然环境乃至人口等基本关系都有独到的见解。如，在法律起源问题上，法家正确指出：法律是为维护财产私有制和社会分工，即确认“土地货财男女之分”和“明分使群”而产生的；法家还提出了“不法古，不循今”的历史观和“法与时转则治”的变法理论，还从物质生活资料与人口的比例关系来论述法律的本质和作用。因此，历代统治者总是清醒、自觉地根据现实生活的需要和可能，并参考以往的法律实践经验来制定法律，而不是消极地企望从神

那里得到启示。法家没有那种“人生即有罪”的恕罪感和禁欲主义倾向。在法家思想中，人的物质欲望得到某种程度的肯定；法家也没有将犯罪视为对神的凌渎的观念。如《韩非子·解老》说：“治世之民，不与鬼神相害也”；《饰邪》中说：“恃鬼神者慢于法”。这就完全排除了鬼神在立法中的地位。秦以后历代法律均是如此。至于唐律中有所谓保护神像的规定，其目的也无非是为了保护私有财物或制止宗教之争而已。基于这种传统，汉以后历代统治者总是通过对现实社会的冷静思考来制定法律，以维护有利于统治阶级的社会秩序。进而在立法上总结出“唯齐非齐”、“世轻世重”原则，正确处理了继承与创新的关系。法家在立法领域中的朴素的唯物主义、辩证法因素和无神论的精神始终未给鬼神留下立足之地。这就使后世的立法艺术即包括立法时机的选择、立法机构的组成、立法程序、立法原则、法律规范的体裁及法律解释等十分发达。

第二，司法领域。法家学派的代表人物在司法实践活动中形成了谨慎求实的科学态度。法家主张“循名责实”。如，《邓析子·无厚》说：“循名责实，察法立威”；《申子·大体》说：“为人臣者，操契以责其名”；《韩非子·奸劫弑臣》说：“循名实而定是非”。此处的“名指法，如‘杀人者死’；实指个体的案情，如‘某人杀某人’；凡合于某法的某案情，都该依某法所定的处分。”[①]这种谨慎求实的态度在出土的《睡虎地秦墓竹简》中也能寻到，如《封诊式》说：“治狱，能以书从迹其言毋笞掠而得人情为上，笞掠为下，有恐为败。”还有，秦律关于的收集证据、检验证据的制度、技术，等等。这对汉代以后司法艺术的发展发挥了积极作用。法家在法律实践中的朴素的唯物主义、辩证法因素和无神论精神，使中国古代的法律艺术得到了较为科学的世界观和方法论的指导，在连绵两

① 胡适：《中国哲学史大纲》上，商务印书馆 1987 年，第 378、379 页。

千年中不曾中断，使中国古代法律艺术日臻纯熟，并产生了世界性的影响。

（二）维护统一的多民族的国家

战国晚期，结束诸侯割据状态，建立统一的中央集权制国家、渴望安定的社会秩序，就成了大势所趋、人心所向。法家代表人物敏锐地把握了这一时代脉搏，提出了“富国强兵”的统一方略，秦始皇以法家思想为指导，通过兼并战争完成了统一大业，建立了中国历史上第一个具有统一文字、法律、职官、道路、度量衡的中央集权制国家。秦以后，中国一直实行统一的中央集权制，尽管有过短暂的分裂和战争状态，但统一始终是主流。其间，少数民族不仅建立过一些地区性国家政权，而且多次入主中原。但无论是汉族还是边疆少数民族建立的王朝都以中国正统自居，实现文化融合，把中华各民族纳入其版图之中。

（三）崇尚“法治”的理想

“以法治国”的“法治”是先秦法家著名的主张，在中国历史上最早由《管子》一书提出。其《明法》篇说：“威不两错，政不二门，以法治国，则举措而已”。就是说只要国君集中权力，以法为治理国家的“举措”，就可以治理好国家。后来，法家代表人物商鞅、韩非都对此作过比较精辟的阐述。《商君书·君臣》说：“缘法而治”，《壹言》说：“秉权而立，垂法而治。”《韩非子·有度》说：“依法治国，举措而已。”

法家的“法治”是一种治国理论、治国方略，是针对当时儒家的“人治”（贤人政治）提出来的。法家强调，国家的治乱与兴衰，关键不在于君主是否英明，而在于法律制度；只要实行“以法治国”，就能治理好国家。正是基于这种认识，法家主张公布法律，强调“刑无等级”，要求“君臣上下贵贱皆从法”。（《管子·任法》）法家的“法治”主张代表了新兴地主阶级的利益，反映了要求改革的希望，适应了社会发展的需要。可以说，将法律视为一种调整社会关系的工具，将“法治”视为一种治国的方法，是法家“法治”理论的实质内涵。因而，汉代以后，虽然历代统治者罕言“法治”二字，但在实践中继承并贯彻了“法治”思想的实质内涵，促进了社会的发展。西汉文景之治、唐初贞观之治都与法家“法治”思想不无关系。

（四）忠于国家法律的“劲士”精神

“劲士”精神质特征就是忠于国家和法律，既不畏强权又不谋私利，矢志不渝不惜以身殉国殉法殉职的精神。“劲士”精神是伴随着超血缘的官僚国家和成文法的出现而产生的，是继“孝”观念之后产生的“忠”观念的产物。当一个超血缘的统一国家诞生之后，新式成文法取代了古老的礼。治理国家就需要一种新的精神，这就是“劲士”精神。正是靠着这种精神，国家法律才能够被实际推行，国家法律也才能保持它在时间上和空间上的一致性。“劲士”精神的理想蓝图是实现“君臣上下贵贱皆从法”的“大治”。也正因如此，“劲士”群体常常处于危险的境地。“劲士”群体的敌人既不在战场，也不在乡村野外，他们是与皇帝保持千丝万缕联系的权贵，他们有太多的既得利益需要保护。权贵们的既得利益常常与国家的政策和法律处于对立之中。然而历代的变法都离不开“劲士”的冲锋陷阵甚至英勇捐躯。后世清官如包公海瑞等都继承了“劲士”精神，他们敢于为民请命，不畏豪强，不徇私情，不贪财利，被人民长久歌颂和怀念。他们是一些心存理想、以身赴命的英雄人物。在深入开展社会主义法治国家建设的今天，在社会深刻转型利益多元的背景下，在充斥错综复杂人际关系的社会环境中，“劲士”精神特别值得我们重温和借鉴。

（五）严于治吏的传统

法家代表人物都强调整饬“吏治”，并以之作为推行“法治”的保障。要求官吏“德才”兼备，既要有公正、清廉、审慎的品行，又要具备良好的业务素质；同时主张建立一套监察制度，制定监督、管理官吏的一系列法律措施，要求官吏严于律己、不避权贵、严格执法。秦汉以后的历代统治者都认识到“徒法不能以自行”，从而重视建立一支高素质的执法队伍，培养所谓的“清官”，并用法律将“治吏”制度化，隋唐以后甄选官吏的科举考试制有了很大发展。中国古代的官僚制度曾经对西方近代的文官制度产生了积极影响。

（六）注重法律实践经验总结和研究的学风

在中国历史上，虽然罕见专门的法学家、法学流派和法学专著，但是，古代法学却是与当时的法律实践活动特别是社会改革同步发展的。在西周初期，关于“眚”（过失）“非眚”（故意）“终”（累犯）“非终”（偶犯）和“父子兄弟罪不相及”（《左传·昭公二十年》引《康诰》）的思想和刑事政策，不仅有效维系了新政权的稳定，还深化了古代的刑法理论。这种刑法思想当时在世界领域处于领先地位。春秋以降，伴随着成文法登上舞台，私家聚徒讲法之风兴起。其中，邓析就是最突出的一例。他不仅制定了“竹刑”，还教人们“法律之所谓”，指导当事人打官司。战国时的商鞅、墨子等都从研究成文法的“刑名”之学兼而研究逻辑的“形名”之学。汉代大儒董仲舒、马融、郑玄等，都通经而明法，在国家立法和司法实践中留下足迹。尔后，在圣贤之学的经学昌明弘扬之际，研究法律实践问题的律学亦不绝如缕。及至明清，官方和民间研究成文法典和案例的著述数量惊人。清末推行新政之际，由谙熟中国法律传统的沈家本担任“修律大臣”主持修律活动，实为民族之幸。注重实践的学风的另一产物，是法律艺术的发达。法律艺术包括立法艺术、司法艺术、法律文献编纂艺术、法律解释艺术、法医勘验艺术，等等。其中，宋代宋慈的《洗冤集录》是世界第一部法医学著作，曾经被翻译成多国文字。在法治国家建设的背景下，我们的法律工作者特别是法学教育研究者，应当深入关注法律实践中的新问题，理论联系实际，努力为国家法治建设培育人才、出谋划策。

（七）“混合法”的格局

法律样式指立法司法的宏观工作方式。由于历史文化的原因，中国古代的法律实践活动走着与西方国家完全不同的道路。中国古代的法律实践活动是在自然的或曰封闭环境中进行的，因此，中国古代的法律实践活动成果在一定程度上揭示了人类法律实践的规律性。因为越是民族的便越是世界的。一个世纪以前，就有学者宣布中华法系已经死亡。但经过仔细分析就会发现，死亡的只是古老的血缘伦理精神。从法律样式的角度来看，中国古代法律既不同于英美判例法，也不同于欧洲成文法（制定法），而是成文法和判例制度相结合的“混合法”。

那么，中国的“混合法”是何时产生的呢？从逻辑上来说，在“判例法”与成文法交接的时代很有可能产生“混合法”的状态。但是，由于资料或缺，对这一过程我们尚无法详细描述。但是，从《睡虎地秦墓竹简》来看，起码在秦代，在秦律之外还有“廷行事”（凡九见）。可以想见，在西汉初期法律尚不完善的情况下，判例应当发挥重要作用。张家山汉简《奏谳书》收录春秋至西汉的 22 则案例，其中属于汉初的案例最多。故《奏谳书》被称作是“一部判例集。”[①]汉武帝时董仲舒首倡“春秋决狱”（凡 232 事），首开成文法和判例相结合的“混合法”格局。汉武帝时

---

① 李均明：《简牍法制论稿》，广西师范大学出版社 2011 年，第 247 页。

发生的殴父案，法吏以为当枭首。董仲舒援引《春秋》中的许止进药弑父案，从中概括出“原心论罪”的原则，以子无殴父之故意，故不构成殴父罪。此后，以判例辅助成文法的格局就一直被延续下来。试看《大明律例》、《大清律例》更是实现了律例合为一典的新体裁。因此，可以说，秦律的“混合法”萌芽的确具有极其重要理论和实践价值。

荀子是“混合法”理论的首创者。《荀子·王制》：“有法者以法行，无法者以类（案例）举，听（裁判）之尽也。”这个理论是荀子在总结西周春秋的“议事以制”的“判例法”的经验，和战国以来的成文法之不足的基础上的理论创新。

“混合法”最初产生于秦汉。“混合法”的基本运行方式是：适时制定成文法典并加以颁布，随着社会生活的发展变化，成文法显现出自身缺点——它既不能包揽无余，又不能随机应变，从而产生创制和适用“判例”的司法方式。当“判例”积累到一定数量并经检验选择之后，“判例”所蕴含的成熟原则经过国家立法被成文法所吸收。《轻侮法》就是典型的例子。《后汉书·张敏传》：“建初中，有人侮辱人父者，而其子杀之。肃宗贷其死刑而降宥之，自后因以为比，是时遂定其议，以为《轻侮法》。”

“混合法”的直观表现形式是：法条与例文合为一典，即在成文法条下面罗列许多例文（其中有的即源于案例）。例文是可以随时产生的，这就克服了成文法的僵化和笼统的缺欠。比如《大清律例》“犯罪存留养亲”法条下面，有从几十个从案例当中抽象出来的例文：故杀不可以存留养亲，只有戏杀、误杀才可以存留养亲；被杀者的亦为独子独孙，不能存留养亲；兄弟两人共同杀人，只许一个人存留养亲；犯罪存留养亲只能适用一次；弟杀胞兄及杀大功以上尊亲长的，不得存留养亲；犯了诬告陷害罪的，不可以存留养亲；犯罪者有兄弟过继而可以归宗的，不可以存留养亲；因忤逆被父母祖父母摒逐的，不可以存留养亲；远离父母不尽孝道的，不可以存留养亲；守节二十年以上的孀妇，其子独子可以存留养亲，等等。几十条例文对“犯罪存留养亲”提供了具体的标准。

在“混合法”当中，判例制度最具有活力。民国初期，自 1912 年至 1928 年民法典成立之前，大理院的法官们在那些移植的欧洲大陆法系的成文法不适应中国国情的情况下，勇敢地创制和适用判例，形成了大理院的判例法。曾担任民国最高法院院长、司法院院长的居正曾经说过：“中国向来是判例法国家，甚似英美法系制度。”[①]民国六法体系就是由成文法律和大量判例所组成的。

中华人民共和国建国后，由于立法工作的迟滞，案例的作用受到重视。1956 年及 1962 年两次全国司法工作会议均强调总结案例，经审核批准之后发给各级法院“比照援引”。1962 年 3 月毛泽东同志批示：“不仅要制定法律，还要编案例”。[②] 中国特色社会主义法律体系于 2010 年形成。确切而言只是成文法律体系形成，判例制度依然阙如。2010 年最高人民法院和最高人民检察院先后推出“案例指导制度”，此举的目标是建立中国式的判例制度，进而重建中国古已有之的“混合法”。

经过一个多世纪的交融，原先西方两大法系之间迥然不同、针锋相向的法律观念和制度逐渐由对立转向趋同：“当代普通法国家和大陆法国家两者的发展趋向已使这两种法律体系的法律家的思想模式比过去更为接近”。[③] 人类法律实践活动的共同发展趋势正是“混合法”。

当今的法制建设应当借鉴古代的“混合法”。重建“混合法”的关键是创立中国式的判例制度。2010 年，社会主义法律体系（成文法体系）

---

① 居正：《司法党化问题》，《中华法学杂志》1935 年第 32 卷第 10 号。见居正：《法律哲学导论》，商务印书馆 2017 年，第 22 页。

② 郭成伟：《新中国法制建设 50 年》，江苏人民出版社 1999 年，第 82 页。

③ ［英］J. A. 约洛维奇：《法律式样论》，《法学译丛》1985 年，第 4 期。

已经形成。同年，最高人民法院、最高人民检察院先后推出案例指导制度。案例指导制度的价值就是尝试建立现代的判例制度。今天，建立中国式判例制度意义重大。它不仅有利于推动中国社会主义法律体系的完善，还有利于提高法律的权威。其中，最迫切的任务是解决“司法不公”的问题。长期以来，“司法不公”成为人民群众批评司法现状的流行语言。其实，在很多场合下，“司法不公”是“裁判不一”造成的。“裁判不一”又源于成文法条过于宽泛和笼统，赋予法官以过大的自由裁量权，致使出现同案不同判的现象。如果借鉴古代的“混合法”样式，像历代法典如《大明律例》、《大清律例》那样，在成文法条下面罗列一系列从原始案例加工抽象而成的例文（裁判要旨），这样一方面可以使法律条文的“网眼儿”变得越来越狭窄，对法官的自由裁量权是一种有效制约，同时也使人们预先知道什么样的案件必然会得出什么样的裁判，从而使法律成为确定的和可以预见的东西。这样，司法环境就会大为改观，司法公信力也会大为提升。“裁判一致”了，同案同判了，“司法公正”也就大体上实现了。

美国法学家博登海默说，只有那些既克服了自身僵硬性又克服了过于灵活性的法律才是伟大的法律；①日本法学家穗积陈重说，只有那些能够“人法兼用”即把人的作用和法的作用结合起来的法律，才堪称永恒的法律。② 然而，他们都认为伟大而永恒的法律尚未出现。但是，我相信，如果当年他们有机会研究了中国古代法律，也许会改变这种看法。因为，这种“伟大而永恒”的法律在中国的汉代就已经出现。这就是中国的混合法。在同一时间，能够有效保障法律在地域上的统一性的，莫过于成文法了；在同一空间，有效保障法律在时间前后的统一性

---

① ［美］E.博登海默：《法理学——法哲学及其方法》，邓正来、姬敬武译，华夏出版社1987年，第392页。

② ［日］穗积陈重：《法律进化论》，黄尊三等译，中国政法大学出版社1998年，第53页。

的，莫过于判例法了。成文法关注宏观的抽象正义，判例法关注微观的具体正义。时间与空间的交织，抽象与具体的匹配，就是中国式的混合法。而古代的混合法，无不可以从秦律那里找到它们最初的原型。

结语　法家的历史功绩不应忘记

法家作为新兴地主阶级的政治代表，其历史功绩在于：在古老的贵族制度的废墟上，构筑了一个统一的集权的君主政体。仅就这一点而言，法家堪称血缘旧世界的掘墓人和新世界的缔造者。

法家作为一个学术派别，在中国法律思想史上占有十分重要的位置。法家重视法制建设，注意研究法律的一般理论问题，同时，基本上杜绝了神权迷信的思想。因此，在法学理论和立法、司法实践活动方面均提出了十分精到的见解。这是中国传统法律文化的宝贵财产。

西汉以后，法家的名声一直不好。一般来说，学者和社会舆论常常把商鞅、韩非等法家人物与"暴秦"一视同仁，不宁唯是，连法律本身都被蒙上黯淡不祥的阴影。特别是到了封建社会后期，似乎法律、法学、律学都成了"圣贤之学"所不齿的旁门左道。这种文化氛围自然不利于法律和法学的正常发展。矫秦之枉以至于此，不能不说是个悲剧。西汉以后的正统法律思想之所以无大突破，与此不无关系。[①]

汉武帝时期，产生了正统法律思想。此间，法家思想一方面以中央集权君主政体的形式被固着下来，另一方面又在立法、司法活动中发挥着应有的作用。然而，作为一个学术派别，法家毕竟是不存在了。在整个古代社会中，重视"法治"的思想家、政治家代有其人。他们常常引用、发挥先秦法家的某些思想，但不能因此称之为"法家"。而在另一场

---

① 刘泽华：《先秦政治思想史》，南开大学出版社1984年版，第235页。

合之下被称为“法家”的，只是立法、司法的个体专门家、职业家而已，并不是一个学派。

法家留给后世的历史遗产是多方面的。法家，特别是前期法家那种“刑无等级”的精神，常常鼓励后世的司法官去同权贵们抗争；法家那种从社会本身探讨国家法律问题的唯物主义倾向，作为一种思想方法，曾有力地抑制了封建国家法律的神权化；法家“法之不行，自上犯之”，“智法之士与当涂之人不可两存之仇也”的警句，正预言了古代法治难以实现的政治原因。同时，诸如文化专制、尊君卑臣、株连、重轻罪、刑讯等等古代法律中的种种弊端，也常常可以从法家的见解中找到它们的原型。

总之，法家是按照自己的设计，成功地改变了中国社会面貌的一代政治家，又是对整个古代社会施以极大影响的一代思想家。这是不以后世学者的好恶为转移的历史事实。

余论　“德治”、“法治”与中华法系

“德治”是先秦儒家思想的基础，“法治”是先秦法家思想的核心。秦汉以后儒家法家合一，“德治”与“法治”相结合，共同酿造了中华法系。

春秋时代的孔子在西周初周公“以德配天”思想的基础上，提出完整的“德治”理论。在孔子心目中，“德”有两个层次：一是治理国家的基本方略，如《论语·为政》：“为政以德，譬如北辰居其所而众星拱焉；”“道之以政，齐之以刑，民免而无耻；道之以德，齐之以礼，有耻且格”；二是泛指君子之道德品行。如《论语》所言仁、恭、宽、信、敏、惠、勇、温、良、俭、让、智、义、忠、孝、悌、恕、敬，等等。

在孔子思想体系当中，“仁”的学说是核心，“仁”在政治领域的外化就是“德治”思想。纵观孔子的“德治”思想，可以概括为“富而后教”或仁政富民、贤人教化。首先，君子必须修身，实行仁政。即统治者必须明白“水则载舟，水则覆舟”的道理，治理国家应当轻徭薄赋，不得横征暴敛，为所欲为。其目的是获得人民的拥护，这就是“重民”思想。经过轻徭薄赋让人民富裕起来。其次，对人民进行教化。人民富裕了，衣食无忧，一方面对统治者心悦诚服，感恩戴德，另一方面，才有条件去接受统治者的教化。教化的内容是父系家族的道德伦理规范和观念。人民获得这样的道德伦理观念，就会自我约束，不会犯上作乱。这样就可以“刑错而不用”。这就是“礼治”思想。第三，统治者要对人民进行教化，自己首先要符合君子的要求，以身作则，率先垂范，这就是贤人政治的

“人治”思想。孔子的“德治”思想是“仁”的学说的重要组成部分。孟子把孔子的“仁”学发展成“仁政”，并提出实现“仁政”的具体措施，比如“仁政必自经界始”，“制民之产”，农闲时对人民进行教化等等。总之，经过孔子的首倡，孟子的加工，最终形成了儒家的“德治”思想体系。

战国时期的法家认为儒家的“德治”是不符合当时社会需求的迂腐之论，故提倡“法治”。法家的“法治”不仅是一个思想体系，也是一个宏观设计。首先，通过变法，建立集权君主政体，在君主领导下实行“以法治国”。包括立法——制定成文法，用法律管理社会生活的各个领域；司法——实施成文法，进行法律宣传，普及法律知识，进行职业培训，推动移风易俗。以实现“君臣上下贵贱皆从法”的“大治”，富国强兵，统一天下。

表2　先秦德治法治关系

德　　治		法　　治	
民本主义	以德治国	集权政体	以法治国
轻徭薄赋	贤人政治	富国强兵	皆有法式
	礼义教化		赏功罚罪
	道德规范		法律规范

“德治”是先秦儒家政治法律思想的重要组成部分。儒家在统治阶级与被统治阶级关系问题上，对人民的力量和价值有着更为深刻的见解。秦亡汉立，当时的统治集团和知识界，都在相当长的历史期间内，总结强秦速亡的原因和教训。最终在汉武帝时代确立儒学为正宗学术。曾经被法家视为迂腐之论的“德治”思想随之成为国家制定政策的指导原则。特别是经过董仲舒阴阳五行的加工，孔子的“德主刑辅”说披上了神秘的外衣，似乎更加具有权威性。秦汉以后，儒法合流、礼法统一。正宗学术是儒法结合的新儒家思想。治理国家的最高原则是

“德治”，“法治”成“德治”的辅助手段。

秦汉以后的政治法律实践活动受到“德治”思想的影响，在一定程度上体现了对人民力量的敬畏，在制定政策和立法之际，适当考虑人民的态度和接受能力。“德治”要求统治者约束自己的过分行为，杜绝大兴土木、横征暴敛、穷兵黩武、与民争利。要轻徭薄赋、予民休息。古代“德治”的特点是，既在社会领域注重伦理教育，又在政治领域注意对官僚群体的道德训练。古代官僚兼朝廷官员和社会教师两种角色于一身。官吏首先是正人君子才能有资格对人民进行教化。而正人君子必须经过修身、齐家的陶冶，才能进入治国的境界。古代“官本位”思想的深处隐含着民众对圣贤的渴望。儒家的贤哲思想正是对这一民族心理的理论描述。在司法活动中，人的因素居第一位。因为法是人制定的，又靠人来实行。所以在司法活动中，法官常常将国法和人情结合起来，发挥个人感召力量并通过教育来调解结案，以期实现“无讼”和谐的理想。

儒家“德治”思想还反映在对待犯罪的态度上。儒家认为，社会存在的违法犯罪现象，其根本原因是人民的物质生活或精神生活方面出了问题。第一是统治者欲壑难平、横征暴敛、大兴土木，致使民不聊生，不能安居乐业，不得不铤而走险；第二是统治者不对人民进行教育，或者由于人民穷困潦倒，不具备进行教育的起码条件，人们不知道违法犯罪是耻辱的事情，自然不会约束自己的行为。因此，要消除违法犯罪现象，统治者必须实行“德治”。为此，必须约束自己的行为，克制自己的私欲，管好臣僚胥吏。要做到这些，必须修身养性，自我改造，读好圣贤之书，即儒家经典。使君成为圣君，臣成为贤臣。才能实现天下太平，长治久安。

“德治”思想在司法政策中的表现是慎刑恤狱。在历代统治阶级看来，法律刑政虽然不可废止，但治理国家不能单靠法律刑政。而且，一味推行法律刑政，往往会引起社会动乱。慎罚的思想起源很早。《左传·襄公二十六年》：“夏书曰：‘与其杀不辜，宁失不经’”。西周产生了区别犯罪的故意、过失、累犯、偶犯诸情节，提出“罪止其身”（罪人不孥）、“勿庸杀之，姑为教之”（《尚书·酒诰》）的刑罚原则。孔子、孟子视犯罪为社会现象，应从改变引起犯罪的社会条件即施行仁政入手，而反对一味严刑。《论语·子张》谓：“天下失道，民散久矣，如得其情，则哀矜而勿喜。”可以说，“仁”成为历代恤刑的精神支柱。历代恤刑之举，首推汉文帝除肉刑。诚如沈家本所说：“汉文帝除肉刑，千古之仁政也。”文帝下诏：“夫刑至断人肢体刻肌肤终身不息，何其刑之痛而不德也，岂称为民父母之意哉！”虽然后世多有恢复肉刑之论，其言凿凿，然“仁人君子必痛止之”。汉代以降，慎刑恤狱措施甚多。比如，疑难案件的集体详谳制，皇帝死刑复核勾决制，热审、秋审、大赦之制，等等。清末修律，修律大臣沈家本上奏：“治国之道，以仁政为先。自来议刑法者，亦莫不谓裁之以义而推之以仁，然则刑法之当改重为轻，固今日仁政之要务，而即修订之宗旨也。”[①]建议删除凌迟、枭首、戮尸，缘坐、刺字诸酷刑，废止民族、良贱歧视，禁止人口买卖，等等，事皆施行。这些改革开启了中华法系近代化的征程。

总之，“德治”理论虽然多少带有书斋气，但是在古代政治法律实践中的确发挥了一定积极作用。这主要表现在：第一，在“德治”思想支配下，王朝程度不同地减缓了对人民征收的税赋，有利于生产的恢复与发展，维护了社会的稳定和安宁；第二，在“德治”思想支配下，历代王朝在刑法刑罚制度方面都程度不同地进行了改良。比如，从墨劓剕宫大辟的前五刑，演变到笞杖徒流死的后五刑，比如，监狱管理方面的死刑复

---

① 沈家本：《寄簃文存·删除律例内重法折》，《历代刑法考》四，中华书局 1986 年，第 2024 页。

奏、热审、秋审、勾决、大赦等等。这些改良措施符合社会文明发展的大方向。

“德治”目标的实现在很大程度上依赖教育，而法律是教育的有力保障。教育的内容就是宗法道德伦理观念。中华法系作为世界主要法系，其特征之一就是伦理主义精神。伦理主义亦即家族主义，即崇尚宗法家族的秩序、行为规范和伦理道德。世界上没有哪个古老法系像中华法系那样，始终以伦理主义作为其法律实践活动的价值目标。“家族主义及阶级概念始终是中国古代法律的基本精神和主要特征，它们代表法律和道德伦理所共同维护的社会制度和价值观念。”[①]伦理主义的社会基础是宗法家族的亲人之爱。这种亲人之爱一方面维系着家族的生存与发展，另一方面又作为一种基本生活体验而推广到社会，即“仁及天下”。至迟到西周，就出现了具有伦理色彩的法。《尚书·康诰》以“不孝不友”为“元恶大憝，”要求“刑兹无赦。”此《孝经·五刑》“五刑之属三千，罪莫大于不孝”的滥觞。秦律规定：免老告子不孝，官府应立即查办。西汉奉儒学为一尊，尔后“以服制论罪”、“犯罪存留养亲”、“子孙违犯教令”、“同姓不婚”、父母在禁止“别籍异财”、“七出”、“义绝”、“三不去”、“官当”、“八议”、“十恶”等等相继入律。及至《唐律疏议》“一准乎礼”，原先的民间礼仪大都因为被国家提升为成文法律而获得极大权威。这样，过去那种“出礼则入刑”的“礼”、“刑”相分离状态，就变成“礼”与“刑”合为一典，不分彼此了。

儒家“德治”思想从一开始就给法律和刑罚留有适度的空间。儒家始终不是一般地排斥法律和刑罚的作用。但是，正如《论语·为政》所说：“道之以政，齐之以刑，民免而无耻；道之以德齐之以礼，有耻且格。”道德伦理规范的作用高于国家法律，能够持久地发挥作用并实现长治

---

① 瞿同祖：《中国法律与中国社会》，中华书局1981年，第327页。

久安。要让人民做到有耻守礼，只能靠教育而不能靠政令刑罚。而要求人民接受教育，必须改善他们的物质生活条件。为此统治者必须实行德治仁政。在一定条件下，儒家的德治思想有利于制约统治阶级的任意行为，有利于社会的稳定和生产的发展。

法家的“法治”是构成中华法系的重要支柱。可以说，没有“法治”就没有中华法系。法家的“法治”对后世产生了极大影响。这主要表现在以下几点；其一，“法治”所确立的以郡县官僚制为基础的中央集权的君主政体，为后世历代王朝所沿用；其二，在法家“法治”思想指导下初步完善的成文法典为后世诸朝法律规范的重要形式；其三，法家“法治”所维护的地主阶级土地私有制、官僚、父系家长特权的法律精神，为后世统治阶级所继承；其四，法家“法治”精神指导下，经过法律实践经验的不断积累，开始萌发了一种新的法律样式；适用成文法典与适用判例相结合的“混合法”样式。西汉以后，以儒家经义为指导的“春秋决狱”，成为儒法融合的重要媒介和催化剂。

在中国古代，为了保证国家政权对社会的有效统治，保障法律在时间上和空间上的一致性，历代王朝都采取各种措施对官员群体的权力加以指导制约。这种指导和制约的总体特征是刚性制约与柔性制约相结合，亦即“法治”与“德治”相结合。

刚性制约指国法。即由国家正式制定颁布并靠国家强制力保障实施的法律制度，包括：其一，法律规章的事先指导。历朝法律对各级各类官员的职权范围规定得十分详细，全面详细的规章制度是保证官员正确行使职权预防官员权力滥用的有效屏障；其二，评定黜陟的定期考核。经过自上而下的定期考核评定，实行奖优罚劣优胜劣汰是制约官员权力的有效防线；其三，随时纠举的动态监督。监察制度是通过各种渠道发现并纠举官员违法犯罪行为，保障官员如实履行政令依法履行职责的最后一道关隘。柔性制约指“官箴。”“官箴”是官吏施政行法具体经验的总结，实际上成为官吏业务职守和道德品行的培训教材。“官箴”除了“为吏须知”（涉及钱粮、农桑、市贾、国课、教化、刑狱、防御等各项职守）之外，还有大量道德条目即“居官格言”，其特点是平俗、具体、实用。如宋代吕本中《官箴》：“当官之法，唯有三事：曰清，曰慎，曰勤”；梅挚《五瘴说》：“仕有五瘴，避之犹未能也：急征暴敛，剥下以奉上，租赋之瘴也；深文以逞，良恶不白，刑狱之瘴也；昏晨醉宴，废弛王事，饮食之瘴也；侵牟民利，以实私储，货财之瘴也；盛陈姬妾，以娱声色，帷薄之瘴也”；元代张养浩《风宪忠告》：“尽己之职为国为民而得罪，君子不以为辱而以为荣”；“荐举之体，则宜先小官，纠弹之体，则宜先贵官”；明代杨昱《牧鉴》：为官者“不惑有三：酒、色、财”，等等。这些道德教训实际上成了古代官员利国、利政、利民和保官、保节、保命的座右铭、护身符。

从某种角度而言，中华法系的本质特征就是“德治”与“法治”相结合。纵观古代法律实践活动的经验教训，可以发现，凡是“德治”与“法治”相结合得比较好的时期，社会就稳定和繁荣，否则就会产生动乱。那么，我们今天应当如何借鉴这一经验呢？

实行依法治国，建设社会主义法治国家，是中国共产党和中国人民跨世纪的历史选择，也是中华民族的百年期盼。党的十八届四中全会对建设社会主义法治国家做出全面部署，并提出“坚持依法治国与以德治国相结合”。这既是对改革开放以来法治建设经验教训的总结，又是具有中国特色社会主义法治道路和治国理政规律的理论创新。

在社会主义法治建设的初级阶段，我们在重视法律作用的同时，应当更加重视人的作用，重视各级领导干部的政治道德素质，以期使依法治国和贤哲精神携手同行。合格可靠的法治队伍是推行法治建设的组织保障。党的十八届四中全会决定强调：“各级领导干部要对法律怀有敬畏之心，牢记法律红线不可逾越、法律底线不可触碰，带头遵守法律，带头依法办事，”“把能不能遵守法律、依法办事作为考察干部的重要内容。”实际上考察领导干部的标准增加了“法治”内容：一是懂不懂宪法和法律，遵不遵守宪法和法律；二是懂不懂人民的各项权利，尊不尊重人民的各项权利；三是能不能在日常工作当中严格依法办事。

亚里士多德在论述“法治”的要素时指出：法律须得到普遍的遵守，法律本身应当是良好的法律。那么，如何判断法律是否良好呢？这就需要一种在社会中占据统治地位的价值观。社会主义法治建设同样离不开价值基础和价值方向。指导当今社会生活的价值基础和价值方向就是“德”，它具体表现为社会主义价值观。党的十八大提出，倡导富强、民主、文明、和谐，倡导自由、平等、公正、法治，倡导爱国、敬业、诚信、友善，积极培育和践行社会主义核心价值观。富强、民主、文明、和谐是国家层面的价值目标，是国家制定政治、经济、社会政策的指导原则。自由、平等、公正、法治是社会层面的价值取向，是国家制定法律、执行法律和司法活动的指导原则。爱国、敬业、诚信、友善是公民个人层面的价值准则，是国家进行教育和维护良好风尚的指导原则，同时也是公民的基本道德规范。

今天的“德”是保障使“法”成为“良法”的精神力量。没有“德”，法就会走样，甚至会背道而驰。富强、民主、文明、和谐应当是评价当今法律实践活动正确与否的道德准则。法律作为管理经济生活的规范，应当以强国富民为目的。法律的制定和实施应当体现人民当家作主的精神，应当与世界法律文明同步，应当兼顾社会各个群体的合法利益，实现社会整体的和谐。法律实践活动如果背离了这些原则和精神，就在一定程度上背离了社会主义核心价值观，就会出现方向性的偏差。

社会主义核心价值观不是空中楼阁，不是靠坐而论道，写几篇文章，拍几部电视剧就能实现的。社会主义核心价值观的实现既不能靠以往的群众运动，也不能靠一些学者的讲座。社会主义核心价值观的实现只能靠“法”,“法”是实现“德”的唯一的根本的渠道。在践行社会主义核心价值观时,如果离开了“法治”的实践活动,背离了“法治”的基本要求,那么,“德”不仅不会实现,“德”的本来面目还可能被扭曲,甚至会开历史的倒车,回到无序的社会状态。

今天的“法”和以往旧时代的“法”的根本区别,就在于旧法是维护少数统治阶级既得利益的,是管理人民甚至压迫人民的工具。因此,旧时代的人民自然产生仇视法律、藐视法律的心理。今天的“法”虽然仍具有管理社会、镇压敌人的基本职能,但从实质而言,法已经是人民权利的守护神。社会主义法治所具有的自由、平等、公正精神,无不与法的人民性相联系,这也正是“以人为本”精神的体现。人民当家作主的政治权利,参与管理国家社会的权利,在经济、文化领域享受的各种权利,都需要法的确认和维护。没有法,上述权利就无法实现。人民的权利如果不能确实得到维护,那么,再完备的法律体系和制度设施也就成了供人们欣赏的象牙之塔。我们的法律应当成为促进人民与国家结成命运共同体的链条。

党的十八届四中全会提出“坚持依法治国与以德治国相结合”,“全面推进依法治国,必须大力提高法治工作队伍思想政治素质、业务工作能力、职业道德水准。”坚持依法治国和以德治国相结合,就要重视发挥道德的教化作用,提高全社会文明程度,为全面依法治国创造良好人文环境。实施依法治国,必须有一个具有合格政治、业务、道德等综合素质的法治工作队伍。在某种意义上而言,这个队伍就是党的各级组织和公务员群体。因此,“以德治国”的本质是强调国家公务人员特别是法治队伍的素质,其中特别强调的是政治思想和道德品质。

在依法治国中,不能忽略人的作用,儒家的“贤人政治”仍然具有现实意义。儒家的“人存政举”、“人良法行”的“贤人政治”论具有一定科学性。儒家认为,在国家政治生活中,作为统治阶级特别是最高主宰者的“人”的作用是第一性的，而法律的作用则是第二位的。统治者“其身正，不令而行，其身不正，虽令不从”（《论语·子路》）。统治者如果能够以身作则，严于律己，百姓自然自觉效法，上行下效，如影随形，如音随响，这就用不着发号施令了。相反，国家虽然制定了一系列法律条文，而统治者带头不执行法令，率先破坏法制，那么法律制定得再好，也无济于事。可见，“人”的作用远远大于“法”的作用。按儒家的说法是：“为政在人，其人存则其政举，其人亡则其政息。”（《礼记·中庸》）在法律领域，“贤人政治”的意思是说，在立法、司法过程中，作为法官的“人”的作用是第一位的，法律条文的作用是第二位的。因为法律是“人”制定的，好的“人”自然可以制定出好的法令和判例。法令和判例是靠“人”来执行的，有了好的法律但没有德才兼备的法官也是枉然。同时，法律的规范作用毕竟有限，它们不可能包罗无遗，不可能预先描述各种具体复杂的情况，更不可能自己随机应变去适应变化了的新形势，只有靠法官凭借法律意识灵活掌握。法官的素质便直接决定着审判的质量并左右着司法的公信状态。

表3 当今德治法治关系

德　　治	法　　治
以人为本　　以德治国	富强民主　　依法治国
领导垂范	完善立法
以德服众	执法为民
道德规范	法律规范

在今天的领导体制下，各级领导干部的个人素质起着非常重要的作用。他们既是依法治国的重要组织者和推动者，也是道德建设的积极倡导者和示范者。只有领导干部带头学法、模范守法，才能带动人民遵守法律。只有领导干部以德修身齐家，才能以德立威、以德服众。领

导干部要努力成为全社会的道德楷模，带头践行社会主义核心价值观，讲党性、重品行、作表率，带头注重家庭、家教、家风，保持共产党人的高尚品格和廉洁操守，才能带动全社会崇德向善、遵纪守法。

社会主义新道德的形成，离不开对传统道德的批判继承，正如罗素所说："如果这一切要得以成功，中国的道德观念要大大地变更。要用公共思想取代旧时的家族伦理观念。经营私人事业时的诚实美德要转到国家事业上来。……我们必须知道，上述的新道德是必不可少的。没有了这些新观念，任何国家社会主义制度都必将失败。"①

英国历史学家汤因比说，21世纪可能是中国的世纪。他在接受日本朝日新闻社记者采访时说，现在是世界的战国时代，这是一个失掉了共同目标和共同价值观的世界，能够收拾这一局面的，恐怕就是中国。② 在汤因比看来，中国之所以能够承担起引导世界和平发展的历史责任，是因为中华民族素来讲究道义，这个道义这就是互相尊重、相互平等的"仁"。中国古代法律文化当中有许多重要的观念。大体而言，"礼"是调整血缘亲族内部关系的伦理观念，"德"是调整支配阶级与被支配阶级之间关系的政治观念，"法"是调整皇权与官僚群体之间关系的治理观念。但是，这些观念还都没有上升到哲学的层次。真正上升到哲学层次的也许只有"仁"。如果说，欧洲中世纪的文艺复兴是通过神的折射来发现人的价值的话，那么，中国古代的"仁"则是一个人从对方的瞳孔里看到自己的映像。"仁"不仅是中国法律文化也是中国传统文化当中最重要的价值观念。我们知道，"仁"曾经对中国古代社会生活包括政治法律实践施以极大影响。

孔子对人类的贡献就是将血缘亲族的"孝慈"之"仁"提升为陌生人

---

① ［英］罗素：《中国问题》，秦悦译，学林出版社1996年，第195页。

② ［日］深代惇郎：《伟大的预言》，《天声人语》，东京朝日新闻社昭和51年11月第6版，第349页。原文为日语。

群的“忠恕”之“仁”，从而使“仁”成为个体自然人的圣经。“仁”的原产地是作为孔子古老先祖的东夷民族。当时的东夷民族属于母系时代，实行严格的族外婚——女儿们留下，男孩子们“嫁”到周围的氏族，和那里的姑娘们组成家庭，生儿育女，然后，又是女儿们留下，男孩子们“嫁”到周围的氏族。于是才有了“四海之内皆兄弟。”东夷民族的心是博大的，他们始终关心着那些哪怕是地处遥远看来毫无关系的人群，因为，那些遥远的地方，都有可能是未来的东夷子孙们“出嫁”并得以安居乐业繁衍后代的家园。东夷民族的心就是人类最宝贵的“博爱”。

“仁”不仅属于儒家，不仅属于中国，还属于人类。《世界人权宣言》即吸收了“仁”的观念，由于在国际语言中找不到与“仁”相对应的词，“仁”被翻译为“良心”。[①] 世界宗教大会通过的《全球伦理宣言》确认孔子的“己所不欲勿施于人”为人类普适的“道德金律”。[②] 可以说，“仁”是中华民族奉献给人类的宝贵精神财产。“仁”所具有的善良、平等意识和对他人他物的深切的同情心，永远藐视那种权衡利害、损人自利的小人之心，永远成为君子世代追求的终极目标。仁是博爱精神，仁是人的群体，仁是理性世界，仁是共存共荣。大家都是同样的人，大家生活在一个世界，理应和平共处。仇怨使人偏执，宽容使人伟岸。你希望他人如何待你，你就首先应当如何待他人。你种植友爱，就收获和平。你种植霸道，就收获沉沦。中华民族的“仁”与世界其他宗教教义一样，具有净化人类内心世界的力量。“仁”的境界与理想和人类共同价值观可以并行不悖、携手同行。

但是，中华民族如果真要承担这一历史重任，她首先必须强盛，必须完成伟大的民族复兴。民族复兴是伟大的社会工程，其实施的渠道

---

① 鞠成伟：《儒家思想对世界人权理论的贡献》，《环球法律评论》2011 年第 1 期。

② 潘斌：《人际和谐的伦理探源》，《伦理学研究》2012 年第 4 期。

就是实行“依法治国”的“法治”。这是中华民族经过长期实践做出的历史性选择。中华民族正在走向世界,她心存仁义,手持法典,在正确的道路上义无反顾地前行。

我们研究法家法律传统,研究中华法系的成果,除了学术意义之外,更应当注重史为今用。我们不仅可以通过那些经过数千年实践而总结出来的经验,为我们今天的法治实践活动增加营养和水分,更重要的是,我们可以从中获取历史智慧和文化自信。从这个意义来说,那些似乎遥远的经历和激荡的历史从来就没有远去——它们始终就在我们身边。

附录一　战国形势图①

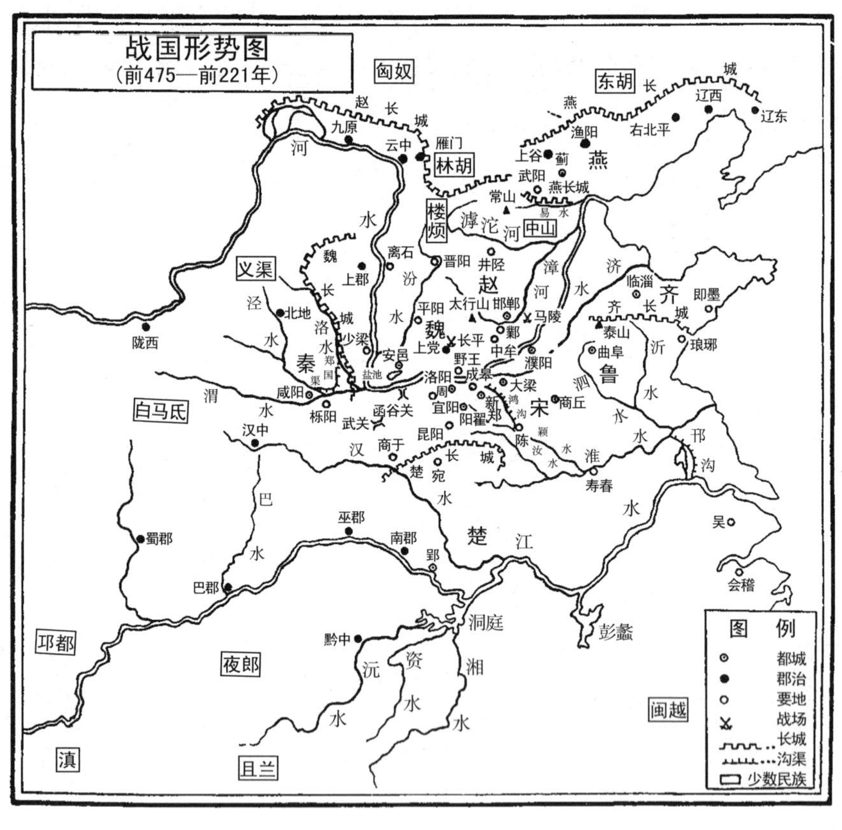

---

① 选自北京大学历史系中国古代史教研室编:《中国古代史教学参考地图》1979 年(校内试用)。

附录二　先秦诸子生卒国别事功一览表[①]

姓名	生　卒　年　代（公元前）		国别	事功
		550　500　450　400　350　300　250　200		
孔　子	551—479		鲁卫陈	创立儒家
邓　析	545—501		郑	作竹刑
子　夏	507—420		卫鲁魏	入教西河
曾　参	505—436		鲁	继承孔学
子　思	483—402		鲁	继承孔学
墨　翟	480—390		鲁宋齐楚	墨家学术
李　悝	455—395		魏	变法作《法经》
吴　起	440—381		卫鲁魏楚	变法
申不害	400—337		韩	变法重术
孟　子	390—305		鲁魏齐	继承孔学
商　鞅	390—338		卫魏秦	变法改法为律
庄　子	360—290		宋	道家学术
慎　到	350—275		赵齐	重势
荀　子	340—245		赵齐楚秦	儒法合流
韩　非	280—233		韩秦	集法家大成
李　斯	280—208		楚秦	推行法治

① 诸子生卒年代根据钱穆《先秦诸子系年》整理而成；2.国别指出身国及主要活动地域。

附录三　先秦秦汉重要法律活动大事年表①

五帝

（约前26世纪初—约前22世纪末至约前21世纪初）

黄帝	李法
颛顼	蚩尤作刑曰法
帝喾	
尧	尧能单均刑法以仪民
舜	流共公、放兜欢、迁三苗、殛鲧
	皋陶造律　獬豸决狱　象刑

夏

（约前22世纪末至约前21世纪初—约前17世纪初）

禹	禹会诸侯于会稽，防风氏后至，禹杀之
启	启伐有扈氏作《甘誓》
	政典
	夏有乱政，而作禹刑
太康	
仲康	
相	
少康	
予	

① 此年表根据武树臣主编的《中国传统法律文化辞典》附录三之一《中国古代重要法律活动大事年表》节选整理而成，原作者是中国政法大学王宏治教授。

槐	
芒	
泄	
不降	
扃	
廑	
孔甲	
皋	
发	
桀	桀囚汤于夏台

商

(约前17世纪—约前11世纪)

汤	汤伐夏桀作《汤誓》 汤制《官刑》 商有乱政,而作汤刑
外丙	
中壬	
太甲	伊尹放太甲于桐宫
沃丁	
太庚	
小甲	
雍己	
太戊	
仲丁	
外壬	
河亶甲	
祖乙	
祖辛	
沃甲	
祖丁	
南庚	
阳甲	

盘庚	盘庚迁都,法则可修
小辛	
小乙	
武丁	武丁修政行德,殷道复兴
祖庚	
祖甲	祖甲二十四年重作汤刑
廪辛	
康丁	
武乙	
太丁(文丁)	
帝乙	
纣(辛)	纣重刑辟,有炮烙之法
	醢九侯、脯鄂侯,囚西伯于牖里
	剖比干,囚箕子

西周

(约前11世纪—前770)

文王(姬昌)	周文王之法
武王(姬发)	武王伐纣作《泰誓》
	周有乱政,而作九刑
	三典、五禁之法
成王(姬诵)	周公制礼
	周公平管叔、蔡叔之乱
康王(姬钊)	《康诰》
昭王(姬瑕)	
穆王(姬满)	吕侯制《吕刑》
共王(姬繄扈)	
懿王(姬囏)	
孝王(姬辟方)	
夷王(姬燮)	
厉王(姬胡)	
(共和)公元前841	国人暴动,共和行政

春秋

（前 770—前 476）

平王（姬宜臼）		前 770—前 720	
二十五年	秦文王二十年	前 746	法初有三族之罪
桓王（姬林）		前 719—前 697	
周庄王（姬佗）		前 696—前 682	
	楚文王	约前 689—前 682	作“仆区之法”
釐王（姬胡齐）		前 681—前 677	
惠王（姬阆）		前 676—前 652	
襄王（姬郑）		前 651—前 619	
	齐桓公	约前 651—前 645	管仲进行变法
襄王十九年	晋文公四年	前 633	立“被庐之法”
二十一年	晋文公六年	前 632	行“夷蒐之法”
顷王（姬壬臣）		前 618—前 613	
匡王（姬班）		前 612—前 607	
	楚庄王	约前 612—前 607	立“茆门之法”
定王（姬瑜）		前 606—586	
十三年	鲁宣公十五年	前 594	实行“初税亩”
简王（姬夷）		前 585—前 572	
灵王（姬泄心）		前 571—前 545	
二十四年	楚康王十二年	前 548	“书入田”、“量人修赋”
景王（姬贵）		前 544—前 520	
七年	郑简公二十八年	前 538	“作丘赋”
九年	郑简公三十年	前 536	子产“铸刑书”
悼王（姬猛）		前 520	
敬王（姬匄）		前 519—前 476	
七年	晋顷公十三年	前 513	趙鞅“铸刑鼎”
十九年	郑献公十三年	前 501	邓析编“竹刑”
			驷颛杀邓析而用其竹刑
二十四年	鲁定公十四年	前 496	孔子诛少正卯

战国

（前 475—前 221）

元王（姬仁）	前 475—前 469	
贞定王（姬介）	前 468—前 441	
		魏国制《魏宪》
哀王（姬去疾）	前 441	
思王（姬叔）	前 441	
考王（姬嵬）	前 440—前 426	
威烈王（姬午）	前 425—前 402	
	前 408 年	秦国“初租禾”
	前 407 年	魏国李悝变法，编纂《发经》
	前 403 年	韩、赵、魏三家分晋
		赵国变法，制《国律》
安王（短骄）	前 401—前 376	
十二年	前 390	楚国吴起变法
烈王（姬喜）	前 375—前 369	
显王（姬扁）	前 368—前 321	
十年	前 359	秦国商鞅变法
十三年	前 356 年	齐国邹忌变法，制《七法》
十四年	前 355 年	韩国申不害变法，制《刑符》
十九年	前 350 年	秦国商鞅第二次变法
三十一年	前 338 年	秦孝公薨，商鞅被车裂
慎靓王（姬定）	前 320—前 315	
赧王（姬延）	前 314—前 256	
		楚国屈原制《宪令》
	前 252 年	魏国颁布《户律》、《奔命律》

秦

（前221—前206）

昭襄王（嬴则，又名稷）	前306—前251	
孝文王（嬴柱）	前250	
庄襄王（嬴子楚）	前249	
秦王（嬴政）	前246	秦王政即位
	前238年	嫪毐作乱案
	前237	吕不韦免相，迁河南，自杀
	前227	荆轲刺秦王案
	前223	韩非遭李斯陷害，狱中自杀
	前221	秦统一全国，用秦法
		嬴政自称为“始皇帝”
		统一全国度量衡、文字
		分天下为三十六郡
	前213	下“焚书令”，焚书案
	前212	坑儒案
二世皇帝嬴胡亥	前209—前206	
	前208	更为法律
		杀大臣、公子、公主、李斯等

汉

（前206—前220）

高帝（刘邦）	前206—前195	
	前206	刘邦“约法三章”
	前202	萧何制定《九章律》
		韩信申《军法》
		张苍定《章程》
		叔孙通制《礼仪》
惠帝（刘盈）	前194—前188	叔孙通制《傍章律》18篇
	前191	除“挟书律”
高后（吕雉）	前187—前180	
文帝（刘恒）	前179—前157	
前元六年	前174	周勃被诬谋反案

前元十三年	前 167	齐太仓令淳于意案，引发文帝实行刑制改革
景帝（刘启）	前 156—前 141	
前元三年	前 154	晁错更《令》三十章，引起吴楚七国之乱
中元六年	前 144	以“清君侧”，晁错被杀
		景帝定“铸钱伪黄金弃市律”、“棰令”
武帝（刘彻）	前 140—前 87	张汤制《越官律》二十七篇
		赵禹制《朝律》六篇
建元元年	前 140	武帝“罢黜百家，独尊儒术”
元朔二年	前 127	武帝实行“推恩令”
元狩元年	前 122	淮南、衡山王谋反案
		定“附益之法”、“左官律”
元狩四年	前 119	颁布“算缗、告缗令”
元鼎五年	前 112	“酎金案”，废列侯一百零六人
元封元年	前 110	实行盐铁官营
元封五年	前 106	颁布“六条同事”
太初元年	前 104	司马迁受腐刑案
征和元年	前 92	巫蛊之祸
昭帝（刘弗陵）	前 86—前 74	
始元六年	前 81	盐铁会议
宣帝（刘询）	前 73—前 49	
元帝（刘奭）	前 48—前 33	
成帝（刘骜）	前 32—前 7	
哀帝（刘欣）	前 6—前 1	
平帝	1—5	
孺子婴	6—8	
居摄元年	6	王莽改制
新（王莽）	9—25	
始建国二年	10	实行“五均六莞”
更始帝（刘玄）	23—25	
光武帝（刘秀）	25—57	制定《律令故事》三卷

明帝(刘庄)	58—75	
永平十七年	74	鲍昱撰《辞讼比》七卷,《法比都目》八卷
章帝(刘炟)	76—88	陈宠撰《辞讼比》十卷
元和三年	86	郭躬奏《轻刑》四十一事
和帝(刘肇)	89—105	陈忠为《决事比》三十三
殇帝(刘隆)	106	
安帝(刘祜)	107—125	
顺帝(刘保)	126—144	
冲帝(刘炳)	145	
质帝(刘缵)	146	
恒帝(刘志)	147—167	“党锢之祸”
灵帝(刘宏)	168—189	
少帝(刘辩)	189	
献帝(刘协)	189—220	
建安元年	196	应劭定《律令》,作《汉仪》
九年	204	曹操颁布《户调令》
十三年	208	曹操定《甲子科》

参 考 文 献

一、古文字类

(汉)许慎《说文解字》,中华书局 1963 年

(清)段玉裁:《说文解字注》,浙江古籍出版社 2006 年

(清)桂馥:《说文解字义证》,齐鲁书社 1987 年

(清)王念孙:《广雅疏证》,江苏古籍出版社 2000 年

王国维:《观堂集林》,中华书局 1959 年

郭沫若:《出土文物二三事》,人民出版社 1972 年

董作宾:《获白麟解》宋镇豪、段志洪:《甲骨文献集成》第 26 册,四川大学出版社 2000 年

商承祚:《甲骨文字研究》,天津古籍出版社 2008 年

容庚:《金文编》,中华书局 1981 年

徐中舒:《甲骨文字典》,四川辞书出版社 1989 年

于省吾:《甲骨文字诂林》(全四册),中华书局 1996 年

李孝定:《甲骨文字集释》,台北乐学书局 1965 年

姚孝遂:《殷墟甲骨刻辞类纂》,中华书局 1989 年

李宗焜:《甲骨文编》,中华书局 2010 年

[日]白川静:《字统》,东京平凡社 1994 年

何琳仪:《战国古文字典》,中华书局 1998 年

高明、涂白奎:《古文字类编》,上海古籍出版社 2008 年

杨树达:《积微居小学金石论丛》,上海古籍出版社 2007 年

臧克和:《尚书文字校诂》,上海教育出版社 1999 年

《汉语大字典》(缩印本),四川辞书出版社 1986 年版

二、诸子经学类

杨伯峻:《论语译注》,中华书局 1980 年

杨伯峻:《孟子译注》,中华书局 1960 年
杨伯峻:《春秋左传注》,中华书局 1981 年
《国语》,上海古籍出版社 1978 年
高亨:《商君书注译》,中华书局 1974 年
梁启雄:《韩非子浅解》,中华书局 1960 年
章诗同:《荀子简注》,人民出版社 1974 年
董仲舒著、苏舆义证:《春秋繁露义证》,中华书局 1992 年
桓宽:《盐铁论》,天津古籍出版社 1983 年
王充:《论衡》,上海人民出版社 1974 年
(三国)刘邵:《人物志》,中华书局 2014 年
(清)阮元:《十三经注疏》,中华书局 1980 年
(清)阮元:《揅经室集》,邓经元点校,中华书局 1993 年
(清)顾炎武撰、黄汝成集释:《日知录集释》,上海古籍出版社 2006 年
(清)章学诚:《文史通义》,上海书店 1988 年
(清)陈立:《白虎通疏证》,中华书局 1994 年
(清)谭嗣同:《谭嗣同全集》,中华书局 1981 年
廖平著、李耀仙编:《廖平选集》,巴蜀书社 1998 年
刘师培:《刘师培儒学论集》,四川大学出版社 2010 年
顾颉刚等:《古史辨》,海南出版社 2003 年
胡适:《中国哲学史大纲》,中国言实出版社 2014 年
胡适:《诸子不出于王官论》,载罗根泽:《古史辨》第四册,海南出版社 2003 年
胡适:《中国哲学史》《胡适文集》,中华书局 1991 年
章太炎:《章太炎全集》,人民出版社 1984 年
梁启超:《饮冰室诸子论集》,江苏广陵古籍刻印社 1990 年
梁启超:《梁启超论诸子百家》,商务印书馆 2012 年
郭沫若:《十批判书》《郭沫若全集》历史编第二卷,人民出版社 1982 年
蒙文通:《古学甄微》,巴蜀书社 1987 年
蒙文通:《经史抉原》,巴蜀书社 1995 年
蒙文通:《古史甄微》,巴蜀书社 1999 年
钱穆:《国学概论》,商务印书馆 1997 年
钱穆:《先秦诸子系年》,商务印书馆 2005 年
傅斯年:《傅斯年全集》,湖南教育出版社 2003 年
皮锡瑞:《经学通论》,中华书局 1954 年

皮锡瑞:《经学历史》,中华书局 1959 年
杨伯峻:《论语译注》,中华书局 1980 年
杨伯峻:《春秋左传注》(第一册),中华书局 1981 年
童书业:《春秋左传研究》,人民出版社 1980 年
童书业:《先秦七子思想研究》,齐鲁书社 1982 年
侯外庐等:《中国思想通史》(第一卷),人民出版社 1957 年
冯友兰:《中国哲学史新编》(第一册),人民出版社 1962 年
柳诒徵:《中国文化史》,东方出版社 2008 年
吕思勉:《先秦学术概论》,上海书店出版社 1992 年
杜国庠:《先秦诸子若干研究》,三联书店 1956 年
蒋伯潜:《十三经概论》,上海古籍出版社 1983 年
杜守素:《先秦诸子思想》,三联书店 2014 年
江瑔:《诸子危言》,华东师范大学出版社 2011 年
罗焌:《诸子学述》,华东师范大学出版社 2008 年
李源澄:《诸子概论》,华东师范大学出版社 2010 年
孙德谦:《诸子通考》,华东师范大学出版社 2013 年
罗焌:《诸子学述》,华东师范大学出版社 2008 年
王澍:《先秦诸子新探》,齐鲁书社 2011 年
谭正璧:《国学概论讲话》,当代中国出版社 2014 年
李镜池:《周易探源》,中华书局 1978 年
黎祥凤:《周易新释》,辽宁大学出版社 1994 年
邓国光:《经学义理》,上海古籍出版社 2011 年
陈柱:《诸子概论》,江苏文艺出版社 2008 年
李零:《简帛古书与学术源流》(修订本),三联书店 2008 年
方铭:《战国诸子概论》,学苑出版社 2012 年
郭齐勇、吴根友:《诸子学通论》,商务印书馆 2015 年
张岂之:《中国思想学术史》先秦卷,广西师范大学出版社 2008 年
姜广辉:《中国经学思想史》,中国社会科学出版社 2003 年
邝士元:《中国学术思想史》,三联书店 2014 年
刘绪义:《天人视界:先秦诸子发生学研究》,人民出版社 2009 年

三、中国法史类

(唐)长孙无忌等撰、刘俊文点校:《唐律疏议》,中华书局 1983 年

(宋)窦仪等:《宋刑统》,中华书局 1984 年
(宋)宋敏求:《唐大诏令集》,中华书局 2008 年
怀效锋:《大明律》,法律出版社 1999 年
(明)丘濬:《大学衍义补》,《四库全书》本
田涛、郑秦:《大清律例》,法律出版社 1999 年
沈家本:《历代刑法考》,中华书局 1986 年
梁启超:《先秦政治思想史》,中华书局 2015 年
梁启超:《中国法理学发达史论》,《梁启超论中国法制史》,商务印书馆 2012 年
程树德:《九朝律考》,中华书局 1963 年,商务印书馆 2012 年
群众出版社:《历代刑法志》,群众出版社 1988 年
杨鸿烈:《中国法律发达史》,中国政法大学出版社 2009 年
杨鸿烈:《中国法律思想史》,商务印书馆 1936 年
陈顾远:《中国法制史概要》,台北三民书局 1964 年,商务印书馆 2012 年
戴炎辉:《中国法制史》,台北三民书局 1966 年
瞿同祖:《中国法律与中国社会》,中华书局 1981 年
萧公权:《中国政治思想史》,商务印书馆 2015 年
范罕:《法论四篇》,程波点校:《法意发凡:清末民国法理学著作九种》,清华大学出版社 2013 年
丘汉平:《法学通论》,程波点校:《法意发凡——清末民国法理学著述九种》,清华大学出版社 2013 年
王振先:《中国古代法理学》,山西人民出版社 2015 年
陈启天:《中国法家概论》,上海书店 1936 年
吕振羽:《中国政治思想史》,人民出版社 1949 年
蔡枢衡:《中国刑法史》,中国法制出版社 2005 年
曾宪义:《新编中国法制史》,山东人民出版社 1987 年
栗劲:《秦律通论》,山东人民出版社 1985 年
肖永清:《中国法制史简编》,山西人民出版社 1982 年
刘泽华:《先秦政治思想史》,南开大学出版社 1984 年
张国华、饶鑫贤:《中国法律思想史纲》,甘肃人民出版社 1987 年
张国华:《中国法律思想史新编》,北京大学出版社 1998 年
张国华、李光灿主编:《中国法律思想通史》,山西人民出版社 2001 年
高恒:《秦汉法制论考》,厦门大学出版社 1994 年
杨一凡:《明大诰研究》,江苏人民出版社 1988 年

孔庆明:《秦汉法律史》,陕西人民出版社 1992 年
俞荣根:《儒家法思想通论》,广西人民出版社 1992 年
《睡虎地秦墓竹简》,文物出版社 1978 年
武树臣等:《中国传统法律文化》,北京大学出版社 1994 年
张晋藩主编:《中国法制史》,高等教育出版社 2003 年
武树臣:《儒家法律传统》,法律出版社 2003 年
郑秦:《中国法制史纲要》,法律出版社 2001 年;
郝铁川:《中华法系研究》,复旦大学出版社 1997 年
武树臣:《中国传统法律文化词典》,北京大学出版社 1999 年
马小红:《礼与法:法的历史连接》,北京大学出版社 2004 年
李平:《先秦法思想史论》,光明日报出版社 2013 年
何勤华:《中国法学史》第一卷,法律出版社 2006 年
武树臣、李力:《法家思想与法家精神》,中国广播电视出版社 2007 年
柳立言:《传统中国法律的理念与实践》,台北"中央研究院"历史语言研究所 2008 年
黄源盛:《汉唐法制与儒家传统》,台北元照出版有限公司 2009 年
李玉福:《中华法系的形与魂》,中国人民公安大学出版社 2010 年
时显群:《法家以法治国思想研究》,人民出版社 2010 年
杨鹤皋:《中国法律思想通史》,湘潭大学出版社 2011 年
王人博:《法的中国性》,广西师范大学出版社 2015 年
江照信:《中国法律看不见中国——居正司法时期(1932～1948)研究》,清华大学出版社 2010 年
马建石、杨育棠:《大清律例通考校注》,中国政法大学出版社 1992 年
马腾:《儒法合流与中国传统法思想阐释》,法律出版社 2016 年
王宏治:《历代法典说略》(上),燕山出版社 2008 年
李均明:《简牍法制论稿》,广西师范大学出版社 2011 年
罗福惠、萧怡:《居正文集》,华中师范大学出版社 1989 年
郭成伟:《新中国法制建设 50 年》,江苏人民出版社 1999 年
马作武:《先秦法律思想史》,中华书局 2015 年

四、其他类

(唐)柳宗元:《柳河东全集》,中国书店 1991 年
(唐)韩愈:《韩昌黎文集》,中国书店 1991 年

(唐)欧阳修:《欧阳文忠全集》《四部备要》本
(清)黄宗羲:《明夷待访录》,中华书局 1981 年
(清)顾炎武撰、黄汝成集释:《日知录集释》,上海古籍出版社 2006 年
(清)龚自珍:《龚自珍全集》(上),中华书局 1959 年
(清)崔述著、顾颉刚编:《崔东壁遗书》,上海古籍出版社 2013 年
(清)王夫之:《读通鉴论》,中华书局 1975 年
(清)王念孙:《读书杂志》第二册,上海古籍出版社 2014 年
陈寅恪:《隋唐制度渊源论稿》,河北教育出版社 2002 年
王献唐:《炎黄氏族文化考》,齐鲁书社 1985 年
蒙文通:《古族甄微》,巴蜀书社 1993 年
蒙文通:《古地甄微》,巴蜀书社 1998 年
闻一多:《神话与诗》,天津古籍出版社 2008 年
吕思勉:《先秦史》,上海古籍出版社 2005 年
徐中舒:《先秦史十讲》,中华书局 2009 年
徐旭生:《中国古史的传说时代》,广西师范大学出版社 2003 年
袁柯:《山海经全译》,贵州人民出版社 1991 年
袁柯:《中国古代神话》,中华书局 1960 年
张富祥:《东夷文化通考》,上海古籍出版社 2008 年
朱乃诚:《中华龙:起源和形成》,三联书店 2009 年
王永波、张春玲:《齐鲁史前文化与三代礼器》,齐鲁书社 2004 年
苏秉琦:《中国远古时代》,上海人民出版社 2014 年
王宇信:《中华远古史》,人民出版社 2004 年
孟祥才、胡新生:《齐鲁思想文化史》,山东大学出版社 2002 年
何光岳:《东夷源流史》,江西教育出版社 1990 年
李学勤:《中国古代文明与国家形成研究》,中国社会科学出版社 2007 年
蒋大椿:《史学探源》,吉林教育出版社 1991 年
贺麟:《文化与人生》,商务印书馆 1999 年
谢天宇:《中国玉器收藏与鉴赏全书》,天津古籍出版社 2006 年
冯友兰:《中国哲学史新编》,人民出版社 1962 年
应永深、王贵民、杨升南:《春秋史话》,中国青年出版社 1982 年
郭沫若:《中国古代社会研究》,人民出版社 1977 年
余英时:《中国思想传统的现代诠释》,台湾联经出版事业公司 1987 年
余英时:《历史与思想》,台北联经出版社 1981 年

张纯、王晓波:《韩非思想的历史研究》,台湾联经出版事业公司 1994 年
杨宽:《战国史》,上海人民出版社 1979 年
朱红林:《张家山汉简(二年律令)集释》,社会科学文献出版社 2005 年
孟天运:《先秦社会思想研究》,人民出版社 2011 年
易华:《夷夏东西说》,民族出版社 2012 年

五、译著类

恩格斯:《家庭、私有制和国家的起源》《马克思恩格斯选集》(四),人民出版社 1995 年
[古希腊]亚里士多德:《政治学》 吴寿彭译 商务印书馆 1965 年
[法]孟德斯鸠:《法意》,严复译,商务印书馆 1981 年
[法]拉法格:《思想起源论》,王子野译 ,三联书店 1963 年
[英]汤因比:《历史研究》,曹未风等译,上海人民出版社 1964 年
[英]梅因:《古代法》,沈景一译 商务印书馆 1959 年
[英]罗素:《中国问题》,中译本,秦悦译,学林出版社 1996 年
[日]穗积陈重:《法律进化论》,黄尊三等译,中国政法大学出版社 1998 年
[日]仁井田陞:《唐律的通则性规定及其来源》《日本学者研究中国史论著选译》(第八卷),刘俊文:《法律制度》,中华书局 1992 年
[日]兹贺秀三:《中国家族法原理》,张建国、李力译,商务印书馆 2013 年
[日]浅井虎夫:《中国法典编纂沿革史》,陈重民译,中国政法大学出版社 2007 年
[美]E.博登海默:《法理学——法哲学及其方法》,邓正来、姬敬武译,华夏出版社 1987 年
[日]堀毅:《秦汉法制史论》,法律出版社 1988 年
[英]温斯顿・丘吉尔:《英语国家史略》,薛力敏、林林译,新华出版社 1985 年
[英]J.G.弗雷泽:《金枝》,汪培基等译,商务印书馆 2013 年
[英]巴兹尔・戴维逊:《古老非洲的再发现》,屠尔康、葛佶译,三联书店 1973 年
[英]温斯顿・丘吉尔:《英语国家史略》,薛力敏、林林译,新华出版社 1985 年
[美]络德睦:《法律东方主义——中国、美国与现代法》,魏磊杰译,中国政法大学出版社 2016 年

六、日文文献

大塚伴鹿:《法家思想源流》,三信图书 1980 年
穗积陈重:《祭祀、礼和法律》,岩波书店 1929 年

田中耕太郎:《法家的实证主义》,福村书店 1947 年
仁井田陞:《中国社会的法和伦理》,弘文堂 1954 年
仁井田陞:《中国的法和社会的历史》,岩波书店 1967 年
近藤康信:《韩非子的语言——唯物的法治主义国家论》,黎明书店 1968 年
增田福太郎:《法思想论考——亚洲法制思想》,佐野书房 1973 年
上野直明:《中国古代思想史论》,成文堂 1980 年
大庭修:《秦汉法制史研究》,创文社 1982 年
好并隆司:《商君书研究》,溪水社 1992 年
深代惇郎:《天声人语》,朝日新闻社 1984 年
石川英昭:《中国古代礼法思想研究》,创文社 2003 年
大塚伴鹿:《法家思想源流》,三信图书 1980 年

后　记

我从事中国法律思想史、中国传统法律文化的教学研究工作已有30余年。先秦法律文化始终是我研究的重点方向。2004年承蒙法律出版社鼎力支持出版了《儒家法律传统》。此后多年以来，心里一直萦绕着一个念头，就是写一本像《儒家法律传统》那样比较偏重于学术的《法家法律文化通论》。

2015年末，我参加中国法律文化研究会年会时，正好和商务印书馆的王兰萍编审见面。当时她正在审阅拙著《长歌行》（法律人生）书稿。她表示，希望我能够独立写一本有分量的关于法家的能够代表当今研究水平的系统性的学术性著作。我虽然感到了一种无形的压力，但是心中不免暗自庆幸——这不是正好圆了我的一个梦吗？我当时手头也没有什么任务，就答应下来。2016年年初，我和商务印书馆正式签订了出版合同。之后就全力以赴地投入写作。

《法家法律文化通论》很可能是我学术生涯中最后一本书了，所以我格外珍惜这次机会，虽然能力有限但仍然决心试着按照王兰萍编审的要求把作业完成好。一开始，书稿的写作还比较顺利，作为准备工作，先是列出细纲，其次是整理材料，最后是确定重点难点，然后进入写作阶段。但是毕竟年事已高，身体不断出现小毛病，先是眼睛不适，后来是胃肠感冒，最后是颈椎小恙。在此过程中，我的妻子王永芳除了照顾我的身体之外，还多次往返于附近的打字店送稿取稿。回想起我们自1978年结婚以后，就经历了多年的两地生活。1982年她离开父母和四川家乡，调至燕郊某小学工作。其间，工作繁忙又需照顾年幼的女儿武雪，非常艰苦。1987 年年底，她调到北京大学附小工作。此后，她不仅承担着繁重的教学及班主任工作，还独自承担了全部家务，以全力支持我的工作。其间，她还尽力照顾双方的老人，并得到老人们的赞扬。最近几年，我受聘于山东大学，多次往返于北京与济南之间。那时候，我正患着腰椎间盘突出症，不能负重，乘公交、赶地铁、上火车、爬六层楼梯，都是她提行李，更不必说买菜做饭。可以说，几十年来我所取得的些许成绩，自有她一多半的功劳。在《长歌行》中，我向曾经帮助我的众多师友同仁表示了发自肺腑的谢意。借此机会，特向老伴王永芳表示衷心的感谢！

在拙作即将付梓之际，向商务印书馆表示由衷的谢意！特别向本书的责任编辑王兰萍编审表示由衷的感激之情！若没有她的举荐，或无圆梦之途，而长期以来我关于法家学术的思考琢磨则无缘见诸文字。她在编辑拙稿的过程中，不仅付出了辛劳，而且还提出许多建设性的意见。她对工作兢兢业业、满腔热忱，为法学著作的出版特别是培育法界新秀贡献良多。最后，诚望大方之家不吝赐教。

武 树 臣

2016 年 12 月 26 日

于北京北郊蓬莱苑寓所